UTB 1335

W0297353

Eine Arbeitsgemeinschaft der Verlage

Beltz Verlag Weinheim und Basel
Böhlau Verlag Köln · Weimar · Wien
Wilhelm Fink Verlag München
A. Francke Verlag Tübingen und Basel
Paul Haupt Verlag Bern · Stuttgart · Wien
Verlag Leske + Budrich Opladen
Lucius & Lucius Verlagsgesellschaft Stuttgart
Mohr Siebeck Tübingen
C. F. Müller Verlag Heidelberg
Ernst Reinhardt Verlag München und Basel
Ferdinand Schöningh Verlag Paderborn · München · Wien · Zürich
Eugen Ulmer Verlag Stuttgart
UVK Verlagsgesellschaft Konstanz
Vandenhoeck & Ruprecht Göttingen
WUV Facultas · Wien

Hans-Joachim Jarchow
Peter Rühmann

Monetäre Außenwirtschaft

II. Internationale Währungspolitik

7 Abbildungen, 13 Schaubilder und 29 Tabellen

5., neu bearbeitete und wesentlich erweiterte Auflage

Vandenhoeck & Ruprecht

Hans-Joachim Jarchow, geb. 1935 in Oldenburg/H., studierte Betriebswirtschaftslehre und Volkswirtschaftslehre an den Universitäten Hamburg und Kiel und schloss sein Studium 1959 mit dem volkswirtschaftlichen Diplomexamen in Kiel ab. Nach seiner Promotion zum Dr.sc.pol. (1961) war er zunächst Assistent, später Oberassistent am Institut für Weltwirtschaft in Kiel. 1966 habilitierte er sich in Kiel mit einer geldtheoretischen Arbeit. 1967 übernahm er einen volkswirtschaftlichen Lehrstuhl an der Universität Göttingen. – Veröffentlichungen insbesondere über Geldtheorie, Außenwirtschaftstheorie und internationale Währungspolitik.

Peter Rühmann, geb. 1938 in Berlin, Studium der Volkswirtschaftslehre an den Universitäten Kiel, Berlin und München (1958–1962). Diplomexamen (1962) und Promotion (1965) in Kiel. Tätigkeit als wissenschaftlicher Angestellter am Institut für Weltwirtschaft in Kiel, später als Assistent an der Universität Göttingen. Habilitation über ein geldtheoretisches Thema (1976) und Ernennung zum Professor (1978) in Göttingen. Lehrstuhlvertretungen an den Universitäten Frankfurt (1979–1980) und Konstanz (1989). – Veröffentlichungen über Oligopol- und Geldtheorie.

Bibliografische Information Der Deutschen Bibliothek

Die Deutsche Bibliothek verzeichnet diese Publikation in der Deutschen Nationalbibliografie; detaillierte bibliografische Daten sind im Internet über <http://dnb.ddb.de> abrufbar.

ISBN 3-8252-1335-8 (UTB)
ISBN 3-525-03174-2 (Vandenhoeck & Ruprecht)

Umschlagabbildung: Bretton Woods, Juni 1997

Printed in Germany.
Umschlaggestaltung: Atelier Reichert
Satz: Satzspiegel, Nörten-Hardenberg
Druck und Bindung: Friedrich Pustet, Regensburg

Inhaltsverzeichnis

Vorwort zur fünften Auflage

Mit der fünften Auflage wurde der bisherige Stoff überarbeitet und erheblich erweitert. Damit wurde insbesondere neueren Entwicklungen und Ereignissen in der internationalen Währungspolitik Rechnung getragen. Hierbei handelt es sich *erstens* um jüngere *internationale Finanz- und Währungskrisen,* deren Bedeutung zum Anlass genommen wird, diesen Problembereich gesondert und eingehend in einem neuen Kapitel (IX) zu behandeln. Ausführlich werden dabei neben der lateinamerikanischen Krise von 1982/83 die Mexikokrise von 1994/95 und die südostasiatische Finanz- und Währungskrise von 1997/98 dargestellt und analysiert. Die Russlandkrise von 1998 wird in Kapitel VIII (Wechselkurspolitik in den Transformationsländern) behandelt. In das Kapitel IX einführend, werden zunächst allgemeine Charakteristika derartiger Krisen beschrieben und Frühindikatoren sowie Krisensymptome herausgearbeitet. Die Erfahrungen auswertend, wird abschließend ausführlich auf Möglichkeiten der Krisenprävention eingegangen. *Zweitens* konnten weitere Fortschritte im Prozess der *Europäischen Integration* berücksichtigt werden. Rechtzeitig vor Beginn der gemeinsamen Geldpolitik Anfang 1999 legte die Europäische Zentralbank ihre geldpolitische Strategie und ihre Instrumente im Einzelnen fest, und der Übergang zur einheitlichen Währung wurde im ersten Halbjahr 2002 mit der Einführung der Euro-Banknoten und -Münzen als gesetzliches Zahlungsmittel abgeschlossen. Zudem liegen erste Erfahrungen mit der gemeinsamen Geldpolitik vor. Die in mehreren Phasen vorgesehene und bereits eingeleitete Osterweiterung der Europäischen Wirtschafts- und Währungsunion stellt einen weiteren Meilenstein im europäischen Integrationsprozess dar. Schließlich waren *drittens* die Abschnitte über die Finanzierungsfazilitäten des *Internationalen Währungsfonds* neueren Entwicklungen anzupassen. Dabei wurde auch auf die jüngere Reformdiskussion der Kreditvergabe des IWF eingegangen. Im Übrigen wurden sämtliche Ausführungen über institutionelle Regelungen im Bereich von IWF und EWWU sowie bei der Wechselkurspolitik der Transformationsländer so verändert, dass sie dem Stand von Mitte 2002 entsprechen. Darüber hinausgehende Aktualisierungen des Stoffes findet der Leser auf der Internetseite *http://www.uni-goettingen.de/~hjarcho.*

Für die Durchsicht von Teilen des Manuskripts und dabei vermittelte Anregungen danken wir den Herren N. Angermüller und J. Südekum; für Auskünfte im Zusammenhang mit dem IWF Frau Dr. Ch. Daseking. Mit der Umstellung auf ein größeres Format und der Anfertigung einer satzfertigen Vorlage für den Verlag war ein erheblicher redaktioneller Aufwand verbunden. An den entsprechenden Arbeiten waren beteiligt: N. Angermüller, V. Mertins, M. Meurers, Ch.

und M. SCHINKE, O. SCHNEEMANN sowie K. WASCHEIDT. Auch ihnen gilt unser Dank. Bei Frau M. BÄRMANN und H. BEIER bedanken wir uns schließlich für die umfangreichen und sorgfältigen Schreibarbeiten am Manuskript.

Juli 2002 H.-J. JARCHOW / P. RÜHMANN

Aus dem Vorwort zur ersten Auflage

Der sich an die Einführung anschließende eigentliche Inhalt ist in drei Hauptteile untergliedert. Der *erste Teil* behandelt währungspolitische Entwicklungen vor dem II. Weltkrieg und beginnt mit einer Darstellung und Analyse des *klassischen Goldstandards (Kapitel II)*. Nach einer Beschreibung der Merkmale dieses Festkurssystems wird zunächst seine Funktionsweise in theoretischer Sicht erläutert, wobei die vermuteten preisstabilisierenden Eigenschaften des Goldstandards und vor allem die Zahlungsbilanzausgleichsautomatismen auf Grund des Geldmengen-Preismechanismus und ausgleichender internationaler Kapitalbewegungen im Vordergrund des Interesses stehen. Danach werden die theoretischen Vorstellungen über den klassischen Goldstandard mit der Realität konfrontiert und abschließend die wirtschaftspolitischen Implikationen dieser Währungsordnung herausgestellt.

In *Kapitel III* werden die währungspolitischen Ereignisse der *Zwischenkriegszeit* behandelt. Dabei wird insofern eine Zweiteilung vorgenommen, als zunächst die Rückkehr zum Festkurssystem in Form eines veränderten Goldstandards beschreiben wird und danach die mit dem Zusammenbruch dieses Systems (1931) einsetzende Phase währungspolitischer Desintegration.

Im Mittelpunkt des *zweiten Teils* steht die auf der internationalen Währungskonferenz in *Bretton Woods (1944)* geschaffene und auf dem *Internationalen Währungsfonds (IWF)* basierende Währungsordnung der Nachkriegszeit, wobei die Behandlung des mit der zweiten Änderung des IWF-Abkommens legalisierten Übergangs zu größerer Wechselkursflexibilität bis zum VII. Kapitel zurückgestellt wird. Ausgehend von der durch den Keynes- und Whiteplan geprägten Vorgeschichte der Bretton Woods-Konferenz, befasst sich *Kapitel IV* im Detail mit den Regelungen des *IWF-Systems* nach ihrem heute gültigen Stand und behandelt dabei besonders eingehend die vielfältigen Kreditfazilitäten des IWF.

Die Versorgung mit *Währungsreserven* im Rahmen des IWF-Systems bildet den zentralen Gegenstand von *Kapitel V*. Nach einer Beschreibung der Zusammensetzung der Währungsreserven und ihrer Entwicklung werden Fragen des Bedarfs an Währungsreserven behandelt, wobei auch auf das Konzept der optimalen Währungsreserven eingegangen wird. Die sich anschließende Darstellung der Problematik der Reserven in Form von Gold und Devisen bildet – zusammen mit dem Triffin-Plan – den Hintergrund für die erste Änderung des IWF-Abkommens (1969), die zur Schaffung der *Sonderziehungsrechte (SZR)* führte. Dieses neue Reservemedium wird ausführlich in einem gesonderten Abschnitt behandelt.

Der *dritte Teil* behandelt neuere Entwicklungen, insbesondere im Bereich der Wechselkurspolitik. Zwei Vorgänge verdienen in diesem Zusammenhang besonderes Interesse: zum einen die Abkehr von dem in Bretton Woods geschaffenen Festkurssystem und der Übergang zu beweglichen Wechselkursen, zum anderen die verstärkte währungspolitische Zusammenarbeit im Rahmen der Europäischen Gemeinschaft. Um Anhaltspunkte zur Beurteilung *flexibler Wechselkurse* zu gewinnen, werden zunächst die Erwartungen behandelt, die mit der Freigabe der Wechselkurse verbunden wurden *(Kapitel VI)*. Diese Erwartungen betrafen insbesondere die – stabilisierende und destabilisierende – Rolle der Spekulation, die Risiken im Außenhandel sowie den stabilitätspolitischen Spielraum bei flexiblen Wechselkursen.

Im *Kapitel VII*, das sich mit dem Zeitraum seit dem Übergang zu beweglichen Wechselkursen beschäftigt, werden zunächst die wichtigsten währungspolitischen Ereignisse und Entwicklungen beschrieben. Dabei erfahren die *Öl- und Verschuldungskrisen* sowie die *zweite Abkommensänderung des IWF* (1978), mit der die Wechselkursfreigabe nachträglich legalisiert und die Rolle des Goldes im Währungssystem verringert wurde, eine eingehende Darstellung. Anschließend werden die mit flexiblen Wechselkursen gesammelten *Erfahrungen* ausgewertet, und zwar insbesondere auf dem Hintergrund der ursprünglich an dieses Wechselkurssystem geknüpften Erwartungen.

Das abschließende *Kapitel VIII* befasst sich mit der währungspolitischen Zusammenarbeit innerhalb der Europäischen Gemeinschaft. Der größte Raum wird dabei dem seit 1979 bestehenden (den Europäischen Wechselkursverbund ablösenden) *Europäischen Währungssystem* (EWS) eingeräumt. Nach einer ausführlichen Darstellung der im EWS gültigen Regelungen werden die bisherigen Erfahrungen untersucht, wobei u. a. auch auf die Frage eingegangen wird, inwieweit das im EWS vereinigte Gebiet den Kriterien des optimalen Währungsraums entspricht.

Juli 1984 Hans-Joachim Jarchow / Peter Rühmann

Zeittafel der Währungspolitik

etwa 1880 bis 1913/14	**Klassischer Goldstandard**
April/Mai 1922	**Internationale Wirtschaftskonferenz in Genua** (Empfehlung eines Golddevisenstandards)
September 1931	**Suspendierung der Goldeinlösung des Pfundes** (Zusammenbruch des restaurierten Goldstandards)
September 1936	**Dreimächte-Währungsabkommen** (Tripartite Monetary Agreement; Beginn einer internationalen währungspolitischen Kooperation)
Juli 1944	**Konferenz in Bretton Woods** (Gründung des Internationalen Währungsfonds)
Dezember 1945	**Inkrafttreten des Abkommens über den Internationalen Währungsfonds** (IWF)
August 1952	**Bundesrepublik stimmt Beitritt zum IWF zu** (Bandbreite gegenüber der Dollarparität nach den IWF-Statuten: ± 1 v. H.)
Dezember 1958	**Übergang der meisten europäischen Länder zur Ausländerkonvertibilität; Schaffung des Europäischen Währungsabkommens** (EWA) (Bandbreite von EWA-Währungen gegenüber der Dollarparität: ± 0,75 v. H.)
Juli 1969	**Inkrafttreten der ersten Änderung des IWF-Abkommens** (Schaffung der Sonderziehungsrechte)
August 1971	**Suspendierung der Goldeinlösung des US-Dollar**
Dezember 1971	**Smithsonian Agreement in Washington** (Die Länder des Zehnerclubs einigen sich auf neue Paritäten (Leitkurse) gegenüber dem Dollar; neue Bandbreite gegenüber dem Dollarleitkurs: ± 2,25 v. H.)
März 1972	**Entschließung des EG-Ministerrats über eine Begrenzung der Schwankungsbreite der Wechselkurse zwischen EG-Ländern auf ± 2,25 v. H.**
Dezember 1972	**Ende des EWA**
März 1973	**Beginn des (europäischen) Block-Floating** (Flexibler Wechselkurs gegenüber dem Dollar; stabile Wechselkurse mit einer Bandbreite von ± 2,25 v. H. untereinander (sog. Schlange))
April 1978	**Inkrafttreten der zweiten Änderung des IWF-Abkommens** (u. a.: Neuregelung der Wechselkurspolitik)
März 1979	**Inkrafttreten des Europäischen Währungssystems** (Block-Floating der Mitglieder mit einer Schwankungsbreite von ± 2,25 v. H. untereinander; Festlegung der Paritäten in der Europäischen Währungseinheit (ECU)).
Dezember 1991	**Vertrag von Maastricht** über die Vollendung der Europäischen Wirtschafts- und Währungsunion (EWWU)
Juni 1998	**Errichtung des Europäischen Systems der Zentralbanken** mit der **Europäischen Zentralbank** (EZB) als zentraler Institution
Januar 1999	**Beginn der gemeinsamen Geldpolitik** (Eintritt in die dritte Stufe der Europäischen Währungsunion)
Januar 2002	**Einführung der Euro-Noten und –Münzen im Euro-Währungsgebiet**

Einführung

I. Zahlungsbilanzausgleich und Währungssysteme

Die internationale Währungspolitik befasst sich mit den Rahmenbedingungen für internationale Güter- und Kapitaltransaktionen und deren finanzieller Abwicklung. Insbesondere steht die Frage zur Diskussion, welche Möglichkeiten für den *Ausgleich* von *Defiziten* oder *Überschüssen* in der Zahlungsbilanz (im Sinne der Devisenbilanz) bestehen bzw. geschaffen werden sollten und mit welchen ökonomischen Konsequenzen jeweils zu rechnen ist. Da die Art und Weise, wie Devisenbilanzungleichgewichten begegnet wird, ein wesentliches Merkmal eines *internationalen Währungssystems* darstellt, bietet die einführende Darstellung der verschiedenen Instrumente und Anpassungsmechanismen auch die Möglichkeit für einen Ausblick auf die in den folgenden Kapiteln zu behandelnden verschiedenen Währungssysteme.

1. Formen des Zahlungsbilanzausgleichs

Hinsichtlich des Zahlungsbilanzausgleichs lassen sich grundsätzlich zwei verschiedene Vorgehensweisen unterscheiden: Beispielsweise kann man im Falle eines Devisenbilanzdefizits *entweder* dafür sorgen, dass dieses durch Veränderungen in der Leistungs- und Kapitalbilanz beseitigt wird (**Zahlungsbilanzkorrektur**), *oder* mit entsprechenden Abgaben von Devisen aus eigenen Währungsreserven bzw. aufgenommenen internationalen Krediten so auf dem Devisenmarkt intervenieren, dass der herrschende Wechselkurs ohne zusätzliche Maßnahmen gehalten werden kann (**Zahlungsbilanzfinanzierung**)[1].

Die Notwendigkeit für eine Zahlungsbilanzkorrektur bzw. -finanzierung besteht immer dann, wenn beim herrschenden Wechselkurs ein Nachfrageüberschuss bzw. Angebotsüberschuss an Devisen auftritt. Zur Erläuterung der ver-

1 Die Unterscheidung zwischen Finanzierung und Korrektur entspricht dem Begriffspaar „*finance*" und „*adjustment*" (siehe hierzu International Monetary Arrangements: The Problem of Choice. Report on the Deliberations of an International Study Group of 32 Economists. Princeton, N. J., 1964, S. 101 ff.) sowie „*Finanzierung*" und „*Eliminierung*" (siehe hierzu E.-M. CLAASSEN, Die Nachfrage nach internationalen Reserven. In: Kompendium der Währungstheorie. Hg. v. E.-M. CLAASSEN. München 1977, S. 12, 17).

schiedenen Möglichkeiten des Zahlungsbilanzausgleichs liegt es deshalb nahe, auf die Darstellung des *Devisenmarktes* zurückzugreifen (vgl. Abb. I.1)[2].

a) Zahlungsbilanzkorrektur

Ausgangspunkt der folgenden Betrachtungen ist ein Devisenmarktgleichgewicht (bei P_0), das durch eine Zunahme der Devisennachfrage gestört wird (z. B. auf Grund vermehrter Importe im Zuge eines Konjunkturaufschwungs). Dadurch verlagert sich die Devisennachfragekurve nach rechts (aus D_0 wird D_1), und es entsteht eine *Überschussnachfrage* an Devisen in Höhe von AB (vgl. Abb. I.1).

Abb. I.1: *Möglichkeiten des Zahlungsbilanzausgleichs*

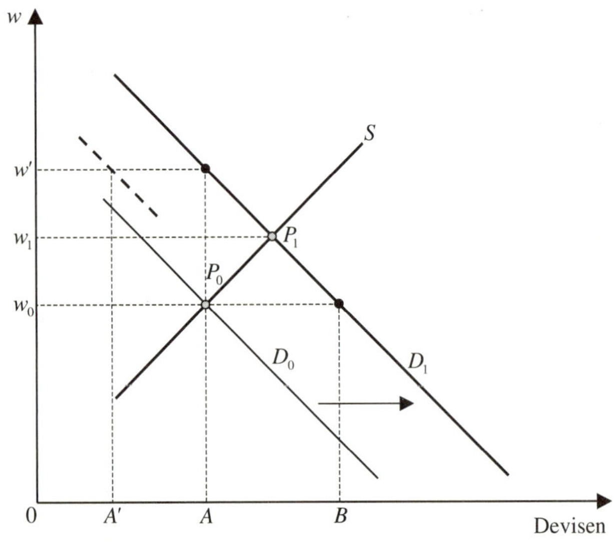

Die Möglichkeiten einer *Korrektur* des Zahlungsbilanzdefizits lassen sich im Wesentlichen auf *drei* Formen einer Anpassung (bzw. einer Kombination von ihnen) reduzieren: *Erstens* die Überschussnachfrage und damit das Devisenbilanzdefizit wird unter Aufrechterhaltung des herrschenden Wechselkurses (w_0) eliminiert, *zweitens* die Zahlungsbilanzkorrektur erfolgt durch Änderung des

2 Abb. 1 entspricht Abb. 11 im Unterabschnitt III. 2b)bb) aus Band **I** (Monetäre Außenwirtschaftstheorie. 5., neubearb. u. wes. erw. Aufl. Göttingen 2000). Die Darstellung wurde allerdings insofern vereinfacht, als der negativ geneigte Teil der Angebotskurve unberücksichtigt bleibt.

Wechselkurses, und *drittens* man begegnet der Überschussnachfrage mit einer Devisenbewirtschaftung.

aa) Korrektur bei unverändertem Wechselkurs. – aaa) Soll der Wechselkurs nicht verändert werden, dann läuft die Zahlungsbilanzkorrektur auf Maßnahmen hinaus, die die Angebotskurve *(S)* und (oder) die Nachfragekurve (D_1) so verschieben, dass die bestehende Überschussnachfrage beim herrschenden Wechselkurs (w_0) beseitigt werden kann. Die entsprechenden Maßnahmen können im Falle eines Devisenbilanzdefizits z. B. darin bestehen, dass eine auf die gesamtwirtschaftliche Nachfrage kontraktiv einwirkende Geldpolitik betrieben wird. Gelingt es auf diese Weise, das reale *Nationaleinkommen* und das *Preisniveau kontraktiv* zu beeinflussen, dann verlagert sich die Nachfragekurve (D_1) nach links, weil die Importe auf Grund sinkender Einkommen und verbesserter Wettbewerbsfähigkeit der mit Importen konkurrierenden Industrie zurückgehen. Darüber hinaus verlagert sich u. U. gleichzeitig die Devisenangebotskurve *(S)* nach rechts, weil auf Grund der verbesserten Wettbewerbsfähigkeit mehr exportiert wird[3]. Weitere die Beseitigung des Devisenbilanzdefizits unterstützende Wirkungen stellen sich ein, wenn die kontraktiven geldpolitischen Maßnahmen zu einem *Zinsanstieg* führen. Hieraus resultiert ein Rückgang von Kapitalexporten mit einer Abnahme der Devisennachfrage als Begleiterscheinung (Linksverschiebung der D_1-Kurve) bzw. ein Anstieg der Kapitalimporte mit einer Zunahme des Devisenangebots (Rechtsverschiebung der *S*-Kurve).

Bei der Bewertung geldpolitischer Maßnahmen als Instrument der Zahlungsbilanzkorrektur ist zu bedenken, dass Konflikte mit binnenwirtschaftlichen Erfordernissen der Wirtschaftspolitik auftreten können. So kollidiert beispielsweise eine zahlungsbilanzorientierte kontraktive Geldpolitik mit binnenwirtschaftlichen Zielen, wenn in der Ausgangslage neben einer defizitären Zahlungsbilanz Unterbeschäftigung vorliegt[4].

bbb) Während durch Maßnahmen der Nachfragesteuerung im Wege der Geldpolitik (oder auch der Fiskalpolitik) mittelbar Bestimmungsfaktoren des Leistungs- und Kapitalverkehrs beeinflusst werden, bieten die Instrumente der *Handels- und Kapitalverkehrspolitik* die Möglichkeiten für einen direkteren Zugriff. So führt die Erhebung von **Importzöllen** für Inländer unmittelbar zu einer Verteuerung der auf dem Weltmarkt bezogenen Importgüter und bewirkt we-

3 Eine Erhöhung des Exportwerts setzt voraus, dass die Nachfrage nach heimischen Exporten in Bezug auf den Preis *elastisch* reagiert, d. h. die entsprechende Nachfrageelastizität (absolut genommen) größer als eins ist. Vgl. Band I, Unterabschnitt III 2a) dd).

4 Neben den anderen (im Folgenden noch zu behandelnden) Möglichkeiten einer Zahlungsbilanzkorrektur besteht eine denkbare Therapie in einer derartigen Konfliktsituation darin, geld- und fiskalpolitische Maßnahmen in Form eines **„policy mix“** in bestimmter Weise zu kombinieren. Einzelheiten hierzu siehe Band **I**, Unterabschnitt VII. 2b) bb).

gen des dadurch bedingten Rückgangs der mengenmäßigen Importe eine Abnahme der Nachfrage nach Devisen[5]. Eine Abnahme der Devisennachfrage stellt sich in der Regel auch ein, wenn die Importmenge bestimmter Güter durch Festsetzung von Obergrenzen, also durch Einführung von **Kontingenten**[6], reduziert wird. Eine Erhöhung des Devisenangebots ergibt sich schließlich, wenn Exportgüter durch **Subventionierung** verbilligt werden[7] und die ausländischen Nachfrager auf Preisänderungen *elastisch* reagieren.

Abgesehen davon, dass als Folge handelspolitischer Eingriffe Vergeltungsmaßnahmen des Auslands möglich sind, ist auch mit ökonomischen Fernwirkungen im Inland zu rechnen, die den zahlungsbilanzpolitischen Anfangserfolg der genannten Maßnahmen wieder in Frage stellen. So ist sowohl bei Erhebung von Importzöllen als auch bei Einführung von Kontingenten zu erwarten, dass sich die Importgüter für Inländer verteuern. Soweit im Inland die Importgüter selbst oder Importsubstitute hergestellt werden, kommt es in den entsprechenden Wirtschaftszweigen zu einer Ausweitung der Produktion mit Preissteigerungstendenzen. Im Falle von Exportsubventionen ist mit einer ähnlichen Entwicklung zu rechnen. Die Exportsubventionierung lenkt das Angebot vom Inland auf das Ausland um und erhöht damit tendenziell die Inlandspreise der Exportgüter bzw. der mit ihnen konkurrierenden Substitute. Die auf diese Weise bewirkte Erhöhung von Produktion und Preisen im Inland hat neben einer *steigenden Importnachfrage* im Zuge steigender Einkommen auch zur Folge, dass die *Exporte* wieder *zurückgehen*, und zwar zum einen weil die Exportbereitschaft wegen der wachsenden Binnennachfrage nachlässt und zum anderen weil die Exportfähigkeit wegen der steigenden Inlandspreise und der dadurch steigenden Lohnsätze ebenfalls abnimmt.

Maßnahmen der *Kapitalverkehrspolitik* beeinflussen die Situation auf dem Devisenmarkt dadurch, dass sie den Umfang der Kapitalbewegungen entweder

5 Zur Wirkung eines Importzolls vgl. die grafische Analyse bei K. ROSE, K. SAUERNHEIMER, Theorie der Außenwirtschaft. 13., überarb. Aufl. München 1999. S. 581 ff. – Ähnlich wie ein Zoll auf Importe wirkt auch die Einführung eines **Bar**- oder **Zwangsdepots** für Importe. Hierdurch werden Importeure verpflichtet, einen Betrag in Höhe eines bestimmten Anteils des Wertes eingeführter Güter für eine bestimmte Zeit zinslos bei der Zentralbank zu hinterlegen. Da Bardepots mit Zinsaufwendungen (bzw. entgangenen Zinserträgen) verbunden sind, stellen sie für den Importeur zusätzliche (vom Importwert abhängige) Kosten dar.

6 Zur Wirkung von Kontingenten vgl. genauer die grafische Analyse bei ROSE, SAUERNHEIMER, a. a. O., S. 587 f. – H.-J. JARCHOW, Zahlungsbilanz I: Theorie und Politik. In: Handwörterbuch der Sozialwissenschaften. Neunter Band. Stuttgart 1981. S. 556 f. – Eine vergleichende Betrachtung von Importzöllen und -kontingenten findet sich bei P. H. LINDERT, International Economics. 9th ed. Homewood, Ill., Boston, Mass., 1991, S. 154 ff.

7 Eine Subventionierung von Exporten bewirkt, dass sich die Kurve des heimischen Exportangebots auf dem Weltmarkt in einem Preis/Mengen-Diagramm nach rechts verschiebt und sich der Absatz an Exportgütern dementsprechend erhöht.

direkt reglementieren (z. B. durch Verbote) oder durch Einwirkung auf die Nettoerträge indirekt beeinflussen. Eine Einwirkung auf die Nettoerträge kann beispielsweise dadurch erfolgen, dass auf die (Brutto-)Erträge von ausländischen Wertpapieren im Eigentum von Inländern eine spezielle Steuer eingeführt wird. Die Kapitalexporte werden daraufhin tendenziell zurückgehen, wodurch die Nachfrage nach Devisen sinken wird[8].

bb) Korrektur durch Wechselkursänderungen. – Wie die Darstellung in Abb. I.1 nahe legt, wird die beim Wechselkurs w_0 bestehende Überschussnachfrage auch dadurch beseitigt, dass die heimische Währung eine *Abwertung* erfährt, und zwar so, dass sich der Wechselkurs von w_0 auf w_1 erhöht. Im Rahmen eines Systems zwar grundsätzlich stabiler, aber von Fall zu Fall änderbarer Wechselkurse, d. h. bei **Stufenflexibilität** (adjustable peg), unterliegt die erforderliche Wechselkursänderung einer politischen Entscheidung (durch die Regierung eines Landes – u. U. in Abstimmung mit internationalen Organisationen). Während in diesem Fall eine Schwierigkeit darin besteht, das zum Devisenbilanzausgleich erforderliche Ausmaß der Abwertung korrekt vorherzusehen, entfällt dieses Problem bei **frei flexiblen Wechselkursen,** da die Herausbildung des neuen Gleichgewichtskurses (w_1) durch die Kräfte des Devisenmarktes bewirkt wird[9].

Abgesehen von der Möglichkeit, dass der Devisenmarkt bei Wechselkursänderungen anomal reagiert[10], kann der Erfolg einer Abwertung auch durch *Fernwirkungen* in Frage gestellt werden. So ist damit zu rechnen, dass der durch die Abwertung ausgelöste Nachfrageanstieg in der Exportgüterindustrie und in der mit Importgütern konkurrierenden Industrie[11] einen allgemeinen Expansionsprozess mit steigenden Einkommen und Preisen nach sich zieht. Ohnehin dürfte die mit einer Abwertung einhergehende Verteuerung von Importgütern Preiserhöhungen bei anderen Gütern zur Folge haben (z. B. wegen einer Zunahme der Produktionskosten). Der *Anstieg* der *Einkommen* führt zu Mehrimporten und verringert dadurch die bei normaler Reaktion zu erwartende Verbesse-

8 Eine ähnliche Wirkung lässt sich erzielen, indem die *Kurssicherungsbedingungen* für Kapitalexporte im Rahmen der **Devisenterminmarktpolitik** bzw. **Swappolitik** ungünstiger gestaltet werden. Vgl. hierzu H.-J. JARCHOW, Theorie und Politik des Geldes. II. Geldpolitik. 7., neubearb. u. erw. Aufl. Göttingen 1995. Unterabschnitt III. 6a).

9 Zum Anpassungsprozess vgl. genauer Band I, Unterabschnitt III. 2b) bb) bbb).

10 Eine anomale Reaktion würde Labilität des Ausgangsgleichgewichts implizieren und voraussetzen, dass die Angebotskurve negativ und flacher als die Nachfragekurve verläuft. In dieser (in Abb. I.1 ausgeschlossenen) Situation würde sich eine in der Ausgangslage entstandene Überschussnachfrage durch eine Abwertung noch vergrößern. Vgl. hierzu auch Fußnote 13 auf S. 7 sowie Band I, Unterabschnitt III. 2b) bb) aaa).

11 Eine Nachfrageerhöhung in der mit Importen konkurrierenden Industrie ist zu erwarten, weil sich die Nachfrage wegen der abwertungsbedingten Verteuerung von Importgütern vermehrt Importsubstituten zuwendet.

rung der Zahlungsbilanz; die *Preiserhöhungen* können die Wettbewerbsfähigkeit der heimischen Wirtschaft sogar soweit verschlechtern, dass der Anfangserfolg der Abwertung völlig verloren geht. Die Gefahr einer derartigen Entwicklung ist besonders groß, wenn die abwertende Wirtschaft an der Vollbeschäftigungsgrenze produziert. Als *wirtschaftspolitische Empfehlung* folgt hieraus, dass eine Abwertung – insbesondere in Phasen der Vollbeschäftigung – von kontraktiven geld- und fiskalpolitischen Maßnahmen flankiert werden sollte, um so eine Dämpfung der Binnennachfrage zu erreichen und einen Teil der heimischen Produktionskapazität für eine Erhöhung des Außenbeitrags freizumachen.

cc) Devisenbewirtschaftung. – Für Maßnahmen der **Devisenbewirtschaftung** (Devisenkontrolle) ist charakteristisch, dass sie einen Ausgleich zwischen Devisenangebot und Devisennachfrage bei einem Wechselkurs herbeiführen, der *unter* dem Gleichgewichtskurs liegt (wie in Abb. I.1 mit dem Wechselkurs w_0 beim Gleichgewichtskurs w_1). Die Auslandswährung ist in diesem Fall **unterbewertet** und die heimische Währung damit **überbewertet.**

Die Beseitigung des bei w_0 vorliegenden Devisenbilanzdefizits in Höhe von *AB* erfolgt typischerweise dadurch, dass die erworbenen Devisen in Höhe von *OA* an den Staat abgeführt werden müssen – also eine *Ablieferungspflicht* besteht – und das Devisenaufkommen *OA* in bestimmter Weise auf die Devisennachfrager verteilt wird. Die Verteilung der Devisen kann dabei durch *Rationierung* oder im Wege einer *Wechselkursspaltung* vorgenommen werden. Im Falle einer **Rationierung** wird das Devisenaufkommen *(OA)* vom Staat nach bestimmten Kriterien (z. B. unter Bevorzugung von lebensnotwendigen Importen, sog. „essentials") durch Vergabe von Importlizenzen unter die Nachfrager aufgeteilt. Bei der **Wechselkursspaltung** würde die erforderliche Beschränkung der Devisennachfrage ganz oder teilweise durch den Wechselkurs erfolgen. Von den vielen möglichen Varianten *könnte* eine Form der Wechselkursspaltung darin bestehen, dass ein Teil der abgeführten Devisen (z. B. in Höhe von *AA'*) für den Import von „*essentials*" zum günstigen offiziellen Wechselkurs w_0 zugeteilt wird, während der Rest (in Höhe von *OA'*) auf dem Devisenmarkt verkauft wird (wobei sich ein Wechselkurs von *w'* oder höher einstellt)[12].

Maßnahmen der Devisenbewirtschaftung mögen auf kurze Sicht – ebenso wie handelspolitische Eingriffe (insbesondere Kontingentierungen) – den Vorteil haben, dass sie schnell Verluste von Währungsreserven im Zuge von Devisenbilanzdefiziten unterbinden bzw. verringern. Insofern können sie als vo-

12 Die Untergrenze *w'* wird wirksam, wenn die Importnachfrage nach „essentials" vollkommen preisunelastisch ist (z. B. in Höhe von *AA'*). In diesem Fall existiert bei *w'* eine durch staatliche Devisenzuteilung nicht befriedigte Restnachfrage (z. B. in Höhe von *OA* – *AA'* = *OA'*), die dem Devisenangebot auf dem freien Devisenmarkt gerade entspricht.

rübergehende Begleitmaßnahmen einer Abwertung in Betracht gezogen werden, weil diese u. U. erst mit gewisser Verzögerung die angestrebte Verbesserung der Handels- und Dienstleistungsbilanz bewirkt[13]. Hiervon abgesehen, sind aber eine Reihe schwerwiegender Argumente gegen Devisenbewirtschaftungsmaßnahmen zu bedenken: So erfordern Devisenbewirtschaftungsmaßnahmen einen aufwändigen Kontrollapparat, um Umgehungen der Ablieferungspflicht zu erschweren, Korruption im Zusammenhang mit der Lizenzvergabe zu bekämpfen oder die Entstehung „schwarzer" Devisenmärkte zu verhindern[14]. Ferner ist zu befürchten, dass die mit der Devisennachfragebeschränkung einhergehende Verknappung an Importgütern bei diesen eine Verteuerung zur Folge hat und dadurch – wie bei den schon behandelten Importzöllen und -kontingenten – eine Entwicklung nach sich zieht, die zu einer Schmälerung der *Exporterlöse* führt. Eine weitere Belastung der Zahlungsbilanz resultiert daraus, dass die *Kapitalzuflüsse* geringer werden (wenn nicht überhaupt versiegen), weil ausländische Investoren befürchten, dass im Inland angelegte Mittel und die Erträge aus den Anlagen nicht transferiert werden können und die inländische Währung für sie so zur „*Mausefallenwährung*" wird. Schließlich ist zu bedenken, dass Maßnahmen der Devisenbewirtschaftung – ebenso wie andere administrative Eingriffe in den internationalen Güteraustausch – die Möglichkeiten der internationalen Arbeitsteilung beeinträchtigen und Wohlstandsgewinne aus weltwirtschaftlicher Sicht demzufolge nur noch begrenzt realisiert werden können.

b) Zahlungsbilanzfinanzierung

aa) Intervention mit Neutralisierungspolitik. – Wollen die Währungsbehörden den Wechselkurs auf dem bisherigen Niveau (w_0) halten, ohne eine Zahlungsbilanzkorrektur vorzunehmen, dann müssen sie den bei w_0 entstehenden Nachfrageüberschuss in Höhe von AB durch ein gleich großes zusätzliches Devisenangebot ausgleichen. Wie schon erwähnt, würde damit eine Zahlungsbilanzfinanzierung erfolgen. Die bei der erforderlichen Devisenmarktintervention eingesetzten Devisen, z. B. US-Dollarguthaben, werden entweder den eigenen Währungsreserven entnommen oder im Wege einer Kreditaufnahme bei anderen Ländern oder internationalen Organisationen beschafft. Länder (wie die

13 Zu vermuten ist nämlich, dass die Nachfrageelastizitäten für Export- und Importgüter erst nach gewisser Anpassungszeit auf Werte anwachsen, die eine normale Reaktion des Außenbeitrags sicherstellen. Vgl. hierzu auch die Ausführungen zum *J-Kurveneffekt* bei U. TEICHMANN, Grundriss der Konjunkturpolitik. 4., verb. u. erw. Aufl. München 1988. S. 318 ff. sowie im Band I, Abschnitt III.3.

14 Zur Umgehung von Devisenbewirtschaftungsmaßnahmen vgl. die Hinweise von H. G. GRUBEL, International Economics. Rev. ed. Homewood, Ill., 1981. S. 373 f.

USA), deren Währung anderen Ländern als Währungsreserve dient (sog. **Reservewährungsländer**), haben darüber hinaus die Möglichkeit, einen Nachfrageüberschuss auf dem Devisenmarkt durch Verschuldung in der eigenen Währung zu finanzieren[15].

Intervenieren die Währungsbehörden auf dem Devisenmarkt, dann sind damit *Änderungen der monetären Basis*[16] und infolgedessen auch der *Geldmenge* verbunden. Werden Devisen zur Finanzierung eines Devisenbilanzdefizits abgegeben und wird dafür heimische Währung entgegengenommen, dann sinkt die Geldmenge; werden umgekehrt Devisen im Falle eines Devisenbilanzüberschusses angekauft und wird dafür heimische Währung hingegeben, dann *steigt* die Geldmenge. Im Falle eines *Reservewährungslandes* sind die Zusammenhänge zwischen Devisenmarktinterventionen und Geldmenge differenzierter zu sehen. Werden z. B. im Zuge einer defizitären Zahlungsbilanzentwicklung in den USA Dollarguthaben an Ausländer übertragen und werden diese von den Zentralbanken der Überschussländer zum Ausgleich von Angebotsüberschüssen auf dem Devisenmarkt angekauft, dann ergibt sich letztlich kein kontraktiver Einfluss auf die Geldmengenentwicklung in den USA, wenn die von den Zentralbanken angekauften Dollarbeträge wieder in die USA außerhalb des amerikanischen Zentralbanksystems zurückfließen, z. B. durch Anlage in US-Schatzwechseln oder in Form von Einlagen bei amerikanischen Banken. Da dieses durchweg der Fall ist, steht dem durch Zahlungsbilanzüberschüsse ausgelösten expansiven Impuls auf die Geldmenge der (nichtamerikanischen) Überschussländer kein entsprechender kontraktiver Impuls im Reservewährungsland USA gegenüber, d. h. die Liquiditätswirkungen der Devisenmarktinterventionen sind *asymmetrisch*[17].

Geldmengenänderungen, die auf eine Finanzierung von Devisenbilanzdefiziten (bzw. auf eine Aufstockung von Währungsreserven im Zuge von Devisenbilanzüberschüssen) zurückgehen, wirken zwangsläufig auf die Zahlungsbilanzentwicklung zurück. Um den Vorgang der Zahlungsbilanzfinanzierung von der Zahlungsbilanzkorrektur zu isolieren, muss man deshalb unterstellen, dass derartige Geldmengenänderungen von der Zentralbank *neutralisiert* werden. Betrachtet man den Fall eines Devisenbilanzdefizits, dann besteht die Neutralisierung darin, dass die durch Devisenmarktinterventionen bewirkte Reduktion der heimischen Geldmenge durch expansive geldpolitische Maßnahmen, z. B. in Form von Offenmarktkäufen von Staatsobligationen, ausgeglichen wird. Nur in einem solchen Fall liegt eine „reine" Form der Zahlungsbilanzfinanzierung vor.

15 Die Verschuldung würde darin bestehen, dass ausländische Währungsbehörden Forderungen gegenüber den Banken bzw. der Währungsbehörde des Reservewährungslandes erwerben.

16 Die monetäre Basis ist die Zentralbankgeldmenge bei den Geschäftsbanken und Nichtbanken einschließlich Münzumlauf, aber ohne Zentralbankeinlagen des öffentlichen Sektors.

17 Vgl. hierzu im einzelnen A. B. BALBACH, The Mechanics of Intervention in Exchange Markets. „Federal Reserve Bank of St. Louis Review", Vol. 60 (1978), No. 2, S. 2 ff.

bb) Interventionen ohne Neutralisierungspolitik. – Werden die mit der Zahlungsbilanzfinanzierung einhergehenden Geldmengenänderungen *nicht neutralisiert*, dann erfolgt dadurch zwangsläufig eine Zahlungsbilanzkorrektur, die letztlich zu einem *Devisenausgleich* führt. Die im Rahmen dieses Automatismus wirksamen Anpassungsvorgänge sind in Band I im Zusammenhang mit der Darstellung eines Modells fester Wechselkurse ohne Neutralisierungspolitik[18] genauer analysiert. Während diese Analyse von einem *Keynesianischen* Ansatz[19] ausgeht, ist der ebenfalls durch zahlungsbilanzinduzierte Geldmengenänderungen ausgelöste, bisher noch nicht behandelte **Geldmengen-Preismechanismus** wesentlicher Bestandteil der *klassischen* Version von einem automatischen Zahlungsbilanzausgleich. Er beruht im Wesentlichen auf quantitätstheoretischen Vorstellungen sowie auf Zahlungsbilanzeffekten infolge von Preisänderungen und wird im Zusammenhang mit dem System des klassischen Goldstandards im II. Kapitel[20] genauer beschrieben werden.

Die Wirksamkeit der genannten Zahlungsbilanzausgleichsmechanismen setzt voraus, dass sich die Träger der Wirtschaftspolitik konterkarierender Maßnahmen enthalten. Dieses impliziert, dass im Falle von Devisenbilanzdefiziten und einer damit einhergehenden Kontraktion der Geldmenge u. U. zunehmende Unterbeschäftigung und im Falle von Devisenbilanzüberschüssen und einer damit einhergehenden Expansion der Geldmenge Preissteigerungen hingenommen werden müssen. Insofern zeigt sich, dass ein automatischer Zahlungsbilanzausgleich – ebenso wie eine bewusste Ausrichtung der Geldpolitik auf eine Zahlungsbilanzkorrektur – die Vernachlässigung *binnenwirtschaftlicher* Ziele wie Vollbeschäftigung oder Preisstabilität bedingt.

c) Zahlungsbilanzfinanzierung versus Zahlungsbilanzkorrektur

Ob eine Finanzierung oder eine Korrektur von Zahlungsbilanzungleichgewichten die angemessene Therapie darstellt, hängt von den Ursachen und der durch sie bestimmten Dauer der Ungleichgewichte ab. Einmal abgesehen davon, dass es in der währungspolitischen Praxis häufig schwierig ist, sich hierüber frühzeitig Klarheit zu verschaffen, sollte eine *Finanzierung* von Devisenbilanzdefiziten insbesondere dann erwogen werden, wenn die Defizite auf kürzere Sicht *reversibel* erscheinen, d. h. bald von Überschüssen in gleichem Umfang abgelöst wer-

18 Die durch Geldmengenänderungen ausgelösten Anpassungsvorgänge beruhen auf Zins-, Realeinkommens- und Preiseffekten. – Siehe hierzu Band I, Abschnitt VII 2b). – Vgl. auch die Ausführungen zur Zahlungsbilanzkorrektur durch eine kontraktive Geldpolitik im Unterabschnitt 1a) aa) dieses Kapitels.

19 Die Annahme fehlender Neutralisierungspolitik ist auch wesentlicher Bestandteil der monetären Zahlungsbilanztheorie. Vgl. Band I, Unterabschnitt X 2b) aa).

20 Siehe Unterabschnitt II 2b).

den. Ohne dass Währungsreserven dauerhaft verloren gehen, lassen sich in diesem Fall überflüssige Wechselkursschwankungen[21] und andere Nachteile vermeiden, die vielfach mit einer Zahlungsbilanzkorrektur verbunden sind. Wird dagegen vermutet, dass die defizitäre Devisenbilanzentwicklung *anhaltend* ist, weil ihr tiefer greifende Störungen zugrunde liegen, dann wird man um eine Zahlungsbilanzkorrektur nicht umhinkönnen; denn mit der Zeit werden sich Währungsreserven und internationale Kreditmöglichkeiten erschöpfen[22]. Der hierdurch ausgeübte Zwang zur Zahlungsbilanzkorrektur besteht bei Ländern mit Devisenbilanz*überschüssen* nicht. Der Anpassungsdruck ist deshalb zwischen Defizit- und Überschussländern unterschiedlich verteilt, auch wenn die internationale Kritik an ständigen Überschüssen, insbesondere seitens der Defizitländer, und die Schwierigkeiten, die zahlungsbilanzinduzierte Geldmengenausweitung zu neutralisieren, nach den bisherigen Erfahrungen auch bei Überschussländern auf eine Zahlungsbilanzkorrektur hinwirken.

Der Versuch, fortbestehenden Ungleichgewichten mit einer Finanzierung (bei Defiziten) bzw. einer Akkumulierung von Währungsreserven (bei Überschüssen) zu begegnen, läuft auf ein Kurieren von Symptomen hinaus und macht letztlich eine um so stärkere Zahlungsbilanzkorrektur erforderlich, je weiter sie in die Zukunft hinausgeschoben wird. Im Fall einer verzögerten *Wechselkursanpassung* entstehen darüber hinaus beträchtliche *Kosten* für die intervenierenden Währungsbehörden[23]. Diese resultieren im Fall einer verzögerten *Abwertung* daraus, dass die Währungsbehörden in der Phase der Finanzierung Devisen auf dem Devisenmarkt zu einem Preis abgegeben haben, der unter dem Preis lag, zu dem sie nach der Abwertung ihrer Währung Devisen zurückkaufen können, z. B. zur Tilgung vorher aufgenommener Auslandskredite[24]. Im Fall einer verzögerten *Aufwertung* entstehen Verluste für die Währungsbehörden dadurch, dass sie in der Phase der Akkumulierung von Währungsreserven Devisen auf dem Devisenmarkt zu einem Preis aufgekauft haben, der *über* dem Preis lag, zu dem die Devisen nach der Aufwertung ihrer Währung bewertet werden.

Die Notwendigkeit einer Zahlungsbilanzkorrektur bei *anhaltenden* Zahlungsbilanzungleichgewichten schließt nicht aus, dass die *Zahlungsbilanzfinanzierung* auch in diesem Fall eine wichtige Funktion übernimmt: Durch eine

21 Vgl. dazu auch die Ausführungen im Unterabschnitt V. 2a) cc).

22 Bei *Reservewährungsländern* wird der Zwang zur Zahlungsbilanzkorrektur allerdings erst wirksam, wenn die Überschussländer nicht mehr bereit sind, ihre Bestände an Devisen in der Währung des Reservewährungslandes weiter aufzustocken.

23 Vgl. LINDERT, a. a. O., S. 393 ff.

24 Außerdem dürften Spekulanten Devisen abgeben, die sie vorher in Erwartung der Abwertung noch billig erworben haben. Somit stehen den Verlusten der Währungsbehörden auch Gewinne von Spekulanten gegenüber.

zwischenzeitliche Finanzierung von Devisenbilanzdefiziten können bestimmte als erforderlich angesehene Korrekturmaßnahmen, z. B. kontraktiv wirkende geld- und fiskalpolitische Eingriffe, über einen längeren Zeitraum hinweg verteilt werden. Auf diese Weise lässt sich eher vermeiden, dass die aus Schwankungen des Volkseinkommens und der Beschäftigung resultierenden gesellschaftlichen Anpassungskosten als zu hoch empfunden werden. In Hinblick auf eine diskretionär beschlossene Wechselkursänderung, z. B. eine Abwertung, ist außerdem zu bedenken, dass auf kurze Sicht möglicherweise eine anomale Reaktion des Außenbeitrags eintritt. Liegt dieser Fall vor und erfolgen keine zusätzlichen Kapitalimporte, dann erhöht sich zunächst noch das für die Abwertung maßgebliche Devisenbilanzdefizit. Die Währungsbehörden müssen deshalb nach der Wechselkursänderung für eine gewisse Zeit verstärkt durch Abgabe von Devisen intervenieren, um die kurzfristig gestiegene Überschussnachfrage nach Devisen abzudecken.

2. Währungssysteme im Überblick

Wie schon einleitend erwähnt, sind die vorhandenen bzw. ausgeschlossenen Möglichkeiten für den Zahlungsbilanzausgleich ein wesentliches Merkmal eines internationalen Währungssystems. So wird der im folgenden Kapitel zu behandelnde *klassische Goldstandard* (etwa 1880 bis 1914) dadurch charakterisiert, dass die Wechselkurse fest und Maßnahmen der Devisenbewirtschaftung ungebräuchlich sind. Die Beseitigung von Zahlungsbilanzungleichgewichten erfolgt dadurch, dass zahlungsbilanzinduzierte Geldmengenänderungen über Zins-, Einkommens- und Preisänderungen automatisch auf einen Zahlungsbilanzausgleich hinwirken, der im Idealfall noch durch eine streng zahlungsbilanzorientierte Geldpolitik unterstützt wird. Es liegt auf der Hand, dass innerhalb eines solchen Systems binnenwirtschaftliche Ziele – wie Vollbeschäftigung oder Preisstabilität – hinter dem Postulat des Zahlungsbilanzausgleichs zurücktreten.

Ähnlich wie im System des reinen Goldstandards Zahlungsbilanzungleichgewichte durch Automatismen (u. U. ergänzt durch Regelbindungen der Währungsbehörden) beseitigt werden, erfolgt der Zahlungsbilanzausgleich in einem System *frei flexibler Wechselkurse* selbsttätig und ohne fallweise getroffene Ermessensentscheidungen von Regierungen[25]. Anders als im reinen Goldstandard ist der Wechselkurs nicht konstant, sondern die Größe, die sich bei Ungleichgewichten auf dem Devisenmarkt ändert und dadurch den Ausgleich der Devi-

25 Zugespitzt auf die von H. SIMONS (Economic Policy for a free Society. Chicago, Ill., 1948. S. 160 ff.) formulierte Alternative „*rules versus authorities*“, sind Goldstandard und flexible Wechselkurse also durch das zuerst genannte Prinzip charakterisiert.

senbilanz bewirkt. In der Realität hat zwar bisher ein System vollkommen flexibler Wechselkurse nicht existiert; doch abgesehen davon, dass Länder in der Zwischenkriegszeit den Wechselkurs ihrer Währungen für Übergangsphasen freigaben, spielen schwankende Wechselkurse auch im gegenwärtigen Währungssystem eine wichtige Rolle. So waren die Wechselkurse der Währungen des Europäischen Währungssystems (EWS) zwar untereinander stabil und nur fallweise änderbar; gegenüber wichtigen Drittwährungen, wie dem US-Dollar und dem japanischen Yen, sind sie aber flexibel *(Blockfloating)*, wobei die Schwankungen allerdings z. T. von Zeit zu Zeit durch Interventionen der Währungsbehörden reguliert werden *(kontrolliertes Floating)*. Grundsätzlich flexibel ist auch der Euro gegenüber wichtigen Drittwährungen (wie dem US-Dollar und dem japanischen Yen).

Die Ära des klassischen Goldstandards war mit Beginn des Ersten Weltkrieges (Mitte 1914) beendet. Die Währungspolitik der *Zwischenkriegszeit* war nach einer Übergangsphase mit flexiblen Wechselkursen Anfang der zwanziger Jahre durch die Rückkehr der wichtigsten Länder zum Goldstandard bestimmt – allerdings unter veränderten Bedingungen und auch in modifizierter Form. Die in die Zeit der Weltwirtschaftskrise fallende Suspendierung der Goldeinlösungspflicht durch die Bank von England im Jahre 1931 führte dann zum Zusammenbruch des restaurierten Goldstandardsystems. Nach einer Kette von Abwertungen zerfiel das zuvor einheitliche Währungssystem, und in den einzelnen Ländern bzw. Ländergruppen (wie den Goldblockländern oder den Ländern mit Devisenbewirtschaftung) dominierten unterschiedliche Praktiken des Zahlungsbilanzausgleichs.

Die Währungspolitik in der Zeit nach dem Zweiten Weltkrieg wird durch das bereits 1944 im amerikanischen Bretton Woods beschlossene Abkommen über den Internationalen Währungsfonds (IWF) geprägt. Durch dieses internationale Abkommen wurde ein Wechselkurssystem mit *Stufenflexibilität* geschaffen. Anders als im Goldstandard bietet das *System von Bretton Woods* also auch die Möglichkeit, Devisenbilanzungleichgewichte durch fallweise Änderungen eines grundsätzlich festen Wechselkurses zu korrigieren. Daneben ist eine wesentliche Neuerung des Bretton Woods-Systems darin zu sehen, dass durch einen internationalen Fonds in umfassender Weise Mittel für die *Finanzierung* von Devisenbilanzdefiziten verfügbar gemacht werden.

Mit der 1978 in Kraft getretenen (zweiten) *Änderung des IWF-Abkommens* wurden die in der währungspolitischen Praxis seit Beginn der siebziger Jahre immer mehr ausgehöhlten Wechselkursregelungen des Bretton Woods-Systems auch de jure suspendiert. Mit der Statutenrevision wurde den Mitgliedern weitest gehende Freiheit bei der Wahl des Wechselkurssystems zugestanden und ihnen auch die Möglichkeit eingeräumt, flexible Wechselkurse einzuführen. Die Währungsordnung von Bretton Woods erfuhr dadurch eine einschneidende

Wandlung in Richtung auf eine (de facto schon vorher eingetretene) größere *Wechselkursflexibilität* mit unterschiedlicher Ausprägung (z. T. flexible, z. T. fallweise änderbare Wechselkurse).

Die folgende Übersicht führt noch einmal zusammenfassend die verschiedenen Währungsordnungen auf und nennt dabei jeweils die charakteristische Anpassung beim Zahlungsbilanzausgleich[26]. Da in der Zwischenkriegszeit keine einheitliche Währungsordnung bestand (von der kurzen Phase der Restauration des Goldstandards einmal abgesehen), ist die währungspolitische Entwicklung in diesem Zeitabschnitt in Tabelle I.1 unberücksichtigt geblieben.

Tabelle I.1: *Währungssysteme und Instrumente des Zahlungsbilanzausgleichs*

Währungssystem	**Charakteristische Anpassung beim Zahlungsbilanzausgleich**
Goldstandard	Automatische (u. U. durch geldpolitische Maßnahmen unterstützte) Zins-, Realeinkommens- und Preisänderungen
Frei flexible Wechselkurse	Automatische Wechselkursanpassungen
IWF-System mit Stufenflexibilität (Bretton Woods-System)	Finanzierung, Zins-, Realeinkommens- und Preisanpassungen, fallweise Wechselkursänderungen, Devisenbewirtschaftung (als Ausnahme)
IWF-System mit größerer Wechselkursflexibilität (wie Blockfloating, kontrolliertes Floaten)	Finanzierung, Zins-, Realeinkommens- und Preisanpassungen, Flexible Wechselkurse (z. T. reguliert), fallweise Wechselkursänderungen, Devisenbewirtschaftung (als Ausnahme)

Zusammenfassung

1. Hinsichtlich des Zahlungsbilanzausgleichs ist die Zahlungsbilanzkorrektur von der Zahlungsbilanzfinanzierung zu unterscheiden. Eine Zahlungsbilanzkorrektur erfolgt durch eine Anpassung des Zinssatzes, der Realeinkommen und des Preisniveaus (z. B. durch geldpolitische Maßnahmen oder automatisch durch zahlungsbilanzinduzierte Geldmengenänderungen), durch eine Anpassung des Wechselkurses (entweder fallweise wie bei Stufenflexibilität oder automatisch wie bei völlig flexiblen Wechselkursen), durch Maßnahmen der Handels- oder Kapitalverkehrspolitik sowie durch Devisenbewirtschaftung. Eine Zahlungsbilanzfinanzierung beinhaltet Interventionen der Währungsbehörden zur Stabilisierung des Wechselkurses durch Verkauf von Devisen aus Währungsreserven oder aufgenommenen internationalen Krediten (bzw. durch Ankauf von Devisen, d. h. durch Aufstockung der Währungsreserven).

26 Die Darstellung lehnt sich an die Tabelle bei GRUBEL (International Economics, a. a. O., S. 353) an.

2. Während bei flexiblen Wechselkursen immer eine Zahlungsbilanzkorrektur erfolgt, sind bei festen Wechselkursen grundsätzlich Korrektur und Finanzierung von Zahlungsbilanzungleichgewichten möglich. Eine Finanzierung erscheint bei reversiblen, eine Korrektur bei andauernden Ungleichgewichten angemessen.

3. Im klassischen Goldstandard hatte die Zahlungsbilanzkorrektur den Vorrang, wobei Wechselkurse nicht geändert wurden; im Bretton Woods-System wurde die Finanzierung von Defiziten erleichtert, und zur Korrektur konnten fallweise Wechselkursänderungen vorgenommen werden (Stufenflexibilität).

4. Anfang der siebziger Jahre wurde das Bretton Woods-System durch eine größere Wechselkursflexibilität verändert.

Ausgewählte Literaturangaben zur Einführung

H. G. GRUBEL, International Economics. Rev. ed. Homewood, Ill., 1981.

O. ISSING, Währungspolitik, Internationale. In: Handwörterbuch der Wirtschaftswissenschaft (HdWW). Zugleich Neuauflage des Handwörterbuchs der Sozialwissenschaften. Achter Band. Stuttgart 1980. S. 522 ff.

International Monetary Arrangements: The Problem of Choice. Report on the Deliberations of an International Study Group of 32 Economists. Princeton, N. J., 1964.

H.-J. JARCHOW, Zur Theorie und Realität internationaler Währungssysteme. „Zeitschrift für Wirtschafts- und Sozialwissenschaften", Jg. 117 (1997), S. 443 ff.

L. B. YEAGER, International Monetary Relations: Theory, History, and Policy. 2nd ed. New York 1976.

Erster Teil: Vor Bretton Woods

II. Der klassische Goldstandard

Nachdem das *Vereinigte Königreich* als erstes größeres Land 1821 zum *Goldstandard* übergegangen war[1], setzte sich dieser Währungsstandard gegenüber dem Bimetallismus (Gold-Silber-Währung) bzw. dem reinen Silberstandard in der zweiten Hälfte des 19. Jahrhunderts durch. Seit etwa 1880 bis zum Ausbruch des ersten Weltkrieges gehörten praktisch alle wirtschaftlich bedeutenderen Länder dem Goldstandard an[2]. Im *Deutschen Reich* wurde der Goldstandard de facto 1875 und formal mit der Gründung der Reichsbank im Jahre 1876 eingeführt[3].

Die Zeit des **klassischen Goldstandards** (etwa 1880 bis 1914) zeichnet sich dadurch aus, dass die Wechselkurse der Goldstandardländer über diese lange Phase konstant blieben, Devisenbewirtschaftungsmaßnahmen und Importreglementierungen praktisch nicht erfolgten und die Währungsreserven dabei relativ gering waren. Die Vermutung liegt nahe, dass sich in dieser Periode größere, über längere Zeit fortbestehende Devisenbilanzungleichgewichte i. Allg. nicht einstellten oder vermeiden ließen. Als Erklärung hierfür bieten sich verschiedene Anpassungsmechanismen an, auf die nach Schilderung der Konstruktionsmerkmale des Goldstandards noch näher eingegangen wird.

1 Obwohl im Vereinigten Königreich im 18. Jahrhundert de jure *Bimetallismus* mit Gold- und Silbermünzen in einem staatlich fixierten Wertverhältnis – also eine **Doppelwährung** – existierte, herrschte de facto schon *nach 1717 ein Goldstandard*. Maßgeblich hierfür war, dass das staatlich festgesetzte Wertverhältnis von Gold- und Silbermünzen höher war als das Verhältnis der Weltmarktpreise von Gold und Silber und sich für Goldmünzen deshalb eine *Überbewertung* ergab. Entsprechend dem GRESHAM**schen Gesetz**, wonach das schlechte (überbewertete) Geld das gute (unterbewertete) Geld verdrängt, verschwand das Silber aus dem Münzumlauf und Gold wurde so zum alleinigen Zahlungsmittel. Derartige Entwicklungen sind häufig mit *Doppelwährungen* verbunden; sie stellten sich z. B. auch ein, als die Entdeckung neuer Goldfelder in Kalifornien und Australien um 1850 den Marktpreis für Gold in Relation zum Marktpreis für Silber verminderte.

2 Vgl. hierzu genauer A. I. BLOOMFIELD, Monetary Policy and the International Goldstandard: 1880–1914. New York 1959. S. 13 ff.

3 Erleichtert wurde der Übergang zum Goldstandard dadurch, dass dem Deutschen Reich umfangreiche französische Kontributionen nach dem Deutsch-Französischen Krieg 1870/71 zugeflossen waren und damit die Goldreserven aufgestockt werden konnten.

1. Merkmale des Goldstandards

a) Erscheinungsformen

Hinsichtlich der Ausgestaltung des Goldstandards lassen sich zwei Erscheinungsformen unterscheiden: die *Goldumlaufswährung* (Gold-specie-standard) und die *Goldbarrenwährung* (Gold-bullion-standard). Bei der **Goldumlaufswährung** in reiner Form (der *reinen Goldumlaufswährung*) besteht der Zahlungsmittelumlauf nur aus vollwertigen Goldmünzen, bei der *gemischten Goldumlaufswährung* sind neben vollwertigen Goldmünzen (von Scheidemünzen abgesehen) auch Banknoten im Umlauf. Die umlaufenden Noten können vollständig oder teilweise durch die Goldreserven der Währungsbehörden gedeckt sein. Bei einer teilweisen Deckung kann man *zwei* Varianten unterscheiden: das **Fiduziärsystem** (oder die Sockeldeckung) und das **Proportionalsystem** (oder die Quotaldeckung)[4]. Während im **Fiduziärsystem** ein bestimmter Betrag an Notengeld (das „Vertrauenskontingent") ungedeckt bleibt und der darüber hinausgehende Teil zu 100 v. H. goldgesichert ist, schreibt das Proportionalsystem vor, dass der Banknotenumlauf mindestens in Höhe eines bestimmten Anteils durch Goldreserven gedeckt sein muss. So war nach dem Reichsbankgesetz von 1875 für den Betrag der umlaufenden Noten eine Reserve in Höhe von einem Drittel zu halten[5]. Die strikte Einhaltung dieser *Dritteldeckung* bedeutete, dass z. B. bei einer Abnahme der Goldreserven um 10 Mrd. Mark der Banknotenumlauf um das Dreifache, also um 30 Mrd. Mark, zu vermindern war.

Bei der **Goldbarrenwährung** (die auch als *Goldkernwährung* bezeichnet wird) befinden sich keine vollwertigen Münzen im Umlauf. In diesem System lösen Währungsbehörden (von bestimmten Beträgen an) Noten in Goldbarren ein und kaufen Gold gegen Abgabe von Noten an. Begrenzt wird der Notenumlauf durch *Deckungsvorschriften*, wie sie oben bereits erläutert wurden.

b) Goldparitäten, Goldarbitrage und Goldpunkte

aa) Goldparitäten. – Für ein internationales Goldstandardsystem ist wesentlich, dass die Regierungen der beteiligten Länder

4 Vgl. E. DÜRR, Goldstandard, internationaler. In: Handwörterbuch der Wirtschaftswissenschaft (HdWW). Zugleich Neuauflage des Handwörterbuchs der Sozialwissenschaften. Dritter Band. Stuttgart 1981. S. 700.

5 Neben der Quotaldeckung enthielten die Deckungsvorschriften aber auch Elemente des Fiduziärsystems. Einzelheiten siehe JARCHOW, Theorie ..., II. Geldpolitik, a. a. O., Unterabschnitt I. 1 a) bb).

- den Goldwert der nationalen Geldeinheit, die sog. **Goldparität**, ein für alle Mal festlegen,
- sich bereit erklären, Gold zur Goldparität zu verkaufen und anzukaufen[6], und
- freien Goldverkehr zwischen Goldstandardländern zulassen.

Aus der Fixierung von Goldparitäten ergeben sich innerhalb der Goldstandardländer *feste Relationen* zwischen den nationalen Geldeinheiten. Existieren z. B. (wie im klassischen Goldstandard) Paritäten von 1 Mark = 1/2790 kg Feingold und 1 Pfund = 1/136,57 kg Feingold, dann gilt 1 kg Feingold = 2790 Mark = 136,57 Pfund, so dass sich als sog. **Parikurs** zwischen den beiden Währungen ergibt: 1 £ = 20,43 M (2790: 136,57).

bb) Goldarbitrage und Goldpunkte. – aaa) Die **Goldarbitrage** stellt sicher, dass sich der Wechselkurs des Pfundes, ausgedrückt in Mark (kurz: der Pfundkurs), auf dem Devisenmarkt vom Parikurs (z. B. von 20,43 M/£) nicht wesentlich entfernen kann. Fällt z. B. der Pfundkurs merklich unter den Parikurs von 20,43 M/£, z. B. auf 20,35 M/£, dann lassen sich mit Goldarbitragegeschäften Gewinne erzielen, wenn man

- Pfundbeträge auf dem Devisenmarkt kauft (z. B. 1 £ gegen 20,35 M),
- die Pfundbeträge gegen Gold an die Bank von England verkauft (1 £ gegen $^1/_{136,57}$ kg Gold)[7] und
- den erworbenen Goldbetrag *importiert* und an die Reichsbank verkauft ($^1/_{136,57}$ kg Gold gegen $^1/_{136,57} \cdot 2790$ M = 20,43 M).

Offenbar ergibt sich aus dem Goldimport ein (Netto-)Erlös von 0,08 M (= 20,43 – 20,35), bezogen auf eine Goldmenge im Werte von 1 £. Der berechnete Erlös entspricht der Differenz zwischen Parikurs und Pfundkurs.

Umgekehrt besteht bei einem merklichen Ansteigen des Pfundkurses über den Parikurs von 20,43 M/£, z. B. auf 20,51 M/£, ein Arbitragegewinn, wenn man

- Gold bei der Deutschen Reichsbank erwirbt (z. B. $^1/_{136,57}$ kg für $^1/_{136,57} \cdot$ 2790 M = 20,43 M),
- den Goldbetrag *exportiert* und an die Bank von England gegen Pfund verkauft ($^1/_{136,57}$ kg für 1 £) und

6 In der währungspolitischen Praxis liegt der Ankaufspreis für Gold etwas *unter* dem der Goldparität entsprechenden Verkaufspreis der Währungsbehörden.

7 Vernachlässigt wird in dieser und der folgenden Rechnung, dass der Ankaufspreis für Gold etwas unter der Parität liegt.

- den erlösten Pfundbetrag gegen Mark auf dem Devisenmarkt anbietet (1 £ gegen 20,51 M)[8].

bbb) Hinsichtlich der *Goldarbitrage* ist es wichtig zu beachten, dass die geschilderten Transaktionen *erst dann lohnend* werden, wenn der (Netto-)Erlös aus der Goldarbitrage die mit Goldbewegungen verbundenen Kosten für Transport und Versicherung sowie den *entgangenen Zinsertrag* deckt. Belaufen sich Kosten und entgangene Zinsen auf t Mark, bezogen auf eine Goldmenge im Wert von 1 £, dann besteht somit ein Anreiz

- für *Goldimporte*, wenn der Pfundkurs den Parikurs um mehr als t Mark unterschreitet und damit unter den sog. **Goldimportpunkt** (oder unteren Goldpunkt) fällt und
- für *Goldexporte*, wenn der Pfundkurs den Parikurs um mehr als t Mark überschreitet und damit über den sog. **Goldexportpunkt** (oder oberen Goldpunkt) ansteigt[9].

Im *ersten* Fall wird man Pfundbeträge (die auf dem Devisenmarkt relativ billig sind) auf dem Devisenmarkt *in beliebigem Umfang nachfragen* und bei der Bank von England in Gold umtauschen; im zweiten Fall wird man Pfundbeträge (die auf dem Devisenmarkt relativ teuer sind) bei der Bank von England gegen Gold *in beliebiger Höhe* kaufen und auf dem Devisenmarkt *anbieten.*

Als *Fazit* der Betrachtungen ergibt sich somit, dass die Devisenangebotskurve (S) bei Überschreiten des Goldexportpunkts (w_e) und die Devisennachfragekurve (D) bei Unterschreiten des Goldimportpunkts (w_i) *vollkommen elastisch* werden[10] und der Pfundkurs demzufolge nur im Bereich von w_e und w_i um den Parikurs w_p schwanken kann (vgl. Abb. II.1).

8 Der Erlös – bezogen auf einen Goldexport im Werte von 1 £ – beträgt also 0,08 M; er entspricht wieder dem Abstand zwischen Pfundkurs und Parikurs.

9 Da in der währungspolitischen Praxis der Goldankaufskurs etwas unter dem (der Parität entsprechenden) Goldverkaufskurs liegt, ist der für den *Goldimportpunkt* relevante Referenzkurs (der sich als Quotient aus dem Goldankaufspreis im Inland und dem Goldverkaufspreis im Ausland ergibt) etwas *niedriger* und der für den *Goldexportpunkt* relevante Referenzkurs (der sich als Quotient aus dem Goldverkaufspreis im Inland und dem Goldankaufspreis im Ausland ergibt) etwas *höher* als der Parikurs, der durch Division der Goldverkaufspreise ermittelt wird. Die *Spanne* zwischen den beiden Goldpunkten ist dementsprechend in der Realität etwas größer als bei der oben (vereinfachend) unterstellten Identität von Goldankaufs- und Goldverkaufspreis. – Nach den Angaben von O. MORGENSTERN (International Financial Transactions and Business Cycles. Princeton 1959. S. 178 f.) belief sich die Spanne für den Pfundkurs (M/£) auf etwa 0,8 v. H. (bezogen auf den Mittelkurs) und für den Dollarkurs (M/$) auf etwa 1,2 v. H.

10 Streng genommen beginnen der vollkommen elastische Teil der Devisenangebotskurve also etwas oberhalb von w_e und der vollkommen elastische Teil der Devisennachfragekurve etwas unterhalb von w_i.

Abb. II.1: *Der Devisenmarkt im Goldstandard*

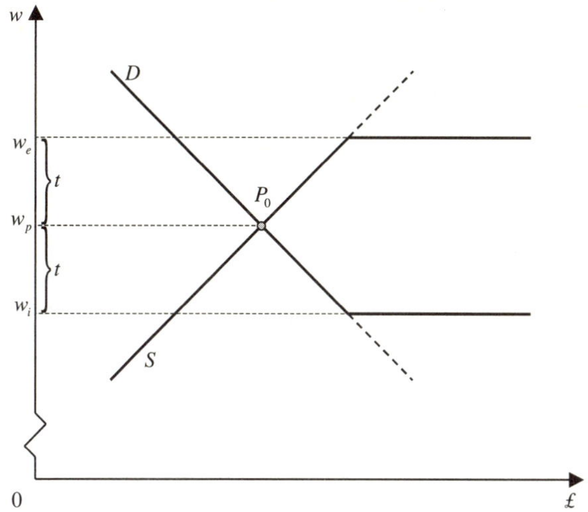

c) „Spielregeln" des Goldstandards

Zu den traditionellen Vorstellungen über den internationalen Goldstandard gehört schließlich, dass sog. **„Spielregeln"** (*„rules of the game"*)[11] befolgt werden. Sie leiten sich ab aus dem im klassischen Goldstandard eindeutig vorherrschenden Ziel der Geldpolitik, die **Goldkonvertibilität** der nationalen Währungen und damit die Stabilität der Wechselkurse zu erhalten[12]. Nach traditioneller Sicht bewirkt ihre Befolgung, dass bei Goldzuflüssen oder Goldabflüssen (d. h. bei Zahlungsbilanzungleichgewichten) Anpassungsvorgänge wirksam werden, die diese Bewegungen zum Stillstand bringen und sich damit Zahlungsbilanzgleichgewicht einstellt. Die *Spielregeln* – in einem mehr *passiven* Sinn verstanden – werden schon dadurch eingehalten, dass die mit Goldankäufen der heimischen Währungsbehörden verbundene Geldschöpfung und die mit Goldverkäufen verbundene Geldvernichtung zugelassen und nicht durch geldpolitische Neutralisierungsmaßnahmen unterbunden werden. Darüber hinaus interpretiert man die Spielregeln aber auch noch in einem mehr *aktiven* Sinn und verbindet damit die Vorstellung, dass die Währungsbehörden die mit der Veränderung des Goldbestandes unmittelbar einhergehenden gleichgerichteten Veränderungen der Geldmenge durch entsprechende geldpolitische Aktionen unterstützen (nicht zuletzt auch in Hinblick auf die Einhaltung von Deckungs-

11 Vgl. BLOOMFIELD, Monetary Policy ..., a. a. O., S. 47.
12 Vgl. ebenda, S. 23.

vorschriften). Auf jeden Fall beinhaltet die Einhaltung der Spielregeln, dass sich Veränderungen der Geldmenge und des Goldbestandes *gleichgerichtet* vollziehen. Diese Annahme ist wichtig für die Funktionsweise des klassischen *Geldmengen-Preismechanismus*, der einen Zahlungsbilanzausgleichsautomatismus beinhaltet und im folgenden Abschnitt unter 2b) näher beschrieben wird.

2. Funktionsweise in theoretischer Sicht

a) Preisstabilisierungsmechanismus

Auf Grund bestimmter ökonomischer Zusammenhänge kann man zu der Vermutung gelangen, dass einem Goldwährungssystem eine Tendenz zur *Preisstabilisierung* innewohnt. Die Grundlage für diese Vermutung bieten Anpassungsvorgänge bei der Goldproduktion und der Goldhaltung für nichtmonetäre Zwecke, die durch Änderungen des allgemeinen Preisniveaus ausgelöst werden[13]. Sind z. B. die Preise aller Güter (Gold ausgenommen) auf Grund von Produktivitätsfortschritten *gesunken* und bleibt der Goldpreis – wie im System des Goldstandards – konstant, dann besteht ein Anreiz, die Goldproduktion *auszuweiten,* da sich die Rentabilität der Goldförderung infolge sinkender Faktorpreise erhöht[14]. Durch Verkäufe von Gold an die Währungsbehörden steigen dann die monetären Goldbestände. Außerdem wird Gold, das bisher aus nichtmonetären Gründen gehalten wurde (Goldhortung, Schmuck), teilweise in Gold für monetäre Zwecke überführt (also an die Währungsbehörden verkauft), da andere Güter mit der Senkung des allgemeinen Preisniveaus relativ billig und dadurch attraktiv geworden sind. Die *Erhöhung* des Bestandes an monetärem Gold wird wegen der damit verbundenen Ausweitung der Geldmenge zu einem Preisanstieg führen und so die anfängliche Entwicklung des allgemeinen Preisniveaus *umkehren,* also letztlich *preisstabilisierend* wirken. Die Anpassungsvorgänge verlaufen in umgekehrter Richtung, wenn in der Ausgangslage das allge-

13 Siehe hierzu M. D. BORDO, The Classical Gold Standard: Some Lessons for Today. „Federal Reserve Bank of St. Louis Review", Vol. 63 (1981), No. 5, S. 3. – Vgl. ferner DÜRR, a. a. O., S. 701 f., sowie R. J. BARRO, Money and the Price Level under the Gold Standard. „The Economic Journal", Vol. 89 (1979), S. 113 ff. – H.-J. JARCHOW, Zur Theorie und Realität internationaler Währungssysteme. Ein modelltheoretischer Überblick. „Zeitschrift für Wirtschafts- und Sozialwissenschaften", Jg. 117 (1997), S. 444 ff.

14 Sinkende Produktionskosten machen einen Abbau auch weniger ergiebiger Goldvorkommen wirtschaftlich. Ferner ist zu vermuten, dass die Erschließung neuer Goldfelder und die Entwicklung neuer Produktionstechniken in der Goldförderung nicht nur zufallsbedingte Ereignisse darstellen, sondern auch z. T. durch Änderungen in der Wirtschaftlichkeit mitbestimmt werden.

meine Preisniveau *angestiegen* ist[15]. Hinsichtlich des Zeitprofils der Anpassungsvorgänge ist die Annahme naheliegend, dass Änderungen des monetären Goldbestandes i. Allg. schneller auf das allgemeine Preisniveau einwirken als umgekehrt eine Veränderung des allgemeinen Preisniveaus auf die Goldproduktion.

b) Geldmengen-Preismechanismus

aa) Charakteristika. – Der **Geldmengen-Preismechanismus** ist zentraler Bestandteil der klassischen Theorie von einem *automatischen Zahlungsbilanzausgleich.* Diese schon bei D. HUME[16] (1711–1776) im Kern anzutreffende Theorie beinhaltet, dass eine Störung eines Zahlungsbilanzgleichgewichts, z. B. das Auftreten eines Defizits, einen Anpassungsprozess auslöst, der schließlich wieder den Zahlungsbilanzausgleich herbeiführt. Zu den wesentlichen Bestandteilen des Ausgleichsautomatismus gehören folgende Vorstellungen[17]:

- Eine Senkung des inländischen und (oder) eine Erhöhung des ausländischen Preisniveaus bewirken einen Anstieg des (nominalen) Außenbeitrags (normale Reaktion)[18].
- Wechselkursschwankungen lösen nach Erreichen der Goldpunkte internationale *Goldbewegungen* aus.
- Die Spielregeln werden zumindest insoweit eingehalten, dass Veränderungen der offiziellen Goldreserven von gleichgerichteten Veränderungen der *Geldmenge* begleitet werden.
- Geldmengenänderungen führen entsprechend der Quantitätstheorie zu proportionalen Veränderungen des *Preisniveaus.*

bb) Anpassungsprozess. – Wie der Anpassungsprozess genauer abläuft, lässt sich am einfachsten anhand eines Beispiels für den *Zwei-Länder-Fall* aufzeigen (vgl. Übersicht).

15 Die Goldproduktion wird sinken und die Goldhaltung für nichtmonetäre Zwecke wegen der Verteuerung der anderen Güter zunehmen.

16 Vgl. D. HUME, Of the Balance of Trade. Abgedruckt in: International Finance. (Ed. by R. N. COOPER). Harmondsworth 1969. S. 27.

17 Vgl. JARCHOW, Zahlungsbilanz . . ., a. a. O., S. 545 f.

18 Dieser Annahme liegt die Vorstellung zugrunde, dass die Nachfrage nach Export- und Importgütern vom Verhältnis zwischen in- und ausländischem Preis abhängig ist. Dabei wird unterstellt, dass die Export- und Importnachfrage in Bezug auf dieses Verhältnis so elastisch ist, dass eine normale Reaktion eintritt.

Vorgang	Inland (a)		Ausland (b)
1	Preissenkung ↓		
2	Zunahme des Außenbeitrags ↓	⟶	Abnahme des Außenbeitrags ↓
3	Goldzuflüsse ↓	- - - ->	Goldabflüsse ↓
4	Geldmengenerhöhung ↓		Geldmengensenkung ↓
5	Preiserhöhung ↘		Preissendung ↙
6		Zahlungsbilanzausgleich	

Ausgangspunkt der Betrachtungen sei eine *Senkung des inländischen Preisniveaus* (z. B. auf Grund von Produktivitätsfortschritten). Hieraus resultiert bei normaler Reaktion *eine Erhöhung des (nominalen) Außenbeitrags.* Auf dem Devisenmarkt stellt sich deshalb bei gegebenem Wechselkurs ein Überschussangebot ein, das den Wechselkurs sinken lässt. Unterschreitet der Wechselkurs dabei den Goldimportpunkt (unterer Goldpunkt), dann führt die Goldarbitrage zu *Goldzuflüssen.* In dem hier zur Vereinfachung zunächst unterstellten Fall einer reinen Goldumlaufswährung gehen die Goldzuflüsse zwangsläufig mit einer gleich großen *Ausweitung der Geldmenge* einher. Die Geldmengenerhöhung bewirkt nun einen *Anstieg des inländischen Preisniveaus* und damit bei normaler Reaktion einen Rückgang des (nominalen) Außenbeitrags, der auf dem Devisenmarkt mit einem Abbau des anfänglich bestehenden Überschussangebots verbunden ist. Die Entwicklung auf dem Devisenmarkt kehrt sich dementsprechend um, und der Wechselkurs steigt. In die gleiche Richtung wirken die Anpassungsvorgänge im *Ausland.* Da den anfänglichen Goldzuflüssen in das Inland *Goldabflüsse* aus dem Ausland entsprechen, erfolgt dort eine *Geldmengenkontraktion,* die eine Preissenkung zur Folge hat. Die *Senkung des ausländischen Preisniveaus* unterstützt bei normaler Reaktion des (nominalen) Außenbeitrags die im Inland eingetretene Preiserhöhung (Vorgang 5a) in ihrer Wirkung auf den Devisenmarkt. Die Kurserhöhungstendenzen werden also verstärkt. Etabliert sich schließlich ein neuer Wechselkurs oberhalb des unteren Goldpunktes, dann besteht kein Anreiz mehr für Goldarbitragegeschäfte und die *Zahlungsbilanz* befindet sich wieder im *Gleichgewicht.* Zusammen mit dem Zahlungsbilanzausgleich erfolgt auf längere Sicht eine Angleichung der ausländischen

Preisentwicklung an die inländische, wie die Vorgänge la und 5b in der Übersicht verdeutlichen.

cc) Ergänzungen zum Geldsystem. – Die Zusammenhänge zwischen Änderungen der Goldreserven und der Geldmenge sind verwickelter, wenn *Noten* als Zahlungsmittel umlaufen und Geschäftsbanken existieren, die *Giralgeld* schaffen können. Wird zunächst die Möglichkeit einbezogen, dass Noten als Zahlungsmittel zirkulieren, dann sind Deckungsvorschriften zu berücksichtigen. Ist ein Proportionalsystem gegeben, dann *können* die Währungsbehörden im Falle eines Anstiegs ihrer Goldbestände den Notenumlauf um ein Vielfaches ausweiten, z. B. bei Dritteldeckung um das Dreifache der Goldzuflüsse. Sie sind hierzu jedoch nicht verpflichtet, weil das Proportionalsystem nur eine *Mindestdeckung* vorschreibt. Im Falle von Goldabflüssen hingegen *müssen* die Währungsbehörden bei einem Proportionalsystem den Notenumlauf um ein Vielfaches einschränken; es sei denn, sie hätten in der Ausgangslage über die Mindestdeckung hinausgehende Goldreserven gehalten.

Eine weitere Komplizierung tritt ein, wenn die Geldschöpfungsfähigkeit von Geschäftsbanken Berücksichtigung findet. In diesem Fall sind zwei Quellen für eine Geldschöpfung zu unterscheiden[19]. Fällt der Wechselkurs z. B. unter den Goldimportpunkt und betätigen sich die Geschäftsbanken als Goldarbitrageure, dann kaufen sie von Nichtbanken Devisen und zahlen mit Noten und Giralgeld. So entsteht *zum einen* Geld durch Monetisierung von Devisen. *Zum anderen* spielt für die Geldschöpfung eine wichtige Rolle, dass die Geschäftsbanken das importierte Gold an die Währungsbehörden verkaufen, ihnen dafür Barreserven zufließen und sich hierdurch ihre Möglichkeiten zur Schaffung von Giralgeld durch Kreditvergabe erweitern[20]. Inwieweit das entstandene Kredit- und Geldschöpfungspotenzial ausgenutzt wird, hängt insbesondere davon ab, in welchem Umfang die Geschäftsbanken die ihnen zugeflossenen Mittel für einen Abbau ihrer Zentralbankverschuldung und einen Ankauf von Offenmarktpapieren bei der Zentralbank verwenden. Anzunehmen ist, dass der Zugang an Zentralbankgeld nicht in vollem Umfang an die Währungsbehörden zurückfließt und die Geschäftsbanken einen Teil zur Ausweitung ihres Giralgeldange-

19 Zur genaueren Analyse der Zusammenhänge siehe H.-J. JARCHOW, Theorie und Politik des Geldes. I. Geldtheorie. 10., überarb. u. wes. erw. Aufl. Göttingen 1998. Abschnitt III.2 und Unterabschnitt III.3 b) ee).

20 Führen *Nichtbanken* Arbitragegeschäfte durch, dann verkaufen sie importiertes Gold an die Währungsbehörden gegen Banknoten. Es erfolgt also eine Geldschöpfung durch Monetisierung von Gold. Da die Nichtbanken einen Teil der erhaltenen Noten (entsprechend ihren Bargeldhaltungsgewohnheiten) bei Geschäftsbanken einzahlen, also in Giralgeld umwandeln, fließen den Geschäftsbanken Barreserven zu und dadurch wird eine weitere Geldschöpfung durch Kreditvergabe angeregt.

bots einsetzen. Unter Verwendung des Konzepts der monetären Basis kann man diesen Sachverhalt auch so ausdrücken, dass der durch Goldankäufe bewirkte Anstieg der **monetären Basis** nur teilweise durch eine Verringerung ihrer heimischen Komponente[21] kompensiert wird und demzufolge ein expansiver Einfluss auf das Geldangebot bestehen bleibt. Wie nun auch die Rahmenbedingungen für die Geldschöpfung im einzelnen aussehen mögen, in Hinblick auf die oben vorgenommene Analyse des Geldmengen-Preismechanismus ist davon auszugehen, dass Veränderungen der Goldreserven – den Spielregeln entsprechend – mit gleichgerichteten Veränderungen der gesamten Geldmenge verbunden sind.

c) Weitere Anpassungsvorgänge

aa) Einkommenseffekte. – Im klassischen Geldmengen-Preismechanismus finden Einkommenseffekte – wie sie aus der KEYNESianischen Analyse bekannt sind – keine Berücksichtigung. Ihre Einbeziehung gewinnt gegenüber den Ausgleichsmechanismen der Klassik an Bedeutung, je geringer die Preisflexibilität ist und um so mehr sich Nachfrageschwankungen deshalb in Mengeneffekten auswirken, z. B. in verminderter Produktion und sinkenden Realeinkommen.

aaa) Die Berücksichtigung von *Einkommenseffekten* lässt vermuten, dass in einem System fester Wechselkurse (wie dem Goldstandard) weitere Anpassungsmechanismen wirksam sind. So führt jede Zunahme der Exporte – in KEYNESianischer Sicht – zu einer Ausweitung der gesamtwirtschaftlichen Nachfrage im *Inland* und zu einer Volkseinkommenserhöhung, die einen Anstieg *der Importe* zur Folge hat. Im Ausland ergibt sich parallel hierzu (als Folge der autonom steigenden Importe) ein Einkommensrückgang, der die Importe des Auslands und damit die Exporte des Inlands wieder *schrumpfen* lässt. Die anfängliche Erhöhung der Exporte im Inland wird also in ihrer Wirkung auf den Außenbeitrag sowohl durch einkommensinduzierte Mehrimporte des Inlands als auch durch Rückwirkungen aus dem Ausland vermindert[22]. Entsprechend stellt sich bei einer autonomen (einkommensunabhängigen) Importzunahme im *Inland* ein Einkommensrückgang ein, der die Importzunahme abschwächt, und im *Ausland* eine Einkommenserhöhung mit steigenden Importen, wodurch der anfänglichen autonom bedingten Abnahme des Außenbeitrags ebenfalls entgegengewirkt wird. Eine genauere Analyse zeigt, dass autonome Veränderun-

21 Die heimische Komponente der monetären Basis erfasst alle Einflüsse, soweit sie nicht durch Änderungen der Währungsreserven bestimmt sind (z. B. Änderungen der Zentralbankverschuldung der Geschäftsbanken). Einzelheiten zur monetären Basis siehe JARCHOW, Theorie ..., I ..., a. a. O., Unterabschnitt III. 3a) aa).

22 Vgl. dazu die tabellarische Darstellung in Band I, Unterabschnitt VI. 3b) aa) bbb).

gen des Außenbeitrags in ihrer Wirkung auf die Zahlungsbilanz durch Einkommenseffekte zwar abgeschwächt, aber nicht vollständig kompensiert werden[23].

bbb) Der Anpassungsprozess endet mit einem *vollständigen* Zahlungsbilanzausgleich – auch ohne Preiseffekte –, wenn wie beim Geldmengen-Preismechanismus zahlungsbilanzinduzierte Veränderungen der *Geldmenge* in die Überlegungen einbezogen werden. Ohne Berücksichtigung von Rückwirkungen aus dem Ausland (die am Ergebnis nichts ändern) wird dann beispielsweise durch eine autonome Erhöhung der Exporte folgender Anpassungsprozess ausgelöst[24]: Eine Zunahme des Außenbeitrags führt über Goldzuflüsse zu einer Ausdehnung der Geldmenge, wodurch der *Zinssatz sinkt*, Investitionen angeregt werden, das Volkseinkommen steigt und daraufhin mehr importiert wird[25]. Die einkommensinduzierten Importe werden so lange zunehmen, wie sich die Geldmenge auf Grund von Goldzuflüssen erhöht, und dementsprechend erst dann einen stationären Wert erreichen, wenn sie die autonomen Exporte in ihrer Wirkung auf die Devisenbilanz *ausgeglichen* haben.

bb) Kapitalbewegungen. – aaa) Für die Rolle der kurzfristigen Kapitalbewegungen beim Zahlungsbilanzausgleich im Goldstandard ist von wesentlicher Bedeutung, dass die Einlösbarkeit des englischen Pfundes und der anderen führenden Währungen in Gold zur fixierten Parität niemals ernstlich in Zweifel gezogen wurde[26] und deshalb in dieser Zeit ein weit verbreitetes *Vertrauen* in die *Stabilität der Wechselkurse* bestand. Aus diesem Grund ist die Vermutung naheliegend, dass die Kapitalbewegungen besonders schnell und empfindlich auf *Zinsänderungen* reagierten. Weiter ist davon auszugehen, dass sich Zinsänderungen einstellten, wenn Goldbewegungen erfolgten, da hierdurch (entsprechend den Spielregeln) die heimische Geldmenge (gleichgerichtet) verändert wurde. Unter diesen Annahmen ist mit folgenden Anpassungsvorgängen zu rechnen: Bei *Devisenbilanzdefiziten* und Goldverlusten ergibt sich auf Grund einer abnehmenden Geldmenge eine Zinssteigerung, die noch akzentuiert wird, wenn die Währungsbehörden die Spielregeln durch Erhöhung des Diskontsatzes oder Verkäufe von Offenmarktpapieren aktiv befolgen. Durch den Zinsanstieg entsteht ein Anreiz zu *Kapitalimporten* (z. B. in Form einer verstärkten Kreditaufnahme im Ausland oder durch Aufstockung der Finanzanlagen von Aus-

23 Zur formalen Begründung vgl. JARCHOW, Zahlungsbilanz ..., a. a. O., S. 547 f.

24 Die Zusammenhänge entsprechen einem KEYNESianischen Außenwirtschaftsmodell *ohne* Neutralisierungspolitik. Siehe hierzu Band I Unterabschnitt VII. 2b), wobei die Z-Kurve wegen der Vernachlässigung von Kapitalbewegungen als Senkrechte zu betrachten ist.

25 Steigen die *Preise* im Zuge der binnenwirtschaftlichen Expansion, dann erfolgt der Zahlungsbilanzausgleich sowohl durch Einkommens- als auch durch Preiseffekte.

26 Vgl. A. I. BLOOMFIELD, Short-Term Capital Movements Under the Pre-1914 Gold Standard. (Princeton Studies in International Finance, No. 11.) Princeton, N. J., 1963. S. 26 f.

ländern im Inland). Bei *Devisenbilanzüberschüssen* und Goldzuflüssen ergibt sich umgekehrt eine Zinssenkung, die zu *Kapitalexporten* anregt (z. B. in Form einer verstärkten Kreditaufnahme von Ausländern im Inland oder durch Aufstockung der Finanzanlagen von Inländern im Ausland)[27]. In beiden Fällen werden Kapitalbewegungen induziert, die den anfänglichen Devisenbilanzungleichgewichten und Goldbewegungen entgegenwirken und insofern auf die Zahlungsbilanz *ausgleichend* wirken.

bbb) Zu vermuten ist, dass kurzfristige Kapitalbewegungen im Goldstandard Devisenbilanzungleichgewichten nicht nur entgegenwirkten, sondern sie mitunter auch gar nicht erst entstehen ließen. Die Begründung hierfür ist in einer *stabilisierenden Spekulation* zu sehen, mit der wegen der Begrenzung der Wechselkursfluktuationen durch die Goldpunkte zu rechnen ist. Fällt der Pfundkurs z. B. auf den *unteren Goldpunkt* (rd. 20,35 M/£), dann entsteht wegen der Erwartung, dass er nicht weiter fallen, sondern nur noch steigen kann (z. B. in die Nähe des Parikurses von 20,43 M/£), ein Anreiz zu *Kapitalexporten*, weil die spätere Liquidierung der Pfundanlagen einen Kursgewinn verspricht (z. B. von 0,08 M/£)[28]. Da mit Kapitalexporten eine Erhöhung der Pfundnachfrage einhergeht, zieht der Pfundkurs an, entfernt sich also wieder vom unteren Goldpunkt. In entsprechender Weise regt ein Anstieg des Pfundkurses auf den *oberen Goldpunkt* die Spekulation zu *Kapitalimporten* an, wodurch sich das Pfundangebot erhöht und der Pfundkurs wieder sinkt. Offenbar kann stabilisierende Spekulation (soweit keine Zinserwägungen entgegenstehen) dazu beitragen, Wechselkursschwankungen innerhalb der Goldpunkte zu halten und dadurch Goldbewegungen zu verhindern.

cc) Direkte internationale Preiszusammenhänge. – aaa) Stellt man die Überlegung in den Vordergrund, dass ein Großteil des internationalen Güter- und Dienstleistungsverkehrs bei unbehindertem Warenaustausch auf dem Weltmarkt unter Wettbewerbsbedingungen abgewickelt wird, dann gewinnt der **internationale Preiszusammenhang** an Bedeutung. Werden *homogene* Güter betrachtet und dabei Transportkosten, Zölle und andere Translokationskosten vernachlässigt, dann bildet sich auf dem Weltmarkt ein *einheitlicher Preis* heraus, mit dem die Preise

27 Zinsinduzierte Kapitalbewegungen ergeben sich auch im Zusammenhang mit der Finanzierung des Außenhandels, und zwar durch Veränderungen der Zahlungsziele. Steigt z. B. der inländische Zinssatz (bei konstantem Auslandszins), dann werden die inländischen Exporteure versuchen, die *Zahlungsziele* zu verkürzen, während die inländischen Importeure bemüht sind, die Zahlungsziele zu verlängern. In Hinblick auf die Zahlungsbilanz wirken diese Vorgänge wie Kapitalimporte. Vgl. hierzu auch Band I, Unterabschnitt I. 2 f.).

28 Vorauszusetzen ist, dass der erwartete Kursgewinn nicht dadurch kompensiert wird, dass der Zinssatz im Inland höher ist als im Ausland. Zum genauen Kalkül eines Kassaspekulanten siehe Band I, Unterabschnitt V. 3b) bb).

für diese Güter in den einzelnen Ländern übereinstimmen[29]. Zu dieser Preisangleichung trägt nicht zuletzt die **Güterarbitrage** bei, die Preisunterschiede dadurch nivelliert, dass Güter im Land mit dem niedrigeren Preis angekauft und gleichzeitig in dem Land mit dem höheren Preis verkauft werden[30]. Bezieht man Translokationskosten und die Existenz *heterogener* Güter in die Betrachtungen ein, dann wird der direkte Preiszusammenhang zwar abgeschwächt, aber nicht aufgehoben. Sinken beispielsweise die Preise für bestimmte Güter im Inland, dann wird sich die Nachfrage nach ähnlichen Gütern des Auslandes abschwächen, und es tritt auch dort ein Preisrückgang ein. Bei heterogener Konkurrenz auf internationalen Märkten ist deshalb wegen der Substitutionsbeziehungen zumindest mit einer *gleichgerichteten Preisentwicklung* zu rechnen.

bbb) Der direkte internationale Preiszusammenhang – wesentlicher Bestandteil der neueren monetären Zahlungsbilanztheorie[31] – ist insofern von besonderem Interesse, als er zu Folgerungen führt, die von bestimmten Implikationen des *Geldmengen-Preismechanismus* abweichen. Die Unterschiede treten deutlich hervor, wenn man sich noch einmal den klassischen Anpassungsautomatismus vor Augen hält und dabei insbesondere Preisveränderungen betrachtet. Wie aus der Übersicht auf S. 22 hervorgeht, ergibt sich auf *kurze Sicht* eine *gegenläufige* Entwicklung des Preisniveaus im In- und Ausland (vgl. die Vorgänge 5a und 5b) und auf *lange Sicht* eine *Angleichung* (vgl. die Vorgänge la und 5b)[32]. Außerdem zeigt sich, dass die Preisanpassung im Ausland (im Beispiel: eine Preissenkung) eine Änderung der Goldreserven und der Geldmenge *voraussetzt* und diesen Vorgängen damit zeitlich nachgelagert ist. Der direkte internationale Preiszusammenhang besteht demgegenüber *unabhängig* von Änderungen der Goldreserven und der Geldmenge und wird bei Störungen auch auf *kurze Sicht* durch Anpassungsvorgänge auf integrierten Wettbewerbsmärkten wiederhergestellt.

29 Vgl. hierzu Band I, Unterabschnitte III .1a) und IV .2d), sowie ROSE, SAUERNHEIMER, a. a. O., S. 279 ff.

30 Siehe Band I, S. 213.

31 In dieser Theorie wird der direkte internationale Preiszusammenhang durch die *Kaufkraftparitätentheorie* in ihrer absoluten bzw. komparativen Form berücksichtigt. Zur monetären Zahlungsbilanztheorie vgl. Band I, Kapitel X.2, und ROSE, SAUERNHEIMER, a. a. O., S. 108 ff., sowie die dort angegebene Literatur.

32 So auch die Interpretation des Geldmengen-Preismechanismus bei D. N. MCCLOSKEY, J. R. ZECHER, How the Gold Standard Worked, 1880–1913. In: The Monetary Approach to the Balance of Payments. (Ed. by J. A. FRENKEL, H. G. JOHNSON). London 1976. S. 366.

d) Internationaler Preis- und Konjunkturzusammenhang

Neben der Wechselkursstabilität, der längerfristigen Tendenz zur Preisstabilisierung und dem relativ reibungslosen Funktionieren des Zahlungsbilanzausgleichs gilt die weitgehende *Parallelität* vor allem in der Preis-, aber auch in der Konjunkturentwicklung als ein weiteres Merkmal des klassischen Goldstandards[33]. Wie oben erwähnt, bietet der klassische Geldmengen-Preismechanismus auf längere Sicht Erklärungsmöglichkeiten für gleichgerichtete Preisentwicklungen. Preiszusammenhänge lassen sich zusammen mit Konjunkturzusammenhängen durch KEYNESianische Anpassungsprozesse begründen, wenn diese durch Veränderungen des Konsums, der Investition oder der Staatsausgaben ausgelöst werden. *Erhöhen* sich beispielsweise die *Investitionen* auf Grund optimistischerer Ertragserwartungen, dann bewirkt die hierdurch im Inland ausgelöste Einkommensexpansion über steigende inländische Importe auch eine Erhöhung des Volkseinkommens im Ausland[34]. Die Einkommenseffekte werden dabei durch *Geldmengeneffekte* noch verstärkt; denn die Erhöhung der Investitionen führt wegen der steigenden Importe des Inlands zu einer Erhöhung des Außenbeitrags im Ausland, damit dort zu Goldzuflüssen und zu einer expansiv wirkenden Geldmengenausweitung. Umgekehrt bewirkt eine *Senkung* der *Investitionen* im Inland eine Abnahme des Außenbeitrags im Ausland, verbunden mit einer Einkommenskontraktion; zusätzlich stellen sich im Ausland durch die Abnahme des Außenbeitrags Goldabflüsse ein und dadurch eine kontraktiv wirkende Geldmengenreduktion. Auf diese Weise ergibt sich also bei Änderungen des Volkseinkommens im Inland, ausgelöst durch Änderungen der heimischen Investitionstätigkeit, eine *gleichgerichtete Änderung* des Volkseinkommens im Ausland. Da nun mit einer Änderung des *Volkseinkommens* i. Allg. gleichgerichtete Änderungen des *Preisniveaus* einhergehen, können die aufgezeigten Zusammenhänge auch einen Beitrag zur Erklärung paralleler Entwicklungen zwischen in- und ausländischen Preisen liefern.

Unmittelbarer als mit dem klassischen und KEYNESianischen Ansatz lässt sich eine Synchronisation in- und ausländischer Preisschwankungen erklären, wenn man *direkte internationale Preiszusammenhänge* unterstellt. In diesem Fall besteht Anlass zu der bereits begründeten Vermutung, dass sich die Preise (insbesondere von international gehandelten Gütern) in Goldstandardländern auch *auf kurze Sicht* weitgehend parallel entwickeln.

33 Vgl. League of Nations. International Currency Experience. Lessons of the Inter-War Period. 1944. S. 230 f. – R. M. STERN, The Balance of Payments. Theory and Economic Policy. London, Basingstoke 1973. S. 118.

34 Vgl. dazu die Darstellung des entsprechenden Zwei-Länder-Modells in Band I, Unterabschnitt VI. 3b) aa) aaa).

3. Zur Realität des Goldstandards

a) Preisstabilisierung

Betrachtet man den gesamten Zeitraum des klassischen Goldstandards, dann haben sich die Preisniveaus in wichtigen Ländern vom Anfang der Periode bis zum Ende nicht wesentlich geändert (vgl. Tabelle II.1). Selbst die in Deutschland eingetretene Preissteigerung von rd. 15 v. H. erscheint über die Zeitspanne von 33 Jahren gesehen nicht groß.

Diesem Befund entsprechen die sehr niedrigen durchschnittlichen Preisänderungsraten, wie sie in Tabelle II.2 für die Goldstandardperiode ausgewiesen werden[35]. Mögliche Gründe für die beobachtete *längerfristige Preisstabilität* sind

Tabelle II.1: *Indexziffern der Großhandelspreise* (1913 = 100)

Jahr	Vereinigtes Königreich	Vereinigte Staaten	Deutschland	Frankreich
1880	104	99	87	104
1896[a)]	72 (–31)	67 (–32)	72 (–17)	71 (–32)
1913[b)]	100 (+39)	100 (+49)	100 (+39)	100 (+41)

[a)] Angaben in Klammern: abgerundete Änderung gegenüber 1880 in v. H.
[b)] Angaben in Klammern: abgerundete Änderung gegenüber 1896 in v. H.

Quelle: Bis auf die Angaben für Deutschland siehe O. VEIT, Grundriss der Währungspolitik. 3. durchgängig erneuerte Aufl. unter Mitwirkung des Instituts für das Kreditwesen. Frankfurt a. M. 1969. S. 63, für Deutschland siehe DEUTSCHE BUNDESBANK (Hg.), Deutsches Geld- und Bankwesen in Zahlen 1876–1975. Frankfurt a. M. 1976. S. 6.

Tabelle II.2: *Preisänderungsraten[a)] im Goldstandard und nach dem Zweiten Weltkrieg* (jährliche, prozentuale Veränderungen)

Vereinigtes Königreich		Vereinigte Staaten		Deutschland	
1870–1913	1946–1979	1879–1913	1946–1979	1876–1913	1950–1982
–0,7	5,6	0,1	2,8	0,3	2,4

[a)] Berechnet als Trendkoeffizient logarithmierter Großhandelspreise.

Quelle: Siehe hierzu die Tabelle 1 von BORDO (a. a. O.), die um Angaben für Deutschland ergänzt wurde. Die Berechnungen für die ergänzenden Angaben basieren auf Zahlen aus: DEUTSCHE BUNDESBANK (Hg.), Deutsches Geld- und Bankwesen . . ., a. a. O., S. 6, sowie STATISTISCHES BUNDESAMT, Statitistisches Jahrbuch für die Bundesrepublik Deutschland, verschiedene Jahrgänge.

35 Für das Vereinigte Königreich, das bereits 1821 de jure zum Goldstandard übergegangen war, hat BORDO eine durchschnittliche Preisänderungsrate von – 0,4 v. H. über den Zeitraum von 1821–1913 berechnet (siehe BORDO, a. a. O., S. 14). – Selbst von KEYNES, der kein Anhänger des Goldstandards war, wurde die längerfristige Stabilität der Preise hervorgehoben. Vgl. dazu die Angaben in J. M. KEYNES, A Tract on Monetary Reform. London 1913. S. 11 f.

im theoretischen Teil (Unterabschnitt 2a) bereits angeführt worden. Nach den empirischen Untersuchungen von BORDO erscheint die tatsächliche Entwicklung – der Tendenz nach – vereinbar mit den Ausgangshypothesen; denn nach seinem Befund ziehen Änderungen der monetären Goldbestände gleichgerichtete Änderungen des allgemeinen Preisniveaus nach sich und Änderungen des allgemeinen Preisniveaus mit erheblich längerer Verzögerung – inverse Änderungen der monetären Goldbestände[36].

Die für lange Zeiträume festgestellte Preisstabilität darf aber nicht den Blick dafür verstellen, dass den Goldstandard über *kürzere Perioden* erhebliche *Preisbewegungen* kennzeichnen. So werden schon bei mittlerer Sicht starke Preisschwankungen erkennbar, wie sich aus den in Tabelle II.2 angegebenen prozentualen Preisveränderungen für die beiden Unterperioden des Goldstandards von 1880 bis 1896 und 1896 bis 1913 unmittelbar ablesen lässt[37]. Einen empirischen Anhaltspunkt für relativ große Fluktuationen in der kurzfristigen Preisentwicklung bietet schließlich der Vergleich von Variationskoeffizienten, die für die Phase der Preiserhöhungen im Goldstandard (1896–1913) und für die durch Preissteigerungen geprägte Zeit nach dem Zweiten Weltkrieg berech-

Tabelle II.3: *Variationskoeffizienten von Preissteigerungsraten[a)] für die Periode des Goldstandards und für die Zeit nach dem Zweiten Weltkrieg*

Vereinigtes Königreich		**Vereinigte Staaten**		**Deutschland**	
1896–1913	**1946–1979**	**1896–1913**	**1946–1979**	**1896–1913**	**1950–1982**
1,8	1,2	1,7	1,3	2,4	1,4

a) Verhältnis der Standardabweichungen der jährlichen, prozentualen Veränderungen von Großhandelspreisen zu ihrem Mittelwert.

Quelle: Bis auf die Angaben für das Vereinigte Königreich und die Vereinigten Staaten in der Periode 1946–79, die von BORDO (a. a. O., S. 14) übernommen wurden, eigene Berechnungen. Die Berechnungen basieren auf Zahlen aus: DEUTSCHE BUNDESBANK (Hg.), Deutsches Geld- und Bankwesen ..., a. a. O., und S. 6, VEIT, a. a. O., S. 63.

36 Siehe BORDO, a. a. O., S. 9 ff. – Die langen Anpassungszeiträume, mit denen die monetären Goldbestände auf Änderungen des allgemeinen Preisniveaus reagieren, schwanken offenbar recht erheblich. BORDO nennt time lags von 25 und 16 Jahren (a. a. O., S. 10 f., Fußnoten 40 und 43). Es besteht der Eindruck, dass dieser Zusammenhang weniger verlässlich ist als der Einfluss der monetären Goldbestände auf das allgemeine Preisniveau. Siehe hierzu auch R. TRIFFIN, The Evolution of the International Monetary System: Historical Reappraisal and Future Perspectives. (Princeton Studies in International Finance, No. 12.) Princeton, N. J., 1964, S. 14.

37 Eine genauere Betrachtung der Preisreihen würde dabei zeigen, dass die Preisentwicklung in Deutschland auch noch innerhalb der ersten Phase (1880–1896) durch eine deutliche Wellenbewegung gekennzeichnet ist. Vgl. dazu auch das Schaubild 2 in Band I, Abschnitt X. 1.

net wurden (vgl. Tabelle II.3)[38]. Wie man sieht, fallen die Variationskoeffizienten für die Phase des Goldstandards merklich größer aus als für die Nachkriegszeit[39].

b) Zahlungsbilanzausgleich

aa) Spielregeln. – Der Frage, ob und wieweit die für den klassischen Geldmengen-Preismechanismus wesentlichen *Spielregeln* eingehalten wurden, ist von BLOOMFIELD in einer häufig angeführten empirischen Auswertung nachgegangen worden[40]. Bei einem Vergleich der jährlichen Änderungen der Währungsreserven und der heimischen Komponente der monetären Basis für elf Länder stellte er fest, dass sich diese beiden für das Geldangebot wesentlichen Größen in 60 v. H. aller Fälle entgegengerichtet entwickelt hatten[41]. Als eine mögliche Erklärung für den beobachteten Zusammenhang bieten sich Anpassungsvorgänge im Geschäftsbankensektor an, wie sie im theoretischen Teil (Unterabschnitt 2a) cc)) bereits beschrieben worden sind. Unabhängig von der Interpretation erscheint die von BLOOMFIELD erwähnte Tatsache wichtig, dass der quantitative Einfluss der Währungsreserven auf die monetäre Basis in den meisten Fällen *nur teilweise* durch entgegengerichtete Veränderungen der heimischen Komponente ausgeglichen wurde[42]. Demzufolge veränderten sich Goldreserven und Geldmenge zumeist *gleichgerichtet*, so dass diese für den Geldmengen-Preismechanismus wesentliche Annahme i. Allg. als erfüllt angesehen werden kann. Außerdem weist die Beobachtung, dass die Zentralbanken in ihrer Mehrzahl (wenn auch keineswegs alle) auf Goldzuflüsse mit einer Diskontsatzsenkung und auf Goldabflüsse mit einer Diskontsatzerhöhung reagierten[43], daraufhin,

38 Beim Vergleich der Variationskoeffizienten für die Nachkriegszeit mit den Variationskoeffizienten für die gesamte Goldstandardphase würden die Unterschiede in der Preisvariabilität überzeichnet, da sich wegen der ausgeprägten Preissenkungs- und der Preiserhöhungsphase im Goldstandard für die gesamte Periode im Mittel eine sehr geringe Preisänderungsrate ergäbe, die dann bei der Berechnung der Variationskoeffizienten zu sehr hohen Werten führen würde.

39 Zu beachten ist bei der Interpretation, dass der Variationskoeffizient ein relatives Streuungsmaß darstellt, da er die Standardabweichung von Größen in Relation zu ihrem Mittelwert angibt. Dementsprechend ist auch die durch den Variationskoeffizienten gemessene Variabilität der Preisänderungsraten als eine relative (auf die durchschnittliche Preisänderungsrate bezogene) Größe anzusehen.

40 Die Analyse von BLOOMFIELD (Monetary Policy . . ., a. a. O., S. 48 ff.) folgt der Vorgehensweise von R. NURKSE in League of Nations, International Currency . . ., a. a. O., S. 68 ff. Zur Untersuchung von NURKSE siehe auch Unterabschnitt III. lb) cc).

41 BLOOMFIELD, Monetary Policy . . ., a. a. O., S. 50.

42 Siehe ebenda.

43 Vgl. ebenda, S. 47. – Diese Aussage gilt im Besonderen für die einflussreiche Geldpolitik der *Bank von England*, wie auch die Grafik bei BLOOMFIELD (Monetary Policy . . ., a. a. O., S. 31) veranschaulicht. Ein Beleg für die flexible Handhabung der englischen Diskontpolitik kann

dass Währungsbehörden in der Regel keine Neutralisierung betrieben und ihre Geldpolitik überwiegend an den Goldbewegungen orientierten. Andererseits zeigen die Ergebnisse von BLOOMFIELD aber auch, dass die Währungsbehörden eine Abschwächung der von Änderungen der Goldreserven auf die Geldmenge ausgehenden Einflüsse nicht unterbanden, sondern zuließen.

bb) Anpassungen über den Außenbeitrag. – aaa) Auch unabhängig von der Frage der Spielregeln hatten sich schon sehr früh Zweifel eingestellt, ob der klassische *Geldmengen-Preismechanismus* tatsächlich als ausreichende Basis für eine Erklärung der Funktionsweise des historischen Goldstandards angesehen werden kann. So hatte TAUSSIG bereits 1927[44] darauf hingewiesen, dass die internationalen Goldbewegungen zu gering waren und sich der Anpassungsprozess von der Geldmenge über die Preise zum Außenbeitrag zu langsam vollzog, um den schnellen und reibungslosen Zahlungsbilanzausgleich im Goldstandard allein bewirken zu können. Die damals noch fehlende Erklärung sah man später in *KEYNESianischen Einkommenseffekten*[45], die (wie schon erläutert) auch ohne eine Verschiebung der Preisrelation zwischen In- und Ausland Zahlungsbilanzstörungen entgegenwirken und bei Einbeziehung von Geldmengenänderungen über eine Zinsanpassung sogar vollständig beseitigen können[46].

Eine weitere Erklärung für die relativ rasche Überwindung von Zahlungsbilanzungleichgewichten kann man auch darin sehen, dass *direkte Preiszusammenhänge* in dem betreffenden Zeitraum ungestört wirksam werden konnten. Nach der bereits zitierten Untersuchung von MCCLOSKEY und ZECHER und der von ihnen

auch darin gesehen werden, dass der englische Diskontsatz in der Zeit von 1880 bis 1913 durchschnittlich alle zwei Monate geändert wurde. (Siehe R. N. COOPER, The Balance of Payments. In: Britain's Economic Prospects. (Ed. by E. CAVES and Ass.). Washington, London 1968. S. 150, Fußnote 1.

44 F. W. TAUSSIG, International Trade. New York 1927. Nachdruck New York 1966. S. 239, 261.

45 Vgl. hierzu schon F. W. PAISH, Banking Policy and the Balance of International Payments. „Economica", Vol. 3 (1936), S. 410 ff., 419 ff. – League of Nations, International Currency . . ., a. a. O., S. 100 f. – W. M. SCAMMELL, The Working of the Gold Standard. „Yorkshire Bulletin of Economic and Social Research", Vol. 17 (1965), S. 43. – E. SCHNEIDER, Zahlungsbilanz und Wechselkurs. Eine Einführung in die monetären Probleme internationaler Wirtschaftsbeziehungen. Tübingen 1968. S. 163 ff. – Nach GRUBEL (International Economics, a. a. O., S. 459) dürften die *Einkommenseffekte* empirisch während der letzten Dekade des 19. Jahrhunderts und zu Beginn des 20. Jahrhunderts gegenüber der Zeit davor an Bedeutung gewonnen haben.

46 Während nach KEYNESianischen Vorstellungen *Zinsänderungen* über eine Einwirkung auf die gesamtwirtschaftliche Nachfrage und das Volkseinkommen Importe und damit den Außenbeitrag beeinflussen, haben nach TRIFFINs Ansicht Zinssteigerungen bei Zahlungsbilanzdefiziten im Vereinigten Königreich auch dadurch unmittelbar ausgleichend gewirkt, dass sie die *Lagerhaltungskosten* für importierte Nahrungsmittel und Rohstoffe verteuerten und der daraufhin vorgenommene Lagerabbau eine Preissenkung bei den entsprechenden Importgütern bewirkte. Siehe hierzu genauer TRIFFIN, The Evolution . . ., a. a. O., S. 6.

angeführten Literatur[47] spricht jedenfalls vieles dafür, dass sich der Welthandel in der Phase des klassischen Goldstandards auf integrierten Wettbewerbsmärkten vollzog[48]. Unter derartigen Bedingungen bleiben die Preise vor allem von international gehandelten Gütern in den einzelnen Ländern eng miteinander verbunden, so dass durch Angebots- und Nachfrageveränderungen bewirkte Preisdisparitäten zwischen In- und Ausland nicht lange fortbestehen und damit ein wichtiger Grund für *anhaltende* Zahlungsbilanzungleichgewichte entfällt.

bbb) Geht man davon aus, dass alle genannten Anpassungsmechanismen – in welchem Maße auch immer – einen Beitrag zum Zahlungsbilanzausgleich im Goldstandard geleistet haben, dann impliziert diese Hypothese eine relativ *hohe Variabilität von Preisen, Produktion und Realeinkommen;* denn bei einer Anpassung über den Außenbeitrag sind es Veränderungen dieser Größen, die nach einer Störung den Ausgleich der Zahlungsbilanz erleichtern bzw. herbeiführen. Offenbar sprechen empirische Beobachtungen nicht gegen diese Hypothese. Wie schon im vorhergehenden Unterabschnitt (3a)) im Zusammenhang mit Tabelle II.3 ausgeführt, deutet ein Vergleich von Variationskoeffizienten auf eine relativ hohe Variabilität der *Preissteigerungsraten* im Vereinigten Königreich, in den USA und Deutschland während des Goldstandards hin. Neben diesem empirischen Befund ist hier von Interesse, dass auch die Variationskoeffizienten der *Wachstumsrate des realen Nationaleinkommens pro Kopf* für die Goldstandardphase merklich höher ausfallen als z. B. für die Zeit nach dem Zweiten Weltkrieg (vgl. Tabelle II.4), wobei die Unterschiede eher noch deutlicher sind als bei den Preissteigerungsraten[49].

Tabelle II.4: *Variationskoeffizienten von Wachstumsraten des realen Nationaleinkommens pro Kopf im Goldstandard und für die Zeit nach dem Zweiten Weltkrieg* (jährliche, prozentuale Änderungen).

Vereinigtes Königreich		**Vereinigte Staaten**		**Deutschland**	
1870–1913	**1946–1979**	**1879–1913**	**1946–1979**	**1876–1913**	**1950–1982**
2,5	1,4	3,5	1,6	2,2	0,8

Quelle: Siehe hierzu die Tabelle 1 von BORDO (a. a. O., S. 14), die um Angaben für Deutschland ergänzt wurde. Die Berechnungen für die ergänzenden Angaben basieren auf Zahlen aus: DEUTSCHE BUNDESBANK (Hg.), Deutsches Geld- und Bankwesen . . ., a. a. O., S. 6, sowie STATISTISCHES BUNDESAMT, Statistisches Jahrbuch für die Bundesrepublik Deutschland, verschiedene Jahrgänge.

47 MCCLOSKEY, ZECHER, a. a. O., S. 364 ff.

48 Vgl. ebenda, S. 385.

49 Vgl. hierzu auch die Berechnungen von G. TICHY (Konjunkturschwankungen. Theorie, Messung, Prognose. Berlin, Heidelberg, New York 1976. S. 16), die diese Ergebnisse in der Tendenz stützen. – Zusammenfassend gelangt TICHY (ebenda, S. 15) zu dem Fazit, dass „man in der Annahme nicht fehlgehen (dürfte), dass die Schwankungen des realen Brutto-Nationalproduktes in der Zeit der klassischen Konjunkturschwankungen gut doppelt so stark waren wie heutzutage, der nominellen Reihen eher dreimal so stark“.

Was schließlich die mit Produktionsschwankungen einhergehenden, wirtschaftspolitisch besonders relevanten Fluktuationen der *Beschäftigung* anbelangt, so gelangt MATTHEWS auf Grund empirischer Untersuchungen für das Vereinigte Königreich zu dem Ergebnis, dass die Beschäftigung erstens im Goldstandard stärker schwankte als das reale Nationaleinkommen (genauer: das reale Bruttoinlandsprodukt), zweitens das Ausmaß der Schwankungen der Beschäftigung im Goldstandard stärker ausfiel als in der Zeit nach dem Zweiten Weltkrieg und drittens die Verringerung der Schwankungsamplitude bei der Beschäftigung erheblich stärker ausgeprägt war als beim realen Nationaleinkommen[50].

cc) Anpassungen über den Kapitalverkehr. – aaa) Die bereits aus theoretischer Sicht begründete Vorstellung, dass *kurzfristige* Kapitalbewegungen Zahlungsbilanzungleichgewichte im Goldstandard verhindert bzw. verringert und damit Goldbewegungen gedämpft haben, kann insbesondere nach den Untersuchungen von BLOOMFIELD[51], wenn auch mit einigen Einschränkungen, als *zutreffend* angesehen werden. Im Endergebnis gelangt BLOOMFIELD in seiner Studie zu der Folgerung, dass private kurzfristige Kapitalbewegungen – trotz einer Reihe von Ausnahmen – zweifelsohne wesentlich dazu beigetragen haben, Zahlungsbilanzungleichgewichte in ihrer Wirkung auf die Währungsreserven zu dämpfen[52]. Die Kapitalbewegungen waren dabei in erster Linie durch Zinsdifferenzen bestimmt oder aber Reflex stabilisierender Spekulation[53]. Als besonders effizient erwies sich der Ausgleichsmechanismus kurzfristiger Kapitalbewegungen für das *Vereinigte Königreich.* Dieses lag *zum einen* an der zahlungsbilanzorientierten Diskontpolitik der Bank von England, *zum anderen* aber auch daran, dass das Bankensystem und der Geldmarkt in London weiter entwickelt waren als anderswo, das Pfund Sterling als absolut vertrauenswürdig galt, die englische Volkswirtschaft im Welthandel, in der Finanzierung des Welthandels sowie im sonstigen internationalen Kapitalverkehr eine dominierende Stellung einnahm und – hiermit zusammenhängend – hohe Auslandsforderungen und -verbindlichkeiten des Vereinigten Königreichs existierten. Zinsänderungen führten deshalb zu einer besonders starken Reaktion bei den kurzfristigen Kapitalbewegungen und ermöglichten es der Bank von England bei entsprechender Diskontpolitik, mit sehr niedrigen Währungsreserven auszukommen[54].

50 Siehe R. C. O. MATTHEWS, Postwar Business Cycles in the United Kingdom. In: Is the Business Cycle Obsolete? (Ed. by M. BRONFENBRENNER). New York 1969. S. 122 f.

51 Siehe BLOOMFIELD, Short-Term Capital . . ., a. a. O.

52 Vgl. ebenda, S. 92. – Die Ausnahmen beziehen sich auf beobachtete Fälle von destabilisierender Spekulation und Kapitalflucht. Einzelheiten hierzu siehe ebenda, S. 83 ff.

53 Vgl. ebenda, S. 90. – League of Nations, International Currency . . ., a. a. O., S. 15.

54 Nach BLOOMFIELD (Short-Term Capital . . ., a. a. O., S. 32) beliefen sich die Währungsreserven der Bank von England in der Phase des Goldstandards auf durchschnittlich rd. 5 v. H. der jährlichen Importe, d. h. sie deckten noch nicht einmal die Importe eines Monats.

bbb) Die Ausführungen zur Rolle der Kapitalbewegungen sind noch insofern ergänzungsbedürftig, als auch die Entwicklung des *langfristigen* Kapitalverkehrs in der Goldstandardphase dazu beigetragen hatte, gravierende Zahlungsbilanzungleichgewichte zu vermeiden. So konnten viele Entwicklungsländer jener Zeit – wie die USA, Kanada, Argentinien, Australien – anhaltende Leistungsbilanzdefizite dadurch finanzieren, dass ihnen aus den entwickelteren westeuropäischen Ländern anlagesuchendes langfristiges Kapital zufloss[55]. Der Hauptanteil entfiel dabei auf englische Kapitalexporte, die in Hinblick auf die längerfristige Zahlungsbilanzentwicklung des Vereinigten Königreichs ein Gegengewicht zu den Leistungsbilanzüberschüssen, insbesondere aus Kapitalerträgen und anderen Einkünften aus Dienstleistungen, darstellten.

dd) Gold- und Devisenpolitik. – Der Eindruck von der tatsächlichen Funktionsweise des Goldstandards wäre unzureichend, wenn nicht die vielfältigen *speziellen Praktiken der Währungsbehörden* erwähnt würden, die zur Sicherung der Goldkonvertibilität der heimischen Währungen zeitweilig Anwendung fanden. Manchmal unterstützten sie Diskontsatzänderungen und die gelegentlich durchgeführten Offenmarktoperationen, manchmal traten sie aber auch an ihre Stelle, wenn man beispielsweise die kontraktive Wirkung einer Diskontsatzerhöhung auf die binnenwirtschaftliche Aktivität zu vermeiden suchte. Im Folgenden soll auf zwei Formen dieser speziellen Praktiken näher eingegangen werden, nämlich

- Maßnahmen zur Veränderung der Goldpunkte (*Goldpolitik*) und
- Interventionen auf dem Devisenmarkt in Form von Kassa- und Termingeschäften (*Devisenpolitik*)[56].

aaa) Die **Goldpolitik** wurde überwiegend in der Absicht betrieben, Goldexporten entgegenzuwirken bzw. Goldimporte zu fördern. Sämtliche zu diesem Zweck durchgeführte Maßnahmen liefen letztlich darauf hinaus, den für eine Wechselkurserhöhung relevanten *Goldexportpunkt* (oberer Goldpunkt) bzw. den für eine Wechselkurssenkung relevanten *Goldimportpunkt* (unterer Goldpunkt) zu erhöhen. Konkret wurden z. B. der offizielle *Verkaufspreis* von Gold zur Hebung des Goldexportpunktes oder der offizielle *Ankaufspreis* von Gold zur Hebung des Goldimportpunktes heraufgesetzt[57] (so auch von der Bank von

55 Vgl. TRIFFIN, The Evolution . . ., a. a. O., S. 7.

56 Eine ausführliche Darstellung findet sich bei BLOOMFIELD, Monetary Policy . . ., a. a. O., S. 52 ff. – Vgl. auch DÜRR, a. a. O., S. 705, und speziell zur Devisenpolitik BLOOMFIELD, Short-Term Capital . . ., a. a. O., S. 19 ff.

57 Siehe hierzu auch Fußnote 9 in diesem Kapitel.

England)[58]. Eine Erhöhung des Goldimportpunktes wurde auch dadurch erreicht, dass Zentralbanken Goldimporteuren *zinslose* Kredite gewährten (wie die Bank von England, die Bank von Frankreich, die Reichsbank u. a.)[59]. Schließlich wurden die Goldpunkte gelegentlich dadurch beeinflusst, dass auf die *Transportkosten* eingewirkt wurde. Sie wurden in Hinblick auf Goldexporte dadurch erhöht, dass nur die grenzferne Zentrale Noten in Gold einlöste, während in Hinblick auf Goldimporte auch grenznahe Zweigstellen die Möglichkeit boten, Gold in Noten umzutauschen.

bbb) Auch im Goldstandard hielten Währungsbehörden teilweise erhebliche *Devisenbestände* (insbesondere in Pfund Sterling, aber auch in Mark und Franc). Devisen wurden im Rahmen der **Devisenpolitik** auf dem *Kassamarkt*[60] in der Weise eingesetzt, dass Währungsbehörden Devisen gegen heimische Währung i. Allg. in der Nähe des Goldimportpunktes ankauften und in der Nähe des Goldexportpunktes verkauften. Abgesehen davon, dass sie hierbei Kursgewinne realisierten, konnten sie so Wechselkursschwankungen innerhalb der Goldpunkte halten, ohne dass eine Goldarbitrage zu Goldbewegungen führte[61]. Interventionen wurden auf dem *Terminmarkt*[62] von der im Bereich der Devisenpolitik besonders aktiven Österreichisch-Ungarischen Bank durchgeführt. Durch entsprechende Gestaltung der Kurssicherungskosten (genauer: durch Einwirkung auf den Report bzw. Deport) beeinflusste sie die *kursgesicherte Zinsarbitrage*[63], und zwar in der Regel so, dass Kapitalexporten entgegengewirkt wurde. Diese Politik gab ihr die Möglichkeit, Goldabflüsse zu verhindern, ohne den Diskontsatz auf ein Niveau festlegen zu müssen, das binnenwirtschaftlichen Zielsetzungen zuwiderlief[64].

58 Auf eine *Erhöhung des Verkaufspreises* lief praktisch auch das von der Bank von England und der Reichsbank zeitweilig angewendete Verfahren hinaus, Gold in Form stark abgenutzter Goldmünzen abzugeben.

59 Die bei Goldexporten anfallenden *Zinsaufwendungen* wurden andererseits gelegentlich dadurch *erhöht*, dass durch eine umständliche zeitaufwendige Prüfung der Noten die Abgabe von Gold verzögert wurde (so von der Reichsbank).

60 Auf dem *Kassamarkt* müssen Devisengeschäfte innerhalb von zwei Tagen abgewickelt werden.

61 BLOOMFIELD (Short-Term Capital ..., a. a. O., S. 21 f.) schreibt in diesem Zusammenhang, dass die Mehrzahl der europäischen Zentralbanken von Zeit zu Zeit auf dem Devisenmarkt intervenierte, um saisonale oder erratische Wechselkursschwankungen zu glätten und um zu verhindern, dass nach Erreichen der Goldpunkte (insbesondere des Goldexportpunktes) eine Goldarbitrage gewinnbringend wird.

62 Auf dem *Terminmarkt* werden Devisengeschäfte abgeschlossen, die erst zu einem späteren Zeitpunkt zu erfüllen sind (z. B. nach drei Monaten).

63 Zur Beeinflussung der Zinsarbitrage siehe genauer JARCHOW, Theorie ..., II. Geldpolitik, a. a. O., S. 164 ff., insbesondere S. 176 ff.

64 Vgl. P. EINZIG, A Dynamic Theory of Forward Exchange. 2nd ed. London 1967. S. 405.

c) Internationaler Konjunkturzusammenhang

aa) Konjunktursynchronisation. – Empirische Belege für die Vermutung einer deutlichen *konjunkturellen Synchronisation* zwischen Goldstandardländern bietet eine umfassende Studie von MORGENSTERN, in der er u. a. den zeitlichen Ablauf von Konjunkturschwankungen für die Periode von 1879 bis 1914 (Goldstandardphase) und von 1919 bis 1932 (Zwischenkriegsphase) bei verschiedenen Ländern vergleicht. In dieser Untersuchung ermittelt er auch, in *wie viel Prozent aller monatlichen Beobachtungen* sich bestimmte Länder während des Betrachtungszeitraums in der *gleichen Konjunkturphase* befanden[65]. Die ermittelten Prozentsätze für verschiedene Ländergruppierungen sind in Tabelle II.5 angegeben.

Die angegebenen Prozentzahlen lassen für die Goldstandardphase – im Vergleich zur Zwischenkriegsphase – vor allem für die europäischen Länder ein relativ hohes Maß konjunktureller Synchronisation erkennen.

bb) Parallelentwicklungen bei Preisen. – aaa) In Hinblick auf die Vermutung paralleler Entwicklungen bei den Preisen wurde eine statistische Schätzung von *Preisverhältnissen* durchgeführt[66]. Die Berechnungen erfolgten auf der Basis von Indexreihen von Großhandelspreisen (p) mit der gleichen Basis (1913 = 100) für die Vereinigten Staaten (USA), das Vereinigte Königreich (UK), Frankreich (F) und Deutschland (D). Die für die Periode von 1880 bis 1913 ermittelten Ergebnisse sind in Tabelle II.6 wiedergegeben.

Aus der Schätzung ergibt sich, dass die Standardabweichungen in Relation zu den geschätzten Preisverhältnissen sehr gering ausfallen. Diese Ergebnisse weisen darauf hin, dass die tatsächlichen Abweichungen der Preisverhältnisse

Tabelle II.5: *Zum Konjunkturzusammenhang in verschiedenen Ländern zwischen 1879–1914 und 1919–1932.*

Länder	**Ausmaß der konjunkturellen Synchronisation (Prozentsätze)**	
	1879–1914	**1919–1932**
Vereinigte Staaten, Vereinigtes Königreich, Frankreich, Deutschland	53,5	35,6
Vereinigtes Königreich, Frankreich, Deutschland	83,1	45,2
Deutschland, Frankreich	89,7	38,9
Deutschland, Vereinigtes Königreich	90,2	39,5

Quelle: MORGENSTERN, a. a. O., S. 45, 49.

65 Zu dem Verfahren siehe MORGENSTERN, a. a. O., S. 40 ff.

66 Der Schätzansatz lautet: $q_t = k + u_t$ wobei t die Zeit, q Preisverhältnisse zwischen zwei Ländern, k eine Konstante und u Residualvariablen bezeichnen.

Tabelle II.6: *Preisverhältnisse zwischen Goldstandardländern und ihre Schwankungen*[a)] *1880–1913.*

PUK/PUSA	PUK/PD	PUK/PF	PUSA/PD	PUSA/PF	PF/PD
1,0119 (0,021)	1,0345 (0,035)	0,9942 (0,0025)	1,0258 (0,0056)	0,98513 (0,019)	1,0405 (0,035)

[a)]In jeder Spalte bezeichnet die obere Zahl das geschätzte Preisverhältnis und die untere (eingeklammerte) die dazugehörige Standardabweichung.

Quelle: Die in den Schätzungen verwendeten Zahlen sind Indexreihen für Großhandelspreise aus folgenden Quellen: VEIT, a. a. O., S. 63, und DEUTSCHE BUNDESBANK (Hg.), Deutsches Geld- und Bankwesen . . ., a. a. O., S. 6.

von dem konstanten Schätzwert[67] im Allgemeinen nicht sehr groß waren und damit auf *längere Sicht* ein recht enger Preiszusammenhang bestand[68].

bbb) Empirische Anhaltspunkte für die Frage gleichartiger Preisentwicklungen von *Jahr zu Jahr* bietet schließlich schon eine einfache Gegenüberstellung der jährlichen Änderungen der Großhandelspreise zwischen 1880 und 1913 in den betrachteten vier Goldstandardländern. Die Preisentwicklung vollzog sich danach von Jahr zu Jahr *gleichgerichtet*

- zwischen den Vereinigten Staaten, dem Vereinigten Königreich, Frankreich und Deutschland in 52 v. H.,
- zwischen den drei europäischen Ländern in 73 v. H. und
- zwischen Deutschland und Frankreich in 82 v. H. aller jährlichen Beobachtungen[69].

Nach diesem Befund scheint der direkte internationale Preiszusammenhang eher für Parallelentwicklungen bei den Preisen ausschlaggebend gewesen zu sein als der Geldmengen-Preismechanismus[70], denn nach dem klassischen Ansatz sind für die gleiche Anpassungsphase gegenläufige Preisänderungen bei den Handelspartnern zu erwarten. Gleichläufige *jährliche* Änderungen würden sich nur dann ergeben, wenn die Anpassung der Geldmenge an Goldbewegungen und der Preise an die Geldmengenänderungen *innerhalb eines Jah-*

67 Dass sich als geschätzte Konstante ein Wert von annähernd Eins ergibt, überrascht insofern nicht, als für alle Länder Indexreihen mit der gleichen Basis (1913 = 100) benutzt wurden und die Streuung der Preisverhältnisse nur gering war.

68 Diesen Eindruck vermitteln auch die Schaubilder in Band I, S. 270, und bei VEIT, a. a. O., S. 62.

69 Die bei den Berechnungen verwendeten Zahlen sind folgenden Quellen entnommen worden: VEIT, a. a. O., S. 63, und Deutsche Bundesbank (Hg.), Deutsches Geld- und Bankwesen . . ., a. a. O., S. 6.

70 Siehe zu dieser Ansicht auch MCCLOSKEY, ZECHER, a. a. O., S. 366 f.

res erfolgte. Es erscheint aber zweifelhaft, ob die Anpassungsprozesse so schnell ablaufen[71].

d) Abschließende Bemerkungen

Wie schon einführend erwähnt, konnten die Goldstandardländer ihre Wechselkurse in der Goldstandardphase stabil halten und Devisenbewirtschaftungsmaßnahmen sowie Importreglementierungen durchweg vermeiden. Der durch den klassischen Geldmengen-Preismechanismus allein nur unzulänglich zu erklärende Zahlungsbilanzausgleich verlief in der Regel reibungslos, insbesondere auf Grund ausgleichender Kapitalbewegungen. Diese *günstigen außenwirtschaftlichen Bedingungen* haben sicherlich dazu beigetragen, dass sich der Welthandel von Beginn bis Ende der Goldstandardperiode um mehr als das Dreifache erhöhen konnte und mit einer jährlichen Wachstumsrate expandierte (rd. 3,2 v. H.), die doppelt so groß war wie in der Zwischenkriegszeit[72]. Die Intensivierung des Welthandels verbesserte die Möglichkeiten internationaler Arbeitsteilung und damit die Chancen, durch Produktivitätssteigerungen Wohlstandsgewinne im weltwirtschaftlichen Rahmen zu realisieren. Als weiterer Vorteil kann das hohe Maß an *langfristiger Preisniveaustabilität* angesehen werden, da hierdurch die Kalkulationsbasis für weit in die Zukunft reichende Projekte sicherer und ihr Risiko dementsprechend geringer war als bei einer weniger auf lange Sicht vorhersehbaren Preisentwicklung. Dass die Preise langfristig bei zunehmender wirtschaftlicher Aktivität[73] stabil blieben, hing allerdings auch mit anderen wirtschaftlichen Einflüssen zusammen wie den Produktivitätssteigerungen auf Grund der Massenproduktion, den billigeren und schnelleren Transportmitteln sowie den sinkenden Nahrungsmittelpreisen infolge der Vermehrung der Anbauflächen in Nordamerika[74]. Außerdem darf auch nicht übersehen werden, dass die lange Periode des Goldstandards durch größere Kriege nicht erschüttert wurde. Trotz dieser anderen günstigen Umstände wird man aber feststellen können, dass der währungspolitische Rahmen des Goldstan-

71 Die Zweifel rühren insbesondere daher, dass aus heutiger Sicht der volle Effekt einer Geldmengenänderung auf die Preise erst mit beträchtlicher (deutlich über ein Jahr hinausgehender) zeitlicher Verzögerung zum Tragen kommt. Vgl. J. NIEHANS, The Theory of Money. Baltimore, London 1978. S. 244 ff. – Auf die lange Anpassungszeit bei Preisreaktionen verweisen auch M. FRIEDMAN und A. J. SCHWARTZ (Monetary Trends in the United States and the United Kingdom. Their Relation to Income, Prices, and Interest Rates, 1867–1975. Chicago, London 1982. S. 627).

72 Die Angaben wurden aus den Zahlen der Tabelle III.5 auf S. 75 berechnet.

73 Die industrielle Produktion wuchs weltweit mit einer durchschnittlichen jährlichen Wachstumsrate von nicht ganz 4 v. H. Siehe hierzu S. 75.

74 Vgl. GRUBEL, International Economics, a. a. O., S. 463.

dards sowohl zur langfristigen Preisniveaustabilität als auch wegen der Förderung der internationalen Arbeitsteilung zum effizienten Einsatz von Produktionsfaktoren und damit zur wirtschaftlichen Entwicklung beigetragen hat. Als Nachteil des internationalen Goldstandards kann angesehen werden, dass mit Gold ein Gut als Reservemedium Verwendung findet, dessen Bereitstellung einen hohen Einsatz von *Ressourcen* erfordert[75]. Insbesondere muss es aber als problematisch erscheinen, dass die *Variabilität* von *Preisen, Einkommen und Beschäftigung* in einem Goldstandardsystem auf *kürzere Sicht* vergleichsweise hoch ist. Nicht zuletzt äußert sich hierin die wirtschaftspolitische Priorität, die im Goldstandard der Goldkonvertibilität, der Wechselkursstabilität und dem Zahlungsbilanzausgleich gegenüber den binnenwirtschaftlichen Erfordernissen einer Stabilisierungspolitik eingeräumt wird.

Zusammenfassung

1. Goldstandardsysteme können in Form einer Goldumlaufswährung oder Goldbarrenwährung realisiert werden. Im ersten Fall zirkulieren Goldmünzen allein oder daneben auch Banknoten, im zweiten Fall nur Banknoten. In jedem Fall unterliegt der Banknotenumlauf einer Golddeckung, wobei ein Fiduziärsystem (volle Deckung bis auf ein Vertrauenskontingent) oder ein Proportionalsystem (anteilsmäßige Deckung) Anwendung finden können.

2. Wesentlich für ein Goldstandardsystem ist, dass Währungsbehörden Gold zu dem von ihnen festgelegten Goldpreis verkaufen und kaufen sowie freien Goldverkehr zwischen Goldstandardländern zulassen. Durch die Bindung nationaler Geldeinheiten an das Gold in Form von Goldparitäten werden zwischen Goldstandardländern Parikurse fixiert, um die die Wechselkurse nur innerhalb einer engen, durch den Goldexport- und Goldimportpunkt begrenzten Spanne schwanken können.

3. Von einem Goldstandardsystem verspricht man sich eine preisstabilisierende Wirkung auf lange Sicht und – nach traditionellen Vorstellungen – einen automatischen Zahlungsbilanzausgleich durch den Geldmengen-Preismechanismus. Dieser Automatismus setzt voraus, dass quantitätstheoretische Zusammenhänge wirksam sind, der Außenbeitrag auf Preisänderungen normal reagiert und die sog. Spielregeln Beachtung finden. Die Befolgung der Spielregeln

75 Zur Problematik der Verwendung von Gold als Reservemedium siehe genauer Unterabschnitt V. 3a).

impliziert, dass sich Änderungen der Goldreserven und der Geldmenge in einem Goldstandardland zumindest gleichgerichtet vollziehen.

4. Konfrontiert mit der Realität, bietet der Geldmengen-Preismechanismus allein nur eine unzulängliche Erklärung für den in der Regel reibungslos funktionierenden Zahlungsbilanzausgleich im klassischen Goldstandard (etwa 1880 bis 1914). Zum einen waren weitere Ausgleichsmechanismen wirksam (insbesondere ausgleichende Kapitalbewegungen), zum anderen wurden von den Währungsbehörden auch spezielle währungspolitische Praktiken (Gold- und Devisenpolitik) angewendet, um Goldbewegungen (insbesondere Goldexporte) zu vermeiden.

5. Theoretischen Vorstellungen entsprechend, bestand in der Zeit des klassischen Goldstandards ein relativ enger Konjunkturzusammenhang zwischen Goldstandardländern. Insbesondere zeigten sich Parallelentwicklungen bei den Preisen, die auf direkte internationale Preiszusammenhänge hindeuten.

6. Die Goldstandardphase war durch ein beachtliches Maß an langfristiger Preisniveaustabilität gekennzeichnet. Die Wechselkurse der Goldstandardländer erwiesen sich als stabil und verlässlich; Devisenkontrollen und Importreglementierungen bestanden praktisch nicht. Diese Bedingungen begünstigten den Welthandel und förderten damit die internationale Arbeitsteilung.

7. Den unter 6. genannten Vorteilen des Goldstandards stehen (von der Problematik der Verwendung von Gold als Reservemedium einmal abgesehen) als Nachteil die relativ hohe Preis-, Einkommens- und Beschäftigungsvariabilität auf kürzere Sicht gegenüber. Nicht zuletzt äußert sich hierin die der Goldkonvertibilität und dem Zahlungsbilanzausgleich eingeräumte wirtschaftspolitische Priorität gegenüber einer binnenwirtschaftlich orientierten Stabilisierungspolitik.

III. Währungspolitik in der Zwischenkriegszeit

Auf wesentliche Entwicklungszüge reduziert, ist die Währungsgeschichte zwischen den beiden Weltkriegen nach einer Formulierung von CASSEL[1] „nichts anderes als ein Bericht über fortgesetzte Versuche, das System eines internationalen Goldstandards wieder aufzubauen, und über das endgültige Scheitern all dieser Anstrengungen". Entsprechend dieser Sicht wird im vorliegenden Kapitel eine *Zweiteilung* des Stoffes vorgenommen: Im *ersten* Abschnitt werden der Weg bis zur Rückkehr zu festen Paritäten, die Charakteristika des restaurierten Goldstandards sowie die den Zusammenbruch auslösende Pfundkrise (1931) beschrieben; im *zweiten* Abschnitt erfolgt eine Darstellung der nach dem Zusammenbruch einsetzenden währungspolitischen Desintegration der dreißiger Jahre.

1. Der restaurierte Goldstandard

a) Die Übergangsphase bis zur Einführung fester Paritäten

aa) Allgemeine Entwicklungen. – aaa) Obwohl in den wirtschaftlich führenden Ländern der Wunsch dominierte, bald zu dem während des Weltkriegs suspendierten *Goldstandard* in der ursprünglichen oder einer modifizierten Form zurückzukehren, war diese Absicht in den ersten Nachkriegsjahren von den meisten Ländern noch nicht zu verwirklichen, da sich die währungspolitischen Bedingungen im Zuge der Kriegsereignisse und ihrer Folgen grundlegend verändert hatten. Kriegsbedingte Güterimporte hatten in den Jahren 1914 bis 1918 zu einer starken Verschlechterung der Handelsbilanzen der Krieg führenden Länder Mitteleuropas und entsprechend zu einer von Goldzuflüssen begleiteten Verbesserung der Handelsbilanzen der Vereinigten Staaten und Japans sowie einiger neutraler europäischer Länder geführt[2]. Auch nach Kriegsende ergab sich bei den vom Krieg besonders betroffenen Ländern Europas ein *hoher Importbedarf*, da zerstörte Produktionsanlagen wieder aufzubauen waren, Läger aufgefüllt werden mussten und sich eine beträchtliche Nachfrage nach Nahrungsmitteln und Rohstoffen aufgestaut hatte.

Ein weiterer zahlungsbilanzrelevanter Vorgang war die insbesondere im Zusammenhang mit Budgetdefiziten zu sehende weltweite *Inflationierung*, die sich

1 G. CASSEL, Der Zusammenbruch der Goldwährung. Stuttgart 1937. S. 1.

2 Vgl. W. A. BROWN, The International Gold Standard Reinterpreted 1914–1934. Vol. I. New York 1940. S. 51 ff. – VEIT, a. a. O., S. 420 f.

Tabelle III.1: *Indexziffern der Großhandelspreise* (1913 = 100)

Länder	**1918**	**1919**	**1920**
Spanien	213	204	214
Vereinigte Staaten	187	198	222
Vereinigtes Königreich	246	297	264
Schweden	335	317	267
Norwegen	345	322	377
Frankreich	355	432	444
Italien	296	416	596
Deutsches Reich	260	803	1440

Quelle: Bis auf die Angaben für die Vereinigten Staaten siehe LEAGUE OF NATIONS, The Course and Control of Inflation. A Review of Monetary Experience in Europe after World War I. 1946. S. 88. – Zu den Indexziffern für die USA siehe VEIT, a. a. O., S. 63.

in den einzelnen Ländern mit *unterschiedlicher* Geschwindigkeit vollzog (vgl. Tabelle III.1).

Wegen des unterschiedlich starken Preisanstiegs hatte sich die Relation zwischen In- und Auslandspreisniveau gegenüber der Ausgangslage (1913) in den einzelnen Ländern merklich geändert. Sieht man in diesen Preisrelationen – entsprechend der *Kaufkraftparitätentheorie*[3] – einen wesentlichen Bestimmungsgrund für den langfristigen Gleichgewichtswechselkurs, so erscheint es nur nahe liegend, dass eine Rückkehr zu den Parikursen der Vorkriegszeit in den ersten Nachkriegsjahren für die meisten Währungen wenig erfolgversprechend erschien.

Aber auch eine Festlegung auf *neue Paritäten* war so lange problematisch, wie sich die inflatorischen Entwicklungen noch nicht stabilisiert und die durch Kriegsereignisse erhöhten Güterimporte noch nicht normalisiert hatten. Unsicherheiten über die „richtigen", d. h. zumindest in der Tendenz zum Devisenbilanzausgleich hinführenden Wechselkurse, ergaben sich zudem daraus, dass vom Deutschen Reich die Zahlung hoher *Reparationsleistungen* erwartet wurde und zwischen den Alliierten beträchtliche *Kriegsschulden* aufgelaufen waren mit den Vereinigten Staaten als Hauptgläubiger. Die aus der Abwicklung dieser Verpflichtungen resultierenden Devisentransaktionen waren in ihrer Wirkung auf den Devisenmarkt schon deshalb schwer abzuschätzen, weil in den ersten Nachkriegsjahren noch weitgehend unklar war, auf welchen Umfang sich die Zahlungen aus Kriegs- und Reparationsschulden tatsächlich belaufen würden.

3 Zur *Kaufkraftparitätentheorie* siehe Band I, Abschnitt X.1.

bbb) Die durch die Kriegsereignisse grundlegend veränderten Bedingungen und die bestehenden Unsicherheiten für die Zahlungsbilanzentwicklung führten dazu, dass die meisten wirtschaftlich bedeutsamen Länder ihre *Wechselkurse* für eine längere Übergangsphase *freigaben*. Mit dem Übergang zu *flexiblen Wechselkursen* war auch die Erwartung verbunden, auf diesem Wege nach gewisser Zeit zu längerfristig stabilen Gleichgewichtskursen zurückzufinden.

Die Phase flexibler Wechselkurse fand mit der *Fixierung* von *Goldparitäten* durch die meisten Länder ihren Abschluss. Nachdem die *Vereinigten Staaten* die Restriktionen bei Goldexporten schon 1919[4] aufgehoben hatten und damit bei unveränderter Parität wieder uneingeschränkt zu einem *Goldstandard-Land* geworden waren, folgte der entscheidende Schritt in dieser Entwicklung mit der Rückkehr des englischen Pfundes zur Vorkriegsparität (1925). Dieser Schritt war insofern von besonderer Bedeutung, als das Vereinigte Königreich bis zum ersten Weltkrieg im Welthandel führend gewesen war und London bis dahin im internationalen Finanzwesen unangefochten eine Vormachtstellung eingenommen hatte.

bb) Die Entwicklung im Vereinigten Königreich. – aaa) Zwischen den *Alternativen* – größere Wechselkursflexibilität, Neufestsetzung einer Parität und Rückkehr zur Vorkriegsparität – entschied sich das Vereinigte Königreich (wie bereits erwähnt) für letztere. Die Weichenstellung hierzu erfolgte bereits in dem nur drei Monate nach Kriegsende veröffentlichten Regierungsbericht des sog. „CUNLIFFE-Committee“[5], in dem die *Wiederherstellung des früheren Goldstandards* als unumgänglich angesehen wurde[6]. Das Bestreben, den Goldgehalt des Pfundes zu erhalten, war in erster Linie von dem Wunsch geleitet, finanzielles Prestige zu sichern und das zukünftige Vertrauen in die Währung zu stärken. Daneben mag auch die unreflektierte Hoffnung eine Rolle gespielt haben, auf diese Weise wieder an die weltwirtschaftlich beherrschende Vorkriegsstellung anknüpfen zu können[7]. Im Lichte rein *ökonomischer* Überlegungen musste die angestrebte Rückkehr des Pfundes zur Vorkriegsparität und damit auch zum früheren Dollarkurs jedoch problematisch erscheinen; denn die *Zahlungsbilanzsituation* des Vereinigten Königreichs hatte sich nicht zuletzt durch den Krieg erheblich *ver-*

4 Vgl. BROWN, Vol. I, a. a. O., S. 34, 207 f.

5 Committee on Currency and Foreign Exchanges after the War. First Interim Report (Cd. 9182.) London 1918. Die Kommission wurde nach ihrem Vorsitzenden „CUNLIFFE-Committee“ genannt.

6 In dem Kommissionsbericht heißt es auf S. 11 wörtlich: „In our opinion it is imperative that after the war the conditions necessary to the maintenance of an effective gold standard should be restored without delay“.

7 Vgl. O. EMMINGER, Die englischen Währungsexperimente der Nachkriegszeit. „Weltwirtschaftliches Archiv“, Bd. 40 (1934 II), S. 294.

schlechtert. Zunächst einmal setzten sich Entwicklungen aus der Vorkriegszeit fort, die den Auslandsabsatz gerade bei den Gütern erschwerten, auf denen die starke englische Stellung im Export beruhte. Im Bereich von Eisen und Stahl war die internationale Konkurrenz erheblich stärker geworden; in besonderem Maße galt dieses auch für Textilien (vor allem durch Japan). Hinzu kam noch, dass für Baumwollprodukte der englischen Textilindustrie Substitute in Form von Kunstseide geschaffen wurden. Schließlich wurde auch Kohle zusehends durch Erdöl und elektrische Energie verdrängt und deshalb weniger nachgefragt. Im Bereich der unsichtbaren Exporte (Dienstleistungen einschließlich Kapitalerträge) ergab sich eine Verschlechterung der englischen Wettbewerbsposition insbesondere im internationalen Frachtgeschäft[8], und hinsichtlich der Kapitalerträge waren Einbußen zu erwarten, weil die Nettoauslandsaktiva durch den Krieg erheblich zurückgegangen waren[9]. Bei alldem ist schließlich auch noch zu bedenken, dass London seine monopolartige Stellung im internationalen Finanzwesen nicht halten konnte und nunmehr als Anbieter von finanziellen Diensten mit dem Finanzplatz New York in starker Konkurrenz stand[10].

bbb) Trotz der geschilderten Umstände bewegte sich der Wechselkurs des Pfundes gegenüber dem Dollar (kurz: der Dollarkurs (£/$) auf dem freien Devisenmarkt nach einer vorübergehenden starken Abwertung mit der Zeit wieder auf den Dollarkurs der Vorkriegszeit[11] zurück (vgl. Schaubild III.1).

Wie aus einer genaueren u. a. von HODGSON[12] und TSIANG[13] vorgenommenen Analyse der Wechselkursentwicklung hervorgeht, wurde diese im Wesentlichen durch nicht-spekulative Einflüsse, insbesondere durch Veränderungen der *Kaufkraftparität* zwischen dem Vereinigten Königreich und den USA, bestimmt. Destabilisierende Kapitalbewegungen (durch die Kursausschläge, die auf nicht-

8 Die englische Handelsflotte war 1920 gegenüber 1910 um ein Zehntel geschrumpft, während die Handelsflotte im gleichen Zeitabschnitt in Japan auf mehr als das Doppelte und in den USA auf das Eineinhalbfache angewachsen war. Siehe hierzu BROWN, Vol. I, a. a. O., S. 137.

9 Die Nettogläubigerposition des Vereinigten Königreichs hatte sich zwischen 1914 und 1920 ungefähr um ein Viertel verringert. Siehe ebenda.

10 Dass sich *New York* in einer kurzen Zeitspanne neben London zu einem führenden internationalen *Finanzzentrum* entwickeln konnte, hing eng damit zusammen, dass die Vereinigten Staaten auf Grund ihrer hohen Exportüberschüsse während des Krieges und in der Nachkriegsperiode innerhalb weniger Jahre von einer der größten Schuldnernationen zum bedeutenden Gläubigerstaat geworden waren. Siehe hierzu O. ISSING, Leitwährung und internationale Währungsordnung. Berlin 1965. S. 34 f.

11 Der Parikurs des Pfundes, ausgedrückt in Dollar, belief sich auf 4,86656, der Parikurs des Dollar, ausgedrückt in Pfund, damit auf 0,2055.

12 J. H. HODGSON, An Analysis of Floating Exchange Rates: The Dollar-Sterling Rate, 1919–1925. „The Southern Economic Journal", Vol. 39 (1972/73), S. 249 ff., insbesondere S. 250, 256.

13 S. C. TSIANG, Fluctuating Exchange Rates in Countries with Relatively Stable Economies. Some European Experiences After World War I. „International Monetary Fund Staff Papers", Vol. 7 (1959–60), S. 244 ff., insbesondere S. 250 ff.

Schaubild III.1: *Der Dollarkurs in Pfund* (£/$, 1919–1925)

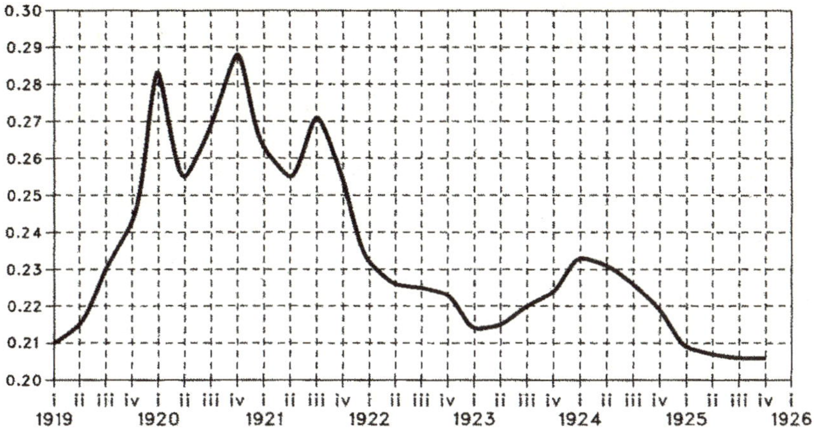

Quelle: Die verwendeten Zahlen sind aus den Angaben bei BROWN (Vol. I, a. a. O., S. 231) berechnet worden.

spekulative Einflüsse zurückgehen, noch verstärkt werden) waren in dieser Phase selten[14]. Die Periode des frei beweglichen Wechselkurses für das Pfund bietet deshalb auch keinen Beleg für die Ansicht, dass sich die Spekulation bei flexiblen Wechselkursen überwiegend destabilisierend auswirkt.

Der in etwa der Kaufkraftparität folgende und sich in der Tendenz auf die Vorkriegsparität hinbewegende Dollarkurs des Pfundes ist in seiner Entwicklung weitgehend als ein Ergebnis der *englischen Wirtschaftspolitik* anzusehen. In Übereinstimmung mit den Vorstellungen des CUNLIFFE-Committee betrieb die englische Regierung eine *kontraktive Geldpolitik* mit dem Ziel, die Wettbewerbsfähigkeit der englischen Industrie über eine *Deflationierung* des inländischen Preisniveaus zu verbessern. Zwar gelang es, die Preise zu Beginn der zwanziger Jahre kräftig zu drücken und danach in etwa zu stabilisieren, doch wurde dieses in Hinblick auf den Wechselkurs erwünschte Ergebnis der Kontraktionspolitik wegen der nach unten wenig beweglichen Geldlohnsätze mit *hoher Arbeitslosigkeit* erkauft[15]. Dieses war offenbar der Preis dafür, dass man trotz des Wandels in der Zahlungsbilanzsituation eine Abwertung des Pfundes gegenüber dem Gold und damit auch gegenüber dem Dollar nicht einmal in Erwägung zog und stattdessen – mehr aus Prestige und Traditionsgebundenheit[16] – eine *Rückkehr zur Vorkriegsparität* anstrebte.

14 Vgl. ebenda, S. 250 ff.

15 Mehr als 10 v. H. der englischen Arbeitskräfte waren in der Phase der Pfundstabilisierung arbeitslos. Siehe hierzu YEAGER, a. a. O., S. 323, EMMINGER, a. a. O., S. 286 f.

16 Die Vorkriegsparität wurde bereits 1717 von I. NEWTON, dem damaligen Leiter des englischen

In der *Endphase* flexibler Kurse erfuhr das englische Pfund gegenüber dem Dollar eine *stärkere* Aufwertung auf dem Devisenmarkt, als es der Entwicklung der Kaufkraftparität entsprach. Der Grund hierfür lag darin, dass aus dem Ausland kurzfristige Gelder zuflossen, für die sich ein Zinsvorteil in London gegenüber New York ergeben hatte, die aber auch deshalb gewinnbringend erschienen, weil die Aussicht auf die bevorstehende Rückkehr zur Vorkriegsparität noch einen gewissen Aufwertungsgewinn erwarten ließ[17]. Die Wiederherstellung der *Vorkriegsparität* wurde im April 1925 offiziell durch den damaligen Schatzkanzler W. CHURCHILL angekündigt und einen Monat später durch die Verabschiedung des *Gold Standard Act* endgültig vollzogen. Durch dieses Gesetz wurde die Bank von England verpflichtet, *Goldbarren* zur Vorkriegsparität (77 s 10½ d/Feinunze Gold)[18] in Mengen von nicht weniger als 400 Feinunzen gegen gesetzliche Zahlungsmittel zu verkaufen und Gold zu einem etwas niedrigeren Preis (77 s 9 d/Feinunze Gold) anzukaufen.

Nach vorherrschender Meinung war die Rückkehr zur Vorkriegsparität und die damit einhergehende Fixierung des Dollarkurses auf dem Vorkriegsniveau (von 0,2055 £/$) mit einer *Überbewertung* des Pfundes verbunden, d. h. der (gesetzlich *fixierte*) Parikurs des Pfundes, ausgedrückt in Dollar ($/£), war *höher* als der langfristige *Gleichgewichts*kurs des Pfundes[19]. Bei dem fixierten Wechselkurs waren die englischen Exporte deshalb für das Ausland teurer und die mit englischen Produkten konkurrierenden Importgüter billiger als beim Gleichgewichtskurs. Zwar hoffte man, dass dieser Wettbewerbsnachteil durch steigende Preise in den USA korrigiert würde[20]; doch für den Fall, dass sich diese Hoffnung nicht erfüllte, war wegen des ungünstigen Wechselkurses mit einer Tendenz zu Zahlungsbilanzdefiziten zu rechnen, und es bestand die Gefahr, dass die dann zur Verteidigung des Wechselkurses erforderlichen kontraktiven Maßnahmen die ohnehin im Jahre 1925 immer noch bestehende hohe Arbeitslosigkeit[21] weiter vergrößern würden[22].

Münzamtes, festgesetzt und – von der Zeit der Napoleonischen Kriege abgesehen – bis zu Beginn des Ersten Weltkriegs aufrechterhalten. Siehe D. E. MOGGRIDGE, British Monetary Policy 1924–1931. Cambridge 1972. S. 3.

17 Vgl. EMMINGER, a. a. O., S. 289.

18 Ein englischer Pfennig (d) entsprach $^1/_{12}$ Schilling (s) und ein Schilling $^1/_{20}$ Pfund (£).

19 Zur Frage der Überbewertung des Pfundes siehe genauer MOGGRIDGE, a. a. O.,S. 100 ff. – YEAGER, a. a. O., S. 322. – J. M. KEYNES, The Economic Consequences of Mr. Churchill. In: J. M. KEYNES, Essays in Persuasion. London 1931. S. 244 ff.

20 Siehe hierzu C. P. KINDLEBERGER, Die Weltwirtschaftskrise 1929–1939. 2. Aufl. München u. Harmondsworth 1979. S. 45.

21 Sie belief sich auf 11,3 v. H. aller Versicherten (siehe EMMINGER, a. a. O., S. 287).

22 In seiner Kritik an der Rückkehr zur Vorkriegsparität hatte KEYNES auf die hiermit verbundene Gefahr einer Vergrößerung der Arbeitslosigkeit nachdrücklich hingewiesen. Vgl. The Economic Consequences . . ., a. a. O., S. 257 ff.

cc) Die Entwicklung in Frankreich. – aaa) Die Phase des frei beweglichen Wechselkurses für den Französischen Franc ist u. a. deshalb von besonderem Interesse, als in ihr ein Anschauungsbeispiel für das Auftreten sich selbst verstärkender Wechselkursentwicklungen und einer destabilisierenden Spekulation in einem System flexibler Wechselkurse gesehen wurde[23]. Untersucht man die Entwicklung des Dollar-Kurses, ausgedrückt in Francs (FF/$), von seiner Freigabe im März 1919 an genauer, dann wird deutlich, dass bis Anfang 1922 letztlich nichtspekulative Einflüsse dominierend waren[24]. Zumindest tendierte der Dollarkurs, ausgedrückt in Francs, bis dahin bei Abweichungen von der Kaufkraftparität immer wieder zur Kaufkraftparität zurück. Danach war der Dollarkurs aber – von einer kurzfristigen Annäherung an die Kaufkraftparität Anfang 1924 abgesehen – in der Phase des flexiblen Wechselkurses dauerhaft höher, als es der Kaufkraftparität entsprach[25]. Die *andauernde Unterbewertung* des Franc (gegenüber dem Dollar) lässt sich u. a. mit Kapitalexporten erklären, die z. T. wohl auch destabilisierend gewirkt haben[26], indem Spekulanten in einer Abwertung des Franc ein Indiz für eine zukünftige weitere Abwertung erblickten[27], deshalb Franc-Guthaben gegen Devisen verkauften und so die Abwertung des Franc verstärkten.

Soll die Erfahrung anhaltender Abwertung und destabilisierender Spekulation in Hinblick auf ein System flexibler Wechselkurse bewertet werden, dann muss man auch die *Ursachen* der Wechselkursentwicklung in die Betrachtung einbeziehen. Wesentlich für die beiden starken Abwertungsphasen des französischen Franc von 1922 bis 1924 und 1925/26 war letztlich die französische Budget- und Schuldenpolitik. Wurden schon während des Krieges nur fünfzehn Prozent der Staatsausgaben durch Steuern gedeckt, so setzte sich diese Phase in der Budgetpolitik mit hohen (überwiegend kurzfristig finanzierten) Defiziten in der Nachkriegszeit zunächst fort. Dabei baute man offenbar längere Zeit darauf, dass die Reparationszahlungen des Deutschen Reiches schon bald finanzielle Entlastung bringen würden – nach der Devise „Der Deutsche wird zahlen" („Le Boche paiera").

Die hohe umlaufende Staatsverschuldung der französischen Regierung bestand vor allem aus kurzfristigen Staatspapieren (bons de la défense nationale), deren Zinssatz relativ niedrig war und im Betrachtungszeitraum nicht wesent-

23 „The dangers of ... cumulative and self-aggravating movements under a regime of freely fluctuating exchanges are clearly demonstrated by the French experience of 1922–26" (LEAGUE OF NATIONS, International Currency ..., a. a. O., S. 118).

24 Siehe R. Z. ALIBER, Speculation in the Foreign Exchanges: The European Experience, 1919–1926. „Yale Economic Essays", Vol. 2 (1962), S. 171 ff.

25 Siehe hierzu die grafischen Darstellungen ebenda, S. 206, und bei TSIANG (a. a. O., S. 260).

26 Siehe hierzu ebenda, S. 262, 267, und ALIBER, a. a. O., S. 207 u. 217.

27 Siehe LEAGUE OF NATIONS, International Currency ..., a. a. O., S. 119. – ALIBER, a. a. O., S. 242.

lich geändert wurde. Die Aufrechterhaltung des niedrigen Zinssatzes setzte voraus, dass die französische *Zentralbank* (Banque de France) die Budgetpolitik der Regierung unterstützte und mit Krediten aushalf, sobald diese Schwierigkeiten hatte, kurzfristige Staatstitel bei dem fixierten Zinssatz in gewünschtem Umfang an das Publikum zu verkaufen. Mit einer solchen Situation sah sich die Regierung z. B. konfrontiert, wenn das Publikum durch eine sich anbahnende Liquiditätsanspannung davon abgehalten wurde, fällige Staatstitel durch neue zu ersetzen bzw. zusätzliche Staatstitel aufzunehmen. Letztlich lief die Mitwirkung der *Zentralbank* bei der Staatsfinanzierung darauf hinaus, durch eine entsprechende Geldmengenexpansion (z. B. über Staatskredite) ein niedriges, relativ stabiles Zinsniveau auf dem Geldmarkt aufrechtzuerhalten. Vereinfacht und auf wesentliche Züge reduziert, könnte man deshalb die hier relevante Wirtschaftspolitik als eine *expansive Fiskalpolitik* mit (annähernder) *Zinsstabilisierung*[28] auf niedrigem Niveau charakterisieren. Wird eine derartige Politik über einen längeren Zeitraum betrieben, dann muss diese bei flexiblem Wechselkurs wegen der stark steigenden Einkommen und Preise zwangsläufig zu einer nachhaltigen Abwertung der heimischen Währung führen[29].

Eine weitere Ursache für starke Abwertungen des Franc ist in einer wiederholten *Kapitalflucht* aus dem Franc in Devisen zu sehen, die insbesondere dann einsetzte, wenn die Schwierigkeiten der Regierung bei der Budgetfinanzierung und im Zusammenhang mit der Staatsverschuldung besonders deutlich hervortraten und durch politische Ereignisse noch akzentuiert wurden[30]. Zwar gelang es, die Budgetdefizite um die Mitte der zwanziger Jahre erheblich zu vermindern; die Probleme des Debtmanagements wurden jedoch in Anbetracht stark gewachsener Staatsschulden in dieser Zeit eher noch größer. Offenbar genügten bereits geringe Defizite, um das Vertrauen in die öffentliche Finanzwirtschaft so weit zu untergraben, dass es dem Staat nicht mehr gelang, fällige Schuldtitel beim Publikum durch neue zu ersetzen. Wie schon erwähnt, nahm die Regierung in solchen Fällen Kredite bei der Banque de France auf, was mit einer *Geldschöpfung* verbunden war[31]. Ein spürbarer Anstieg der Geldmenge wurde allgemein als ein Hinweis darauf verstanden, dass sich eine inflationäre Entwicklung ankündigte, die eine Abwertung des Franc nach sich ziehen würde. Derartige *Abwertungserwartungen* bewirkten dann spekulative Kapitalexporte, die auch noch dadurch erleichtert wurden, dass ihre Finanzierung im Inland zu

28 Vgl. TSIANG, a. a. O., S. 271.

29 Man beachte, dass die auf den Einkommens- und Preisanstieg zurückgehende Verschlechterung der Devisenbilanz nicht durch einen (endogenen) Zinsanstieg abgeschwächt wird.

30 Einzelheiten hierzu siehe YEAGER, a. a. O., S. 324 ff.

31 Die starke Erhöhung der Geldmenge von Dezember 1924 bis Dezember 1925 um mehr als 28 v. H. illustriert diesen Zusammenhang. Zur Zahlenangabe vgl. die Tabelle von ALIBER, a. a. O., S. 212 f.

günstigen Bedingungen vorgenommen werden konnte. Der geschilderte Zusammenhang zwischen offenkundigen Schwierigkeiten bei der Budget- und Schuldenpolitik einerseits und einer Kapitalflucht mit der Folge einer Franc-Abwertung anderseits war so ausgeprägt, dass er Eingang in eine (insbesondere mit dem Namen von A. AFTALION verbundene) *„psychologische Theorie"*[32] des Wechselkurses fand, wonach der Wechselkurs auf zunehmendes Unbehagen über die Entwicklung der Staatsfinanzen reagiert.

Die Beobachtung anhaltender, sich offenbar auch *selbstverstärkender* Abwertungsbewegungen mit z. T. destabilisierender Spekulation in der Phase des frei beweglichen Franc-Kurses ist noch kein Beleg dafür, dass derartige Entwicklungen typischerweise mit einem System flexibler Wechselkurse verbunden sind. Abgesehen davon, dass die bereits geschilderten Erfahrungen im Vereinigten Königreich dagegen sprechen, ist zu beachten, dass die *Wechselkursentwicklung* des Franc primär durch die französische Budgetpolitik, die daraus resultierenden Probleme mit der Staatsverschuldung und die durch elastische Geldmengenexpansion ermöglichte weitgehende Fixierung von Zinssätzen bestimmt wurde. Eine über längere Zeit betriebene expansive Finanzpolitik bei Zinsstabilisierung auf niedrigem Niveau und wiederholte Kapitalfluchtbewegungen wären auch bei *festen* Wechselkursen mit großen Problemen verbunden gewesen[33]. Hier hätten sich lang anhaltende Devisenbilanzdefizite eingestellt, die in Anbetracht sich erschöpfender Währungsreserven Spekulationen über die Aufrechterhaltung des fixierten Wechselkurses ausgelöst hätten.

bbb) Die in Frankreich betriebene Wirtschaftspolitik und die dadurch ausgelöste Franc-Abwertung waren unter *nationalem* Aspekt auch mit Vorteilen verbunden. Zwar hatten sich einerseits die Preise inflatorisch erhöht, doch waren anderseits auch Exporterfolge und eine kräftige Expansion der industriellen Produktion zu verzeichnen[34]. Für die Zeit nach der Phase des frei beweglichen Wechselkurses blieben die Aussichten – anders als im Vereinigten Königreich – sowohl für den Außenbeitrag als auch für die Produktion und Beschäftigung günstig, da der Wechselkurs für den französischen Franc de facto durch Devisenintervention der Banque de France Ende 1926[35] und de

32 Vgl. LEAGUE OF NATIONS, International Currency . . ., a. a. O., S. 118.

33 Vgl. TSIANG, a. a. O., S. 271 ff.

34 Die Großhandelspreise stiegen von Mitte 1921 bis Mitte 1926 um knapp 130 v. H., die industrielle Produktion um etwas mehr als 150 v. H. Während zunächst die Produktion stärker expandierte, stiegen später die Preise schneller. Siehe hierzu die Tabelle bei ALIBER, a. a. O., auf S. 209.

35 Die Stabilisierung des Franc wurde durch eine kontraktive Budgetpolitik nach dem Amtsantritt von R. POINCARÉ ermöglicht. POINCARÉ war als konservativer Finanzpolitiker so bekannt, dass der Franc-Kurs schon durch die Nachricht von seiner Ernennung eine merkliche Aufwertung erfuhr. Siehe YEAGER, a. a. O., S. 327 f.

jure Mitte 1928[36] auf einem *unterbewerteten* Niveau stabilisiert wurde. Unter *internationalem* Aspekt musste die *Unterbewertung des französischen Franc* jedoch als nachteilig angesehen werden, da hierdurch die Konsequenzen der *Überbewertung des englischen Pfundes* noch verschärft wurden.

dd) Die Entwicklung im Deutschen Reich. – aaa) Das Wechselkursgeschehen war im Deutschen Reich in der Phase flexibler Wechselkurse Anfang der zwanziger Jahre eng mit der damals herrschenden großen *Inflation* verknüpft. Die primäre Ursache der sich immer mehr beschleunigenden Inflation ist in den hohen *Budgetdefiziten* und ihrer Finanzierung durch *Geldschöpfung*[37] zu sehen, daneben aber auch in einer *expansiv* wirkenden *Kreditpolitik* gegenüber dem privaten Sektor[38]. Die hohen Budgetdefizite wiederum gingen vor allem auf den Schuldendienst für die Kriegsanleihen, die Ausgaben für die Kriegsopferversorgung und die von Deutschland an die Siegermächte zu entrichtenden Wiedergutmachungsleistungen in Form der Reparationen[39] zurück; die Defizite stiegen sprunghaft an, als dem Reich 1923 im Zusammenhang mit der Besetzung der Ruhr durch französische und belgische Truppen vorübergehend in erheblichem Umfang zusätzliche finanzielle Verpflichtungen erwuchsen[40].

bbb) Die Budgetdefizite und die Geldmenge erhöhten sich bis zum Jahre 1923 erheblich, wobei sich der Anstieg im Jahre 1922 und insbesondere 1923 stark beschleunigte; eine ähnliche Entwicklung zeigte sich bei den Inlandspreisen und beim Dollarkurs, ausgedrückt in Mark (vgl. Tabelle III.2).

Ein von der binnenwirtschaftlichen Entwicklung ausgehender Einfluss auf den Wechselkurs der Mark war schon insofern nahe liegend, als eine von starken Preissteigerungen begleitete Expansion die Importnachfrage steigen lässt und zu einer Verschlechterung der Absatzchancen für Exportgüter führt, wodurch

36 Einzelheiten hierzu siehe BROWN, Vol. I, a. a. O., S. 459.

37 Die mit der Budgetfinanzierung verbundene Geldschöpfung erfolgte in erster Linie durch Ankauf (Diskontierung) von Reichsschatzwechseln und Schatzanweisungen des Reiches durch die deutsche Notenbank (Reichsbank).

38 Noch bis Juli 1922 hielt die Reichsbank an dem seit Ende 1914 geltenden Diskontsatz von 5 v. H. fest, obwohl die Inflationsrate (gegenüber dem Vorjahresmonat) über sechshundert Prozent betrug.

39 Nachdem im sog. **Londoner Ultimatum** (1921) die deutsche Reparationsschuld auf 132 Mrd. Goldmark festgesetzt worden war, legte das DAWES-Komitee am 9. April 1924 einen neuen Reparationsplan (**DAWES-Plan**) vor mit niedrigeren Jahresraten, aber noch keiner endgültig fixierten Gesamtsumme der Reparationsleistungen. Die Gesamtzahlungen wurden dann im sog. **YOUNG-Plan** endgültig fixiert. Danach waren Ratenzahlungen bis zum Jahr 1988 (!) mit einem kapitalisierten Gegenwartswert von etwa 37 Mrd. Goldmark zu leisten. Siehe hierzu G. STOLPER, fortgeführt von K. HÄUSER u. K. BORCHARDT, Deutsche Wirtschaft seit 1870. 2., erg. Aufl. Tübingen 1966. S. 90 ff., S. 109 ff.

40 Vgl. ebenda, S. 92 ff.

Tabelle III.2: *Dollarkursindex und Großhandelspreisindex*, 1913–1923 (1913 = 1)

Zeit	Dollarkurs (M/$)	Großhandelspreise
Januar 1913	1.0	1.0
Januar 1920	15.4	12.6
Juli 1920	9.4	13.7
Januar 1921	15.4	14.4
Juli 1921	18.3	14.3
Januar 1922	45.7	36.7
Juli 1922	117.0	101.0
Januar 1923	4 279.0	2 785.0
Juli 1923	84 150.0	74 787.0
August 1923	1 100 100.0	944 041.0
September 1923	23 540 000.0	23 949 000.0
Oktober 1923	6 014 300 000.0	7 095 800 000.0
15. Nov. 1923	1 000 000 000 000.0	750 000 000 000.0

Quelle: STOLPER, a. a. O., S. 99.

sich auf dem Devisenmarkt eine Überschussnachfrage nach Devisen und damit eine Abwertung einstellt[41]. Der Zusammenhang zwischen Dollarkurs und Inlandspreisen wurde in der Phase stärker zunehmender Inflationsraten dadurch noch direkter und enger, dass Preisheraufsetzungen mangels anderer Orientierungsgrößen sehr häufig parallel zum Anstieg des Dollarkurses vorgenommen wurden. Schließlich waren für die Wechselkursentwicklung neben den inflatorischen Expansionsprozessen im Inland noch weitere, hiervon *unabhängige* Vorgänge maßgeblich. Abgesehen von den kriegsbedingten Mehrimporten handelte es sich hierbei insbesondere um die mit Reparationszahlungen an das Ausland verbundene zusätzliche Nachfrage nach Devisen sowie um spekulative Kapitalfluchtbewegungen aus der Mark in fremde Währungen.

ccc) Die *Stabilisierung* der sich beschleunigenden Abwertung erfolgte bei einem Austauschverhältnis von 4,2 Billionen (d. h. 4,2 × 1 000 000 000 000) Mark für einen Dollar, nachdem man das deutsche Geldwesen einige Tage zuvor am 15.11.1923 mit der Schaffung der **Rentenmark** auf eine neue Grundlage gestellt hatte. Da sich in der Vorkriegszeit auf Grund der damals gültigen Goldparität

41 Die Abwertung wirkt dann wieder auf das inländische Preisniveau zurück, indem sie Preiserhöhungen bei Exportgütern, Importgütern und bei den mit Importen konkurrierenden Gütern auslöst. Einzelheiten zur Wirkung einer Abwertung auf das inländische Preisniveau siehe Band I, Unterabschnitt III.4a).

ein Parikurs der Mark gegenüber dem Dollar von 4,20 M/$ ergeben hatte, wurde mit der Wechselkursstabilisierung die Beziehung 1 Goldmark = 1 Billion (entwertete) Papiermark etabliert. Diese Relation bestimmte dann auch das Austauschverhältnis, zu dem die Reichsbank die entwerteten Reichsbanknoten in Rentenbankscheine umtauschte. Somit ergab sich für die neu geschaffene Rentenmark ein Dollarkurs auf dem Vorkriegsniveau von 4,20 M/$.

Dass die Währungsumstellung erfolgreich war und die Kursstabilisierung des Dollar Bestand hatte, dürfte im *Wesentlichen* darauf zurückzuführen sein, dass die bis dahin stark expansive Geld- und Budgetpolitik rigoros umgestellt worden war: Von der Notenbank wurden keine kurzfristigen Staatspapiere mehr angekauft, sondern nur noch (wie in der Vorkriegszeit) Handelswechsel rediskontiert, die Gesamthöhe der für Staat und Wirtschaft verfügbaren Kredite wurde begrenzt[42] und der Staatshaushalt nach kurzer Zeit ausgeglichen. Daneben spielte mehr als *psychologischer* Faktor eine Rolle, dass für die Rentenmark durch Belastung des landwirtschaftlichen Bodens und gewerblichen Vermögens eine Art von Deckung geschaffen wurde. Die Deckung war insofern fiktiv, weil die Sicherheiten illiquide waren (also auch nicht wie Gold oder Devisen zur Stabilisierung des Wechselkurses eingesetzt werden konnten); sie förderten aber dennoch das Vertrauen in die Wertbeständigkeit der neuen Währung.

ddd) Die mit der Dollarkursstabilisierung eingeleitete Rückkehr zum Goldstandard wurde ein Jahr später mit dem Münz- und Bankgesetz vom 30.8.1924 weitgehend vollzogen. Die eingeführte Goldwährung war – wie später auch im Vereinigten Königreich und in Frankreich – eine **Goldbarrenwährung** und keine Goldumlaufswährung[43]. Durch das Bankgesetz wurde die Reichsbank verpflichtet, *Barrengold* zum Preis von 1392 Reichsmark[44] pro Pfund Feingold[45] gegen ihre Noten anzukaufen. Die ebenfalls im Bankgesetz enthaltene Vorschrift über die *Noteneinlösung* in Gold oder Devisen durch die Reichsbank blieb zunächst *suspendiert,* weil die Währungsreserven als zu niedrig angesehen wurden, die Auswirkungen der Reparationsleistungen noch nicht zu überblicken waren und auch in anderen wichtigen Ländern wie dem Vereinigten Königreich und Frankreich ein Umtausch von Noten in Gold (bzw. Devisen) noch nicht möglich war[46]. Die Einlösungsverpflichtung wurde dann erst viel später (im Mai 1930) nachträglich in Kraft gesetzt. Schließlich enthielt das Bankgesetz auch *Deckungsbestimmungen* für die im Umlauf befindlichen Reichsbanknoten. Sie verpflichteten die Reichsbank zu einer Deckung ihres Notenumlaufs von mindestens 40

42 Einzelheiten hierzu siehe STOLPER, a. a. O., S. 107 f.

43 Siehe hierzu Unterabschnitt II.1a).

44 Mit dem Bankgesetz wurde die Währungseinheit *Reichsmark* eingeführt.

45 Das entspricht dem Ankaufspreis der Reichsbank in der Vorkriegszeit in Höhe von 2784 M/kg Feingold. (Vgl. VEIT, a. a. O., S. 106).

46 Vgl. ebenda, S. 546.

v. H. in Gold und Devisen, wobei diese so genannte Primärdeckung zu mindestens 75 v. H. aus Gold zu bestehen hatte.

b) Der restaurierte Goldstandard und seine Schwächen

aa) Währungsstabilisierung. – Wie das Vereinigte Königreich, Frankreich und das Deutsche Reich kehrten auch nahezu alle anderen bedeutenderen Länder in den zwanziger Jahren zu *Goldparitäten* zurück. Wann die entsprechende Stabilisierung durchgeführt und welche Parität dabei im Vergleich zur Vorkriegsparität fixiert wurde, zeigt für eine Reihe von Ländern die folgende Tabelle:

Tabelle III.3: *Währungsstabilisierung in Relation zum Gold*

Jahr[a]	**Länder**			
1922 oder früher	USA[b] (1)		Schweden (1924) (1)	Österreich (x)
1923	Deutsches Reich (1924) (x)		Tschechoslowakei (1/7)	
1924	Ungarn (x)	Bulgarien (1928) (1/27)	Niederlande (1)	Schweiz (1)
1925	Vereinigtes Königreich (1)		Jugoslawien (1931) (1/11)	
1926	Dänemark (1)	Belgien (1/7)	Polen (1927) (x)	Frankreich (1928) (1/5)
1927	Italien (1/4)		Rumänien (1929) (1/33)	
1928	Norwegen (1)		Griechenland (1/15)	
1929	Portugal[c] (1/22)			

[a] Die Angabe in der ersten Spalte bezeichnet das Jahr der *de facto*-Stabilisierung. Weicht dieses vom Jahr der *de jure*-Stabilisierung ab, dann wird Letzteres in Klammern hinter dem betreffenden Land angegeben. [b] Die USA hatten ihre Goldparität nicht aufgegeben. Restriktionen hinsichtlich der Goldexporte wurden 1919 aufgehoben. [c] Die Goldparität des Escudo wurde schon in der Zeit von Januar 1925 bis Januar 1928 praktisch stabil gehalten.

Quelle: LEAGUE OF NATIONS, The Course ..., a. a. O., S. 92 f. Zu Schweden siehe auch CASSEL, a. a. O., S. 29 f.

Die in Klammern angegebenen Zahlen unter den Ländern bezeichnen den Goldgehalt der jeweiligen Landeswährung im Jahr der Stabilisierung in Relation zum Goldgehalt vor dem ersten Weltkrieg. Die Angabe (1) bedeutet dementsprechend, dass die Vorkriegs-Goldparität beibehalten wurde. Ein eingeklammertes x weist darauf hin, dass in den betreffenden Ländern nach einer Hyperinflation eine neue Währungseinheit eingeführt worden war.

Mit der *Fixierung von Goldparitäten* war zwar ein wesentlicher Schritt zur Rückkehr zum internationalen Goldstandard getan; doch die Art der Währungsstabilisierung erschwerte von vornherein seine Funktionsfähigkeit. Obwohl jede Festlegung auf Goldparitäten eine Fixierung von Wechselkursen gegenüber anderen Goldstandardländern bedeutet[47] und dieser Vorgang damit nicht nur die eigene, sondern auch andere Währungen betrifft, erfolgte die Währungsstabilisierung *nicht* im Rahmen einer internationalen Abstimmung, sondern als unkoordinierte, sich über einen Zeitraum von etwa sieben Jahren erstreckende Aufeinanderfolge nationaler Entscheidungen[48]. Da die Währungsstabilisierung bei einigen Ländern mit einer *Überbewertung* ihrer Währung verbunden war (so im Vereinigten Königreich, Dänemark, Norwegen und Italien) und bei anderen mit einer *Unterbewertung* (z. B. in Frankreich und Belgien)[49], entstand bei Ersteren eine Tendenz zu Defiziten in der Zahlungsbilanz und bei Letzteren eine Tendenz zu Überschüssen. Zahlungsbilanzschwierigkeiten waren insofern vorprogrammiert.

bb) Golddevisenstandard. – Wie CASSEL ausführt, hatte man bei allen Erwägungen zur Wiederherstellung des internationalen Goldstandards „die zunehmende Verknappung des Goldes als einen der wichtigsten Faktoren des Problems in Betracht zu ziehen“[50]. Tatsächlich war die Welt-Goldproduktion in den Nachkriegsjahren stark gesunken und z. B. im Jahre 1920 um etwa ¼ niedriger als im Jahre 1914[51]. Zu dieser Entwicklung dürfte maßgeblich die mit der Senkung des relativen Goldpreises verbundene Rentabilitätsverschlechterung der Goldförderung beigetragen haben. So war der Goldpreis 1920 in US-Dollar gegenüber der Vorkriegsparität konstant geblieben und hatte sich in Pfund Sterling um etwa $^1/_3$ der Vorkriegsparität erhöht[52]; anderseits waren die Indizes für die Großhandelspreise ebenso wie für die Lebenshaltungskosten im gleichen Jahr gegenüber dem Vorkriegsstand aber um deutlich mehr (z. T. um erheblich mehr) als 100 v. H. gestiegen[53].

47 Durch die Goldparitäten wird der Parikurs bestimmt. Siehe hierzu den Unterabschnitt II.1b) aa).

48 „... exchange stabilization was carried out as an act of national sovereignty in one country after another with little or no regard to the resulting interrelationship of currency values in comparison with cost and price levels“ (LEAGUE OF NATIONS, International Currency ..., a. a. O., S. 116).

49 Vgl. YEAGER, a. a. O., S. 330.

50 CASSEL, a. a. O., S. 8.

51 Vgl. dazu die Zahlen in LEAGUE OF NATIONS, International Currency ..., a. a. O., S. 233.

52 Vgl. hierzu die Zahlen bei BROWN, Vol. I, a. a. O., S. 231.

53 Vgl. hierzu die Zahlen in LEAGUE OF NATIONS, The Course ...., a. a. O., S. 88, sowie Tabelle III.1 im Unterabschnitt III.1a) aa).

Die Schaffung eines Währungssystems mit zu knappen Währungsreserven erschien insofern problematisch, als hiervon deflatorische Entwicklungen mit unerwünschten Beeinträchtigungen für die Produktions- und Beschäftigungsmöglichkeiten zu erwarten waren. Auf der *internationalen Wirtschaftskonferenz in Genua (1922)* wurde deshalb – neben einer Rückkehr zu Goldparitäten – auch beschlossen, die Verwendung von Gold in der Weise zu „ökonomisieren", dass neben Gold auch Devisen als Währungsreserven gehalten werden sollten[54]. Damit wurde die Schaffung eines **Golddevisenstandards** offiziell empfohlen und mit der Zeit auch zunehmend realisiert[55].

Die Verbreitung des Golddevisenstandards war zwar unter dem Aspekt der Goldersparnis erwünscht; sie machte das Währungssystem aber auch *störanfälliger* als ein reiner Goldstandard: Werden nationale Zahlungsmittel als internationale Reserven verwendet, dann bietet sich den Reservewährungsländern die Möglichkeit, Defizite in der Zahlungsbilanz mit der eigenen Währung zu finanzieren und damit eine Zahlungsbilanzkorrektur zu umgehen. Anderseits sind die Reservezentren aber auch der Gefahr ausgesetzt, dass ihre Gläubiger bei Vertrauenskrisen oder aus anderen Gründen Devisenguthaben liquidieren, wodurch sich bei ihnen kurzfristig beträchtliche Goldverluste einstellen können. Ein weiterer Grund für die Störanfälligkeit des Golddevisenstandards ergibt sich schließlich noch dann, wenn – wie nach dem ersten Weltkrieg – *mehrere* Reserve- und Finanzzentren existieren (damals London und New York, daneben Paris) und Devisenguthaben damit von einer Reservewährung in die andere verlagert werden können. Derartige Umschichtungen erfolgten in Reaktion auf Zinsänderungen, aus spekulativen, aber auch aus anderen Erwägungen und waren mit kurzfristigen Kapital- und Goldbewegungen zwischen den Reservezentren verbunden.

cc) Spielregeln und Neutralisierung. – Neben der Existenz von Goldparitäten und der Möglichkeit freien Goldverkehrs zwischen den Goldstandardländern sind die sog. *Spielregeln* („rules of the game") bekanntlich wesentlicher Bestandteil eines Goldstandardsystems[56]. Im Zusammenhang mit der Frage, ob und inwieweit die Spielregeln in der Zwischenkriegszeit eingehalten wurden, stellte R. NURKSE[57] in einer empirischen Untersuchung für 26 Länder die jährlichen Änderungen der Währungsreserven und der heimischen Komponente der mone-

54 Vgl. CASSEL, a. a. O., S. 23 ff.

55 Während der Devisenanteil an den gesamten Weltwährungsreserven 1913 noch rd. 11 v. H. betragen hatte, stieg er bis 1928 auf rd. 25 v. H. Siehe hierzu R. TRIFFIN, Gold and the Dollar Crisis. The Future of Convertibility. Rev. ed. New Haven, London 1961, S. 72.

56 Siehe dazu Unterabschnitt II.1c).

57 LEAGUE OF NATIONS, International Currency . . ., a. a. O.

tären Basis[58] einander gegenüber. Dabei zeigte sich für die Jahre von 1922 bis 1930, dass sich diese beiden für das Geldangebot wesentlichen Quellen der monetären Basis in etwa zwei Dritteln der untersuchten Fälle entgegengerichtet entwickelt hatten[59]. Ohne diesen Befund genauer interpretieren zu müssen[60], lässt sich hieraus zumindest als Ergebnis konstatieren, dass binnen Jahresfrist überwiegend nicht eine Verstärkung, sondern eine Abschwächung der von Zahlungsbilanzungleichgewichten ausgehenden Geldmengeneffekte erfolgt war. Dass hierfür u. a. auch eine bewusste *Neutralisierungspolitik* der Währungsbehörden maßgeblich war, die Spielregeln also nicht nur gelockert, sondern auch verletzt wurden[61], zeigt eine nähere Betrachtung der Entwicklungen, insbesondere in den Vereinigten Staaten und in Frankreich.

Auf Grund von Exportüberschüssen, insbesondere gegenüber Europa, war den *Vereinigten Staaten* in den Jahren von 1920 bis 1924 in erheblichem Umfang Gold zugeflossen. In Hinblick auf die Geldmengenentwicklung erfolgte weitgehend eine Neutralisierung, und zwar zum einen dadurch, dass Geschäftsbanken Liquiditätszuflüsse zur Tilgung von Zentralbankschulden verwendeten, zum anderen aber auch auf Initiative des Federal Reserve System, z. B. durch kontraktiv wirkende Verkäufe von Offenmarktpapieren. Die Neutralisierungsmaßnahmen sind vor dem Hintergrund einer *gewandelten geldpolitischen Orientierung* zu sehen[62]. Sie waren binnenwirtschaftlich motiviert und zielten darauf ab, die Verfassung der heimischen Kreditmärkte, die Produktion und das Preisniveau zu stabilisieren, auch gegenüber den durch Goldbewegungen verursachten Schwankungen. Sie bedeuteten – so HARROD[63] – den ersten großen Schritt weg von einer Geldpolitik, die (wie der klassische Goldstandard) in erster Linie an außenwirtschaftlichen Bedingungen ausgerichtet war.

Die Phase der Neutralisierung in *Frankreich* fiel in die Zeit nach der de jure-Stabilisierung des Französischen Franc (1926). Mit der Regierungsübernahme durch POINCARÉ (1926) wurde das Vertrauen in die öffentliche Finanzwirtschaft

58 Der heimischen Komponente der monetären Basis entspricht bei NURKSE das Konzept der „domestic assets“. Sie enthalten bei ihm rediskontierte Wechsel, Lombardforderungen und Schuldverschreibungen. Bestandsänderungen bei diesen Aktiva beeinflussen – wie Änderungen der Währungsreserven – über die monetäre Basis (gleichgerichtet) das inländische Geldangebot.

59 Siehe dazu LEAGUE OF NATIONS, International Currency .... a. a. O., S. 69.

60 Zur Interpretation der Ergebnisse siehe genauer ebenda, S. 68 ff.

61 So ISSING, Internationale Währungspolitik, a. a. O., S. 523.

62 Siehe hierzu Tenth Annual Report of the Federal Reserve Board. Covering Operations for the Year 1923. Washington 1924, S. 20, 29 ff., sowie den gleichen Bericht für das folgende Jahr, S. 10, 12. – LEAGUE OF NATIONS, International Currency ..., a. a. O., S. 73 f. – EMMINGER, a. a. O., S. 298.

63 R. F. HARROD, The Pound Sterling. (Essays in International Finance, No. 13.) Princeton, N. J., 1952. S. 4.

wiederhergestellt, und das Fluchtkapital kehrte nach Frankreich zurück. Hierdurch und auf Grund von Überschüssen in der Handels- und Dienstleistungsbilanz – nicht zuletzt als Folge der Unterbewertung des Französischen Franc – kam es zu einem starken Anstieg der französischen Währungsreserven, deren liquidisierende Wirkung zu einem großen Teil neutralisiert wurde. Die *Neutralisierung* erfolgte dabei in der Weise, dass die durch Monetisierung von Gold und Devisen entstandenen flüssigen Mittel von Geschäftsbanken und Nichtbanken in beträchtlichem Umfang zum Erwerb von Staatsschuldverschreibungen verwendet wurden und die Regierung die anfallenden Erlöse dazu benutzte, Schulden bei der Banque de France zu tilgen und daneben einen größeren Bestand an Zentralbankeinlagen aufzubauen[64]. Auf diese Weise wurden die expansiven Wirkungen einer starken Geldmengenausweitung im Zuge erheblicher Gold- und Devisenzuflüsse weitgehend unterbunden und damit eine antiinflationäre Politik verfolgt, die zwar nicht im Einklang mit den Spielregeln des klassischen Goldstandards stand, aber vor dem Hintergrund der französischen Inflationserfahrungen in der ersten Hälfte der zwanziger Jahre[65] erklärlich erscheint.

Die Lockerung bzw. Verletzung der Spielregeln durch Neutralisierungsmaßnahmen hing – wie schon erwähnt – eng mit einer stärkeren Hinwendung zu einer *binnenwirtschaftlichen Orientierung* der Wirtschaftspolitik zusammen. Man war konjunkturbewusster geworden und trachtete danach, sowohl inflatorische als auch deflatorische Ausschläge in der konjunkturellen Entwicklung zu dämpfen. Binnenwirtschaftliche Ziele – in den zwanziger Jahren mehr die Preisstabilität, in den dreißiger Jahren die Vollbeschäftigung – erhielten somit ein stärkeres Gewicht, auch wenn dadurch ein Zahlungsbilanzausgleich behindert wurde[66]. Für die Betonung des Beschäftigungsziels spielte auch eine Rolle, dass die Nominallohnsätze (etwa seit Mitte der zwanziger Jahre)[67] immer weniger nach unten flexibel wurden und sich deflatorische Entwicklungen deshalb in erster Linie in Mengeneffekten, d. h. in einem Rückgang der Beschäftigung, auswirkten.

dd) Interalliierte Schulden und Reparationen. – Eine hohe interalliierte Kriegsverschuldung und die Reparationsverpflichtungen des Deutschen Reiches erwiesen sich als eine weitere Belastung für die Funktionsfähigkeit des restaurierten Goldstandards. Wie die folgende Übersicht zur Kriegsverschuldung verdeutlicht, waren die Vereinigten Staaten mit einem Betrag von nicht ganz 12 Mrd.

64 Vgl. LEAGUE OF NATIONS, International Currency . . ., a. a. O., S. 76.

65 In Frankreich hatten sich die Preise (gemessen am Großhandelsindex) von Mitte 1922 bis Ende 1925 fast verdoppelt. Vgl. dazu die Tabelle bei ALIBER, a. a. O., auf S. 209.

66 Vgl. G. HABERLER, Die Weltwirtschaft und das internationale Währungssystem in der Zeit zwischen den beiden Weltkriegen. In: Währung und Wirtschaft in Deutschland 1876–1975. Hrsg.: DEUTSCHE BUNDESBANK. 2., unveränd. Aufl. Frankfurt a. M. 1976. S. 211.

67 Vgl. ebenda.

Schaubild III.2: *Interalliierte Verschuldung bei Kriegsende* (Mrd. US-Dollar)

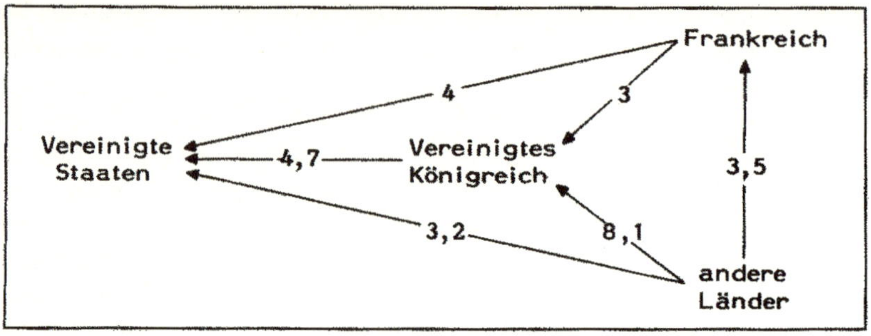

Quelle: Vgl. A. SAUVY, Histoire économique de la France entre Les Deux Guerres (1918–1931), Paris 1965. S. 169.

US-Dollar Netto-Gläubiger; das Vereinigte Königreich konnte ebenfalls Netto-Forderungen geltend machen (in Höhe von 6,4 Mrd. US-Dollar), während Frankreich eine Netto-Schuldnerposition einnahm (mit einem Betrag von 3,5 Mrd. US-Dollar). Gezahlt wurde an die Vereinigten Staaten schließlich nur ein Betrag von rd. 2,7 Mrd. US-Dollar[68].

Die *Reparationsleistungen* des Deutschen Reiches beliefen sich nach einer Schätzung neutraler Sachverständiger bis zum Inkrafttreten des DAWES-Plans auf mindestens 25 Mrd. Goldmark; die Leistungen im Rahmen des DAWES-Plans betrugen knapp 8 Mrd. und im Rahmen des YOUNG-Plans (bis Ende Juni 1931) rd. 3 Mrd. Goldmark[69]. Auf Grund dieser Zahlen ergab sich für die gesamten deutschen Reparationsleistungen ein Betrag von mindestens 36 Mrd. Goldmark (rd. 8,5 Mrd. US-Dollar)[70], wovon der Hauptanteil auf Frankreich entfiel.

Die Tilgung von Kriegsschulden und insbesondere die hohen Transferzahlungen auf Grund der deutschen Reparationsverpflichtungen stellten insofern eine Belastung für die internationale Währungsordnung dar, als hiermit umfangreiche Zahlungsbilanztransaktionen verbunden waren, die einen von ökonomischen Faktoren weitgehend unabhängigen zusätzlichen *Ausgleichsbedarf in der Zahlungsbilanz* verursachten. Außerdem beeinflussten Verhandlungen, Auseinandersetzungen und ungelöste Probleme im Zusammenhang mit den Reparationsverpflichtungen des Deutschen Reiches die *Wechselkurserwartungen* und führten

68 Siehe YEAGER, a. a. O., S. 317.

69 Siehe DEUTSCHE BUNDESBANK (Hg.), Deutsches Geld- und Bankwesen . . ., a. a. O., S. 327. – E. MEIER, Zeittafel der deutschen Reparationen 1918–1932. 2. Aufl. Erlangen 1932. S. 146.

70 Der Gesamtbetrag der deutschen Reparationsleistungen wurde von der Deutschen Regierung mit rd. 68 Mrd., von der Reparationskommission dagegen mit rd. 21 Mrd. Goldmark bewertet. Einzelheiten dazu siehe DEUTSCHE BUNDESBANK (Hg.), Deutsches Geld- und Bankwesen . . ., a. a. O., S. 327.

wiederholt (vor allem in der Zeit vor dem Inkrafttreten des Dawes-Plans) zu Kapitalfluchtbewegungen aus Europa[71]. Neben dem englischen Pfund war es insbesondere der Französische Franc, also die Währung des Hauptgläubigers, dessen Außenwert immer dann in Mitleidenschaft gezogen wurde, wenn sich Zweifel hinsichtlich der Zahlungsfähigkeit des Deutschen Reiches einstellten[72].

Die aus Kriegsschulden und den Reparationsverpflichtungen resultierenden Zahlungsbilanzschwierigkeiten erwiesen sich deshalb als gravierend, weil das sog. *Transferproblem* nicht gelöst wurde, d. h. den Zahlungen, dem sog. monetären Transfer, i. Allg. kein ausgleichender Güterstrom, also kein realer Transfer, folgte. Der zum Ausgleich des monetären Transfers erforderliche reale Transfer gelang *zum einen* nicht, weil die Empfängerländer es unterließen, für Importe günstige Voraussetzungen zu schaffen, und diese sogar z. T. behinderten. So schützten die Vereinigten Staaten die heimische Wirtschaft durch eine *protektionistische Handelspolitik*, die ihren Niederschlag in der Verabschiedung des Fordney-McCumber-Zolltarifs (1922) und des Smoot-Hawley-Zollgesetzes (1930) fand. Außerdem unterblieb in den Vereinigten Staaten – ebenso wie in Frankreich – bei einem Anstieg der Währungsreserven häufig die für die Entstehung von Importüberschüssen erforderliche inländische Expansion, weil eine *Neutralisierung* von Gold- und Devisenzuflüssen zugelassen bzw. betrieben wurde. *Zum anderen* verlief die binnenwirtschaftliche Entwicklung im Deutschen Reich in der zweiten Hälfte der zwanziger Jahre auch nicht so, dass sie deutsche Exportüberschüsse begünstigt hätte. Es erfolgte keine binnenwirtschaftliche Kontraktion mit stagnierender Produktion und deflatorischer Preisentwicklung; vielmehr erhöhte sich die industrielle Produktion stärker als im Ausland[73], und die Preise entwickelten sich – anders als bei wichtigen Handelspartnern – auch nicht rückläufig[74]. Die Reparationszahlungen konnten deshalb auch nicht durch Exportüberschüsse erwirtschaftet werden[75]. Dass sie dennoch entsprechend dem Dawes-Plan ohne

71 Vgl. BROWN, Vol. I, a. a. O., S. 290 f., 306 ff., 435.

72 „Any event which threw doubt on Germany's capacity to pay reparations immediately had an adverse effect on the franc". (R. G. HAWTREY, The Art of Central Banking. 2nd ed. Liverpool, London 1962. S. 4.). – Zu den speziellen Gründen siehe ebenda, S. 3 f.

73 Während die industrielle Produktion im Jahresdurchschnitt 1926/29 in Deutschland um 44,5 v. H. höher war als im Jahresdurchschnitt von 1921/25, belief sich die entsprechende Steigerungsrate im Weltdurchschnitt auf 34,5 v. H. und speziell für die Vereinigten Staaten auf 26,5 v. H., für das Vereinigte Königreich auf 21 v. H. und für Frankreich auf 37 v. H. Vgl. hierzu LEAGUE OF NATIONS, Industrialization and Foreign Trade. 1945. S. 130.

74 Der Großhandelspreisindex war 1929 in Deutschland um rd. 2 v. H. höher und in den Vereinigten Staaten um rd. 4 v. H., im Vereinigten Königreich um rd. 11 v. H. und in Frankreich um rd. 13 v. H. niedriger als 1926. Vgl. hierzu VEIT, a. a. O., S. 63, und DEUTSCHE BUNDESBANK (Hg.), Deutsches Geld- und Bankwesen . . ., a. a. O., S. 7.

75 Die Handels- und Dienstleistungsbilanz des Deutschen Reiches wies in den zwanziger Jahren (von 1926 abgesehen) stets Defizite aus.

Schwierigkeiten finanziert werden konnten, lag allein an einem starken *Zustrom von Auslandskrediten* (insbesondere aus den USA) an die private Wirtschaft und an öffentliche Stellen. Ein Anreiz für ausländische Kapitalexporteure bestand insofern, als das deutsche Zinsniveau erheblich über dem ausländischen lag[76] und zudem bestimmte Vorkehrungen im DAWES-Plan (die sog. Transferklausel) Außenwertstabilität der Reichsmark (RM) versprachen[77].

Die *Problematik der hohen Auslandsverschuldung* – Ende 1930: rd. 25 Mrd. RM, davon knapp 15 Mrd. kurzfristig[78] – zeigte sich mit ihren weit reichenden Folgen, als die Nettokapitalimporte zurückgingen und Auslandskredite zurückgerufen wurden. Diese Entwicklung setzte 1929 ein (als die Reparationskonferenz über den YOUNG-Plan zu scheitern drohte) und akzelerierte in den beiden folgenden Jahren so[79], dass die Reichsbank in den beiden Krisenmonaten Mai und Juni 1931 fast ein Drittel ihrer Währungsreserven verlor. Zwar wurden die Reparationszahlungen auf Grund des **HOOVER-Moratoriums**[80] ab 7. Juli 1931 für ein Jahr ausgesetzt; doch damit konnte der Rückzug der Auslandsgelder von deutschen Geschäftsbanken und die damit zusammenhängende schwerwiegende **Bankenkrise**[81] nicht abgewendet werden. Dem Run auf die Geschäftsbanken begegnete die Regierung mit einer zeitweiligen Bankenschließung (Bankfeiertage) und in Anbetracht der drohenden Erschöpfung der Gold- und Devisenreserven mit der Einführung von Devisenbewirtschaftungsmaßnahmen sowie dem Abschluss eines zunächst auf sechs Monate befristeten *Stillhalteabkommens* zwischen ausländischen Gläubigern und deutschen Schuldnern[82].

Die Auswirkungen der Bankenkrise blieben nicht auf Deutschland beschränkt; sie wurden insbesondere für die damals dominierende Reservewährung, das *eng-*

76 Die Kapitalmarkt-Zinssätze waren in den zwanziger Jahren in Deutschland in etwa doppelt so hoch wie im Ausland, und auch die Geldmarktzinsen gingen weit über den Durchschnitt der ausländischen Sätze hinaus. Vgl. dazu VEIT, a. a. O., S. 552.

77 Vgl. dazu ebenda, S. 550 ff.

78 Siehe dazu DEUTSCHE BUNDESBANK (Hg.), Deutsches Geld- und Bankwesen ..., a. a. O., S. 331.

79 Für den Rückzug von Auslandsgeldern in diesen Jahren waren insbesondere zwei Vorgänge maßgeblich: die Stimmengewinne der Nationalsozialisten bei den Reichstagswahlen (im September 1930) und der Zusammenbruch der größten Wiener Bank, der Österreichischen Credit-Anstalt (im Mai 1931).

80 Das HOOVER-Moratorium beinhaltete eine einjährige Stundung der Reparationsleistungen und aller interalliierter Schuldenzahlungen. Siehe hierzu genauer KINDLEBERGER, a. a. O., S. 159 ff.

81 Einen Höhepunkt erreichte die Bankenkrise mit der Zahlungseinstellung der Darmstädter und Nationalbank (Danatbank) im Juli 1931. – Zum Rückzug der Auslandsgelder und zur Bankenkrise siehe im Einzelnen: K. E. BORN, Die deutsche Bankenkrise. Finanzen und Politik. München 1967. S. 56 ff.

82 Einzelheiten siehe VEIT, a. a. O., S. 571.

lische Pfund, spürbar. Der mit der Bankenkrise einhergehende Vertrauensschwund und das dadurch gestiegene Sicherheitsbedürfnis veranlassten Pfund-Gläubiger (z. B. französische Banken)[83], ihre Guthaben in heimische Währung oder Gold umzuwandeln, zumal bekannt war, dass englische Forderungen durch das Stillhalteabkommen mit Deutschland in beachtlichem Umfang blockiert waren. Daneben führte die Immobilisierung von Auslandskrediten in Deutschland auch dazu, dass davon betroffene Geschäftsbanken (vor allem aus den Niederlanden, Belgien und der Schweiz) wegen des Vertrauensschwundes und aus Liquiditätsgründen Pfundguthaben in Gold umtauschten[84].

c) Die Pfundkrise und die Suspendierung der Goldeinlösung

Dass das Pfund Sterling von der allgemeinen Kreditpanik auf dem Kontinent erfasst wurde, hatte seinen tieferen Grund in der ungünstigen englischen Wirtschaftslage, insbesondere der nicht überwundenen Zahlungsbilanzschwäche (als Folge ständig hoher Handelsbilanzdefizite)[85] und – davon nicht unabhängig – der beträchtlichen Dauerarbeitslosigkeit[86]. Die Ursachen hierfür lassen sich bis auf die Fixierung der Goldparitäten zurückverfolgen; denn diese war (wie schon erwähnt) für das Pfund mit einer *Überbewertung* und für eine andere wichtige Währung, den Französischen Franc, mit einer *Unterbewertung*, verbunden. Hinzu kam, dass sich in den USA trotz der hohen Goldzuflüsse – vor allem in der ersten Hälfte der zwanziger Jahre – keine starke Geldmengenexpansion einstellte und demzufolge der Preisanstieg ausblieb, von dem man sich im Vereinigten Königreich eine Verbesserung der eigenen Wettbewerbsfähigkeit versprochen hatte. Ferner erwies es sich für die Entwicklung der englischen Goldreserven als spezieller Nachteil, dass die Banque de France auf Grund gesetzlicher Vorschriften seit dem Jahre 1928 gehalten war, Zugänge an Währungsreserven nicht mehr in Form von Devisen (d. h. insbesondere Pfundguthaben), sondern nur noch in Form von Gold hereinzunehmen. Schließlich hatte die 1929 einsetzende weltweite Depression, die *Weltwirtschaftskrise,* für die englische Handelsbilanz besonders ungünstige Auswirkungen, weil die Produktion im Vereinigten Königreich zwar zurückging, aber nicht so stark wie in anderen wichtigen Ländern[87], und weil die englischen Importe zudem (wegen des hohen

83 Siehe LEAGUE OF NATIONS, International Currency . . ., a. a. O., S. 39.

84 Vgl. KINDLEBERGER, a. a. O., S. 166. – W. HURST, Holland, Switzerland, and Belgium and the English Gold Crisis of 1931. „The Journal of Political Economy", Vol. 40 (1932), S. 651 ff.

85 Vgl. EMMINGER, a. a. O., S. 325.

86 Die Arbeitslosigkeit war zwischen 1921 und 1931 kaum kleiner als 10 v. H. Siehe ebenda, S. 287, 311.

87 Vgl. LEAGUE OF NATIONS, International Currency . . ., a. a. O., S. 49. – Vgl. ergänzend auch EMMINGER, a. a. O., S. 308 ff.

Anteils an Nahrungsmitteln) relativ einkommensunelastisch waren[88]. Demzufolge sanken die (wertmäßigen) Güterexporte von 1929 bis 1931 (mit rd. 46 v. H.) erheblich stärker als die wertmäßigen Importe (mit rd. 28 v. H.), und der 1929 noch vorhandene beträchtliche Überschuss bei den laufenden Posten (von 102 Mio. £) verwandelte sich dadurch 1931 in ein Defizit von gleicher Höhe[89].

Zu der ungünstigen Entwicklung bei den laufenden Posten und dem durch die Bankenkrise bedingten allgemeinen Vertrauensschwund traten im Vereinigten Königreich noch einige *besondere* Ereignisse hinzu, die den Rückzug ausländischer Gläubiger aus dem Pfund beschleunigten. Der im Juli 1931 veröffentlichte MACMILLAN-Report[90] enthüllte die weit über den Goldbestand der Bank von England hinausgehende kurzfristige Verschuldung des Vereinigten Königreichs[91], der im gleichen Monat erschienene MAY-Bericht[92], der die gegenwärtige und zukünftige Lage der englischen Staatsfinanzen in düsteren Farben schilderte, führte zu einer politischen Krise, und zu alldem sorgte am 15.9. noch die aufgebauschte Meldung von einer „Meuterei" in der englischen Flotte wegen beabsichtigter Soldkürzungen für internationale Schlagzeilen. Danach war die Bank von England dem Ansturm der Pfund-Gläubiger nicht mehr gewachsen. Ihre Goldreserve sank innerhalb weniger Tage auf einen Bestand, der gerade noch ausreichte, die von ihr und dem Schatzamt kurz zuvor aufgenommenen Auslandskredite zu sichern[93]. Nachdem weitere Auslandskredite nicht mehr erhältlich waren, wurde am *21.9.1931* ein Gesetz verabschiedet, das die *Goldeinlösungspflicht* der Bank von England für das Pfund *suspendierte.* Nachdem die dominierende Reservewährung die Bindung an das Gold aufgegeben hatte, brach der restaurierte Goldstandard als internationales Währungssystem zusammen.

Versucht man, vom Detail abstrahierend, die *wesentlichen Gründe* für den Zusammenbruch herauszustellen, dann ließe sich hierzu *zusammenfassend* Folgendes anführen: Die unkoordinierte Rückkehr zu Goldparitäten mit der Folge von Über- und Unterbewertungen bei wichtigen Währungen, die Existenz mehrerer Reservezentren, die Kriegsschulden und insbesondere die Reparationsverpflichtungen ließen die Zahlungsbilanzungleichgewichte und damit den *Ausgleichsbedarf* gegenüber der Vorkriegszeit wesentlich größer werden. Dazu kam, dass auch der *Anpassungsmechanismus* stark beeinträchtigt war; denn die an der Zahlungsbilanzentwicklung orientierten Spielregeln des Goldstandards wurden

88 Siehe LEAGUE OF NATIONS, International Currency . . ., a. a. O., S. 49.

89 Zu den Zahlenangaben vgl. die Tabelle bei MOGGRIDGE, a. a. O., S. 118.

90 COMMITTEE ON FINANCE & INDUSTRY. Report (Cmd. 3897.) London 1931.

91 Die kurzfristige Nettoverschuldung betrug am 31.3.1931 254 Mio. £, der Goldbestand belief sich im Februar 1931 auf einen Wert von 166 Mio. £. Vgl. EMMINGER, a. a. O., S. 313, 319.

92 COMMITTEE ON NATIONAL EXPENDITURE. Report (Cmd. 3920.) London 1931.

93 Vgl. EMMINGER, a. a. O., S. 323.

häufig verletzt, weil binnenwirtschaftlichen Zielen Priorität eingeräumt und deshalb Neutralisierungspolitik betrieben wurde.

2. Die Phase währungspolitischer Desintegration

Die währungspolitische Phase nach dem Zusammenbruch des restaurierten Goldstandards war gekennzeichnet durch anhaltende währungspolitische Unruhen im Zuge einer Kette von Abwertungen, die Bildung von Währungsblöcken und eine zunehmende Reglementierung internationaler Handels-, Kapital- und Zahlungsströme. Auf diese Entwicklung und ihre Folgen soll im Folgenden eingegangen werden.

a) Die Abwertungsrunde und ihre Folgen

aa) Die Abwertungsrunde. – Die Suspendierung der Goldeinlösungspflicht der Bank von England hatte zur Folge, dass sich unmittelbar danach bzw. kurze Zeit später eine ganze Reihe von Ländern vom Goldstandard lösten[94]. Dabei stabilisierten einige von ihnen – im wesentlichen Länder des *Britischen Commonwealth* sowie *Portugal* – sofort den Wechselkurs ihrer Währungen gegenüber dem britischen Pfund, andere (wie die *skandinavischen Länder*) erst nachdem sich gegenüber dem Pfund auf dem freien Devisenmarkt eine gewisse Abwertung ihrer Währungen eingestellt hatte[95]. Da sich das britische Pfund nach dem 21. September gegenüber dem US-Dollar auf dem Devisenmarkt stark entwertete[96], ergab sich für die Währungen dieser Länder – wie für das Pfund – eine beträchtliche Abwertung gegenüber dem Dollar und auch gegenüber solchen Währungen, die (wie der Dollar) die Bindung an das Gold zunächst noch aufrechterhalten hatten. Doch die anfänglich veränderten Wechselkursrelationen blieben nicht erhalten: *Japan* löste sich schon im Dezember 1931 vom Gold und stabilisierte den Wechselkurs des Yen gegenüber dem Pfund Sterling 1933 auf einem um 40 v. H. abgewerteten Niveau. Die Abwertung führte zu einer *Unterbewertung* des Yen und kann als Maßnahme zur Erlangung von Wettbewerbsvorteilen angesehen werden[97]. Besonders nahe kommt dem Lehrbuchbeispiel

94 Siehe hierzu BROWN, Vol. II, a. a. O., S. 1075. – Einige Länder, vor allem Agrarländer, hatten den Goldstandard schon vor 1931 verlassen. Einzelheiten siehe ebenda.

95 Einzelheiten hierzu siehe LEAGUE OF NATIONS, International Currencey . . ., a. a. O., S. 51.

96 Das Pfund entwertete sich gegenüber dem Dollar im Monatsdurchschnitt des Jahres 1932 im Vergleich zum Stand von August 1931 um nicht ganz 30 v. H. Vgl. hierzu die Zahlen bei YEAGER, a. a. O., S. 345.

97 Vgl. HABERLER, a. a. O., S. 242.

einer *konkurrierenden Abwertung* – so HABERLER – die Abwertung des amerikanischen Dollars[98]: Im April 1933 gaben die *USA* trotz eines Überschusses bei den laufenden Posten (d. h. in der Leistungsbilanz) und eines hohen Goldbestandes den Goldstandard auf, indem sie Goldexporte grundsätzlich untersagten und damit den für die Kursstabilität von Goldwährungen erforderlichen freien Goldverkehr unterbanden[99]. Am 31. Januar 1934 kehrten sie mit dem *Gold Reserve Act* in einer modifizierten Form zum Goldstandard zurück. Die Goldgeschäfte waren dabei so geregelt, dass das Schatzamt Gold zur *neuen Parität* von *35 $/Feinunze* ankaufte, zu Goldabgaben aber nur noch bereit war, wenn es sich bei den Käufern um Währungsbehörden handelte und der Dollarkurs gegenüber deren Währungen den Goldexportpunkt erreicht hatte. Die Festsetzung der neuen Goldparität bedeutete eine Verminderung des Goldgehalts des Dollar um etwas mehr als 40 v. H. und war von einer Abwertung gegenüber den sog. Goldblockländern (Frankreich, Italien, Belgien u. a.) in etwa der gleichen Größenordnung begleitet[100].

Durch die Kette der Abwertungen wurden die Wechselkursrelationen für den Außenhandel der Länder des Goldblocks so ungünstig, dass auch sie sich schließlich einer Wechselkursanpassung nicht mehr entziehen konnten. Im März 1935 wertete *Belgien* die Belga um 28 v. H. ab. Im September 1936 folgten *Frankreich*, die *Schweiz* und die *Niederlande*, wobei die Wechselkurse nach der Abwertung[101] – wie in Belgien oder schon vorher in den USA und im Vereinigten Königreich – durch besondere Fonds *(Währungsstabilisierungs-* bzw. *Währungsausgleichsfonds)* reguliert wurden. Einen Monat später wurde als letzte Währung des Goldblocks die italienische Währung abgewertet[102]; der dabei gewählte Abwertungssatz von etwas mehr als 40 v. H. bedeutete eine Rückkehr zum früheren Parikurs der Lira gegenüber dem Dollar.

98 Vgl. ebenda. – An anderer Stelle (S. 223, Fußnote 3) kennzeichnet er die amerikanische Abwertung als *„beggar-my-neighbour policy"*.

99 Ein *Goldausfuhrverbot* verhindert, dass die Goldarbitrage eine Abwertung der heimischen Währung beim Goldexportpunkt abstoppt. Siehe dazu auch Unterabschnitt II.1b) bb).

100 Der Abwertungsprozess gegenüber dem Franc war schon in der Phase des flexiblen Dollarkurses eingetreten, wobei allerdings – neben den Goldaufkäufen der amerikanischen Regierung – eine wichtige Rolle spielte, dass eine Abwertung im Interesse der Wirtschaftsbelebung *erklärtes* Ziel der Wirtschaftspolitik unter ROOSEVELT war und dieses gewollt die Spekulation gegen den Dollar mobilisiert hatte. Vgl. hierzu auch YEAGER, a. a. O., S. 353 f. – LEAGUE OF NATIONS, International Currency . . ., a. a. O., S. 123, Fußnote 1.

101 Die Abwertungssätze des Französischen Franc und des Schweizer Franken gegenüber dem Dollar bewegten sich um 30 v. H., der Abwertungssatz des Holländischen Gulden gegenüber dem Dollar lag in der Nähe von 20 v. H. Siehe YEAGER, a. a. O., S. 362 f.

102 Dieser Schritt – in amtlicher Bezeichnung nicht Abwertung, sondern Angleichung genannt – muss MUSSOLINI schwer gefallen sein; denn er brach damit sein früher abgegebenes und in Stein gemeißeltes Versprechen, die Lira bis zum letzten Blutstropfen zu verteidigen. Siehe ebenda, S. 363.

bb) Die Folgen. – Nachdem die Abwertungsrunde mit den Paritätsänderungen der Goldblockländer im Jahre 1936 weitgehend zu einem Abschluss gelangt war, bewegten sich die Dollarkurse der wichtigsten Währungen wieder überwiegend auf dem Niveau oder in der Nähe des Niveaus von 1930[103]. Die Vermutung liegt deshalb nahe, dass die von massiver Spekulation, starken „hot money"-Bewegungen und Zahlungsbilanzkrisen begleitete Abwertungsrunde letztlich keinerlei Nutzen gebracht hat, zumal den temporären Produktions- und Beschäftigungsgewinnen bei den zuerst abwertenden Ländern i. Allg. Produktions- und Beschäftigungseinbußen bei den nicht bzw. verzögert abwertenden Ländern gegenüberstanden. Einer solchen Feststellung sind jedoch *zwei* Überlegungen entgegenzuhalten: *Erstens* ist zu beachten, dass die Aufgabe der bestehenden Paritäten für viele Länder (z. B. für das Vereinigte Königreich) die Möglichkeit eröffnete, zu einer *expansiven* Geldpolitik überzugehen, wodurch die Investitionstätigkeit angeregt wurde und die dadurch ausgelösten expansiven Einkommenswirkungen über den Außenhandel auch auf das Ausland übertragen wurden[104]. *Zweitens* sind die Einflüsse auf die *Weltwährungsreserven* zu berücksichtigen. Insbesondere in Verbindung mit dem Zusammenbruch des restaurierten Goldstandards stellte sich zu Beginn der dreißiger Jahre *zunächst* eine Schrumpfung der internationalen Reserven ein, und zwar bei der *Devisenkomponente.* Eine Vernichtung von Devisenreserven erfolgte dadurch, dass Devisen (insbesondere Pfund- und Dollarguthaben) an die Reservezentren (insbesondere an das Vereinigte Königreich und die USA) zurückflossen, wobei hierfür zum einen Goldumtauschtransaktionen von Pfund- und Dollargläubigern und zum anderen der Rückruf kurzfristiger Kredite durch die Reservezentren bestimmend waren[105]. Nach dieser Zwischenphase erfolgte aber bald ein *Anstieg* der internationalen Reserven, und zwar nunmehr bei der *Goldkomponente.* Ein Zusammenhang mit der Abwertungsrunde bestand insofern, als durch die Abwertungen der Wert des Goldes, ausgedrückt in nationalen Währungen, ganz erheblich erhöht wurde[106]. Der hiermit verbundene Anstieg des relativen Goldpreises stimulierte die *Goldproduktion*[107]; er wurde noch dadurch verstärkt, dass die Güterpreise im Zuge der weltweiten Deflation allgemein zurückgingen. Neben der mengenmäßigen Ausweitung der Goldbestände der Währungsbehörden ergab sich (wie schon angedeutet) als Folge der Abwertungsrunde auch eine wertmäßige Zunahme, weil mit dem Anstieg des Goldpreises zwangs-

103 Vgl. dazu genauer die Angaben in LEAGUE OF NATIONS, International Currency ..., a. a. O., S. 129, Fußnote 1.

104 Vgl. ebenda, S. 127, 129 f.

105 Vgl. ebenda, S. 40 f.

106 Die durchschnittliche Goldpreiserhöhung (in nationalen Währungen) wurde auf rd. 70 v. H. geschätzt. Siehe ebenda, S. 18.

107 Die Weltproduktion stieg von 1930 bis 1936 um etwa 60 v. H. Vgl. die Zahlen in ebenda, S. 233.

läufig eine *Höherbewertung* sowohl der vorhandenen Bestände als auch des Neuzugangs aus der laufenden Produktion verbunden war[108].

b) Der Sterlingblock und der Goldblock

Kennzeichnendes Merkmal der währungspolitischen Desintegration war die Bildung von Währungsblöcken. Von besonderem Interesse sind hierbei der Sterlingblock und der Goldblock[109] sowie eine Gruppe von Ländern, die – wie vor allem das Deutsche Reich – Zahlungsbilanzproblemen insbesondere mit Devisenkontrollen begegneten.

aa) Sterlingblock. – Wie schon erwähnt, *stabilisierte* eine Reihe von Ländern nach dem Zusammenbruch des restaurierten Goldstandards den Wechselkurs ihrer Währungen gegenüber dem Pfund Sterling. So entstand der **Sterlingblock**, dessen Kern die Mitglieder des britischen Commonwealth, Portugal und die skandinavischen Länder bildeten[110]. Sie hielten ihre Devisen vornehmlich in London, und zwar vor allem in britischen Schatzwechseln. Interesse an einer engen Anlehnung an die britische Währung bestand bei diesen Ländern (vom Prestige des Pfundes und politischen Bindungen einmal abgesehen) insbesondere deshalb, weil ihr Außenhandel mit dem Vereinigten Königreich besonders intensiv war[111] und die meisten von ihnen daneben auch langfristige Sterlingverbindlichkeiten zu erfüllen hatten. Die außenwirtschaftlichen Bindungen an das Vereinigte Königreich wurden zudem noch dadurch verstärkt, dass den Ländern des Commonwealth nach der **Ottawa-Konferenz** von 1932 Vorzugszölle eingeräumt und anderen Mitgliedern (wie den skandinavischen Ländern) Vergünstigungen im Rahmen von Handelsverträgen gewährt wurden.

Fallweise Wechselkursänderungen waren *innerhalb* des Sterlingblocks zwar möglich; sie wurden aber nur vereinzelt vorgenommen, so dass sich die Wechselkursbeziehungen innerhalb des Blocks als „bemerkenswert stabil"[112] erwiesen. Gegenüber *Drittwährungen* (wie dem Dollar oder dem Französischen Franc) bestand eingeschränkte Wechselkursflexibilität, wobei die Einschrän-

108 Aus den von TRIFFIN (Gold ..., a. a. O., S. 72 f.) angegebenen Zahlen ergibt sich ein Anstieg der in Dollar bewerteten Goldreserven von 1932 bis 1937 um mehr als 130 v. H.

109 Eine Reihe von Ländern, insbesondere mittel- und südamerikanische, hatten den Wechselkurs ihrer Währung an den *US-Dollar* gebunden, andere an den *japanischen Yen*, so dass 1935 letztlich *fünf* mehr oder wenig deutlich ausgeprägte Währungsräume existierten. Vgl. LEAGUE OF NATIONS, International Currency ..., a. a. O., S. 198.

110 Siehe genauer W. M. SCAMMELL, International Monetary Policy. 2nd ed. London, New York 1964. S. 242 ff., insbesondere S. 246.

111 Vgl. LEAGUE OF NATIONS, International Currency ..., a. a. O., S. 48.

112 Ebenda, S. 52.

kung daher rührte, dass im Frühjahr 1932 der britische **Währungsausgleichsfonds** (*Exchange Equalisation Account*) errichtet wurde und dieser mit Gold und Devisen gegenüber wichtigen Drittwährungen (wie dem Dollar bzw. dem Franc[113]) intervenierte. Nach seiner ursprünglichen Zweckbestimmung sollte der Fonds[114] übermäßige, kurzfristige Kursschwankungen verhindern, wie sie insbesondere durch reversible Kapitalbewegungen oder durch andere temporär wirkende Einflüsse entstehen können. Tatsächlich intervenierte der Fonds in den ersten Jahren aber vornehmlich zu dem Zweck, Aufwertungstendenzen beim Pfund entgegenzuwirken, um die Wettbewerbsfähigkeit der britischen Industrie und damit die wirtschaftliche Erholung nicht zu gefährden.

Insgesamt gesehen entstand mit dem Sterlingblock ein Währungsraum, dessen wechselkurspolitische Konstruktionsmerkmale dem *Europäischen Währungssystem*[115] ähneln: nach innen stabile, fallweise änderbare Wechselkurse, nach außen kontrolliertes Floaten. Die Bedingungen für den Außenhandel *innerhalb* des Blocks waren vergleichsweise günstig: Die Wechselkursrisiken erwiesen sich als sehr gering, und der Güteraustausch vollzog sich auf relativ freizügiger, multilateraler Basis. Außerdem ergaben sich Wettbewerbsvorteile gegenüber *Drittländern*, weil das Pfund Sterling gegenüber anderen wichtigen Währungen eine länger anhaltende Abwertung erfuhr (z. B. gegenüber dem US-Dollar von August 1931 bis Anfang 1933 und gegenüber dem Französischen Franc von August 1931 bis August 1936[116]). Es dürfte mit an diesen Bedingun-

Tabelle III.4: *Veränderungen der industriellen Produktion 1935 gegenüber 1930* (in v. H.)

Goldblock-Länder	**Frankreich**	**Niederlande**	**Belgien**	**Italien**	**Schweiz**
	–22,0	–8,9	–6,9	–1,1	–32,9
Sterlingblock-Länder	**Vereinigtes Königreich**	**Dänemark**	**Schweden**	**Indien**	**Australien**
	+18,2	+15,7	+25,7	+42,0	+31,1

Quelle: Zu den Angaben siehe die Zahlen in LEAGUE OF NATIONS, Industrialization . . ., a. a. O., S. 134 ff.

113 Von 1933 bis 1936 intervenierte der Fonds nur in Francs.

114 Daneben fiel dem Währungsausgleichsfonds die Aufgabe zu, die Entwicklung der heimischen Geldmenge gegen unerwünschte Zahlungsbilanzeinflüsse abzuschirmen. Dazu wurde *Neutralisierungspolitik* betrieben, und zwar durch kompensierende Käufe und Verkäufe von Schatzwechseln. Vgl. hierzu genauer R. S. SAYERS, Modern Banking. 7th ed. Oxford 1967. S. 143 ff. – Siehe im Übrigen zur Funktionsweise von *Währungsausgleichs-* bzw. *Stabilisierungsfonds* LEAGUE OF NATIONS, International Currency . . ., a. a. O., S. 143 ff.

115 Vgl. dazu Abschnitt X.2.

116 In den jeweiligen Phasen entwertete sich das Pfund gegenüber dem Dollar um rd. 31 v. H. und gegenüber dem Franc um rd. 38 v. H. Zur Entwicklung des Außenwerts der britischen Währung siehe genauer W. A. MORTON, British Finance 1930–1940. Madison 1943. S. 124.

gen gelegen haben, dass z. B. das Vereinigte Königreich den stark geschrumpften Anteil seiner Exporte an den Weltexporten von knapp 9,4 v. H. im Jahre 1931 bis auf etwas über 11 v. H. im Jahre 1935 steigern konnte[117]. Noch deutlicher zeigt sich die relativ *günstige* wirtschaftliche Entwicklung im Sterlingblock am Wachstum der heimischen Produktion, wie im Vergleich zu den Ländern des Goldblocks gleich noch genauer zu sehen sein wird (vgl. Tabelle III.4).

bb) Goldblock. – aaa) Der Goldblock entstand zunächst als eine informelle Gruppierung von Ländern, die – wie *Frankreich*, *Belgien*, *die Niederlande*, *Schweiz*, *Italien* und *Polen* – auch nach Beginn der Abwertungsrunde die Goldparität ihrer Währungen beibehielten. Indem sie dieses auf der Londoner Wirtschaftskonferenz von 1933 offiziell als ihr währungspolitisches Ziel deklarierten, gaben sie dem Goldblock auch eine formelle Basis[118]. Die beträchtlichen Abwertungen der anderen Währungen führten bei den Ländern des Goldblocks bald zu einer *Überbewertung* ihrer Währungen und zwangen sie aus Gründen der Zahlungsbilanzentwicklung zu einem *deflatorischen* wirtschaftspolitischen Kurs. Außerdem wurden zur Verteidigung der Goldparitäten *Importkontingentierungen* vorgenommen und andere Importrestriktionen erlassen (so in Frankreich und Italien) oder *Devisenkontrollen* eingeführt (so in Italien[119]).

Die binnenwirtschaftlichen Auswirkungen der zahlungsbilanzorientierten Deflationspolitik der Länder im Goldblock treten besonders deutlich hervor, wenn man die zwischen 1930 und 1935 eingetretene Veränderung der industriellen Produktion in wichtigen Mitgliedsländern betrachtet und sie mit der entsprechenden Entwicklung in wichtigen Sterlingblock-Ländern vergleicht (siehe Tabelle III.4). Während die industrielle Produktion in den Ländern des Goldblocks mehr oder weniger stark abnahm (und damit erheblich hinter dem Weltdurchschnitt von + 12,4 v. H.[120] zurückblieb), zeigte sie in den Ländern des Sterlingblocks einen bemerkenswerten Anstieg.

bbb) Goldabflüsse und die binnenwirtschaftlichen Konsequenzen der Überbewertung ihrer Währungen zwangen die Mitglieder des Goldblocks schließlich, die bereits erwähnten Abwertungen durchzuführen. Die *Abwertung* des *Französischen Franc* im September 1936 ist dabei nicht nur von Interesse, weil sie den Zusammenbruch des Goldblocks und damit auch das definitive Ende des restaurierten Goldstandards einleitete, sondern auch wegen des im Zusam-

117 Siehe ebenda, S. 210.

118 Vgl. CASSEL, a. a. O., S. 128.

119 Mit der weitgehenden Reglementierung des Handels- und Zahlungsverkehrs hatte sich Italien mit der Zeit von den Prinzipien des Goldstandards so weit entfernt, dass es praktisch (wie Deutschland) zu einem Devisenbewirtschaftungsland geworden war (so YEAGER, a. a. O., S. 360).

120 Vgl. ebenda. S. 134.

menhang mit der beabsichtigten Franc-Abwertung geschlossenen **Dreimächte-Währungsabkommens** *(Tripartite Monetary Agreement)* zwischen den Vereinigten Staaten, dem Vereinigten Königreich und Frankreich (vom 25.9.1936)[121].

Vor dem Hintergrund des *Abkommens* erscheint die Franc-Abwertung als ein *koordinierter* Schritt der drei Vertragspartner. In nahezu gleich lautenden Erklärungen[122] begrüßten die Vereinigten Staaten und das Vereinigte Königreich die Maßnahme Frankreichs und erklärten praktisch mit der von ihnen eingenommenen Haltung den Verzicht auf Gegenmaßnahmen. Alle drei Regierungen brachten in dem Währungsabkommen außerdem die Notwendigkeit zum Ausdruck, „das größtmögliche Gleichgewicht auf dem internationalen Devisenmarkt zu erhalten“[123] sowie – etwas konkreter – nach und nach Importkontingentierungen und Devisenbewirtschaftungen zu beseitigen und sich konkurrierender Abwertungen zu enthalten. Ergänzend wurden kurze Zeit später zusätzliche technische Vereinbarungen getroffen, die im Endeffekt darauf hinausliefen, dass für Währungen von Vertragspartnern, die von anderen Vertragspartnern gehalten wurden, eine Wechselkursgarantie bestand – allerdings unter dem Vorbehalt einer möglichen Kündigung mit einer Frist von 24 Stunden. Anders interpretiert, beinhaltete diese Regelung, dass die Vertragspartner (spätestens) 24 Stunden vor einer *Wechselkursänderung* hiervon Kenntnis erhalten würden.

c) Die Entwicklung im Deutschen Reich

aa) Deflationspolitik. – Das Deutsche Reich reagierte auf die Abzüge von Auslandsgeldern, die Kapitalflucht, die rückläufige Exportnachfrage infolge sinkender Auslandseinkommen und die durch die Pfundabwertung bedingte Verschlechterung der internationalen Wettbewerbsposition – neben der Einführung von Devisenkontrollen – insbesondere mit einer drastischen *Deflationspolitik.* Die Deflationsmaßnahmen unter der Regierung Brüning (1930–32) bestanden im Wesentlichen aus einer Beschneidung von Staatsausgaben und im Wege von *Notverordnungen* durchgesetzten Steuererhöhungen, Kürzungen der Beamtengehälter, Herabsetzungen tariflich vereinbarter Löhne und Senkungen kartellmäßig gebundener Preise. In Hinblick auf die Handels- und Dienstleistungsbilanz erwies sich diese Politik durchaus als erfolgreich; denn hier ergaben sich seit 1930 beachtliche Überschüsse, so dass dem aus den Reparationsverpflichtungen resultierenden monetären Transfer nunmehr auch ein *realer Transfer* folgte. Dem stan-

121 Kurze Zeit später traten die Niederlande, Belgien und die Schweiz dem Abkommen bei.

122 Siehe hierzu Bank für Internationalen Zahlungsausgleich. Siebenter Jahresbericht. 1. April 1936 – 31. März 1937. Basel 1937. Anlage VII.

123 Vgl. ebenda, Punkt 2.

den jedoch schwerwiegende soziale Kosten gegenüber, die insbesondere darin zum Ausdruck kamen, dass die ohnehin schon hohe Arbeitslosigkeit außerordentlich anstieg (März 1930: 2,3 Mio.; März 1932: 6,0 Mio.)[124].

Dass trotz der sich abzeichnenden binnenwirtschaftlichen Folgen die nahe liegende und ökonomisch sinnvolle zahlungsbilanzpolitische Alternative *Abwertung* nicht gewählt wurde, hängt *zum einen* damit zusammen, dass sich das Deutsche Reich im Zusammenhang mit der Erfüllung von Reparationsverpflichtungen gegenüber dem Ausland zur Einhaltung der Goldparität verpflichtet hatte[125] und zudem andere Auslandsverbindlichkeiten, soweit sie in ausländischer Währung fixiert waren, bei einer RM-Abwertung zu einem höheren Schuldendienst (in Reichsmark gerechnet) geführt hätten. *Zum anderen* erscheint aber wesentlich, dass eine Abwertung in der Bevölkerung mit Inflation gleichgesetzt wurde und man deshalb Reaktionen (z. B. von den Gewerkschaften geforderte Lohnerhöhungen) befürchtete, die den Erfolg einer Abwertung hätten zunichte machen können. Hier wirkten offenbar die schlimmen Erfahrungen der großen Inflation von 1922/23 noch nach, in der der Dollarkurs unvorstellbare Höhen erreicht und die Preissteigerungsraten eine ähnliche Entwicklung durchlaufen hatten[126].

bb) Devisenkontrollen und gelenkter Außenhandel. – Die Nachfolger BRÜNINGS (insbesondere die 1933 an die Macht gelangten *Nationalsozialisten*) wandten sich von der Deflationspolitik ab und betrieben eine expansive Konjunkturpolitik, insbesondere durch umfangreiche Programme für öffentliche Arbeiten. Dem dadurch noch verschärften Zahlungsbilanzproblem begegnete man insbesondere mit einem Ausbau von *Devisenkontrollen*, einer *Subventionierung* von *Exporten* und *bilateralen Clearing-*(Verrechnungs-)*Abkommen*.

aaa) Auf Grund der bereits 1931 eingeführten **Devisenkontrollen** hatten Inländer die bei ihnen anfallenden Devisen an die Reichsbank (bzw. ihre autorisierten Agenten) zum offiziellen Wechselkurs (anfangs 4,20 RM/$) zu verkaufen (**Anbietungspflicht**). Der Erwerb von Devisen war genehmigungspflichtig, wobei die Zuteilungen an Importeure zunächst auf globaler Basis erfolgten[127]. Mit

124 Im Jahre 1932 waren das reale Nationaleinkommen um rd. 16 v. H., die industrielle Produktion um rd. 34 v. H. und die Großhandelspreise um rd. 23 v. H. niedriger als 1930. Vgl. hierzu DEUTSCHE BUNDESBANK (Hg.), Deutsches Geld- und Bankwesen . . ., a. a. O., S. 7.

125 Vgl. VEIT, a. a. O., S. 572, Fußnote 1. – BRÜNING wollte mit seiner drastischen Deflationspolitik aber auch den Nachweis erbringen, dass die Reparationsverpflichtungen für das Deutsche Reich untragbar wurden. Vgl. KINDLEBERGER, a. a. O., S. 183 f.

126 Vgl. hierzu Tabelle III.2 in Unterabschnitt 1a).

127 Die Globalzuweisungen basierten auf den Devisenaufwendungen der Importeure in bestimmten Referenzperioden. Vgl. F. C. CHILD, The Theory and Practice of Exchange Control in Germany. A Study of Monopolistic Exploitation in International Markets. The Hague 1958. S. 25, 112 f.

dem im September 1934 in Kraft getretenen **Neuen Plan** von H. SCHACHT wurden die Importe dann selbst einem Genehmigungsverfahren unterworfen, wobei nach Waren und Lieferländern differenziert wurde. Eine *andere* bekannte Form der Devisenbewirtschaftung bestand darin, ausländische Exporte von bestimmten Gütern nach Deutschland unter der Bedingung zu genehmigen, dass die Bezahlung durch inländische Importeure in *Reichsmark* und auf *Sonderkonten* bei deutschen Kreditinstituten geleistet wurden. So entstanden die sog. **Aski-Mark**[128], die nicht konvertibel waren und von den ausländischen Gläubigern nur für bestimmte Zwecke verwendet werden konnten (wie den Import genau spezifizierter Güter aus Deutschland). Wegen der begrenzten Verwendbarkeit bildeten sich für die Aski-Mark (die gehandelt werden konnten) ein Wechselkurs oberhalb des offiziellen Wechselkurses heraus, so dass praktisch auf diese Weise eine partielle Abwertung herbeigeführt wurde[129].

bbb) Da man (von der partiellen Abwertung abgesehen) keine Anpassung des Reichsmark-Außenwerts vorgenommen hatte, war die Mark zu einer *überbewerteten* Währung geworden. Hierdurch wurden die Importe von Gütern (z. B. von Rohstoffen) zwar begünstigt; anderseits ergab sich für die Exportgüterindustrie aber ein schwerwiegender Wettbewerbsnachteil. Diesem Nachteil versuchte man, durch eine mehr oder weniger versteckte Form der *Subventionierung* gezielt entgegenzuwirken. Zunächst wurden zusätzliche Exporte dadurch gefördert, dass man Exporteuren unter bestimmten Bedingungen die Genehmigung erteilte, einen Teil der verdienten Devisen für den Ankauf blockierter Forderungen des Auslands zu verwenden (z. B. von deutschen Auslandsschuldverschreibungen, in der Regel Dollarbonds). Da diese Forderungen im Ausland mit einem beträchtlichen Abschlag gegenüber dem Inlandspreis gehandelt wurden, ergab sich für die Exporteure bei Liquidierung der Titel im Inland ein Gewinn, so dass das Ausfuhrgeschäft trotz des Preisnachteils noch rentabel blieb[130]. Mit dem *Neuen Plan* wurde die Subventionierung der Ausfuhr dann umgestellt: Wegen knapper werdender Devisen wurden die benötigten Mittel nunmehr durch eine Ausfuhrförderungsumlage finanziert, die der heimischen gewerblichen Wirtschaft auferlegt wurde. Die Förderungssätze für zu-

128 *Aski* ist eine Abkürzung für Ausländer-Sonderkonten für Inlandszahlungen.

129 Die Abwertungssätze waren dabei *unterschiedlich*, da hinsichtlich der Verwendungsmöglichkeiten von Aski-Mark nach Lieferländern und bezogenen Gütern differenziert wurde. Weitere Einzelheiten hierzu siehe CHILD, a. a. O., S. 139 ff. – YEAGER, a. a. O., S. 370 f.

130 Ähnliche Wirkungen wurden mit den sog. **Scrips** erzielt. Es handelte sich hierbei um unverzinsliche Schuldscheine der Konversionskasse für deutsche Auslandsschulden, die Auslandsgläubigern für nicht transferierte Zinsgutschriften übertragen wurden. Scrips wurden durch die Deutsche Golddiskontbank aus ausländischem Besitz zum halben Nennwert angekauft, von ihr mit einem geringfügigen Aufschlag an inländische Exporteure weiterverkauft und von diesen dann zum vollen Nennwert bei der Konversionskasse eingelöst.

sätzliche Ausfuhren wurden geheim gehalten und nach Bezugsländern und Gütern unterschiedlich bemessen.

ccc) Mit dem Abschluss von zweiseitigen **Clearing-Abkommen** wurde der Außenhandel in bilaterale Bahnen gelenkt und dadurch die Möglichkeit geschaffen, Zahlungsbilanztransaktionen auch ohne Einsatz von Devisen abzuwickeln: Sowohl in Deutschland als auch im Land des Vertragspartners wurden *Clearingstellen* eingerichtet, bei denen die Importeure beider Länder jeweils die Rechnungen für ihre Importe in *heimischer* Währung beglichen. Aus den eingehenden Mitteln wurden dann jeweils die Exporteure für ihre Lieferungen bezahlt. Stellte sich ein deutscher *Importüberschuss* ein (was gegenüber osteuropäischen Ländern überwiegend der Fall war[131]), dann mussten die ausländischen Exporteure auf die Bezahlung ihrer Rechnungen warten. Dadurch wurde ihr Interesse an Warenlieferungen geringer und der Außenhandel so – verglichen mit einer multilateralen Verwendungsmöglichkeit der Überschüsse – tendenziell ungünstig beeinflusst.

Gegenüber westeuropäischen und skandinavischen Ländern wies die deutsche Handelsbilanz in der Regel *Exportüberschüsse* aus[132]. Diese Länder waren nun bestrebt, die Regelung des Warenverkehrs mit Deutschland und die Frage ihrer *blockierten Forderungen* an Deutschland vertragsmäßig miteinander zu verbinden. Dementsprechend wurde in einer Reihe von Clearing-Abkommen vereinbart, dass ein Teil der Mehreinzahlungen von ausländischen Importeuren bei ihrer Clearingstelle zur Ablösung von deutschen Verbindlichkeiten verwendet werden konnte[133].

d) Auswirkungen auf den Welthandel

Devisenkontrollen und Bilateralismus waren nicht auf das Deutsche Reich beschränkt. Auch in anderen Ländern wurden die internationalen Wirtschaftsbeziehungen nach dem Zusammenbruch des restaurierten Goldstandards in dieser oder anderer Form (z. B. durch Importkontingente, Zollpräferenzen oder Zollerhöhungen) reglementiert. Anzunehmen ist, dass die genannten *Reglementierungen* die Entwicklung des Welthandels in den dreißiger Jahren spürbar beeinträchtigten. Daneben dürften auch die *vorübergehend schrumpfenden Währungsreserven* den Außenhandel zeitweilig gehemmt haben und ebenso die *Wechselkursrisiken*, wie sie insbesondere während der Phase der Abwertungen und der damit einhergehenden „hot money"-Bewegungen existierten.

131 Siehe hierzu die Angaben bei CHILD, a. a. O., S. 161.
132 Vgl. hierzu die Angaben ebenda, S. 172 ff.
133 Einzelheiten vgl. ebenda, S. 168 ff.

Tabelle III.5: *Zur Entwicklung von Welthandel und industrieller Produktion* (abgerundete Indexwerte mit Basis 1913 = 100)

Zeitraum	Welthandel[a]	Industrielle Produktion
1876/80[b]	31,6	24,5
1913	100,0	100,0
1921/25[b]	82,3	103,2
1930	112,3	136,9
1936/38[b]	107,4	185,0

[a] Exporte und Importe von Rohstoffen und industriellen Produkten in Preisen von 1913.
[b] Die Angaben sind ein Jahresdurchschnitt der betreffenden Periode.

Quelle: Die Angaben wurden entnommen bzw. berechnet aus den Zahlen in LEAGUE OF NATIONS, Industrialization . . ., a. a. O., S. 130, 157.

Die Vermutungen hinsichtlich der ungünstigen Einflüsse auf die Welthandelsentwicklung stehen mit dem *empirischen Befund* in Einklang. Wie aus Tabelle III.5 hervorgeht, war der Welthandel (gemessen als Summe der realen Weltexporte und Weltimporte) im Durchschnitt der drei Jahre 1936/38 *kleiner* als 1930. Die *Schrumpfung des Welthandels* ist insofern auffällig, als die wirtschaftliche Aktivität in der Welt (gemessen durch einen gewichteten Index für die industrielle (Welt-) Produktion) im gleichen Zeitabschnitt zunahm, und zwar mit einer jährlichen Wachstumsrate von rd. 3,8 v. H.[134]. Damit ergab sich für die Entwicklung von Welthandel und industrieller (Welt-)Produktion in den dreißiger Jahren ein deutlich *anderer* Zusammenhang als in der Zeit des *klassischen Goldstandards* und in der späteren Phase des *restaurierten Goldstandards*. Während der ersten Periode (1876/80–1913) wuchs die industrielle Produktion in der Welt jährlich mit nicht ganz 4 v. H. und der Außenhandel mit etwas mehr als 3 v. H.; in der zweiten Periode (1921/25–1930) betrug die jährliche Wachstumsrate bei der industriellen Produktion etwas mehr als 3 v. H. und beim Außenhandel rd. 3,5 v. H.[135]. Bedenkt man außerdem, dass sich Welthandel und industrielle Produktion über den langen Zeitraum von 1850 bis 1929 mit annähernd der gleichen Wachstumsrate entwickelten[136], dann liegt es nahe, den stagnierenden

134 Ermittelt aus dem Anstieg von 136,9 auf 185,0. – Aus den Zahlen von MORTON (a. a. O., S. 202) ergibt sich für die Welthandelsentwicklung von 1931–1938 eine jährliche Wachstumsrate von knapp + 0,6 v. H. und aus den Zahlen in LEAGUE OF NATIONS, Industrialization . . . (a. a. O., S. 134) für die Entwicklung der industriellen Produktion im gleichen Zeitraum eine jährliche Wachstumsrate von nicht ganz 6 v. H., also ebenfalls eine auffällige Diskrepanz.

135 Die Angaben wurden aus den Zahlen der Tabelle III.5 ermittelt.

136 Siehe hierzu BANK FÜR INTERNATIONALEN ZAHLUNGSAUSGLEICH. Zehnter Jahresbericht. 1. April 1939–31. März 1940. Basel 1940. S. 44.

Welthandel in den dreißiger Jahren mit den geschilderten speziellen *währungs- und handelspolitischen Bedingungen* dieser Zeit in Verbindung zu bringen. Die weltwirtschaftlichen *Konsequenzen* der stagnierenden Entwicklung des Welthandelsvolumens und der administrativen Reglementierungen der Handelsströme sind darin zu sehen, dass die auf Grund einer internationalen Arbeitsteilung möglichen Wohlstandsgewinne für die Weltwirtschaft in der 1931 beginnenden Phase währungspolitischer Desintegration nur noch begrenzt realisiert werden konnten.

Zusammenfassung

1. Nach einer vorübergehenden Phase flexibler Wechselkurse und einer z. T. heftigen Inflation (wie in Deutschland 1922/23) kehrten die meisten Länder zu festen Goldparitäten zurück (das Vereinigte Königreich 1925 unter Beibehaltung der Vorkriegsparität). Danach erwiesen sich manche Währungen als überbewertet (wie das englische Pfund) und andere als unterbewertet (wie der französische Franc).

2. Im Unterschied zum klassischen Goldstandard wurden in der Phase des restaurierten Goldstandards – entsprechend den Empfehlungen der Wirtschaftskonferenz von Genua (1922) – neben Gold in stärkerem Maß auch Devisen als Währungsreserven gehalten. Außerdem existierten nunmehr mehrere bedeutende Finanz- und Reservezentren (neben London jetzt auch New York und daneben Paris).

3. Als Belastung für den restaurierten Goldstandard erwiesen sich die unkoordinierte Rückkehr zu Goldparitäten mit der Folge von Über- und Unterbewertungen bei wichtigen Währungen, die Existenz mehrerer Finanz- und Reservezentren mit der Möglichkeit starker „hot money"-Bewegungen sowie die Problematik der interalliierten Kriegsschulden und der Reparationsverpflichtungen des Deutschen Reiches. Wesentlich für den Zusammenbruch des Systems fester Wechselkurse war ferner die stärkere binnenwirtschaftliche Ausrichtung der Wirtschaftspolitik, die zu Neutralisierungsmaßnahmen führte und damit eine Verletzung der zahlungsbilanzorientierten Spielregeln des Goldstandards bedeutete.

4. Der Zusammenbruch des restaurierten Goldstandards wurde mit der Suspendierung der Goldeinlösungspflicht der Bank von England für das Pfund (21.9.1931) eingeleitet und hatte eine Kette von Abwertungen anderer Währungen zur Folge. Die Abwertungen führten zwar einerseits zu starken währungspolitischen Unsicherheiten und liefen z. T. auch auf eine „beggar-my-neighbour policy" hinaus (wie die Abwertung des US-Dollar 1933/34); anderseits eröffneten sie aber auch die Möglichkeit für expansive binnenwirtschaftliche Maßnahmen und bewirkten zudem mit der Zeit eine Erhöhung der zu Beginn der dreißiger Jahre zunächst geschrumpften Währungsreserven (durch Anregung der Goldproduktion und Höherbewertung der Goldbestände).

5. Wichtiges Merkmal der währungspolitischen Desintegration war die Bildung von Währungsblöcken. Die Mitglieder des sog. Sterlingblocks bildeten untereinander eine Zone relativ stabiler Wechselkurse; gegenüber Drittwährungen ergab sich im Zuge der Pfundabwertung für ihre Währungen eine Unterbewertung, die ihre wirtschaftliche Entwicklung begünstigte. Die Goldblockländer behielten die Goldparität ihrer Währungen auch nach Beginn der Abwertungsrunde bei; der dadurch bedingten Überbewertung ihrer Währungen begegneten sie mit einer Deflationspolitik und z. T. auch mit Importrestriktionen und Devisenkontrollen. Der Zusammenbruch des Goldblocks wurde durch die Abwertung des Französischen Franc im September 1936 besiegelt.

6. Im Zusammenhang mit der Franc-Abwertung wurde das Dreimächte-Währungsabkommen (Tripartite Monetary Agreement) zwischen den Vereinigten Staaten, dem Vereinigten Königreich und Frankreich geschlossen und die Währungspolitik damit ansatzweise koordiniert. Die Vereinbarung beinhaltete u. a. eine gegenseitige Wechselkursgarantie für die Währungen von Vertragspartnern – allerdings unter dem Vorbehalt einer möglichen Kündigung mit einer Frist von 24 Stunden.

7. Das Deutsche Reich reagierte auf Kapitalabflüsse und die mit der Überbewertung der Reichsmark verbundenen Zahlungsbilanzschwierigkeiten nicht mit einer Abwertung, sondern (neben der Einführung von Devisenkontrollen) zunächst insbesondere mit einer drastischen Deflationspolitik (unter Brüning). Die 1933 an die Macht gelangten Nationalsozialisten vollzogen einen Wechsel in der Konjunkturpolitik und verschärften in Hinblick auf das Zahlungsbilanzproblem die Devisenkontrollen, betrieben mehr oder weniger offen eine Subventionierung von Exporten und schlossen eine Vielzahl zweiseitiger Clearing-Abkommen ab.

8. Der Welthandel wurde in der Phase währungspolitischer Desintegration insbesondere durch Devisenkontrollen, Bilateralismus, Importrestriktionen und Zollerhöhungen reglementiert und behindert. Dementsprechend stagnierte die Entwicklung des Welthandels in den dreißiger Jahren spürbar – trotz eines weltweiten Wiederanstiegs der industriellen Produktion.

Ausgewählte Literaturangaben zum ersten Teil

R. J. BARRO, Money and the Price Level Under the Gold Standard. „The Economic Journal", Vol. 89 (1979), S. 13 ff. (zu II).

A. I. BLOOMFIELD, Monetary Policy under the International Gold Standard: 1880–1914. New York 1959 (zu II).

–, Short-Term Capital Movements Under the Pre-1914 Gold Standard. (Princeton Studies in International Finance, No. 11.) Princeton, N. J., 1963 (zu II).

M. D. BORDO, The Classical Gold Standard: Some Lessons for Today. „Federal Reserve Bank of St. Louis Review", Vol. 63 (1981), No. 5, S. 2 ff. (zu II).

W. A. BROWN, The International Gold Standard Reinterpreted 1914–1934 Vol. I, Vol. II. New York 1940 (zu III).

G. CASSEL, Der Zusammenbruch der Goldwährung. Stuttgart 1937 (zu III).

E. DÜRR, Goldstandard, internationaler. In: Handwörterbuch der Wirtschaftswissenschaft (HdWW). Zugleich Neuauflage des Handwörterbuchs der Sozialwissenschaften. Dritter Band. Stuttgart 1981. S. 699 ff. (zu II).

B. EICHENGREEN (Hg.), The Gold Standard in Theory and History. New York, London 1985 (zu II und III).

H. G. GRUBEL, International Economics. Rev. ed. Homewood, Ill., 1981 (zu II).

G. HABERLER, Die Weltwirtschaft und das internationale Währungssystem in der Zeit zwischen den beiden Weltkriegen. In: Währung und Wirtschaft in Deutschland 1876–1975. Hg.: DEUTSCHE BUNDESBANK. 2., unveränd. Aufl. Frankfurt a. M. 1976. S. 205 ff. (zu III).

H.-J. JARCHOW, Zur Theorie und Realität internationaler Währungssysteme. Ein modelltheoretischer Überblick. „Zeitschrift für Wirtschafts- und Sozialwissenschaften" Jg. 117 (1997), S. 444 ff. (zu II).

LEAGUE OF NATIONS, International Currency Experience. Lessons of the Inter-War Period. 1944 (zu III).

C. P. KINDLEBERGER, Die Weltwirtschaftskrise 1929–1939. 2. Aufl. München und Harmondsworth, Middlesex 1979 (zu III).

E. SCHNEIDER, Zahlungsbilanz und Wechselkurs. Eine Einführung in die monetären Probleme internationaler Wirtschaftsbeziehungen. Tübingen 1968 (zu II).

O. VEIT, Grundriß der Währungspolitik. 3. durchgängig erneuerte Aufl. unter Mitwirkung des Instituts für das Kreditwesen. Frankfurt a. M. 1969 (zu III).

L. B. YEAGER, International Monetary Relations: Theory, History, and Policy. 2nd ed. New York 1976 (zu III).

Zweiter Teil: Bretton Woods und das IWF-System

IV. Das System von Bretton Woods

Die Erfahrung eines durch Abwertungswettläufe, zeitweiligen Mangel an internationalen Reserven, Importbeschränkungen, Devisenkontrollen und Bilateralität behinderten Welthandels in den dreißiger Jahren wirkte nach, als man unter maßgeblicher Beteiligung der Vereinigten Staaten und des Vereinigten Königreichs noch während des Zweiten Weltkrieges begann, die Grundlagen für ein neues internationales Währungssystem zu schaffen. Der Wille, die Fehler jener Zeit nicht zu wiederholen, führte zu einer gemeinsamen Haltung in wichtigen Fragen[1]: Man wollte die Wechselkursänderungen einer internationalen Kontrolle unterwerfen, die Währungsreserven durch zusätzliche internationale Finanzierungsfazilitäten ergänzen, die Zahlungsbilanzpolitik überwachen und die Voraussetzungen für multilaterale Zahlungsmöglichkeiten schaffen.

Trotz der im Grundsatz bestehenden Einigkeit über wesentliche Ziele bestanden hinsichtlich des einzuschlagenden Weges zwischen den beiden einflussreichsten Ländern, dem Vereinigten Königreich und den USA, zunächst erhebliche Auffassungsunterschiede. Dokumentiert wurden die voneinander abweichenden Vorstellungen insbesondere in den unterschiedlichen währungspolitischen Vorschlägen, wie sie von J. M. KEYNES, Berater des britischen Schatzamtes, und H. D. WHITE, Mitglied des amerikanischen Schatzamtes, entwickelt, im Jahre 1943 veröffentlicht[2] und als sog. KEYNES- und WHITE-Plan bekannt wurden.

1 Vgl. SCAMMELL, International Monetary Policy, a. a. O., S. 128.

2 Beide Pläne finden sich in INTERNATIONAL MONETARY FUND, The International Monetary Fund 1945–1965. Twenty Years of International Monetary Cooperation. Vol. III: Documents. Ed. by J. K. HORSEFIELD. Washington, D. C., 1969, und zwar der unter der Bezeichnung „Proposals for an International Clearing Union (April 1943)“ auf S. 19 ff. und der unter der Bezeichnung „Preliminary Draft Outline of a Proposal for an International Stabilization Fund of the United and Associated Nations (Revised July 10, 1943)“ auf S. 83 ff.

1. Britische und amerikanische Vorstellungen zur internationalen Währungsordnung (Keynes- und White-Plan)

a) Der unterschiedliche wirtschaftliche Hintergrund

Die z. T. beträchtlich voneinander abweichenden Vorstellungen in den britischen und amerikanischen Plänen erscheinen vor dem Hintergrund der unterschiedlichen wirtschaftlichen Erfahrungen und Perspektiven der beiden Länder verständlich. Das Vereinigte Königreich – in der Zeit des klassischen Goldstandards noch ein bedeutendes Gläubigerland – war durch die Kriegsereignisse in eine hohe Schuldnerposition geraten. Zwar hatte die britische Handelsbilanz schon vor dem Zweiten Weltkrieg über einen Zeitraum von mehr als hundert Jahren stets Defizite ausgewiesen[3], doch waren diese zumeist durch Überschüsse bei den Dienstleistungen, vor allem bei den Kapitalerträgen und Frachtleistungen, kompensiert worden. Gerade bei diesen Positionen war aber als Folge des Krieges eine erhebliche Verminderung der Einnahmen zu erwarten[4]. So rechnete man auf Grund des reduzierten Auslandsvermögens mit einem Rückgang der Erträge aus Überseeinvestitionen auf weniger als die Hälfte des Vorkriegsstandes (1938)[5]. Berücksichtigt man ferner, dass zum Wiederaufbau der Produktionskapazitäten in erhöhtem Maße importiert werden musste, dann überrascht es nicht mehr, dass für die Nachkriegszeit eine *stark defizitäre Entwicklung* bei den laufenden Posten der britischen Zahlungsbilanz erwartet wurde[6].

Die pessimistische Einschätzung der Zahlungsbilanzentwicklung erklärt jedoch die währungspolitischen Vorstellungen der britischen Seite noch nicht vollständig. Hinzu kommt, dass *Vollbeschäftigung* das vorrangige Ziel der britischen Wirtschaftspolitik in der Nachkriegszeit sein sollte[7]. Diese Haltung er-

3 Nach einer Studie des „British Export Council" über „Britain's Invisible Earnings" ist die britische Handelsbilanz in der Zeit nach 1822 bis 1956 stets passiv gewesen. Vgl. „Neue Zürcher Zeitung", Nr. 316, vom 17.11.1967, Blatt 10.

4 Das Vereinigte Königreich hatte im Zuge der Kriegsgeschehnisse Schiffe im Werte von 700 Mio. £ verloren; seine Auslandsinvestitionen gingen um 1118 Mio. £ zurück, und die Auslandsverbindlichkeiten hatten sich um 2879 Mio. £ erhöht. Durch diese und andere Vorgänge wurde das Vorkriegsvermögen des Vereinigten Königreichs um rd. 25 v. H. reduziert. Vgl. R. N. Gardner, Sterling-Dollar Diplomacy in Current Perspective. The Origins and the Prospects of our International Economic Order. New, expanded edition with revised introduction. New York 1980. S. 178.

5 Siehe Scammell, International Monetary Policy, a. a. O., S. 124, Fußnote 2.

6 Die Fehlbeträge wurden pro Jahr auf 1,2 bis 2 Mrd. £ geschätzt. Vgl. J. H. Williams, Post-War Monetary Plans. Oxford 1949. S. 129.

7 „In the minds of Britisch negotiators the necessity to provide for a high and stable level of employment after the war was second to none"(Scammell, International Monetary Policy, a. a. O., S. 126).

scheint verständlich, wenn man bedenkt, dass die Zahl der Arbeitslosen im Vereinigten Königreich von 1920 bis Kriegsbeginn niemals unter die Millionengrenze gesunken war[8] und die KEYNESsche Theorie mit ihren beschäftigungspolitischen Möglichkeiten deshalb gerade in diesem Land einen Höhepunkt an Popularität erlebte. Der britischen Seite musste deshalb an Regelungen gelegen sein, die einen Zahlungsbilanzausgleich ermöglichten, ohne auf die konjunkturelle Entwicklung stark kontraktiv einzuwirken.

Anders als das Vereinigte Königreich waren die *Vereinigten Staaten* Ende des Zweiten Weltkriegs eine mit Währungsreserven (insbesondere mit Goldbeständen) reichlich ausgestattete *Gläubigernation.* Schon deshalb dürfte das Problem, aus Gründen der Zahlungsbilanz eine (mit Arbeitslosigkeit verbundene) kontraktive Konjunkturpolitik betreiben zu müssen, für die USA von geringer Relevanz gewesen sein. Außerdem war auch nicht zu vermuten, dass sich unmittelbar nach Kriegsende in der amerikanischen Zahlungsbilanz anhaltende Defizite einstellen würden. Die Amerikaner befürchteten vielmehr, dass sich die während des Krieges aufgestaute und bei großzügiger Versorgung mit internationalen Finanzierungsmitteln realisierbare Güternachfrage auf amerikanischen Märkten auswirken und dort zu Preissteigerungen führen würde[9]. Aus amerikanischer Sicht erschien deshalb mehr die *Vermeidung einer Inflation* als die Bekämpfung einer Depression als Problem.

In Anbetracht der unterschiedlichen wirtschaftlichen Gegebenheiten ist es nicht verwunderlich, dass die währungspolitischen Vorstellungen der britischen und amerikanischen Seite in wichtigen Fragen – wie der Versorgung mit *Finanzierungsfazilitäten,* der *Wechselkursregelungen* und der Möglichkeit von *Devisenbeschränkungen* – auseinander gingen. Hierauf wird im Folgenden näher einzugehen sein.

b) Der KEYNES-Plan und der WHITE-Plan

aa) Finanzierungsfazilitäten. – aaa) Im Mittelpunkt des von britischer Seite vorgelegten KEYNES-Plans steht das Projekt einer internationalen **Clearing-Union,** die die Abrechnung im internationalen Zahlungsverkehr zwischen den Zentralbanken übernimmt. Die Abrechnung erfolgt dabei unter Verwendung eines neu zu schaffenden Buchgeldes, des **Bancor**[10]. Etwas mehr im Detail gesehen, wür-

8 Vgl. ebenda, S. 125.

9 Vgl. ebenda, S. 137.

10 Der Wert des *Bancor* ist in Gold ausgedrückt. Bancorguthaben können jedoch nicht bei der Clearing-Union in Gold umgetauscht werden; umgekehrt besteht aber die Möglichkeit, Bancorguthaben bei der Clearing Union gegen Hergabe von Gold zu erwerben. Vgl. „Proposals ...", a. a. O., S. 30 f.

den die Bancortransaktionen in folgender Weise durchgeführt werden[11]: Im Fall eines Devisenbilanz*überschusses* nehmen die heimischen Währungsbehörden auf dem Devisenmarkt Devisen auf, um den Wechselkurs zu stabilisieren. Die erworbenen Devisen werden gegen Gutschrift eines entsprechenden Bancorbetrages an die Clearing-Union übertragen und von dieser an das entsprechende Defizitland weitergeleitet. Das Schuldnerland wird dabei auf seinem Bancorkonto belastet. Im Fall eines Devisenbilanz*defizits* geben die heimischen Währungsbehörden auf dem Devisenmarkt Devisen ab, um den Wechselkurs zu stabilisieren. Die erforderlichen Devisen können sich die heimischen Währungsbehörden gegen eine entsprechende Belastung auf ihrem Bancorkonto bei der Clearing-Union beschaffen. Die Clearing-Union wiederum kauft die erforderlichen Devisen bei dem Land, das diese Währungen ausgibt, und schreibt diesem Land den Gegenwert auf seinem Bancorkonto gut[12].

Verfügt ein Defizitland nicht über genügend Bancorguthaben, dann kann es im Rahmen bestimmter Grenzen, die sich an der jeweiligen *Quote*[13] orientieren, *Überziehungskredite* bei der Clearing-Union aufnehmen und dadurch die benötigten Bancorguthaben erwerben. Die Clearing-Union besitzt somit die Fähigkeit ähnlich wie Geschäfts- oder Zentralbanken im nationalen Bereich Zahlungsmittel (Währungsreserven) zu schaffen.

bbb) Anders als die Clearing-Union bietet der im amerikanischen WHITE-Plan vorgesehene **Stabilisierungsfonds** *nicht* die Möglichkeit zur Geld- bzw. Reservenschöpfung; denn der Fonds sollte Kredite nur in der Weise vergeben, dass er den Defizitländern *nationale* Währungen aus seinem Bestand überlässt. Zur Sicherung seiner Zahlungsfähigkeit ist der Stabilisierungsfonds deshalb auch auf eine Kapitalausstattung[14] durch seine Mitglieder angewiesen. *Weitere* Unterschiede zeigen sich im Umfang der maximalen Kreditfazilitäten, wofür die für die Mitgliedsländer insgesamt vorgesehenen Quoten einen gewissen Anhaltspunkt bieten. So lässt sich für die *Clearing-Union* ein Gesamtbetrag von etwa 36 Mrd. $ berechnen; dagegen war für den amerikanischen *Stabilisierungsfonds* nur eine Quotensumme von etwas mehr als 5 Mrd. $ vorgesehen[15]. Als wahrscheinlich größtes Gläubiger- und Überschussland waren die Vereinigten Staaten darauf bedacht, ihren finanziellen Beitrag und damit auch das Kreditpotenzial der neu

11 Vgl. S. HORIE, The International Monetary Fund, Retrospect and Prospect. London, New York 1964. S. 72 f.

12 Bei Interventionen der *ausländischen* Währungsbehörden auf dem Devisenmarkt ergeben sich in den beiden Fällen die gleichen Bewegungen auf den Bancorkonten.

13 Die jedem Mitglied zugewiesene *Quote* sollte entsprechend dem Außenhandelsvolumen des betreffenden Landes festgelegt werden.

14 Die Einzahlungen sollten in Gold und nationaler Währung erfolgen.

15 Vgl. J. ROBINSON, The International Currency Proposals. „The Economic Journal", Vol. 53 (1943), S. 165 f.

zu schaffenden internationalen Währungsinstitution in engen Grenzen zu halten[16]. Die unterschiedliche Interessenlage eines Überschuss- und Defizitlandes zeigte sich schließlich auch darin, dass die Kreditgewährung zwar sowohl nach den britischen als auch nach den amerikanischen Vorstellungen an die Erfüllung bestimmter, dem Ausgleich der Zahlungsbilanz dienender *Auflagen* gebunden sein sollte, die Last der Anpassung jedoch nach dem WHITE-Plan einseitig den Defizitländern auferlegt wurde, während der KEYNES-Plan auch Maßnahmen vorsah, die die Zahlungsbilanzpolitik von Überschussländern betrafen[17].

bb) Wechselkursregelungen. – Nach dem KEYNES-Plan sind Änderungen der in Bancor ausgedrückten Parität bis zu 5 v. H. ohne Zustimmung der Clearing-Union erlaubt, wenn der Schuldenstand eines Defizitlandes bei der Clearing-Union ein Viertel seiner Quote übersteigt. Die Clearing-Union kann von sich aus sogar eine Abwertung fordern, wenn der Schuldenstand eines Defizitlandes über die Hälfte der Quote hinausgeht[18]. Der WHITE-Plan ist in der Wechselkursfrage vergleichsweise rigide; denn eine Änderung der in der Recheneinheit **Unitas**[19] ausgedrückten Paritäten sollte nur bei einem sog. *fundamentalen Zahlungsbilanzungleichgewicht* durch den Fonds genehmigt werden und auch nur mit Zustimmung von 75 v. H. aller Mitgliederstimmen[20]. Offenbar wollte das Vereinigte Königreich den Wechselkurs in Anbetracht zu erwartender Zahlungsbilanzschwierigkeiten in stärkerem Maße als Mittel der Zahlungsbilanzpolitik einsetzen, als es den näher in der Nachbarschaft des Goldstandards angesiedelten Vorstellungen der amerikanischen Seite entsprach.

16 Falls die Vereinigten Staaten nach der Schaffung der Clearing-Union einzige Gläubigernation gewesen wären und alle anderen Mitglieder Kredite bis zu 75 v. H. ihrer Quote in Anspruch genommen hätten, dann wären die Defizitländer in der Lage gewesen, Importe aus den USA im Betrage von 24 bis 25 Mrd. $ mit Krediten der Clearing-Union zu finanzieren. Vgl. ebenda, S. 165.

17 So sollten die Mitglieder, deren Gläubigerposition bei der Clearing-Union die Hälfte ihrer Quote überstieg, mit der Clearing-Union folgende Maßnahmen beraten: expansive binnenwirtschaftliche Maßnahmen, eine Aufwertung ihrer Währung, Zollsenkungen und die Suspendierung von Importrestriktionen sowie die Gewährung internationaler Entwicklungsanleihen. Daneben enthält der KEYNES-Plan auch die Bestimmung, dass nicht nur für Debet-, sondern auch für Kreditsalden bei der Clearing-Union Gebühren zu zahlen sind.

18 Vgl. „Proposals ...", a. a. O., S. 23. – Die Möglichkeit, auf eine Aufwertung hinzuwirken, ist dagegen recht begrenzt. Die Clearing-Union hat nur die Möglichkeit, hierzu anzuregen, und zwar dann, wenn das Guthaben eines Überschusslandes die Hälfte seiner Quote übersteigt. Vgl. ebenda, S. 24, sowie die vorhergehende Fußnote.

19 Der Wert der Unitas ist in Gold ausgedrückt (1 Unitas = 8,88687 g Feingold = 10 $).

20 Vgl. „Preliminary Draft ...", a. a. O., S. 89. – Von Interesse ist in diesem Zusammenhang, dass die Vereinigten Staaten mit einem Stimmenanteil von etwas über 25 v. H. bei Entscheidungen über Wechselkursänderungen ein „Vetorecht" hätten ausüben können. Vgl. GARDNER, a. a. O., S. 89, Fußnote 6.

cc) Devisenbeschränkungen. – Während man sich auf *britischer* Seite (vor allem in der Schlussphase der Vorverhandlungen) für eine befristete Aufrechterhaltung von Devisenbeschränkungen einsetzte[21], war es für die *Vereinigten Staaten* ein zentrales Anliegen, möglichst frühzeitig die Rahmenbedingungen für einen freien multilateralen Handel zu schaffen[22]. Die britische Haltung wird verständlich, wenn man sie vor dem Hintergrund der damaligen wirtschaftlichen Perspektiven betrachtet: Ein Land, das eine defizitäre Zahlungsbilanzentwicklung erwartet und eine mit der Gefahr von Arbeitslosigkeit verbundene Deflationspolitik vermeiden möchte, wird in einem System grundsätzlich stabiler Wechselkurse und bei begrenztem Zugang zu Währungsreserven schwerlich von vornherein völlig auf den möglichen Einsatz von Devisenbewirtschaftungsmaßnahmen verzichten wollen.

2. Der Internationale Währungsfonds

Nach langwierigen Vorverhandlungen, bei denen die britischen und amerikanischen Vorschläge im Vordergrund standen[23], wurde auf der internationalen Währungs- und Finanzkonferenz der Vereinten Nationen am 22.7.1944 im nordamerikanischen **Bretton Woods** die Gründung des **Internationalen Währungsfonds (IWF)**[24] beschlossen[25]. Das Verhandlungsergebnis kann als Kompromiss zwischen dem KEYNES- und WHITE-Plan angesehen werden, wenn es auch im Kern mehr den amerikanischen Vorstellungen entsprach. Die Unter-

21 Vgl. ebenda, S. 120 f. – HORIE, a. a. O., S. 82 f.

22 Vgl. GARDNER, a. a. O., S. 12 f.

23 Dabei wurde als Ergebnis von Diskussionen und Verhandlungen zwischen KEYNES und WHITE im April 1944 eine gemeinsame Erklärung als sog. **„Joint Statement"** veröffentlicht. Siehe hierzu genauer „Joint Statement by Experts on the Establishment of an International Monetary Fund (April 1944)", abgedruckt in: INTERNATIONAL MONETARY FUND . . ., Vol. III . . ., a. a. O., S. 128 ff.

24 Der Text des Abkommens findet sich im Bundesgesetzblatt, Teil II (1952), Nr. 13 vom 1. 8.1952, S. 637 ff.

25 Zusammen mit dem Internationalen Währungsfonds wurde das Abkommen über die Internationale Bank für Wiederaufbau und Entwicklung, kurz: **Weltbank**, beschlossen. Ihrer genauen Bezeichnung entsprechend soll die Weltbank den Wiederaufbau und die Entwicklung der Mitgliedsländer unterstützen, und zwar durch Förderung produktiver internationaler Investitionen mit Hilfe gewährter oder garantierter Darlehen. Einzelheiten zur Weltbank und ihren Schwestergesellschaften, der 1956 gegründeten **Internationalen Finanz-Corporation** (International Finance Corporation; kurz IFC), der **Internationalen Entwicklungsorganisation** (International Development Association; kurz: IDA) und der 1988 gegründeten **Multilateralen Investitions-Garantie-Agentur** (Multilateral Investment Guarantee Agency; kurz: MIGA) siehe DEUTSCHE BUNDESBANK, Weltweite Organisationen und Gremien im Bereich von Währung und Wirtschaft. Frankfurt a. M. 1997, S. 68 ff.

zeichnung des Abkommens erfolgte am 27.12.1945 unter Beteiligung von 29 Mitgliedern[26], seine Geschäftstätigkeit nahm der Fonds am 1.3.1947 auf.

Bei der Behandlung der Fonds-Statuten werden schon in diesem Kapitel *partielle Neuregelungen* berücksichtigt; sie gehen zurück auf *laufende Beschlüsse* der Entscheidungs- bzw. Exekutivorgane des IWF oder stehen in Zusammenhang mit den beiden 1969 und 1978 in Kraft getretenen *Abkommensänderungen*[27]. *Umfassende Änderungen*, wie sie mit der *Schaffung von Sonderziehungsrechten* (1969) und der *Neuregelung des Wechselkurssystems* (1978) verbunden waren, werden jedoch zurückgestellt und später gesondert behandelt, zumal sich in ihnen auch wesentliche Erfahrungen mit dem ursprünglichen Bretton Woods-System niedergeschlagen haben.

a) Allgemeine Ziele

Nach **Artikel I** des IWF-Abkommens ist das *übergeordnete Ziel* des Internationalen Währungsfonds darin zu sehen, „die Ausweitung und ein ausgewogenes Wachstum des Welthandels zu erleichtern und dadurch zur Förderung und Aufrechterhaltung eines hohen Beschäftigungsgrads und Realeinkommens sowie zur Entwicklung des Produktionspotentials aller Mitglieder ... beizutragen“[28]. Die anderen Aufgaben, die ebenfalls im Artikel 1 als Ziele genannt werden, sind im Grunde Mittel, die der Erreichung des eben genannten übergeordneten Zieles dienen. Hierzu gehören z. B. alle Bemühungen, „die Stabilität der Währungen zu fördern“, „Währungsabwertungen aus Wettbewerbsgründen zu vermeiden“, „bei der Errichtung eines multilateralen Zahlungssystems für die

26 Die UdSSR, die an der Konferenz von Bretton Woods noch teilgenommen hatte, war dem IWF nicht beigetreten. Inzwischen sind alle 15 Republiken der aufgelösten UdSSR IWF-Mitglieder geworden. Dadurch und durch die Aufnahme weiterer Mitglieder (wie der Schweiz) ist der IWF inzwischen auf mehr als 180 Mitglieder angewachsen.

27 Siehe hierzu Bundesgesetzblatt, Teil II (1968), Nr. 55 vom 31.12.1968, S. 1225 ff., bzw. Bundesgesetzblatt, Teil II (1978), Nr. 2 vom 12.1.1978, S. 13 ff.

28 Auf dieses Ziel war auch die 1948 verabschiedete **Havanna-Charta** ausgerichtet, die neben IWF und Weltbank – als dritten Pfeiler der neuen Weltwirtschaftsordnung – die Gründung einer **Internationalen Handelsorganisation** (International Trade Organization; kurz: **ITO**) vorgesehen hatte. Wegen der Nichtratifizierung durch die USA wurde das Gesamtprojekt damals jedoch nicht realisiert. In Kraft trat nur ein wichtiges Teilstück, nämlich das (insbesondere dem Abbau von Zöllen und mengenmäßigen Handelsbeschränkungen dienende) **Allgemeine Zoll- und Handelsabkommen** (General Agreement on Tariffs and Trade; kurz: GATT). Unter Einbeziehung des **GATT**-Vertrages als wichtigstem Teilstück wurde 1994 dann doch noch eine der ITO entsprechende Welthandelsordnung geschaffen, und zwar in Form der **Welthandelsorganisation** (World Trade Organization; kurz: **WTO**). Einzelheiten hierzu siehe H. HAUSER, K.-U. SCHANZ, Das neue GATT. Die Welthandelsordnung nach Abschluss der Uruguay-Runde. 2., unwesentlich veränd. Aufl. München, Wien 1996. S. 6, 50 ff.

laufenden Geschäfte zwischen den Mitgliedern und bei der Beseitigung von Devisenverkehrsbeschränkungen ... mitzuwirken". Um die Erfüllung dieser Aufgaben zu erleichtern, stellt der Fonds den Mitgliedern finanzielle Mittel zur Verfügung und gibt ihnen damit die Möglichkeit, „Unausgeglichenheiten in ihrer Zahlungsbilanz zu bereinigen, ohne zu Maßnahmen Zuflucht nehmen zu müssen, die dem nationalen oder internationalen Wohlstand schaden"[29].

b) Organisation und Quoten

aa) Organisation. – Die Organe des Internationalen Währungsfonds sind der Gouverneursrat (Board of Governors) sowie das Exekutivdirektorium (Board of Executive Directors) (vgl. Artikel XII); daneben kommen dem *Interimsausschuss* für währungspolitische Fragen und dem *Entwicklungsausschuss* für Entwicklungsfragen besondere Bedeutung zu. Das höchste *Entscheidungsorgan* des IWF ist der **Gouverneursrat,** in den jedes Mitgliedsland einen Gouverneur entsendet. Einmal im Jahr treten die Gouverneure zur Jahresversammlung zusammen. Die Führung der *laufenden Geschäfte* des Internationalen Währungsfonds liegt beim **Exekutivdirektorium** (Exekutivrat). Auf ihn hat der Gouverneursrat alle Befugnisse delegiert, soweit sie dem Gouverneursrat nicht durch das IWF-Abkommen ausdrücklich zugewiesen sind. Zu den nicht an das Exekutivdirektorium übertragbaren Vollmachten des Gouverneursrats gehören u. a. die Festsetzung und Änderung der sog. Quoten sowie – nach der ersten Abkommensänderung – Beschlüsse über die Zuteilung und Einziehung von Sonderziehungsrechten. Dem Exekutivdirektorium sind insbesondere alle Entscheidungen im Zusammenhang mit der Inanspruchnahme der Fondsmittel sowie die Regelung der Kreditzusagen an Mitglieder überlassen. Dem Exekutivdirektorium gehören gegenwärtig 24 Direktoren an. Davon werden 5 von den Mitgliedern mit den größten Quoten ernannt (z. Z. USA, Japan, Deutschland, Frankreich und Vereinigtes Königreich) sowie zwei weitere von Saudi-Arabien und China; die anderen repräsentieren jeweils eine bestimmte Gruppe von Mitgliedsländern und werden nach den Regeln des IWF-Abkommens alle zwei Jahre gewählt. Die Direktoren des Exekutivdirektoriums wählen einen **geschäftsführenden Direktor** (der weder Gouverneur noch Exekutivdirektor sein darf) zu ihrem Vorsitzenden. Seine Amtszeit beträgt fünf Jahre; er kann wiedergewählt werden. Er hat, abgesehen von einer entscheidenden Stimme bei Stimmengleichheit, keine Stimme.

Der (1974 gegründete) **Interimsausschuss,** nunmehr als International Monetary and Financial Committee of the Board of Governors bezeichnet, hat die Aufgabe, das Funktionieren des internationalen Währungssystems und seine

29 Die zitierten Stellen sind der 1978 in Kraft getretenen Abkommensänderung entnommen. Siehe Bundesgesetzblatt, Teil II (1978), Nr. 2 vom 12.1.1978.

Weiterentwicklung zu überwachen. Im Interimsausschuss sind alle 24 IWF-Mitglieder bzw. Gruppen von IWF-Mitgliedern vertreten, die einen Exekutivdirektor stellen (und zwar mit einem Gouverneur, einem Minister oder einer Person von vergleichbarem Rang). Obwohl der Interimsausschuss formell nur Beratungsgremium des Gouverneursrats ist, kommt ihm de facto auf Grund seiner Zusammensetzung die Rolle eines Leitungsgremiums zu[30].

Der (ebenfalls 1974 gegründete) **Entwicklungsausschuss** (Development Committee) ist ein gemeinsames Gremium der Weltbank und des IWF, das die Gouverneursräte dieser beiden Institutionen in Fragen des realen Transfers von Ressourcen an Entwicklungsländer berät. Er besteht aus 24 Gouverneuren, Ministern oder Personen von vergleichbarem Rang.

bb) Quoten. – Die sog. **Quoten** haben für ein Mitglied Bedeutung hinsichtlich seines Gewichts bei *Abstimmungen*, des Umfangs seiner *Subskriptionsverpflichtung*, der Höhe seiner *Finanzierungsfazilitäten*[31] und seines Anteils an einer Zuteilung von *Sonderziehungsrechten*. Zur Festsetzung von Quoten werden formelmäßige Berechnungen durchgeführt, wobei ökonomische Schlüsselgrößen wie Bruttoinlandsprodukt, Währungsreserven sowie Transaktionen in der Bilanz der laufenden Posten einbezogen werden. Die sog. „berechneten Quoten“ dienen dann als Orientierungsgrößen für die endgültige, in Abstimmung mit dem betreffenden Mitglied vorgenommene Quotenbemessung. Der ursprüngliche Gesamtumfang der Quoten bei Gründung des IWF belief sich auf rd. neun Mrd. US-Dollar und kam damit den amerikanischen Vorstellungen erheblich näher als den britischen.

Der Notwendigkeit einer Anpassung der festgelegten Quoten an den allgemein steigenden Bedarf an Währungsreserven in einer wachsenden Weltwirtschaft wird insofern Rechnung getragen, als der Gouverneursrat (entsprechend Artikel III) in Abständen von höchstens fünf Jahren eine *allgemeine Überprüfung der Quoten* vorzunehmen hat. Nach der elften allgemeinen Quotenerhöhung, die im Januar 1999 in Kraft trat, wurden die Gesamtquoten um 45 v. H., und zwar von 146 Mrd. Sonderziehungsrechten (SZR)[32] auf 212 Mrd. SZR, erhöht. Der größte Teil der Gesamtquotenaufstockung wurde im Verhältnis zu den bestehenden Quoten an Mitglieder verteilt. Der Rest wurde im Verhältnis zu den

30 Auf Grund der zweiten Abkommensänderung kann der Gouverneursrat mit 85 v. H. aller Stimmen einen **Rat auf Ministerebene** einsetzen. Die Schaffung dieses Organs würde den Interimsausschuss ersetzen bzw. ihn in ein Organ mit Entscheidungsbefugnissen umwandeln.

31 Siehe hierzu die Unterabschnitte IV. 2e) und f).

32 Wie im Unterabschnitt V. 4b) dd) noch genauer erläutert wird, bemisst sich der Wert eines Sonderziehungsrechts (SZR) nach einem *Standardkorb*, der aus bestimmten Anteilen von fünf nationalen Währungen besteht. Ausgedrückt in $, belief sich der Transaktionswert des SZR Mitte Januar 2001 auf rd. 1,30 $.

berechneten Quoten verteilt, oder die Verteilung erfolgte zu dem Zweck, erhebliche Unterschiede zwischen der berechneten und der tatsächlichen Quote zu beheben. Neben einer allgemeinen Quotenanpassung können auch die Quoten einzelner Länder partiell geändert werden. In jedem Fall setzt die Quotenänderung einen qualifizierten Mehrheitsbeschluss und die Zustimmung des betroffenen Mitglieds voraus.

In Hinblick auf **Abstimmungen** spielt die Höhe der Quote insofern eine wichtige Rolle, als jedes Mitglied – neben einer Grundausstattung mit *250 Stimmen* – für jeden Teil seiner Quote, der einhunderttausend Sonderziehungsrechten entspricht (vor der zweiten Abkommensänderung: einhunderttausend Dollar), eine zusätzliche Stimme erhält. Bedenkt man, dass sich z. B. die Quote der Bundesrepublik nach der neunten Quotenerhöhung auf 13 008 Mio. Sonderziehungsrechte (SZR) beläuft, dann wird deutlich, dass der Stimmenanteil[33] und damit das Gewicht eines Landes innerhalb der Entscheidungsprozesse beim IWF im Wesentlichen durch den Quotenumfang bestimmt wird.

Die Höhe der Quote bestimmt auch die *Subskriptionsverpflichtung* eines Mitglieds und der Gesamtumfang dementsprechend die Kapitalausstattung des IWF. Bis zur zweiten Abkommensänderung waren die Subskriptionszahlungen wie folgt geregelt: Zu zahlen waren in *Gold* mindestens 25 v. H. der Quote oder ein Betrag in Höhe von 10 v. H. der offiziellen Nettobestände an Gold und US-Dollar (je nachdem welcher Betrag kleiner war) sowie in *eigener Währung* der verbleibende Rest der Quote. Bei Quotenerhöhungen waren i. Allg. 25 v. H. der Erhöhung in Gold, der Rest in eigener Währung zu zahlen. *Nach* der zweiten Abkommensänderung – mit der auch der Zweck verfolgt wurde, die Bedeutung des Goldes für das westliche Währungssystem zu reduzieren und die der Sonderziehungsrechte zu stärken – entfallen die Goldeinzahlungen. Nunmehr ist ein bestimmter (nicht im Abkommen geregelter) Anteil der Subskriptionsverpflichtung von etwas unter 25 v. H. entsprechend Beschlüssen des Exekutivrats[34] in sog. **Reserveaktiva,** d. h. in Sonderziehungsrechten oder in für den Fonds annehmbaren Währungen, zu zahlen. Bei Quotenänderungen sind (nach Artikel III, Abschnitt 3a)) 25 v. H. jeder Erhöhung in Sonderziehungsrechten oder – auf Beschluss des Gouverneursrats – ganz oder teilweise in anderer oder in der eigenen Währung zu entrichten.

33 Der Stimmenanteil der Bundesrepublik beträgt gegenwärtig 6,02 v. H. (Vereinigte Staaten: 17,16 v. H.; Japan: 6,16 v. H.). – Der Stimmenanteil der USA gibt ihnen in wichtigen Fragen ein Vetorecht.

34 Zu den Beschlüssen des Exekutivrats siehe INTERNATIONAL MONETARY FUND, Selected Decisions of the International Monetary Fund and Selected Documents. 26th issue. Washington, D. C. 2001. – Der in Reserveaktiva einzuzahlende Anteil der Subskriptionsverpflichtung orientiert sich am Durchschnitt der von allen Mitgliedern bisher eingezahlten Reserveaktiva, bezogen auf die Gesamtquote.

c) Wechselkursregelungen

Die in Bretton Woods beschlossenen Wechselkursregelungen haben die Entwicklung innerhalb der westlichen Währungsordnung bis in die siebziger Jahre maßgeblich bestimmt. Die entsprechenden Vorschriften finden sich in **Artikel IV** des ursprünglichen IWF-Abkommens. Durch die zweite *Abkommensänderung* erfuhr insbesondere dieser Artikel wesentliche materielle Änderungen, auf die jedoch erst im Zusammenhang mit Kapitel VII näher eingegangen werden soll.

Nach dem ursprünglichen IWF-Abkommen waren die Mitglieder verpflichtet, mit dem Fonds **Paritäten** zu vereinbaren, die in *Gold* oder in *US-Dollar* (im Gewicht und in der Feinheit vom 1. Juli 1944) auszudrücken waren, z. B. 1 Pfund Sterling = 3,58 g Feingold = 4,03 $.

Von der Parität durften die Wechselkurse nach oben und unten jeweils nicht mehr als um *1 v. H.* der Parität[35] abweichen[36]. Eine Änderung der Parität durfte nur nach *Beratung* mit dem Fonds und nur auf *Vorschlag* eines Mitglieds vorgenommen werden. Dabei sollte eine Änderung nur vorgeschlagen werden, wenn sie dazu diente, ein sog. **fundamentales Zahlungsbilanzungleichgewicht** zu beseitigen. Was hierunter zu verstehen ist, ließ das IWF-Abkommen offen. Auf jeden Fall kann aber unterstellt werden, dass es sich hierbei *nicht* um kurzfristig reversible Zahlungsbilanzdefizite handelt, wie sie im Zusammenhang mit saisonal wirksamen Faktoren sowie Spekulationen und zinsinduzierten Kapitalbewegungen auftreten können. Dagegen werden Zahlungsbilanzdefizite, die aus überdurchschnittlich steigenden Inlandspreisen resultieren und die bei Stabilhaltung des Wechselkurses nur unter Inkaufnahme von Deflation mit Unterbeschäftigung zu beheben wären, als fundamentales Zahlungsbilanzungleichgewicht anzusehen sein[37].

Aus der ursprünglichen Fassung des Artikels IV geht weiter hervor, dass der Fonds einer beantragten Wechselkursänderung nicht widersprechen konnte, wenn die vorgeschlagene Änderung zusammen mit allen vorhergegangenen Änderungen nicht über *10 v. H.* der ursprünglichen Parität hinausging. In diesem

35 Zu beachten ist, dass eine Bandbreite von 2 v. H. gegenüber dem Dollar eine etwa doppelt so große Bandbreite zwischen Nicht-Dollar-Währungen impliziert. Siehe zu dem angesprochenen Zusammenhang genauer H.-J. JARCHOW, Wechselkursarithmetik, Wechselkursgestaltung und Interventionspolitik (I). „das Wirtschaftsstudium", 3. Jg. (1974), Nr. 1, S. 22 f.

36 Genau genommen galt diese Regelung nur für *Kassageschäfte*; bei *Termingeschäften* durften die entsprechenden Kurse um eine vom Fonds als angemessen erachtete, die Spanne für Kassageschäfte übersteigende Marge abweichen.

37 Vgl. HORIE, a. a. O., S. 106. – Von Interesse ist in diesem Zusammenhang auch, dass der Fonds bei Vorlage eines *fundamentalen Ungleichgewichts* einer vorgeschlagenen Änderung „insbesondere nicht wegen der inneren Sozialpolitik oder der allgemeinen Politik des die Änderung beantragenden Mitglieds widersprechen (durfte)".

Fall lag also die Entscheidung über die Wechselkursänderung de facto allein beim Mitglied. Wurde eine darüber hinausgehende Wechselkursänderung beantragt, dann konnte der Fonds entweder zustimmen oder Einspruch erheben, er musste jedoch zustimmen, wenn die Wechselkursänderung nach seiner Überzeugung zur Beseitigung eines fundamentalen Zahlungsbilanzungleichgewichts erforderlich war. Die Regelungen des Artikels IV machen deutlich, dass das Bretton Woods-System (den britischen Vorstellungen entgegenkommend) durchaus die Möglichkeit bot, *fallweise Anpassungen* der Paritäten vorzunehmen[38].

d) Devisenpraktiken

aa) Artikel VIII. – Wie bereits erwähnt, ist die Herstellung eines freien, multilateralen Zahlungssystems für laufende Transaktionen ein besonders wichtiges Anliegen des IWF. Dementsprechend fordert der **Artikel VIII**, der allgemeine Verpflichtungen der Mitglieder hinsichtlich der Devisenpraktiken regelt,

- die *Vermeidung von Devisenbeschränkungen* bei Zahlungen für laufende Transaktionen,
- die *Vermeidung diskriminierender* Währungspraktiken und
- die *Konvertibilität* der im Besitz eines anderen Mitglieds befindlichen Bestände an eigener Währung.

Devisenbeschränkungen limitieren durch administrativen Eingriff (Devisenkontrollen) die freie Verfügbarkeit über Devisen[39]. Sie sind ohne Zustimmung des Fonds grundsätzlich *nicht erlaubt*, wenn sie Zahlungen im Zusammenhang mit *laufenden* Transaktionen (also insbesondere im Zusammenhang mit Handels- und Dienstleistungsgeschäften) betreffen, also „nicht der Übertragung von Kapital dienen“[40]. Den Mitgliedern steht es demnach frei, Kapitalbewegungen einer Devisenkontrolle zu unterwerfen.

38 Nicht im Einklang mit dem Bretton-Woods-Abkommen (Artikel IV) stand allerdings der von vielen Mitgliedern (insbesondere Anfang der siebziger Jahre) eingeschlagene Weg, nach Aufgabe der alten Parität zu *flexiblen* Wechselkursen überzugehen. Der IWF hatte in dieser Frage bereits in seinem Jahresbericht 1951 (INTERNATIONAL MONETARY FUND. Annual Report 1951. S. 39 ff.) im Zusammenhang mit der ein Jahr zuvor erfolgten Freigabe des kanadischen Dollar Stellung bezogen. Seine im Jahresbericht 1963 (S. 60 ff.) noch einmal bekräftigte Haltung war pragmatisch: Erschien die Freigabe des Wechselkurses begründet und konnte sie als temporäre Maßnahme auf dem Weg zu einer baldigen Neufestsetzung der Parität angesehen werden, dann wurde dieser Schritt *geduldet*, wenn auch *nicht gebilligt*.

39 Vgl. dazu genauer Unterabschnitt I.1a) cc).

40 Diese Abgrenzung und weitere Erläuterungen finden sich in Artikel XXX unter d). Siehe Bundesgesetzblatt, Teil II (1978), Nr. 2 vom 12.1.1978, S. 62.

Im Zusammenhang mit diskriminierenden Währungspraktiken spielen insbesondere die sog. *multiplen (oder gespaltenen)* Wechselkurse eine Rolle. **Multiple Wechselkurse** liegen vor, wenn z. B. bei Abwertungen unterschiedliche Abwertungssätze gegenüber verschiedenen Währungen gewählt werden oder unterschiedliche Wechselkurse, differenziert nach Transaktionen (wie Waren- und Dienstleistungsverkehr einerseits und Kapitalverkehr andererseits) bzw. nach gehandelten Güterarten, zur Anwendung gelangen. So wurde nicht selten ein Wechselkurs derart aufgespalten, dass die Importe von Notwendigkeitsgütern durch einen niedrigen Wechselkurs gefördert und die Importe von Nichtnotwendigkeitsgütern durch einen hohen Wechselkurs behindert wurden. Derartige multiple Wechselkurse, die ein System von Kontrollen erfordern und die aus einem freien Außenhandel möglichen Wohlstandsgewinne mindern[41], sind – wie alle diskriminierenden Währungspraktiken – ohne Genehmigung des Fonds *untersagt.*

Die zuletzt angeführte Forderung aus Artikel VIII betrifft die **Ausländerkonvertibilität**[42] von Währungen. Sie beinhaltet genauer, dass jedes Mitglied seine im Besitz eines anderen Mitglieds befindliche Währung auf Verlangen in die Währung dieses Mitglieds oder wahlweise in Sonderziehungsrechte (vor der zweiten Abkommensänderung: in Gold) umtauschen muss, vorausgesetzt die eigene Währung ist kürzlich aus laufenden Transaktionen angefallen oder ihr Umtausch für Zahlungen im Zusammenhang mit laufenden Transaktionen erforderlich.

bb) Ausnahmeregelungen. – aaa) Gegenüber den in Artikel VIII enthaltenen Verpflichtungen gibt es zwei, offenbar als amerikanische Konzessionen anzusehende *Ausnahmen*: die **Knappheitserklärung** nach Artikel VII, Abschnitt 3, und die Übergangsregelungen nach Artikel XIV. Nach Artikel VII kann der Fonds eine Währung formell für *„knapp"* erklären, wenn seine Fähigkeit, diese Währung im Bedarfsfall zur Verfügung zu stellen, ernsthaft gefährdet ist. Eine derartige Erklärung ermächtigt die Mitglieder, den freien Devisenverkehr in der knappen Währung zeitweilig zu beschränken. Bisher ist die Knappheitserklärung vom Fonds noch in keinem Fall ausgesprochen worden. Es erscheint auch wenig wahrscheinlich, dass sie in der Zukunft Bedeutung erlangen wird, da der Fonds Abgaben von knapper werdenden Währungen weitgehend verhindern kann und zudem die Möglichkeit besitzt, Bestände an knapper werdenden Währun-

41 SCAMMELL (International Monetary Policy . . ., a. a. O., S. 194 f.) zeigt an einem Beispiel, wie die Existenz multipler Wechselkurse Umwege im internationalen Warenaustausch veranlasst und insofern eine Vergeudung von Ressourcen bewirkt.

42 Eine Währung besitzt **Ausländerkonvertibilität (Inländerkonvertibilität)**, wenn sie von Ausländern (Inländern) beliebig in andere Währungen umgetauscht werden kann.

gen durch Kreditaufnahme[43] oder Verkäufe von Sonderziehungsrechten[44] wieder aufzufüllen.

bbb) Anders als die Möglichkeit der Knappheitserklärung haben sich die zunächst nur für eine Übergangsperiode nach dem Krieg gedachten Ausnahmeregelungen nach Artikel XIV, die sog. **Übergangsregelungen,** als recht langlebig erwiesen. Danach können Mitglieder Devisenbeschränkungen aufrechterhalten und wechselnden Umständen anpassen, soweit diese zum Zeitpunkt ihres Beitritts in Kraft waren. Sie haben jedoch jährlich mit dem Fonds über deren weitere Beibehaltung zu beraten. Entschließt sich ein Land, auf die Inanspruchnahme der Übergangsregelung nach Artikel XIV zu verzichten – und dazu ist es bei günstiger Zahlungsbilanzentwicklung angehalten[45] –, dann muss es für die Zukunft die Verpflichtungen des Artikels VIII übernehmen. Aus einem *„Artikel XIV-Land"* wird so unwiderruflich[46] ein *„Artikel VIII-Land"*, d. h. Beibehaltung, Anpassung und Einführung restriktiver bzw. diskriminierender Devisenpraktiken sind von nun an nur noch möglich, wenn der Fonds von der Kurzfristigkeit und Notwendigkeit der Maßnahmen überzeugt ist und zustimmt.

cc) Artikel VIII-Länder. – Einen großen Schritt in Richtung auf die Erfüllung der Verpflichtungen nach Artikel VIII bedeutete die im Dezember 1958 erfolgte Einführung der *Ausländerkonvertibilität* durch die meisten Mitglieder der damaligen OEEC (Organization for European Economic Cooperation), also der heutigen OECD (Organization for Economic Cooperation and Development). Am 15.2.1961 verzichteten dann neun europäische Länder (darunter die Bundesrepublik, das Vereinigte Königreich, Frankreich und Italien) auf die Inanspruchnahme der Übergangsregelung nach Artikel XIV und wurden so zu Artikel VIII-Ländern. Anfang 2002 gehörten mehr als vier Fünftel aller IWF-Mitglieder zu den Artikel VIII-Ländern, darunter sämtliche Industrieländer.

43 Zur Möglichkeit von Kreditaufnahmen durch den Fonds vgl. Unterabschnitt IV. 2 i).

44 Nach Artikel VII, Abschnitt 1 ii), kann der Fonds verlangen, dass ihm Mitglieder innerhalb eines bestimmten Rahmens die eigene, vom Fonds für seine Transaktionen benötigte Währung gegen Sonderziehungsrechte verkaufen.

45 Unter „außergewöhnlichen Umständen" kann der Fonds nach Artikel XIV, Abschnitt 3, einem Mitglied gegenüber „Vorstellungen darüber erheben", dass seiner Meinung nach die Bedingungen für eine Aufhebung der Beschränkungen günstig sind. Beharrt ein Mitglied trotzdem auf deren Beibehaltung, so hat der IWF die Möglichkeit, dem Mitglied das Recht auf Inanspruchnahme der Fondsmittel zu entziehen.

46 Der Weg zu Artikel VIII ist sozusagen eine *„Einbahnstraße"*. „Once under Article VIII, always under Article VIII"(INTERNATIONAL MONETARY FUND, The International Monetary Fund 1945–1965. Twenty Years of International Monetary Cooperation. Vol. I : Chronicle (Ed. by J. K. HORSEFIELD). Washington, D. C., 1969. S. 478).

e) Reguläre Fazilitäten

Die Inanspruchnahme der Finanzierungsfazilitäten des IWF erfolgt – wie im amerikanischen Stabilisierungsfonds bei den Bretton Woods-Verhandlungen vorgesehen[47] – durch sog. **Ziehungen,** d. h. Mitglieder kaufen gegen Zahlung eines entsprechenden Betrages in eigener Währung die Währungen anderer Mitglieder[48]. Mitglieder, deren Währung beim Fonds gekauft wird, haben (auf Grund der zweiten Abkommensänderung) zu gewährleisten, dass ihre (vom Fonds weitergegebenen) Währungen frei verwendbare Währungen sind bzw. in frei verwendbare Währungen (nach Wahl des Käufers) umgetauscht werden können. **Frei verwendbare Währungen** sind dabei solche Währungen, die im internationalen Zahlungsverkehr verbreitet Verwendung finden und auf den wichtigsten Devisenmärkten gehandelt werden.

Bei der Darstellung der Finanzierungsfazilitäten werden im Rahmen dieses Unterabschnitts zunächst die sog. regulären Fazilitäten in Form der *Tranchenpolitik* und der *Erweiterten Fondsfazilität* behandelt. Danach wird in den folgenden Unterabschnitten f) und g) auf *Sonderfazilitäten und Konzessionäre Fazilitäten* eingegangen. Diese sind im Laufe der Zeit – ebenso wie die Erweiterte Fondsfazilität – vom Exekutivdirektorium auf der Basis des IWF-Abkommens entwickelt worden.

aa) Tranchenpolitik. – aaa) Durch die in Artikel V, Abschnitt 3 b) iii), angeführten Bedingungen wird die Inanspruchnahme der Fondsmittel *im Grundsatz*[49] in ganz bestimmter Höhe begrenzt. Der quantitative Rahmen wird danach in der Weise festgelegt, dass die Bestände des Fonds in der Währung des ziehenden Landes *zweihundert* Prozent der Quote nicht überschreiten dürfen. Diese Regelung bedeutet, dass ein Land, das z. B. 75 v. H. seiner Subskriptionsverpflichtung (also seiner Quote) in eigener Währung eingezahlt hat, in der Ausgangslage über Ziehungsrechte im Umfang von 125 v. H. seiner Quote verfügt.

47 Die Idee der KEYNESschen Clearing-Union, Kernstück des KEYNES-Plans, wurde damit verworfen. Grundelemente des KEYNES-Plans fanden jedoch später Eingang in die **Europäische Zahlungsunion** (EZU), ein mit Finanzierungsfazilitäten ausgestattetes multilaterales Abrechnungssystem, das von 1950 bis 1958 existierte (mit dem Vereinigten Königreich, Frankreich, der Bundesrepublik und einer Reihe anderer europäischer Länder als Mitglieder). Einzelheiten hierzu siehe G. SCHLEIMINGER, Europäische Zahlungsunion. In: Handwörterbuch der Wirtschaftswissenschaft (HdWW). Zugleich Neuauflage des Handwörterbuchs der Sozialwissenschaften. Zweiter Band. Stuttgart 1980. S. 507 ff.

48 Auf Grund der zweiten Abkommensänderung kann sich der Fonds nach Artikel V, Abschnitt 3 f.), auch dazu bereit finden, anstelle anderer Währungen Sonderziehungsrechte zur Verfügung zu stellen.

49 *Ausnahmen* sind nach Artikel V, Abschnitt 4, zulässig.

bbb) Die Modalitäten der im Rahmen der **Tranchenpolitik** gewährten Finanzierungshilfe hängen davon ab, wie stark der Fonds in Anspruch genommen wird. Man unterscheidet in diesem Zusammenhang verschiedene Tranchen. So befindet sich ein Mitglied gegenüber dem IWF in der sog. **Reservetranche** (bzw. der sog. Goldtranche vor der zweiten Abkommensänderung), wenn die anrechenbaren[50] Fondsbestände in der Währung dieses Landes 100 v. H. der Quote dieses Landes nicht überschreiten. Ein Land befindet sich in der **ersten Kredittranche,** wenn die Fondsbestände in der Währung dieses Landes 100 v. H. der Quote übersteigen, aber nicht über 125 v. H. hinausgehen, und **höhere Kredittranchen** werden schließlich erreicht, wenn die Fondsbestände in der Währung eines Landes auf über 125 v. H. der Quote bis zu 200 v. H. ansteigen. Insgesamt bestehen also im Rahmen der vier Kredittranchen Ziehungsmöglichkeiten in einem Umfang von 100 v. H. der Quote.

ccc) Generell setzen Ziehungen voraus, dass diese wegen der Situation der Zahlungsbilanz[51] bzw. der Währungsreserven notwendig sind (so Artikel V, Abschnitt 3 b) ii)). Die mehr ins Detail gehenden *Bedingungen* einer Finanzierungshilfe des IWF gehen weitgehend auf Entscheidungen des Exekutivrates zurück. So wurden die Ziehungsmodalitäten hinsichtlich der *Reservetranche,* also der ehemaligen Goldtranche, schon sehr früh so gehandhabt, dass diese als Bestandteil der Währungsreserven angesehen werden konnte; denn Ziehungsrechte in dieser Tranche konnten de facto *automatisch* in Anspruch genommen werden. Als rechtliche Konsequenz heißt es dann auch bereits nach der ersten Abkommensänderung in Artikel V 3 (d), dass „Anträge auf Käufe in der Goldtranche ... nicht abgelehnt werden (können)“[52].

Ziehungen in den *Kredittranchen* können unter Schonung der Reservetranche vorgenommen werden; denn nach Beschlüssen des Exekutivrats werden bei der Ermittlung der Reservetranche eines Mitglieds die aus der Inanspruchnahme anderer Finanzierungsfazilitäten – wie auch der Kredittranchen – resultierenden Fondsbestände an der Mitgliedswährung ausgeklammert[53]. Bei einer

50 Für die Zwecke der Begriffsbestimmung kann der Fonds jedoch Bestände, die aus der Inanspruchnahme anderer Tranchen bzw. Kreditfazilitäten resultieren, nach den IWF-Statuten (Artikel XXX c)) *ausklammern.* Wie noch zu zeigen sein wird, wurde von dieser Möglichkeit in umfassender Weise Gebrauch gemacht.

51 Zur Finanzierung von Zahlungsbilanzdefiziten als Folge von *Kapitalabflüssen* vgl. auch den Hinweis in Fußnote 82 dieses Kapitels.

52 Entsprechend heißt es nach der *zweiten* Abkommensänderung in Artikel V, Abschnitt 3c): „... Anträgen auf Käufe in der Reservetranche kann ... nicht widersprochen werden“.

53 Hat z. B. ein Land mit einer Quote von 100 Mio. SZR Ziehungen im Rahmen der Kredittranchen in Höhe von 50 Mio. SZR vorgenommen und belaufen sich die Fondsbestände in der Währung dieses Landes auf 128 Mio. SZR, dann kann das Land noch über eine Reservetranche im Umfang von 100 – (128 – 50) = 22 Mio. SZR verfügen. Siehe hierzu auch A. W. HOOKE,

Inanspruchnahme der Kredittranchen kommt das Prinzip der sog. **Konditionalität** zum Zuge. Das Prinzip der Konditionalität bedeutet, dass die Inanspruchnahme der Kreditfazilitäten an die Erfüllung von *Auflagen* gebunden ist, die eine Zahlungsbilanzkorrektur zur Erlangung einer (aus der Sicht des IWF) akzeptablen Zahlungsbilanzposition[54] beinhalten, und zwar innerhalb einer als angemessen angesehenen Zeit. Zahlungsbilanzfinanzierung und Zahlungsbilanzkorrektur stellen danach miteinander verbundene, sich gegenseitig unterstützende Maßnahmen des Zahlungsbilanzausgleichs dar.

Bei Ziehungen in der *ersten Kredittranche* gelangt das Prinzip der Konditionalität noch nicht in strenger Form zur Anwendung. Anträge auf Kredite werden nach Beschlüssen des Exekutivrats großzügig behandelt, vorausgesetzt das Mitglied unternimmt zur Lösung seiner Zahlungsbilanzprobleme *„angemessene Bemühungen“* („reasonable efforts“). Im Zweifel wird zugunsten des Antragstellers entschieden. Anträge auf Ziehungen in höheren Kredittranchen unterliegen dagegen einem umfassenden Prüfungs- und Konsultationsverfahren. Erforderlich ist ein *„substantieller Nachweis“* („substantial justification“) der Anstrengungen des Mitglieds zur Überwindung der Zahlungsbilanzschwierigkeiten. Dazu sind Zahlungsbilanzanpassungsprogramme zu erarbeiten, die viele Bereiche der Wirtschaftspolitik einbeziehen, z. B. die Finanzpolitik (einschließlich Schuldenpolitik des Staates), die Geld- und Kreditpolitik, die Außenhandelspolitik und die Lohnpolitik.

ddd) Die Inanspruchnahme der Kredittranchen erfolgt als *Direktkauf* oder in Form sog. **Bereitschaftskreditvereinbarungen** (Stand-by Arrangements) bzw. **Erweiterter Kreditvereinbarungen** (Extended Arrangements), im Fall höherer Kredittranchen nahezu immer im Rahmen solcher Kreditvereinbarungen. Diese stellen *Kreditlinien* dar, die einem Land *im voraus* die Gewissheit geben, bei Einhaltung der vereinbarten Bedingungen innerhalb eines bestimmten Zeitraums Ziehungen bis zu einem bestimmten Betrag vornehmen zu können. Der Zeithorizont umfasst bei Bereitschaftskreditvereinbarungen in der Regel ein bis zwei Jahre, bei erweiterten Kreditvereinbarungen in der Regel drei Jahre[55]. Werden höhere Kredittranchen in Anspruch genommen, dann kann über die eingeräumte Kreditlinie nur im Rahmen von **Abrufstaffelungen** (phasing) verfügt werden, d. h. der im Rahmen eines Bereitschaftskreditabkommens insgesamt vereinbarte Betrag an Ziehungen wird *zeitlich verteilt,* wobei die Auszahlung der für eine bestimmte Teilperiode vorgesehe-

The International Monetary Fund. Its Evolution, Organization, and Activities. 3rd ed. (Pamphlet Series, No. 37. INTERNATIONAL MONETARY FUND.) Washington, D. C., 1983. S. 43.

54 Einzelheiten zur Konditionalität siehe IWF Nachrichten, Beilage, September 2000, S. 14, und IMF Survey, Supplement, September 2001, S. 10 f.

55 Siehe IWF Nachrichten, Beilage, September 2000, S. 11.

nen Rate von der Beachtung bestimmter im Anpassungsprogramm quantifizierter **Erfüllungskriterien** (Performance Criteria[56]) abhängt. Derartige Kriterien sind ein Beurteilungsmaßstab für die Realisierung des Anpassungsprogramms; sie beschränken sich in der Regel auf makroökonomische Größen wie Obergrenzen für das Kreditvolumen, das kreditfinanzierte Budgetdefizit und die Kreditaufnahme im Ausland sowie auf Forderungen im Zusammenhang mit Verpflichtungen der Mitglieder nach Artikel VIII[57]. Bei Nichterfüllung derartiger Kriterien muss der Fonds konsultiert werden, und noch ausstehende Ziehungen werden erst möglich, wenn dabei Einverständnis mit dem Fonds erreicht wird. Neben den Erfüllungskriterien können auch „strukturelle Bezugswerte" ein Instrument der Programmüberwachung sein. Sie sollen den Fortschritt von Strukturreformen dokumentieren, z. B. von Maßnahmen zur Beseitigung struktureller Schwächen im Finanzsektor.

eee) Die *Rückzahlungsmodalitäten* für Verbindlichkeiten aus Ziehungen in den Kredittranchen sind entsprechend der zweiten Abkommensänderung (Artikel V, Abschnitt 7 c) in der Weise geregelt, dass Tilgungen durch Rückkäufe der eigenen Währung innerhalb eines Zeitraums von 3¼ bis 5 Jahren nach jeder Ziehung zu erfolgen haben. Von diesem obligatorischen Rückzahlungszeitplan bzw. *Verpflichtungszeitplan* ist bezüglich der Rückzahlungsmodalitäten der sog. *Erwartungszeitplan* zu unterscheiden. Er wurde vom Exekutivdirektorium in einer allgemeinen Überprüfung der IWF-Finanzierungsfazilitäten im Jahre 2000 eingeführt. Der Erwartungszeitplan besagt für den Fall der Tranchenpolitik, dass eine Rückzahlung innerhalb eines Zeitraums von 2¼ bis 4 Jahren erwartet wird, wenn die Zahlungsbilanzsituation sich besser als angenommen entwickelt[58]. Mitglieder können zu jeder Zeit eine Verlängerung der Rückzahlung über diesen Zeitraum hinaus beantragen. Stimmt das Direktorium einer Verlängerung nicht zu und hält ein Mitglied dennoch den Erwartungszeitplan nicht ein, wird sein Anspruch auf weitere Ziehungen automatisch suspendiert[59]. Die Einführung der auf den Tilgungszeitraum bezogenen Rückkaufserwartungen soll dazu beitragen, die Dauer der Inanspruchnahme von Fondsmitteln zu verkürzen. Ziehungen im Rahmen der Reservetranche führen (anders als früher die Ziehungen in der Goldtranche) nicht zu einer Rückkaufsverpflichtung. Die Rückkäufe waren nach den ursprünglichen Bretton Woods-Statuten in Gold oder in konvertiblen (d. h. beliebig in andere Währungen umtauschbaren) Währungen vorzunehmen; nach der zweiten Abkommensänderung sind sie mit Sonderziehungsrechten oder mit den vom Fonds bestimmten Währungen an-

56 In der Übersetzung wird auch der Begriff **„Leistungskriterien"** verwendet.
57 Vgl. dazu Unterabschnitt IV. 2d).
58 Vgl. DEUTSCHE BUNDESBANK, Geschäftsbericht 2000, S. 110.
59 Siehe IMF Survey, Supplement, September 2001, S. 13.

derer Länder[60] zu leisten. Der Fonds beschließt hierzu – ebenso wie für die von ihm im Rahmen von Ziehungen verkauften Währungen – bestimmte Geschäftsgrundsätze und Verfahren, die u. a. die Zahlungsbilanz- und Reservesituation von Mitgliedern berücksichtigen.

fff) Auf alle Ziehungen mit Ausnahme von Ziehungen in der Reservetranche erhebt der Fonds eine einmalige Bearbeitungsgebühr von 0,5 v. H. Sie ist – wie alle *Gebühren* – nach der zweiten Statutenänderung grundsätzlich in Sonderziehungsrechten zu leisten (früher in Gold). Daneben erhebt der Fonds eine jährliche Gebühr auf seine durchschnittlichen Tagesbestände an Währungen, soweit diese aus der Inanspruchnahme der Kredittranchen oder anderer Kreditfazilitäten resultieren[61]. Im Rahmen der bereits erwähnten allgemeinen Überprüfung der IWF-Finanzierungsfazilitäten führte das Direktorium *Zuschläge* auf den normalen Gebührensatz, den sog. **Basis-Gebührensatz,** ein, um einer übermäßigen Inanspruchnahme der IWF-Mittel entgegenzuwirken. Der Zuschlag auf den Basis-Gebührensatz beträgt im Fall regulärer Fazilitäten bei einer Kreditinanspruchnahme von über 200 v. H. der Quote 100 Basispunkte und bei einer Kreditinanspruchnahme von 300 v. H. der Quote 200 Basispunkte[62]. Schließlich zahlt der Fonds auch *Vergütungen,* und zwar grundsätzlich in Sonderziehungsrechten (vor der zweiten Abkommensänderung in Gold oder in der Währung des betreffenden Mitglieds). Basis der Zahlung ist derjenige Betrag, um den der tagesdurchschnittliche Bestand des Fonds an der Währung eines Mitglieds einen bestimmten Prozentsatz der Quote dieses Mitglieds[63] unterschreitet. Den Gebührensatz, genauer: den Basis-Gebührensatz, legt der Fonds unter dem Aspekt fest, dass er ein bestimmtes Nettoeinkommen (Differenz zwischen laufenden Einnahmen und Ausgaben) erzielt, das in die Rückla-

60 Ist die vom Fonds bestimmte Währung keine *frei verwendbare Währung,* so muss das Mitglied, das die Währung ausgibt, gewährleisten, dass sie vom rückkaufenden Mitglied gegen eine frei verwendbare Währung nach Wahl des rückkaufenden Mitglieds beschafft werden kann.

61 Außerdem fällt im Zusammenhang mit Bereitschaftskreditvereinbarungen und Erweiterten Kreditvereinbarungen eine *Bereitstellungsgebühr* an, die wie folgt berechnet wird: Zu Beginn einer Zwölfmonatsperiode sind zu zahlen a) 25 Basispunkte auf (für diese Periode) bereitgestellte Beträge, die 100 v. H. der Quote nicht übersteigen, und b) 10 Basispunkte auf (für diese Periode) bereitgestellte Beträge, die 100 v. H. der Quote übersteigen. Mit der Kostendegression wird dem Fixkostencharakter der Bereitstellungsgebühr Rechnung getragen. Die Bereitstellungsgebühr wird proportional zum Umfang der tatsächlich vorgenommenen Ziehungen *rückvergütet.* Siehe hierzu genauer INTERNATIONAL MONETARY FUND. Selected Decisions …, a. a. O., S. 354.

62 Beläuft sich die Kreditinanspruchnahme auf einen Betrag von über 300 v. H., z. B. auf 320 v. H. der Quote, dann gilt der Zuschlag von 100 Basispunkten für einen Kreditbetrag in Höhe von 300 v. H. der Quote und der Zuschlag von 200 Basispunkten für den restlichen Kreditbetrag in Höhe von 20 v. H. der Quote.

63 Dieser Prozentsatz, auch als *Norm* bezeichnet, bewegt sich mit der Zeit auf 100 v. H. zu. Einzelheiten hierzu siehe HOOKE, a. a. O., S. 33.

gen fließt[64]. Sowohl der Vergütungssatz als auch der Basis-Gebührensatz stehen in einer bestimmten Relation zum SZR-Zinssatz[65], wobei der Vergütungssatz (Artikel V, Abschnitt 9 a)) nicht höher als der SZR-Zinssatz und nicht niedriger als vier Fünftel dieses Zinssatzes sein darf. Er orientiert sich damit wie der SZR-Zinssatz an der kurzfristigen Zinsentwicklung in wichtigen Ländern.

bb) Erweiterte Fondsfazilität. – Mit der 1974 eingerichteten **Erweiterten Fondsfazilität** (Extended Fund Facility; kurz: EFF) werden insbesondere zwei Zwecke verfolgt. Zum einen soll sie dazu beitragen, hartnäckige Zahlungsbilanzschwierigkeiten auf Grund struktureller Verzerrungen in Produktion, Außenhandel und Preisgefüge zu überwinden[66]. Zum anderen dient sie der Unterstützung von Ländern, die – wie viele Entwicklungsländer – niedrige Wachstumsraten aufweisen und durch eine fortwährende Zahlungsbilanzschwäche daran gehindert werden, eine aktive Entwicklungspolitik zu betreiben. Kreditfazilitäten bieten in diesem Fall die Möglichkeit, zwischenzeitlich Mehrimporte zu finanzieren, die beispielsweise erforderlich werden, wenn Exportgüterindustrien oder mit Importen konkurrierende Industrien auf- oder ausgebaut[67] werden. Besonders geeignet erscheinen die Mittel für solche Länder, die nach Teilnahme an der (noch zu behandelnden) Armutsbekämpfungs- und Wachstumsfazilität (siehe Unterabschnitt g) bb)) neu eingestuft werden sowie für Transformationsländer, die keinen ausreichenden Zugang zu privatem Kapital haben[68].

Die Kreditgewährung setzt ein mittelfristiges Programm insbesondere zur Korrektur der strukturbedingten Zahlungsbilanzungleichgewichte voraus, in dem die wirtschaftspolitischen Ziele und Maßnahmen für den Gesamtzeitraum der Ziehungen dargelegt wird. Darüber hinaus ist eine detaillierte Darlegung der wirtschaftspolitischen Ziele und Maßnahmen für die kommende Zwölfmo-

64 Weitere Einzelheiten siehe IWF Nachrichten, Beilage, September 2000, S. 24.

65 Zur Bestimmung des SZR-Zinssatzes siehe genauer Unterabschnitt V. 4b) ee).

66 So können Preiskontrollen und mengenmäßige Beschränkungen verhindern, dass ein Land seine komparativen Vorteile im internationalen Handel nutzt. Wird z. B. der Preis für ein wichtiges Gut (z. B. Reis) unterhalb des Weltmarktpreisniveaus fixiert, dann wird hierdurch der Konsum gefördert und die Produktion behindert mit der Folge, dass dieses Gut wenig exportiert wird bzw. sogar Importe erforderlich werden. Eine Preisanpassung in Richtung auf das Weltmarktniveau würde zur Überwindung der strukturellen Zahlungsbilanzschwierigkeiten beitragen, weil sie den Konsum drosselt und die Produktion anregt. Allerdings würde der auf einer Produktionsausweitung beruhende Effekt aus technischen Gründen erst nach einiger Zeit wirksam werden, so dass auch bei einem Korrekturprogramm eine zwischenzeitliche Finanzierung von Zahlungsbilanzdefiziten erforderlich wäre. Vgl. zu dem angeführten Beispiel auch HOOKE, a. a. O., S. 44 f.

67 Mit dem Ausbau der Exportgüterindustrie könnte z. B. die Abhängigkeit der Zahlungsbilanz eines Entwicklungslandes von nur wenigen Exportgütern vermindert werden.

68 Vgl. INTERNATIONALER WÄHRUNGSFONDS, Jahresbericht 2001, S. 48 f.

natsperiode erforderlich. Die Ziehungen, die im Rahmen sog. *Erweiterter Kreditvereinbarungen* erfolgen, sind in Form von Abrufstaffelungen bis zu drei Jahren (mit Verlängerungsmöglichkeit bis zu vier Jahren) zeitlich gestreckt, wobei die späteren Ziehungen an die Erfüllung vereinbarter Kriterien geknüpft sind. Da der mit der Erweiterten Fondsfazilität verfolgte Zweck darin besteht, Mitglieder bei der Überwindung besonders hartnäckiger Zahlungsbilanzschwierigkeiten zu unterstützen, ist die Laufzeit der Kredite länger als bei der Tranchenpolitik. So gilt bezüglich der Rückzahlungen ein Erwartungszeitplan von 4½ bis 7 Jahren und ein Verpflichtungszeitplan von 4½ bis 10 Jahren. Die Gebührenzahlungen sind in gleicher Weise geregelt wie bei Bereitschaftskreditvereinbarungen im Rahmen der Tranchenpolitik.

Für die Inanspruchnahme der Erweiterten Kreditfazilität und der Kredittranchen bestehen gemeinsame *Zugangsgrenzen* in Form eines Jahreslimits und eines kumulativen Limits für die insgesamt in diesen Fazilitäten im Zeitablauf vorgenommenen Ziehungen. Die *jährliche Höchstgrenze* beträgt gegenwärtig (für jeweils eine der beiden Fazilitäten oder beide zusammengenommen) 100 v. H., die *kumulative Höchstgrenze* (abzüglich der anfallenden Rückzahlungen) insgesamt 300 v. H. der Quote (vgl. Tabelle IV.1).

Tabelle IV.1: *Zugangsgrenzen zu Fondsmitteln (in v. H. der Quote)*

Kredittranchen und Erweiterte Fondsfazilität[a]	
– Jahreslimit	100
– Kumulatives Limit	300
Sonderfazilitäten	
– Fazilität zur kompensierenden Finanzierung	55
– Fazilität zur Stärkung der Währungsreserven	keine
– Vorbeugende Kreditlinie	keine[b]
– Notfallhilfe	25[c]
Konzessionäre Kreditfazilität	
– Armutsbekämpfungs- und Wachstumsfazilität (Dreijahreszugang)	
Regulär	140
Außergewöhnlich	185

[a] Unter außergewöhnlichen Umständen können die Ziehungsgrenzen überschritten werden.
[b] Der Zugang im Rahmen der Vorbeugenden Kreditlinie sollte jedoch im Bereich von 300–500 v. H. der Quote liegen.
[c] Der Zugang ist normalerweise auf 25 v. H. der Quote begrenzt, kann aber in Ausnahmefällen auch höher sein.

Quelle: Vgl. IMF Survey, Supplement, September 2001, S. 12 f. , und DEUTSCHE BUNDESBANK, Geschäftsbericht 2000, S. 109.

Ziehungen innerhalb der regulären Fazilitäten, d. h. im Rahmen der Tranchenpolitik (einschließlich Reservetranche) und der Erweiterten Fondsfazilität, kommt innerhalb der Gesamtauszahlungen des IWF das größte Gewicht zu. So belief sich ihr Anteil in dem Ende April 2001 abgelaufenen Geschäftsjahr 2000/2001 auf rd. 54 v.H. aller vorgenommenen Ziehungen (in Höhe von 10,229 Mrd. SZR)[69]. Am zweitstärksten wurde in diesem Geschäftsjahr die Fazilität zur Stärkung der Währungsreserven in Anspruch genommen (mit einem Anteil von 40 v. H. an den Gesamtauszahlungen).

f) Sonderfazilitäten

Zunächst werden die *Sonderfazilitäten* (Fazilität zur kompensierenden Finanzierung, Fazilität zur Stärkung der Währungsreserven und die Vorbeugende Kreditlinie sowie die Notfallhilfe) behandelt und danach im Unterabschnitt *g) die Konzessionäre Fazilität* (Fazilität zur Armutsbekämpfung und Wachstumsfazilität). Erstere werden *aus allgemeinen Fondsmitteln* finanziert (wie die regulären Fazilitäten), letztere aus dem sog. *Konto für Sonderverwendungen* und einem *speziellen Treuhandfonds.* Sie erlauben eine Vorzugsbehandlung (z. B. für bestimmte Entwicklungsländer).

aa) Kompensationsfinanzierung.– Die Fazilität zur kompensierenden Finanzierung (Compensatory Financing Facility; kurz: CFF) bietet derzeit zwei Ziehungsmöglichkeiten: die schon 1963 eingeführte Fazilität zur Kompensierung von Exporterlösausfällen und die seit 1981 bestehende kompensierende Finanzierung von Kostenschwankungen bei Getreideimporten. Das vorher existierende dritte Element der Kompensationsfinanzierung, die Eventualfinanzierung für unerwartete externe Störungen, wurde vom Exekutivdirektorium im Geschäftsjahr 2000 ebenso gestrichen wie die 1969 eingerichtete Fazilität zur Finanzierung von Rohstoff-Ausgleichslagern.

Die Fazilität zur **kompensierenden Finanzierung von Exporterlösausfällen** steht zur Verfügung, wenn die Exporterlöse (insbesondere im Fall von Rohstoffexportländern) aus Gründen, die außerhalb der Kontrolle des betreffenden Landes liegen, vorübergehend unter den mittelfristigen Trendwert fallen. Seit 1979 können auch Touristikeinnahmen und Heimatüberweisungen von Gastarbeitern, seit 1990 die meisten Dienstleistungsexporte in die Berechnung des Einnahmeausfalls einbezogen werden. Die **kompensierende Finanzierung von Kostenschwankungen bei Getreideimporten** (Compensatory Financing of Fluctuations in the Cost of Cereal Imports) kann von Mitgliedern in Anspruch

69 Siehe hierzu und zu dem folgenden Satz INTERNATIONALER WÄHRUNGSFONDS. Jahresbericht 2001. S. 113.

genommen werden, wenn die Kosten ihrer Getreideimporte zeitweilig den mittelfristigen Trend übersteigen[70].

Die Inanspruchnahme der *Kompensationsfinanzierung* setzt voraus, dass ein Mitglied eine Vereinbarung mit der Konditionalität der oberen Kredittranchen hat oder dass seine Zahlungsbilanzposition, abgesehen von Exporterlösausfällen, zufrieden stellend ist. Für Ziehungen im Rahmen der CFF bestehen Obergrenzen, und zwar 45 v. H. der Quote für den Ausgleich von Exporterlösausfällen sowie von ebenfalls 45 v. H. für den Ausgleich von Kostensteigerungen bei Getreideimporten. Außerdem sind die Ziehungen für beide Kompensationsfazilitäten zusammen auf 55 v.H. der Quote beschränkt (vgl. Tabelle IV.1). Hinsichtlich der Rückzahlungen gilt ein Erwartungszeitplan von 2¼ bis 4 Jahren und ein Verpflichtungszeitplan von 3¼ bis 5 Jahren. Zuschläge auf den Basisgebührensatz werden nicht erhoben.

bb) Fazilität zur Stärkung der Währungsreserven.– Im Rahmen der Ende 1997 als Reaktion auf die südostasiatische Währungskrise eingerichteten **Fazilität zur Stärkung der Währungsreserven** (Supplemental Reserve Facility; kurz: SFR) bietet der Fonds Mitgliedern Ziehungsmöglichkeiten, wenn sie infolge eines großen kurzfristigen Finanzierungsbedarfs mit außergewöhnlichen Zahlungsbilanzschwierigkeiten konfrontiert sind, die (wie im Falle der südostasiatischen Währungskrise) durch Erschütterung des Marktvertrauens zu hohen Kapitalabflüssen aus den betroffenen Ländern führen. Der finanzielle Beistand erfolgt unter der Erwartung, dass straffe Anpassungsmaßnahmen zu einer baldigen Besserung der Zahlungsbilanzschwierigkeiten führen. Die Mittel werden im Rahmen einer Bereitschaftskreditvereinbarung oder einer Erweiterten Kreditvereinbarung für ein Jahr bereitgestellt und in zwei oder mehr Raten ausgezahlt. Eine Zugangsgrenze existiert nicht. Die Fazilität kann jedoch nur dann in Anspruch genommen werden, wenn sonst Ziehungen in Kredittranchen oder in der Erweiterten Fondsfazilität zu einer Überschreitung jährlicher oder kumulativer Zugangsgrenzen führen würden. Hinsichtlich der Rückzahlungen von Ziehungen gilt für jede Ziehung ein Erwartungszeitplan von 1 bis 1½ Jahren und ein Verpflichtungszeitraum von 2 bis 2½ Jahren. Es wird ein Zuschlag auf den Basis-Gebührensatz erhoben, der während des ersten Jahres nach der ersten Ziehung 300 Basispunkte beträgt und dann alle sechs Monate jeweils um 50 Basispunkte steigt, bis 500 Basispunkte erreicht sind.

70 Da die Kosten der Getreideimporte und die Ausfuhrerlöse in Hinblick auf den Finanzierungsbedarf zusammengefasst werden, bestehen Ziehungsmöglichkeiten bei dieser Fazilität nur insoweit, als Kostensteigerungen bei Getreideimporten nicht durch über dem Trend liegende Exporterlöse ausgeglichen werden.

cc) Vorbeugende Kreditlinie.– Wie die Fazilität zur Stärkung der Währungsreserven steht die 1999 eingerichtete **Vorbeugende Kreditlinie** (Contingent Credit Line; kurz CCL) Mitgliedern zur Verfügung, die sich infolge einer plötzlichen Erschütterung des Marktvertrauens außergewöhnlichen Zahlungsbilanzschwierigkeiten ausgesetzt sehen. Im Unterschied zur Fazilität zur Stärkung der Währungsreserven handelt es sich aber um eine vorsorglich eingeräumte Kreditlinie für Mitglieder mit erfolgreicher Wirtschaftspolitik, die im Zeitpunkt der Vereinbarung keine Zahlungsbilanzschwierigkeiten haben, die aber durch Ansteckungsgefahr (contagion) einer bei anderen Ländern ausgebrochenen Währungskrise bedroht erscheinen. Die zugesagten Mittel können nur in Anspruch genommen werden, wenn ein auf Ansteckungseffekte zurückzuführender außerordentlicher Finanzierungsbedarf in der Zahlungsbilanz eingetreten ist, der außerhalb der Kontrolle des betreffenden Mitglieds liegt. Bei Erfüllung der Bedingung wird nach einer *„Aktivierungs"-Überprüfung* in der Regel bis zu einem Drittel der gesamten Kreditzusage freigegeben. Die Abrufstaffelung und die Konditionalität für den Restbetrag wird in einer *„Post-Aktivierungs"-Überprüfung* festgelegt. Der Zugang unterliegt nicht den üblichen Zugangsgrenzen; es wird aber als Regelfall erwartet, dass sich die Zusagen im Rahmen einer Größenordnung von 300–500 v. H. der Quote bewegen. Die Rückzahlungsbedingungen entsprechen denen der Fazilität zur Stärkung der Währungsreserven. Hinsichtlich der Gebührenregelung bestehen jedoch bezüglich der Zuschläge Unterschiede. Der Zuschlag auf den Basis-Gebührensatz beträgt während des ersten Jahres 150 Basispunkte und steigt dann alle sechs Monate um 50 Basispunkte, bis 350 Basispunkte erreicht sind.

dd) Notfallhilfe. – Schon seit längerem kann Notfallhilfe (Emergency Assistance) für den Fall gewährt werden, dass auf Grund plötzlicher und unvorhersehbarer *Naturkatastrophen* Zahlungsbilanzschwierigkeiten entstehen. Die Notfallhilfe wurde 1995 auch auf solche Fälle ausgeweitet, in denen Mitglieder schwerwiegende *interne oder internationale Konflikte* überwinden mussten (wie Bosnien-Herzegowina, dem als erstem Land 1995 eine entsprechende Finanzierungshilfe gewährt wurde). Sie ist in der Regel auf 25 v. H. der Quote beschränkt, unter außergewöhnlichen Umständen können aber auch höhere Beträge bereitgestellt werden. Die Kredite sind innerhalb von 3¼ bis 5 Jahren zurückzuzahlen. Die Erwartung einer vorzeitigen Rückzahlung besteht nicht. Auch werden keine Zuschläge auf den Basis-Gebührensatz erhoben[71].

71 Weitere Einzelheiten siehe IMF Survey, Supplement, September 2001, S. 13.

g) Konzessionäre Kreditfazilität

aa) Entwicklung.– Mit der im Rahmen des Kontos für Sonderverwendungen 1986 eingeführten **Strukturanpassungsfazilität** (Structural Adjustment Facility; kurz: SAF) stellte der Fonds Entwicklungsländern mit besonders niedrigen Einkommen[72] und anhaltenden Zahlungsbilanzproblemen finanzielle Mittel zu Vorzugsbedingungen zur Verfügung. Finanziert wurde die vom Fonds verwaltete Fazilität aus Kreditrückflüssen an den IWF, die aus der früheren Tätigkeit des **Treuhandfonds**[73] herrührten und dem Konto für Sonderverwendungen zugeflossen waren. Nachdem der Fonds keine neuen Verpflichtungen im Rahmen der SAF mehr eingegangen war, wurde die 1987 eingeführte **Erweiterte Strukturanpassungsfazilität** (Enhanced Structural Adjustment Facility; kurz: ESAF) 1994 erheblich aufgestockt. Wie die SAF dienten die ESAF Mittel zur Überwindung hartnäckiger Zahlungsbilanzprobleme und zur Förderung des Wachstums durch mittelfristige Strukturanpassungsprogramme. Ende 1999 wurde die ESAF in **Armutsbekämpfungs- und Wachstumsfazilität** (Poverty Reduction and Growth Facility; kurz: PRGF) umbenannt, wobei ihr Schwerpunkt auf die Armutsbekämpfung im Kontext einer wachstumsorientierten Strategie verlagert wurde. Die Einrichtung der PRGF steht in Zusammenhang mit einem im Jahre 1996 vom IWF und der Weltbank entwickelten Aktionsprogramm zur Lösung der Schuldenprobleme armer Länder, der sog. **HIPC** (Heavily Indebted Poor Countries)-**Initiative.** Sie soll es anspruchsberechtigten Ländern ermöglichen, die Auslandsschulden so zu reduzieren, dass sie durch Exporterlöse, Entwicklungshilfe und Kapitalzuflüsse bedient werden können[74].

bb) Armutsbekämpfungs- und Wachstumsfazilität. – Die vom IWF im Rahmen der Armutsbekämpfungs- und Wachstumsfazilität unterstützten Programme sollen sich auf sog. Strategiedokumente zur Armutsbekämpfung stützen, die u. a. von der zivilen Gesellschaft des betreffenden Landes und Geldgebern in Zusammenarbeit mit IWF und Weltbank erstellt werden und die auch die Ziele der Behörden sowie makroökonomische und strukturelle Maßnahmen für ein

72 Berechtigt sind IWF-Mitglieder, die Finanzhilfe der Internationalen Entwicklungs-Organisation (IDA) in Anspruch nehmen können. Eine Liste mit den berechtigten Ländern wird in INTERNATIONAL MONETARY FUND, Selected Decisions ..., a. a. O., S. 382 f. (zu Artikel V) veröffentlicht.

73 Der Treuhandfonds vergab während der Jahre 1977 bis 1981 Kredite zu Vorzugsbedingungen an Entwicklungsländer mit niedrigen Einkommen. Seine finanziellen Ressourcen stammten aus der Versteigerung eines Sechstels der IWF-Goldbestände (vgl. hierzu auch Abschnitt VII.2b).

74 Siehe hierzu und zu den weiteren Einzelheiten IMF Survey, Supplement, September 2001, S. 16 ff.

Dreijahresprogramm beschreiben. Ein besonderes Anliegen der geförderten Programme besteht u. a. darin, den Einsatz öffentlicher Mittel zu verbessern sowie eine aktivere Kontrolle der Finanzverwaltung durch die Öffentlichkeit und eine größere Rechenschaftspflicht der entsprechenden Behörden zu erreichen. Die PRGF-Mittel können von Mitgliedern mit besonders niedrigem Pro-Kopf-Inlandsprodukt in Anspruch genommen werden, und zwar auf konzessionärer Basis, d. h. zu besonders günstigen Kreditbedingungen. So sind die PRGF-Kredite derzeit nur mit 0,5 v. H. pro Jahr zu verzinsen. Die Inanspruchnahme der PRGF-Fazilität erfolgt im Rahmen einer dreijährigen Kreditvereinbarung und ist in der Regel auf 140 v. H. der Quote beschränkt, kann aber unter außergewöhnlichen Umständen auf 185 v. H. der Quote erhöht werden (vgl. Tabelle IV.1). Die Kredite sind nach 5½ tilgungsfreien Jahren in den darauf folgenden 4½ Jahren in zehn Halbjahresraten zurückzuzahlen. Die Erwartung einer vorzeitigen Rückzahlung besteht nicht. Auch werden keine Zuschläge auf den Basis-Gebührensatz erhoben.

Die PRGF wird getrennt von den allgemeinen Fondsmitteln durch den *PRGF-Treuhandfonds* finanziert. Der Treuhandfonds erhält Zuschüsse von einem breiten Kreis der Mitglieder und Transfers vom Konto für Sonderverwendungen, nimmt Kredite zu Zinssätzen unterhalb des Marktzinses auf (z. B. von Zentralbanken, Regierungen und Regierungsinstitutionen) und erzielt Kapitalerträge aus Anlagen von Mitteln des Treuhandfonds. Außerdem unterhält der PRGF-Fonds ein Reservekonto, mit dem die Forderungen der Gläubiger des Treuhandfonds für den Fall abgesichert werden, dass keine Rückzahlung der PRGF-Darlehen erfolgt.

h) Überfällige Verpflichtungen

Wie sich gezeigt hat, erfüllen nicht alle Mitglieder ihre Zahlungsverpflichtungen aus der Inanspruchnahme von Finanzierungsfazilitäten des IWF. Dem sich hieraus ergebenden Problem versucht der Fonds, in *dreierlei* Weise entgegenzuwirken: durch Vorbeugung, Abschreckung und verstärkte Kooperation[75]. *Vorbeugungsmaßnahmen* beinhalten z. B., dass schon bei der Bearbeitung von Kreditanträgen durch den Stab des IWF auf die Rückzahlungsfähigkeit der betreffenden Mitglieder eingegangen wird. Zu den Sanktionen im Rahmen von *Abschreckungs- und Gegenmaßnahmen* gehört – von den Sondergebühren für überfällige finanzielle Verpflichtungen einmal abgesehen – insbesondere die durch Artikel XXVI gegebene (vom IWF auch schon genutzte) Möglichkeit, die Berechtigung zur Inanspruchnahme der allgemeinen Fondsmittel zu entziehen. Eine noch weitergehende Sanktion des Fonds besteht darin, die Kooperations-

75 Einzelheiten siehe hierzu INTERNATIONALER WÄHRUNGSFONDS. Jahresbericht 1991. S. 88 ff.

unwilligkeit des Schuldners zu erklären und danach u. U. ein Zwangsaustrittsverfahren einzuleiten[76]. Weitere Gegenmaßnahmen unterhalb dieser Schwelle enthält schließlich die dritte Änderung des IWF-Abkommens mit der (vom IWF ebenfalls schon genutzten) Möglichkeit eines zeitweiligen Entzugs von Stimm- und anderen Mitgliedsrechten. *Kooperation* bedeutet, dass säumige Schuldner mit dem IWF bei Durchführung von Wirtschaftsprogrammen zusammenarbeiten, um das wirtschaftliche Wachstum zu fördern und eine tragfähige Zahlungsbilanzposition zurückzugewinnen. Ein wichtiger Aspekt dieser Kooperation besteht darin, durch die Unterstützung des Fonds aus externen Quellen *die* Finanzierungsmittel (durch Kredite von anderen Ländern, Umschuldungen oder Spenden) zu mobilisieren, die für die Durchführung der Wirtschaftsprogramme, zumindest aber für die Erfüllung fällig werdender Verpflichtungen gegenüber dem Fonds und der Weltbank, erforderlich sind.

Eine besondere Rolle im Rahmen der kooperativen Strategie spielt der sog. **Rights-Ansatz.** Er beinhaltet, dass sich Mitglieder mit überfälligen Verpflichtungen gegenüber dem Fonds durch erfolgreiche Umsetzung eines vom Fonds überwachten und von ihm zu billigenden Wirtschaftsprogramms sog. *Rights* (zukünftige Ziehungsrechte) verdienen können. Die im Rahmen eines solchen *Rights-Ansammlungsprogramms* akkumulierten Rights können – nach Tilgung der Rückstände des betreffenden Mitglieds – von diesem als erste Kreditauszahlung im Rahmen einer anschließenden, vom Fonds bewilligten Kreditvereinbarung eingelöst werden. Eine wichtige Nebenwirkung akkumulierter Rights dürfte darin zu sehen sein, dass hierdurch Erfolge in der Wirtschaftspolitik und Kooperation mit dem IWF dokumentiert werden, das entsprechende Land sozusagen ein „Führungszeugnis" erhält, und sich demzufolge die Chancen einer externen Finanzierung für das Schuldnerland verbessern.

i) Kreditaufnahmen des Fonds

Wie schon angedeutet, resultieren die finanziellen Ressourcen des IWF (Devisen und Sonderziehungsrechte) in erster Linie aus Subskriptionen der Mitglieder. Daneben besteht für den Fonds aber auch die Möglichkeit (entsprechend Artikel VII, Abschnitt 1i)), zur Finanzierung von Ziehungen Devisenkredite aufzunehmen[77]. Im Zusammenhang hiermit sind die sog. *Allgemeinen* und *Neuen Kreditvereinbarungen* sowie weitere, dem Fonds für *spezielle* Zwecke eingeräumte *Kreditlinien* von Bedeutung.

76 Im Falle Sudans, der die höchsten und am längsten überfälligen Zahlungsrückstände aufwies, wurde 1990 ein Zwangsaustrittsverfahren eingeleitet, das aber nach einem Beschluss des Exekutivdirektoriums von Februar 2000 nicht weiter verfolgt wird.

77 Wie schon erwähnt, kann sich der Fonds nach Artikel VII, Abschnitt 1 ii), außerdem Devisen durch Verkauf von Sonderziehungsrechten beschaffen.

aa) Allgemeine Kreditvereinbarungen. – aaa) Die Notwendigkeit, knapper werdende Bestände an benötigten Währungen durch Kreditaufnahme aufzufüllen, zeichnete sich Anfang der sechziger Jahre immer deutlicher ab, nachdem die weitgehende Konvertibilität der wichtigsten Währungen und die damit einhergehende engere Verflechtung der nationalen Geld- und Kreditmärkte sowie die stärkere Herausbildung internationaler monetärer Märkte zu einer erheblichen Verstärkung und größeren Reagibilität der internationalen *Kapitalströme* geführt hatten[78]. Vor allem die Reservewährungen waren wegen der hohen, auf ihnen lastenden kurzfristigen Verschuldung (und der damals ständig defizitären Grundbilanz[79]) gegenüber starken zins- und spekulationsbedingten Kapitalverlagerungen besonders gefährdet. Dem Fonds war deshalb daran gelegen sicherzustellen, dass sich auch die Reservewährungsländer im Bedarfsfall in genügendem Umfang andere Währungen durch Ziehungen beschaffen konnten. Für diesen Fall Vorkehrungen zu treffen, erschien insofern geboten, als die *hohen Quoten* der USA und des Vereinigten Königreichs *einerseits* hohe Ziehungen dieser Länder ermöglichten, *andererseits* aber bedeuteten, dass die Ausstattung des Fonds zu einem großen Teil aus Dollar- und Pfundguthaben bestand, die von den Reservewährungsländern nicht benötigt wurden. Das hieraus möglicherweise resultierende Liquiditätsproblem für den Fonds bildete den Hintergrund für den Beschluss vom *5.1.1962* über die **Allgemeinen Kreditvereinbarungen** (General Arrangements to Borrow; kurz: GAB)[80]. In dem entsprechenden Abkommen verpflichteten sich die zehn wichtigsten westlichen Industrieländer (der spätere *Zehnerclub*)[81], dem Fonds unter bestimmten Umständen und Bedingungen Kreditlinien in ihren Währungen bis zu einem Gesamtbetrag im Gegenwert von sechs Mrd. US-Dollar einzuräumen.

bbb) Die Allgemeinen Kreditvereinbarungen sollen nur aktiviert werden, wenn der Geschäftsführende Direktor nach Beratung zu der Ansicht gelangt, „dass eine Ziehung oder Kreditzusage erforderlich ist, um einer Beeinträchtigung der internationalen Währungsordnung entgegenzuwirken oder sie abzuwenden", und ferner, „dass eine Ergänzung der finanziellen Ressourcen des Fonds für diesen Zweck nötig ist" (so § 6 der GAB). Wie die DEUTSCHE BUNDESBANK in ihrem Geschäftsbericht für das Jahr 1961 (S. 78) dazu ausführte, ist eine

78 Vgl. hierzu genauer Unterabschnitt V. 5 a) bb).

79 Die Grundbilanz umfasst den Saldo der Leistungsbilanz und des langfristigen Kapitalverkehrs.

80 Einzelheiten hierzu siehe INTERNATIONAL MONETARY FUND, Selected Decisions . . ., a. a. O., unter General Arrangements to Borrow.

81 Die Allgemeinen Kreditvereinbarungen wurden 1962 zwischen folgenden Teilnehmern abgeschlossen: Vereinigte Staaten, Deutsche Bundesbank, Japan, Frankreich, Großbritannien, Italien, Kanada, Niederlande, Belgien, Schwedische Reichsbank. Im April 1984 ist die Schweizer Nationalbank den Kreditvereinbarungen als 11. Mitglied beigetreten. Saudi-Arabien ist den GAB seit 1983 assoziiert.

„Beeinträchtigung der internationalen Währungsordnung ... in erster Linie bei einer Bedrohung der großen Reservewährungen durch spekulative Kapitalbewegungen zu befürchten“[82]. Die Verwendung der GAB-Mittel ist hierauf jedoch nicht beschränkt; zumal sie nach einer im Februar 1983 vom Exekutivdirektorium beschlossenen Revision der Allgemeinen Kreditvereinbarungen[83] nicht mehr (wie zuvor) nur zugunsten von GAB-Teilnehmern eingesetzt werden können, sondern auch zur Finanzierung von Ziehungen *anderer* IWF-Mitglieder, allerdings nur in Verbindung mit vom IWF unterstützten Anpassungsprogrammen. Vorausgesetzt ist dabei, dass eine außergewöhnliche Situation in Zusammenhang mit Zahlungsbilanzproblemen von Mitgliedern zu einer Gefährdung des gesamten Währungssystems werden kann und der Fonds sich in Hinblick auf Ziehungen der betreffenden Länder mit nicht ausreichenden Mitteln ausgestattet sieht. Sich auf eine derartige Situation einzustellen, schien in Anbetracht der sich 1982 zuspitzenden internationalen Verschuldungskrise[84] und einer damit einhergehenden starken Beanspruchung der Fondsmittel (z. B. durch Mexiko, Argentinien und Brasilien) geboten. Dem entsprach auch eine beträchtliche Aufstockung der dem IWF im Rahmen der revidierten Allgemeinen Kreditvereinbarungen eingeräumten Finanzierungslinien, und zwar auf insgesamt 18,5 Mrd. SZR[85].

Die Mobilisierung von GAB-Mitteln für einen konkreten Fall setzt voraus, dass die Kreditgeber, wenn nicht einstimmig, so doch auf jeden Fall mit *qualifizierter* Mehrheit[86] zugestimmt haben. Die Inanspruchnahme der GAB-Mittel durch ein IWF-Mitglied über eine Ziehung beim Fonds unterliegt den gleichen

82 In diesem Zusammenhang sollte angemerkt werden, dass die Finanzierung hoher Defizite in der Kapitalbilanz durch den Fonds rechtlich bedenklich erscheinen könnte, da die allgemeinen Fondsmittel über die Reservetranche hinaus nicht zur Deckung beträchtlicher oder anhaltender *Kapitalabflüsse* verwendet werden dürfen. Diese in Artikel VI, Abschnitt la) enthaltene Vorschrift lässt sich jedoch großzügig auslegen, da der Begriff „beträchtliche Kapitalabflüsse“ in Relation zu den gesamten finanziellen Ressourcen des Fonds (einschließlich seiner Refinanzierungsmöglichkeiten) gesehen werden kann. Vgl. dazu INTERNATIONAL MONETARY FUND, The International Monetary Fund 1945–1965. Twenty Years of International Monetary Cooperation.Vol. II: Analysis (Ed. by J. K. HORSEFIELD).Washington, D. C., 1969. S. 416. – Auf jeden Fall machen die Allgemeinen Kreditvereinbarungen deutlich, dass der Fonds bereit ist, im Rahmen von Ziehungen auch Zahlungsbilanzdefizite zu finanzieren, die durch kurzfristige Kapitalbewegungen verursacht worden sind.

83 Siehe hierzu INTERNATIONALER WÄHRUNGSFONDS. Jahresbericht 1983. S. 129 f.

84 Siehe hierzu Abschnitt IX.2.

85 Der Gesamtbetrag enthält eine assoziierte Kreditvereinbarung in Höhe von 1,5 Mrd. SZR mit Saudi-Arabien.

86 Erforderlich ist eine Mehrheit von zwei Dritteln der Zahl der wahlberechtigten Teilnehmer und drei Fünfteln der gewogenen Stimmen der wahlberechtigten Teilnehmer – gewogen auf der Basis der jeweiligen GAB-Beiträge. Vgl. Monatsberichte der Deutschen Bundesbank, Februar 1962, S. 18.

Bedingungen wie reguläre Finanzierungshilfen im Rahmen der Tranchenpolitik (vgl. Unterabschnitt IV.2e). Die dem IWF gewährten, in SZR ausgedrückten Kredite werden vom Fonds zum SZR-Zinssatz verzinst und sind spätestens nach fünf Jahren zurückzuzahlen. Gerät ein Kreditgeber während der Laufzeit des dem Fonds gewährten Kredits selbst in Zahlungsbilanzschwierigkeiten, dann hat er das Recht, vom IWF auch eine *vorzeitige Rückzahlung* seines Kredits zu verlangen. Sofern nicht offensichtliche Gründe dagegen sprechen[87], soll der Fonds die Darlegungen des entsprechenden Mitglieds akzeptieren und den vorzeitigen Rückruf anerkennen. Durch diese Regelung erhalten die im Rahmen der Allgemeinen Kreditvereinbarungen erworbenen Forderungen an den IWF ein hohes Maß an Liquidierbarkeit und werden deshalb auch den Währungsreserven zugerechnet.

Die Allgemeinen Kreditvereinbarungen, die erstmalig 1966 ausgelaufen wären, sind inzwischen mehrmals verlängert worden, zuletzt Ende 1998 für die fünf folgenden Jahre. Sie wurden *erstmalig* 1964 in Zusammenhang mit einer umfangreichen Ziehung des Vereinigten Königsreichs in Anspruch genommen. Auch danach sind die GAB-Mittel häufiger eingesetzt worden, so in Zusammenhang mit Ziehungen zur Stärkung des englischen Pfundes, des französischen Franc und des amerikanischen Dollar. Im Jahre 1998 wurden die GAB-Mittel erstmalig zur Finanzierung eines IWF-Kredits an einen Nicht-GAB-Teilnehmer eingesetzt. Es handelte sich dabei um die Aufstockung einer Erweiterten Kreditvereinbarung mit Russland in Höhe von 6,3 Mrd. SZR.

Nicht zuletzt unter dem Eindruck der Mexiko-Krise 1994/95 hat das Exekutivdirektorium Anfang 1997 beschlossen, die *Allgemeinen Kreditvereinbarungen* mit ihrem Kreditvolumen von 18,5 Mrd. SZR zur besseren Bewältigung internationaler Finanz- und Währungskrisen durch **„Neue Kreditvereinbarungen"** (New Arrangements to Borrow; kurz: NAB) beträchtlich zu erweitern. Die mit 25 Teilnehmern (darunter alle GAB-Mitglieder) abgeschlossene Neue Kreditvereinbarung soll im Bedarfsfall zuerst aktiviert werden. Sie umfasst einen Kreditrahmen von 34 Mrd. SZR. Dieser Betrag bildet auch die Obergrenze für eine gemeinsame Inanspruchnahme von GAB- und NAB-Mitteln. Die Neue Kreditvereinbarung wurde Ende 1998 erstmalig in Anspruch genommen, und zwar zur Finanzierung einer Bereitschaftskreditvereinbarung mit Brasilien im Umfang von 9,1 Mrd. SZR. Sie bildet die erste und hauptsächliche Rückgriffsmöglichkeit für den IWF, sich Finanzierungsmittel auf dem Kreditwege zu beschaffen[88]. Nur wenn ein Mitglied, das IWF-Fazilitäten in Anspruch nehmen möchte,

87 Genauer heißt es in den Allgemeinen Kreditvereinbarungen, dass „der Fonds die Darlegungen des Mitglieds im Zweifelsfalle mit größtem Wohlwollen prüfen soll".

88 Siehe hierzu und zu dem folgenden Satz INTERNATIONAL MONETARY FUND. Selected Decisions . . ., a. a. O., S. 443.

sowohl GAB- als auch NAB-Teilnehmer ist, können entweder die GAB-Mittel oder die NAB-Mittel aktiviert werden[89].

bb) Kreditaufnahmen für spezielle Zwecke. – Neben den o. a. Kreditvereinbarungen hat der Fonds weitere Vereinbarungen abgeschlossen, in denen ihm Kreditlinien für die Finanzierung bestimmter Fazilitäten eingeräumt wurden. So vereinbarte der Fonds 1979 mit dreizehn Mitgliedern und der Schweiz Kreditlinien in Hinblick auf die *Zusätzliche Finanzierungsfazilität*[90]. Nachdem diese Fazilität durch den Erweiterten Zugang ersetzt worden war, schloss der Fonds seit 1981 zur Finanzierung dieser (inzwischen auch nicht mehr bestehenden) Fazilität eine Reihe von Kreditvereinbarungen ab, an denen sich mit größeren Beträgen die Saudiarabische Währungsbehörde beteiligte. Die Ende 1987 geschaffene *Erweiterte Strukturanpassungsfazilität,* die zu einem großen Teil aus Kreditaufnahmen des Fonds zu finanzieren war, führte seit Mitte 1988 zu einer ganzen Reihe von Kreditvereinbarungen, an denen ein breiter Querschnitt der IWF-Mitglieder (darunter auch Entwicklungsländer) beteiligt war. Nachdem die Erweiterte Strukturanpassungsfazilität durch die Armuts- und Wachstumsfazilität ersetzt wurde, besteht für diese (wie erwähnt) die Möglichkeit, sich durch Darlehen zu refinanzieren.

j) Zur Reformdiskussion der IWF-Finanzierungsaktivitäten

aa) Entwicklung der IWF-Finanzierungsaktivitäten. – Mit der Schaffung der Strukturanpassungsfazilität (SAF), ihrer Erweiterung zur ESAF und Überführung in die Armutsbekämpfungs- und Wachstumsfazilität wurde eine Entwicklung fortgesetzt, die mit der Einführung der erweiterten Fondsfazilität eingeleitet und später mit dem (inzwischen nicht mehr bestehenden) Erweiterten Zugang fortgesetzt wurde. Sie ist insbesondere durch eine *Ausweitung der Ziehungsmöglichkeiten* und eine *Verlängerung der Tilgungsfristen* charakterisiert. Damit wurden die Voraussetzungen geschaffen, auch hohen und strukturell bedingten Zahlungsbilanzungleichgewichten durch eine Anpassung zu begegnen und zugleich auf mittlere und längere Sicht wirtschaftliches Wachstum zu fördern und Armut zu bekämpfen.

89 Falls ein Vorschlag des geschäftsführenden Direktors auf Bereitstellung von NAB-Mitteln von den Teilnehmern nicht akzeptiert wird, kann ein Vorschlag auf Bereitstellung von GAB-Mitteln unterbreitet werden. Siehe INTERNATIONAL MONETARY FUND. Selected Decisions . . ., a. a. O., S. 443.

90 Schon zuvor waren spezielle Kreditvereinbarungen zur Finanzierung der sog. Ölfazilitäten abgeschlossen worden. Diese ermöglichten Mitgliedern, bei denen die Ölpreiserhöhungen Zahlungsbilanzschwierigkeiten hervorgerufen hatten, in den Jahren 1974 bis 1976 zusätzliche Ziehungsmöglichkeiten.

Mit neuen Aufgaben sah sich der IWF durch das Auftreten heftiger Finanz- und Währungskrisen in den achtziger und neunziger Jahren konfrontiert[91]. Sie können nicht losgelöst von der zunehmenden Bedeutung internationaler Kapitalströme gesehen werden, die in den neunziger Jahren geradezu explosionsartig anschwollen. Auf die damit einhergehende Verlagerung der Ursachen von Zahlungsbilanzschwierigkeiten von der Leistungs- zur Kapitalbilanz reagierte der Fonds mit der Schaffung der Fazilität zur Stärkung der Währungsreserven sowie der Vorbeugenden Kreditlinie und erhöhte damit den Umfang möglicher Finanzierungshilfen des IWF erheblich.

Mit dem zunehmenden Umfang und der Verlängerung der Laufzeiten der IWF-Kredite sowie mit der Erweiterung des Zielkatalogs um strukturpolitische Aufgaben im Bereich der Wachstums- und Entwicklungsförderung und der Armutsbekämpfung entfernte sich der Fonds von den Prinzipien, an denen sich die Finanzierungsfazilitäten nach den Vorstellungen seiner Gründer orientieren sollten. So wurde dem IWF von der Bretton Woods-Konferenz in erster Linie ein *monetäres Mandat* zugewiesen. Konkret bedeutet dieses, dass der IWF ein offenes und stabiles internationales Währungssystem fördern sollte und zu diesem Zweck im Fall temporärer Zahlungsbilanzschwierigkeiten Überbrückungskredite gewähren konnte[92]. Mit dem *Entwicklungsauftrag* wurde demgegenüber vorrangig die Weltbank (genauer: Internationale Bank für Wiederaufbau und Entwicklung), deren Errichtung ebenfalls auf der Konferenz von Bretton Woods beschlossen wurde, und ihre Schwestergesellschaften[93] betraut.

bb) Empfehlungen der MELTZER-*Kommission.* – Eine Konzentration des IWF auf ein eng begrenztes monetäres Mandat und der Weltbankgruppe sowie der regionalen Entwicklungsbanken[94] auf den Entwicklungsauftrag gehört zum Kern der Empfehlungen des im März 2000 veröffentlichten Berichts der sog. **MELTZER-Kommission**[95]. Nach den Vorstellungen der MELTZER-Kommission[96] sollte der IWF seine Kreditvergabe erheblich restriktiver gestalten und sich auf kurzfristige Überbrückungskredite (mit einer Laufzeit von maximal 120 Tagen) an aufstrebende Volkswirtschaften (Schwellenländer) beschränken. Sie sollten zur

91 Siehe hierzu Kapitel IX.

92 Siehe DEUTSCHE BUNDESBANK, Monatsbericht September 2000, S. 16.

93 Siehe hierzu Fußnote 25 in diesem Kapitel.

94 Hierbei handelt es sich um die Asiatische Entwicklungsbank, die Interamerikanische Entwicklungsbank, die Afrikanische Entwicklungsbank und die Europäische Bank für Wiederaufbau und Entwicklung.

95 Siehe Report of the International Financial Institution Advisory Commission. ALLAN H. MELTZER, Chairman. March 8, 2000. Submitted to the U. S. Congress and U. S. Department of the Treasury.

96 Siehe hierzu Report ..., a. a. O., S. 42 f., 46.

Abwehr einer Liquiditätskrise an *temporär illiquide, aber solvente*[97] IWF-Mitglieder gewährt werden, die bestimmte Mindestanforderungen erfüllen wie freier Marktzugang für ausländische Finanzinstitute (d. h. insbesondere Banken), Transparenz der Verschuldung, Solidität des Finanzsektors und geordnete Budgetpolitik. Die Kreditgewährung soll ohne zusätzliche wirtschaftspolitische Konditionalität zu einem „Strafzinssatz“ („penalty rate“) erfolgen, und zwar unter der Bedingung, dass der IWF bei der Schuldentilgung Vorrang hat. Mit dieser Ausrichtung würde der Fonds mit seinen Finanzierungshilfen eine für nationale Zentralbanken typische **„lender of last resort“-Funktion** übernehmen. Langfristiger finanzieller Beistand zur Strukturanpassung, Entwicklungs- und Wachstumsförderung sowie zur Armutsbekämpfung sollte restriktiver gehandhabt und der Weltbankgruppe bzw. den regionalen Entwicklungsbanken überlassen werden und z. T. als Geschenk erfolgen. Ferner spricht sich die MELTZER-Kommission für eine Abschaffung der Armutsbekämpfungs- und Wachstumsfazilität (PRGF) aus, setzt sich aber gleichzeitig für eine Erleichterung der wirtschaftlichen Situation hoch verschuldeter armer Länder (den sog. HIPCs) ein, indem sie für eine Streichung der IWF-Schulden von HIPCs plädiert.

cc) Position der Deutschen Bundesbank. – Auch die Deutsche Bundesbank steht der Erweiterung der Finanzierungsaktivitäten des IWF kritisch gegenüber[98]. Sie hält eine Konzentration des IWF auf sein monetäres Mandat und damit seiner Kreditvergabe auf den kurzfristigen Bereich für angebracht. Die langfristig orientierte Finanzierung der Strukturanpassung, Wachstums- und Entwicklungsförderung sowie der Armutsbekämpfung gehört demnach vorrangig zu den Aufgaben der Entwicklungsbanken[99]. Was den Bericht der MELTZER-Kommission anbelangt, so stimmt die Bundesbank zwar mit der empfohlenen Fokussierung des IWF auf sein monetäres Mandat überein, lehnt aber die Ausrichtung seiner Kreditpolitik auf eine „lender of last resort“-Funktion aus folgenden Gründen ab[100]: *Erstens* sieht sie eine Unterscheidung von Liquiditäts- und Solvenzproblemen als in der Praxis äußerst schwierig an. *Zweitens* hält sie am Prinzip der wirtschaftspolitischen Konditionalität ohne Einschränkungen fest. *Drit-*

97 Nach einer strengen Version erfüllt ein Land die Bedingung für **Solvenz,** wenn seine Nettoverschuldung nicht größer ist als der Gegenwartswert der gegenwärtigen und zukünftigen Überschüsse in der (Primär-)Leistungsbilanz. Siehe hierzu und zum Unterschied zwischen Illiquidität und Insolvenz genauer M. C. BURDA, C. WYPLOSZ, Makroökonomik. Eine Europäische Perspektive. München 1994. S. 733 mit S. 93 und S. 737 ff.

98 Siehe DEUTSCHE BUNDESBANK, Monatsbericht September 2000, S. 15 ff.

99 Siehe ebenda, S. 28. – Strukturanpassungsfinanzierung ist nach Ansicht der Bundesbank „allenfalls dort gerechtfertigt, wo sie gezielt die strukturellen und institutionellen Voraussetzungen für einen dauerhaften Kapitalmarktzugang stärken“ (siehe ebenda, S. 29).

100 DEUTSCHE BUNDESBANK, Geschäftsbericht 2000, S. 107 ff., 112 ff.

tens befürchtet sie, dass eine „lender of last resort"-Funktion des IWF von Schuldnern und Gläubigern als eine Art „kostenloser Versicherung" verstanden wird. Dadurch dass Investoren und Kreditgebern bei uneingeschränkten Gewinnchancen von der internationalen Gemeinschaft Verlustrisiken abgenommen werden, entsteht ein Anreiz zur Übernahme höherer Risiken und damit die Gefahr von Fehlallokationen von finanziellen Ressourcen.

Die Gefahr veränderter Anreizstrukturen hin zu einer größeren Risikobereitschaft und damit die sog. **„Moral Hazard"**-Problematik[101] sieht die Bundesbank generell in der Bereitstellung „großvolumiger Finanzierungspakete"[102]. Insbesondere steht sie der Vorbeugenden Kreditlinie skeptisch gegenüber, weil Länder mit „gesunder Wirtschaftspolitik" in der Regel keine internationale Finanzierungshilfe benötigen würden. Eine Ausnahme ist gegeben, wenn ohne Rückgriffsmöglichkeit auf IWF-Mittel mit **systematischen Risiken** gerechnet werden müsste, d. h. die Gefahr einer Kettenreaktion von Bankzusammenbrüchen besteht, durch die das internationale Finanz- und Währungssystem gefährdet wird. Speziell wird von der Bundesbank an der Vorbeugenden Kreditlinie – in Übereinstimmung mit dem MELTZER-Bericht – kritisiert, dass der IWF bei dieser Fazilität Gebührensenkungen unter das Niveau der Gebührenzuschläge bei der Fazilität zur Stärkung der Währungsreserven vorgenommen hat, um ihre Inanspruchnahme attraktiver zu machen[103].

Im Übrigen plädiert die Deutsche Bundesbank in Anbetracht der „moral hazard"-Problematik antizipierter Unterstützungsmaßnahmen für eine stärkere Beteiligung des privaten Sektors an der Krisenlösung[104]. Mit dieser Ansicht dürfte sie sich in Übereinstimmung mit der herrschenden Meinung befinden. Investoren und Kreditgeber, die sich international engagieren, sollten für den Krisenfall nicht auf ein „bail out" durch massive offizielle Finanzhilfe bauen können, sondern müssten damit rechnen, für ihre Engagements im Krisenfall selbst einstehen zu müssen. Nur so lässt sich der oben erwähnten Gefahr verzerrter Anreizstrukturen entgegenwirken.

dd) Reformansätze beim IWF. – Wie aus der Behandlung der Finanzierungsfazilitäten des IWF schon teilweise bekannt, hat der Fonds bereits mit ersten Reformschritten auf die Kritik an der Ausweitung seiner Finanzierungsaktivitäten reagiert. So hat er die Fazilitätenstruktur dadurch gestrafft, dass er Anfang 2000

101 Vgl. hierzu auch die Ausführungen über Finanz- und Währungskrisen im Unterabschnitt IX. 4b) u. IX. 5a).

102 Siehe DEUTSCHE BUNDESBANK, Monatsbericht September 2000, S. 26.

103 Siehe DEUTSCHE BUNDESBANK, Geschäftsbericht 2000, S. 110 f.

104 Siehe hierzu DEUTSCHE BUNDESBANK, Monatsbericht Dezember 1999, S. 33 ff. – Vgl. auch die Ausführungen im Unterabschnitt IX. 5b).

vier überflüssig erscheinende Fazilitäten abgeschafft hat (nämlich die Fazilität zur Finanzierung von Rohstofflagern, den Währungsstabilisierungsfonds, die Eventualfinanzierung als Komponente der früheren Kompensations- und Eventualfinanzierung sowie die Finanzhilfe für Maßnahmen der Schulden- und Schuldendienstreduzierung). Wie schon ausgeführt, hat er außerdem Maßnahmen ergriffen, um einer übermäßig langen und hohen Inanspruchnahme der Fondsmittel entgegenzuwirken. Hierzu gehört zum einen die verstärkte Erwartung einer vorzeitigen Rückzahlung von IWF-Schulden (ausgedrückt im sog. Erwartungszeitplan) und zum anderen die Einführung von Gebührenzuschlägen auf den Basis-Gebührensatz. Darüber hinaus erscheinen weitere Reformschritte bedenkenswert, die zu einer stärkeren Fokussierung des IWF auf sein monetäres Mandat und einer deutlicheren Kompetenzverteilung zwischen IWF auf der einen Seite und Weltbankgruppe und regionalen Entwicklungsbanken auf der anderen Seite beitragen.

Zusammenfassung

1. Der zur Gründung des Internationalen Währungsfonds (IWF) führenden Konferenz von Bretton Woods (1944) gingen langwierige Diskussionen und Verhandlungen über die internationale Währungsordnung der Nachkriegszeit voraus. Dabei spielten insbesondere der KEYNES-Plan mit dem Projekt einer internationalen Clearing-Union und der WHITE-Plan mit dem Projekt eines internationalen Stabilisierungsfonds eine wichtige Rolle. In Hinblick auf Finanzierungsfazilitäten, Wechselkursregelungen und befristete Beibehaltung von Devisenbeschränkungen sah der KEYNES-Plan großzügigere Regelungen vor als der WHITE-Plan. Das Ende 1945 unterzeichnete IWF-Abkommen kann als Kompromiss zwischen beiden Plänen betrachtet werden, entspricht im Kern aber mehr dem WHITEschen Stabilisierungsfonds.

2. Das höchste Entscheidungsorgan des IWF ist der Gouverneursrat, die Führung der laufenden Geschäfte liegt beim Exekutivdirektorium (Exekutivrat) mit dem geschäftsführenden Direktor als Vorsitzendem. Jedes Mitglied hat eine Quote, deren Betrag für sein Gewicht bei Abstimmungen, den Umfang seiner Subskriptionsverpflichtung, die Höhe seiner Finanzierungsfazilitäten und seinen Anteil an Zuteilungen von Sonderziehungsrechten (SZR) maßgeblich ist.

3. Die durch die zweite Abkommensänderung (1978) wesentlich veränderten Wechselkursregelungen des Artikel IV sahen entsprechend dem ursprünglichen Abkommen feste Paritäten vor, von denen die Wechselkurse nicht mehr als um ± 1 v. H. abweichen durften. Änderungen der Paritäten sollten nur bei sog. fundamentalen Zahlungsbilanzungleichgewichten vorgenommen werden.

4. Nach Artikel VIII sind Devisenbeschränkungen, soweit sie Zahlungen im Zusammenhang mit laufenden Transaktionen betreffen, sowie diskriminierende Währungspraktiken (wie multiple Wechselkurse) ohne Zustimmung des Fonds grundsätzlich nicht erlaubt. Außerdem besteht nach Artikel VIII die Verpflichtung zur Ausländerkonvertibilität für die eigene Währung, wenn diese von Handelspartnern aus laufenden Transaktionen erworben oder ihr Umtausch für Zahlungen im Zusammenhang mit laufenden Transaktionen erforderlich ist. Tatsächlich sind für eine Reihe von Ländern die Verpflichtungen nach Artikel VIII noch nicht bindend geworden, weil sie die Übergangsregelungen nach Artikel XIV (einer Ausnahmeklausel) in Anspruch genommen haben.

5. Die Finanzierungsfazilitäten des Fonds werden durch Ziehungen der Mitglieder (Käufe fremder Währungen oder SZR gegen Hergabe der eigenen Währung) in Anspruch genommen. Innerhalb der Tranchenpolitik unterscheidet man – entsprechend der Verschuldungshöhe – die Reservetranche, die erste Kredittranche sowie (drei) höhere Kredittranchen. Insbesondere die Inanspruchnahme der höheren Kredittranchen ist an die Erfüllung bestimmter wirtschaftspolitischer Auflagen gebunden (Konditionalität). Verbindlichkeiten aus Ziehungen in den Kredittranchen sind mit Gebühren belastet; sie müssen durch Rückkäufe der eigenen Währung innerhalb bestimmter Fristen getilgt werden (wobei ein Erwartungs- und Verpflichtungszeitraum zu unterscheiden ist).

6. Die Inanspruchnahme der höheren Kredittranchen erfolgt nahezu immer im Rahmen von Bereitschaftskreditvereinbarungen oder Erweiterten Kreditvereinbarungen. Hierbei handelt es sich um zugesagte Kreditlinien, wobei die Auszahlung des insgesamt vereinbarten Kreditbetrages ratenweise erfolgt (Abrufstaffelung) und von der Beachtung bestimmter im Anpassungsprogramm quantifizierter Erfüllungskriterien abhängt.

7. Neben der Tranchenpolitik gehört auch die Erweiterte Fondsfazilität (die der Überwindung besonders hartnäckiger Zahlungsbilanzschwierigkeiten dient) zu den Regulären Fazilitäten. Daneben existieren Sonderfazilitäten, nämlich: die Kompensationsfinanzierung (zum Ausgleich von Exporterlösausfällen bzw. Kostensteigerungen bei Getreideimporten) sowie die Fazilität zur Stärkung der Währungsreserven und die Vorbeugende Kreditlinie sowie die Notfallhilfe. Schließlich vergibt der IWF auch Mittel im Rahmen einer konzessionären Fazilität in Form der Armutsbekämpfungs- und Wachstumsfazilität. Mit ihr werden insbesondere einkommensschwache Entwicklungsländer unterstützt.

8. Zur Finanzierung von Ziehungen kann der IWF Kredite aufnehmen. In diesem Zusammenhang sind die seit 1962 bestehenden Allgemeinen Kreditvereinbarungen mit wichtigen Industrieländern sowie weitere, dem Fonds für spezielle Zwecke eingeräumte Kreditlinien von Bedeutung. Nach einem Beschluss des Exekutivdirektoriums von Anfang 1997 werden die Allgemeinen Kreditvereinbarungen durch Neue Kreditvereinbarungen erheblich ausgeweitet.

9. Die MELTZER-Kommission empfiehlt eine Beschränkung der IWF-Finanzierungsfazilitäten auf kurzfristige Überbrückungskredite an aufstrebende Volkswirtschaften ohne die übliche vom IWF auferlegte Konditionalität im Sinne einer „lender of last resort"-Funktion gegenüber illiquiden, aber solventen Mitgliedern. Die Deutsche Bundesbank plädiert für eine Fokussierung des IWF auf eine kurzfristige Kreditvergabe zur Finanzierung temporärer Zahlungsbilanzdefizite unter wirtschaftspolitischen Auflagen und betont die „Moral Hazard"-Problematik umfangreicher Finanzhilfen des IWF.

V. Währungsreserven, Sonderziehungsrechte und Festkursproblematik

Auf die *Funktionen von Währungsreserven (Reserven)* ist bereits im einführenden I. Kapitel eingegangen worden. Sie bestehen – mehr technisch gesehen – darin, den Währungsbehörden eines Landes die Möglichkeit zu *Devisenmarktinterventionen* zu geben, mit denen sie ein in internationalen Abkommen vereinbartes Wechselkursniveau aufrechterhalten bzw. bei flexiblen Wechselkursen unerwünschten Entwicklungen des Wechselkurses entgegenwirken können[1]. Wie auch ausgeführt, bedeuten dabei wechselkursstabilisierende Interventionen der Währungsbehörden in Form von Devisenverkäufen, dass Devisenbilanzdefizite *finanziert* werden. Die ökonomische Funktion einer Finanzierung ist darin zu sehen, dass sich im Fall reversibler Devisenbilanzdefizite interne Anpassungsmaßnahmen vermeiden lassen und man bei anhaltend defizitärer Devisenbilanzentwicklung die mit einer internen Anpassung verbundenen gesellschaftlichen Anpassungskosten zeitlich strecken oder in die Zukunft verlagern kann[2].

In diesem Kapitel werden zunächst Formen und Entwicklung von Währungsreserven beschrieben, danach wird der Bedarf an Währungsreserven behandelt. Die sich hieran anschließende Darstellung der Probleme, die sich aus der Verwendung von Gold und Devisen als Reserven ergeben, bilden dann den Ausgangspunkt für die Behandlung der Sonderziehungsrechte. Am Ende des Kapitels werden Erfahrungen mit dem Festkurssystem dargestellt und ausgewertet.

1. Formen und Entwicklung der Währungsreserven

a) Formen

aa) Abgrenzung. – **Währungsreserven** sind Bestandteile des Bruttovermögens von Währungsbehörden. Soweit sie nicht schon Interventionsdevisen darstellen (wie Dollarguthaben), können sie auf kurze Sicht mit einem i. Allg. mäßigen Verlustrisiko in diese umgewandelt werden, z. B. durch Verkauf oder Beleihung von Gold, durch Inanspruchnahme der Reserveposition im IWF und durch

1 So könnte bei grundsätzlicher Flexibilität der Wechselkurse Interesse darin bestehen, eine zu starke Abwertung der heimischen Währung zu verhindern, um möglicherweise eine schon vorhandene inflatorische Entwicklung nicht noch zu verstärken.

2 Vgl. hierzu auch die Ausführungen im Unterabschnitt 2a) dieses Kapitels.

Hergabe von Sonderziehungsrechten. Konkret bestehen die Währungsreserven aus

- dem Goldbestand,
- dem Bestand an Devisen (einschließlich Sorten),
- der Reserveposition im Internationalen Währungsfonds
  sowie seit 1970
- dem Bestand an Sonderziehungsrechten.

Werden von den so ermittelten (Brutto-)Währungsreserven die Auslandsverbindlichkeiten der Währungsbehörden abgezogen, dann ergeben sich die **Netto-Währungsreserven.**

bb) Einzelne Reservekomponenten. – aaa) Veränderungen des **Goldbestandes** können grundsätzlich aus Mengen- und Preisänderungen resultieren. Die Preiskomponente spielte hierbei lange Zeit praktisch keine Rolle, weil das amerikanische Schatzamt bereit war, Gold zur unveränderten Goldparität von 35 $/Unze – dem sog. **offiziellen Goldpreis** – an andere Währungsbehörden zu verkaufen bzw. von ihnen zu kaufen, *und* der 1961 gegründete **Goldpool**[3] den Goldpreis auf dem freien Goldmarkt durch Goldverkäufe bzw. -käufe auf dem Niveau des offiziellen Goldpreises stabilisierte. Mit dem offiziellen Goldpreis war also ein fester Bewertungsmaßstab für Gold gegeben. Der Marktpreis löste sich vom offiziellen Goldpreis (und es trat damit eine *Spaltung des Goldmarktes* ein), als der Goldpool im März 1968 seine Interventionen einstellte, nachdem er zuvor bei der Bekämpfung einer heftigen, von umfangreichen Goldkäufen begleiteten Goldspekulation hohe Beträge aus den Goldbeständen seiner Mitglieder verloren hatte. Der offizielle Goldmarkt hörte auf zu existieren, als die USA nach hohen Devisenbilanzdefiziten die Goldeinlösbarkeit von Dollarreserven am 15.8.1971 suspendierten[4]. Realistischerweise müssten die internationalen Goldreserven heute in Orientierung an dem weit über den früheren offiziellen Goldpreis angestiegenen Marktpreis[5] bewertet werden; denn „Gold (würde) im Bedarfsfall zu dem am Markt geltenden Preisen veräußert, soweit nicht an-

3 Einzelheiten zum Goldpool siehe P. JANOCHA, Intervention und Kooperation der Zentralbanken auf den Devisenmärkten nach dem Zweiten Weltkrieg. (Kieler Studien, 74.) Tübingen 1966. S. 94 ff. – R. SOLOMON, The International Monetary System, 1945–1976. An Insider's View. New York 1977. S. 114 ff. – YEAGER, a. a. O., S. 426 f.

4 Die Goldparität des Dollar bestand zunächst noch weiter, und zwar seit Ende 1971 auf einem auf 38 $/Unze und seit 1973 auf einem auf 42,22 $/Unze erhöhten Niveau. Sie wurde – wie jede Goldparität – mit der zweiten Änderung des IWF-Abkommens (1978) aufgehoben.

5 Der Goldpreis auf dem Londoner Markt belief sich Anfang 2002 auf knapp 280 $/Unze.

dere Formen der Mobilisierung (Verpfändung zu marktorientierten Preisen) angewendet würden“[6].

bbb) **Devisen** bestehen im wesentlichen aus Guthaben bei ausländischen Banken (z. B. Termineinlagen) und Geldmarktanlagen im Ausland (z. B. in Form von US-Schatzwechseln). Bei den gegenüber den Devisen weit weniger ins Gewicht fallenden *Sorten* handelt es sich um ausländische Noten und Münzen. Unter den in nationaler Währung ausgedrückten Devisen (und Sorten) dominieren mit Abstand Anlagen in *US-Dollar*, also in jener Währung, die auf Grund der überragenden Stellung der USA im Welthandel und im internationalen Kapitalverkehr auch bei der Abwicklung des internationalen Zahlungsverkehrs eine Schlüsselstellung einnimmt.

ccc) Die beiden bei der Abgrenzung zuletzt aufgeführten Komponenten von Währungsreserven werden in der Terminologie des Fonds als **IWF-bezogene Aktiva** bezeichnet. Dabei besteht die **Reserveposition im Internationalen Währungsfonds** aus den nicht ausgenutzten Ziehungsrechten in der Reservetranche[7] *sowie* aus Forderungen an den IWF, die aus mittelfristigen Krediten an den Fonds (z. B. aufgrund der Allgemeinen Kreditvereinbarungen) hervorgegangen sind[8]. Die Schaffung der ebenfalls als Währungsreserven fungierenden **Sonderziehungsrechte** (SZR) wurde (wie erwähnt) erst 25 Jahre nach der Konferenz von Bretton Woods beschlossen; eine genauere Beschreibung dieses ersten großen Reformprojekts erfolgt im 4. Abschnitt dieses Kapitels.

cc) Weitere Finanzierungsinstrumente. – Ergänzend ist darauf hinzuweisen, dass sich Währungsbehörden Interventionsdevisen nicht nur durch Mobilisierung von Währungsreserven, sondern auch auf dem *Kreditwege* beschaffen können. Die in diesem Zusammenhang relevanten Ziehungsmöglichkeiten im Rahmen der Kredittranchen und der anderen Kreditfazilitäten des IWF sind bereits behandelt worden[9]. Daneben bestehen auf regionaler Basis Refinanzierungsmöglichkeiten z. B. für die EU-Mitglieder, die noch nicht der Wirtschafts- und Währungsunion angehören und Teilnehmer am sog. Wechselkursmechanismus II (WKM II) sind, und zwar über die sog. sehr kurzfristige Finanzierung[10]. Schließlich spielen in diesem Zusammenhang auch Kreditvereinbarungen der Zentralbanken untereinander eine Rolle. Hierzu gehören neben den ad hoc und häufig unter Einschaltung der Bank für Internationalen Zahlungsausgleich

6 Geschäftsbericht der Deutschen Bundesbank für das Jahr 1981, S. 68.
7 Einzelheiten hierzu siehe Unterabschnitt IV. 2e) aa).
8 Forderungen von Währungsbehörden an den Fonds aus *kurzfristigen* Krediten werden nach der Abgrenzung des IWF den Devisenreserven zugerechnet.
9 Vgl. hierzu die Unterabschnitte IV. 2e), f) und g).
10 Siehe hierzu genauer Unterabschnitt X. 2b) dd).

(BIZ) gewährten Überbrückungskrediten auch die sog. Swapabkommen. Die **Swapabkommen** wurden (1962) vom amerikanischen Zentralbanksystem entwickelt und zu einem weiten Netz von bilateralen Währungsabkommen ausgebaut. Bei diesen Abkommen handelt es sich genauer um eine *gegenseitige* befristete Einräumung von *Kreditlinien*, die jedem Vertragspartner die Möglichkeit eröffnen, die Partnerwährung gegen Hergabe der eigenen Währung bis zum vereinbarten Betrag und für einen bestimmten Zeitraum zu erwerben. Ein Kursrisiko ist hierbei ausgeschlossen, da im voraus festgelegt wird, zu welchem Kurs die Swaplinie in Anspruch genommen und der Kredit zurückgezahlt wird[11].

b) Entwicklung

In der Zeit des klassischen Goldstandards bestanden die Währungsreserven naheliegenderweise überwiegend aus *Gold*, dementsprechend klein war der Devisenanteil (1913: rd. 11 v. H.; siehe Tabelle V.1).

Nicht zuletzt aufgrund der Empfehlungen der Konferenz von Genua (1922)[12] erhöhte sich dann der *Devisenanteil* merklich (1928: rd. 25 v. H.). Im Zuge des Zusammenbruchs des Golddevisenstandards und der Weltwirtschaftskrise kam es dann jedoch zu einer starken Schrumpfung der Devisenkomponente, wodurch ein Rückgang der gesamten Weltwährungsreserven eintrat. Der sich in

Tabelle V.1: *Zur Entwicklung der Weltwährungsreserven[a)] in Mrd. US-Dollar.*

Jahr	Gold	Devisen	Reserveposition	Sonderziehungsrechte	Summe
1913	4,0	0,5	–		4,5
1928	9,8	3,2	–		13,0
1932	11,4	1,0	–		12,4
1937	25,3	2,3	–		27,6
1948	32,9	13,9	1,6[b]		48,4
1955	35,5	16,4	1,9[b]		53,8
1970	37,2	44,5	7,7[c]	3,1[c]	92,5

[a] Ohne Währungsreserven von Internationalen Organisationen. [b] Die Quelle wurde um diese Zahlen aus Angaben der vom IWF publizierten International Financial Statistics, 1972 Supplement, S. VIII, ergänzt. [c] Die Quelle wurde um diese Zahlen aus Angaben der vom IWF publizierten International Financial Statistics, December 1971, S. 18, ergänzt.

Quelle: TRIFFIN, Gold . . ., a. a. O., S. 72 f.

11 Weitere Einzelheiten siehe JANOCHA, a. a. O., S. 58 ff. – B. TEW, The Evolution of the International Monetary System 1945–77. London 1977. S. 123 ff.

12 Siehe Unterabschnitt III. 1b) bb).

den folgenden Jahren abzeichnende Wiederanstieg der Währungsreserven hing (wie schon erwähnt)[13] direkt und indirekt mit der Abwertung des Dollars gegenüber dem Gold zusammen. So wurde durch die Anhebung des Goldpreises in Dollar zum einen der (in Dollar ausgedrückte) Wert des Bestands an Gold erhöht, zum anderen die Produktion von Gold angeregt.

Nach dem Zweiten Weltkrieg kam die *Reserveposition* im IWF als neues Reservemedium hinzu; die bei weitem dominierende Reservekomponente (auch gegenüber der Devisenkomponente) war aber zunächst noch das Gold (Gold-

Schaubild V.1: *Zur Entwicklung der Weltwährungsreserven 1968–2000 in Mrd. US-Dollar.*

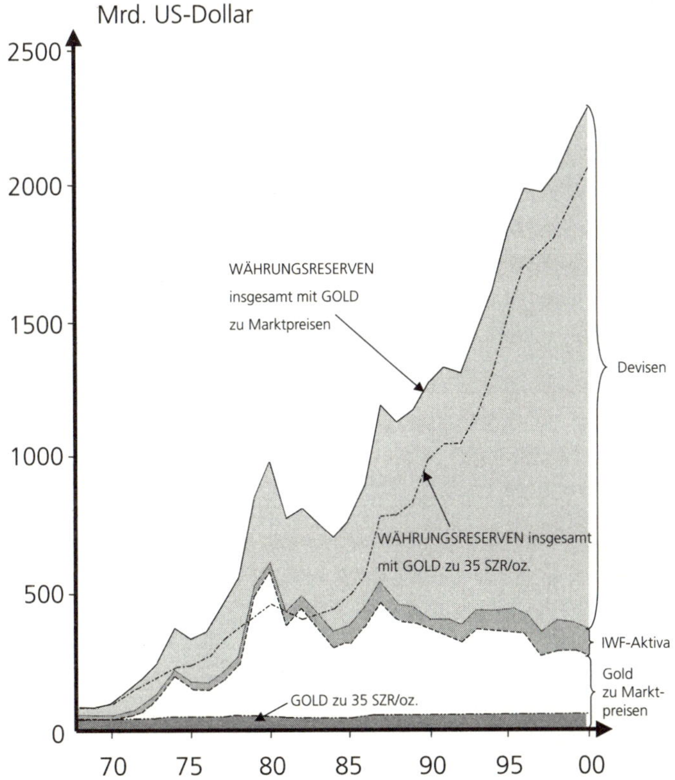

Quelle: Die der Darstellung zugrunde gelegten Zahlen wurden entnommen aus: INTERNATIONAL MONETARY FUND, International Financial Statistics, Yearbook 1991, 1995 und 2001 sowie International Financial Statistics, Vol. XXV, No. 2, Febr. 2002.

13 Siehe Unterabschnitt III. 2a) bb).

anteil 1948: rd. 68 v. H.). Im Zuge der amerikanischen Devisenbilanzdefizite weitete sich die *Devisenkomponente* jedoch immer mehr aus, wobei der Dollar das Pfund Sterling schon Mitte der fünfziger Jahre aus seiner bis dahin führenden Rolle als Reservewährung verdrängte[14].

Als die Zahlungsbilanzdefizite der USA Anfang der siebziger Jahre auf Rekordhöhen emporschnellten, stiegen die Devisenreserven sprunghaft an und wurden dadurch zunächst größer als der (ab 1971 zu laufenden Marktpreisen bewertete) Goldbestand (vgl. Schaubild V.1). Begleitet war diese Entwicklung von einer starken Ausweitung der Weltwährungsreserven, die wesentlich zum Anstieg der Weltinflation in der ersten Hälfte der siebziger Jahre beigetragen haben dürfte[15]. Auch in den Folgejahren nahmen die Währungsreserven weiter zu, nicht zuletzt wegen der durch Goldpreiserhöhungen aufgeblähten Goldkomponente. Zu Beginn der achtziger Jahre trat dann ein Rückgang ein, der u. a. aus einem sinkenden Dollargegenwert der in anderen als dem US-Dollar gehaltenen Reserveaktiva herrührte. Der kräftige Wiederanstieg der Reserven in der zweiten Hälfte der achtziger Jahre beruhte zum einen auf Interventionskäufen von Dollar durch Währungsbehörden, zum anderen war er aber auch bewertungsbedingt. Im Vergleich zu den traditionellen Reservekomponenten Gold und Devisen hält sich die quantitative Bedeutung der *IWF-bezogenen Aktiva* nach wie vor im bescheidenen Rahmen; in Relation zu den Devisenreserven belief sich der Anteil der Sonderziehungsrechte im März 2001 auf 1,2 v. H. und der Anteil der Reserveposition auf 3,1 v. H.

2. Bedarf an Währungsreserven

Im Zusammenhang mit der Behandlung des Bedarfs an Währungsreserven wird zunächst die (optimale) Nachfrage nach Reserven aus der Sicht eines *einzelnen* Landes analysiert, danach erfolgt eine Erörterung der angemessenen Versorgung mit Reserven aus *weltwirtschaftlicher* Sicht (d. h. aus der Sicht eines viele Länder umfassenden Währungssystems). Die Untersuchung der Reservenachfrage eines einzelnen Landes basiert auf dem Konzept der *optimalen Währungsreserven.* Die entsprechenden theoretischen Überlegungen spielen zwar auch für die Frage einer angemessenen Reserveversorgung aus weltwirtschaftlicher Sicht eine Rolle; aus Gründen der Praktikabilität treten hierbei aber andere Beurteilungskriterien in den Vordergrund.

14 Seitdem hat die Bedeutung des Pfundes weiter abgenommen. Schon in den siebziger Jahren wurde die D-Mark zur zweitwichtigsten und der Japanische Yen zur drittwichtigsten Reservewährung nach dem Dollar.

15 Vgl. hierzu die empirische Untersuchung von H. R. HELLER, International Reserves and World-Wide Inflation. „International Monetary Fund Staff Papers", Vol. 23 (1976), S. 61 ff.

a) Reservenachfrage aus der Sicht eines einzelnen Landes

aa) Optimierungsansatz. – Bei der Ermittlung **optimaler Währungsreserven** geht es um den von den Währungsbehörden eines Landes gewünschten Bestand an Währungsreserven und damit um die *Nachfrage nach Reserven* aus der Sicht des einzelnen Landes. Vom Grundgedanken her ähnelt der entsprechende Optimierungsansatz dem aus der Geldtheorie bekannten einzelwirtschaftlichen Modell einer optimalen Vorsichtskasse[16]. Bei diesem Modell erfolgt eine Abwägung zwischen den Nachteilen einer Kassenhaltung, den entgangenen Zinsen, die *Alternativkosten* darstellen, und ihren (erwarteten) Vorteilen, der Vermeidung von kostspieligen Anpassungsmaßnahmen bei Illiquidität (wie Kreditaufnahmen zu ungünstigen Bedingungen oder Zwangsverkäufen von Finanz- bzw. Sachvermögen), die als *Erträge* anzusehen sind. Auch bei der Bestimmung optimaler Währungsreserven werden Alternativkosten und aus der Vermeidung von Anpassungskosten resultierende Erträge gegeneinander abgewogen, wie sich schon anhand einer nur als Einführung gedachten Skizzierung des Optimierungskalküls verdeutlichen lässt[17]. Angenommen wird dabei, dass die Devisenbilanz des betreffenden Landes auf längere Sicht ausgeglichen ist, sich temporär aber beträchtliche Defizite bzw. Überschüsse einstellen können[18].

bb) Alternativkosten. – Ausgangspunkt für die Erfassung der Alternativkosten ist die Überlegung, dass Währungsreserven *eine* mögliche Form darstellen, in der das Volksvermögen gehalten werden kann. Die hiermit konkurrierende Form ist das Sachvermögen, d. h. insbesondere das aus dem heimischen Produktionsapparat bestehende Anlagevermögen. Die Bildung von Währungsreserven bedeutet deshalb einen Verzicht auf Investitionen und damit auf Erträge aus Anlagevermögen. Die Haltung von Währungsreserven ist aus diesem Grund mit *Alternativkosten (Opportunitätskosten)* verbunden, die dem entgangenen Ertrag aus (zusätzlichem) Sachvermögen entsprechen. Als Ersatzgröße für die entsprechende (marginale) gesamtwirtschaftliche Ertragsrate wird im Optimierungsansatz die Rendite für langfristige Kapitalmarkttitel verwendet. Die so bestimmten (marginalen) Alternativkosten sind jedoch noch zu *modifizieren*, da Wäh-

16 Vgl. hierzu z. B. JARCHOW, Theorie . . ., I . . ., a. a. O., S. 32 ff.

17 Formalisierte Darstellungen finden sich z. B. bei H. R. HELLER, Optimal International Reserves. „The Economic Journal“, Vol. 86 (1966), S. 296 ff. – P. B. CLARK, Optimum International Reserves and the Speed of Adjustment. „Journal of Political Economy“, Vol. 78 (1970), S. 356 ff. – Siehe auch CLAASSEN, Die Nachfrage . . ., a. a. O., S. 3 ff.

18 Wie schon in der Einführung (Unterabschnitt I. 1c) erwähnt, bietet der Einsatz von Währungsreserven bei einem anhaltenden (fundamentalen) Zahlungsbilanzungleichgewicht nur die Möglichkeit, die letztlich unumgängliche Zahlungsbilanzkorrektur zeitlich zu strecken bzw. zu verschieben.

rungsreserven zum überwiegenden Teil Zinserträge erbringen und außerdem durch Abwertungen bzw. Aufwertungen Kapitalgewinne bzw. -verluste entstehen. So sind die Devisen i. Allg. verzinslich angelegt (z. B. in US-Schatzwechseln oder Termineinlagen bei ausländischen Banken), und aus dem Goldbestand ergeben sich Kapitalgewinne, wenn der Goldpreis in heimischer Währung steigt. Ferner fallen aus der Reserveposition im IWF Vergütungen an, wenn Mitglieder eine zu vergütende Reservetrancheposition[19] einnehmen und (oder) dem Fonds Kredite gewährt haben. Schließlich zahlt der Fonds auch auf Bestände an Sonderziehungsrechten Zinsen, wenn diese die kumulativen Zuteilungen bei einem Land überschreiten[20]. Subtrahiert man die gesamten aus der Haltung von Währungsreserven resultierenden Erträge (Zinsen, Kapitalgewinne bzw. -verluste und Vergütungen) von den entgangenen (durch die Kapitalmarktrendite erfassten) Erträgen auf Sachvermögen, dann erhält man die **Nettoalternativkosten** der Haltung von Währungsreserven. Diese werden als positiv angenommen; sie sind um so höher, je größer die Währungsreserven sind.

cc) Anpassungskosten. – aaa) Wie schon angedeutet, ist den (Netto-)Alternativkosten der Nutzen bzw. Ertrag aus dem möglichen Einsatz von Währungsreserven gegenüberzustellen. Dieser resultiert daraus, dass man durch Mobilisierung von Währungsreserven zahlungsbilanzpolitische *Anpassungsmaßnahmen* ganz oder teilweise umgehen kann. Hierbei handelt es sich – neben einer Kreditaufnahme – vor allem um eine Zahlungsbilanzkorrektur. Die Art der hierdurch bedingten sozialen Anpassungskosten hängt davon ab, ob die Anpassung durch sog. ausgabenverändernde oder ausgabenumlenkende Maßnahmen[21] erfolgt. Bei **ausgabenverändernden** Maßnahmen wird ein Devisenbilanzdefizit dadurch beseitigt, dass durch Einsatz geld- und fiskalpolitischer Mittel auf die gesamtwirtschaftliche Nachfrage und damit auf das Volkseinkommen ein kontraktiver Einfluss ausgeübt wird. Der erforderliche kontraktive Einfluss muss dabei um so stärker sein, je *kleiner* die marginale Importquote des betreffenden Landes ist, je weniger also Importe auf Einkommensänderungen reagieren. Die mit der Anpassung verbundenen sozialen Kosten bestehen aus temporären Einkommens- und Beschäftigungsverlusten.

Ausgabenumlenkende Maßnahmen (wie Wechselkursänderungen, Exportsubventionen, Importzölle, Kontingentierungen usw.) beheben ein Devisenbilanzdefizit dadurch, dass die Nachfrage von Ausländern und Inländern nach *internationalen* Gütern[22] auf im Inland produzierte Güter umgelenkt wird.

19 Siehe hierzu genauer Unterabschnitt IV. 2e) aa).

20 Vgl. hierzu genauer den Unterabschnitt V. 4b) ee).

21 Siehe zu den Begriffen H. G. JOHNSON, International Trade and Economic Growth. London 1958. S. 161 ff.

22 Zum Begriff der internationalen und nationalen Güter siehe Band I, S. 65.

Dabei muss der auf einen Anstieg des Außenbeitrags hinwirkende Mitteleinsatz in diesem Fall um so stärker sein, je *größer* die marginale Importquote ist, da die durch eine Außenbeitragserhöhung ausgelösten einkommensinduzierten Mehrimporte dann besonders hoch ausfallen. Die Kosten einer durch Ausgabenumlenkung bewirkten Anpassung bestehen u. a.[23] darin, dass sich Produktionsschwankungen zwischen den Sektoren der internationalen und nationalen Güter ergeben und dadurch Friktionsverluste an Beschäftigung[24] sowie Kosten durch Maßnahmen zu ihrer Beseitigung (wie Mobilitätshilfen, Umschulung von Arbeitskräften) entstehen. Wird schließlich als zahlungsbilanzpolitische Anpassung noch die Möglichkeit einer *Kreditfinanzierung* betrachtet, dann fallen Anpassungskosten in Form von Verschuldungskosten an. *Verschuldungskosten* entstehen z. B., wenn ein Devisenbilanzdefizit durch Ziehungen beim IWF innerhalb der Tranchenpolitik oder durch Inanspruchnahme anderer Kreditfazilitäten finanziert wird, und zwar in Form von Gebühren oder entgangenen Vergütungen[25]. Ist die Gewährung des Kredits dabei an die Erfüllung bestimmter wirtschaftspolitischer Auflagen gebunden (wie beispielsweise bei Ziehungen in höheren Kredittranchen), dann sind die Gebühren noch um die Kosten einer Zahlungsbilanzkorrektur zu erhöhen.

bbb) Zwischen der Höhe der voraussichtlichen Anpassungskosten und dem Umfang der Währungsreserven besteht ein Zusammenhang, der sich daraus ergibt, dass bei steigenden Währungsreserven die Wahrscheinlichkeit für das Auftreten eines aus Währungsreserven nicht mehr finanzierbaren Devisenbilanzdefizits abnimmt und auch das Ausmaß des erwarteten Anpassungsbedarfs geringer wird. Der in der Vermeidung von (erwarteten) Anpassungskosten zu sehende (erwartete) Nutzen bzw. Ertrag aus Währungsreserven nimmt deshalb mit steigenden Währungsreserven zu oder anders ausgedrückt: Der *Grenzertrag* der Währungsreserven ist *positiv.* Hinsichtlich der Entwicklung des Grenzertrags wird weiter angenommen, dass dieser mit zunehmenden Währungsreserven *fällt.* Zur Begründung lässt sich anführen, dass die Wahrscheinlichkeit für größere Devisenbilanzdefizite in der Regel geringer ist als für kleinere und dementsprechend für zusätzliche Währungsreserven eine geringere Wahrscheinlichkeit besteht, tatsächlich zur Finanzierung von Defiziten genutzt zu werden[26].

23 HELLER betont in diesem Zusammenhang die sich bei einer Abwertung im Falle hoher Angebotselastizitäten ergebenden sozialen Kosten einer Verschlechterung der „terms of trade". Siehe H. R. HELLER, International Monetary Economics. Englewood Cliffs, N. J., 1974. S. 190 ff. – Weitere Gründe für mit Wechselkursänderungen verbundene soziale Kosten finden sich bei H. G. GRUBEL, The Case for Optimum Exchange Rate Stability. „Weltwirtschaftliches Archiv", Bd. 109 (1973), S. 354 f.

24 Vgl. hierzu auch Unterabschnitt VI. 4d).

25 Siehe hierzu Unterabschnitt IV. 2e) aa).

26 Vgl. HELLER, International Monetary Economics, a. a. O., S. 191. – Vgl. auch CLAASSEN, Die

dd) Optimum und Einflussfaktoren. – aaa) Der Umfang an Währungsreserven ist optimal, wenn die Differenz aus Ertrag und (Netto-)Alternativkosten der Währungsreserven ein Maximum erreicht, also der *Grenzertrag gleich den marginalen (Netto-)Alternativkosten* der Währungsreserven ist. Diese Bedingung wird bei grafischer Betrachtung im Schnittpunkt der Grenzertrags-Kurve *(E'-Kurve)* mit der Kurve der marginalen (Netto-)Alternativkosten *(NAK'-Kurve)* erfüllt (vgl. Punkt *P* in Abb. V.1)[27].

Wie schon erläutert, wird für die *E'-Kurve* ein fallender Verlauf unterstellt. Die *NAK'-Kurve* ergibt sich durch Subtraktion der marginalen Erträge aus Währungsreserven *(R')* von den marginalen Alternativkosten *(AK')*, ausgedrückt durch die langfristige Wertpapierrendite. Da angenommen werden soll, dass die Wertpapierrendite (z. B. in Höhe von 8 v. H.) und der Ertragssatz für Währungsreserven (z. B. in Höhe von 5 v. H.) gegebene Größen darstellen, ist die *NAK'-Kurve* eine Parallele zur Abszissenachse (im Abstand von 3 v. H.).

bbb) Wie man sich anhand von Abb. V.1 verdeutlichen kann, nimmt der optimale Umfang an Währungsreserven $(\hat{W})$ zu, wenn die marginalen (Netto-)Alternativkosten der Währungsreserven sinken und (oder) die Grenzerträge steigen. Eine Senkung der marginalen (Netto-)Alternativkosten ergibt sich z. B., wenn die Ertragsrate auf Währungsreserven größer wird. Ein Anstieg der Grenzerträge ist beispielsweise zu vermuten, wenn das Ausmaß temporärer Devisenbilanzungleichgewichte zunimmt, weil dann (bei gegebener Höhe der Währungsreserven) der Umfang erforderlicher Anpassungsmaßnahmen größer wird. Unterstellt man zwischen dem Ausmaß der Devisenbilanzungleichgewichte und dem außenwirtschaftlichen Umsatz (angenähert durch den Importwert) einen gleichgerichteten Zusammenhang, dann läuft diese Vermutung auf die Hypothese hinaus, dass der von einzelnen Ländern gewünschte Bestand an Reserven mit dem Importwert zunimmt. Diese Hypothese lässt sich offenbar auch *empirisch* stützen, wie ökonometrische Schätzungen von Nachfragefunktionen für Währungsreserven erkennen lassen[28].

Nachfrage . . ., a. a. O., S. 37. – Von GRUBEL wird als weiterer Grund angeführt, dass der Grenzertrag steigender Währungsreserven (der auf einen sinkenden Anpassungsbedarf und damit auf ein geringeres Ausmaß an binnenwirtschaftlichen Fluktuationen zurückgeht) um so niedriger bewertet wird, je höher der Grad der Stabilisierung binnenwirtschaftlich relevanter Variablen ist. Siehe H. G. GRUBEL, The International Monetary System. Efficiency and Practical Alternatives. Harmondsworth 1969. S. 63.

27 Die Marginalbedingung liefert ein *Maximum*, weil die *E'-Kurve* die *NAK'-Kurve* von oben schneidet und damit auch die zweite Bedingung für ein Maximum erfüllt wird.

28 Siehe hierzu die Aussage von H. G. GRUBEL, The Demand for International Reserves: A Critical Review of the Literature. „The Journal of Economic Literature", Vol. IX (1971), S. 1164. – Empirische Untersuchungen zeigen ferner, dass die Reservenachfrage mit zunehmender *Variabilität der Devisenbilanzsalden* steigt. Siehe hierzu genauer J. A. FRENKEL, The Demand for International Reserves under Pegged and Flexible Exchange Rate Regimes and Aspects of the Eco-

Abb. V.1: *Optimale Währungsreserven*

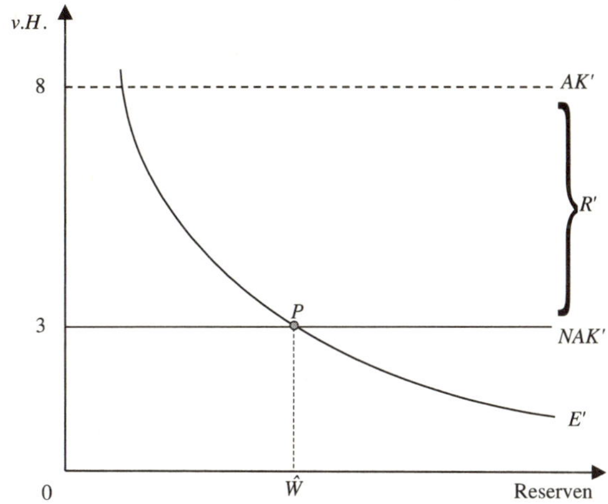

Dabei hat sich auch gezeigt, dass die Importelastizität der Nachfrage nach Reserven kleiner ist als eins[29].

ee) Aussagewert. – Mögen die grundsätzlichen Überlegungen zur Bestimmung optimaler Währungsreserven auch plausibel erscheinen, so bereitet es doch große Schwierigkeiten, den Optimierungsansatz präzise in messbare Größen zu übertragen, um ihn dann als Ausgangspunkt für die Ermittlung des Bedarfs an Währungsreserven innerhalb eines Währungssystems zu benutzen. Insbesondere dürfte es schwer fallen, die exakte Beziehung zwischen dem aus der Vermeidung zusätzlicher Anpassungskosten resultierenden *Grenzertrag* der Währungsreserven und der Höhe der Währungsreserven in befriedigender Weise zu operationalisieren[30]. Außerdem ist zu bedenken, dass ein bestimmter Umfang an Währungsreserven und der dabei zu erwartende *Anpassungsbedarf* einem

nomics of Managed Float. In: The Functioning of Floating Exchange Rates: Theory, Evidence, and Policy Implications (Ed. by D. BIGMAN, T. TAYA). Cambridge, Mass., 1980, S. 170 ff., S. 190.

29 Siehe ebenda. – Vgl. hierzu auch T. J. COURCHENE, G. M. YOUSSEF, The Demand for International Reserves. „Journal of Political Economy", Vol. 75 (1967), S. 410 f. – Der empirische Befund stimmt insofern mit dem Modell von OLIVERA überein, als dieses hinsichtlich der mengenmäßigen Außenwirtschaftstransaktionen eine (partielle) Elastizität der Nachfrage nach Währungsreserven von 0,5 impliziert. Siehe J. H. G. OLIVERA. A Note on the Optimal Rate of Growth of International Reserves. „Journal of Political Economy", Vol. 77 (1969), S. 247.

30 Ansatzweise findet sich ein Versuch zur Abschätzung von Anpassungskosten bei M. KREININ, H. R. HELLER, Adjustment Costs, Optimal Currency Areas, and International Reserves. In: International Trade and Finance. Essays in Honour of JAN TINBERGEN (Ed. by W. SELLEKAERTS). New York 1973. S. 127 ff.

einzelnen Land zwar als „optimal“ erscheinen mag, möglicherweise aber mit den Interessen anderer Länder kollidiert. So wird ein einzelnes Land, das die mit einer Zahlungsbilanzkorrektur verbundenen Anpassungskosten nur gering gewichtet, auf eine defizitäre Devisenbilanzentwicklung vergleichsweise schnell mit kontraktiven geld- und fiskalpolitischen Maßnahmen oder Devisenkontrollen und Importreglementierungen reagieren. Derartige Maßnahmen beeinträchtigen aber die Entwicklung von Inlandsprodukt und Beschäftigung bei wichtigen Handelspartnern[31] und verursachen so – in weltwirtschaftlicher Sicht – externe Kosten. Wegen derartiger Überlegungen, aber auch wegen der bei der Anwendung des Optimierungskalküls auftretenden Quantifizierungsschwierigkeiten, kommt den Betrachtungen zum optimalen Umfang von Währungsreserven bei der Frage nach der angemessenen Versorgung eines Währungssystems mit Währungsreserven nur eine begrenzte praktische Bedeutung zu.

b) Reserveversorgung aus weltwirtschaftlicher Sicht

Bei der Beurteilung der Versorgung eines Währungssystems mit Reserven ist neben der aggregierten Nachfrage der einzelnen Länder das *Gesamtangebot* an Reserven zu berücksichtigen. Inwieweit die Versorgung dabei als angemessen angesehen werden kann, wird anhand bestimmter Kriterien erörtert.

aa) Wohlfahrtstheoretische Aspekte. – Aus der Verbindung der oben angestellten Analyse *optimaler Währungsreserven* mit einigen durch FRIEDMANS Konzept der **optimalen Geldmenge**[32] angeregten wohlfahrtstheoretischen Überlegungen ergeben sich Aspekte[33], die für die Frage der Versorgung eines Währungssystems mit internationalen Reserven nicht ohne Interesse sind. Wichtiger Bestandteil der wohlfahrtstheoretischen Überlegungen ist das Argument, dass der Geldbestand aus gesamtwirtschaftlicher Sicht dann als optimal angesehen werden kann, wenn der aus zusätzlicher Liquidität resultierende Grenzertrag einer Geldeinheit ihren Herstellungskosten entspricht. Geht man nun von der Vorstellung aus, dass die einzelwirtschaftliche Kassenhaltung so weit ausgedehnt wird, bis der *Grenzertrag* aus der Nutzung von Kasse und die durch entgangene Zinsen bestimmten *marginalen (Netto-)Alternativkosten*[34] der Kassenhaltung übereinstimmen, dann ist es unter gesamtwirtschaftlichen Aspekten effizient,

31 Vgl. hierzu die Analyse der Einkommenseffekte mit internationalen Rückwirkungen in Band I im Abschnitt VI. 3.

32 Siehe M. FRIEDMAN, The Optimum Quantity of Money. In: M. FRIEDMAN, The Optimum Quantity of Money and Other Essays. Chicago 1969. S. 1 ff.

33 Vgl. hierzu auch GRUBEL, International Economics, a. a. O., S. 541 f.

34 Differenz zwischen langfristiger Wertpapierrendite und dem Ertrag auf Kasse (einschließlich Sichteinlagen).

die marginalen (Netto-)Alternativkosten so zu beeinflussen, dass sie den *sozialen Grenzkosten* der Bereitstellung von Geld entsprechen. Auf diese Weise würde sich der aus zusätzlicher Liquidität resultierende Grenzertrag den sozialen Grenzkosten der Geldeinheit angleichen. Da nun die Grenzkosten der Bereitstellung von Papiergeld sehr gering sind, wäre es erforderlich, die durch entgangene Zinsen bestimmten marginalen (Netto-)Alternativkosten entsprechend zu ermäßigen. Dieses ließe sich – in theoretischer Sicht[35] – dadurch erreichen, dass Kassenbestände *verzinst* werden, und zwar mit einer Rate, die etwas unter der Wertpapierrendite liegt.

Übertragen auf die Schaffung von Währungsreserven, würden die wohlfahrtstheoretischen Erwägungen bedeuten, dass auf Währungsreserven ein Zinssatz zu zahlen ist, der die marginalen (Netto-)Alternativkosten der Währungsreserven (ausgedrückt durch die Differenz zwischen langfristiger Wertpapierrendite und dem Ertragssatz auf Währungsreserven) auf das Niveau der Grenzkosten ihrer Bereitstellung ermäßigt. Im Falle von Sonderziehungsrechten wäre dieser **optimale Zinssatz** – wie beim nationalen Papiergeld – nur wenig niedriger als die langfristige Wertpapierrendite, da die Grenzkosten der Bereitstellung von SZR (wie beim Papiergeld) gering sind[36].

Der dem optimalen Zinssatz entsprechende *optimale Gesamtbestand an Währungsreserven* ergibt sich als Summe der optimalen Reserven der einzelnen Länder, die diese dadurch bestimmen, dass jeweils die Grenzerträge der Währungsreserven den (durch den optimalen Zinssatz regulierten) marginalen (Netto-)Alternativkosten entsprechen müssen. Eine Quantifizierung des in diesem Sinne optimalen Bestandes an Weltwährungsreserven erscheint schwerlich möglich, da die Grenzerträge der Währungsreserven in Abhängigkeit von der Höhe der Währungsreserven – wie schon erwähnt – empirisch kaum zu erfassen sind[37]. Für die Bestimmung des *optimalen Zinssatzes* liefern die wohlfahrtstheoretischen Erwägungen hingegen nützliche Anhaltspunkte.

35 Da eine Zahlung von Zinsen auf Bargeldbestände schwerlich durchführbar ist, hat FRIEDMAN vorgeschlagen, die Güterpreise durch eine Beschränkung des Geldangebots kontinuierlich so zu senken, dass die Kassenhaltung mit einem realen (prozentualen) Vermögenszuwachs verbunden ist, der in etwa dem Realzins entspricht.

36 In einer groben Schätzung veranschlagt GRUBEL (International Economics, a. a. O., S. 542) die Grenzkosten für Sonderziehungsrechte auf rd. $^1/_3$ v. H. des Wertes eines SZR.

37 Vgl. auch GRUBEL, International Economics, a. a. O., S. 543. – Außerdem ist wieder zu bedenken, dass die relevanten sozialen Grenzerträge der Währungsreserven von den internen Grenzerträgen abweichen, wenn mit zahlungsbilanzpolitischen Anpassungsmaßnahmen in einem Land externe Effekte für andere Länder verbunden sind. Fallen überwiegend externe Kosten an, dann ist die Summe der optimalen Währungsreserven der einzelnen Länder geringer als der aus weltwirtschaftlicher Sicht gewünschte Gesamtbestand an Währungsreserven. Siehe hierzu auch A. CROCKETT, International Money. Issues and Analysis. Walton-on-Thames 1977. S. 135 f.

bb) Reservequotienten. – aaa) In Hinblick auf die Beurteilung der Gesamtversorgung mit Währungsreserven erscheint es wünschenswert, auf einen *quantifizierbaren* Bewertungsmaßstab zurückgreifen zu können. Geht man von der Annahme aus, dass der globale Bedarf an Währungsreserven durch die Entwicklung des Welthandelsvolumens – gemessen durch das gesamte Importvolumen – bestimmt wird, dann bietet sich hierfür die Relation zwischen *Weltwährungsreserven* und (jährlichem) *Weltimportvolumen* an. Der IWF hat diesen Reservequotienten schon in Untersuchungen aus den fünfziger Jahren verwendet[38] und zieht ihn – ebenso wie gelegentlich die BIZ – auch in den laufenden Jahresberichten zur Beurteilung der globalen Reservesituation mit heran[39]. Auch TRIFFIN benutzte die Reserve/Import-Relation zu diesem Zweck in seinem bekannten Buch „Gold and the Dollar Crisis" als groben Beurteilungsmaßstab. Indem er die für bestimmte Ländergruppen ermittelten Reservequotienten deren Anpassungspolitik (in Form von Handels- und Devisenbeschränkungen) gegenüberstellte, gelangte er zu der Folgerung, dass Länder mit einer Reserve/Import-Relation von weniger als etwa 30 oder 33 v. H. zu strikten Anpassungsmaßnahmen veranlasst wurden und ein Reservequotient von etwa 35 v. H. eher noch als zu niedrig für eine angemessene Versorgung mit Währungsreserven anzusehen ist[40].

bbb) Eine auf das Importvolumen abstellende Beurteilung der Versorgung mit internationalen Reserven anhand von Reservequotienten hat zwar einerseits den Vorteil, dass sie sich statistisch erfassbarer Größen bedient, andererseits aber auch den Nachteil, dass ihre theoretische Basis nicht unproblematisch erscheint. So ist zu bedenken, dass der globale Bedarf an Währungsreserven *primär* vom Gesamtumfang der voraussichtlichen *Devisenbilanzdefizite* abhängt. Nun kann man zwar von der Hypothese ausgehen, dass sich der Gesamtumfang der Devisenbilanzdefizite und das durch Importe gemessene Welthandelsvolumen auf längere Sicht gleichgerichtet entwickeln, zu vermuten ist aber, dass die entsprechende Beziehung im Zeitablauf – zumindest kurzfristig – größeren Schwankungen unterworfen und somit *instabil* ist. Abgesehen davon, dass sich Handelsbilanzdefizite und Reservebedarf nicht not-

38 Siehe hierzu die 1953 vom IWF veröffentlichte Studie „The Adequacy of Monetary Reserves", abgedruckt in: The International Monetary Fund . . ., Vol. III . . ., a. a. O., S. 311 ff., sowie International Reserves and Liquidity, abgedruckt ebenda, S. 349 ff.

39 Vgl. z. B. INTERNATIONALER WÄHRUNGSFONDS, Jahresbericht 1981, S. 92 f., BANK FÜR INTERNATIONALEN ZAHLUNGSAUSGLEICH, 53. Jahresbericht. 1. April 1982–31. März 1983. Basel 1983, S. 176 ff.

40 Vgl. TRIFFIN, Gold . . ., a. a. O., S. 45 f. – Nach der IWF-Studie International Reserves and Liquidity wird i. Allg. – von einigen Ländern abgesehen – eine Reserve/Import-Relation in der Größenordnung von „30 und 50 v. H. oder vielleicht von 40 und 50 v. H." angestrebt (S. 380).

wendigerweise proportional zueinander entwickeln[41], ist nämlich zu beachten, dass die Auswirkungen von Handelsbilanzdefiziten auf den Devisenbilanzsaldo insbesondere durch *Kapitalbewegungen* in unterschiedlicher Weise verändert werden. So ist zu erwarten, dass eine Ausweitung der internationalen Verschuldung auf privaten Finanzmärkten (wie nach den Ölpreissteigerungen des Jahres 1973 bis Anfang der achtziger Jahre) tendenziell zu einer *Verringerung* des Reservebedarfs führt[42], auch wenn bei der Kreditaufnahme Reserven nicht selten als Sicherheit dienen. Andererseits bedeutet der Schuldendienst (Tilgungen und Zinszahlungen) für das Schuldnerland eine *Belastung* der Devisenbilanz, die insbesondere dann deutlich hervortritt, wenn weitere Kredite auf internationalen Finanzmärkten nur noch schwer bzw. zu ungünstigen Bedingungen erhältlich sind (wie z. B. nach der kritischen Zuspitzung der internationalen Verschuldungssituation Polens, Argentiniens, Mexikos und Brasiliens Anfang der achtziger Jahre). Außerdem können außenhandelsbedingte Devisenbilanzdefizite auch dadurch verstärkt werden, dass die Länder mit Handelsbilanzdefiziten u. U. zusätzlich zinsinduzierten oder spekulativen Kapitalabflüssen ausgesetzt sind. Der vom Gesamtumfang der Devisenbilanzdefizite abhängige Reservebedarf kann deshalb aufgrund von Kapitalbewegungen auch bei annähernd gleichem Welthandelsvolumen recht unterschiedlich ausfallen.

Für einen zumindest kurzfristig nur lockeren Zusammenhang zwischen Reservebedarf bzw. Gesamtumfang an Devisenbilanzdefiziten einerseits und dem Welthandelsvolumen andererseits spricht ferner, dass sich die *Wechselkurspolitik* der einzelnen Länder – nicht zuletzt als Folge internationaler Vereinbarungen – im Zeitablauf ändern kann. Würden z. B. viele Länder weniger als zuvor auf dem Devisenmarkt intervenieren und käme dementsprechend der Anpassungsmechanismus beweglicher Wechselkurse stärker zum Zuge, dann würden die Devisenbilanzdefizite und der davon abhängige Reservebedarf geringer ausfallen, ohne dass zugleich das Welthandelsvolumen schrumpfen müsste[43].

Ein weiteres Problem bei der Verwendung von Reservequotienten kann darin gesehen werden, dass zur Beurteilung der globalen Versorgung mit Währungsreserven (oder auch zur Abschätzung des zukünftigen Bedarfs) auf eine Maßgröße zurückgegriffen wird, die auf *realisierten* Größen aus der Vergangenheit beruht und in der sich u. U. unerwünschte, durch allgemeine Reserveknappheit bedingte Anpassungsmaßnahmen widerspiegeln. Zur Illustration sei die sehr hohe Reser-

41 Wie schon erwähnt, ergab sich aus einer Reihe ökonometrischer Untersuchungen eine Importelastizität der Reserven von kleiner eins.

42 Siehe hierzu auch INTERNATIONALER WÄHRUNGSFONDS, Jahresbericht 1982, S. 86 f.

43 So stellt auch der IWF in seinem Jahresbericht 1982 (S. 87) fest, dass der „weitverbreitete Übergang zu floatenden Wechselkursen ... den Reservebedarf ... verringert haben (dürfte)“.

ve/Import-Relation Anfang der dreißiger Jahre angeführt, die sich auf fast 100 v. H. belief[44]. Sie ging insbesondere darauf zurück, dass der Welthandel und damit die Importe – nicht zuletzt wegen weltweiten Reservemangels – noch stärker schrumpften als die Weltwährungsreserven, und zwar als Folge von Handels- und Devisenbeschränkungen und deflationären Anpassungsmaßnahmen. Ein als Bewertungsmaßstab geeigneter Reservekoeffizient muss deshalb aus einer Zeitreihe hervorgehen, für die die Versorgung mit Reserven ex post als „*angemessen*“ gelten kann. Erscheint eine derartige Beurteilung nicht möglich, dann muss man sich bei der Analyse der globalen Reservesituation mit Hilfe von Reservequotienten auf *komparative* Aussagen beschränken. So kann in einer nachhaltigen Senkung der Reserve/Import-Relation i. Allg. ein gewisses Indiz für eine Anspannung und in einer nachhaltigen Erhöhung ein gewisses Indiz für eine Entspannung in der Versorgung mit Währungsreserven gesehen werden.

cc) Angemessene Versorgung. – aaa) Die Frage, wie man feststellen kann, ob sich die Versorgung mit Währungsreserven in einer bestimmten Situation als **angemessen** einschätzen lässt, ist bisher weitgehend offen geblieben. Wie es TRIFFIN ansatzweise getan hat, könnte man zu diesem Zweck gewisse Vorgänge und wirtschaftspolitische Aktivitäten beobachten, die sich als *Symptome* für eine knappe oder reichliche Versorgung mit Reserven deuten lassen[45]. So ist zu vermuten, dass die Versorgung mit Währungsreserven eher als *knapp* angesehen werden kann, wenn z. B.

- Devisenkontrollen, Kapitalexportreglementierungen und Importbeschränkungen häufig Anwendung finden,
- Entwicklungshilfe oft mit der Auflage vergeben wird, die empfangenen Mittel im Geberland zu verausgaben,
- die Kreditfazilitäten beim IWF allgemein stark beansprucht werden und
- verbreitet deflationäre Konjunkturpolitik betrieben wird[46].

Umgekehrt können Hinweise für eine eher *reichliche* Versorgung mit Reserven u. a. darin gesehen werden, dass

- Kapitalimporte behindert werden,
- die Kreditfazilitäten des IWF vergleichsweise wenig beansprucht sind und

44 Nach TRIFFIN, Gold . . ., a. a. O., S. 40, betrug 1932 die Quote 97 v. H.

45 Auch vom IWF ist dieser Weg eingeschlagen worden. Siehe hierzu z. B. INTERNATIONAL MONETARY FUND, Annual Report 1972, S. 31, 34 f., und Annual Report 1976, S. 39.

46 In einem System mit Stufenflexibilität (wie dem Bretton Woods-System) würde auch eine verbreitete Neigung, *Abwertungen* vorzunehmen, auf knappe Reserven hindeuten.

– sich weltweit inflationäre Entwicklungen als Folge einer überwiegend in expansiver Richtung betriebenen Konjunkturpolitik abzeichnen[47].

bbb) Probleme bei der Beurteilung der globalen Reservesituation anhand von Symptomen ergeben sich dann, wenn diese *widersprüchlich* sind, z. B. einerseits noch weltweite inflationäre Tendenzen vorherrschen, andererseits aber auch Devisenkontrollen und Importbeschränkungen verbreitet zur Anwendung gelangen. In einem derartigen Fall kann die Entwicklung der Reserve/Import-Relation u. U. Anhaltspunkte für die Einschätzung der aktuellen Reservesituation liefern. Aber auch bei Eindeutigkeit der Symptome erscheint es problematisch, erst darauf zu *warten,* bis die Auswirkungen einer ungünstigen Reservesituation sichtbar werden[48]. Wünschenswert wäre es deshalb, den Bedarf an Währungsreserven bei angemessener Versorgung im voraus abschätzen zu können. Eine grobe Abschätzung erscheint möglich, wenn Reservequotienten – wie die Reserve/Import-Relation – aus Perioden mit angemessener Reserveversorgung vorliegen und sich die Entwicklung des Welthandels auf kurze Sicht zuverlässig prognostizieren lässt.

3. Zur Problematik der Versorgung mit Währungsreserven

Im Folgenden wird auf Probleme eingegangen, die sich aus der Verwendung der traditionellen Reservekomponenten *Gold* und *Devisen* ergeben und die letztlich wesentlich dazu beigetragen haben, dass im Jahre 1969 die Schaffung eines neuen Reservemediums in Form der Sonderziehungsrechte beschlossen wurde. Insofern gehört dieser Abschnitt zur Vorgeschichte der Sonderziehungsrechte. In einer Reihe von Aspekten kommt den behandelten Problemen aber auch noch heute Bedeutung zu, zumal der Anteil der Sonderziehungsrechte an den gesamten Weltwährungsreserven noch immer sehr gering ist und die beiden traditionellen Komponenten nach wie vor bei weitem dominieren[49].

a) Reserven in Form von Gold

aa) Kosten der Goldproduktion. – Gold ist ein Reservemedium, das auch anderen Verwendungszwecken (z. B. industriellen Zwecken) dienen kann und zu dessen Produktion erhebliche Ressourcen, z. B. menschliche Arbeitskraft, aufgewendet

47 Bei Stufenflexibilität würde auch eine verbreitete Neigung zu *Aufwertungen* auf reichliche Reserven hindeuten.

48 Vgl. auch CROCKETT, a. a. O., S. 137.

49 Siehe dazu Unterabschnitt V. 1b).

werden müssen. Da an die Stelle von Gold als Reservemedium Substitute treten können, deren Schaffung weniger kostspielig ist, würde man in weltwirtschaftlicher Sicht *Ressourcen sparen,* wenn man in der internationalen Währungsordnung der Entwicklung im nationalen Geldwesen folgt und Gold durch Papier- oder Buchgeld ersetzt[50].

bb) Mangelhafte Anpassung an den Bedarf. – aaa) Ein weiteres und wohl auch noch wichtigeres Argument gegen die Verwendung von Gold als Reservemedium ist darin zu sehen, dass sich die Versorgung mit Gold für Reservezwecke kurzfristig kaum und längerfristig auch nur unzulänglich am Bedarf an Währungsreserven orientiert. Die *mangelhafte Ausrichtung am Bedarf* ergibt sich zwangsläufig aus den Bestimmungsgründen der Angebotsseite: Die Goldproduktion wird von der Entdeckung und Erschließung neuer Goldfelder sowie von der Entwicklung neuer Schürf- und Extraktionstechniken mitbestimmt; sie reagiert auf Änderungen der Goldnachfrage nur begrenzt und dann auch nur auf längere Sicht. Außerdem wird das Goldangebot für Reservezwecke auch von den schwer oder gar nicht vorhersehbaren Schwankungen der privaten Goldhortung beeinflusst. Schließlich zeigen auch die längerfristigen Erfahrungen aus der Vergangenheit, dass die Entwicklung der Goldreserven ganz erheblich hinter der Entwicklung des Welthandels zurückgeblieben ist. Während sich letzterer (gemessen an den Weltimportwerten) von 1948 bis 1970 um rd. 400 v. H. erhöhte, erfuhren die gesamten Goldreserven im gleichen Zeitraum nur einen Anstieg um 13 v. H.[51].

bbb) Nun mag gegenüber dem Argument einer unzureichenden Anpassung und Ausweitung der Goldreserven eingewendet werden, dass die mengenmäßig wenig flexible Goldkomponente auch über den *Goldpreis* reguliert werden kann, d. h. wegen des schwachen Wachstums der Goldreserven insbesondere über *Goldpreiserhöhungen*[52]. Mit diesem Verfahren sind jedoch erhebliche *Nachteile* verbunden. Abgesehen davon, dass hiermit eine willkürliche Verteilung des Aufwertungsgewinns zugunsten der goldbesitzenden und goldproduzierenden

50 Zu dieser Folgerung mag auch die von TRIFFIN (Gold . . ., a. a. O., S. 89) angeregte Frage führen, inwieweit es ökonomisch sinnvoll sein kann, Gold in einem aufwändigen Produktionsprozess in Südafrika aus der Erde herauszugraben, es dann über weite Strecken zu transportieren, um es schließlich wieder in der Erde, nämlich in den Tresoren der Währungsbehörden, verschwinden zu lassen.

51 Die Prozentsätze wurden aus Zahlen der vom IWF publizierten International Financial Statistics, 1972, Supplement, S. VI f., XIV f., ermittelt.

52 Eine denkbare Alternative zu dieser Angebotsregulierung könnte in einer globalen Anpassung des *Bedarfs* an Währungsreserven durch eine allgemeine *Senkung* der Güterpreise gesehen werden. Wegen der wirtschaftlichen Auswirkungen (insbesondere auf die Beschäftigung) erscheint der Weg über eine weltweite Deflationspolitik aber nicht gangbar.

Länder verbunden ist, würden wiederholte Goldpreiserhöhungen auch zur *Goldspekulation* anregen[53]. Diese würde sich im System eines Golddevisenstandards in erster Linie gegen Reservewährungen richten und durch Umtausch der entsprechenden Devisen in Gold sowohl durch Währungsbehörden als auch durch private Anleger währungspolitische Störungen hervorrufen und – wie bei jedem Rückfluss von Devisenreserven an die Reservezentren – eine Schrumpfung der internationalen Reserven bewirken[54].

b) Reserven in Form von Devisen

Wie bereits erwähnt, besteht die Devisenkomponente innerhalb der Weltwährungsreserven zum weitaus größten Teil aus *Dollaranlagen.* Deshalb beziehen sich die folgenden Ausführungen im Wesentlichen auf Devisenreserven in dieser Form.

aa) Emissionsgewinne („seigniorage"). – aaa) Fungiert eine nationale Währung wie der Dollar als Reservewährung, dann ergibt sich hieraus für das Reservewährungsland, also die USA, die Möglichkeit, Geld- bzw. Reserveemissionsgewinne – in der angelsächsischen Terminologie als **„seigniorage"** bezeichnet – zu realisieren[55]. **Reserveemissionsgewinne** entstehen dadurch, dass die USA im Ausland Ansprüche (z. B. Aktien) bzw. Güter (z. B. Investitionsgüter) kaufen, diese mit Dollarguthaben finanzieren und mit den erworbenen Ansprüchen bzw. importierten Gütern eine Rendite erwirtschaften[56], die auch unter Berücksichtigung eines möglichen Risikos noch größer ist als der Zinssatz für Dollarverbindlichkeiten (z. B. in Form von US-Schatzwechseln)[57]. Die Frage liegt nahe, ob derartige Gewinne, die dem Reservewährungsland aus der Versorgung eines Währungssystems mit internationalen Reserven zufließen, vermeidbar sind

53 Vgl. F. MACHLUP, Die Pläne zur Reform des internationalen Geldwesens. (Kieler Vorträge, N.F. 23.) Kiel 1962. S. 47 f. – Committee on the Working of the Monetary System. Report (Cmnd. 827.) London 1959. S. 246.

54 Vgl. hierzu auch die Erfahrungen aus dem Zusammenbruch des restaurierten Goldstandards (siehe Unterabschnitt III. 2a) bb)).

55 Hierzu gibt es gewisse Parallelen in der nationalen Geldordnung: Der Staat realisiert einen Emissionsgewinn in Form eines Münzgewinns, weil die Produktionskosten der meisten Münzen niedriger sind als ihr jeweiliger Nennwert. Bei der Zentralbank entsteht ein (Geld-)Emissionsgewinn, wenn sie zinstragende Titel (z. B. Handelswechsel) gegen Zentralbankgeld erwirbt.

56 Bei Importen von Konsumgütern resultiert die Rendite daraus, dass die USA ihre eigenen Ressourcen weniger für die Erzeugung von Konsumgütern und mehr für die Erzeugung von (produktiven) Investitionsgütern einsetzen können.

57 Von den (vergleichsweise geringen) Kosten der Bereitstellung von Dollarguthaben ist bei dieser Aussage abgesehen worden. Sie müssten der Verzinsung der Dollarverbindlichkeiten hinzugerechnet werden.

bzw. sich in anderer Weise verteilen lassen. Wie im Folgenden kurz gezeigt werden soll, ist diese Frage zu bejahen, wenn Währungsreserven nicht in Form bestimmter nationaler Währungen gehalten, sondern (analog zur nationalen Geldordnung) zentralisiert durch eine internationale Währungsinstitution wie den IWF geschaffen werden[58].

bbb) Würden internationale Reserven dadurch entstehen, dass der IWF Devisenreserven von seinen Mitgliedern *ankauft* und mit IWF-Depositen *bezahlt*, dann ergäbe sich ein Reserveemissionsgewinn, wenn die Devisen vom Fonds auf Finanzmärkten rentierlich angelegt würden. Dieser Gewinn ließe sich an die Mitglieder transferieren, indem die IWF-Depositen vom Fonds entsprechend *verzinst* werden. Die Problematik dieser Form der Reserveschaffung liegt darin, dass eine internationale Behörde in weltweitem Rahmen umfangreiche Finanzgeschäfte durchführt und dabei u. U. einen erheblichen Einfluss auf die Entwicklung nationaler und internationaler Finanzmärkte ausübt. Eine Alternative ist darin zu sehen, dass der IWF internationale Reserven *ohne Gegenleistung* an die Mitglieder verteilt. Mit der Nutzung dieser Reserven verbundene, den Reserveemissionsgewinnen ähnliche Vorteile lassen sich dadurch ausgleichen, dass Länder, deren Bestände an IWF-Reserveeinheiten *kleiner* sind als die Zuteilungen, für die Nutzung der Reserven entsprechende Zinszahlungen an den IWF zu erbringen haben, *und* Länder, deren Bestände an IWF-Reserveeinheiten *größer* sind als ihre Zuteilungen, eine Entschädigung für die zur Verfügung gestellten Ressourcen durch Zinszahlungen vom IWF erhalten. Schließlich besteht auch noch die Möglichkeit, die IWF-Reserveeinheiten zunächst an *bestimmte Länder* zu verteilen, z. B. Entwicklungsländer, die von diesen dann über eine Verausgabung durch Güterimporte aus anderen Ländern (also unter Realisierung eines Reserveemissionsgewinns) in Umlauf gebracht und von IWF-Mitgliedern als Währungsreserven gehalten werden[59].

bb) Verminderter Anpassungsdruck. – Neben dem Aspekt der Reserveemissionsgewinne ist die Verwendung von Devisen, also insbesondere von Dollarguthaben, noch aus anderen Gründen mit Problemen verbunden. Wie schon im einführenden Kapitel angedeutet, haben Reservewährungsländer wie die USA das Privileg, Devisenbilanzdefizite mit der *eigenen Währung* finanzieren zu können; sie unterliegen deshalb auch nicht in gleichem Maße wie andere Länder der Notwendigkeit, aus Gründen zu knapper Währungsreserven interne Anpassungsmaßnahmen zu ergreifen[60]. Außerdem entfällt der durch Dollarabgaben über

58 Vgl. zu den folgenden Ausführungen auch GRUBEL, International Economics, a. a. O., S. 544 ff.

59 Zur grundsätzlichen Problematik einer Verknüpfung der Reserveschaffung mit der Entwicklungshilfe siehe die Anmerkungen zu dem sog. „link"-Vorschlag im Unterabschnitt V. 4c).

60 Mit den Worten von RUEFF: „... the gold exchange standard ... produced the secret of a deficit

kontraktive Liquiditätseffekte ausgelöste *Anpassungsdruck*, wenn die von den Währungsbehörden der Überschussländer angekauften Dollarbeträge wieder in die USA – außerhalb des Federal Reserve System – zurückfließen, z. B. durch Anlage in US-Schatzwechseln oder in Form von Einlagen bei amerikanischen Banken[61]. Da gleichzeitig bei den Überschussländern von den Dollarzuflüssen (ohne erfolgreiche Neutralisierungsmaßnahmen) expansive Liquiditätseffekte ausgehen, birgt die *Asymmetrie* in den Liquiditätswirkungen die Gefahr in sich, zur Quelle einer weltweiten Inflationierung zu werden[62].

cc) Vertrauenskrisen. – aaa) In dem verminderten Zwang zur Zahlungsbilanzkorrektur dürfte mit ein Grund für die anhaltenden amerikanischen Devisenbilanzdefizite zu sehen sein. Waren diese bis Ende der fünfziger Jahre wegen des bestehenden *Mangels an Währungsreserven* noch durchaus willkommen, so wurden sie seit Beginn der sechziger Jahre immer mehr zu einer Ursache von Vertrauenskrisen gegenüber dem Dollar; denn mit den Devisenbilanzdefiziten ging zwangsläufig eine zunehmende *Verschuldung* der USA gegenüber ausländischen Währungsbehörden einher. Diese Verschuldung erreichte erstmalig 1964 mit fast sechzehn Mrd. Dollar einen Umfang, der über den Goldbestand der USA hinausging[63]. Da die USA als einziges Land die Verpflichtung eingegangen waren, von ausländischen Währungsbehörden gehaltene Dollarbestände zu dem bereits erwähnten (offiziellen) Preis von 35 $/Unze[64] in Gold umzutauschen, verstärkten sich bei hohen amerikanischen Devisenbilanzdefiziten und dadurch sprunghaft ansteigenden Dollarverbindlichkeiten die Zweifel, ob die USA die Goldkonvertibilität des Dollar aufrechterhalten würden. Die Folgen solcher Vertrauensstörungen waren nicht selten massive, spekulativ bedingte Fluchtbewegungen aus dem Dollar in das Gold oder in aufwertungsverdächtige Währungen (wie die DM oder den Schweizer Franken), wodurch die defizitäre Entwicklung der amerikanischen Devisenbilanz noch verstärkt wurde. Zwar ist das Problem der Goldkonvertibilität des Dollar durch die am 15.8.1971 erfolgte *Aufhebung der Goldeinlösungspflicht* nicht mehr relevant, dessen ungeachtet erweisen sich die inzwischen gewaltig angewachsenen Dollarbestände außerhalb der USA[65] aber auch weiterhin als gravierender potenzieller Störfaktor im west-

without tears, . . ." (J. RUEFF, Gold Exchange Standard a Danger to the West. In: World Monetary Reform. Plans and Issues. (Ed. by H. G. GRUBEL). Stanford, Cal., 1963. S. 322).

61 Siehe hierzu auch Unterabschnitt I. 1b) aa).

62 Vgl. RUEFF, a. a. O., S. 324.

63 Vgl. INTERNATIONAL MONETARY FUND, International Financial Statistics, 1972, Supplement, S. 3.

64 Zuzüglich einer Kommission von ¼ v. H.

65 Ende 1983 beliefen sich die Verbindlichkeiten der USA gegenüber ausländischen Zentralbanken und Regierungen auf rd. 170 Mrd. US-Dollar; sie waren damit – auch bei Bewertung der

lichen Währungssystem, da sie bei einer sich abzeichnenden Dollarschwäche kurzfristig zu einem starken Angebotsdruck auf den Dollarmärkten führen können, wodurch bei flexiblen Wechselkursen ein abrupter starker Kursverfall des Dollar und bei festen Wechselkursen eine übermäßige Ausdehnung des Geldvolumens in den Überschussländern eintreten kann.

bbb) Die Tatsache, dass die Dollarreserven weiter stark anstiegen[66], obwohl man sich de facto schon Anfang 1973 und de jure 1978 von festen Wechselkursen gelöst hatte, ist insofern bemerkenswert, als diese Entwicklung nicht mehr der im Bretton Woods-System verankerten Interventionsverpflichtung angelastet werden kann. In ihr äußert sich – so GRUBEL[67] – eine „bekundete Präferenz" für die Akkumulierung von Dollarreserven gegenüber einer stärkeren Aufwertung der heimischen Währung (oder anderen möglichen Formen der Zahlungsbilanzkorrektur). Bestimmend hierfür war bei einigen Ländern der Wunsch, den Bestand an Währungsreserven aufzufüllen (wie beim Vereinigten Königreich 1977[68]); bei anderen Ländern war der starke Zugang an Reserven jedoch unerwünscht und nur zwangsläufig *Begleiterscheinung* des Bemühens, „die Aufwärtsbewegung ihrer Währungen auf den Devisenmärkten zu zügeln"[69]. Man wollte mit den Devisenmarktinterventionen zum einen Wettbewerbsnachteilen durch eine übermäßige Aufwertung entgegenwirken, zum anderen aber auch vermeiden, dass währungspolitische Unruhen als Folge schwindenden Vertrauens in den Dollar zu einem Störfaktor im internationalen Handel wurden[70].

dd) Mangelhafte Anpassung an den Bedarf. – Amerikanische Devisenbilanzdefizite als Quelle zusätzlicher Währungsreserven sind nicht nur deshalb problematisch, weil ein Anstieg der Dollarverbindlichkeiten eine Erhöhung der für spekulative Umschichtungen verfügbaren Dollarbestände, also eine Ausweitung des internationalen Spekulationspotenzials, bedeutet; wahrscheinlich ist auch, dass sich auf diese Weise eine angemessene Versorgung mit internationalen Re-

US-Goldbestände zu Marktpreisen – noch erheblich größer als die gesamten amerikanischen Währungsreserven. Siehe zu den Angaben INTERNATIONAL MONETARY FUND, International Financial Statistics, June 1984, S. 72, 459.

66 Die offiziellen Dollarforderungen an die USA stiegen von Ende 1973 bis Ende 1980 um 122 v. H. Vgl. hierzu die Zahlen in INTERNATIONALER WÄHRUNGSFONDS, Jahresbericht 1981, S. 111.

67 GRUBEL, International Economics, a. a. O., S. 477.

68 Siehe BANK FÜR INTERNATIONALEN ZAHLUNGSAUSGLEICH, 48. Jahresbericht. 1. April 1977–31. März 1978. Basel 1978, S. 121, 126.

69 Ebenda, S. 147.

70 Zu Eingriffen sahen sich diese Länder auch insofern veranlasst, als die vom Außenhandel weniger abhängigen USA die Devisenmarktentwicklung mit Gelassenheit hinnahmen und sich von einem Verhalten der „benign neglect" gegenüber der Dollarabwertung offensichtlich eine Verringerung ihrer Leistungsbilanzdefizite versprachen.

serven nicht erreichen lässt. In welchem Umfang Dollarreserven entstehen, wird durch die *Devisenbilanzentwicklung* der Vereinigten Staaten bestimmt, und diese ist das Ergebnis einer Vielzahl einzelwirtschaftlicher Entscheidungen, die zumeist privatwirtschaftlichen Motiven folgen. Zwar wird auf Zahlungsbilanztransaktionen wirtschaftspolitisch auch in der Absicht eingewirkt, die Entwicklung der heimischen Währungsreserven zu beeinflussen (sie z. B. durch eine Abwertung oder restriktive Geldpolitik zu erhöhen); doch häufig sind auch andere Einflüsse für die amerikanischen Devisenbilanzdefizite maßgeblich, z. B. eine an binnenwirtschaftlichen Zielen orientierte, unterschiedliche Ausrichtung der Konjunkturpolitik in den USA und bei ihren Handelspartnern und nicht selten auch spekulativ bedingte Veränderungen des Dollarangebots auf Devisenmärkten. Aus diesen Gründen muss die Versorgung mit Devisenreserven, d. h. insbesondere mit Dollarreserven, in Hinblick auf den weltweiten Bedarf in hohem Maße als *zufallsbedingt* angesehen werden.

c) TRIFFIN-Plan

Die aufgezeigten – mit der Verwendung von Gold und Devisen als Währungsreserven verbundenen – Probleme regten zu einer Anfang der sechziger Jahre intensiver werdenden Diskussion über *Pläne zur Reform* der westlichen Währungsordnung an. Auf eine Wiedergabe der verschiedenen Reformpläne soll hier verzichtet werden, zumal viele von ihnen durch die inzwischen eingetretenen Entwicklungen überholt sind[71]. Nur auf den sog. **TRIFFIN-Plan** sei kurz eingegangen, da dieser eine besonders große Resonanz gefunden hatte und auch in engem Zusammenhang mit der eben behandelten Problematik von Devisenreserven zu sehen ist.

Der TRIFFINsche Vorschlag[72] zielt darauf ab, die von ihm als besonders problematisch angesehene *Devisenkomponente* innerhalb der Währungsreserven zu *eliminieren* und durch ein *internationales Reservemedium* zu ersetzen, und zwar in Form von goldwertgesicherten und zinstragenden IWF-Depositen. Die Schaffung von *IWF-Depositen* sollte dabei auf *drei* Wegen erfolgen:

1) Die Mitglieder des IWF übertragen Teile ihrer Währungsreserven auf den Fonds und erhalten dafür IWF-Depositen, wovon ein Mindestbestand in Höhe von 20 v. H. der jeweiligen (Brutto-)Reserven obligatorisch sein sollte.
2) Der Fonds gewährt den Mitgliedern (wie auch schon vorher) Kredite.

71 Zu den Reformplänen und ihrer Diskussion siehe z. B. GRUBEL (Ed.), World Monetary Reform, a. a. O. – MACHLUP, a. a. O.

72 Vgl. TRIFFIN, Gold . . ., a. a. O., S. 102 ff.

3) Der Fonds führt Offenmarktoperationen durch und kauft bzw. verkauft dabei marktgängige Wertpapiere auf den Finanzmärkten seiner Mitglieder gegen IWF-Depositen[73].

Während bei der Kreditgewährung die Schaffung von Reserven auf Initiative der Mitglieder erfolgt, bieten die Offenmarktoperationen dem Fonds die Möglichkeit, *von sich aus* den Gesamtbestand an Reserven entsprechend einer von ihm als angemessen angesehenen Versorgung zu regulieren.

Zur *Eliminierung* der Devisenkomponente sollen nach dem Vorschlag von TRIFFIN mit der Zeit sämtliche Devisenreserven auf den Fonds übertragen und die entsprechenden Verbindlichkeiten von den Schuldnerländern, also insbesondere von den USA und dem Vereinigten Königreich, in flexibler Weise und über einen langen Zeitraum (durch Übertragungen von IWF-Depositen oder Gold) getilgt werden[74]. Mit diesem Vorschlag zu einer *Konsolidierung* (und längerfristigen Tilgung) der kurzfristigen Devisenverbindlichkeiten der Reservewährungsländer hat TRIFFIN ein Problem aufgegriffen[75], dessen Lösung auch erforderlich wird, wenn die inzwischen geschaffenen *Sonderziehungsrechte* (wie in der zweiten IWF-Abkommensänderung zum Ausdruck gebracht) Hauptreservemedium des internationalen Währungssystems werden sollen. Mit dem Vorschlag zur Schaffung eines *internationalen Reservemediums* hat TRIFFIN Ideen aus dem KEYNES-Plan wiederbelebt und die Reformdiskussion mit in eine Richtung gelenkt, die im Jahre 1969 zur Schaffung der Sonderziehungsrechte führte.

4. Sonderziehungsrechte

a) Entstehung

aa) Vertragliche Grundlagen. – Unter dem Eindruck des seit 1952 fast ständig zu beobachtenden Rückgangs der Reserve/Import-Relation sowie der nach 1964 zu verzeichnenden Abschwächung des Reservewachstums und absoluten Verringerung der Goldreserven[76] wurden Mitte der sechziger Jahre die Verhand-

73 Da der Fonds im Rahmen solcher Transaktionen auch Weltbankbonds erwerben kann, verspricht sich TRIFFIN von Offenmarktoperationen gleichzeitig eine Finanzierungshilfe für die *Entwicklungsländer.*

74 Vgl. TRIFFIN, Gold . . ., a. a. O., S. 110 f.

75 Eine ähnliche, auf A. C. L. DAY zurückgehende Anregung findet sich in Committee on the Working . . ., a. a. O., S. 241, 247 f.

76 Nach den Berechnungen des Internationalen Währungsfonds sank die Reserve/Import-Relation von 1952 bis 1968 um mehr als die Hälfte, verminderte sich die durchschnittliche Wachstumsrate der Währungsreserven von 3,5 v. H. pro Jahr (1960–64) auf 1 v. H. pro Jahr (1965–68)

lungen über die Schaffung von zusätzlichen Währungsreserven intensiviert[77]. Die Verhandlungen gestalteten sich schwierig, weil Frankreich unter der Präsidentschaft DE GAULLES die Auffassung vertrat, dass die (im vorangegangenen Abschnitt beschriebenen) Schwächen des Golddevisenstandards eher durch eine Rückkehr zum Goldstandard als durch die Einführung eines neuen Reservemediums überwunden werden sollten[78]. Diesem Standpunkt Frankreichs wurde bei der 1969 ratifizierten ersten Änderung des IWF-Abkommens insofern Rechnung getragen, als die Verwendung der Sonderziehungsrechte (SZR) Einschränkungen unterworfen wurde. Insbesondere wurde den Teilnehmern am Sonderziehungskonto *zunächst* auferlegt, im Durchschnitt einer Fünfjahresperiode mindestens einen Bestand von 30 v. H. der ihnen zugeteilten Sonderziehungsrechte zu halten und zur Erfüllung dieser Mindestquote gegebenenfalls Sonderziehungsrechte zurückzuerwerben. Trotz dieser (später abgeschafften[79]) **Rekonstitutionspflicht** wurden die Sonderziehungsrechte im Allgemeinen von Anfang an den Währungsreserven zugerechnet[80], da auf jeden Fall die über die Mindestquote hinausgehenden Beträge jederzeit zur Finanzierung eines Zahlungsbilanzdefizits eingesetzt werden können, wie im Folgenden näher erläutert wird.

Der Wert des Sonderziehungsrechts wurde bei seiner Schaffung (1969) zunächst in Gold festgelegt (35 SZR entsprachen einer Unze Feingold). Neben dieser Goldwertgarantie, die 1974 aufgehoben wurde, diente auch die im Abkommen vereinbarte Verzinsung dazu, das Halten von Sonderziehungsrechten attraktiv zu gestalten[81].

bb) Aktivierung. – Mit der Ratifizierung der ersten Abkommensänderung waren die vertraglichen Grundlagen für die Zuteilung von Sonderziehungsrechten geschaffen; Beschlüsse für ihre Aktivierung sollten im langfristigen Interesse des

und nahmen die Goldreserven, die im Zeitraum 1952–64 noch gestiegen waren (mit durchschnittlich +1,5 v. H. pro Jahr), im Zusammenhang mit Nettoverkäufen des Goldpools im Zeitraum 1965–68 ab (um durchschnittlich –1 v. H. pro Jahr). Vgl. INTERNATIONALER WÄHRUNGSFONDS, Jahresbericht 1969, S. 21 f. – Zum Goldpool vgl. Unterabschnitt 1a) bb) dieses Kapitels.

77 Vgl. M. GARRITSEN DE VRIES, The International Monetary Fund, 1966–1971: The System Under Stress. Vol. I: Narrative. Washington, D. C., 1976. S. 74 ff.

78 Ebenda, S. 61 f. – Zu den Auseinandersetzungen während der Verhandlungen vgl. auch R. SOLOMON, a. a. O., S. 128 ff.

79 Die Abschaffung erfolgte 1981, nachdem die Mindestquote zuvor schon herabgesetzt worden war.

80 So z. B. von der BUNDESBANK. Vgl. Geschäftsbericht der Deutschen Bundesbank für das Jahr 1969, S. 40.

81 Beide Regelungen wurden mehrfach geändert. Näheres zum heutigen Stand enthält der folgende Unterabschnitt 4b).

Weltwährungssystems insgesamt und nicht zur Behebung von vielleicht eher kurzfristigen Zahlungsbilanzschwierigkeiten einzelner Länder erfolgen. Im Einzelnen wurde als Voraussetzung für die erstmalige Zuteilung angeführt, dass „ein weltweiter Bedarf nach Ergänzung der Währungsreserven besteht, dass ein besseres Gleichgewicht der Zahlungsbilanzen erreicht ist und dass ein besseres Funktionieren des Anpassungsprozesses in der Zukunft wahrscheinlich ist[82]".

Die Entscheidung über die erstmalige Zuteilung fiel bereits 1969 und wurde ab 1970 wirksam. Im Nachhinein wird deutlich, dass die genannten Voraussetzungen für die erstmalige Zuteilung damals *nicht* erfüllt gewesen sind. Unabhängig von der Zuteilung beschleunigte sich nämlich ab 1970 der Zuwachs an Weltwährungsreserven erheblich; hiermit zusammenhängend, bildete sich nach vorübergehenden Überschüssen ein hohes Defizit in der amerikanischen Devisenbilanz heraus[83], und die kurze Zeit später vorgenommenen Wechselkursänderungen zeigten schließlich, dass der Anpassungsprozess bei festen Wechselkursen versagt hatte[84].

Sicherlich wurde bei der Aktivierung der Sonderziehungsrechte die darauf folgende Entwicklung nicht vorausgesehen. In dem Beschluss zur Zuteilung spiegelt sich aber auch ein *Wandel der Auffassung* wider. Während nämlich bei den Verhandlungen über die Abkommensänderung die Beseitigung des amerikanischen Devisenbilanzdefizits als Voraussetzung für die Aktivierung der Sonderziehungsrechte angesehen wurde, betrachtete man später umgekehrt die Aktivierung der Sonderziehungsrechte als Vorbedingung für die dauerhafte Beseitigung des amerikanischen Defizits[85]. Hinter dieser gewandelten Auffassung steht die Vorstellung, dass eine energische Politik zur Bekämpfung des amerikanischen Devisenbilanzdefizits von den anderen Ländern erst dann unterstützt werden würde, wenn diese zum Ausgleich des damit drohenden Verlusts von Dollarguthaben eine andere Form von Währungsreserven, nämlich Sonderziehungsrechte, erhalten würden.

Die Zuteilung von Sonderziehungsrechten erfolgte während zweier Zeiträume (1970–72 und 1979–81) in Höhe von insgesamt 21,4 Mrd. SZR. Im Vergleich zur Gesamtsumme der Währungsreserven, die sich im März 2001 auf 1778,7 Mrd. SZR (mit Gold bewertet zu Marktpreisen) beliefen[86], ist der Gesamtbetrag an zugeteilten Sonderziehungsrechten somit von geringer Bedeutung geblieben.

82 Artikel XXIV, Abschnitt 1, in der Fassung von 1968. – Vgl. Bundesgesetzblatt, Teil II (1968), Nr. 55 vom 31.12.1968, S. 1233.

83 Vgl. dazu Geschäftsbericht der Deutschen Bundesbank für das Jahr 1970, S. 34.

84 Vgl. auch den folgenden Unterabschnitt V. 5c).

85 Vgl. SOLOMON, a. a. O., S. 148 f.

86 Vgl. INTERNATIONALER WÄHRUNGSFONDS, Jahresbericht 2001, S. 102.

b) Ausgestaltung

aa) Teilnahme. – Die Mitglieder des Internationalen Währungsfonds können durch eine schriftliche Erklärung Teilnehmer der Sonderziehungsrechts-Abteilung werden (Artikel XVII, Abschnitt 1, in der Fassung von 1978). Nach dem Stand von April 2001 sind alle IWF-Mitglieder Teilnehmer und damit bei SZR-Zuteilungen bezugsberechtigt[87]. Neben den Teilnehmern können vom Fonds als sog. **sonstige Inhaber** (bzw. zugelassene Inhaber) von Sonderziehungsrechten auch Mitglieder, die nicht Teilnehmer sind, sowie Nicht-Mitglieder, Institutionen, die Zentralbankaufgaben für mehr als ein Mitglied erfüllen, und andere amtliche Stellen zugelassen werden[88].

bb) Zuteilung und Einziehung. – Sonderziehungsrechte werden ausschließlich den Teilnehmern der Sonderziehungsrechts-Abteilung zugeteilt. Der Beschluss kann nur aufgrund von Vorschlägen des geschäftsführenden Direktors und mit Zustimmung des Exekutivdirektoriums gefasst werden; er bedarf einer Mehrheit von 85 v. H. aller Stimmen im Gouverneursrat (Artikel XVIII, Abschnitt 4). Damit ist bei den z. Z. bestehenden Stimmenanteilen ein Beschluss gegen das Votum der Vereinigten Staaten ebenso wenig möglich wie gegen das gemeinsame Votum der EU-Länder.

Bei einer Zuteilung erhalten alle teilnehmenden Länder Sonderziehungsrechte in Höhe eines einheitlichen Prozentsatzes ihrer im Zeitpunkt des Zuteilungsbeschlusses geltenden Quote; abweichend davon kann auch ein anderer Zeitpunkt für die Berechnung zugrunde gelegt werden (Artikel XVIII, Abschnitt 2). Die Zuteilung erfolgt, ohne dass die teilnehmenden Mitglieder eine Gegenleistung in Form von Einzahlungen zu erbringen haben. Sonderziehungsrechte werden nicht für eine bestimmte Frist zugeteilt, können aber durch einen *Einziehungsbeschluss,* der dem gleichen Verfahren wie die Zuteilung unterliegt, um einen für alle Länder einheitlichen Prozentsatz der kumulativen Nettozuteilung[89] wieder vermindert werden. Zuteilungen werden nicht für jedes Jahr neu beschlossen, sondern jeweils für eine sog. „*Basisperiode*", wobei Abweichungen von der grundsätzlich vorgesehenen fünfjährigen Dauer dieser Basisperiode möglich sind[90].

87 Siehe INTERNATIONALER WÄHRUNGSFONDS, Jahresbericht 2001, S. 196.

88 Nach dem Stand von November 2000 waren insgesamt sechzehn sonstige Inhaber zugelassen. Vgl. hierzu ebenda, S. 78.

89 Unter der **kumulativen Nettozuteilung** wird der Gesamtbetrag aller einem Teilnehmer zugeteilten Sonderziehungsrechte (abzüglich etwaiger bereits eingezogener Sonderziehungsrechte) verstanden.

90 So umfasste die erste Basisperiode drei, die zweite (in der keine Zuteilungen erfolgten) fünf und die dritte vier Jahre.

Die Teilnehmer der Sonderziehungsrechts-Abteilung können für die jeweilige Basisperiode eine *Zuteilung ablehnen*. Damit entgeht dem betreffenden Land zwar auf der einen Seite ein Zuwachs an Währungsreserven; auf der anderen Seite entzieht es sich aber insoweit auch den Verpflichtungen, die es im Zusammenhang mit der Designierung auf sich nehmen müsste, wie im Folgenden noch erläutert wird.

Länder, die dem IWF nach der letzten SZR-Zuteilung am 1.1.1981 beigetreten sind (derzeit über ein Fünftel der Mitglieder), haben bisher keine SZR-Zuweisung erhalten. Deshalb hat der Gouverneursrat im September 1997 eine vierte Änderung des IWF-Abkommens vorgeschlagen, um eine einmalige, spezielle (d. h. nicht quotenproportionale) SZR-Zuteilung zu ermöglichen. Mit der beabsichtigten Aufstockung der SZR-Mittel um 21,4 Mrd. SZR, durch die sich der Betrag der bisher zugeteilten SZR-Zuteilungen verdoppeln würde, könnte man ermöglichen, dass alle Mitglieder an den kumulativen SZR-Zuteilungen mit einem „gerechten Anteil“ beteiligt wären. Die erforderliche Änderung des IWF-Abkommens, die auch spezielle SZR-Zuteilungen für zukünftige Mitglieder vorsieht, tritt in Kraft, wenn sie von drei Fünfteln der Mitglieder, die zusammen über mindestens 85 v. H. der gesamten Stimmen verfügen, ratifiziert worden ist.

cc) Verwendungsmöglichkeiten. – Als Inhaber von Sonderziehungsrechten sind Private nicht zugelassen. Deshalb können Sonderziehungsrechte auch nur innerhalb eines geschlossenen Systems übertragen werden, das aus den Mitgliedern des Internationalen Währungsfonds, den zugelassenen sonstigen Inhabern und dem Fonds selbst besteht. Im einzelnen finden sie Verwendung

- für Transaktionen im Wege der sog. Designierung,
- für Transaktionen im gegenseitigen Einvernehmen und für sog. Operationen[91] unter den Inhabern von Sonderziehungsrechten sowie
- für Transaktionen und Operationen zwischen dem Fonds und seinen Mitgliedern.

aaa) Da Sonderziehungsrechte nicht an Private übertragen werden dürfen, können sie nicht unmittelbar für Interventionen am Devisenmarkt (z. B. zur Finanzierung eines Devisenbilanzdefizits) eingesetzt werden, sondern müssen zunächst in Devisen (insbesondere Dollar) umgetauscht werden. Um sicherzustellen, dass die Sonderziehungsrechte in dieser Weise verwendet werden kön-

91 In der Sprache des IWF-Vertrags werden als **Transaktionen** der gegenseitige Tausch monetärer Vermögenswerte (z. B. SZR gegen Devisen) und als **Operationen** sonstige Geschäfte mit monetären Vermögenswerten bezeichnet (Artikel XXX).

nen, ist jeder Teilnehmer der Sonderziehungsrechts-Abteilung berechtigt, im Falle eines aus der Zahlungsbilanz- oder Reserveposition resultierenden *Finanzierungsbedarfs* im Wege der sog. **Designierung** Devisen gegen Sonderziehungsrechte zu erwerben (Artikel XIX, Abschnitte 2 und 3). Diese Transaktion wird über den Fonds abgewickelt, der andere Teilnehmer benennt, die gegen SZR frei verwendbare Währungen[92] zur Verfügung stellen müssen. Derartige Transaktionen mit Designierung dürfen nicht zu dem alleinigen Zweck vorgenommen werden, die Zusammensetzung der Währungsreserven zu verändern (konkret: die zugeteilten Sonderziehungsrechte durch Devisen zu ersetzen). Um die Verwendbarkeit der Sonderziehungsrechte nicht unnötig einzuschränken, darf der Fonds einen derartigen Gebrauch nicht einfach untersagen, kann aber als Sanktion den betreffenden Teilnehmer im Zuge späterer Designierung seinerseits dazu verpflichten, selbst frei verwendbare Währungen anderen Teilnehmern zur Verfügung zu stellen.

Ein *Annahmezwang*, der sich bei Designierung für die Sonderziehungsrechte ergibt, stellt als solcher keinen Ausnahmefall dar und ist im nationalen Bereich für gesetzliche Zahlungsmittel bekannt. Allerdings hat der Fonds hinsichtlich der Ankaufsverpflichtung eine Grenze zu beachten, die erreicht ist, sobald sich der Bestand eines Teilnehmers an Sonderziehungsrechten auf das Dreifache der kumulativen Nettozuteilung beläuft, es sei denn, zwischen dem IWF und einem Mitglied ist eine höhere Grenze vereinbart worden. Neben der Annahmegrenze soll der Fonds bei der Designierung bestimmte *Grundsätze* beachten (Artikel XIX, Abschnitt 5). So unterliegt ein Teilnehmer der Designierung, wenn seine Zahlungsbilanz- und insbesondere seine *Reserveposition ausreichend stark* ist. Außerdem designiert der Fonds in der Weise, dass unter den Mitgliedern eine im Zeitablauf ausgewogene Verteilung der SZR-Bestände erreicht wird.

bbb) Abgesehen von Transaktionen mit Designierung können Fondsmitglieder Devisen gegen Sonderziehungsrechte auch im *gegenseitigen Einvernehmen* erwerben (Artikel XIX, Abschnitt 2b). Anders als bei der Umwandlung von Sonderziehungsrechten in Devisen im Wege der Designierung ist es in diesem Fall nicht erforderlich, dass ein Finanzierungsbedarf aufgrund der Zahlungsbilanz- bzw. Reserveposition vorliegt. Ferner hat der Fonds unter bestimmten Auflagen eine Verwendung für andere Zwecke zugelassen. So können Teilnehmer und sonstige Inhaber Sonderziehungsrechte u. a. zur Begleichung finanzieller Verpflichtungen, bei SZR-Krediten, SZR-Termingeschäften und im Zuge von Schenkungen verwenden sowie zur Absicherung finanzieller Verpflichtungen verpfänden[93].

92 Vgl. Unterabschnitt IV. 2e).

93 Einzelheiten siehe INTERNATIONAL MONETARY FUND, Selected Decisions . . ., a. a. O., S. 563 ff.

Transaktionen im Einvernehmen haben dazu geführt, dass sich eine *Designierung* seit September 1987 als nicht mehr erforderlich erwiesen hat. Insbesondere haben die zwischen einer Reihe von IWF-Mitgliedern und dem Fonds bestehenden sog. *„reziproken Vereinbarungen"* die Transaktionen im Einvernehmen erleichtert und dadurch zur Verdrängung der Transaktionen mit Designierung beigetragen. Im Rahmen derartiger Vereinbarungen erklären sich IWF-Mitglieder bereit, SZR gegen frei verwendbare Währungen jederzeit zu kaufen und zu verkaufen, vorausgesetzt ihre SZR-Bestände bleiben innerhalb bestimmter Grenzen.

ccc) Bei *Transaktionen und Operationen zwischen dem Fonds und seinen Mitgliedern* haben die Sonderziehungsrechte eine erhebliche Bedeutung. So müssen die Mitglieder im Regelfall Gebühren, Umlagen sowie 25 v. H. ihrer Quotenerhöhung bei Quotenerhöhungen in SZR leisten; sie können nach Ziehungen Rückkäufe der eigenen Währung durch SZR begleichen. Vergütungen und Zinsen werden ihnen in SZR gezahlt; bei Ziehungen hat der Fonds das Recht, anstelle von Devisen auch SZR zur Verfügung zu stellen. Um seine Bestände an der Währung eines Mitglieds wieder aufzufüllen, kann der Fonds nach Artikel VII, Abschnitt 1, von diesem verlangen, dass es ihm eigene Währung gegen SZR verkauft. Schließlich können Zinszahlungen und Tilgungen für vom Fonds aufgenommene Kredite mit Zustimmung des Kreditgebers in SZR erfolgen.

dd) Bewertung. – Als 1973 die Dollarkurse der wichtigsten Währungen freigegeben wurden und gleichzeitig die Goldparität des Dollars offiziell zunächst noch weiter bestand, führte die Bindung der Sonderziehungsrechte an das Gold dazu, dass ihr Wert in Dollar unverändert blieb, während ihr Wert in den übrigen Währungen mit den Dollarkursen dieser Währungen schwankte. Um diese enge Bindung an den Dollar zu lockern und damit gleichzeitig die Schwankungen gegenüber den anderen Währungen tendenziell zu vermindern, wird seit 1974 der Wert der Sonderziehungsrechte anhand eines *Korbes* bestimmt, der ursprünglich die Währungen der sechzehn exportstärksten Länder enthielt. Um die Berechnung zu vereinfachen und die Attraktivität der Sonderziehungsrechte als Recheneinheit zu erhöhen, wurde 1981 der Korb auf die Währungen der *fünf* Länder mit den *höchsten Anteilen am Weltexport* beschränkt. Neben dem Anteil am Weltexport wurde mit Wirkung zum 1.1.2001 als weiterem Kriterium für die Aufnahme in den SZR-Korb deren Bedeutung als „frei verwendbare" Transaktionswährung im internationalen Zahlungsverkehr und an den wichtigsten Devisenmärkten Rechnung getragen. Außerdem wurde die Zahl der im SZR-Korb berücksichtigten Währungsräume und Währungen von fünf auf *vier* reduziert, wobei der Euroraum durch den Euro repräsentiert wird. Das Gewicht, das die einzelnen Währungen im Korb besitzen, orientiert sich nicht nur am Anteil des betreffenden Landes am Weltexport, sondern auch am Ausmaß, in

Tabelle V.2: *Bewertung des Sonderziehungsrechts am 8. Januar 2002*

Währung (Gewicht in v. H. in Klammern[a])	**Währungsbetrag**	**Dollarkurs[b] am 8.01.2002**	**Gegenwert in Dollar**
US-Dollar (45)	0,5770	1,0000	0,577000
Euro (29)	0,4260	0,88950	0,378927
Yen (15)	21,0000	132,65000	0,158311
Pfund Sterling (11)	0,0984	1,43990	0,141686
Summe (100)			1,255924

[a] Berechnet mit den durchschnittlichen Wechselkursen des 4. Quartals 2000. [b] Der Yen wird in Preisnotierung (Yen/Dollar), der Euro und das Pfund Sterling werden demgegenüber in Mengennotierung (Dollar/Euro bzw. Dollar/Pfund) ausgedrückt.

Quelle: http://www.imf.org/external/np/tre/sdr/basket.htm

dem die Währungen von anderen Ländern als Reservewährung gehalten werden. Die Zusammensetzung des Korbes wird alle fünf Jahre anhand dieser Kriterien überprüft (zuletzt 2000), und zwar gemessen an den Verhältnissen in den letzten fünf Jahren vor dem Jahr der Überprüfung.

Die Berechnung des Werts der Sonderziehungsrechte mit Hilfe der sog. **Standardkorbtechnik** soll am Beispiel der Tabelle V.2 erläutert werden[94]. In der zweiten Spalte sind die Beträge angegeben, die der Währungskorb enthält, also 0,5770 US-Dollar, 0,4260 Euro usw. Diese Beträge sind so festgelegt worden, dass sie *zwei* Bedingungen erfüllen. *Im Verhältnis zueinander* spiegeln sie die, in der ersten Spalte in Klammern angegebenen Gewichte wider, die als Grundlage für den ab 2001 gültigen Währungskorb vereinbart worden sind (also 45 v. H. für den US-Dollar, 29 v. H. für den Euro usw.). Die Anwendung derartiger Gewichte kann jedoch nur in einer einheitlichen Währung erfolgen (bei der hier behandelten Regelung in Dollar); für die Umrechnung in die Beträge der jeweiligen Währung (2. Spalte) hat der Fonds die durchschnittlichen Dollarkurse des letzten Quartals 2000 (bis zum 29.12.2000) zugrunde gelegt. In ihrer *Höhe* sind die Währungsbeträge so festgelegt, dass am 29.12.2000, dem letzten Geschäftstag des alten SZR, der Dollar-Gegenwert des alten und des neugeschaffenen SZR übereinstimmten.

Der laufende Gegenwert des SZR *in Dollar* wird dadurch bestimmt, dass die Währungsbeträge des Korbes (z. B. 0,4260 Euro) zum herrschenden Tageskurs in Dollar umgerechnet werden. Die Summe aller dieser Beträge (im Fall des Euro rd. 0,38 Dollar) gibt den Wert des SZR am 8.1.2002 mit rd. 1,26 Dollar/SZR an.

94 Vgl. dazu auch INTERNATIONAL MONETARY FUND, Annual Report 1981, S. 95, und J. J. POLAK, The SDR as a Basket of Currencies. „International Monetary Fund Staff Papers", Vol. 26 (1979), S. 627 ff., insbesondere S. 629 ff.

Der laufende Gegenwert des SZR *in heimischer Währung* ändert sich mit den Wechselkursen des Dollars. Erfährt beispielsweise der Dollar gegenüber der heimischen Währung und den übrigen Währungen eine Aufwertung, dann steigt auch der Wert des SZR in heimischer Währung, da der Dollar Bestandteil des Währungskorbes ist. Umgekehrt sinkt der SZR-Wert in heimischer Währung, wenn der Dollar gegenüber der heimischen Währung und den übrigen Währungen abgewertet wird. Da der Dollar nur mit einem bestimmten Anteil in den Währungskorb eingeht, ist gegenüber der heimischen Währung der Aufwertungs- bzw. der Abwertungssatz des SZR geringer als der Aufwertungs- bzw. Abwertungssatz des Dollars[95]. Für einen Vergleich von Dollarguthaben und SZR-Beständen als *Alternativen der Reservehaltung* folgt hieraus, dass bei einer Dollaraufwertung mit SZR-Reserven geringere Kursgewinne (gemessen in heimischer Währung) verbunden sind als mit Dollarreserven und bei einer Dollarabwertung dementsprechend durch SZR-Reserven geringere Kursverluste entstehen als durch Dollarreserven.

ee) Verzinsung. – Jeder Teilnehmer muss für seine kumulative Nettozuteilung an Sonderziehungsrechten (als Gebühren bezeichnete) Zinsen zahlen und erhält vom Fonds auf den von ihm gehaltenen Bestand an SZR Zinsen (Artikel XX). Da *beide* Sätze in ihrer Höhe *übereinstimmen*, heben sich die Zahlungen gerade auf, wenn ein Teilnehmer (im Durchschnitt) genau so viele SZR hält, wie ihm zugeteilt worden sind. Hält er im Durchschnitt mehr (ist er also ein Nettohalter), werden ihm per Saldo Zinsen gutgeschrieben; im umgekehrten Fall (ist er also ein Nettoverwender) gehen seine Gebührenzahlungen über seine Zinseinnahmen hinaus. Da dem Fonds inzwischen SZR in nennenswertem Ausmaß zugeflossen sind[96], die Teilnehmer also insgesamt gesehen einen Bestand an SZR *unter* ihrer kumulativen Nettozuteilung halten, erzielt der Fonds per Saldo einen Einnahmeüberschuss aus den Zinszahlungen.

Der Zinssatz entspricht seit Mai 1981 einem gewichteten Durchschnitt für Dreimonatsanlagen auf den Geldmärkten derjenigen Währungsräume (z. Z. vier), deren Währungen in den Währungskorb einbezogen sind[97]. Die Zinssätze gehen in den Durchschnitt jeweils mit dem gleichen Gewicht ein, das die betreffende Währung an dem für die Bewertung des SZR zugrunde gelegten Währungskorb hat.

95 Erfährt beispielsweise im Vergleich zu den in Tabelle V.2 angegebenen Werten der Dollar gegenüber allen übrigen Währungen gleichermaßen eine Aufwertung um 10 v. H., dann steigt der Wert eines Sonderziehungsrechts in einer der übrigen Währungen, z. B. in €, nur um rd. 4,6 v. H. (genau um 10 · 0,5770/1,255924 v. H.).

96 Der Fonds strebt einen SZR-Bestand in der Größenordnung von 1,0 bis 1,5 Mrd. SZR an. Vgl. INTERNATIONALER WÄHRUNGSFONDS, Jahresbericht 2001, S. 78 f.

97 Siehe INTERNATIONALER WÄHRUNGSFONDS, Jahresbericht 2001, S. 78 f.

c) Verknüpfung mit Entwicklungshilfe

aa) Vorschläge. – Die Bereitstellung eines Reservemediums, z. B. in Form von Sonderziehungsrechten, bietet die Gelegenheit, einen Reserveemissionsgewinn zu realisieren[98]. Dieser Zusammenhang hat Anlass zu Vorschlägen gegeben, einen derartigen Emissionsgewinn – direkt oder indirekt über die Internationale Entwicklungshilfe-Organisation (IDA) – den Entwicklungsländern zufließen zu lassen und auf diese Weise die Versorgung des Währungssystems mit internationalen Reserven und die Entwicklungshilfe miteinander zu verknüpfen (sog. **„link"**)[99]. Bekannt geworden sind insbesondere die Pläne von STAMP, der die Ausgabe von IWF-Zertifikaten vorschlug, die durch die Verpflichtung der Mitglieder, sie gegen eigene Währung entgegenzunehmen, Reservecharakter erhalten hätten[100]. Diese Reserven sollten den Entwicklungsländern über internationale Organisationen für gemeinsam vereinbarte Projekte zugeteilt werden. In der Erwartung, dass die Reserven von den Entwicklungsländern zu Käufen bei den Industrieländern benützt würden, sollten mit diesem Vorschlag der Wunsch vieler Industrieländer nach Exportüberschüssen und Aufstockung ihrer Währungsreserven und der Wunsch der Entwicklungsländer nach einem Zufluss von (realen) Ressourcen gleichzeitig erfüllt werden[101]. Wenn auch mit den Sonderziehungsrechten die international geschaffenen Währungsreserven später eine andere als die von STAMP vorgeschlagene Form erhielten, so wurde doch die

98 Vgl. Unterabschnitt 3 b) aa) dieses Kapitels.

99 Die Vor- und Nachteile eines „links" werden eingehend von J. WILLIAMSON, SDRs: The Link. In: The New International Economic Order: The North-South Debate. (Ed. by J. N. BHAGWATI). Cambridge, Mass., London 1977. S. 81 ff., behandelt. – Siehe auch J. WILLIAMSON, Surveys in Applied Economics: International Liquidity. „The Economic Journal", Vol. 83 (1973), S. 727 ff. Eher ablehnend gegenüber diesem Vorschlag äußert sich GRUBEL, International Economics, a. a. O., S. 546 f., während er bei E. KÜNG (Die Sonderziehungsrechte des Internationalen Währungsfonds. Aktueller Stand und Möglichkeiten der Weiterentwicklung. „Wirtschaftswissenschaftliches Studium", 8. Jg. (1979), H. 1, S. 15 f.) grundsätzliche Zustimmung erfährt. – R. TRIFFIN (The Use of SDR Finance for Collectively Agreed Purposes. „Banca Nazionale del Lavoro Quarterly Review", Vol. 24 (1971), S. 3 ff.) fordert, die neu geschaffenen Sonderziehungsrechte allgemein zur Finanzierung international vereinbarter Vorhaben (also nicht unbedingt nur für die Entwicklungshilfe) zu verwenden.

100 Es handelt sich hierbei um die ursprüngliche Fassung seines Plans. Vgl. M. STAMP, The Stamp Plan – 1962 Version. In: World Monetary Reform. Plans and Issues. (Ed. by H. G. GRUBEL). Stanford, Cal., 1963. S. 80 ff., insbesondere S. 81.

101 Um den Vorschlag insbesondere für Industrieländer mit Vollbeschäftigung sowie Leistungs- und Devisenbilanzüberschüssen attraktiver zu gestalten, hat STAMP ihn später durch Einschränkung der Annahmeverpflichtung (speziell in Form einer Begrenzung auf die Höhe der Quoten) und durch Ausgestaltung als langjährigen Kredit modifiziert. – Vgl. STAMP, a. a. O., S. 85 ff.

Möglichkeit einer Verknüpfung von Entwicklungshilfe und Bereitstellung von Währungsreserven bei internationalen Verhandlungen weiterhin diskutiert.

bb) Vor- und Nachteile einer Verknüpfung. – Alle Pläne, Reserveemissionsgewinne den Entwicklungsländern zufließen zu lassen, werden bei denjenigen auf Ablehnung stoßen, die generell eine Unterstützung durch unentgeltliche Übertragungen als ein ungeeignetes Mittel ansehen, um einen Entwicklungsprozess zu fördern. Aber auch eine grundsätzlich positive Einstellung zu dieser Form von Entwicklungshilfe impliziert noch keine Zustimmung zur Koppelung mit der Bereitstellung neuer Reserven, da sich für die Förderung von Entwicklungsprozessen und die damit angestrebte Verminderung des internationalen Wohlstandsgefälles auch andere Mittel wie Schenkungen oder eine Kreditgewährung zu Vorzugskonditionen anbieten. So lässt sich die Verknüpfung von Entwicklungshilfe mit der Bereitstellung neuer Reserven aus der Befürchtung heraus ablehnen, dass bei der Entscheidung über neue Sonderziehungsrechte *Erwägungen der Entwicklungshilfe* und nicht der Bedarf an internationalen Reserven dominieren könnten. Wenn beispielsweise neue Reserven bei allgemeiner Vollbeschäftigung in den Industrieländern geschaffen und von den Entwicklungsländern auch für Güterkäufe ausgegeben werden, dann besteht die Gefahr, dass weltweit Preissteigerungen ausgelöst werden. Auf der anderen Seite ist angesichts der für Zuteilungen erforderlichen Stimmenmehrheit von 85 v. H. die Möglichkeit nicht von der Hand zu weisen, dass Neuzuteilungen von Sonderziehungsrechten, die aus Liquiditätsüberlegungen sinnvoll erscheinen, am Widerstand gegen eine damit verknüpfte Entwicklungshilfe scheitern.

Selbst wenn sich die Befürchtung, dass die Entscheidung über internationale Reserven von Gesichtspunkten der Entwicklungshilfe beherrscht wird, als unzutreffend erweisen sollte, sind damit noch nicht alle Einwände gegen diese Form der Entwicklungshilfe ausgeräumt. Die Verknüpfung wird gelegentlich als Versuch gewertet, die *demokratischen Entscheidungsträger der Industrieländer zu überspielen.* Die Argumentation hierzu geht von der Vorstellung aus, dass Entwicklungshilfe bereits in einem Umfang realisiert wird, den die Wähler der Geberländer für wünschenswert halten. Dann würde der Versuch, die Unterstützungsleistungen über die Schaffung internationaler Reserven zu erhöhen, nur zu einer gleich großen Reduzierung anderer Formen der Entwicklungshilfe führen – es sei denn, dass die mit dem „link"-Vorschlag verbundene Gewährung von Entwicklungshilfe wegen der Kompliziertheit der Regelungen nicht voll durchschaut wird. M. a. W. ist nach diesen Überlegungen ein positiver Nettoeffekt auf den Umfang an Entwicklungshilfe nur dann möglich, wenn die Wähler in den Geberländern *wegen mangelnder Kenntnis der ökonomischen Zusammenhänge* Entwicklungshilfe *über* das von ihnen gewünschte Maß hinaus zulassen.

In einer supranationalen Entscheidung über Entwicklungshilfe, wie sie der „link"-Vorschlag beinhaltet, können aber auch Vorteile gesehen werden, vorausgesetzt das Ziel, die Wohlfahrt armer Länder durch Unterstützungsleistungen zu steigern, wird akzeptiert. Bei bilateralem (isoliertem) Vorgehen besteht nämlich die Versuchung (ähnlich wie bei der Finanzierung öffentlicher Güter), die eigenen Beiträge im Vertrauen auf die Anstrengungen anderer einzuschränken. Eine *gemeinsam beschlossene* und dann für das einzelne Land *bindende* Aktion kann aus diesem Grund zu einer höheren Entwicklungshilfe führen als das isolierte Vorgehen der einzelnen Länder, ohne dass dieser Effekt auf mangelnder Kenntnis der Zusammenhänge beruht. Diese Aussage bedeutet aber nicht, dass die Verknüpfung mit der Schaffung internationaler Reserven die zweckmäßigste Form für ein gemeinsames Vorgehen in der Entwicklungshilfe darstellen muss.

cc) Abschließende Bemerkungen. – In den letzten Jahren ist das Interesse am „link"-Vorschlag in der währungspolitischen Diskussion zurückgegangen. Diese Entwicklung lässt sich auf mehrere Faktoren zurückführen. *Erstens* muss berücksichtigt werden, dass es nach der erstmaligen Zuteilung von Sonderziehungsrechten nur noch eine weitere Basisperiode mit Zuteilungen gegeben hat. *Zweitens* ist nach der Anhebung der Verzinsung auf das Niveau der kurzfristigen Marktzinssätze die Attraktivität der Sonderziehungsrechte für die Nettoverwender gesunken. *Drittens* hat der Fonds seit längerem bei seiner Kreditgewährung die Interessen der Entwicklungsländer besonders berücksichtigt[102]. *Viertens* hatten die wirtschaftlich stärkeren unter den Entwicklungsländern (die sog. Schwellenländer) über viele Jahre einen verhältnismäßig leichten Zugang zu privaten Krediten[103]. Es ist eine offene Frage, ob eine gegenläufige Entwicklung dieser Faktoren zum Wiederaufleben der Diskussion über die Verknüpfung von Entwicklungshilfe mit der Bereitstellung internationaler Reserven führen wird.

5. Erfahrungen mit dem Festkurssystem

Wie im dritten Abschnitt geschildert, war die Versorgung mit *Währungsreserven* in der Währungsordnung von Bretton Woods mit Problemen behaftet. Als ein weiteres gravierendes Problem des Bretton Woods-Systems erwiesen sich insbesondere das *Hinauszögern* einer erforderlichen *Zahlungsbilanzkorrektur* sowie die zunehmende Höhe und Mobilität internationaler *Kapitalströme.* Sie machten das ursprüngliche IWF-System krisenanfällig und waren ein wesentlicher

102 Vgl. dazu Unterabschnitte IV. 2e) bb) und IV. 2g).
103 Vgl. dazu auch Unterabschnitt IX. 2a).

Grund für den Zusammenbruch des Festkurssystems zu Beginn der siebziger Jahre.

a) Zahlungsbilanzungleichgewichte

aa) Verzögerte Zahlungsbilanzkorrektur. – Das praktizierte Bretton Woods-System wurde in seiner Funktionsfähigkeit immer wieder dadurch stark beeinträchtigt, dass sich erhebliche Zahlungsbilanzungleichgewichte herausbildeten, die *zu spät* bekämpft wurden. Ihre Entstehung hing vor allem damit zusammen, dass die wirtschaftliche Entwicklung bei wichtigen Mitgliedsländern auseinander lief, sich die Realeinkommen sowie die Produktion im Zeitablauf unterschiedlich veränderten und die Inflationsraten auf kürzere Sicht spürbar divergierten. Ursache für die *Divergenzen* war häufig eine unterschiedliche Ausrichtung der Konjunkturpolitik, die sich – anders als im klassischen Goldstandard – nicht primär am Ziel des Zahlungsbilanzausgleichs orientierte. Ermöglicht wurde das Aufschieben einer Zahlungsbilanzkorrektur dadurch, dass Defizitländern *Finanzierungsmittel* zur Verfügung standen (nicht zuletzt wegen der Ziehungsmöglichkeiten beim IWF) und Überschussländer wegen der Zunahme ihrer Reserven ohnehin nicht unter Anpassungszwang standen.

Dass Länder ein Interesse daran hatten, die an sich erforderliche Zahlungsbilanzkorrektur aufzuschieben, lässt sich mit *Nachteilen* erklären, die häufig mit Anpassungsmaßnahmen aus der Sicht des betroffenen Landes verbunden sind. So kann der stabilisierungspolitische Kurswechsel unerwünscht sein, den ein Defizitland mit dem Übergang zu kontraktiver (deflationärer) Konjunkturpolitik und ein Überschussland mit dem Übergang zu expansiver (inflationärer) Konjunkturpolitik vollziehen müsste. Auch Wechselkursanpassungen bringen häufig Probleme mit sich. Eine Abwertung der heimischen Währung wirkt ohne flankierende kontraktive Maßnahmen preissteigernd und ist zudem für die Regierung mit einem Prestigeverlust verbunden, zumal häufig vorher von offiziellen Stellen Garantieerklärungen hinsichtlich der Wechselkursstabilität abgegeben werden. Eine Aufwertung führt zu einer Wettbewerbsverschlechterung der Exportgüterindustrie und der mit Importen konkurrierenden Industrie und kollidiert deshalb mit den Interessen des internationalen Sektors einer Volkswirtschaft.

Eine weitere Erklärung für Verzögerungen bei der Zahlungsbilanzkorrektur bieten Besonderheiten, die mit der *Reserve- und Leitwährungsfunktion* eines Landes zusammenhängen. So ist im dritten Abschnitt dieses Kapitels bereits dargelegt worden, dass für die Vereinigten Staaten bei Zahlungsbilanzungleichgewichten ein *verminderter Anpassungsdruck* bestand. Darüber hinaus ergaben sich für die USA aber auch *Einschränkungen* bei der *Handhabung des Wechselkursinstruments:* Alle anderen IWF-Mitglieder fixierten im Bretton Woods-System ihre Paritäten gegenüber dem US-Dollar. Dadurch waren in dem *n* Länder umfassenden Währungssystem *(n–1)* Wechselkurse bestimmt und damit alle Währungsrelationen, die unabhängig voneinander festgelegt werden können. Für die USA bestand zwar noch die Möglichkeit, den Dollarpreis des Goldes zu verändern, doch ohne Anpassung der Dollarkurse anderer Länder blieb dieser Schritt ohne Auswirkungen auf die amerikanische Zahlungsbilanz (von Vermögenseffekten der aufgewerteten Goldbestände einmal abgesehen)[104]. Die USA waren deshalb bei einer Wechselkursanpassung auf eine Abstimmung bzw. gemeinsame Aktion mit anderen Mitgliedern angewiesen[105].

Verzögerungen bei der Zahlungsbilanzkorrektur bedeuten, dass sich Ungleichgewichte verfestigen. Würde die letztlich doch erforderliche Anpassung allein durch ausgabenverändernde geld- und fiskalpolitische Maßnahmen erfolgen, dann wären die sozialen Kosten wegen des aufgestauten Korrekturbedarfs beträchtlich. So müssten bei kontraktiven Maßnahmen wegen vorhandener Trägheiten bei der Lohn- und Preisbildung hohe Einbußen an Produktion und Beschäftigung in Kauf genommen werden. Dieser Nachteil lässt sich mit einer Abwertung vermeiden, die durch kontraktive stabilisierungspolitische Maßnahmen abgesichert wird. Die Abwertung der heimischen Währung verbilligt heimische Produkte im Vergleich zu ausländischen und trägt auf diese Weise zum Zahlungsbilanzausgleich bei; die kontraktive Stabilisierungspolitik dämpft den durch die Abwertung bewirkten Konjunktur- und Preisauftrieb und sorgt dafür, dass sich die Handels- und Dienstleistungsbilanz hierdurch nicht wieder verschlechtert. Neben einer Abwertung könnten auch Eingriffe in den Handels- und Kapitalverkehr sowie Maßnahmen der Devisenbewirtschaftung als Mittel der Zahlungsbilanzkorrektur in Betracht gezogen werden. Man wird jedoch bedenken, dass diese die internationale Arbeitsteilung beeinträchtigen und dazu noch weitere Nachteile aufweisen[106]. Darüber hinaus regen sie Umgehungspraktiken an und verlieren deshalb im Laufe der Zeit an Wirksamkeit. Sofern sie nicht aus einer umfassenden und rigorosen Devisenbewirtschaftung bestehen, führen sie also ohne begleitende Maßnahmen nicht zu einem dauerhaften Devisenbilanzausgleich. Somit liegt die Schlussfolgerung nahe, dass hartnäckige Ungleichgewichte in den Devisenbilanzen – unabhängig davon, welche sonstigen Maßnahmen ergriffen werden – letztlich doch eine Wechselkursanpassung erforderlich machen. Da dieses Ergebnis und insbesondere auch die *Richtung* der Wechselkursanpassung aufgrund der Entwicklung von Leistungs-

104 Vgl. ST. W. BLACK, Floating Exchange Rates and National Economic Policy. New Haven, London 1977. S. 42.

105 Ein Beispiel für eine multilaterale Neufestsetzung der Wechselkurse stellt das *Washingtoner Währungsabkommen* von Dezember 1971 dar. Vgl. hierzu genauer den folgenden Unterabschnitt c) aa).

106 Vgl. hierzu den Unterabschnitt I. 1 a).

bilanz und Währungsreserven weitgehend vorgezeichnet waren, hatten Wechselkursänderungserwartungen im Bretton Woods-System eine ziemlich sichere Basis und regten Devisenteilnehmer deshalb zu nahezu risikolosen Spekulationsgeschäften an (der sog. „*Einbahnspekulation*“[107] Anders als die stabilisierende Spekulation im klassischen Goldstandard verstärkten diese den Druck auf eine Paritätsänderung.

bb) Zunehmende Kapitalströme. – Teilweise mit dem Anpassungsproblem und der dadurch bedingten Spekulation zusammenhängend, erwiesen sich die im Laufe der sechziger Jahre stark anschwellenden Kapitalströme als eine weitere Belastung für das Festkurssystem von Bretton Woods. Sie verstärkten nicht selten die durch Leistungsbilanzsalden bedingten Zahlungsbilanzungleichgewichte.

aaa) Der internationale Kapitalverkehr – in den ersten zehn Jahren nach Kriegsende noch von geringer Relevanz – gewann an Bedeutung, nachdem Ende der fünfziger Jahre die meisten OECD-Mitglieder die Ausländerkonvertibilität ihrer Währungen für Leistungsbilanztransaktionen eingeführt hatten. Durch Aufhebung weiterer Devisenbeschränkungen und durch Liberalisierung des Kapitalverkehrs wurde die Entwicklung des Kapitalverkehrs auch in der Folgezeit gefördert. Zudem war die weltweite wirtschaftliche Integration durch den Außenhandel in den sechziger Jahren begleitet von einer weltweiten finanziellen Integration, die u. a. mit der Einrichtung von Auslandsniederlassungen großer Banken sowie der Zunahme multinationaler Unternehmungen einherging und die Mobilität des Kapitalverkehrs beträchtlich erhöhte[108]. Wesentlich für den zunehmenden Umfang der Kapitalströme war schließlich das Wachstum liquider Dollarforderungen bei öffentlichen Stellen und privaten Gläubigern außerhalb der USA, das als Gegenstück zur defizitären Entwicklung der amerikanischen Zahlungsbilanz anzusehen ist.

bbb) Nicht zuletzt hängt die währungspolitische Bedeutung des internationalen Kapitalverkehrs auch mit der Entstehung *internationaler Finanzmärkte* zusammen. Auf einen dieser Märkte, den besonders wichtigen Euro-Markt, wird im Folgenden noch etwas näher eingegangen[109]: Unter **Euro-Markt** sollen

107 Dementsprechend wird von B. SÖDERSTEN (International economics. 2nd ed. London, Basingstoke 1980. S. 456) festgestellt: „Speculators had an easy time during the Bretton Woods system as options became ‚one way‘ “. – Vgl. zur Einbahnspekulation auch Unterabschnitt VI. 2 b) bb).).

108 Dieses veranschaulichend führt GARRITSEN DE VRIES (a. a. O., S. 498) aus: „A telephon call enabled these companies, within minutes, to switch their excess balances, or even their working funds, from one currency to another. In fact, it became a matter of good management by the executives of these companies to make such shifts in short-term capital so as to safeguard their liquid balances, especially against losses from currency depreciations“.

109 Vgl. hierzu z. B. F. GRÜNÄRML, Euro-Dollarmarkt. In: Handwörterbuch der Wirtschaftswissenschaft (HdWW). Zugleich Neuauflage des Handwörterbuchs der Sozialwissenschaften.

alle Finanztransaktionen verstanden werden, die außerhalb des Geltungsbereichs der jeweiligen Währung als gesetzliches Zahlungsmittel abgewickelt werden[110]. Werden derartige Finanztransaktionen beispielsweise in US-Dollar außerhalb der USA abgewickelt (z. B. in London oder Luxemburg), dann handelt es sich hierbei genauer um Geschäfte auf dem *Euro-Dollar-Markt*[111].

Der Euro-Markt entstand in der zweiten Hälfte der fünfziger Jahre in Form des Euro-Dollar-Marktes. Seine Entwicklung wurde dadurch begünstigt, dass Sichteinlagen in den USA nicht verzinst werden durften und Termin- sowie Spareinlagen den Bestimmungen der **Regulation Q** unterworfen waren, durch die Obergrenzen für die entsprechenden Zinssätze festgelegt wurden[112]. So konnten englische Banken oder auch Niederlassungen amerikanischer Banken in London günstigere Habenzinssätze bieten als in den USA und dadurch Dollareinlagen zu Lasten von Banken in den USA an sich ziehen, sobald dort die Marktverzinsung die Obergrenzen erreichte. Weitere *künstliche Standortvorteile* des Euromarktes sind in großzügigeren bankenaufsichtlichen Vorschriften und steuerlichen Regelungen (keine Quellensteuer) zu sehen sowie insbesondere darin, dass Euro-Banken keine *Mindestreserve* auf Einlagen zu halten haben. Zudem besteht ein *natürlicher Standortvorteil* für Euro-Banken darin, dass es speziell für europäische Kunden von Vorteil sein kann, bestehende Bankenverbindungen und nicht neue jenseits des Atlantiks für Einlagen- und Kreditgeschäfte zu nutzen[113].

Insbesondere die erwähnten künstlichen Standortvorteile sowie der Großhandelscharakter der Euro-Geschäfte (bei denen i. Allg. sehr große, kostengünstige Beträge gehandelt werden) haben eine z. B. im Vergleich zu amerikanischen Dollargeschäften *kleinere Zinsspanne* mit höherem Zinssatz für Einlagen und niedrigerem Zinssatz für Kredite auf dem Euro-Markt ermöglicht und diesem dadurch eine besondere Attraktivität verliehen. Sein weiteres Wachstum wurde jedoch

Zweiter Band. Stuttgart 1980. S. 450 ff. – V. ARGY, The Postwar International Money Crisis – an Analysis. London 1981. S. 68 ff.

110 Vgl. zu dieser Definition O. ISSING, Einführung in die Geldpolitik. 6., überarb. Aufl. München 1996. S. 59.

111 Derartige Euro-Märkte entwickelten sich zunächst in Europa, Ende der sechziger Jahre und Anfang der siebziger Jahre aber auch auf außereuropäischen Finanzplätzen (Bahamas, Kaimaninseln, Panama, Singapur etc.). Man bezeichnet deshalb die Euro-Märkte mittlerweile auch allgemeiner als **Offshore**- oder **Xeno-Märkte** (fremde Märkte).

112 Seit März 1986 ist die Limitierung der Zinssätze für Termin- und Spareinlagen aufgehoben, ebenso das Verzinsungsverbot für Sichteinlagen (siehe H. E. BÜSCHGEN, Bankbetriebslehre. 5., vollst. überarb. u. erw. Aufl. Wiesbaden 1998. S. 234 f.).

113 *Präferenzen* gegenüber dem Euro-Markt waren es auch, die die Sowjetunion und andere RGW-Länder schon in der Entstehungsphase des Euro-Dollar-Marktes veranlassten, Dollarguthaben nicht in den USA, sondern in Europa zu halten. Maßgeblich hierfür war die Befürchtung, dass ihre Guthaben bei amerikanischen Banken bei einer Zuspitzung der politischen Spannungen zwischen den USA und der Sowjetunion hätten blockiert werden können.

auch noch durch einige spezielle Vorgänge begünstigt[114]: Kapitalkontrollen, die insbesondere in der zweiten Hälfte der sechziger Jahre Kapitalabflüsse aus den USA beschränkten, führten zu einer Verlagerung des Kreditgeschäfts auf den Euromarkt. Die gleiche Wirkung hatte die restriktive Geldpolitik in den USA Ende der sechziger Jahre, die amerikanische Banken zu umfangreichen Kreditaufnahmen insbesondere bei europäischen Zweigniederlassungen veranlasste[115]. Schließlich flossen dem Euro-Markt nach der drastischen Erdölpreiserhöhung 1973/74 umfangreiche Mittel als Einlagen von OPEC-Ländern zu.

Die Entwicklung internationaler Finanzmärkte bewirkte zusammen mit den vorher genannten Vorgängen, dass die für internationale Kapitalumschichtungen weltweit verfügbaren Mittel stark angewachsen sind; gleichzeitig erhöhte sich die Kapitalmobilität beträchtlich und damit die Reagibilität des internationalen Kapitalverkehrs auf Zins- und Erwartungsänderungen. Deshalb liegt es nur nahe, dass hartnäckige Zahlungsbilanzungleichgewichte, die Wechselkursänderungserwartungen in eine Richtung entstehen ließen, durch starke spekulative Kapitalströme verstärkt wurden und schließlich zu heftigen Währungskrisen im Festkurssystem führten.

b) Defizitäre Zahlungsbilanz der USA

Erwies sich der Widerspruch zwischen dem Festhalten an bestehenden Paritäten und divergierender Konjunkturpolitik nicht zuletzt in Anbetracht stark wachsender und sehr reagibler Kapitalströme als *grundlegende Schwäche* des Bretton Woods-Systems, so waren die akuten Dollarkrisen in der ersten Hälfte der siebziger Jahre der *unmittelbare Anlass* für die endgültige Suspendierung des Festkurssystems. Vorausgegangen waren anhaltende Defizite in der amerikanischen Grundbilanz (Leistungsbilanz und langfristiger Kapitalverkehr), die nicht zuletzt auf eine schon Mitte der sechziger Jahre einsetzende Verschlechterung der Handelsbilanz zurückgingen. Die Ursache hierfür waren – neben sog. „strukturellen Faktoren“[116] – *inflationäre Entwicklungen* in den USA, durch die Lohnkosten und

114 Vgl. hierzu C. FREEDMAN, The Euro-Dollar Market. A review of five recent studies. „Journal of Monetary Economics“, Vol. 3 (1977), S. 471 f.

115 In dieser Phase steigender Zinsen wirkte sich besonders die Begrenzung der Einlagenverzinsung in den USA durch die Regulation Q aus. Siehe hierzu R. B. JOHNSTON, The Economics of the Euro-Market. History, Theory and Policy. London, Basingstoke 1983. S. 14 f.

116 Die DEUTSCHE BUNDESBANK nennt als strukturelle Faktoren in ihrem Geschäftsbericht für das Jahr 1971 (S. 38): „Das starke Aufholen anderer Industrieländer in der Technik und Produktivität, ...; die 'Entdeckung' und Durchdringung des riesigen amerikanischen Marktes durch ausländische Produzenten und umgekehrt das zunehmende Interesse der amerikanischen Verbraucher an ausländischen Produkten; schließlich auch eine langfristig zunehmende Einfuhrabhängigkeit der Vereinigten Staaten bei manchen wichtigen Rohstoffen“.

Ausfuhrpreise dort stärker stiegen als bei der ausländischen Konkurrenz. Hinzu kam, dass Anfang der siebziger Jahre der geldpolitische Kurs in den USA einerseits und in den meisten europäischen Ländern (insbesondere auch in der Bundesrepublik) andererseits deutlich auseinander lief. Während die USA zur Vermeidung einer drohenden Rezession expansive geldpolitische Maßnahmen ergriffen hatten, standen in den meisten europäischen Ländern Bemühungen im Vordergrund, inflationäre Entwicklungen zu bekämpfen, und dementsprechend war dort die Geldpolitik restriktiv ausgerichtet. Die hierdurch bewirkte Umkehrung des Zinsgefälles zwischen den USA und europäischen Ländern führte zu beträchtlichen Abflüssen kurzfristiger Gelder aus den USA. Die Folge der durch hohe Kapitalexporte verstärkten amerikanischen Zahlungsbilanzdefizite war ein Überborden der Weltwährungsreserven, die sich von Ende 1969 bis Ende März 1973 (in SZR bewertet) nahezu verdoppelten. Da der Ankauf so beträchtlicher Dollarguthaben durch die Währungsbehörden von Überschussländern (wie der Bundesrepublik und der Schweiz) dort mit einer starken Ausweitung der Geldmenge einherging, wurde die Antiinflationspolitik in diesen Ländern entscheidend geschwächt. Aus der Sicht dieser Länder war die *Rückgewinnung der Geldmengenkontrolle* deshalb der ausschlaggebende Grund dafür, schließlich die Kursstützung des US-Dollar auf den Devisenmärkten aufzugeben.

c) Das Ende des Festkurssystems

Der Übergang zu größerer Wechselkursflexibilität vollzog sich in *zwei* Schritten: Nach einer ersten Phase schwankender Wechselkurse im Anschluss an die Suspendierung der Goldeinlösungspflicht von Dollarreserven im Jahre 1971 wurde im gleichen Jahre noch einmal der Versuch unternommen, zu einem Festkurssystem zurückzukehren. Dieser Versuch scheiterte dann endgültig im Zuge einer erneuten Dollarkrise Anfang 1973.

aa) Suspendierung der Goldeinlösungspflicht des US-Dollars. – Als sich im April 1971 abzeichnete, dass die amerikanische Handelsbilanz im Jahre 1971 zum ersten Mal seit achtzig Jahren mit einem starken Defizit abschließen würde, wurde eine Abwertung des US-Dollars gegenüber den wichtigsten anderen Währungen auch von offiziellen Stellen für erforderlich gehalten[117]. Die Aussicht auf eine mögliche Dollarabwertung löste eine Kapitalflucht aus den Vereinigten Staaten aus. Bei dem Versuch, die bestehende Dollarparität zu verteidigen, mussten die übrigen Länder in großem Umfang Dollars ankaufen[118]. Entspre-

117 Vgl. dazu Geschäftsbericht der Deutschen Bundesbank für das Jahr 1971, S. 38 ff.

118 Die Bundesrepublik war davon nicht betroffen, da der Dollarkurs der Deutschen Mark (und des holländischen Guldens) bereits im Mai 1971 freigegeben worden war.

chend erhöhten sich die Dollarverbindlichkeiten der Vereinigten Staaten gegenüber den ausländischen Währungsbehörden auf 40 Mrd. $, während die Währungsreserven (vornehmlich Gold) nur noch 12 Mrd. $ betrugen. Angesichts dieses Missverhältnisses wurde die Goldeinlösungspflicht des US-Dollars am *15. August 1971* durch die amerikanische Regierung aufgehoben.

Nach der Suspendierung der Goldkonvertibilität des US-Dollars wurden die Devisenbörsen für einige Tage geschlossen. Danach stellten die meisten Industrieländer den Dollarankauf zu einem garantierten Kurs ein, ohne dass sie aber auf eine Beeinflussung der Wechselkurse verzichteten. Nach vier Monaten wurde die Periode schwankender Wechselkurse durch das **Washingtoner Währungsabkommen** (Smithsonian Agreement) vom Dezember 1971 beendet. Kernstück dieses Übereinkommens war die *multilateral* ausgehandelte Neufestsetzung der Wechselkurse für die Währungen des Zehnerclubs (Kanada ausgenommen). Ein weiteres wichtiges Ergebnis bestand darin, dass die zulässige Bandbreite gegenüber dem US-Dollar auf ±2,25 v. H. erhöht wurde. Die neu festgelegten Kurse wurden nicht Paritäten, sondern, weniger eindeutig, Leitkurse (central rates) genannt. Bei der Neuordnung der Wechselkurse wurde – im Vergleich zu den Paritäten vor Ausbruch der Krise – der US-Dollar gegenüber den anderen Währungen abgewertet, während der japanische Yen, die Deutsche Mark und der Schweizer Franken am stärksten aufgewertet wurden.

bb) Freigabe der Dollarkurse und Folgen. – Nach der Abwertung des US-Dollar verschlechterte sich die amerikanische Leistungsbilanz im Jahr 1972 noch einmal beträchtlich[119]. Zwar kann die Verschlechterung in der Handelsbilanz, auf die diese Entwicklung im wesentlichen zurückging, als anomale Anfangswirkung einer Abwertung erklärt werden[120], da aber unter dem Druck erneuter Spekulationswellen gegen den US-Dollar das Leitkurssystem nach gut einem Jahr im ersten Quartal 1973 mit der Freigabe der Dollarkurse zusammenbrach[121], muss es letztlich offen bleiben, ob die Neuregelung der Wechselkurse auf Dauer zur angestrebten Beseitigung der Leistungsbilanzungleichgewichte geführt hätte oder nicht.

Der Zusammenbruch des Leitkurssystems bedeutete nicht, dass alle Wechselkurse in der Folgezeit völlig frei schwankten. Vielmehr wurden die Währungen in ihrer Mehrzahl an andere gebunden. So legten die meisten lateinamerikanischen Staaten (unter ihnen Argentinien, Brasilien und Mexiko) sowie einige asiatische und afrikanische Staaten (wie Korea, die Philippinen, Ägypten und

119 Das Defizit der Leistungsbilanz (Bilanz der laufenden Posten) erhöhte sich in den Vereinigten Staaten von 2,8 Mrd. $ (1971) auf 8,0 Mrd. $ (1972). Vgl. Geschäftsbericht der Deutschen Bundesbank für das Jahr 1972, S. 32.

120 Vgl. hierzu die Hinweise zum J-Kurveneffekt im Band I, Abschnitt III.3.

121 Der Dollarkurs des Pfundes wurde schon früher, im Juni 1972, freigegeben.

Südafrika) den Wert ihrer Währung weiterhin in US-Dollar fest, andere in Pfund Sterling (wie Indien) oder in französischem Franc (wie viele afrikanische Staaten). Ein weiterer Währungsblock entstand in Form des Europäischen Wechselkursverbundes mit festen Wechselkursen nach innen und flexiblen Wechselkursen nach außen[122]. Nur verhältnismäßig wenige Länder gingen gar keine Wechselkursbindungen ein und ließen ihre Währungen völlig frei floaten (u. a. Großbritannien, Italien, Japan und Kanada)[123]. Etwas vereinfacht ausgedrückt, bildete sich eine Welt mit *Währungsblöcken*, in der die Währungen der wichtigsten marktwirtschaftlichen Industrieländer gegeneinander schwankten.

Zusammenfassung

1. Währungsreserven (Reserven) bieten den Währungsbehörden die Möglichkeit, auf Devisenmärkten zu intervenieren. Wechselkursstabilisierende Interventionen in Form von Devisenverkäufen bedeuten, dass Devisenbilanzdefizite ganz oder teilweise finanziert werden.

2. Währungsreserven setzen sich zusammen aus dem Goldbestand, dem insbesondere aus Dollaranlagen bestehenden Bestand an Devisen, der Reserveposition im Internationalen Währungsfonds (Ziehungsrechte in der Reservetranche sowie bestimmte Forderungen an den IWF) und dem Bestand an Sonderziehungsrechten.

3. Im Modell optimaler Währungsreserven werden die Alternativkosten von Reserven (die dem entgangenen Ertrag auf alternative Anlagen entsprechen) und die Erträge von Reserven (die aus der Vermeidung zahlungsbilanzpolitischer Anpassungsmaßnahmen resultieren) gegeneinander abgewogen. Der Umfang an Reserven bei einem Land ist optimal, wenn der Grenzertrag der Reserven und die marginalen (Netto-)Alternativkosten (gemessen durch die Wertpapierrendite abzüglich des Ertragssatzes auf Reserven) gleich sind.

4. Unter wohlfahrtstheoretischen Erwägungen ist der Zinssatz auf Währungsreserven (z. B. auf Sonderziehungsrechte) als optimal anzusehen, wenn er die marginalen Alternativkosten der Währungsreserven auf das Niveau der Grenzkosten ihrer Bereitstellung herabdrückt. Da diese nur gering sind, wäre der optimale Zinssatz nur wenig niedriger als die Wertpapierrendite.

5. Zur Beurteilung der globalen Versorgung mit Währungsreserven wird häufig auf Reserve/Import-Relationen zurückgegriffen. Ihr Aussagewert ist jedoch be-

122 Vgl. hierzu genauer den Unterabschnitt X. 1 b).

123 Vgl. INTERNATIONALER WÄHRUNGSFONDS, Jahresbericht 1973, Appendix I.

grenzt, da die zwischen Reservebedarf und Welthandelsvolumen zu vermutende (positive) Beziehung nicht stabil ist. Gewisse Anhaltspunkte für die Einschätzung der Reservesituation liefert ferner die Beobachtung von Symptomen, die auf eine relativ knappe bzw. relativ reichliche Ausstattung mit Reserven hindeuten (z. B. eine verbreitete Anwendung von Devisenkontrollen und Importbeschränkungen bei knappen Reserven).

6. Die traditionellen Reservekomponenten Gold und Devisen weisen eine Reihe von Nachteilen auf: Goldreserven erfordern einen hohen Aufwand an Ressourcen, entstehen weitgehend unabhängig vom Bedarf und wachsen langfristig zu langsam. Die Versorgung mit Devisenreserven, also insbesondere mit Dollarreserven, bietet Reservewährungsländern wie den USA – neben Reserveemissionsgewinnen („seigniorage") – das Privileg, Devisenbilanzdefizite mit der eigenen Währung zu finanzieren; sie wirkt wegen asymmetrischer Liquiditätseffekte tendenziell inflationär, kann wegen der hohen kurzfristigen Dollarverbindlichkeiten währungspolitische Störungen auslösen (als Folge von Umschichtungen) und ist schließlich in Hinblick auf den Bedarf als weitgehend zufallsbedingt anzusehen.

7. Triffin hat eine Internationalisierung der von ihm als besonders problematisch herausgestellten Devisenkomponente vorgeschlagen. Das von ihm konzipierte, an den Keynes-Plan anknüpfende Reformprojekt sieht die Schaffung von IWF-Depositen vor sowie eine Konsolidierung der kurzfristigen Devisenverbindlichkeiten von Reservewährungsländern.

8. Die durch die erste Abkommensänderung (1969) geschaffenen Sonderziehungsrechte werden auf besonderen Beschluss ohne Gegenleistung proportional zu den Quoten verteilt. Sie zählen zu den Währungsreserven, da sie bei einem Finanzierungsbedarf in Devisen umgetauscht werden können.

9. Sonderziehungsrechte finden Verwendung bei Transaktionen zwischen IWF-Mitgliedern im gegenseitigen Einvernehmen (durch die SZR-Transaktionen mit Designierung inzwischen verdrängt wurden) und Transaktionen und Operationen zwischen dem Fonds und seinen Mitgliedern.

10. Der Wert eines Sonderziehungsrechts wird durch den Währungskorb bestimmt, in den seit 2001 die Währungen von vier Währungsräumen eingehen, die die höchsten Anteile am Weltexport aufweisen und deren Währungen bei internationalen Transaktionen am meisten benutzt werden. Das jeweilige Gewicht der Währung spiegelt dabei neben dem Exportanteil die Bedeutung als Reservewährung wider. Je nach Höhe seines Bestandes an Sonderziehungsrechten erhält ein Mitglied Zinsen oder muss Zinsen (in Form von Gebühren) zahlen. Der hierfür maßgebliche Zinssatz wird als gewichteter Durchschnitt der kurzfristigen Marktzinssätze in den vier Währungsräumen ermittelt, deren Währungen in den Währungskorb eingehen.

11. Vorschläge, bei der Bereitstellung von Sonderziehungsrechten einen Reserveemissionsgewinn zu realisieren und für die Entwicklungshilfe zu verwenden (sog. „link"-Vorschlag), sind u. a. deshalb auf Widerstand gestoßen, weil sich dann die Zuteilungen von Sonderziehungsrechten an Erwägungen der Entwicklungshilfe und nicht am Bedarf an Währungsreserven orientieren könnten.

12. Der Widerspruch zwischen dem Festhalten an bestehenden Paritäten und divergierender Konjunkturpolitik war im Bretton Woods-System wesentlich für das Entstehen hartnäckiger Zahlungsbilanzungleichgewichte, die wiederholt zu heftigen Währungskrisen führten. Häufig beteiligt waren hieran Kapitalbewegungen, deren Umfang und Mobilität nicht zuletzt durch das Entstehen internationaler Finanzmärkte, z. B. in Form des Euro-Marktes, stark zugenommen hatten. Das Festkurssystem von Bretton Woods brach mit dem Übergang zu schwankenden Dollarkursen Anfang 1973 endgültig zusammen.

Ausgewählte Literaturangaben zum zweiten Teil

E.-M. CLAASSEN, Die Nachfrage nach internationalen Reserven. In: Kompendium der Währungstheorie. (Hg. von E.-M. CLAASSEN). München 1977. S. 3 ff. (zu V).

A. CROCKETT, International Money. Issues and Analysis. Walten-on-Thames 1977 (zu V).

DEUTSCHE BUNDESBANK, Weltweite Organisationen und Gremien im Bereich von Währung und Wirtschaft, Frankfurt a. M. 1997 (zu IV und V).

–, Monatsbericht September 2000 (zu IV).

M. FERBER, G. WINKELMANN, Internationaler Währungsfonds. Weltbank. IDA. IFC. 3., völlig neubearb. Aufl. (Taschenbücher für Geld, Bank und Börse, hg. von H. E. BÜSCHGEN, A. HERRHAUSEN, Bd. 30) Frankfurt a. M. 1985 (zu IV).

R. N. GARDNER, Sterling-Dollar Diplomacy in Current Perspective. The Origins and the Prospects of Our International Economic Order. New, exp. ed. with rev. introduction. New York 1980 (zu IV).

H. W. GERHARD, Internationaler Währungsfonds. In: Handwörterbuch der Wirtschaftswissenschaft (HdWW). Zugleich Neuauflage des Handwörterbuchs der Sozialwissenschaften. Vierter Band. Stuttgart 1978. S. 233 ff. (zu IV).

H. G. GRUBEL, The Demand for International Reserves: A Critical Review of the Literature. „The Journal of Economic Literature", Vol. 9 (1971), S. 1148 ff. (zu V).

–, International Economics. Rev. ed. Homewood, Ill., 1981 (zu V).

A. W. HOOKE, The International Monetary Fund. Its Evolution, Organization, and Activities. 3rd ed. (Pamphlet Series, No. 37. International Monetary Fund.) Washington, D. C., 1983 (zu IV).

S. HORIE, The International Monetary Fund. Retrospect and Prospect. London, New York 1964 (zu IV).

INTERNATIONAL MONETARY FUND, IMF Survey Supplement, September 2001 (zu **IV** und V).

–, The International Monetary Fund 1945–1965. Twenty Years of International Monetary Cooperation. Vol. I: Chronicle (By J. K. HORSEFIELD), Vol. II: Analysis (Ed. by J. K. HORSEFIELD), Vol. III: Documents (Ed. by J. K. HORSEFIELD). Washington, D . C., 1969 (zu **IV**).

–, The International Monetary Fund 1966–1971. The System under Stress. Vol. I: Narrative (By M. GARRITSEN DE VRIES), Vol. II: Documents (Ed. by M. GARRITSEN DE VRIES). Washington, D. C., 1976 (zu **IV** und V).

–, The International Monetary Fund 1972–1978. Cooperation on Trial. Vol. I: Narrative and Analysis (By M. GARRITSEN DE VRIES), Vol. II: Narrative and Analysis (By M. GARRITSEN DE VRIES), Vol. III: Documents (Ed. by M. GARRITSEN DE VRIES). Washington, D. C., 1985 (zu IV und V).

O. ISSING, Währungspolitik, Internationale. In: Handwörterbuch der Wirtschaftswissenschaft (HdWW). Zugleich Neuauflage des Handwörterbuchs der Sozialwissenschaften. Achter Band. Stuttgart 1980. S. 522 ff. (zu V).

W. M. SCAMMELL, International Monetary Policy. 2nd ed. London, New York 1964 (zu **IV**).

R. TRIFFIN, Gold and the Dollar Crisis. The Future of Convertibility. Rev. ed. New Haven, London 1961 (zu V).

J. WILLIAMSON, Surveys in Applied Economics: International Liquidity. „The Economic Journal", Vol. 83 (1973), S. 685 ff. (zu V).

M. WILLMS, Internationale Währungspolitik. 2., überarb. und erw. Aufl. (zu V).

Dritter Teil: Internationale Währungspolitik nach dem Ende des Bretton-Woods-Systems

Mit der Abkehr von festen Wechselkursen zwischen dem Dollar und den Währungen der wichtigsten marktwirtschaftlichen Industrieländer wurde Anfang der siebziger Jahre das Festkurssystem von Bretton Woods beseitigt. Dem Übergang zu flexiblen Wechselkursen ging zwar eine anhaltende theoretische Diskussion voraus (Kapitel VI); doch entspricht das nach 1973 entstandene Währungssystem *nicht* der Modellvorstellung völlig freier Wechselkursbildung. So haben die Zentralbanken von Zeit zu Zeit in großem Umfang auch auf den Märkten mit grundsätzlich freien Wechselkursen interveniert (Kapitel VII). Ferner trugen in Lateinamerika und in Südostasien Wechselkursanbindungen zum Entstehen der Verschuldungskrisen bei (Kapitel VIII), und die Transformationsländer experimentierten mit unterschiedlichen Wechselkursregelungen (Kapitel IX). Schließlich führte die Integration in Westeuropa zunächst zur Bildung von Festkurssystemen und schließlich zur Errichtung der Europäischen Währungsunion (Vierter Teil).

VI. Diskussion des Wechselkurssystems: Flexible versus feste Kurse

In diesem Kapitel sollen die Erwartungen wiedergegeben werden, die mit dem Übergang zu flexiblen Kursen verbunden waren; die Auswertung der tatsächlichen Erfahrungen ist Bestandteil des folgenden Kapitels. Ausgangspunkt der Diskussion war eine Kritik flexibler Wechselkurse von NURKSE[1], mit der sich die Befürworter flexibler Wechselkurse auseinander setzten[2]. Diese Diskussion soll hier bis zu dem Stand nachgezeichnet werden, den sie beim Übergang zu flexiblen Wechselkursen erreicht hatte. Der Schwerpunkt der folgenden Darstellung liegt dabei auf der Argumentation der Befürworter flexibler Wechselkurse, da die grundlegenden Beiträge von ihnen stammten, während sich die übrigen Teilnehmer eher auf Einzelargumente beschränkten[3]. Bei der Wiedergabe der damaligen Diskussion sollen zunächst die in Betracht gezogenen Wechselkurssysteme und die zu Grunde gelegten Bewertungsmaßstäbe verdeutlicht werden (erster Abschnitt); darauf folgt eine Darstellung der wichtigsten in der Diskussion behandelten Zusammenhänge (zweiter bis vierter Abschnitt)[4].

1. Bewertungsmaßstäbe und betrachtete Wechselkurssysteme

Unter den Befürwortern flexibler Wechselkurse besteht weitgehende Einigkeit darüber, dass ein Wechselkurssystem sowohl anhand weltwirtschaftlicher als

1 Vgl. LEAGUE OF NATIONS, International Currency ..., a. a. O., S. 210 ff. Diese Monographie wurde weitgehend von R. NURKSE verfasst und beschäftigt sich u. a. mit den flexiblen Wechselkursen nach dem Ersten Weltkrieg. Vgl. hierzu auch den Unterabschnitt III.1a) dieses Bandes.

2 Vgl. insbesondere M. FRIEDMAN, The Case for Flexible Exchange Rates. In: M. FRIEDMAN, Essays in Positive Economics. Chicago 1953. S. 157 ff. – H. G. JOHNSON, Argumente für flexible Wechselkurse – 1969. In: H. G. JOHNSON, Beiträge zur Geldtheorie und Währungspolitik. Berlin 1976. S. 190 ff. (Deutsche Übersetzung von: The Case for Flexible Exchange Rates, 1969. „Federal Reserve Bank of St. Louis Review“, Vol. 51 (1969), No. 6, S. 12 ff.). Eine eingehende Darstellung der Argumente ist zu finden bei YEAGER, a. a. O., Kapitel 6, 11–14. Die hier zitierte zweite Auflage von YEAGER ist zwar nach 1973 erschienen; inhaltlich stimmen aber die angegebenen Kapitel weitgehend mit der 1966 erschienenen ersten Auflage überein.

3 Ausnahmen bilden insbesondere P. EINZIG, The Case Against Floating Exchanges. London 1970. – H. TIMM, Das Wechselkursproblem. In: Weltwirtschaftliche Probleme der Gegenwart. Hrsg. von E. SCHNEIDER. (Schriften des Vereins für Socialpolitik, N. F., Bd. 35) Berlin 1965. S. 107 ff.

4 Für eine von dem hier gewählten Vorgehen abweichende Darstellung der Diskussion vgl. GRUBEL, International Economics, a. a. O., S. 492 ff.

auch anhand nationaler *Zielsetzungen* bewertet werden soll. Aus weltwirtschaftlicher Sicht wird als Hauptziel ein *ungestörter internationaler Handel*, frei von Devisenkontrollen, Importkontingenten oder anderen dirigistischen Eingriffen angesehen[5]. Dieses Ziel wird in erster Linie mit den Wohlfahrtsgewinnen gerechtfertigt, die sich aus der Förderung der internationalen Arbeitsteilung durch den Freihandel ergeben[6]. Aus nationaler Sicht soll das Wechselkurssystem daran gemessen werden, ob es den einzelnen Ländern eine *autonome Stabilisierungspolitik* ermöglicht. Darunter ist insbesondere zu verstehen, dass die einzelnen Länder das Zielbündel Vollbeschäftigung und Preisniveaustabilität nach eigenem Ermessen, also unabhängig von den Entscheidungen der übrigen Länder, verfolgen können[7].

Neben den Bewertungsmaßstäben sind auch die jeweils betrachteten Wechselkurssysteme näher zu präzisieren, da die Alternative „feste versus flexible Wechselkurse" die Wahlmöglichkeiten noch nicht ausreichend genau beschreibt[8]. So sind mit dem Goldstandard, in dem die Paritäten unveränderlich waren, und dem System von Bretton Woods, in dem die Paritäten bei einem fundamentalen Zahlungsbilanzungleichgewicht angepasst werden konnten, sehr unterschiedliche Formen fester Wechselkurse verwirklicht worden. Von den Teilnehmern an der Wechselkursdiskussion wird im Allgemeinen unterstellt, dass die einzelnen Länder nicht bereit sind, sich den Spielregeln eines Systems unveränderlicher Paritäten voll zu unterwerfen[9]. Demzufolge verbleibt als realisierbare Form *fester Wechselkurse* nur ein System in der Art von Bretton Woods, in dem auch Paritätsänderungen zugelassen sind (**anpassungsfähige Festkurse**, auch als System der Stufenflexibilität bezeichnet)[10].

5 Vgl. FRIEDMAN, The Case ..., a. a. O., S. 157 f.

6 Für weitere Begründungen vgl. ebenda, S. 167 ff.

7 Vgl. etwa JOHNSON, Argumente ..., a. a. O., S. 201. In der Diskussion wird auf weitere Ziele (wie die Vermeidung von Spekulationsgewinnen auf Kosten der Steuerzahler) eingegangen. Auf derartige, eher untergeordnete Ziele wird an den entsprechenden Stellen hingewiesen.

8 Außerdem wurden mit der Erweiterung der Bandbreiten und der Einführung des sog. „crawling peg" Maßnahmen in Erwägung gezogen, die zu Zwischenformen zwischen festen und flexiblen Wechselkursen führen. Bei einer **Bandbreitenerweiterung** wird der Bereich, in dem der Wechselkurs schwanken kann, ausgedehnt (limitierte Wechselkursflexibilität). Ein System des **crawling peg** ist dadurch charakterisiert, dass Wechselkursänderungen nicht abrupt und in größerem Ausmaß, sondern graduell, d. h. häufiger und in kleineren Schritten, erfolgen, und zwar entweder diskretionär oder automatisch durch Bindung an bestimmte währungspolitische Indikatoren . Zu den entsprechenden Vorschlägen vgl. CROCKETT, a. a. O., S. 81 ff. und die dort auf S. 92 angegebene Literatur.

9 Vgl. z. B. FRIEDMAN, The Case ..., a. a. O., S. 179. Zu den Spielregeln des Goldstandards vgl. Unterabschnitt II.1c).

10 Die (kleine) Gruppe von Befürwortern einer Rückkehr zum klassischen Goldstandard bleibt hier außer Betracht. Zu dieser Gruppe vgl. TIMM, a. a. O., S. 108 f.

Nicht nur bei festen, sondern auch bei *flexiblen Kursen* sind unterschiedliche Formen denkbar. Die Befürworter flexibler Kurse ziehen ein System in Betracht, bei dem An- und Verkäufe der Währungsbehörden auf den Devisenmärkten zwar möglich sind, aber starken Einschränkungen unterliegen[11].

2. Stabilisierende oder destabilisierende Spekulation

Unter dem Einfluss der Erfahrungen aus der Zwischenkriegszeit wurde als wichtiger Einwand gegen flexible Wechselkurse vorgebracht, dass spekulative Kapitalbewegungen einmal ausgelöste Ab- oder Aufwertungen der Währungen weiter verschärfen und auf diese Weise der Anpassung an den Gleichgewichtskurs entgegenwirken[12]. Auf dieses Argument folgte als Erwiderung, dass neben Liquiditätsbeschränkungen[13] vor allem Gewinnüberlegungen[14] der Spekulanten eine derartige Entwicklung ausschließen würden. Insbesondere wurde die *These* vertreten, dass eine Spekulation, die Gewinne erzielt, die Wechselkursschwankungen nie verschärft, sondern stabilisierend wirkt. Daraus folgt umgekehrt, dass eine destabilisierende Spekulation immer Verlust bringend sein muss[15]. Somit wäre eine destabilisierende Spekulation allenfalls eine vorübergehende Erscheinung, wenn man davon ausgeht, dass bei Verlusten die Spekulanten auf Dauer aus dem Markt ausscheiden.

Die Auseinandersetzung um diese zentrale These der Befürworter flexibler Wechselkurse konzentriert sich auf den Fall, dass der Wechselkurs, wie er sich ohne spekulative Einflüsse bilden würde, ständig um einen Durchschnittskurs (den langfristigen Gleichgewichtskurs) schwankt (Unterabschnitt a), während der Übergang auf einen veränderten langfristigen Gleichgewichtskurs weniger eingehend untersucht wird (Unterabschnitt b).

a) Langfristig unveränderter Durchschnittskurs

Ausgangspunkt der Überlegungen ist eine Situation, in der – ohne Einwirkung spekulativer Einflüsse – der Wechselkurs um einen langfristigen Durchschnittswert schwankt. Diese Schwankungen bieten Anlass zur *Spekulation* (also zu

11 Vgl. dazu den folgenden Unterabschnitt VI.4c) dd).

12 LEAGUE OF NATIONS, International Currency ..., a. a. O., S. 210 f. Ähnlich argumentiert EINZIG, The Case ..., a. a. O., Kapitel 11.

13 Vgl. YEAGER, a. a. O., S. 234 f.

14 Vgl. FRIEDMANN, The Case ..., a. a. O., S. 175.

15 Die These schließt nicht aus, dass die Spekulation auch bei Verlusten stabilisierend wirken kann. M. a. W. besagt sie, dass Gewinne der Spekulation eine hinreichende, aber keine notwendige Bedingung für einen stabilisierenden Einfluss sind.

Käufen oder Verkäufen von Devisen in der Absicht, aus einer erwarteten Kursänderung Gewinn zu erzielen). Die Frage, ob diese Spekulation stabilisierend oder destabilisierend wirkt, ob sie also die Abweichungen vom langfristigen Durchschnittskurs abschwächt oder verschärft, wird in der Diskussion vor 1973 unter der vereinfachenden Annahme behandelt, dass *nur Kassamärkte*, nicht aber Terminmärkte für Devisen existieren und dass außer den Spekulanten nur *Außenhändler* Devisengeschäfte vornehmen. Um beide Gruppen klar zu trennen, wird hier unterstellt, dass die Außenhändler nicht versuchen, durch ein Hinauszögern oder Vorziehen des Devisenumtausches zusätzlich zum Handels- noch einen Wechselkursgewinn zu erzielen. Ferner wird angenommen, dass die *Zinssätze* in In- und Ausland übereinstimmen. Ein Spekulant, der heute Devisen kauft (oder verkauft), um sie innerhalb eines übersehbaren Zeitraums wieder zu verkaufen (bzw. zurückzukaufen), wird dann bei dieser Entscheidung von Zinserwägungen nicht beeinflusst, da er für die zwischenzeitliche Anlage in In- und Ausland die gleiche Verzinsung erzielt[16].

An einem einfachen Beispiel[17] soll gezeigt werden, dass die Spekulanten, sofern sie Gewinne erzielen, die Schwankungen des Wechselkurses vermindern, während eine Verschärfung der Wechselkursschwankungen für sie mit Verlusten verbunden ist. Anschließend soll untersucht werden, inwieweit sich die Ergebnisse des Beispiels verallgemeinern lassen.

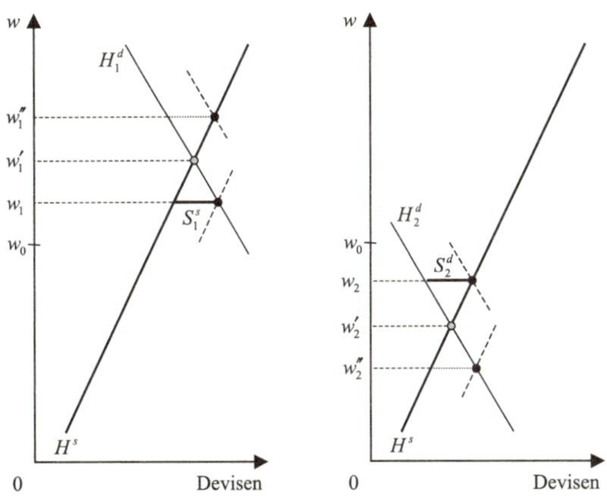

Abbildung VI.1

16 Bei fehlenden Terminmärkten ist die reine Form der Spekulation, die sog. Terminspekulation, ausgeschlossen. Bei dieser Form bleiben Zinserwägungen von vornherein ohne Einfluss auf die Entscheidungen der Spekulanten. Vgl. Band I, Unterabschnitt V.3b).

17 Eine allgemeine Darstellung ist zu finden bei L. G. TELSER, A Theory of Speculation Relating Profitability and Stability. „The Review of Economics and Statistics", Vol. 41 (1959), S. 295 ff. – Vgl. auch E. SOHMEN, Wechselkurs und Währungsordnung. Tübingen 1973. S. 59 ff. – STERN, a. a. O., S. 77 ff. – YEAGER, a. a. O., S. 241 ff.

aa) Stabilisierende Spekulation. – Im Beispiel der Abb. VI.1 bleibt das Devisenangebot der Exporteure (H^s) der Einfachheit halber unverändert, während die Devisennachfrage der Importeure abwechselnd H_1^d oder H_2^d beträgt. Diese Verschiebungen mögen auf Ernteschwankungen im Inland zurückgehen. So löst eine Missernte vorübergehend eine hohe Nachfrage nach Nahrungsmittelimporten und damit nach Devisen aus (H_1^d), während eine gute Ernte sie entsprechend vermindert (H_2^d). *Ohne* Mitwirkung der *Spekulation* würde der Wechselkurs ständig *zwischen* w_1' *und* w_2' schwanken, wobei sich w_0 als langfristiger Durchschnittswert ergeben würde.

Die Wechselkursänderungen bieten Anlass zur *Spekulation*. Berücksichtigen z. B. die Spekulanten, dass die hohe Devisennachfrage der Periode 1 nur vorübergehend ist, und erwarten sie einen Rückgang der Nachfrage und damit des Wechselkurses in der Folgeperiode, so werden sie in der Periode 1 Devisen anbieten (z. B. in Höhe von S_1^s), um sie später zu einem niedrigeren Kurs zurückzukaufen. Unter dem Einfluss dieses zusätzlichen Devisenangebots wird der Wechselkurs der Periode 1 unter w_1' liegen, etwa bei w_1.

Auf die vorübergehende Ausweitung folgt in der Periode 2 ein Rückgang der Devisennachfrage aus dem Außenhandel. Die Spekulation kann die Devisen, die sie in Periode 1 verkauft hat, günstig zurückkaufen. Die zusätzliche Devisennachfrage ($S_2^d = S_1^s$) bewirkt, dass sich ein Gleichgewichtskurs oberhalb von w_2' bildet, etwa bei w_2. In diesem Beispiel ist die Spekulation *gleichzeitig Gewinn bringend* (weil der Verkaufskurs w_1 über dem Ankaufskurs w_2 liegt) *und stabilisierend* (weil unter dem Einfluss der Spekulation die Schwankungsbreite des kurzfristigen Wechselkurses um den langfristigen Durchschnittskurs (w_0) von $w_1' - w_2'$ auf $w_1 - w_2$ abgenommen hat)[18].

bb) Destabilisierende Spekulation. – In der Periode 1 ist auch eine andere Reaktion der Spekulanten denkbar, wenn diese nämlich mit einem künftigen Kursanstieg der ausländischen Währung rechnen. In diesem Fall werden sie Devisen nachfragen, anstatt sie anzubieten, und damit den Kurs über w_1' hinaustreiben, z. B. auf w_1''. Sobald sie in der Periode 2 die Devisen wieder verkaufen und damit das Devisenangebot vergrößern, drücken sie den Kurs unter w_2', z. B. auf w_2''. Eine derartige Spekulation wäre *destabilisierend* (weil die Schwankungsbreite auf $w_1'' - w_2''$ ansteigen würde) und für die Spekulation *Verlust bringend* (weil zu w_1'' erworbene Devisen zu w_2'' verkauft würden).

18 Allgemein lässt sich eine **stabilisierende Wirkung** daran messen, ob unter dem Einfluss der Spekulation die Streuung des Wechselkurses um den langfristigen Durchschnitt abgenommen hat. Weiterhin kann – bei Schwankungen mit gegebener Amplitude – eine Abnahme der Frequenz der Schwankungen als Stabilisierung bezeichnet werden. Vgl. dazu TELSER, a. a. O., S. 296. Letztlich sind aber zur Beurteilung der Spekulation wohlfahrtstheoretische Überlegungen heranzuziehen. Vgl. YEAGER, a. a. O., S. 235 ff.

cc) Selbstverstärkung der Spekulation. – Das Beispiel der Abb. VI.1 stützt offenbar die These, dass eine Gewinn bringende Spekulation die Wechselkursentwicklung stabilisiert. Dabei wurde unterstellt, dass eine spekulative Transaktion zur Realisierung des Gewinns (oder auch des Verlusts) in der Folgeperiode führt, ohne dass gleichzeitig neue spekulative Engagements eingegangen werden. Es ist aber nicht von vornherein auszuschließen, dass eine Gewinn bringende und gleichzeitig destabilisierende Spekulation möglich ist, wenn diese einschränkende Annahme aufgegeben wird[19].

Um die Überlegungen möglichst einfach zu halten, werden Störungen im Außenhandel vernachlässigt, so dass ohne spekulative Einflüsse ständig der langfristige Gleichgewichtskurs (w_0 in Abb. VI.2) verwirklicht wird. Alle Wechselkursschwankungen gehen dann auf die Spekulation zurück. In der Periode 1 bewirken Devisenkäufe der Spekulation in Höhe von a eine Wechselkurserhöhung von w_0 auf w_1. Diese Devisenkäufe der Spekulation führen in der Periode 2 zu entsprechenden Devisenverkäufen. Falls keine weiteren Spekulationsgeschäfte getätigt werden, liegen in der Periode 2 Netto*ver*käufe aus der Spekulation vor, und der Kurs sinkt unter w_0; die Spekulation gibt somit die Devisen zu einem Kurs ab, der unter ihrem Ankaufskurs (w_1) liegt. Sie ist in diesem Fall gleichzeitig destabilisierend (weil sie die Kursschwankungen überhaupt erst auslöst) und Verlust bringend; das Beispiel stützt also bis hierher die zentrale These der Befürworter flexibler Wechselkurse.

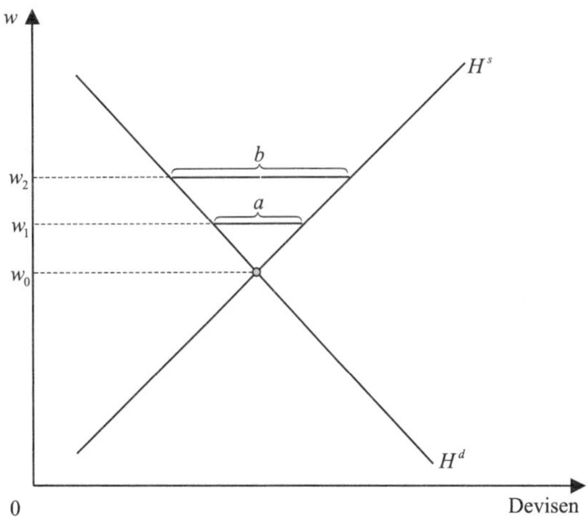

Abbildung VI.2

19 Eine allgemeine Untersuchung dieses Zusammenhangs findet sich bei W. J. BAUMOL, Speculation, Profitability, and Stability. „The Review of Economics and Statistics", Vol. 39 (1957), insbes. S. 269 f. Vgl. auch derselbe, Reply. „The Review of Economics and Statistics", Vol. 41 (1959), S. 301 f.

Abweichend von den bisherigen Überlegungen ist es aber auch denkbar, dass in der Periode 2 auf Grund des vorangegangenen Kursanstiegs (von w_0 auf w_1) neue Devisenkäufe in der *Hoffnung auf einen weiteren Kursanstieg* getätigt werden. Sobald diese Käufe umfangreicher sind als die Verkäufe aus der Auflösung der vorangegangenen spekulativen Engagements, treten die Spekulanten als Nettokäufer am Devisenmarkt auf. Im Beispiel der Abb. VI.2 ist unterstellt, dass in der Periode 2 Devisen*käufe* aus neuer Spekulation in der Höhe von $b + a$ (mit $b > a$) vorgenommen werden. Unter Berücksichtigung der Devisenverkäufe in Höhe von a, die sich aus der Spekulation der Periode 1 ergeben, betragen die Nettokäufe der Spekulation b, so dass (wegen $b > a$) der Gleichgewichtskurs der Periode 2 über dem der Periode 1 liegt ($w_2 > w_1$). Bei *fortwährender Ausweitung der Nettokäufe* aus der Spekulation wird ein Prozess ständiger Kurssteigerungen ausgelöst, der immer weiter vom Kurs w_0, dem Gleichgewichtskurs ohne Spekulation, wegführt.

Für den einzelnen Spekulanten ist diese destabilisierende Spekulation mit Gewinn verbunden, solange die Kurssteigerungen anhalten. So kann ein Spekulant, der in der Periode 1 Devisen zu w_1 erworben hat, diese in der Periode 2 zum höheren Kurs w_2 verkaufen. Derartige Gewinne beruhen aber auf einer Art „*Schneeballeffekt*", da sie nur solange erzielt werden können, wie die spekulativen Nettokäufe ausgeweitet werden, wie also die Spekulanten den Zuwachs ihres Devisenbestands noch erhöhen. *Risiko- und Liquiditätsüberlegungen* wirken diesem Aufbau des Devisenbestands jedoch zunehmend entgegen. Zum einen werden wegen der wachsenden Bestände die Folgen möglicher Kursverluste immer schwerwiegender. Zum anderen müssen die Spekulanten immer mehr liquide Anlagen im Inland auflösen oder im Inland Kredite aufnehmen, um ihre Devisenbestände ausweiten zu können[20].

Sobald die Ausweitung der Devisenbestände zum Abschluss kommt oder auch nur abgeschwächt wird, gehen die spekulativen Nettokäufe zurück und damit auch der Kurs. Setzen schließlich Netto*ver*käufe aus der Spekulation ein, muss der Kurs unter w_0 sinken, da nur in diesem Bereich Nettoverkäufe der Spekulation durch Nettokäufe des Außenhandels ($H^d - H^s > 0$) ausgeglichen werden. Die *Gruppe der Spekulanten* wird dann, insgesamt gesehen, Verluste erleiden, da sie die bei Kursen oberhalb von w_0 erworbenen Devisen zu Kursen unterhalb von w_0 wieder verkauft. Wie erläutert, schließt das nicht aus, dass einzelne Spekulanten – zumindest zeitweilig – Gewinne realisieren[21].

20 Bei einer *Terminspekulation* (anstelle der hier zu Grunde gelegten Kassaspekulation) wird die Erhöhung des Terminengagements dadurch begrenzt, dass unter Banken Obergrenzen für derartige Positionen üblich sind, während von Nichtbanken häufig Sicherheiten gefordert werden. Vgl. etwa P. FISCHER-ERLACH, Handel und Kursbildung am Devisenmarkt. 5., überarb. und erw. Aufl. Stuttgart, Berlin, Köln 1995. S. 131 ff.

21 Es handelt sich hierbei um eine spekulative Blase, die am Ende platzen wird. Vgl. hierzu auch Band I, Abschnitt XI.3.

dd) Destabilisierende Spekulation bei multiplem Gleichgewicht. – Auch das Beispiel der Abbildung VI.2 unterstützte die These, dass die Spekulanten als Gruppe letztlich keinen Gewinn aus einer destabilisierenden Spekulation erzielen können. Diese These ist aber in Frage gestellt, sobald ein *S*-förmiger Verlauf der Devisenangebotskurve berücksichtigt wird, wie er sich aus den Entscheidungen von Anbietern und Nachfragern nach heimischen Exportgütern ableiten lässt[22]. Es ist dann eine Situation möglich, in der – ohne Berücksichtigung der Spekulation – *mehrere Gleichgewichtskurse* existieren. Abbildung VI.3 veranschaulicht diese Situation. Dabei bezeichnen w_1 und w_4 die beiden stabilen Gleichgewichtskurse, während mit w_2 bzw. w_3 diejenigen Kurse gekennzeichnet sind, bei denen – im Bereich zwischen den beiden stabilen Gleichgewichtskursen – das Überschussangebot bzw. die Überschussnachfrage aus dem Außenhandel ein Maximum erreicht.

Als Beispiel sei unterstellt, dass ein in der Ausgangslage bestehendes Gleichgewicht bei w_1 durch Devisenkäufe der Spekulanten gestört wird. Die Nettokäufe der Spekulation sollen dabei ständig zunehmen, so dass der Wechselkurs immer weiter gegen w_2 hinaufgetrieben wird. Sobald die spekulativen Nettokäufe einen Umfang von *a* erreichen und damit den Maximalwert des Überschussangebots aus dem Außenhandel überschreiten, steigt der Wechselkurs abrupt an und findet erst wieder oberhalb von w_4 sein (kurzfristiges) Gleichgewicht, da erst dort ein entsprechend hohes Überschussangebot aus dem Außenhandel vorliegt. Lösen die Spekulanten nach diesem Kurssprung sukzessive ihre

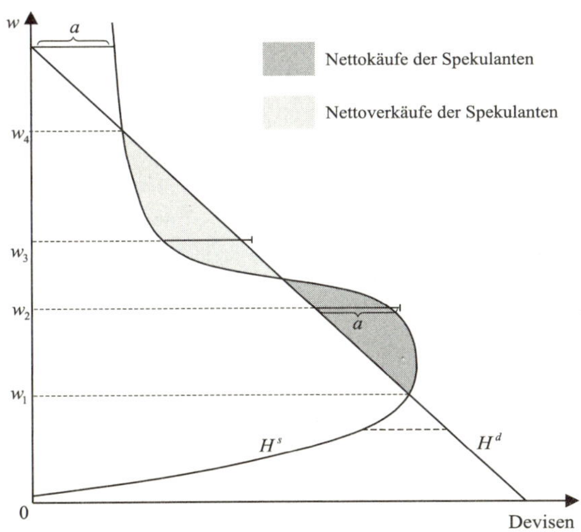

Abbildung VI.3

22 Vgl. Band I, Unterabschnitt III.2b).

Engagements auf, dann treiben sie den Kurs unter w_4 und mit zunehmenden Nettoverkäufen gegen w_3. Sobald die Nettoverkäufe der Spekulation die maximale Überschussnachfrage des Außenhandels bei w_3 übertreffen, fällt der Wechselkurs abrupt unter w_1. Wenn nach diesem Kursfall die Spekulation von neuem mit einem Kursanstieg rechnet, wird sie wieder bei Kursen zwischen w_1 und w_2 kaufen und damit einen weiteren Zyklus auslösen.

Im vorliegenden Fall ist die Spekulation *destabilisierend*, weil ohne ihr Eingreifen der Wechselkurs entweder bei w_1 oder w_4 zur Ruhe käme. Trotzdem ist es möglich, dass die Gruppe der Spekulanten insgesamt Gewinne erzielt[23]. Der größte Teil ihrer Devisenkäufe wird bei Kursen zwischen w_1 und w_2 vorgenommen und der größte Teil ihrer Devisenverkäufe oberhalb davon bei Kursen zwischen w_3 und w_4. Aus diesen Transaktionen ergeben sich Gewinne. Den Gewinnen stehen Verluste aus Käufen oberhalb von w_4 und Verkäufen unterhalb von w_1 gegenüber. Wenn die Gewinne überwiegen, bedeutet dies, dass die Gruppe der Spekulanten *insgesamt Gewinne* erzielt, nicht nur Einzelne unter ihnen.

ee) Auslese der Spekulanten bei Verlusten. – Die vorangegangenen Beispiele dienten zur Überprüfung der These, dass bei flexiblen Wechselkursen eine destabilisierende Spekulation immer mit Verlusten für die Gruppe der Spekulanten insgesamt einhergeht und deshalb unwahrscheinlich ist, weil Verluste die Spekulanten zum Ausscheiden aus dem Markt veranlassen. Der zuletzt behandelte Fall stellt ein Gegenbeispiel zum ersten Teil der These dar. Zweifel an ihrem zweiten Teil (dass Verluste zum Ausscheiden der Spekulanten aus dem Markt führen) sind angebracht, sobald das Verhalten einzelner *Untergruppen* von Spekulanten näher untersucht wird.

In der Literatur wird in diesem Zusammenhang zwischen professionellen Spekulanten und Amateurspekulanten unterschieden. Die Zielrichtung der Argumentation lässt sich nachvollziehen, ohne dass eine exakte Definition dieser beiden Teilgruppen gegeben werden muss. So lassen sich den *professionellen Spekulanten* die Banken zurechnen, deren Devisenhandelsabteilungen die Kursentwicklung laufend beobachten, während die *Amateure* dies nur von Fall zu Fall tun, wenn sie auf (von ihnen vermutete) Gewinnchancen aufmerksam werden. Zu ihnen können Außenhändler zählen, wie Exporteure, die in ausländischer Währung fakturieren und gelegentlich auf die Kurssicherung ihrer künftigen Exporterlöse verzichten, wenn sie mit einer Aufwertung der ausländischen Währung rechnen.

23 Auf die Möglichkeit einer gleichzeitig Gewinn bringenden und destabilisierenden Spekulation bei multiplen Gleichgewichten wurde hingewiesen von M. C. KEMP, The Pure Theory of International Trade. Englewood Cliffs, N. J., 1964. S. 259 f.

Entscheidend für die Argumentation ist, dass die *professionellen Spekulanten* – als Teilgruppe – wegen ihrer genaueren Marktkenntnis auch dann noch *Gewinne* erzielen können, wenn die Gruppe der Spekulanten insgesamt Verluste erleidet. Dann entfallen *Verluste* ausschließlich auf die Teilgruppe der *Amateure*. Unter Berücksichtigung dieses Zusammenhangs ist der Schluss nicht mehr zwingend, dass sich das Problem der destabilisierenden Spekulation von selbst lösen wird, weil Verluste die Spekulanten aus dem Markt treiben. Die professionellen Spekulanten können auch dann noch im Markt bleiben, weil sie Gewinne erzielen. Die Amateure werden wegen ihrer Verluste z. T. aus dem Markt ausscheiden, z. T. aber auch weiterhin im Markt bleiben, wenn sie die Verluste aus der Spekulation gegen Gewinne aus anderer Tätigkeit (z. B. ihrer Exporttätigkeit) aufrechnen und per Saldo noch einen Gewinn erzielen. Da die Zahl der potenziellen Amateurspekulanten praktisch unbegrenzt erscheint, kann ferner nicht ausgeschlossen werden, dass für jeden von ihnen, der auf Grund von Verlusten ausscheidet, ein neuer Spekulant hinzukommt, der seine Erfahrungen erst noch sammeln muss.

Die hier angestellten Überlegungen führen zu dem Schluss, dass bei flexiblen Kursen die Existenz einer andauernden destabilisierenden Spekulation nicht zwingend ausgeschlossen werden kann. Trotzdem überwog in der Diskussion die *Vermutung*, dass – bei unverändertem langfristigen Durchschnittskurs – die Gefahr von gravierenden spekulativ bedingten Kursschwankungen eher gering einzuschätzen ist[24].

b) Langfristige Wechselkursänderung

Der Fall einer langfristigen Veränderung des Wechselkurses wird in der Diskussion nicht nur für flexible, sondern auch für feste, aber anpassungsfähige Wechselkurse behandelt. Dem entspricht die Zweiteilung dieses Unterabschnitts.

aa) Flexible Kurse. – Die Bestimmungsgründe des längerfristigen Wechselkurses haben in der Diskussion vor 1973 keine große Aufmerksamkeit gefunden; eher beiläufig verwiesen hierzu einige Autoren auf die Kaufkraftparität[25]. Die Überlegungen konzentrierten sich vielmehr auf die Frage, wie unter dem Einfluss spekulativer Kapitalbewegungen der Übergang zu einem neuen langfristigen Gleichgewicht verläuft. Die *Spekulation* wird in diesem Zusammenhang als *stabilisierend* angesehen, wenn sie zu einem neuen langfristigen Gleichgewicht hinführt und dabei Kursausschläge glättet, die ohne ihre Mitwirkung eingetreten wären.

24 So YEAGER, a. a. O., S. 246. Vgl. auch FRIEDMAN, The Case . . ., a. a. O., S. 175. – Die gegenteilige Auffassung vertrat EINZIG, The Case . . ., a. a. O., S. 92 ff.

25 So z. B. JOHNSON, Argumente . . ., a. a. O., S. 203.

Das folgende Beispiel beruht auf Überlegungen von FRIEDMAN, der davon ausgeht, dass Exporte und Importe auf Wechselkursänderungen kurzfristig weniger elastisch reagieren als langfristig[26]. In der Ausgangslage herrscht beim Wechselkurs w_0 langfristiges Gleichgewicht ohne spekulative Tätigkeit (vgl. Abb. VI.4). Eine Störung erhöht dauerhaft die Importnachfrage und damit auch die Devisennachfrage. In Abb. VI.4 wird diese Störung durch eine Verschiebung der Devisennachfragekurve aus dem Außenhandel von H_1^d nach H_2^d gekennzeichnet. Unter der Voraussetzung, dass H^s das langfristige Devisenangebot aus dem Außenhandel darstellt, ergibt sich nach Abschluss aller Anpassungsvorgänge eine außenhandelsbedingte Abwertung der heimischen Währung von w_0 auf w_0'. Wegen der verzögerten Reaktion des Außenhandels kann jedoch das neue langfristige Gleichgewicht nach der Störung nicht sofort erreicht werden.

Um die Untersuchung der *Anpassungsvorgänge* möglichst weitgehend zu vereinfachen, wird unterstellt, dass eine verzögerte Reaktion nur bei den ausländischen Nachfragern nach dem heimischen Exportgut auftritt, sich also nur auf das Devisenangebot auswirkt. Der Unterschied zwischen dem kurz- und dem langfristigen Verlauf der Devisenangebotskurve wird deutlich, sobald die Auswirkung einer Erhöhung des Wechselkurses auf den Exportgütermarkt betrachtet wird. Die Abwertung der heimischen Währung verbilligt die inländischen Exportgüter in ausländischer Währung. Bei einer elastischen Reaktion der Nachfrager steigt der Exportwert in ausländischer Währung und damit das Devisenangebot aus dem Export an, und zwar umso stärker, je elastischer die Nach-

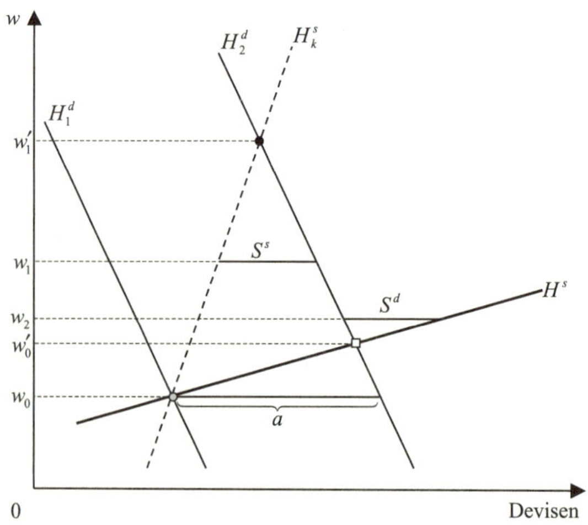

Abbildung VI.4

26 Vgl. FRIEDMAN, The Case …, a. a. O., S. 182 f. – Zu den empirischen Belegen für verzögerte Mengenreaktionen im Außenhandel vgl. Band I, Abschnitt III.3.

frager auf die Preissenkung im Ausland reagieren[27]. Da die Nachfrager annahmegemäß kurzfristig weniger elastisch als langfristig reagieren, führt eine Abwertung der heimischen Währung kurzfristig zu einer geringeren Ausweitung des Devisenangebots als langfristig; m. a. W. verläuft die Devisenangebotskurve (wie in Abb. VI.4) *kurzfristig* (H_k^s) steiler als langfristig (H^s)[28].

Für den Fall, dass während des Anpassungsprozesses eine Spekulation unterbleibt, lässt sich aus Abb. VI.4 ablesen, dass nach der Störung der Wechselkurs vorübergehend w_1' erreicht; denn bei diesem Kurs gleichen sich erhöhte Devisennachfrage (H_2^d) und kurzfristiges Devisenangebot (H_k^s) aus. Damit geht im vorliegenden Beispiel die kurzfristige Wechselkursänderung in die gleiche Richtung wie die langfristige, fällt aber stärker aus.

Die *überschießende Wechselkursreaktion*, die hier ausschließlich auf Außenhandelstransaktionen zurückgeht[29], eröffnet für die Spekulation Gewinnmöglichkeiten. So können im Beispiel der Abb. VI.4 Spekulanten nach der Störung zunächst (bei der kurzfristigen Angebotskurve H_k^s) Devisen zum Kurs w_1 verkaufen (in Höhe von S^s) und sie später (bei der langfristigen Angebotskurve H^s) zum niedrigeren Kurs w_2 wieder erwerben ($S^d = S^s$). Dieses Spekulationsgeschäft ist also *Gewinn bringend*[30] und *gleichzeitig stabilisierend*, weil die anfängliche Wechselkurserhöhung unter dem Einfluss der Spekulation weniger abrupt ausfällt (auf w_1 statt auf w_1') und somit die überschießende Wechselkursreaktion gedämpft wird. Deshalb kann auch dieses Beispiel zur Unterstützung der These herangezogen werden, dass bei flexiblen Wechselkursen eine Gewinn bringende Spekulation i. d. R. stabilisierend wirkt.

bb) Anpassungsfähige Festkurse. – Ein Anreiz zur Spekulation besteht nicht nur bei flexiblen Wechselkursen, sondern auch bei anpassungsfähigen Festkursen[31]. Um Unterschiede zum System flexibler Kurse möglichst deutlich werden zu lassen, wird weiterhin die in Abb. VI.4 wiedergegebene Störung zu Grunde gelegt.

Sobald sich die Devisennachfragekurve aus dem Außenhandel nach rechts verschiebt, nimmt bei *unverändertem Wechselkurs* w_0 der Saldo des Außenbeitrags ab und – sofern auf dem Devisenmarkt keine weiteren Transaktionen ausgelöst werden – in gleichem Umfang auch der Devisenbilanzsaldo (Zahlungsbilanzsaldo). Wenn in der Ausgangslage neben der Leistungsbilanz auch die Devisenbilanz ausgeglichen war, weisen also die Salden beider Teilbilanzen

27 Für eine systematische Untersuchung des Zusammenhangs zwischen den Preiselastizitäten und dem Devisenangebot auf dem Exportgütermarkt vgl. Band I, Abschnitt III.2.

28 U. U. ergibt sich kurzfristig sogar eine fallende Devisenangebotskurve.

29 Dagegen wird sie im Ansatz von DORNBUSCH, der in Band I, Abschnitt XI.1 beschrieben ist, unter Einbeziehung der Zinsparität begründet.

30 Die Annahme, dass die Zinssätze in In- und Ausland übereinstimmen, gilt weiterhin.

31 Zum Folgenden vgl. FRIEDMAN, The Case ..., a. a. O., S. 163 f. – YEAGER, a. a. O., S. 248 ff.

nach der Störung bei w_0 ein Defizit auf, das – gerechnet in ausländischer Währung – in Abb. VI.4 dem Streckenabschnitt *a* entspricht. Dieses Defizit wird von der Zentralbank finanziert, die zur Verteidigung des Wechselkurses w_0 Devisen anbieten muss.

Bei einem *anhaltenden* Defizit gibt die Zentralbank laufend Devisen ab. Eine Einstellung der Devisenverkäufe ist absehbar, wenn sich die Devisenbestände der Zentralbank zu erschöpfen drohen und die Beschaffung weiterer Devisen auf dem Kreditwege zunehmend auf Schwierigkeiten stößt. Sobald sich der Eindruck durchsetzt, dass eine Abwertung der betreffenden Währung nicht mehr zu vermeiden ist, wird eine *Wechselkursspekulation* ausgelöst. Die Spekulanten erwerben beim Wechselkurs w_0 Devisen in der Hoffnung, sie nach der Abwertung zu einem höheren Kurs wieder verkaufen zu können, und vergrößern damit das Defizit beim Kurs w_0. Erfolgt später tatsächlich die Abwertung der heimischen Währung (etwa durch eine Erhöhung des Wechselkurses von w_0 auf w_0'), dann erzielen die Spekulanten aus der Differenz zwischen ihrem Ankaufskurs (w_0) und ihrem Verkaufskurs (w_0') einen Gewinn. Dem steht ein Verlust der Zentralbank gegenüber, die Devisen zu w_0 verkauft und sie zu w_0' wieder zurückkauft. Falls aber die Abwertung ausbleibt, hat die Spekulation praktisch keinen Kursverlust zu befürchten, da in der angegebenen Situation eine Aufwertung (anstelle einer Abwertung) der heimischen Währung ausgeschlossen ist[32]. Deshalb erfolgt in einem System fallweise änderbarer Festkurse eine einmal ausgelöste Spekulation immer in eine Richtung (sog. „*Einbahnspekulation*") und ist in diese Richtung *praktisch risikolos*.

Wenn die Spekulanten kein nennenswertes Kursrisiko tragen, dann besteht die Gefahr von Spekulationswellen. Ein mögliches Hemmnis gegen derartige Spekulationswellen könnten die *Kosten* der Spekulation bilden, die beim Ausbleiben der erwarteten Wechselkursänderung zu Verlusten für die Spekulanten führen. Diese Kosten, die aus entgangenen Zinsen (falls bei einer Auslandsanlage eine niedrigere Verzinsung als bei einer Inlandsanlage erzielt wird) sowie aus Transaktionskosten bestehen, sind aber vergleichsweise gering[33].

Als *Zwischenergebnis* der vorangegangenen Überlegungen zeigt sich also, dass bei anhaltenden Devisenbilanzungleichgewichten die Spekulation durch Kursrisiken und Kosten kaum behindert wird. Überdies nimmt die Wahrscheinlichkeit einer Wechselkursänderung mit steigendem Umfang der Spekulation zu,

32 Beim Ausbleiben einer Abwertung kann sich innerhalb einer bestehenden Bandbreite ein Kursverlust ergeben. Dieser Kursverlust ist aber begrenzt, und ihm wirkt die Tendenz der Zentralbank entgegen, nach dem Abklingen einer Spekulationswelle ihre Devisenbestände wieder aufzufüllen, d. h. Devisen anzukaufen und damit deren Kurs zu stützen.

33 Allerdings steigen mit zunehmendem Umfang die Kosten an, sobald die Spekulation auf Schwierigkeiten bei der Finanzierung ihrer Devisenankäufe stößt.

weil es den Währungsbehörden immer schwerer fällt, den Ausgangskurs aufrechtzuerhalten. Aus diesen Gründen ist es im System fallweise änderbarer Festkurse für die Spekulation lohnend, sich einer einmal ausgelösten Spekulationswelle anzuschließen, solange die Währungsbehörden die Devisen noch zum Ausgangskurs verkaufen[34]. Die sich hieraus ergebende *Tendenz zur Selbstverstärkung* der Spekulation führt im System fallweise änderbarer Festkurse zu ausgesprochen krisenhaften Zügen, sobald Spekulationen gegen bestehende Paritäten erst einmal in Gang gekommen sind[35].

c) Spekulation und Wechselkurssystem

Ein wichtiges Ergebnis der Diskussion vor 1973 ist, dass bei *flexiblen Kursen* die Möglichkeit einer destabilisierenden Spekulation nicht zwingend ausgeschlossen werden kann; denn auch eine destabilisierende Spekulation kann Gewinn bringend sein; außerdem erscheint ein Überleben der Spekulation selbst dann als möglich, wenn die Spekulanten insgesamt genommen Verluste erleiden. Trotz dieser auf theoretische Überlegungen zurückgehenden Erkenntnis herrscht in der Diskussion die *Auffassung* vor, dass die Spekulation im Allgemeinen *stabilisierend* auf die Wechselkursentwicklung wirkt. Nach dieser Sicht gehen Wechselkursbewegungen auf nicht spekulative Einflüsse zurück und werden durch die Spekulation gedämpft (bei einem langfristig unveränderten Durchschnittskurs) oder geglättet (bei einer langfristigen Wechselkursänderung). Hingegen wird für das *System anpassungsfähiger Festkurse* auf die Gefahr von *Spekulationswellen* verwiesen, die – durch Risiko- und Kostenüberlegungen praktisch nicht gehemmt – vor Wechselkursänderungen krisenhafte Entwicklungen auslösen.

Die unterschiedliche Einschätzung, die die Spekulation je nach Wechselkurssystem erfährt, stellt ein wichtiges Argument dar, sobald in den folgenden Abschnitten die Wechselkurssysteme anhand der Maßstäbe „ungestörter internationaler Handel" und „Autonomie der Stabilisierungspolitik" bewertet werden. Unabhängig davon wird im Allgemeinen die Möglichkeit einer praktisch risikolosen Spekulation auf Kosten der Währungsbehörden, also letztlich auf Kosten des Steuerzahlers, als ein Nachteil des Systems anpassungsfähiger Festkurse angesehen.

34 Im Gegensatz hierzu vermindert bei flexiblen Kursen eine Zunahme der Spekulation i. d. R. die Gewinnchancen, weil sie zu einer Senkung des Verkaufskurses und zu einer Erhöhung des Ankaufskurses führt.

35 Z. B. bei den Zahlungsbilanzkrisen vor dem Übergang zu flexiblen Dollarkursen sowie bei der EWS-Währungskrise von 1992/93. Vgl. Unterabschnitte V. 5c) und X. 3c).

3. Risiken im Außenhandel

Auf Grund der Erfahrungen aus der Zwischenkriegszeit hat NURKSE die These vertreten, dass flexible Wechselkurse Risiken für den Außenhandel schaffen und ihn deshalb behindern[36]. Mit dieser Aussage wurde eine Diskussion darüber ausgelöst, welche Risiken für den Außenhandel aus der Wechselkurs- und Zahlungsbilanzentwicklung entstehen.

a) Wechselkursrisiko

Im Außenhandel entsteht ein *Wechselkursrisiko*, wenn beim Vertragsabschluss der zum Zeitpunkt der Zahlung geltende Wechselkurs noch nicht feststeht[37]: Der in heimischer Währung gerechnete Kaufpreis ist dann für den Importeur (bei Fakturierung in der Währung des Exporteurs), für den Exporteur (bei Fakturierung in der Währung des Importeurs) oder für beide (bei Fakturierung in einer Drittwährung) noch nicht genau bestimmt. Dieses Risiko besteht nicht nur bei flexiblen Kursen, sondern auch in einem System grundsätzlich fester Kurse, und zwar bei Wechselkursschwankungen innerhalb der Bandbreite und bei Paritätsänderungen. Während die Schwankungen innerhalb der Bandbreite begrenzt sind[38], können Paritätsänderungen und das auf sie zurückgehende Wechselkursrisiko ein größeres Ausmaß erreichen.

b) Kurssicherung

Bei einer zeitlichen Abweichung zwischen Vertragsabschluss und Zahlungstermin kann das Wechselkursrisiko grundsätzlich dadurch ausgeschaltet werden, dass bereits beim Vertragsabschluss mit Wirkung zum späteren Zahlungstermin der Devisenkauf bzw. -verkauf vorgenommen wird (Kurssicherung durch ein *Termingeschäft*). Die Frage, ob derartige Termingeschäfte für alle Fälligkeiten und in allen Währungen möglich sind, stellt sich bei flexiblen Wechselkursen ständig, während bei grundsätzlich festen Wechselkursen ein schwerwiegendes Wechselkursrisiko nur bei den eher seltenen Paritätsänderungen besteht. Deshalb wächst mit dem Übergang zu flexiblen Wechselkursen der Bedarf an der Kurssicherung. Nach der Überzeugung der Befürworter flexibler Wechselkurse

36 LEAGUE OF NATIONS, International Currency . . ., a. a. O., S. 210.

37 Neben diesem sog. *Transaktionsrisiko* existieren weitere wechselkursbedingte Risiken, auf die im folgenden Unterabschnitt d) eingegangen wird. – Zu den wechselkursbedingten Risiken vgl. H. E. BÜSCHGEN, Internationales Finanzmanagement. 2., überarb. Aufl. Frankfurt am Main 1993. S. 228 ff.

38 Im System von Bretton Woods betrug die Bandbreite gegenüber dem Dollar ± 1 v. H. (und damit ungefähr ± 2 v. H. zwischen Nicht-Dollar-Währungen). Vgl. Unterabschnitt IV.2c).

werden mit dem Bedarf auch die entsprechenden Möglichkeiten geschaffen, so dass die aufgeworfene Frage für flexible Kurse grundsätzlich bejaht wird[39]. Aber selbst wenn bei längerfristigen Fälligkeiten Termingeschäfte nicht abgeschlossen werden können, lässt sich das Wechselkursrisiko immer noch ausschalten, und zwar durch die Verbindung von einem *Devisenkassageschäft mit einem Kreditgeschäft*[40].

c) Kosten der Kurssicherung

Auch bei wirksamer Ausschaltung des Wechselkursrisikos kann der internationale Handel behindert werden, falls zu diesem Zweck an andere Marktteilnehmer eine Art *Risikoprämie* gezahlt werden muss[41]. Ausgangspunkt der Überlegungen ist die Feststellung, dass der Terminkurs im Regelfall unter Mitwirkung der Spekulation gebildet wird, die damit ein Risiko auf sich nimmt[42]. Anstelle der Außenhändler, die ihr Wechselkursrisiko durch das Termingeschäft zum Verschwinden bringen, trägt also die Spekulation ein Wechselkursrisiko. Es liegt dann die Vermutung nahe, dass die Spekulation dieses Risiko nur gegen Zahlung einer Risikoprämie übernimmt, die für den Außenhandel zu den Kosten gerechnet werden muss. Als Maß für die Prämie wird der *Deport* einer Währung genannt[43].

Einer derartigen Begründung für die Existenz von Kurssicherungskosten können die folgenden Überlegungen entgegengehalten werden: *Erstens* ist ein Terminmarktgleichgewicht denkbar, in dem Termingeschäfte nur von Außenhandel und Zinsarbitrage, nicht aber von der Spekulation getätigt werden. In diesem Fall wird mit dem Termingeschäft das Wechselkursrisiko beim Außenhandel beseitigt, ohne dass es bei anderen Marktteilnehmern neu auftritt. Es

39 Vgl. JOHNSON, Argumente . . ., a. a. O., S. 205 f. Der gegenteiligen Auffassung ist EINZIG (The Case . . ., a. a. O. S.123 ff.), der davon ausgeht, dass als Partner für die Termingeschäfte der Außenhändler in erster Linie Geschäftsbanken in Frage kommen. Er vertritt die Meinung, dass bei flexiblen Kursen Risikoüberlegungen die Geschäftsbanken zu einer größeren Zurückhaltung bei Terminengagements veranlassen und dass somit dem erhöhten Bedarf an Kurssicherung verringerte Möglichkeiten zur Kurssicherung gegenüberstehen.

40 Als Beispiel sei eine später fällige Dollareinnahme gewählt. Um deren künftigen Gegenwert in heimischer Währung bereits heute eindeutig festzulegen, wird ein Dollarkredit aufgenommen (der mit der späteren Dollareinnahme getilgt wird), der Gegenwert am Kassamarkt in heimische Währung umgewandelt und im Inland angelegt. Da Kassakurs und Zinssätze zur Zeit des Vertragsabschlusses feststehen, ist auf diese Weise bereits heute der Betrag in heimischer Währung aus der künftigen Dollareinnahme eindeutig bestimmt. – Vgl. dazu YEAGER, a. a. O., S. 261 f.

41 Vgl. dazu SOHMEN, a. a. O., S. 83 ff. und S. 111 ff. – STERN, a. a. O., S. 74 ff.

42 Vgl. Band I, Abschnitt V.3.

43 Beispielsweise von JOHNSON, Argumente . . ., a. a. O., S. 205 f.

besteht also kein *zwingender* Zusammenhang zwischen dem Wechselkursrisiko, das im Außenhandel ausgeschaltet wird, und dem Risiko, das die Spekulation übernimmt[44].

Zweitens ist der Swapsatz im Allgemeinen und der Deport im Besonderen bei Kurssicherungsgeschäften letztlich ohne Bedeutung. Im *Zeitpunkt der Entscheidung* müssen die Außenhändler den Terminkurs und den *zum Zahlungstermin erwarteten* Kassakurs gegeneinander abwägen; sollen *nachträglich* Vor- und Nachteile der Kurssicherung ermittelt werden, müssen Terminkurs und *zum Zahlungstermin realisierter* Kassakurs miteinander verglichen werden. In keinem der beiden Fälle wird die relevante Kursdifferenz durch den Swapsatz erfasst, weil sich dieser nicht auf den Kassakurs des Zahlungstermins, sondern auf den Kassakurs zum Zeitpunkt der Terminsicherung bezieht[45].

Ein Maß für die Kosten der Kurssicherung lässt sich angeben, wenn berücksichtigt wird, dass die Außenhandelsunternehmen ihre Termingeschäfte i. d. R. mit Banken abwickeln. Die *Bankspesen*, insbesondere in Form einer Spanne zwischen dem Verkaufskurs (den Importeure für die Kurssicherung ihrer Devisenausgaben zu zahlen haben) und dem Ankaufskurs (den Exporteure bei der Kurssicherung ihrer Deviseneinnahmen erzielen) stellen Kosten der Kurssicherung dar, die der Außenhandelssektor insgesamt zu tragen hat. Hierzu wird die Erwartung geäußert, dass bei flexiblen Wechselkursen mit einem voll entwickelten Termingeschäft diese Bankspesen nicht über denjenigen von Kassageschäften liegen werden[46].

d) Weitere wechselkursbedingte Risiken

aa) Erfüllungsrisiko. – Durch Kurssicherungsgeschäfte lassen sich nicht alle wechselkursbedingten Risiken vollkommen ausschalten[47]. Das Wechselkursrisiko aus einem Außenhandelsgeschäft lebt wieder auf, sobald der Vertragspartner im Termingeschäft seine Verpflichtung nicht erfüllt. Das Unternehmen, das die Kurssicherung vorgenommen hat, muss dann erneut ein Devisengeschäft abschließen – zu einem Kurs, den es beim Abschluss des Außenhandelsgeschäfts nicht kennen konnte.

44 Vgl. SOHMEN, a. a. O., S. 85 ff.

45 Vgl. H.-E. SCHARRER, D. GEHRMANN, W. WETTER, Währungsrisiko und Währungsverhalten deutscher Unternehmen im Außenhandel. Hamburg 1978. S. 332 f.

46 Vgl. SOHMEN, a. a. O., S. 114. Im Gegensatz dazu sieht EINZIG (The Case . . ., a. a. O., S. 134 f.) die Gefahr, dass es aus dem in Fn. 39 dieses Kapitels erläuterten Grund zu einem scharfen Anstieg bei den Kosten der Kurssicherung kommen kann.

47 Vgl. YEAGER, a. a. O., S. 262 f.

bb) Preisrisiko. – Importeure, die zur Ausschaltung des Wechselkursrisikos die für ein Importgeschäft benötigten Devisen am Terminmarkt erworben haben, tragen u. U. ein wechselkursbedingtes sog. „Preisrisiko". Dieses Risiko besteht insbesondere bei einem international gehandelten standardisierten Gut, dessen Preis auf dem Weltmarkt bestimmt wird. Wenn beispielsweise zum Zahlungstermin der Kassakurs der Devisen nennenswert unter dem Terminkurs liegt, zu dem der Importeur abgeschlossen hat, dann können seine Konkurrenten, sofern sie auf eine Kurssicherung verzichtet haben, im Inland billiger als er anbieten, den Marktpreis senken und dadurch beim kurssichernden Importeur einen Verlust auslösen. Andererseits schließt auch der Verzicht auf die Kurssicherung ein wechselkursbedingtes Risiko für den Importeur nicht aus, sofern seine Konkurrenten Kurssicherungsgeschäfte zum Terminkurs vornehmen und der spätere Kassakurs über dem Terminkurs liegt.

Wie dieses Beispiel zeigt, kann die Ausschaltung des Transaktionsrisikos nicht verhindern, dass hierdurch u. U. ein anderes ökonomisches Risiko entsteht. In diesem Zusammenhang ist zu berücksichtigen, dass der Markt in Form der Devisenoptionen mittlerweile ein Instrument entwickelt hat, das eine gleichzeitige Absicherung gegen Wechselkurs- und Preisrisiken ermöglicht[48]. **Devisenoptionen** geben nämlich dem Erwerber das Recht, verpflichten ihn aber nicht, Devisen zu einem vorher festgelegten Kurs in der Zukunft zu kaufen bzw. zu verkaufen. Allerdings entstehen hierbei für den Erwerber nicht unerhebliche Kosten in Form der von ihm zu zahlenden Prämie.

e) Eingriffe in den internationalen Handels- und Zahlungsverkehr

In einem System fallweise änderbarer Festkurse sind Paritätsänderungen im Allgemeinen die Folge von fundamentalen Zahlungsbilanzungleichgewichten. In solchen Situationen muss damit gerechnet werden, dass eine Regierung in Erwägung zieht, ein Defizit oder einen Überschuss in der Devisenbilanz nicht nur durch eine Abwertung bzw. Aufwertung, sondern auch durch Eingriffe in den internationalen Handels- und Zahlungsverkehr zu beseitigen. Derartige zahlungsbilanzbedingte Eingriffe (etwa in Form von Importbeschränkungen) behindern den internationalen Handel und müssen beim Vergleich der Wechselkurssysteme in Rechnung gestellt werden.

48 Vgl. *Bank for International Settlements*, Recent Innovations in International Banking. Prepared by a Study Group established by the Central Banks of the Group of Ten Countries. 1986. S. 61 ff. Insbesondere S. 65.

f) Internationaler Handel und Wechselkurssystem

Als eines der beiden Hauptziele, denen ein Wechselkurssystem dienen soll, ist die Förderung eines ungestörten internationalen Handels genannt worden. Bei der Beurteilung *flexibler Wechselkurse* wird von den Gegnern dieses Wechselkurssystems auf die Gefahr hingewiesen, dass der internationale Handel durch ständige Wechselkursschwankungen gefährdet wird. Die Befürworter flexibler Kurse lehnen dieses Argument zwar nicht grundsätzlich ab, messen ihm aber keine entscheidende Bedeutung zu.

Ausgangspunkt ihrer Argumentation ist die Überlegung, dass unter dem Einfluss *stabilisierender Spekulation* die Wechselkursschwankungen gedämpft und geglättet werden. Soweit sich aus den verbleibenden Schwankungen ein Risiko ergibt, kann sich der internationale Handel weitgehend durch Termingeschäfte absichern, und zwar zu geringen Kosten. Unter diesen Bedingungen ist keine ernsthafte Beeinträchtigung des internationalen Handels durch ein System flexibler Wechselkurse zu erwarten.

Bei der Diskussion des Systems *anpassungsfähiger Festkurse* überwiegt eindeutig die Kritik. Wegen der fallweisen Wechselkursänderungen besteht auch in diesem System ein Wechselkursrisiko. Eine entscheidende Erschwernis des internationalen Handels ergibt sich aus den Spekulationswellen während der Perioden, in denen mit Wechselkursänderungen gerechnet wird. Die mit diesen Wellen verbundenen Devisenzu- und -abflüsse großen Ausmaßes geben Anlass zu *dirigistischen Eingriffen* in den internationalen Handel[49].

Soweit in der Diskussion explizit ein Vergleich zwischen den Wechselkurssystemen vorgenommen wurde, ging man im Allgemeinen davon aus, dass insbesondere die dirigistischen Eingriffe bei anpassungsfähigen Festkursen den internationalen Handel stärker beeinträchtigen als die Schwankungen flexibler Kurse.

4. Stabilitätsziele

Ein wichtiges, in der tagespolitischen Diskussion vielleicht das wichtigste Argument der Befürworter flexibler Wechselkurse besagt, dass bei flexiblen, nicht aber bei festen Wechselkursen die einzelnen Länder ihre *Ziele* Beschäftigung und Preisniveaustabilität *nach eigenem Ermessen* verfolgen können. Mit diesem Argument wird nicht bestritten, dass auch bei flexiblen Kursen Vorgänge im Aus-

49 Der Zusammenhang zwischen Wechselkurssystem und wirtschaftspolitischen Maßnahmen, speziell dirigistischen Eingriffen in den internationalen Handels- und Zahlungsverkehr, wird im folgenden Abschnitt näher behandelt.

land auf die heimischen Zielgrößen einwirken; entscheidend ist nach dieser Auffassung, dass die heimische Stabilisierungspolitik diese Einflüsse ausgleichen kann. Hingegen wird von anderen Teilnehmern an der Wechselkursdiskussion die Befürchtung geäußert, dass flexible Wechselkurse auf Grund ständiger Verschiebungen der Produktionsstruktur die Arbeitslosigkeit erhöhen könnten.

a) Annahmen der Analyse

Die Diskussion über die Stabilisierungspolitik geht von Unvollkommenheiten auf Arbeits- und Gütermärkten aus. So ist die *Lohnbildung* durch Starrheiten gekennzeichnet, die bewirken, dass die Lohnsätze nur unvollkommen auf Datenänderungen reagieren. Insbesondere mangelt es an einer flexiblen Anpassung der Löhne nach unten, so dass eine rückläufige Nachfrageentwicklung eher zu Arbeitslosigkeit als zu Lohnsenkungen führt[50]. Unter Berücksichtigung der zusätzlichen Annahme, dass durch die nationalen Grenzen die Mobilität des Faktors Arbeit entscheidend gehemmt wird[51], muss sich eine einmal entstandene *Arbeitslosigkeit* international *nicht* ausgleichen. Vielmehr können zwischen den einzelnen Staaten erhebliche Unterschiede andauern.

Auf den *Gütermärkten* verhindern Qualitätsunterschiede und Handelshemmnisse wie Zölle oder Kontingente, dass sich die Preise in- und ausländischer Güter – nach Umrechnung in eine einheitliche Währung – vollkommen angleichen[52]. Diese hemmenden Einflüsse werden aber nicht als so stark angesehen, dass sich – immer nach Umrechnung in eine einheitliche Währung – zwischen den einzelnen Ländern auf Dauer gravierende Unterschiede in den Inflationsraten herausbilden könnten[53].

b) Stabilisierungspolitik bei anpassungsfähigen Festkursen

aa) Kurzfristiger Spielraum. – Unter der Voraussetzung, dass die Lohn- und Preisbildung kurzfristig Unvollkommenheiten aufweist, entstehen für die Stabilisierungspolitik in zweierlei Weise Spielräume. *Erstens* eröffnen Starrheiten auf dem Arbeitsmarkt die Möglichkeit, mit Hilfe der Geld- und Fiskalpolitik das (gesamtwirtschaftliche) Beschäftigungsvolumen zu beeinflussen; *zweitens* bieten Unvollkommenheiten auf den Gütermärkten vorübergehend die Gele-

50 Vgl. etwa FRIEDMAN, The Case ..., a. a. O., S. 165.

51 Vgl. JOHNSON, Argumente ..., a. a. O., S. 194. Auch innerhalb eines Staates bestehen Hemmnisse für die Mobilität des Faktors Arbeit. Doch wird den innerstaatlichen Hemmnissen eine wesentlich geringere Bedeutung zugemessen als den zwischenstaatlichen.

52 Vgl. ebenda, S. 194.

53 Vgl. ebenda, S. 207.

genheit, auch bei festen Wechselkursen die Bindung der nationalen an die internationale Preisniveauentwicklung zu lockern.

Eine unterschiedliche Ausrichtung der nationalen Stabilisierungspolitik führt jedoch im Allgemeinen zu *Zahlungsbilanzproblemen*, da Devisenbilanzungleichgewichte zu erwarten sind. So muss ein Land, in dem das Preisniveau im Vergleich zum Ausland schneller ansteigt, mit einem Defizit in der Devisenbilanz rechnen. Wird kein konjunkturpolitischer Kurswechsel vollzogen, dann droht eine Verfestigung und Verstärkung der Devisenbilanzungleichgewichte[54].

Unterschiede in der Stabilisierungspolitik, die zu Devisenbilanzungleichgewichten führen, lassen sich so lange durchhalten, wie eine *Zahlungsbilanzfinanzierung*[55] möglich ist. So können Defizite durch den Abbau von Devisenbeständen oder durch die Aufnahme von Devisenkrediten finanziert werden, während Überschüsse zur Aufstockung der Devisenreserven oder zur Tilgung von Devisenkrediten verwendet werden können. Monetäre Rückwirkungen, die tendenziell aus der Finanzierung von Devisenbilanzungleichgewichten folgen und die die angestrebten Ziele der Stabilisierungspolitik gefährden, lassen sich prinzipiell durch eine *Neutralisierungspolitik* ausschalten[56].

bb) Langfristige Auswirkungen. – Mit der Zeit stößt bei festen Wechselkursen eine von Land zu Land unterschiedlich ausgerichtete Stabilisierungspolitik auf zunehmende Schwierigkeiten, weil sich die Reserven der Defizitländer erschöpfen und weil eine Neutralisierungspolitik der Überschussländer an die Grenzen ihrer Wirksamkeit stößt. Eine *Zahlungsbilanzkorrektur* lässt sich auf Dauer nicht mehr umgehen. Wie bereits im Einzelnen geschildert wurde[57], weisen alle in Frage kommenden Maßnahmen aus der Sicht der betroffenen Länder Nachteile auf. Deshalb werden, wie erläutert, Korrekturmaßnahmen häufig erst mit großer Verzögerung und unter Druck ergriffen, so dass sich die Devisenbilanzungleichgewichte zu verfestigen beginnen. Wenn diese Entwicklung eingetreten ist, verstärkt sich immer mehr der Eindruck, dass eine Wechselkursanpassung letztlich unausweichlich wird. Damit ist die Grundlage für eine Einbahnspekulation

54 Es kann zwar der Versuch unternommen werden, mit einer Politik des „*policy mix*" den Devisenbilanzausgleich zu verwirklichen, ohne die binnenwirtschaftlichen Ziele der Stabilisierungspolitik aufzugeben (vgl. dazu Band I, Unterabschnitt VIII.1d)). Im Falle eines Defizitlandes könnte beispielsweise eine kontraktive Geldpolitik, die über eine Zinserhöhung Nettokapitalimporte anregt, mit einer expansiven Fiskalpolitik kombiniert werden, die den kontraktiven Effekt der Zinserhöhung auf die Beschäftigung ausgleicht. Bei einem sich ständig verstärkenden Leistungsbilanzdefizit dürfte diese Politik aber auf Dauer zum Scheitern verurteilt sein, weil Abwertungserwartungen die Kapitalimporte zum Erliegen bringen werden.

55 Vgl. dazu Unterabschnitt I.1b).

56 Zur Neutralisierungspolitik vgl. Band I, Abschnitt VII.2.

57 Vgl. hierzu den Unterabschnitt V.5a).

und die mit ihr verbundenen *Zahlungsbilanzkrisen* gelegt, die am Ende abrupte Wechselkursänderungen erzwingen. Auf diese Weise führen bei anpassungsfähigen Festkursen nationale Stabilisierungspolitiken, die den kurzfristig bestehenden Spielraum auszunutzen versuchen, langfristig Entwicklungen herbei, die für das Währungssystem insgesamt schädlich sind, wie auch die Erfahrungen mit dem System von Bretton Woods gezeigt haben.

c) Stabilisierungspolitik bei flexiblen Wechselkursen

aa) Abschirmung und internationale Konjunkturübertragung. – aaa) Bei flexiblen Kursen stellt sich der Wechselkurs immer so ein, dass ohne Eingreifen der Zentralbank Devisennachfrage und Devisenangebot ausgeglichen werden. Damit entfallen Devisenzu- und -abflüsse, die bei fehlender oder erfolgloser Neutralisierungspolitik das heimische Geldangebot verändern würden[58]. Devisenbilanzausgleich und *Isolierung des heimischen Geldangebots* von Auslandseinflüssen sind also bei flexiblen Kursen automatisch sichergestellt. Deshalb besteht keine Gefahr, dass eine Stabilisierungspolitik scheitert, weil sich die Devisenreserven erschöpfen oder die Kontrolle über das Geldangebot verloren geht.

bbb) Die Isolierung der Volkswirtschaften gegen Devisenströme bedeutet *nicht* unbedingt, dass flexible Wechselkurse die heimische Wirtschaft vollkommen gegen Auslandseinflüsse abschirmen. Dieser Zusammenhang war vor dem Übergang zu einer größeren Wechselkursflexibilität (1973) allgemein bekannt, wie aus der damaligen Diskussion der internationalen Konjunktur- und Preisübertragungen bei flexiblen Kursen hervorgeht.

Um die entsprechenden Überlegungen zu erläutern, soll zunächst das Beispiel eines *Konjunkturaufschwungs im Ausland* betrachtet werden. Da durch den Anstieg der Realeinkommen im Ausland dort die Nachfrage nach Gütern des Inlands zunimmt, entsteht in der ausländischen Devisenbilanz eine Tendenz zu Defiziten, die jedoch wegen der induzierten Abwertung der Auslandswährung nicht zur Wirkung gelangen kann. Sofern die internationalen Kapitalbewegungen (und die unentgeltlichen Übertragungen) von diesen Vorgängen unberührt bleiben, erfordert der Devisenbilanzausgleich, dass sich der Außenbeitrag nicht verändert, dass m. a. W. die Änderungen von Exporten und Importen in Höhe und Richtung übereinstimmen müssen. Die Auswirkungen des Konjunkturaufschwungs im Ausland auf den *Außenbeitrag* müssen also durch Wechselkursänderungen genau *ausgeglichen* werden.

Es liegt die Vermutung nahe, dass Konjunkturbewegungen im Ausland, wenn sie im Gesamteffekt den Außenbeitrag nicht beeinflussen, auch keine Auswirkung auf heimische Produktion und Beschäftigung haben können. In einer viel

58 Vgl. Band I, Abschnitt VII.2.

beachteten Veröffentlichung von LAURSEN und METZLER ist jedoch gezeigt worden, dass dieser Schluss nicht korrekt ist[59]. Selbst wenn Export- und Importänderungen stets genau übereinstimmen, findet auf Grund des *Terms of trade-Effekts* eine *internationale Konjunkturübertragung* statt, und zwar in gegenläufiger Richtung, wenn in In- und Ausland jeweils die Preise der heimischen Güter konstant bleiben[60].

Der Abschirmungseffekt flexibler Wechselkurse gegenüber *Preisänderungen im Ausland* soll am Beispiel einer Erhöhung des ausländischen Preisniveaus erläutert werden. In diesem Fall ist mit einer Abwertung der Auslandswährung zu rechnen, so dass, in inländischer Währung gerechnet, der Preisanstieg ausländischer Güter durch einen Kursrückgang der Devisen gedämpft wird. Fällt – entsprechend der *Kaufkraftparität* – der Kursrückgang genau umgekehrt proportional zur Erhöhung der Auslandspreise aus, dann ändern die Auslandsgüter ihren Preis in inländischer Währung überhaupt nicht, und die Preissteigerungen im Ausland bleiben ohne jede Auswirkung auf das Preisniveau im Inland[61]. Die hiernach nahe liegende These, dass durch flexible Kurse das Preisniveau des Inlands vollständig gegenüber dem Ausland isoliert wird, findet in der Diskussion vor 1973 keine einhellige Zustimmung. Vielmehr werden von einigen Autoren bestimmte *Voraussetzungen* angeführt, unter denen auch bei flexiblen Kursen *Preisbewegungen international übertragen* werden[62].

Als *Ergebnis* der Diskussion vor 1973 lässt sich festhalten, dass flexible Wechselkurse nicht in jedem Fall das inländische Beschäftigungs- und Preisniveau vollständig von Einflüssen aus dem Ausland isolieren. Auch wenn hiermit die Möglichkeit internationaler Preis- und Konjunkturzusammenhänge grundsätzlich anerkannt wird, enthält die Literatur bis 1973 generell keine ernsthaften Zweifel daran, dass die nationale Stabilisierungspolitik bei flexiblen Kursen Störungen aus dem Ausland auszugleichen vermag.

59 Vgl. S. LAURSEN, L. A. METZLER, Flexible Exchange Rates and the Theory of Employment. „The Review of Economics and Statistics", Vol. 32 (1950), S. 281 ff. – Vgl. auch ROSE, SAUERNHEIMER, a. a. O., S. 272 ff.

60 Die durch den ausländischen Konjunkturaufschwung ausgelöste Aufwertung der heimischen Währung erhöht unter dieser Voraussetzung die terms of trade. Wie die Untersuchung des Terms of trade-Effekts im Gütermarktmodell zeigt, vermindert ein Anstieg der terms of trade im Normalfall das inländische Realeinkommen und damit auch Produktion und Beschäftigung. Vgl. Band I, Anhang A4), Gleichung (13).

61 Diesen Zusammenhang unterstellt der monetäre Ansatz für die langfristige Wechselkursbildung. Vgl. Band I, Abschnitt X.3, speziell Gleichungen (14) und (15).

62 Vgl. B. HANSEN, Inflation Problems in Small Countries. (National Bank of Egypt 50th Anniversary Commemoration Lectures). Cairo 1960. – U. WESTPHAL, Die importierte Inflation bei festem und flexiblem Wechselkurs. (Kieler Studien, 87). Tübingen 1968. S. 59 ff.

bb) Stabilisierungspolitik. – Der Übergang zu flexiblen Wechselkursen lässt eine entscheidende Verstärkung der *Durchschlagskraft geldpolitischer Maßnahmen* erwarten[63]. Diese Erwartung gründet sich darauf, dass die Geldpolitik in ihrer Wirkung bei festen Kursen durch Devisenbewegungen und dadurch ausgelöste Geldmengenänderungen abgeschwächt und bei flexiblen Kursen durch Wechselkursänderungen verstärkt wird[64]. So führt eine expansive geldpolitische Maßnahme bei festen Kursen zu Devisenabflüssen, die wegen des Geldmengenrückgangs auf Dauer die stabilitätspolitische Wirkung der ergriffenen Maßnahme aufheben[65]. Bei flexiblen Kursen löst diese Maßnahme hingegen eine Abwertung aus, die die expansive Wirkung verstärkt.

Der bei flexiblen Kursen vergrößerte Spielraum der Stabilisierungspolitik hat *nicht nur positive Auswirkungen*. So verstärkt bei einer expansiven Geldpolitik die Abwertung nicht nur die Beschäftigungswirkungen, sondern auch die Preisauftriebstendenzen, weil mit dem erhöhten Wechselkurs die Inlandspreise ausländischer Güter steigen. Hierin zeigt sich die Ambivalenz einer vergrößerten Autonomie in der Stabilisierungspolitik: Sie kann für ein Ziel auch so genutzt werden, dass dadurch andere Stabilitätsziele verletzt werden.

cc) Abwertungs-Inflations-Spirale. – Ein möglicherweise entscheidender Einwand gegen flexible Kurse ergibt sich aus der Befürchtung, dass bei einer Abwertungs-Inflations-Spirale die Stabilisierungspolitik die Kontrolle über die Preisentwicklung verlieren könnte[66]. Zur Erläuterung wird hier eine Störung im güterwirtschaftlichen Bereich (etwa eine Missernte im Inland) betrachtet, die tendenziell zu einem Defizit in der Devisenbilanz führt. Bei flexiblen Kursen wird damit eine Abwertung der heimischen Währung und ein Anstieg der Importgüterpreise (ausgedrückt in heimischer Währung) ausgelöst. Auf diese Weise nehmen für die Unternehmer die Produktions- und für die Verbraucher die Lebenshaltungskosten zu. Werden daraufhin Lohnerhöhungen gefordert und durchgesetzt, dann verstärkt sich bei den heimischen Unternehmen der Kostenanstieg, und Preiserhöhungen der im Inland erzeugten Güter sind zu erwarten. Damit verlieren die heimischen Produkte ihren Preisvorsprung, den sie durch die Abwertung gewonnen haben, und es droht erneut ein Defizit in der Devi-

63 So H. GIERSCH, Entrepreneurial Risk under Flexible Exchange Rates. In: Approaches to Greater Flexibility of Exchange Rates. The Bürgenstock Papers. (Ed. by G. N. HALM). Princeton, N. J., 1970. S. 149.

64 Vgl. Band I, Unterabschnitt VIII.1a).

65 Der Versuch, den durch die expansive Geldpolitik induzierten Devisenabflüssen mit Devisenbewirtschaftungsmaßnahmen zu begegnen, erscheint wegen der Problematik dieses Instruments bedenklich. Siehe hierzu genauer die Unterabschnitte I.1a) cc) und V.5a).

66 Vgl. dazu FRIEDMAN, The Case ..., a. a. O., S. 180 ff. – STERN, a. a. O., S. 94 ff. – YEAGER, a. a. O., S. 223 ff.

senbilanz, wodurch eine weitere Abwertung ausgelöst wird. Auf diesem Wege besteht die Gefahr, dass die reale Störung nicht zu einer einmaligen Wechselkurserhöhung, sondern zu einer *fortwährenden* Aufwärtsbewegung von Wechselkursen, Preisen und Löhnen führt.

Ist der Prozess ständiger Wechselkurs- und Preiserhöhungen erst einmal in Gang gesetzt, dann werden *Kapitalexporte*, die aus Furcht vor dem ständigen Kaufkraftverlust der heimischen Währung und in der Erwartung von Kursgewinnen der Devisen vorgenommen werden, diesen Prozess noch beschleunigen; denn Kapitalexporte bedeuten eine zusätzliche Devisennachfrage und verstärken damit die Abwertung der heimischen Währung.

Nach allen Erfahrungen kann sich ein Inflationsprozess aber nur dann ständig fortsetzen, wenn das *Geldangebot* immer weiter erhöht wird, weil bei gegebenem Geldangebot fortlaufende Lohn- und Preissteigerungen immer stärker Beschäftigung und Kapazitätsauslastung verringern. Infolge der sich verschlechternden Beschäftigungssituation werden die Lohn- und Preisauftriebstendenzen zunehmend gedämpft, bis der Inflationsprozess schließlich zu einem Ende gelangt[67]. Da bei flexiblen Wechselkursen die heimische Geldmenge gegen Devisenzu- und -abflüsse abgeschirmt ist, liegt es ausschließlich an der heimischen Wirtschaftspolitik, ob sie die Kontrolle über die Geldschöpfung und damit den Preisspielraum behält oder ob sie diese Kontrolle aufgibt. Der ausschlaggebende Faktor, der eine Abwertungs-Inflations-Spirale ermöglicht, ist also der *Verzicht auf die Kontrolle der Geldschöpfung* und nicht das Bestehen flexibler Wechselkurse[68].

dd) Interventionen auf dem Devisenmarkt. – Nach den Erwartungen der Befürworter flexibler Wechselkurse rufen Störungen zwar ständige Kursschwankungen hervor, die aber durch eine stabilisierende Spekulation gedämpft werden. Abgesehen vom eben behandelten Fall einer außer Kontrolle geratenen Geldschöpfung vollziehen sich die *Wechselkursänderungen* – so die Protagonisten flexibler Wechselkurse – nur langsam und sind vorhersehbar[69].

67 Theoretisch wäre zwar auch bei *gegebener* Geldmenge ein Prozess ständiger Preissteigerungen ohne Beschäftigungseinbruch denkbar, wenn sich die Umlaufsgeschwindigkeit des Geldes immer weiter erhöht. Aber selbst für die Hyperinflation in Deutschland sprechen die Beobachtungen gegen die Möglichkeit einer sich auf diese Weise selbst verstärkenden Inflation. Vgl. P. CAGAN, The Monetary Dynamics of Hyperinflation. In: Studies in the Quantity Theory of Money. (Ed. by M. FRIEDMAN). Chicago, London 1956. S. 88.

68 Dieses Argument legt eine Umkehrung der Einflussrichtung nahe: Nicht flexible Kurse führen zur Abwertungs-Inflations-Spirale, sondern eine in Krisenzeiten außer Kontrolle geratene Geldschöpfung erzwingt die Freigabe der Wechselkurse. Anders ausgedrückt, sind in derartigen Krisenzeiten nur flexible, nicht aber feste Wechselkurse funktionsfähig. Vgl. JOHNSON, Argumente . . ., a. a. O., S. 203.

69 So JOHNSON, Argumente . . ., a. a. O., S. 204 f. – Nach einer Formulierung von FRIEDMAN (The Case . . ., a. a. O., S. 173 f.) muss ein flexibler Wechselkurs nicht gleichzeitig instabil sein. Dieser

Unter diesen Bedingungen erscheinen *Interventionen der Währungsbehörden* auf den Devisenmärkten nur dann vertretbar, wenn dadurch die Wechselkursschwankungen weiter gedämpft werden. Um dieses sicherzustellen, müssen die Währungsbehörden – gemäß der These, dass eine Gewinn bringende Spekulation stabilisierend wirkt – mit ihren Devisenankäufen und -verkäufen Gewinne erzielen[70]. Es werden aber Zweifel daran geäußert, dass Währungsbehörden wirklich in der Lage sind, Gewinnchancen wahrzunehmen, die von Privaten nicht ausgenutzt werden. Vielmehr befürchtet man, dass Interventionen destabilisierend auf die Kursentwicklung wirken und dass Verluste entstehen, die aus Steuergeldern gedeckt werden. Aus diesem Grund wird es für besser gehalten, wenn die Währungsbehörden bei flexiblen Kursen i. d. R. *nicht* am Devisenmarkt intervenieren[71].

d) Arbeitslosigkeit auf Grund von Wechselkursschwankungen

Während es als ein Vorteil flexibler Wechselkurse angesehen wird, dass sie die Abhängigkeit der heimischen Beschäftigungsentwicklung von der Konjunkturlage im Ausland verringern, lautet ein Argument gegen sie, dass Wechselkursschwankungen Reibungsverluste insbesondere in Form einer zusätzlichen Arbeitslosigkeit hervorrufen[72]. Diese *Reibungsverluste* beruhen darauf, dass bei flexiblen Kursen Wechselkursschwankungen ständig die Wettbewerbsposition des internationalen Sektors[73] einer Volkswirtschaft verändern. Zur Erläuterung der These sei ein vereinfachtes Beispiel gewählt, in dem Wechselkursschwankungen nicht durch Verschiebungen der nationalen Preisniveaus, sondern durch *Änderungen der internationalen Kapitalbewegungen* verursacht werden, die hier nicht näher erklärt zu werden brauchen. Wird z. B. wegen gestiegener Kapitalimporte die inländische Währung aufgewertet, dann erleidet der internationale Sektor im Inland Wettbewerbsnachteile im Vergleich zur ausländischen Konkurrenz. Lassen die inländischen Produzenten ihre Preise in heimischer Währung unverändert, dann steigen wegen der Aufwertung ihre Preise in ausländischer Währung; lassen sie aber aus Konkurrenzgründen ihre Preise in ausländischer Währung unverändert, dann sinken ihre Preise und damit ihre Erlöse in heimischer Währung. In beiden Fällen vermindert die Störung (die

Auffassung widerspricht EINZIG, The Case …, a. a. O., insbesondere Kapitel 11.

70 Gewinnchancen für die Währungsbehörden können sich aus einem Informationsvorsprung oder aus der Risikoabneigung privater Spekulanten ergeben.

71 Vgl. FRIEDMAN, The Case …, a. a. O., S. 187 f.

72 Vgl. LEAGUE OF NATIONS, International Currency …, a. a. O., S. 210. – GRUBEL, The Case …, a. a. O., S. 355.

73 Es handelt sich um den Sektor, der die internationalen Güter herstellt. Vgl. Band I, Unterabschnitt III.4a).

Erhöhung der Kapitalimporte) tendenziell die *Beschäftigung im internationalen Sektor* des Inlands – sei es wegen des Nachfragerückgangs (bei einer Erhöhung der Preise in ausländischer Währung), sei es wegen der Schmälerung der Erlöse in inländischer Währung, die einige Unternehmen zur Einstellung der Produktion zwingen könnte. Starrheiten in der Lohn- und Preisbildung bewirken im Regelfall, dass die im internationalen Sektor freigesetzten Arbeitskräfte zumindest vorübergehend arbeitslos werden.

Auf der anderen Seite verschaffen durch Kapitalexporte ausgelöste Abwertungen der heimischen Währung dem internationalen Sektor einen Wettbewerbsvorteil und fördern die Ausweitung seiner Produktion und Beschäftigung. Wenn im Zeitablauf Kapitalimporte und Kapitalexporte einander häufig ablösen, ist bei flexiblen Kursen mit einer Aufeinanderfolge von Auf- und Abwertungen zu rechnen, die ihre Ursache nicht in der Kosten- und Preisentwicklung der beteiligten Länder haben und die die *Wettbewerbsposition* des internationalen Sektors *ständig verschieben*. Es ist deshalb immer wieder mit einer Situation zu rechnen, in der eine verringerte Wettbewerbsfähigkeit im internationalen Sektor Arbeitslosigkeit hervorruft.

Das hier beschriebene Argument gegen flexible Wechselkurse verliert jedoch an Gewicht, wenn – entsprechend den Vorstellungen der Befürworter flexibler Kurse – davon ausgegangen werden kann, dass die Wechselkursschwankungen durch eine stabilisierende Spekulation gedämpft werden. Schließlich ist zu beachten, dass auch in einem System *anpassungsfähiger Festkurse* Reibungsverluste auftreten können. Unterbleibt beispielsweise in einem Land mit einer im internationalen Vergleich unterdurchschnittlichen Inflationsrate eine Aufwertung der heimischen Währung, dann erfährt der internationale Sektor einen immer weiter wachsenden Wettbewerbsvorsprung gegenüber der ausländischen Konkurrenz und weitet entsprechend die Beschäftigung aus. Erfolgt später unter dem Druck ständig zunehmender Überschüsse in der Handels- und Dienstleistungsbilanz eine erhebliche Aufwertung der heimischen Währung, dann vermindert sich die Wettbewerbsposition des internationalen Sektors abrupt. Auch in diesem Fall ist wegen der Starrheiten in der Lohn- und Preisbildung zumindest vorübergehend mit Arbeitslosigkeit zu rechnen.

e) Stabilisierungspolitik und Wechselkurssystem

aa) Allgemeine Ergebnisse. – Als Ergebnis der Diskussion vor 1973 kann festgehalten werden, dass selbst bei *festen* Wechselkursen die einzelnen Länder (wegen Unvollkommenheiten in der Lohn- und Preisbildung) *kurzfristig* eine autonome Stabilisierungspolitik betreiben können, dass aber gerade diese Möglichkeit längerfristig Probleme zur Folge hat. Eine unterschiedliche Ausrichtung der Stabilisierungspolitik führt nämlich auf Dauer zu hartnäckigen Devisenbilanzungleichgewichten und damit zu Spekulationswellen und Zahlungsbilanzkrisen. Diese wiederum lösen dirigistische Eingriffe in den internationalen Handels- und Zahlungsverkehr sowie abrupte Wechselkursänderungen aus – beides Maßnahmen, die dem internationalen Handel abträglich sind und überdies Reibungsverluste in Form zusätzlicher Arbeitslosigkeit nach sich ziehen.

Bei *flexiblen* Kursen stehen nach der 1973 vorherrschenden Auffassung die Autonomie der nationalen Stabilisierungspolitik und ein ungestörter internationaler Handel in keinem Gegensatz zueinander. Sieht man vom Extremfall einer außer Kontrolle geratenen Geldschöpfung ab, so bleiben in dieser Sicht die Wechselkursschwankungen nicht zuletzt unter dem Einfluss einer stabilisierenden Spekulation gedämpft, und es wird weder mit einer nennenswerten Behinderung des internationalen Handels noch mit erheblichen Reibungsverlusten in Form zusätzlicher Arbeitslosigkeit gerechnet. Wegen des automatischen Zahlungsbilanzausgleichs entfällt auch ein entscheidender Anlass zu dirigistischen Eingriffen in den internationalen Handels- und Zahlungsverkehr. Selbst bei unterschiedlich ausgerichteten nationalen Stabilisierungspolitiken werden keine ernsthaften Beeinträchtigungen des internationalen Handels für möglich gehalten[74]. Deshalb sind flexible Wechselkurse vorzuziehen, wenn neben einem ungestörten internationalen Handel die Autonomie der nationalen Stabilisierungspolitik als Ziel gesetzt wird.

bb) Inflation und Wechselkurssystem. – Die allgemeinen Ergebnisse zur Stabilisierungspolitik sollen abschließend noch speziell für das Ziel der Preisniveaustabilität ausgewertet werden. Bei *festen* Wechselkursen fehlt langfristig der Spielraum für eine autonome Stabilisierungspolitik. Deshalb kann ein Land bei dem Versuch, mit seiner Inflationsrate vom internationalen Durchschnitt abzuweichen, nur kurzfristig Erfolg haben und muss langfristig dabei scheitern, wenn es nicht den Ausweg wiederholter diskretionärer Wechselkursänderungen beschreiten will. Dieser Zusammenhang muss im Auge behalten werden, wenn man sich mit der These auseinander setzt, dass von festen Wechselkursen im Hinblick auf die Inflation (wegen der eintretenden Verschlechterung der Zahlungsbilanz und der damit verbundenen Verluste an Währungsreserven) eine disziplinierende Wirkung ausgeht. Die Folgen stellen sich erst ein, wenn die Inflationsrate des betreffenden Landes den internationalen Inflationsdurchschnitt übertrifft. Insofern zielt die Disziplin in Richtung auf den internationalen Inflations*durchschnitt*, nicht aber auf Preisniveaustabilität.

Bei *flexiblen* Wechselkursen besitzen die Länder einen Spielraum für ihre Stabilisierungspolitik. Wenn die Autonomie der nationalen Stabilisierungspo-

74 Vgl. etwa JOHNSON, Argumente . . ., a. a. O., S. 201 f. – Eine andere Auffassung vertritt TIMM, a. a. O., S. 120 f.

litiken als Ziel befürwortet wird, muss akzeptiert werden, dass ein einzelnes Land möglicherweise den vorhandenen Spielraum für eine Ausrichtung der Wirtschaftspolitik nutzt, die Inflation mit sich bringt. Entscheidend ist vielmehr, dass bei flexiblen Wechselkursen ein Land auch dann nicht zur Inflation *gezwungen* werden kann, wenn diese international vorherrscht.

Zusammenfassung

1. Bei der theoretischen Diskussion des Wechselkurssystems vor 1973 werden im Allgemeinen

- als Alternative zu flexiblen Kursen anpassungsfähige Festkurse sowie
- als Zielsetzungen aus nationaler Sicht die Autonomie der Stabilisierungspolitik und aus weltwirtschaftlicher Sicht ein freier internationaler Handel zu Grunde gelegt.

2. Aus nationaler Sicht werden im Allgemeinen

a) flexible Wechselkurse mit der Begründung befürwortet, dass

- sie die Autonomie der nationalen Stabilisierungspolitik ohne Eingriffe in den internationalen Handel ermöglichen,
- für etwaige Fehlentwicklungen in Form einer Abwertungs-Inflations-Spirale nicht das Wechselkurssystem, sondern der Verzicht auf eine Kontrolle der Geldschöpfung verantwortlich ist,

b) anpassungsfähige Festkurse aus der Befürchtung heraus abgelehnt, dass

- eine Autonomie der nationalen Stabilisierungspolitik zwar vorübergehend möglich ist, langfristig aber wegen der Devisenbilanzungleichgewichte und den dadurch ausgelösten Zahlungsbilanzkrisen aufgegeben werden muss und damit
- die unter dem Druck von Zahlungsbilanzkrisen erfolgenden Paritätsänderungen den Spekulanten praktisch risikolose Gewinne auf Kosten der Steuerzahler verschaffen.

3. Aus internationaler Sicht werden im Allgemeinen

a) flexible Wechselkurse mit der Begründung befürwortet, dass im Regelfall mit einem unbehinderten internationalen Handel zu rechnen ist, weil

- eine Gewinn bringende Spekulation die Wechselkursentwicklung stabilisiert und Kurssicherungen gegen das Wechselkursrisiko möglich sind,
- kein Anlass zu dirigistischen Eingriffen in den internationalen Handel besteht,

b) anpassungsfähige Festkurse aus der Befürchtung heraus abgelehnt, dass sie sich auf den internationalen Handel nachteilig auswirken, weil

- den auf die Dauer unvermeidlichen Maßnahmen zur Zahlungsbilanzkorrektur i. d. R. erst Zahlungsbilanzkrisen vorausgehen und dann
- die Maßnahmen zur Zahlungsbilanzkorrektur aus dirigistischen Eingriffen in den internationalen Handel, einer abrupten Wechselkursänderung oder einem abruptem Kurswechsel in der Stabilisierungspolitik bestehen.

VII. Der Übergang zu beweglichen Wechselkursen und die weitere Entwicklung

Die Freigabe der Dollarkurse, die in den meisten westeuropäischen Ländern und in Japan Anfang 1973 erfolgte, stellt einen entscheidenden Einschnitt in die Entwicklung des internationalen Währungssystems dar. Weitere auch für die internationale Währungspolitik bedeutsame Ereignisse nach dem Übergang zu größerer Wechselkursflexibilität waren die beiden Ölpreiswellen, die zum Ausbruch der im Kapitel IX zu behandelnden Verschuldungskrise von 1982/83 beitrugen. Mit diesen Entwicklungen und den vor allem wechselkurspolitisch bedingten Änderungen der IWF-Statuten befassen sich die Abschnitte 1 und 2; danach wird in Abschnitt 3 der Versuch unternommen, die seit 1973 gesammelten Erfahrungen mit flexiblen Wechselkursen auszuwerten und sie mit den Erwartungen zu vergleichen, die an die Einführung flexibler Kurse geknüpft wurden. Einige auf Grund der Erfahrungen entwickelte Vorschläge zur Reform des internationalen Währungssystems werden schließlich im letzten Abschnitt dieses Kapitels behandelt.

1. Freigabe der Wechselkurse und Ölpreisschocks

a) Währungspolitische Entwicklung seit 1973

Um einen Überblick über die weitere Entwicklung zu ermöglichen, werden die wichtigsten Ereignisse in Form einer Chronik vorangestellt[1].

Jan.–März 1973	Weitgehende Freigabe der Dollarkurse sowie gemeinsames Floating der am Europäischen Wechselkursverbund beteiligten Währungen[2]
1973/74	Erste Ölpreiswelle
April 1978	Inkrafttreten der zweiten Abkommensänderung des IWF
März 1979	Inkrafttreten des Europäischen Währungssystems[3]
1979/80	Zweite Ölpreiswelle
1982	Zuspitzung der internationalen Verschuldungskrise[4]

1 Vgl. zum Folgenden insbesondere die Chronik in den Geschäftsberichten der Deutschen Bundesbank.

2 Vgl. Unterabschnitt X.1b) bb).

3 Das Europäische Währungssystem wird in Kapitel X behandelt.

4 Die Verschuldungs- und Währungskrisen werden im Kapitel IX behandelt.

Sept. 1985	BAKER-Plan zur Überwindung der wirtschaftlichen Schwierigkeiten in den Hauptschuldnerländern
Sept. 1985	Plaza-Abkommen der fünf größten marktwirtschaftlichen Industrieländer zur Senkung der Dollarkurse[5]
Feb. 1987	Louvre-Akkord zur Stabilisierung der Dollarkurse auf dem erreichten niedrigeren Niveau
Nov. 1993	Inkrafttreten des Vertrags von Maastricht[6]
Dez. 1994	Höhepunkt der Mexikokrise 1994/95
Juli 1997	Ausbruch der südostasiatischen Finanz- und Währungskrise
Juni 1998	Errichtung des Europäischen Systems der Zentralbanken (ESZB) mit der Europäischen Zentralbank (EZB) als zentraler Institution
Jan. 1999	Beginn der dritten Stufe der Europäischen Währungsunion
Jan. 2002	Einführung der Euro-Noten und -Münzen im Euro-Währungsgebiet

Auf die weitgehende Freigabe der Dollarkurse zu Beginn des Jahres 1973 folgte ein halbes Jahr später der sog. erste Ölpreisschock. Dieser hatte deutliche Auswirkungen auf die weltweite Entwicklung der Leistungsbilanzen, so dass erste Erfahrungen mit den Anpassungsvorgängen bei flexiblen Wechselkursen gesammelt wurden (Unterabschnitt 1b)).

b) Ölkrisen und Wechselkursinstrument

aa) Verlauf. – Das Anfang 1973 entstandene Wechselkurssystem wurde bereits im Herbst des gleichen Jahres einer Bewährungsprobe unterzogen, als die Ölproduzenten des persischen Golfs auf den israelisch-arabischen Krieg mit einer Drosselung der Ölforderung, Liefersperren und Rohölpreiserhöhungen reagierten. Die drastischen *Preiserhöhungen* wurden kurze Zeit später von allen Mitgliedern der OPEC (Organization of Petrol Exporting Countries) übernommen (und verschärft)[7], während die Mengenbeschränkungen wieder aufgehoben wurden. Wie aus Schaubild VII.1 hervorgeht, folgte auf die zweite kräftige Preiserhöhung (1979–1981) ein bis 1986 andauernder Preisverfall. Danach kam es zwar wiederholt zu starken Preisanhebungen. Diese erreichten aber weder in

5 Hierzu und zum Louvre-Akkord vgl. den folgenden Unterabschnitt 3a) cc).

6 Der Vertrag von Maastricht und die Europäische Währungsunion werden im Kapitel XI behandelt.

7 Die weltwirtschaftlichen Folgen dieser ersten Ölpreiserhöhungen wurden untersucht von Y. S. PARK, Oil Money and the World Economy. With the collaboration of J. ASCHHEIM. Boulder, Col., 1976.

Schaubild VII.1: *Rohölpreis, nominal und real 1970–2000 (US-Dollar pro barrel)*

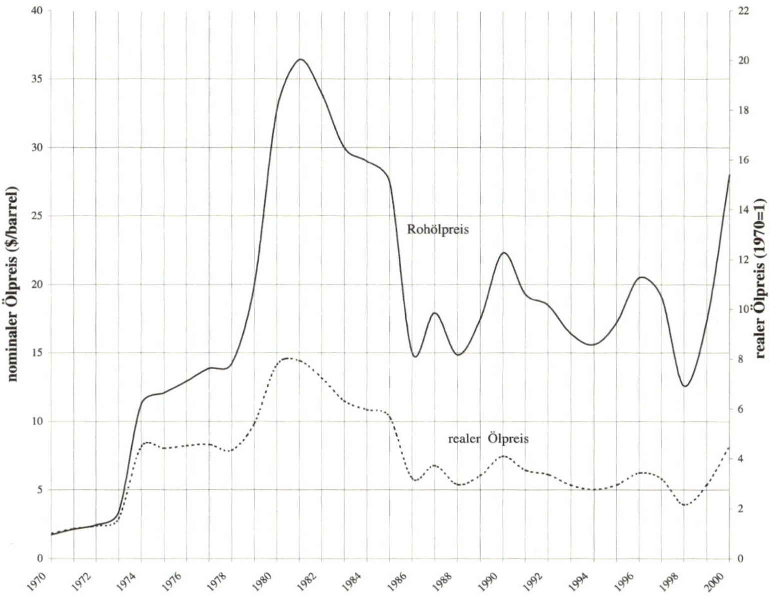

Quelle der verwendeten Werte: OECD Economic Outlook, No. 70, December 2001 (Annex Tab. 17) sowie vorangegangene Hefte (ab 1975 OECD crude oil import price, bis 1974 Prices, exported crude oil) für den Rohölpreis – INTERNATIONAL MONETARY FUND, International Financial Statistics, Yearbook 2001 für den Erzeugerpreis in den USA. – Realer Rohölpreis auf Grundlage der Preisentwicklung seit 1970.

dem von der Golfkrise geprägten Jahr 1990 noch zur Jahrtausendwende Ausmaß und Dauer der zweiten Ölpreiswelle. Ein Anhaltspunkt für die reale Preisentwicklung des Rohöls lässt sich aus dem Vergleich mit den Erzeugerpreisen in den Vereinigten Staaten gewinnen. Demnach erhöhte sich der Rohölpreis nach der ersten Ölpreiswelle im Jahre 1978 real auf knapp das Fünffache gegenüber 1970 und stieg nach der zweiten Ölpreiswelle auf etwa das Achtfache. In den beiden folgenden Jahrzehnten blieb Rohölpreis auch real deutlich unter dem 1981/82 erreichten Höchststand.

bb) Leistungsbilanzsalden und Anpassungsvorgänge. – Beide Perioden starker Rohölpreissteigerungen führten zu beträchtlichen *Verschiebungen der Leistungsbilanzsalden*, wie aus Schaubild VII.2 hervorgeht, in dem die Entwicklung nach Ländergruppen zusammengefasst worden ist. So erhöhten sich die Leistungsbilanzsalden der OPEC-Länder im Jahre 1974 sowie 1979 um rund 60 Mrd. US-Dollar und 1980 nochmals um 50 Mrd. US-Dollar, jeweils im Vergleich zum Vorjahr, während die der OECD angehörenden Industrieländer in den gleichen

Schaubild VII.2: *Leistungsbilanzsalden nach Ländergruppen (OECD und OPEC, ohne die übrigen Länder) 1975–1997 (Mrd. US-Dollar)*

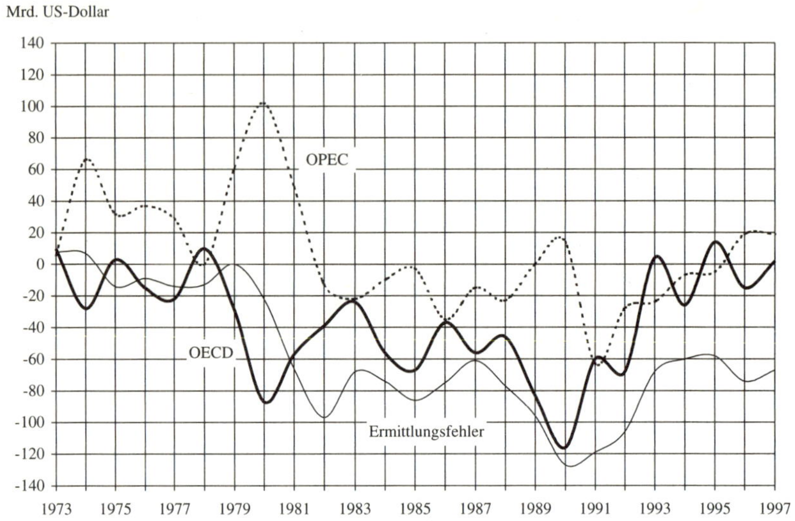

Quellen der verwendeten Werte: OECD Economic Outlook, No. 62, December 1997 (Annex Tab. 52) sowie vorangegangene Hefte; E. VEIL, The World Current Account Discrepancy. OECD Economic Outlook Occasional Studies. June 1982. S. 49 f. – Die seit 1975 negativen Vorzeichen der Ermittlungsfehler zeigen, in welchem Ausmaß weltweit in den Zahlungsbilanzen Einnahmen per Saldo nicht erfasst worden sind. Die Erklärung ist in erster Linie in der unvollständigen Erfassung von Kapitalerträgen zu suchen. Vgl. INTERNATIONAL MONETARY FUND, Report on the World Current Account Discrepancy. Washington, D. C. 1987

Jahren eine starke Verschlechterung ihrer zusammengefassten Leistungsbilanzsalden erfuhren. Umgekehrt führte dann der Ölpreisverfall 1986 vorübergehend zu einer Verschlechterung der Leistungsbilanzen bei den OPEC-Ländern und zu einer Verbesserung bei den Industrieländern[8].

Wie Schaubild VII.2 zeigt, folgte nach beiden Ölpreiserhöhungen sowohl in den OECD- als auch in den OPEC-Ländern auf den krassen Anstieg jeweils kurze Zeit später eine *rasche Verringerung der Leistungsbilanzungleichgewichte.* Bei der ersten Ölkrise war hierfür neben einem Rückgang der Ölimporte seitens der OECD-Länder vor allem die starke Importausweitung der OPEC-Länder maßgeblich[9], während die Rückbildung der Ungleichgewichte nach der Ölpreiserhöhung 1979/80 in erster Linie durch die kräftige Drosselung der Ölimporte

8 Wegen der erheblichen statistischen Ermittlungsfehler müssen aber alle Angaben mit großer Vorsicht aufgenommen werden.

9 Vgl. Geschäftsbericht der Deutschen Bundesbank für das Jahr 1975, S. 58 f.

seitens der Industrieländer ermöglicht wurde[10]. In beiden Fällen wirkte eine Abschwächung des Wirtschaftswachstums in den Industrieländern dämpfend auf die Nachfrage nach Rohöl und trug so zum Rückgang der Leistungsbilanzdefizite in den OECD-Ländern bei[11].

Die anfängliche Verschlechterung und die nachfolgende Verbesserung in den Leistungsbilanzsalden der Industrieländer stellen Entwicklungen dar, die auch bei festen Wechselkursen als Folge einer drastischen Ölpreiserhöhung zu erwarten gewesen wären; denn die Primärwirkungen auf die Leistungsbilanzen und die skizzierten internen Anpassungsvorgänge (der Rückgang der Ölimporte auf Grund der Verteuerung, die Importausweitung der Überschussländer sowie die Konjunkturabschwächung in den Defizitländern) hätten sich auch bei festen Kursen eingestellt. Es ist jedoch zu fragen, ob nicht bei flexiblen Wechselkursen damit zu rechnen gewesen wäre, dass größere Verschiebungen der Leistungsbilanzsalden bereits im Ansatz verhindert werden.

cc) Zur Rolle des Wechselkurses. – Die Möglichkeit, dass flexible Wechselkurse Leistungsbilanzungleichgewichten entgegenwirken, lässt sich am einfachsten am Beispiel *ohne* internationale Kapitalbewegungen verdeutlichen. Devisenangebot und Devisennachfrage gehen dann ausschließlich auf Leistungsbilanztransaktionen zurück, so dass die Leistungsbilanz ohne Interventionen der Währungsbehörden stets ausgeglichen ist. Wenn in dieser Situation bei einem Importgut mit unelastischer Nachfrage der Preis angehoben wird, steigt der Importwert für dieses Gut an. Es entsteht eine Überschussnachfrage nach Devisen, die bei flexiblem Kurs zu einer Abwertung der heimischen Währung führt. Bei fehlenden Kapitalbewegungen und bei fehlenden Transaktionen der Währungsbehörden muss sich die Abwertung solange fortsetzen, bis die durch die Preiserhöhung ausgelöste Verschlechterung der Leistungsbilanz durch ihre abwertungsbedingte Verbesserung genau ausgeglichen ist.

Die Abwertung der heimischen Währung und damit auch der Ausgleich der Leistungsbilanz kann durch *Kapitalbewegungen* (im engeren Sinne) und Transaktionen der Währungsbehörden verhindert werden[12]. Wenn das Ausland nach der Preiserhöhung die gestiegenen Einnahmen zur Kapitalanlage im Inland nutzt (etwa für Direktinvestitionen), wird die Überschussnachfrage nach Devisen beseitigt; der Wechselkurs ändert sich nicht, und das Leistungsbilanzdefizit bleibt erhalten, weil es durch Nettokapitalimporte ausgeglichen wird.

10 Vgl. hierzu Tabelle 66 in OECD Economic Outlook, No. 33, July 1983, S. 150.

11 Das reale Bruttoinlandsprodukt im OECD-Bereich stieg 1980/81 nur unterdurchschnittlich an und sank im Jahre 1975 sogar geringfügig. Vgl. Tabelle R1 in OECD Economic Outlook, No. 33, July 1983, S. 158.

12 Zur Unterscheidung dieser Transaktionen vgl. Band **I**, Unterabschnitt I.2e).

Selbst bei fehlenden Kapitalbewegungen braucht die Überschussnachfrage nach Devisen nicht zur Abwertung der heimischen Währung zu führen, wenn beispielsweise die Währungsbehörden des Auslands die inländische Währung zum Ausgangskurs aufkaufen und damit ihre *Währungsreserven* erhöhen. Auf diese Weise kann auch bei grundsätzlich schwankenden Wechselkursen der Ausgleich der Leistungsbilanz verhindert werden.

Die Entstehung beträchtlicher Leistungsbilanzsalden, die seitens der OPEC-Länder sowohl durch den Export von Kapital als auch durch die Aufstockung ihrer Währungsreserven ermöglicht wurde[13], zeigt deutlich, dass bei den Ölpreisschocks die *Ausgleichstendenz flexibler Wechselkurse* weitgehend *außer Kraft* gesetzt worden ist. Ein Beleg für diese These ist darin zu sehen, dass der saudiarabische Riyal, die Währung des wichtigsten Überschusslandes der OPEC, nach den Ölpreiserhöhungen jeweils nur eine geringfügige Aufwertung gegenüber dem US-Dollar erfuhr[14]. Für die Entscheidung der OPEC-Länder, der Bildung von Finanzvermögen gegenüber einer Aufwertung den Vorzug zu geben, dürfte u. a.[15] eine Rolle gespielt haben, dass eine Aufwertung der heimischen Währung die Entwicklung des internationalen Sektors einer Volkswirtschaft behindert. Sie kollidiert also mit dem Ziel, einerseits die Wettbewerbsfähigkeit der mit Importen konkurrierenden Produktionszweige zu stärken und andererseits eine *Exportdiversifizierung*[16] zu betreiben, d. h. neben dem Ölsektor auch andere heimische Sektoren auf Exportmärkten wettbewerbsfähig zu machen.

dd) Rückschleusung der Ölgelder. – Die Kapitalexporte und die Aufstockung von Währungsreserven seitens der OPEC-Länder werden auch als Rückschleusung („Recycling") der Ölmilliarden bezeichnet. Diese Formulierung lässt nicht deutlich genug erkennen, dass Überschüsse in den Leistungsbilanzen der OPEC-Länder und die Rückschleusung der Ölgelder untrennbar miteinander verbunden sind; denn ein Land, das Überschüsse im Leistungsbilanzverkehr erzielt, erwirbt damit *zwangsläufig* Forderungen an das Ausland. Umgekehrt kann ein Land nur dann ein Defizit in der Leistungsbilanz aufweisen, wenn die Gesamtheit aller inländischen Wirtschaftseinheiten einschließlich des Staates bereit ist,

13 Beispielsweise wird geschätzt, dass die OPEC-Länder ihre Leistungsbilanzüberschüsse im Jahre 1974 je zur Hälfte zu Kapitalexporten und zur Aufstockung ihrer Währungsreserven benutzten. Vgl. Geschäftsbericht der Deutschen Bundesbank für das Jahr 1975, S. 61.

14 Im Vergleich zum dritten Quartal 1973 war der Riyal gegenüber dem US-Dollar 1974 um knapp 2 v. H. und 1975 um knapp 3 v. H. aufgewertet worden. 1980 betrug der Aufwertungssatz im Vergleich zu 1978 etwas über 2 v. H. Quelle der zu Grunde gelegten Daten: INTERNATIONAL MONETARY FUND, International Financial Statistics, March 1976 bzw. June 1983 (Market Rate).

15 Weitere Erwägungen zur Rolle des Wechselkurses bei den Ölkrisen siehe TEW, a. a. O., S. 211.

16 Siehe auch INTERNATIONAL MONETARY FUND, Annual Report 1980, S. 51 f. bzw. Annual Report 1981, S. 56 f.

ihre Nettoauslandsposition zu verringern, d. h. gegenüber dem Ausland Forderungen abzubauen oder Verbindlichkeiten einzugehen[17].

Die Anlage der von den OPEC-Ländern verdienten Ölgelder erfolgte *nur teilweise auf direktem Wege* (d. h. unmittelbar in den Defizitländern)[18]; in großem Umfang legten die OPEC-Länder ihre Überschüsse an den Euro-Geldmärkten an, was zur Folge hatte, dass die dort tätigen Geschäftsbanken in beträchtlichem Ausmaß gegenüber den Defizitländern als Kreditgeber auftraten[19]. Damit übernahmen diese an Stelle der Überschussländer das Risiko, das aus der Zahlungsunfähigkeit eines Defizitlandes entsteht. Dieser Vorgang hat wegen der Größenordnung der vorgenommenen Geschäfte zu internationalen Finanzkrisen beigetragen, auf die noch eingegangen wird[20].

ee) Abschließende Bemerkungen. – Wie ausgeführt wurde, lösten die Ölpreisschocks *Anpassungsvorgänge* aus, die die zunächst entstandenen erheblichen Ungleichgewichte in den globalen Leistungsbilanzen der OECD-Länder[21] und der OPEC-Länder beträchtlich verminderten. Da mit den geschilderten Anpassungsvorgängen auch bei festen Wechselkursen zu rechnen gewesen wäre, ist insofern kein grundsätzlicher Unterschied zwischen dem System flexibler Kurse und einem Festkurssystem erkennbar geworden. Es dürfte jedoch durch den Übergang zu einer größeren Wechselkursflexibilität zu erklären sein, dass nach den Ölpreiswellen den Industrieländern heftige Zahlungsbilanzkrisen erspart blieben, wie sie in der Zeit bis 1973 immer wieder aufgetreten waren.

2. Die zweite Änderung des IWF-Abkommens

Die im Jahre 1973 gültige Fassung des IWF-Abkommens beinhaltete für die Mitglieder die Verpflichtung, mit dem Fonds Paritäten zu vereinbaren und sie nur unter Einschaltung des Fonds zu ändern. Mit dieser Regelung war dem Fonds zusammen mit seinen Mitgliedern die Aufgabe zugewiesen worden, ein System (anpassungsfähiger) Festkurse aufrechtzuerhalten. Nach der weitgehen-

17 Vgl. Band I, Gleichung (8), S. 27.

18 Vornehmlich in den Vereinigten Staaten und Großbritannien. Vgl. Geschäftsbericht der Deutschen Bundesbank für das Jahr 1974, S. 48 f.

19 Auch der Internationale Währungsfonds schaltete sich mit den „Ölfazilitäten“ ein. Vgl. auch Unterabschnitt IV.2i) bb).

20 Vgl. dazu Abschnitt IX.2.

21 Im Wesentlichen bedingt durch Abweichungen in der Stabilisierungspolitik, daneben aber auch als Folge unterschiedlicher Auswirkungen der Ölpreiserhöhungen, ging das globale Leistungsbilanzungleichgewicht der OECD-Länder mit einer stark *divergierenden* Entwicklung bei den *einzelnen* Industrieländern einher.

den Freigabe der Dollarkurse standen die Mitgliedsländer vor der Frage, entweder einen Versuch zur Wiederherstellung des Festkurssystems zu unternehmen oder die Aufgabe des Fonds neu zu formulieren, soweit sie die Wechselkursregelungen betraf. Mit der zweiten Abkommensänderung[22], die im Jahre 1978 in Kraft trat, wurde der zweite Weg eingeschlagen und die 1973 vollzogene Abkehr von dem in Bretton Woods beschlossenen Festkurssystem nachträglich legalisiert[23]. Ein weiteres mit der zweiten Abkommensänderung verfolgtes Ziel bestand darin, die Rolle des Goldes innerhalb des Währungssystems zu verringern[24]. Dieses Ziel ist im Zusammenhang mit der erklärten Absicht zu sehen, „das Sonderziehungsrecht zum Hauptreservemedium des internationalen Währungssystems zu machen“ (Artikel VIII, Abschnitt 7).

a) Wechselkursregelungen und Wechselkurspolitik

aa) Wechselkursregelungen. – Nach der Abkommensänderung sind als Wechselkursregelungen zugelassen (Artikel IV, Abschnitt 2, Buchstabe b), dass ein Mitglied

- den Außenwert seiner Währung an das Sonderziehungsrecht oder eine andere Bezugsgröße (nicht jedoch an Gold) bindet,
- Gemeinschaftsregelungen mit anderen Ländern eingeht (wie im Europäischen Wechselkursverbund) oder
- eine andere Regelung nach eigener Wahl trifft.

Durch diese Neuregelung wurde die Freigabe der Dollarkurse nachträglich sanktioniert. Sie bedeutet aber nicht, dass damit eine endgültige Abkehr vom Ziel fester Wechselkurse vollzogen wurde. Vielmehr ist die Möglichkeit einer Rückkehr zu diesem System ausdrücklich vorgesehen, indem der Fonds mit einer Mehrheit von 85 v. H. aller Stimmen feststellen kann, dass „die internationale Wirtschaftslage die Einführung eines weit verbreiteten Systems von Wechselkursregelungen auf der Grundlage stabiler, aber anpassungsfähiger Paritäten

22 Mit der ersten Abkommensänderung wurden 1969 die Sonderziehungsrechte geschaffen – vgl. Unterabschnitt V.4a). Mit der dritten Abkommensänderung erhielt der Fonds 1992 die Möglichkeit, die Stimm- und Vertretungsrechte säumiger Schuldner auszusetzen – vgl. Unterabschnitt IV.2h).

23 Zu den politischen Verhandlungen (speziell zwischen den Vereinigten Staaten und Frankreich), die zur Reform des Abkommens führten, vgl. SOLOMON, a. a. O., S. 307 ff.

24 Ein Gesamtüberblick über die Änderungen ist zu finden in: Die zweite Änderung des Übereinkommens über den Internationalen Währungsfonds – ein wichtiger Schritt bei der Fortentwicklung der Weltwährungsordnung. Monatsberichte der Deutschen Bundesbank, August 1977, S. 22 ff.

zuläßt" (Artikel IV, Abschnitt 4). Dieser Grundsatzbeschluss wird allerdings dadurch wieder eingeschränkt, dass kein Mitgliedsland zur Teilnahme an einem derartigen System verpflichtet werden kann.

bb) Verpflichtung der Mitglieder. – Aus der Erkenntnis heraus, dass auch bei flexiblen Wechselkursen wirtschaftspolitische Maßnahmen eines Landes Auswirkungen auf andere Länder haben, enthält die zweite Abkommensänderung Verpflichtungen der Mitglieder, die nicht nur speziell ihre Wechselkurspolitik, sondern auch allgemein ihre Wirtschafts- und Währungspolitik betreffen. Insbesondere sollen die Mitglieder

- ein geordnetes Wirtschaftswachstum bei angemessener Preisstabilität sowie geordnete Wirtschafts- und Währungsverhältnisse anstreben,
- Maßnahmen wie Manipulationen der Wechselkurse oder des internationalen Währungssystems unterlassen, wenn diese Maßnahmen darauf abzielen, eine wirksame Zahlungsbilanzanpassung zu verhindern oder einen unfairen Wettbewerbsvorteil gegenüber anderen Mitgliedsländern zu erlangen (Artikel IV, Abschnitt 1).

Die Wechselkursregelungen des Artikel IV sind vom Exekutivdirektorium dahingehend ergänzt worden[25], dass die Mitglieder

- auf dem Devisenmarkt intervenieren sollen, um ungeordneten Verhältnissen (etwa in Form störender kurzfristiger Wechselkursbewegungen) entgegenzuwirken und
- bei ihrer Interventionspolitik die Interessen anderer Mitglieder berücksichtigen sollen, einschließlich der Interessen derjenigen Länder, in deren Währungen sie intervenieren.

cc) Überwachung. – Der Fonds ist damit beauftragt, die Wechselkurspolitik der Mitglieder in Hinblick auf die im Vertrag eingegangenen Pflichten strikt zu überwachen (Artikel IV, Abschnitt 3). Zu diesem Zweck ist den Mitgliedern die Zusammenarbeit mit dem Fonds auferlegt. Den Rahmen für die Zusammenarbeit bilden die regelmäßigen *Konsultationen* des Fonds mit den Mitgliedern, in die nicht nur speziell die Wechselkurspolitik, sondern allgemein die Wirtschaftsentwicklung und Wirtschaftspolitik einbezogen werden. Diese Konsultationen, die in den meisten Fällen einmal jährlich erfolgen, sollen sich auf solche

25 Vgl. INTERNATIONAL MONETARY FUND, Selected Decisions . . ., a. a. O.

Punkte konzentrieren, die erhebliche Konsequenzen für die Preisniveaustabilität, das Wirtschaftswachstum und die Zahlungsbilanz haben[26].

Bei seiner Überwachung nach Artikel IV achtet der Fonds insbesondere auf folgende Vorgänge, die er als Indiz für die Notwendigkeit einer Konsultation mit einem Mitglied ansieht[27]:

- Ein Mitglied interveniert auf dem Devisenmarkt über längere Zeit und in großem Umfang in *eine* Richtung.
- Ein Mitglied nimmt aus Zahlungsbilanzgründen Kredite in einem auf Dauer nicht tragbaren Umfang auf.
- Ein Mitglied vollzieht aus Zahlungsbilanzgründen beschränkende oder fördernde Eingriffe in die laufenden Transaktionen oder in den Kapitalverkehr bzw. verlängert derartige Maßnahmen.
- Ein Mitglied ergreift aus Zahlungsbilanzgründen geldpolitische oder andere finanzielle Maßnahmen, die den internationalen Kapitalverkehr in außergewöhnlichem Maß fördern oder behindern.
- Der Wechselkurs entwickelt sich in einer Weise, die mit den ökonomischen oder finanziellen Grundbedingungen nicht vereinbar zu sein scheint.

Die Zusammenstellung der vom Fonds als relevant angesehenen Vorgänge macht deutlich, dass der Fonds seine Überwachung nicht nur auf die Wechselkurspolitik im engeren Sinne beschränkt.

b) Rolle des Goldes

Wie schon angedeutet, wurden in der zweiten Abkommensänderung auch die Regelungen aufgehoben, die die Rolle des Goldes im Rahmen des IWF-Abkommens festgelegt hatten. Zum besseren Verständnis dieser Entscheidung soll noch einmal im Zusammenhang rückblickend erläutert werden, welche Bedeutung das Gold nach dem Zweiten Weltkrieg im Weltwährungssystem gehabt hat.

aa) Rückblick. – Im Währungssystem von Bretton Woods war Gold nicht nur Bestandteil der Währungsreserven, sondern auch Grundlage vieler Regelungen des IWF-Abkommens. Letztere wurden mit der zweiten Abkommensänderung beseitigt, während Gold bis heute Funktionen als *Währungsreserve* erfüllt, wenn auch seine Bedeutung quantitativ abgenommen hat. So sank sein hoher Anteil

26 Vgl. „IMF Survey. Supplement to the Fund“, September 1991, S. 8.

27 Vgl. INTERNATIONAL MONETARY FUND, Selected Decisions . . ., a. a. O., unter Surveillance over exchange rate policies.

an den Weltwährungsreserven in der Nachkriegszeit von rund zwei Dritteln (1948) auf 40 v. H. (1970)[28].

Nach dem bis 1978 gültigen *IWF-Abkommen* diente Gold zum einen als Rechnungseinheit, weil die Paritäten in Gold (oder in US-Dollar mit einem bestimmten Goldgehalt) ausgedrückt werden mussten und der Wert des Sonderziehungsrechts zunächst in Gold festgelegt wurde. Zum anderen musste ein Teil der Quote von den Mitgliedern in Gold eingezahlt werden. Darüber hinaus waren die Gebühren grundsätzlich in Gold zu entrichten. Eine für die Funktionsweise des Systems sehr wichtige Regelung stellte schließlich die Bereitschaft der amerikanischen Regierung dar, Gold gegen Dollar an ausländische Regierungen und Zentralbanken zum offiziellen Preis von 35 Dollar pro Unze Feingold zu verkaufen. Damit waren die Dollarbestände, die neben dem Gold die wichtigste Komponente der Währungsreserven darstellen, in Gold konvertibel.

Die *Goldkonvertibilität des US-Dollars* geriet in Gefahr, sobald der Preis auf dem Goldmarkt über den offiziellen Goldpreis hinaus anstieg. Dann lag es für die nichtamerikanischen Währungsbehörden nahe, ihre Käufe von Gold beim amerikanischen Schatzamt zum offiziellen Goldpreis zu tätigen, ihre Verkäufe dagegen zum (höheren) Marktpreis vorzunehmen. Um der Entwicklung vorzubeugen, dass sich auf diese Weise die amerikanischen Goldbestände erheblich verringerten, intervenierte der von den USA und anderen Ländern gegründete *Goldpool* seit 1961 am Londoner Goldmarkt[29]. Die Interventionen wurden 1968 aufgegeben, nachdem die am Goldpool beteiligten Länder innerhalb eines halben Jahres rund ein Achtel ihrer Goldreserven bei dem Versuch verloren hatten, durch Goldverkäufe einen Anstieg des Marktpreises für Gold zu verhindern[30].

Auch nach Einstellung der Tätigkeit des Goldpools war das amerikanische Schatzamt zunächst weiterhin bereit, bei Transaktionen mit anderen Währungsbehörden Gold gegen Dollar zum offiziellen Goldpreis zu verkaufen; zum Ausgleich verpflichteten sich jetzt die am Goldpool beteiligten Notenbanken, keine Geschäfte auf dem Goldmarkt vorzunehmen, die bei einer Abweichung des Marktpreises vom offiziellen Goldpreis Gewinnmöglichkeiten eröffneten[31] *(Spaltung des Goldmarktes)*. Die Goldeinlösungspflicht des Dollars wurde dann aber 1971 aufgehoben[32], so dass von diesem Zeitpunkt an die Devisen- und die Goldkomponente für Währungsbehörden nicht mehr in einer festen (offiziell fixierten) Relation austauschbar sind *(Ende des Golddevisenstandards* in Form eines Gold-Dollar-Standards).

28 Vgl. Tabelle V.1.

29 Vgl. Unterabschnitt V.1a) bb).

30 Vgl. SOLOMON, a. a. O., S. 119.

31 Zu Einzelheiten vgl. Geschäftsbericht der Deutschen Bundesbank für das Jahr 1967, S. 42 ff.

32 Vgl. Unterabschnitt V.5c).

bb) Neuregelung. – Bei der zweiten Abkommensänderung wurden a) die Entwicklungen, die zur Abkehr vom Golddevisenstandard geführt hatten, legalisiert und b) das Gold in seiner Rolle als Zahlungsmedium des Fonds ersetzt (insbesondere durch das Sonderziehungsrecht).

ad a)
Gold stellt *nicht* mehr die *Bezugsgröße* für Währungsparitäten oder für den Wert des Sonderziehungsrechts dar; die Mitglieder können am Markt oder untereinander Goldgeschäfte zu *frei vereinbarten Preisen* vornehmen.

ad b)
In der *Geschäftstätigkeit des Fonds* wird das Gold durch das Sonderziehungsrecht ersetzt. Insbesondere gilt dieses für die Gebührenzahlungen, für den bis dahin obligatorischen Goldanteil an den Subskriptionsverpflichtungen, bei Quotenerhöhungen sowie für die Zahlungen des Fonds beim Ankauf von knapper Währung[33].

Da das Gold als Zahlungsmedium des Fonds durch das Sonderziehungsrecht ersetzt wurde, ist der *Goldbestand des Fonds* verfügbar geworden. Hierzu wurde in der zweiten Abkommensänderung bereits festgelegt, vom Goldbestand des Fonds ein Sechstel an die Mitglieder zum Buchwert (der dem letzten offiziellen Goldpreis von 35 SZR je Unze Feingold entsprach) zurückzuveräußern sowie ein weiteres Sechstel zu versteigern und den Überschuss der Erlöse über den Buchwert für die Entwicklungsländer zu verwenden[34].

Mit den hier genannten Regelungen, die dazu bestimmt sind, Gold in seiner währungspolitischen Funktion aus dem IWF-Abkommen zu eliminieren, wurde (wie erwähnt) auch die Absicht verbunden, das Sonderziehungsrecht zum Hauptreservemedium des internationalen Währungssystem zu machen. Mit dem starken Anstieg der *Devisen*reserven ging die tatsächliche Entwicklung in eine andere Richtung, wobei Ende der achtziger Jahre von den Währungsbehörden Devisenreserven zunehmend auch in anderen Währungen als dem US-Dollar gehalten wurden, vor allem in DM und Yen (vgl. Unterabschnitt V.1b)). Ein wichtiger Grund für die Ausweitung der Nichtdollarreserven war im Europäischen Währungssystem zu sehen, da die an ihm beteiligten Länder zur Verteidigung der bilateralen Wechselkurse an den Devisenmärkten in Mitgliedswährungen intervenierten (vgl. Unterabschnitt X.2b)) und dazu Reserven gebildet hatten. Ferner erwarben die USA zeitweilig in großem Umfang DM- und Yen-Beträge, um in einer international abgestimmten Aktion die Wechselkurse

33 Vgl. dazu Unterabschnitt IV.2b) und IV.2d).
34 Vgl. Unterabschnitt IV.2g).

zu beeinflussen. Plaza-Abkommen und Louvre-Akkord sind sichtbarer Ausdruck dieser internationalen Zusammenarbeit unter den Währungsbehörden (vgl. den folgenden Unterabschnitt 3a)).

3. Erfahrungen mit flexiblen Wechselkursen

In diesem Abschnitt soll insbesondere untersucht werden, inwieweit die *Erwartungen* in Erfüllung gegangen sind, die mit dem Übergang zu flexiblen Wechselkursen verknüpft wurden. Wie im Kapitel VI näher ausgeführt wurde, vertraten die Befürworter der Wechselkursfreigabe, die damals die Diskussion beherrschten, die Auffassung,

- dass Wechselkursschwankungen unter dem Einfluss einer stabilisierenden Spekulation im Regelfall gedämpft werden,
- dass aus diesem Grund der internationale Handel durch flexible Kurse nicht ernsthaft behindert wird, zumal wegen des Fehlens der für das System von Bretton Woods typischen Zahlungsbilanzkrisen ein Anlass zu dirigistischen Eingriffen in den Handelsverkehr entfällt, und
- dass schließlich für die einzelnen Länder die Möglichkeit zu einer autonomen Stabilisierungspolitik besteht.

a) Wechselkursbewegungen und Devisenmarktinterventionen

Die These, dass die *Wechselkursschwankungen* unter dem Einfluss einer stabilisierenden Spekulation gedämpft werden, ist *nicht* so zu interpretieren, dass die Kursbewegungen bei freier Kursbildung stets gering ausfallen müssen. Vielmehr wird es gerade als wesentliches Argument zugunsten flexibler Wechselkurse angesehen, dass sich Wechselkursanpassungen, die insbesondere bei Unterschieden in den Inflationsraten der einzelnen Länder erforderlich sind, in genügendem Ausmaß und rechtzeitig einstellen. Dementsprechend ist mit geringeren Schwierigkeiten zu rechnen als bei anpassungsfähigen Festkursen. Präziser lassen sich diese Vorstellungen dahingehend zusammenfassen, dass bei flexiblen Kursen *kurzfristig* mit geringen Wechselkursschwankungen und *längerfristig* entsprechend der Kaufkraftparität mit einer Anpassung der Wechselkursänderung an die Inflationsdifferenzen gerechnet wurde[35], wobei die Erwartung bestand, dass sich diese Entwicklungen bei einer eher zurückhaltenden Interventionspolitik der Währungsbehörden auf den Devisenmärkten vollziehen würden[36].

35 Vgl. Unterabschnitt VI.2b) aa).
36 Vgl. Unterabschnitt VI.4c) dd).

Schaubild VII.3: *Änderungen des Dollarkurses (DM/$) gegenüber dem Vormonat April 1973 – Dezember 2001 (in v. H.)*

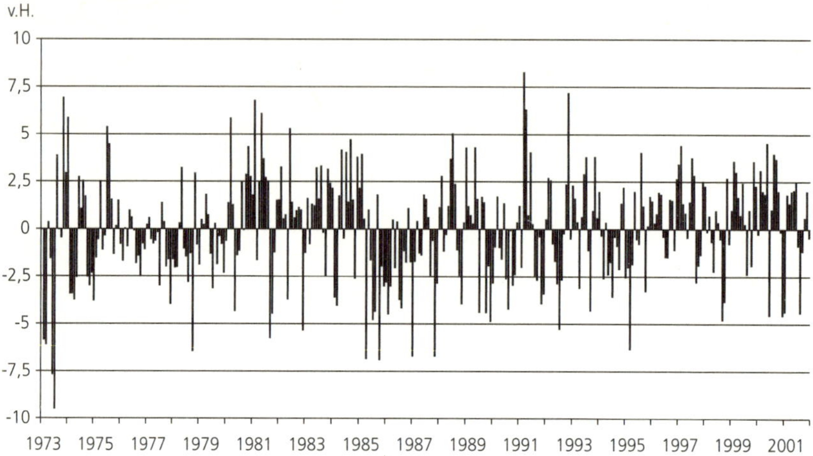

Quelle der verwendeten Werte: DEUTSCHE BUNDESBANK, Devisenkursstatistik, Statistisches Beiheft zum Monatsbericht 5, Februar 2002, Tabelle II.1 (sowie vorangegangene Hefte); ab Januar 1999 wurden die für den Euro angegebenen Werte umgerechnet.

aa) Kurzfristige Wechselkursschwankungen. – Die Zeit nach der Freigabe der Wechselkurse war durch starke kurzfristige Wechselkursschwankungen gekennzeichnet, wie Schaubild VII.3 am Beispiel des Dollarkurses gegenüber der Deutschen Mark zeigt. So betrug über den gesamten Beobachtungszeitraum hinweg die Veränderung dieses Kurses gegenüber dem Vormonat in einer beträchtlichen Zahl von Fällen etwa ± 5 v. H. und mehr. Bei einer Beurteilung dieser Beobachtungen muss berücksichtigt werden, dass von den Befürwortern flexibler Kurse das System von Bretton Woods nicht zuletzt wegen seiner abrupten Wechselkursänderungen kritisiert worden ist[37]. In diesem System lagen aber die Paritätsänderungen der DM gegenüber dem Dollar in einer vergleichbaren Größenordnung und wurden während der sechziger Jahre überhaupt nur zweimal vorgenommen[38].

Die hier am Beispiel des Dollar-Kurses gegenüber der DM verdeutlichte *starke kurzfristige Veränderlichkeit* flexibler Wechselkurse[39] war auch dann überra-

37 Vgl. Unterabschnitt VI.4b).

38 Es handelte sich in beiden Fällen um eine Aufwertung der DM gegenüber dem US-Dollar. Im März 1961 wurde dabei der Dollarkurs gegenüber der DM um 4,8 v. H. und im Oktober 1969 um 8,5 v. H. herabgesetzt, was Aufwertungssätzen der DM von 5,0 v. H. bzw. 9,3 v. H. entspricht.

39 Zu den Belegen für die kurzfristige Veränderlichkeit der Dollarkurse gegenüber anderen Währungen vgl. J. A. FRENKEL, Flexible Exchange Rates, Prices, and the Role of „News“: Lessons

schend, wenn Störungen wie die beiden Ölpreisschocks, die Verschuldungskrisen oder wirtschaftspolitische Kurswechsel in die Überlegungen einbezogen werden. Wie im Abschnitt VI.2 an Beispielen dargestellt worden ist, wurde bei Störungen eine durch stabilisierende Spekulation gedämpfte und geglättete Wechselkursentwicklung erwartet, nicht aber ein kurzfristig heftiges Auf und Ab der Kurse. Um es in einem Bild wiederzugeben: Man hatte die Vorstellung, dass sich der Wechselkurs wie eine Art schwimmende Plattform mit den Gezeiten hebt und senkt, nicht aber, dass er wie ein Korken auf dem Kamm der Wellen auf und ab tanzt.

Die kurzfristige Beweglichkeit von Kursen, wie sie in noch stärkerem Maße bei den Börsenkursen der Aktien festzustellen ist, gab Anlass zu der Vermutung, dass in beiden Fällen vergleichbare Kräfte wirksam sind[40]. Ein heute notierter Aktienkurs wird von den Erwartungen über die künftigen Ertragsaussichten und damit über die künftige Kursentwicklung beeinflusst. Sobald neue Informationen diese Erwartungen verändern, schlägt sich eine derartige Störung in den aktuellen Kursen nieder. Auch für die Wechselkurse gilt die Abhängigkeit der laufenden Kurse von den *Erwartungen*[41]. Beispielsweise muss ein Anleger, der die Vor- und Nachteile eines Kapitalexports ohne Kurssicherung in Erwägung zieht, nicht nur den laufenden Kassakurs und die Zinssätze berücksichtigen, sondern auch eine Vorstellung über den *künftigen* Kassakurs entwickeln, zu dem der Liquidationserlös wieder in heimische Währung umgetauscht werden kann. Bei gegebenem heutigen Kassakurs werden demnach nicht nur Zinsänderungen, sondern auch Informationen, die eine Revision der Kurserwartungen bewirken, die Einschätzung über die Vorteilhaftigkeit des Kapitalexports beeinflussen und den Anleger u. U. zu einer Änderung seiner Entscheidung und damit auch seiner Nachfrage am Devisenmarkt veranlassen. Da bei flexibler Kursbildung der Wechselkurs durch Angebot und Nachfrage auf dem Devisenmarkt bestimmt wird, führen dementsprechend Nachfrage- und Angebotsverschiebungen, die auf neue Kurserwartungen zurückgehen, zur Änderung auch der laufenden Kurse. Auf diese Weise schlagen sich alle *neuen Informationen* über die künftige Kursentwicklung *sofort* in entsprechenden Schwankungen der

from the 1970s. „Journal of Political Economy", Vol. 89 (1981), S. 672 ff. – The Exchange Rate System: Lessons of the Past and Options for the Future. A Study by the Research Department of the International Monetary Fund. (Occasional Paper No. 30. International Monetary Fund.) Washington, D. C., 1984. S. 5 ff.

40 Vgl. dazu auch J. A. ARTUS, J. H. YOUNG, Fixed and Flexible Exchange Rates: A Renewal of the Debate. „International Monetary Fund Staff Papers", Vol. 26 (1979), S. 672 ff. – FRENKEL, Flexible Exchange Rates ..., a. a. O., insbesondere S. 673 f.

41 Wie aus den Ausführungen im Band I (Unterabschnitte V.2b) und 2c)) hervorgeht, lässt sich der Zusammenhang zwischen Erwartungen und laufendem Wechselkurs, der hier am Beispiel der Kassaspekulation erläutert wird, auf den Fall der Terminspekulation übertragen.

laufenden Kassakurse nieder[42] und führen nicht, wie es vor 1973 eher erwartet wurde, zu einer graduellen Wechselkursanpassung an die neue Lage. Überdies ist zu vermuten, dass die kurzfristige Wechselkursentwicklung durch überschießende Wechselkurs*reaktionen* geprägt wird[43].

Bei einer Untersuchung der Abhängigkeit des herrschenden Kurses von den Erwartungen muss insbesondere die Ungewissheit über die künftige Kursentwicklung in Rechnung gestellt werden. Zur Erläuterung dieses Zusammenhanges soll – entsprechend dem monetären Ansatz der Wechselkurstheorie – von der Vorstellung ausgegangen werden, dass die Geldmengenentwicklung mit einer Verzögerung die Preisentwicklung bestimmt und damit gemäß der Kaufkraftparität auch den künftigen Wechselkurs beeinflusst. Sofern diese Auswirkung auf den künftigen Kurs von einem Kapitalanleger berücksichtigt wird, trägt seine Entscheidung dazu bei, dass die *heutige* Geldmengenentwicklung auf dem Wege über die Kurserwartungen den *laufenden* Kassakurs beeinflusst. Diese Aussage gilt in entsprechender Weise auch für geldpolitische Entscheidungen, die erst in Zukunft getroffen werden. So wie sich die heutige Geldpolitik über die Erwartungen auf den heutigen Kurs auswirkt, wird eine *zukünftige* Maßnahme, weil sie zum zukünftigen Zeitpunkt die Erwartungen prägt, tendenziell den *dann herrschenden* Kassakurs verändern. Der Kapitalanleger, der bei der Abwägung der Vor- und Nachteile eines ungesicherten Kapitalexports diesen künftigen Kassakurs in seine Überlegungen einbezieht, muss also den Versuch unternehmen, Erwartungen auch über die Auswirkungen möglicher zukünftiger geldpolitischer Maßnahmen zu bilden. Dieses bedeutet, dass der laufende Kassakurs, den die Kapitalanleger mit ihren Entscheidungen beeinflussen, nicht nur die bereits getroffenen geldpolitischen Maßnahmen, sondern auch die *Erwartungen* über den *zukünftigen Kurs der Geldpolitik* widerspiegelt. Solange ein hohes Maß an *Ungewissheit* über den zukünftigen wirtschaftspolitischen Kurs (insbesondere über den geldpolitischen Kurs) besteht, haben die Erwartungen keine feste Stütze. Hierin könnte der Grund für die bei flexiblen Wechselkursen immer wieder beobachteten heftigen Kursschwankungen liegen, die sich durch den Einfluss neuer Informationen allein nicht überzeugend erklären lassen[44].

bb) Längerfristige Wechselkursentwicklung. – Die These, dass bei Unterschieden zwischen den in- und ausländischen Inflationsraten auf Dauer eine Wechsel-

42 Dieser Zusammenhang ergibt sich bei effizienten Devisenmärkten – vgl. Band I, Abschnitt XI.2.

43 Vgl. hierzu Band I, Abschnitt XI.1. – Zu den Erfahrungen mit dem Dollarkurs des Schweizer Franken vgl. J. NIEHANS, Geldpolitik bei überschießenden Wechselkursen. „Außenwirtschaft“, Jg. 34 (1979), S. 199 ff.

44 Vgl. J. A. FRANKEL, Recent Exchange-Rate Experience and Proposals for Reform. „The American Economic Review“, Vol. 86 (1996), Papers and Proceedings, S. 154 f.

kursanpassung unvermeidlich ist, beruht auf den Überlegungen der Kaufkraftparitätentheorie[45]. Wenn beispielsweise die Preise im Inland prozentual stärker als im Ausland steigen, so verteuern sich nach Umrechnung in *eine* Währung die inländischen Güter im Verhältnis zu den ausländischen, solange der Wechselkurs unverändert bleibt. Eine derartige Verschiebung der relativen Preise zwischen Inlands- und Auslandsgütern ist nach der Kaufkraftparitätentheorie wegen des Wettbewerbs bei den international gehandelten Gütern und den Substitutionsbeziehungen, die zwischen diesen und den nationalen Gütern bestehen, nur in beschränktem Umfang möglich. Deshalb führt eine Divergenz in den Inflationsraten zwischen In- und Ausland bei *flexiblen Wechselkursen* auf Dauer zur Wechselkursanpassung, wobei die Währung des Landes mit dem stärkeren Preisauftrieb abgewertet wird[46]. Hingegen ist auf Grund der bisherigen Erfahrungen für ein System *anpassungsfähiger Festkurse* zu vermuten, dass bei Divergenzen in den Inflationsraten die Regierungen der Versuchung unterliegen, fällige Paritätsänderungen so lange wie möglich hinauszuschieben und entstehende Devisenbilanzungleichgewichte zu finanzieren bzw. durch Eingriffe in den Handels- und Kapitalverkehr unter Kontrolle zu halten. Solange sie damit Erfolg haben, bewirken sie Abweichungen von der Kaufkraftparität, die sich nach der Theorie bei flexibler Kursbildung nur vorübergehend und in engen Grenzen einstellen können.

Die aus dieser Überlegung abgeleitete Erwartung, dass nach der Freigabe der Wechselkurse die *Abweichungen der Wechselkursänderung von der Inflationsdifferenz* geringer als vorher ausfallen würden, hat sich offenbar nicht erfüllt. So waren beim Dollarkurs gegenüber der DM die Abweichungen der jährlichen *Veränderungsraten* von der Inflationsdifferenz nach 1973 beträchtlich größer als in den sechziger Jahren. Da sie außerdem in den achtziger Jahren deutlich höher ausfielen als im vorausgegangenen Jahrzehnt[47], lassen sich die Abweichungen auch nicht mit Anpassungsschwierigkeiten der Marktteilnehmer an das System flexibler Wechselkurse erklären. Vielmehr deuten die starken und z. T. über mehrere Jahre in die gleiche Richtung andauernden Abweichungen von der Kaufkraftparität[48] darauf hin, dass auch sonstige den Wechselkurs beeinflussende Faktoren[49] (wie Verschiebungen der Nachfragestruktur oder auch Behinde-

45 Vgl. dazu Band I, Kapitel X, Abschnitte 1 und 3.

46 Die dazu erforderliche Wechselkursänderung entspricht prozentual näherungsweise der Inflationsdifferenz zwischen In- und Ausland. Vgl. Band I, Unterabschnitt X.1d) bb) bbb).

47 Vgl. Band I, Schaubild X.2.

48 Vgl. dazu auch R. DORNBUSCH, Exchange Rate Economics: Where Do We Stand? „Brookings Papers on Economic Activity“, (1980), S. 151. – J. A. FRENKEL, The Collapse of Purchasing Power Parities During the 1970's. „European Economic Review“, Vol. 16 (1981), S. 145 ff.

49 Vgl. dazu E.-M. CLAASSEN, Der monetäre Ansatz der Wechselkursbestimmung: Kaufkraftparität. „Wirtschaftswissenschaftliches Studium“, 9. Jg. (1980), H. 1, S. 1 ff.

Schaubild VII.4: *Realer Dollarkurs gegenüber der DM 1970–2000*

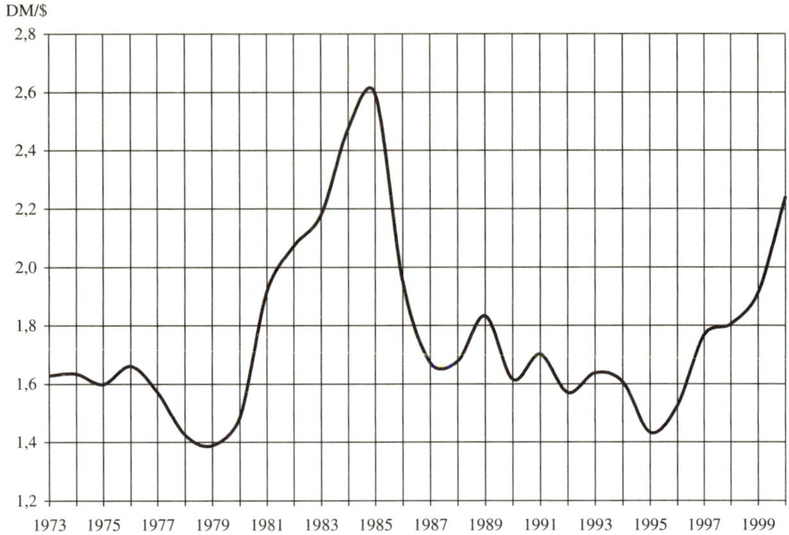

Quelle der zu Grunde gelegten Zahlen: INTERNATIONAL MONETARY FUND, International Financial Statistics, Yearbook 2001. – Der reale Dollarkurs gegenüber der DM wurde auf der Grundlage von Verbraucherpreisindices zur Basis 1995 berechnet.

rungen des internationalen Warenaustausches) in die Überlegungen einbezogen werden müssen.

Die längerfristigen Tendenzen treten deutlicher hervor, wenn anstelle von jährlichen Veränderungsraten die Entwicklung im *Niveau* betrachtet wird. Bei Erfüllung der Kaufkraftparität, sei es in ihrer absoluten, sei es in ihrer komparativen Form, muss der um die Unterschiede in der Preisentwicklung bereinigte reale Wechselkurs im Zeitablauf unverändert bleiben[50]. Wie aus Schaubild VII.4 hervorgeht, ist der reale Dollarkurs gegenüber der DM seit 1973 ausgeprägten Schwankungen, wenn auch mit stark unterschiedlicher Amplitude, unterworfen gewesen. Offenbar lassen sich diese zyklischen Schwankungen dahingehend interpretieren, dass nach Störungen immer wieder eine Tendenz zu einem langfristig unveränderten realen Wechselkurs besteht und somit die Beobachtungen mit der langfristigen Gültigkeit der Kaufkraftparität vereinbar sind[51].

50 Wie aus Gleichung (8), Band I, Abschnitt X.1c) abgeleitet werden kann, entspricht der **reale Wechselkurs** ($w\,p_a^x/p^x$) dem Kehrwert von γ. Dieser Koeffizient ist bei Gültigkeit der Kaufkraftparität im Zeitablauf konstant.

51 Vgl. K. ROGOFF, The Purchasing Power Parity Puzzle. „Journal of Economic Literature", Vol. 34 (1996), S. 647.

Zu den starken Veränderungen des realen Wechselkurses haben auch wirtschaftspolitische Kurswechsel vor allem in den Vereinigten Staaten beigetragen. So war der Regierungsantritt REAGANS Anfang 1981 mit einer grundlegenden Neuorientierung der amerikanischen Wirtschaftspolitik verbunden, indem geldpolitische Maßnahmen auf Inflationsbekämpfung ausgerichtet und gleichzeitig zur Konjunkturbelebung Steuersenkungen vorgenommen wurden. Dieser „policy mix“ aus expansiver Fiskalpolitik und relativ straffer Geldpolitik bewirkte in den USA ein kräftiges Wirtschaftswachstum bei stark sinkenden Inflationsraten, schuf damit Vertrauen in den Außenwert des US-Dollars und in Anbetracht steigender amerikanischer Zinssätze zugleich einen Anreiz für beträchtliche Kapitalzuflüsse in die USA, die eine Höherbewertung des US-Dollars herbeiführten. Für die 1985 einsetzende Umkehr in der Dollarkursentwicklung mag die Lockerung der amerikanischen Geldpolitik eine Rolle gespielt haben. Wichtiger war aber wohl die sich immer mehr verbreitende Einsicht, dass für die mittlerweile zum Schuldnerland gewordenen Vereinigten Staaten eine Verminderung der fortbestehenden beträchtlichen Leistungsbilanzdefizite unumgänglich war und hierzu – auch im Interesse der von internationaler Konkurrenz bedrängten amerikanischen Industrie – eine Dollarabwertung beitragen musste. Dabei war für die Wechselkurserwartungen auch von Bedeutung, dass diese Vorstellung von offizieller Seite geteilt wurde, was u. a. in gemeinsamen Dollarinterventionen von Währungsbehörden im Jahr 1985 zum Ausdruck kam.

cc) Devisenmarktinterventionen. – Schon seit Beginn der Floatingphase intervenierten die Währungsbehörden in beträchtlichem Umfang durch An- und Verkäufe von US-Dollar auf dem Devisenmarkt[52]. In den achtziger Jahren wurden mit dem **Plaza-Abkommen** vom 22. September 1985 und dem **Louvre-Akkord** vom 22. Februar 1987[53] zwischen den wichtigsten marktwirtschaftlichen Industrieländern Vereinbarungen getroffen, die sich insbesondere auch die Wechselkursbeeinflussung zum Ziel setzten, und zwar zunächst (1985) eine Senkung der Dollarkurse und dann (1987) ihre Stabilisierung auf dem erreichten niedrigeren Niveau.

52 Zu den Devisenmarktinterventionen vgl. Bericht der Arbeitsgruppe über Interventionen an den Devisenmärkten. Aus dem englischen Originaltext übersetzt in der Deutschen Bundesbank. März 1983. – The Exchange Rate System . . ., a. a. O., S. 8 f. – V. ARGY, Exchange-Rate Management in Theory and Practice. (Princeton Studies in International Finance, No. 50.) Princeton, N. J., 1982. – D. TAYLOR, Official Intervention in the Foreign Exchange Market, or, Bet against the Central Bank. „Journal of Political Economy“, Vol. 90 (1982), S. 356 ff. – H. MAYER, H. TAGUCHI, Official Intervention in the Exchange Markets: Stabilising or Destabilising? (Bank for International Settlements Economic Papers, No. 6.) Basel 1983.

53 Vgl. Geschäftsbericht der Deutschen Bundesbank für das Jahr 1985 (S. 68 ff.) und für das Jahr 1987 (S. 58 f.).

Neben reinen Devisenmarktinterventionen besteht für die staatlichen Instanzen auch die Möglichkeit, mit sonstigen (an andere Transaktionen gekoppelten) Devisengeschäften gezielt auf Angebot und Nachfrage am Devisenmarkt einzuwirken. So können Regierungsbehörden und staatliche Betriebe ihre Devisentransaktionen mit der Zentralbank (statt über den Devisenmarkt) abwickeln oder Kredite im Ausland (statt im Inland) aufnehmen und die an sie ausgezahlten Fremdwährungsbeträge auf dem Devisenmarkt anbieten.

In Übereinstimmung mit der seit 1978 gültigen Fassung des IWF-Statuts[54] wird von den Währungsbehörden vorrangig als *Ziel* genannt, durch Devisenmarktinterventionen ungeordneten Devisenmarktbedingungen entgegenzuwirken und insbesondere zu heftige kurzfristige Wechselkursänderungen abzuschwächen. Daneben wurde in bestimmten Situationen auch die Absicht verfolgt, längerfristigen gravierenden Veränderungen der realen Wechselkurse entgegenzuwirken, wie insbesondere das Plaza-Abkommen zeigt. Die im Rahmen dieser Vereinbarung durchgeführten Interventionen deuten darauf hin, dass eine abgestimmte, gemeinsam durchgeführte und von den amerikanischen Währungsbehörden mitgetragene Intervention den Dollarkurs in eine gewünschte Richtung lenken kann, wenn die Wechselkurserwartungen keine feste Stütze haben[55]. Mit diesem Hinweis ist allerdings die Frage noch nicht beantwortet, ob die Interventionen – für sich genommen – die Wechselkursschwankungen vermindert und insofern stabilisierend gewirkt haben oder nicht. Zur Beantwortung dieser Frage bietet sich die auf Friedman zurückgehende These an, wonach eine Wirtschaftseinheit in der Regel stabilisierend auf die Wechselkursentwicklung einwirkt, wenn sie aus An- und Verkäufen am Devisenmarkt Gewinne erzielt[56]. Anhand dieses *Gewinnkriteriums* kommt Taylor zu dem Schluss, dass die von ihm untersuchten neun bedeutendsten Zentralbanken während der Periode flexibler Kurse *nicht* stabilisierend gewirkt haben, weil sie aus ihrer Interventionstätigkeit fast ausnahmslos Verluste erlitten haben[57]. Diese Folgerung wurde allerdings in Frage gestellt, weil u. a. die Möglichkeit einer Verlust bringenden und gleichzeitig stabilisierenden Interventionstätigkeit

54 Vgl. Unterabschnitt 2a) dieses Kapitels.

55 Wie Schaubild VII.4 zeigt, ist der reale DM-Kurs des Dollars seit den damaligen Interventionen deutlich unter dem Höchststand von 1985 geblieben. Hingegen ist eine Wirkung der auf den *Louvre*-Akkord 1987 folgenden Devisenmarktinterventionen fraglich, auch wenn es seitdem nicht mehr zu einer derart lang andauernden, massiven Veränderung der Dollarkurse in *eine* Richtung gekommen ist wie in dem Zeitraum von 1980 bis 1985. – Zur Beurteilung der Devisenmarktinterventionen vgl. R. VEHRKAMP, Fünf Jahre konzertierter Dollarinterventionen – Eine Bestandsaufnahme. „Wirtschaftsdienst“, Jg. 70 (1990), S. 471 ff.

56 Vgl. Abschnitt VI.2.

57 Vgl. TAYLOR, a. a. O., insbesondere Tabelle 1, S. 360.

nicht auszuschließen ist[58]. Auch wenn es aus diesem Grund noch nicht als entschieden gelten kann, ob die Devisenmarktinterventionen stabilisierend oder destabilisierend gewirkt haben, so lässt sich doch auf jeden Fall konstatieren, dass das nach 1973 entstandene System schwankender Festkurse in erheblichem Maß von dem vor 1973 entworfenen Idealbild einer sich selbst überlassenen freien Wechselkursbildung abweicht.

b) Internationaler Handel

aa) Beobachtungen. – Die Befürchtung, dass sich der Übergang zu flexiblen Kursen nachteilig auf den internationalen Handel auswirken könne, findet in der durch Tabelle VII.1 dargestellten Entwicklung *keine* Bestätigung. Wie in der Zeit vor 1973 als auch danach ist bei den OECD-Ländern das Importvolumen überproportional zum realen Bruttoinlandsprodukt gewachsen. Zwar ist in der Phase flexibler Wechselkurse die Wachstumsrate der Importe gesunken; diese Entwicklung kann aber weitgehend durch die Abschwächung des realen Wirtschaftswachstums erklärt werden.

Die Entwicklung des internationalen Handels ist in einer Vielzahl von empirischen Studien näher untersucht worden, die zu unterschiedlichen Ergebnissen geführt haben. Sie vermitteln insgesamt den Eindruck, dass bisher keine überzeugenden Belege für eine nachhaltige negative Auswirkung der *kurzfristigen* Wechselkursschwankungen auf das Volumen des Außenhandels vorliegen[59]. Allerdings ist zu berücksichtigen, dass eingehende Untersuchungen des vermut-

Tabelle VII.1: *Durchschnittliche jährliche Wachstumsrate des Importvolumens und des realen Bruttoinlandsprodukts der OECD-Länder (in v. H.).*

Periode	**Importvolumen**	**Reales Bruttoinlandsprodukt**
1960–1973	+8,5	+3,4
1973–1989	+4,9	+2,9
1989–2000	+6.8	+2,7

Quelle der zu Grunde gelegten Zahlen: OECD Economic Outlook, No. 70, December 2001 (Annex, Table 1, 10) sowie vorangegangene Hefte.

58 Vgl. dazu MAYER, TAGUCHI, a. a. O.

59 Vgl. M. SCHUBERT, Flexible Wechselkurse, Wechselkursvolatilität und Welthandel. Göttingen 1991, insbesondere S. 186. – Einen, wenn auch nur geringen, negativen Einfluss der Ungewissheit über die Wechselkursentwicklung auf den internationalen Handel ermittelt G. DELL'ARICCIA (Exchange Rate Fluctuations and Trade Flows: Evidence from the European Union. „IMF Staff Papers", Vol. 46 (1999), S. 315 ff.). – Zu einer ungünstigen Einschätzung gelangt auch H. SCHÄFER, Schaden flexible Wechselkurse der Weltwirtschaft? Ein Überblick zum aktuellen theoretischen und empirischen Forschungsstand. „Konjunkturpolitik", Jg. 33 (1987), S. 219 ff.

lich schwerer wiegenden Einflusses der längerfristigen Veränderungen bei den realen Wechselkursen bisher noch ausstehen.

Ob die fehlenden Belege für nennenswerte negative Auswirkungen auf den internationalen Handel eindeutig als Bestätigung der von den Befürwortern flexibler Kurse vertretenen Position gewertet werden können, erscheint allerdings fraglich, sobald die von ihnen angegebene Begründung in die Überlegungen einbezogen wird. Wie erläutert[60], hielten sie eine Beeinträchtigung des internationalen Handels deswegen für unwahrscheinlich, weil sie zum einen mit nur geringen Wechselkursschwankungen und damit auch nur niedrigen Kurssicherungskosten rechneten und weil sie zum anderen tendenziell eine Verringerung der Eingriffe in den internationalen Zahlungs- und Handelsverkehr erwarteten.

bb) Kurssicherungskosten. – Die beobachteten starken Wechselkursschwankungen geben zu der Vermutung Anlass, dass sich mit dem Wechselkursrisiko auch die Kurssicherungskosten, die der Außenhandel in Form einer Spanne zwischen den An- und Verkaufskursen von Termindevisen zu tragen hat[61], seit dem Übergang zu flexiblen Kursen erhöht haben. Eine Untersuchung aus dem Jahre 1978 kommt zu dem Ergebnis, dass ein derartiger Anstieg auch tatsächlich zu verzeichnen war[62]. Berücksichtigt man zusätzlich die Feststellung des Internationalen Währungsfonds, dass sich an den Terminmärkten gegenüber dem US-Dollar für die meisten europäischen Währungen die Kursspannen seit 1978 (nach einem vorübergehenden Rückgang) Anfang der achtziger Jahre noch einmal erhöht haben[63], dann bestärken diese Beobachtungen die Vermutung, dass in dem seit 1973 bestehenden System flexibler Wechselkurse die Außenhändler im Allgemeinen mit höheren Kurssicherungskosten als im vorangegangenen Festkurssystem zu rechnen haben.

cc) Eingriffe in den Handelsverkehr. – Nachdem die drei ersten Jahrzehnte nach dem Zweiten Weltkrieg durch eine zunehmende Liberalisierung des internationalen Handels gekennzeichnet gewesen waren, zeichnete sich in den siebziger Jahren ein Richtungswechsel ab, der zu einem Wiederaufleben des Protektionismus führte und internationalen Organisationen wie dem IWF oder dem

60 Vgl. Unterabschnitt VI.3 f.).

61 Vgl. Unterabschnitt VI.3c).

62 Vgl. SCHARRER, GEHRMANN, WETTER, a. a. O., S. 338 ff. Allerdings standen statistische Angaben nur für die im Interbankenhandel geltenden Kursspannen zur Verfügung, nicht aber für die den Kunden in Rechnung gestellten Margen.

63 Vgl. Exchange Rate Volatility and World Trade. A Study by the Research Department of the International Monetary Fund. (Occasional Paper No. 28. International Monetary Fund.) Washington, D. C., 1984, S. 9.

GATT Anlass zur Besorgnis gab[64]. Als eine der möglichen Ursachen für diese Entwicklung werden die starken und länger andauernden Abweichungen der Wechselkursveränderungen von den Inflationsdifferenzen genannt, die mit entsprechenden Verschiebungen der relativen Preise zwischen den einzelnen Ländern verbunden waren. Auch wenn ein derartiger Zusammenhang nur schwer zu überprüfen ist, so wird doch aus dem *Wiederaufleben* des Protektionismus deutlich, dass sich die Hoffnung nicht erfüllt hat, nach der Freigabe der Wechselkurse würden die Eingriffe in den Handelsverkehr eher vermindert als ausgeweitet werden. Hierbei wie auch bei den Kurssicherungskosten ist also die Entwicklung nicht so günstig verlaufen, wie es von den Befürwortern flexibler Wechselkurse erwartet wurde. Somit weist die Feststellung, dass im Zeitraum nach 1973 die Importe der Industrieländer weiterhin überproportional zur allgemeinen wirtschaftlichen Aktivität gestiegen sind, auf ein überraschendes Maß an Robustheit in den internationalen Handelsbeziehungen hin.

c) Stabilisierungspolitik

aa) Erwartungen. – Im Gegensatz zu einem Festkurssystem ermöglichen flexible Wechselkurse die Kontrolle über die heimische Geldbasis, da die Zentralbanken nicht verpflichtet sind, Devisen gegen heimische Währung zu kaufen oder zu verkaufen[65]. Der Fortfall der Interventionsverpflichtung gab Anlass zu der Vermutung, dass der entstandene Spielraum für eine eigenständige Geldpolitik genutzt würde und dass sich auf diese Weise die einzelnen Länder, gemessen am Ziel der Preisniveaustabilität, weiter als bisher auseinander entwickeln würden[66]. Darüber hinaus sprechen theoretische Überlegungen dafür, dass ein internationaler Konjunkturzusammenhang eher bei festen als bei flexiblen Wechselkursen zu erwarten ist. Am Beispiel Deutschlands und der Vereinigten Staaten sollen diese Zusammenhänge behandelt werden.

64 Vgl. dazu B. NOWZAD, The Rise in Protectionism. (Pamphlet Series, No. 24. International Monetary Fund.) Washington, D. C., 1978. Reprinted 1983. – Developments in International Trade Policy. (Occasional Paper No. 16. International Monetary Fund.) 2nd rev. Printing. Washington, D. C., 1983. – The Exchange Rate System . . ., a. a. O., S. 42 ff. – B. HINDLEY, E. NICOLAIDES, Taking the New Protectionism Seriously. (Thames Essay No. 34.) London 1983.

65 Vgl. dazu Band I, Unterabschnitt VII.2c).

66 Für entsprechende Ergebnisse einer umfassenderen Untersuchung, die sich auch auf Frankreich, Großbritannien, Kanada und Japan erstreckt und zusätzlich die Entwicklung von Zinssätzen, Geldmengen sowie Staatsausgaben einbezieht, vgl. A. K. SWOBODA, Exchange Rate Regimes and European-U.S. Policy Interdependence. „International Monetary Fund Staff Papers", Vol. 30 (1983), S. 75 ff.

Tabelle VII.2: *Durchschnittliche jährliche Inflationsrate im System von Bretton Woods, während der Übergangszeit und bei flexiblen Wechselkursen (in v. H.).*

Periode	**Bundesrepublik Deutschland**	**Vereinigte Staaten**
1960–1969	+2,5	+2,4
1969–1973	+5,3	+4,9
1973–1981	+4,9	+9,4
1981–2000	+2,2	+3,4

Quelle der zu Grunde gelegten Zahlen: INTERNATIONAL MONETARY FUND, International Financial Statistics, Yearbook 2001 (Consumer Prices).

Schaubild VII.5: *Inflationsraten in der Bundesrepublik Deutschland (D) und in den Vereinigten Staaten (USA) 1961–2000 (Veränderung gegenüber dem Vorjahr in v. H.)*

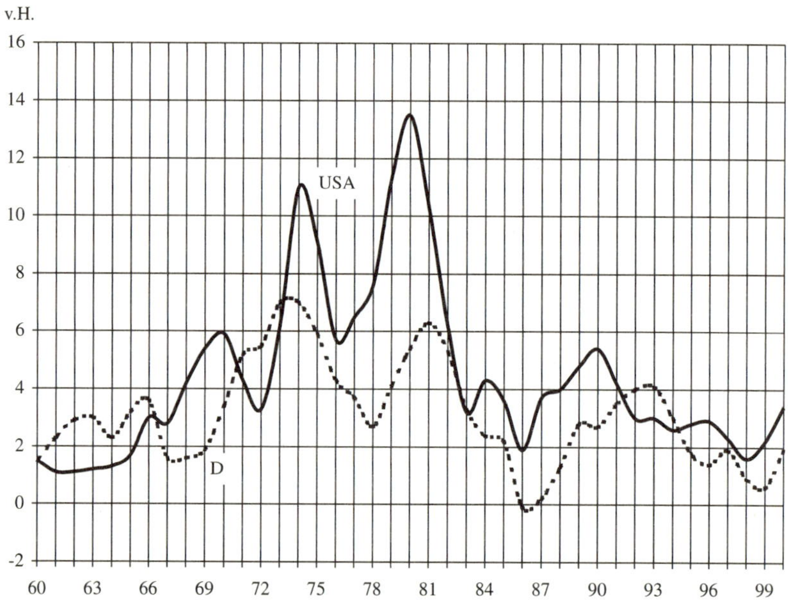

Quelle der zu Grunde gelegten Zahlen vgl. Tabelle VII.2.

bb) Geldpolitischer Handlungsspielraum. – Wie Tabelle VII.2 und Schaubild VII.5 zeigen, haben sich nach 1973 die *Unterschiede in den Inflationsraten* bis Anfang der achtziger Jahre erheblich verstärkt, und zwar nicht nur gegenüber dem Festkurssystem von Bretton Woods, sondern auch im Vergleich zur Übergangszeit, deren Beginn hier auf die erstmalige Freigabe des Dollarkurses der DM im Jahre 1969 gelegt wurde. Im Zeitraum danach haben sie sich im Zuge des weltweiten Disinflationsprozesses in den fortgeschrittenen Industrieländern wieder deutlich verringert. Insgesamt gesehen entspricht aber die Entwicklung den Erwartungen, die an die Wechselkursfreigabe geknüpft waren. Sie macht deutlich, dass flexible Wechselkurse einem Land bei entsprechender Geldpolitik die Möglichkeit bieten, sich mit seiner Inflationsrate vom Ausland abzukoppeln. So erlangte auch die Deutsche Bundesbank erst mit dem endgültigen Übergang zum Dollar-Floating im Jahre 1973 wieder den *geldpolitischen Handlungsspielraum*, den sie für eine erfolgreiche Antiinflationspolitik benötigte. Sie nutzte ihn insbesondere im Zeitraum hoher amerikanischer Inflationsraten unmittelbar nach der Wechselkursfreigabe[67].

cc) Internationaler Konjunkturzusammenhang. – aaa) Um zu untersuchen, welchen Einfluss das Wechselkurssystem auf den internationalen Konjunkturzusammenhang ausübt, soll eine Einkommensänderung betrachtet werden, die ihren Ausgangspunkt nur in einem Land hat, z. B. als Folge einer stabilitätspolitischen Maßnahme. Sieht man von anderen Einflüssen ab, wird die Einkommensänderung zu einer gleichgerichteten Änderung des Imports in diesem Land führen. Aus Sicht des Auslands bedeutet dies, dass sich sein Export und damit auch seine gesamtwirtschaftliche Aktivität ebenfalls in die gleiche Richtung entwickeln werden. Auf Grund dieses Zusammenhangs ist tendenziell mit einem *gleichgerichteten* internationalen Konjunkturzusammenhang zu rechnen[68]. Weitere Einflüsse, die diesen Zusammenhang *überlagern* können, ergeben sich insbesondere aus der Zins- und Preisentwicklung sowie gegebenenfalls aus induzierten Wechselkursänderungen, mit denen bei flexiblen Kursen gerechnet werden muss. Somit ist eher bei flexiblen als bei festen Kursen zu erwarten, dass der gleichgerichtete Konjunkturzusammenhang durch andere Einflüsse überlagert wird. Dies gilt insbesondere dann, wenn Einkommensänderungen auf geldpolitische Maßnahmen zurückgehen.

bbb) Wenn der Konjunkturzusammenhang anhand der Arbeitsmarktentwicklung beurteilt wird, dann zeigt sich eine Übereinstimmung zwischen Deutschland und den Vereinigten Staaten am ehesten zwischen 1973 und 1982, also *nach* dem Übergang zu flexiblen Wechselkursen, nicht aber im Zeitraum fester Wechselkurse (vgl. Schaubild VII.6). Diese Entwicklung entspricht also nicht den Erwartungen.

67 Die Wachstumsrate der Geldmenge in einem weiteren Sinne *(M_3)* sank von 14,4 v. H. im Jahre 1972 auf 10,1 v. H. im Jahre 1973 und auf 8,5 v. H. im Jahre 1974. Mit zeitlicher Verzögerung stellte sich dann auch eine deutliche Senkung der Inflationsrate (bezogen auf den Verbraucherpreisindex) von 7,1 v. H. im Jahre 1974 auf 5,9 v. H. im Jahre 1975 und 4,3 v. H. im Jahre 1976 ein. (Quelle der zu Grunde gelegten Zahlen: Jahresgutachten 1983/84 des Sachverständigenrates zur Begutachtung der gesamtwirtschaftlichen Entwicklung. Tabellen 12* und 38*).

68 Hierzu und zu den folgenden Überlegungen vgl. Band **I**, Unterabschnitte VIII.1e) und IX.1 f.) sowie Abschnitte VIII.2 und IX.2.

Schaubild VII.6: *Arbeitslosenquote in der Bundesrepublik Deutschland (D) und in den Vereinigten Staaten (USA) 1961–2000 (in v. H.)*

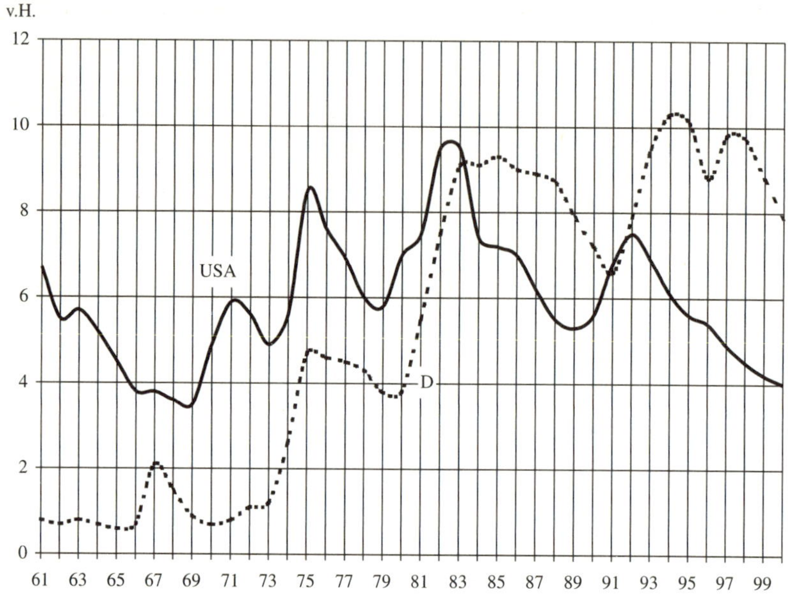

Quelle der zu Grunde gelegten Zahlen: Yearbook of Labour Statistics, 60th Issue 2001 (Tabelle 3A, Total unemployment) sowie vorhergehende Ausgaben.

Es fällt auf, dass der Konjunkturverlauf nur in der ersten Phase flexibler Kurse deutliche Parallelen aufweist, nämlich im Zeitraum der beiden Ölpreiswellen. Offensichtlich führten beide Schocks zu einem starken Anstieg der Arbeitslosenquote in beiden Ländern. Allerdings hat sich diese in der Bundesrepublik – anders als in den USA – nach der zweiten Ölpreiswelle kaum wieder zurückgebildet. Die hierin zum Ausdruck kommende günstigere Entwicklung in den USA lässt sich zumindest teilweise auf die bereits erwähnten Steuersenkungsprogramme zurückführen, zu denen es in der Bundesrepublik im damaligen Zeitraum kein Gegenstück gab.

Eine weitere offensichtliche Abweichung in der Entwicklung der Arbeitslosenquote zeigt sich zwischen den beiden Ländern ab 1992: Während in den USA die Arbeitslosenquote anschließend fast um die Hälfte zurückging, stieg sie in Deutschland erheblich an und blieb bis zum Ende der neunziger Jahre deutlich über dem Wert von 1992. Sicherlich haben hierbei die wirtschaftlich nicht bewältigten Folgen der deutschen Vereinigung eine wichtige Rolle gespielt. Insgesamt lässt sich aber die seit mindestens zwei Jahrzehnten in Deutschland vergleichsweise ungünstig verlaufende Arbeitsmarkt- und Konjunkturentwicklung nicht allein auf die hier genannten Gründe zurückführen, weil diese die auffällig langsame Rückbildung einer einmal eingetretenen hohen Arbeitslosigkeit nicht erklären können. Regulierungen am Arbeitsmarkt und die soziale Absicherung sind *institutionelle* Gegebenheiten, die in diesem Zusammenhang zu berücksichtigen sind. Mit anderen Worten wird die zunächst eher parallel verlaufende und dann stark divergierende deutsche und amerikanische Arbeitsmarktentwicklung offenbar durch das Zusammenwirken von Schocks und Institutionen bestimmt[69], während der Übergang zu flexiblen Wechselkursen hierzu keinen klar erkennbaren Beitrag geleistet zu haben scheint.

Zusammenfassend gelangt man auf Grund der währungspolitischen Entwicklungen zu dem Eindruck, dass sich nach dem Übergang zu einer größeren Wechselkursflexibilität keineswegs alle hieran geknüpften Erwartungen erfüllt haben. Nicht zuletzt erweisen sich die anhaltenden starken Veränderungen realer Wechselkurse als ein Problem, dessen Bedeutung sich noch nicht genau abschätzen lässt. Dessen ungeachtet erscheint die 1973 vollzogene Abkehr von grundsätzlich festen Paritäten nach den Erfahrungen mit dem Bretton Woods-System unumgänglich gewesen zu sein. Vieles spricht dafür, dass eine größere Wechselkursflexibilität es ermöglicht, Währungskrisen zu vermeiden, die bei unterschiedlicher Ausrichtung der Stabilisierungspolitik und stark divergierenden Inflationsraten in einem System anpassungsfähiger Festkurse unausweichlich erscheinen. Zudem bieten flexible Wechselkurse einem stabilitätsbewussten Land die bei festen Wechselkursen nicht realisierbare Möglichkeit, sich mit seiner *Inflationsrate* nachhaltig von einem als zu hoch angesehenen Auslandsniveau abzukoppeln.

4. Vorschläge zur Reform des internationalen Währungssystems

Die heftigen kurzfristigen Schwankungen der nominalen und insbesondere die starken Veränderungen der realen Wechselkurse werden vielfach als Erschwernis für den internationalen Handel und als Gefahr für die nationalen Stabilitätsziele angesehen und gaben deshalb Anlass zu Reformüberlegungen[70]. Hierzu gehören

69 Vgl. O. BLANCHARD, J. WOLFERS, The Role of Shocks and Institutions in the Rise of European Unemployment: The Aggregate Evidence. „Economic Journal", Vol. 110, C1 ff.

70 Für einen Überblick vgl. M. WILLMS, Wechselkursstabilisierung durch währungspolitische Kooperation? In: Wechselkursstabilisierung, EWS und Weltwährungssystem. (Hg. von O. ISSING). Hamburg 1988. S. 229 ff. – Allgemeine Überlegungen zur Reform des bestehenden Währungssystems sind zu finden bei J. A. FRENKEL, M. GOLDSTEIN, Fundamental Issues in the Functioning of the International Monetary System. In: Internationales Währungssystem und weltwirt-

die Vorschläge von TOBIN, die Transaktionen an den Devisenkassamärkten zur Verringerung der internationalen Kapitalmobilität zu besteuern[71], von WILLIAMSON, für die Wechselkurse Zielzonen vorzusehen[72], und von MCKINNON, die Geldmengenausweitung in den wichtigsten Industrieländern an wechselkursabhängige Regeln zu binden[73].

a) Besteuerung der Devisenkassamarkttransaktionen

TOBIN hat vorgeschlagen, international einheitlich alle Devisenkassamarkttransaktionen einer proportionalen Steuer zu unterwerfen, und nennt als Beispiel einen Satz von einem Prozent auf den gehandelten Betrag[74]. Um eine Umgehung der Steuer zu verhindern, sollen *alle* Kassamarkttransaktionen einbezogen werden, also auch solche, die auf Außenhandelsgeschäften beruhen[75].

Zur Begründung seines Vorschlags geht TOBIN davon aus, dass Finanzkapital im Vergleich zu Gütern und zum Faktor Arbeit international äußerst mobil ist. Zinsdifferenzen zwischen den einzelnen Ländern lösen dann umfangreiche Kapitalbewegungen aus und bewirken somit starke Wechselkursänderungen. Deshalb sind einer eigenständigen nationalen Stabilisierungspolitik enge Grenzen gesetzt, wenn nicht gravierende Wechselkursänderungen in Kauf genommen werden sollen. Zudem fehlen den Kapitalanlegern hinreichend begründete Vorstellungen über die künftigen Gleichgewichtskurse, so dass eine stabilisierende Funktion von der Spekulation nicht zu erwarten ist. Aus diesen Gründen will TOBIN durch erhöhte Transaktionskosten ganz allgemein die internationalen Kapitalbewegungen dämpfen und so „etwas Sand in das gut geölte Getriebe streuen“[76]. Er nimmt bei seinem Vorschlag in Kauf, dass die Steuer letztlich die internationale Arbeitsteilung generell einschränkt, weil sie auf alle Transaktionen an den Devisenkassamärkten erhoben wird, geht aber davon aus, dass sie in erster Linie die kurzfristigen Kapitalbewegungen beeinträchtigt. Es erscheint einsichtig, dass damit die (kurzfristige) Wechselkursvolatilität verringert wird;

schaftliche Entwicklung. Hg. von CH. DRÄGER, L. SPÄTH. (Edition Dräger-Stiftung, Bd. 12.) Baden-Baden 1988. S. 223 ff. – Vgl. auch dieselben, A Guide to Target Zones. „International Monetary Fund Staff Papers“, Vol. 33 (1986), S. 633 ff.

71 Siehe J. TOBIN, A Proposal for International Monetary Reform. In: J. TOBIN, Essays in Economics. Theory and Policy. Cambridge, Mass., London 1982. S. 488 ff. (Wiederabdruck des ursprünglich in „The Eastern Economic Journal“, Vol. 4, S. 153 ff. erschienenen Artikels).

72 Siehe J. WILLIAMSON, The Exchange Rate System. Washington, D. C., 1983.

73 Siehe R. I. MCKINNON, An International Standard for Monetary Stabilization. Washington, D. C., 1984.

74 Siehe TOBIN, a. a. O., S. 490.

75 Siehe ebenda, S. 494.

76 Siehe ebenda, S. 493.

es ist aber sehr zweifelhaft, ob auf diese Weise auch eine Dämpfung der starken längerfristigen Wechselkursbewegungen gelingt. Noch ein anderer kritischer Punkt ist zu bedenken. Die Wirksamkeit der Besteuerung wird eingeschränkt, wenn sich nicht alle Länder hieran beteiligen, weil dann Umgehungsmöglichkeiten bestehen. Hiermit ist zu rechnen, da aus der Sicht einzelner Länder ein Interesse daran besteht, durch Nichtbesteuerung ihre eigene Attraktivität für Finanz- und Devisengeschäfte zu Lasten der anderen Staaten zu erhöhen[77].

b) Zielzonen für die Wechselkurse

Ein von WILLIAMSON ausgearbeiteter Vorschlag geht dahin, zwischen den wichtigsten Währungen Gleichgewichtskurse zu ermitteln und diese als Mittelkurse für verhältnismäßig weite Bandbreiten von ± 10 v. H. festzulegen[78]. Das Ausscheren der Wechselkurse aus den so bestimmten **Zielzonen** soll in erster Linie durch eine entsprechende Ausrichtung der Geldpolitik verhindert werden. Eine bindende Verpflichtung zur Einhaltung der Zielzonen ist jedoch nicht vorgesehen. Allerdings wird von den Regierungen eine öffentliche Erläuterung erwartet, wenn sie das Verlassen der Zielzonen tolerieren.

Zur Begründung seines Vorschlags geht WILLIAMSON davon aus, dass nicht so sehr die kurzfristigen Wechselkursschwankungen *(„Volatilität")*, sondern die längerfristigen Abweichungen der realen Wechselkurse von ihren Gleichgewichtswerten *(„misalignment")* unerwünschte Auswirkungen auf internationalen Handel und nationale Stabilitätsziele befürchten lassen. Die Ursachen für das „misalignment"[79] sieht er in fehlgeleiteten Devisenmarktinterventionen, die eine Wechselkursentwicklung zum Gleichgewicht behindern[80], in Ineffizienzen des Devisenmarktes, die auf mangelhafte Verarbeitung der für die Kursbildung relevanten Informationen durch die Marktteilnehmer zurückgehen, sowie in wirtschaftspolitischen Entwicklungen, die zwischenstaatliche Zinsdifferenzen hervorrufen und damit Umschichtungen in den Portefeuilles der internationalen Kapitalanleger auslösen[81]. Die Vorgabe von Zielzonen auf der Grundlage

77 Siehe FRENKEL, GOLDSTEIN, Fundamental Issues..., a. a. O., S. 229. – TH. JOST, Die Tobin-Tax: Unwirksam und ökonomisch schädlich. „wisu. das wirtschaftsstudium", Jg. 30 (2001), S. 1629 ff.

78 Zur genaueren Ausgestaltung seines Vorschlages vgl. WILLIAMSON, The Exchange Rate System, a. a. O., S. 62 ff.

79 Vgl. WILLIAMSON, The Exchange Rate System, a. a. O., S. 47 ff.

80 Dieser Fall kann eintreten, sobald die Währungsbehörden bei einer zum Gleichgewicht führenden Wechselkursentwicklung die *„leaning-against-the-wind"*-Strategie anwenden, bei der sie durch ihre Interventionen jeweils die marktmäßige Wechselkursänderung abzuschwächen suchen.

81 Vgl. als Beispiel die Neuorientierung der amerikanischen Wirtschaftspolitik mit dem Regierungsantritt REAGANs, auf die im Unterabschnitt 3a) bb) dieses Kapitels eingegangen wurde.

von Gleichgewichtskursen kann dazu beitragen, derartigen Störungen entgegenzuwirken: Devisenmarktinterventionen sind nur zur Verteidigung der Zielzonen zugelassen und bewirken damit tendenziell eine Wechselkursbewegung in Richtung auf die Gleichgewichtskurse; durch die Veröffentlichung der Zielzonen erhalten die Kapitalanleger einen Anker für ihre Wechselkurserwartungen und wirtschaftspolitische Entwicklungen, bei denen ein Ausscheren aus den Zielzonen droht, sollen schließlich bereits im Ansatz verhindert werden.

Zur Bestimmung des Mittelkurses für die Zielzonen entwickelt WILLIAMSON das Konzept des durch ökonomische Fundamentalfaktoren bestimmten Gleichgewichtskurses *(„Fundamental Equilibrium Exchange Rate (FEER)“)*. Hiermit soll derjenige Wechselkurs ermittelt werden, der den beteiligten Ländern externes Gleichgewicht bei hoher Auslastung der Ressourcen ohne Inflation sichert[82]. Unter *externem Gleichgewicht* ist dabei zu verstehen, dass der Leistungsbilanzsaldo der gewünschten Höhe des Kapitalbilanzsaldos entspricht, die von WILLIAMSON auf Grund der inländischen Spar- und Investitionsneigung und unter Berücksichtigung einer als langfristig tragbar angesehenen Entwicklung des Staatshaushalts abgeschätzt wird[83]. Die Gleichgewichtskurse werden als reale Wechselkurse ($= w\, p_a/p$) bestimmt. Da sich bei Inflationsdifferenzen zwischen In- und Ausland der Quotient p_a/p verändert, muss zur Aufrechterhaltung eines *unveränderten realen* Kurses der nominale Wechselkurs *(w)* entsprechend angepasst werden. Bei grundlegenden Störungen wie den Ölpreiswellen oder einem Kurswechsel in der staatlichen Haushaltspolitik sind die Auswirkungen auf die realen Gleichgewichtskurse ebenfalls zu berücksichtigen.

Die Schätzung der FEER enthält notwendigerweise normative Elemente, z. B. in der Entscheidung darüber, bei welcher Höhe der Arbeitslosenquote eine hohe Auslastung der inländischen Ressourcen erreicht ist, und sie kann auch nicht genau sein. WILLIAMSON akzeptiert grundsätzlich die *Unsicherheiten* bei der Berechnung fundamentaler Gleichgewichtskurse, geht aber angesichts der von ihm vorgeschlagenen Breite der Zielzonen davon aus, dass bei Wechselkursen außerhalb der Zielzonen Zweifel nur am Ausmaß einer Abweichung vom fundamentalen Gleichgewicht bestehen würden, nicht aber an der Tatsache als solcher und auch nicht an der Richtung einer derartigen Abweichung.

Wie bereits erwähnt, soll ein Ausscheren der Wechselkurse aus den Zielzonen in erster Linie durch eine entsprechende Ausrichtung der *Geldpolitik* verhindert werden. Gleichzeitig ist WILLIAMSON aber auch der Ansicht, dass mit Hilfe der Geldpolitik Preisniveaustabilität angestrebt werden soll. Damit drohen Konflikte, wenn z. B. der Wechselkurs unter die untere Grenze der Zielzone fällt und

82 Vgl. dazu WILLMS, Wechselkursstabilisierung . . ., a. a. O., S. 242 f.

83 Zum Zusammenhang zwischen Ersparnis, Investition, Leistungs- und Kapitalbilanzsaldo vgl. Band I, Abschn. II.2.

die dann zur Abwertung der heimischen Währung erforderliche Lockerung der Geldpolitik die Preisstabilität gefährdet. Der Vorschlag von WILLIAMSON legt für einen derartigen Konfliktfall *keine* Lösung fest. Da keine bindende Verpflichtung zur Einhaltung der Zielzonen besteht, müssen die beteiligten Länder ihre Entscheidungen in eigener Kompetenz treffen. Allerdings ist mit einer öffentlichen Diskussion der getroffenen Entscheidungen zu rechnen, wenn ein Ausscheren der Wechselkurse aus den publizierten Zielzonen zugelassen wird.

Das Zielzonen-Konzept erfordert *internationale Zusammenarbeit.* Zielzonen für Wechselkurse zwischen zwei Währungen können nur mit Zustimmung der beiden beteiligten Länder festgelegt werden, wobei sich die Einbeziehung des Internationalen Währungsfonds anbietet[84]. Auch erscheint es kaum vorstellbar, dass die beteiligten Länder unabhängig voneinander darüber entscheiden, ob und welche Maßnahmen zu ergreifen sind, wenn der gemeinsame Wechselkurs die Grenzen der Zielzonen überschreitet. Für die internationale Abstimmung der Wirtschaftspolitik sieht WILLIAMSON allerdings keine bindenden Regeln vor, weil er dieses, insbesondere in Hinblick auf die USA, für politisch nicht durchsetzbar hält.

Die Annahme des Zielzonenvorschlags soll den beteiligten Ländern dadurch erleichtert werden, dass wegen der Breite der Zielzonen für die interne Wirtschaftspolitik ein großer Spielraum verbleibt. Kritiker dieses Plans können demgegenüber auf die Unsicherheiten bei der Abschätzung fundamentaler Gleichgewichtskurse, auf den Mangel an Konkretisierung der ggf. erforderlichen binnenwirtschaftlichen Maßnahmen[85] sowie auf die fehlenden Verpflichtungen zur Einhaltung der Zielzonen verweisen.

c) International abgestimmte, wechselkursorientierte Geldmengenausweitung

Der Vorschlag von MCKINNON enthält zwei Bestandteile, nämlich einerseits die Verstetigung des Wachstums der Weltgeldmenge auf einem inflationsfreien Niveau und andererseits die Rückkehr zu festen Wechselkursen in zwei Stufen. Auf dem Wege dahin ist eine erste Stufe vorgesehen, für die das Zielzonenkonzept Anwendung finden soll[86].

84 Siehe WILLIAMSON, The Exchange Rate System, a. a. O., S. 73 ff.

85 Hierzu kann vielleicht der Vorschlag beitragen, die Wirtschaftspolitik auf der Grundlage von Indikatoren zu koordinieren. Vgl. dazu A. CROCKETT, M. GOLDSTEIN, Strengthening the International Monetary System: Exchange Rates, Surveillance, and Objective Indicators. (Occasional Paper No. 50. International Monetary Fund.) Washington, D. C., 1987, S. 34 ff. – WILLMS, Wechselkursstabilisierung . . ., a. a. O., S. 244 ff.

86 Siehe MCKINNON, An International Standard . . ., a. a. O., S. 61 ff. – Vgl. auch H.-E. SCHARRER, Internationalisierung der Geldpolitik. Eine Beurteilung des MCKINNON-Ansatzes aus der Sicht

Die als Zielgröße vorgesehene Zuwachsrate der *Weltgeldmenge* besteht genau genommen aus einem gewichteten Durchschnitt der Geldmengenzuwachsraten in den USA, Japan und der Bundesrepublik Deutschland[87]. Diese drei Länder wurden insbesondere wegen ihres hohen Anteils an Welthandel und internationalem Kapitalverkehr und der daraus resultierenden großen Bedeutung ihrer Währungen als Transaktions-, Finanz- und Reservewährung ausgewählt. Ihre Geldmengenzuwachsraten, die durchaus voneinander abweichen können, sollen so bestimmt werden, dass die Zuwachsrate der Weltgeldmenge einen vorgegebenen *Zielwert* einhält, der unter dem Gesichtspunkt langfristiger Stabilität des Preisniveaus international handelbarer Güter festzulegen ist. Die genauen Zahlenwerte sollen ebenso wie die Gewichte zur Ermittlung der Weltgeldmengenzuwachsrate international vereinbart werden. McKinnon, der die beiden weltweiten Inflationen in den siebziger Jahren und die weltweite Rezession zu Beginn der achtziger Jahre mit dem jeweils vorangegangenen Anstieg bzw. Rückgang in der Zuwachsrate der Weltgeldmenge erklärt, erhofft sich von einer langfristigen Festlegung der Zuwachsrate der Weltgeldmenge eine verstetigende Wirkung auf die Weltkonjunktur.

Für eine *Übergangszeit*, in der die Preisentwicklung in den drei Ländern noch nicht auf einem stabilen Niveau koordiniert ist und die Wechselkurse von ihren Gleichgewichtswerten noch weit entfernt sind, schlägt McKinnon ein Zielzonensystem für die Wechselkurse vor, wobei eine Orientierung an Kaufkraftparitäten-Berechnungen erfolgen soll. Auch müssen die drei Zentralbanken bereits in dieser ersten Stufe durch die Geldpolitik dafür sorgen, dass der vereinbarte Zielwert der Weltgeldmengenzuwachsrate eingehalten wird. Wenn diese Politik gelingt, dann werden globale Preisniveaustabilität und Dämpfung der Wechselkursschwankungen gleichzeitig erreicht. In Übereinstimmung mit dem Vorschlag von Williamson soll also eine Orientierung der Geldpolitik am Wechselkurs erfolgen. Im Gegensatz dazu müssen die getroffenen Maßnahmen unter den beteiligten Zentralbanken soweit verbindlich festgelegt werden, dass die vereinbarte Zuwachsrate der Weltgeldmenge eingehalten wird. Erfährt z. B. der Dollar eine starke Aufwertung und erreicht sein Kurs, ausgedrückt in DM, die obere Grenze, dann wird nach dem Vorschlag von McKinnon die Geldmengenzuwachsrate in der Bundesrepublik gegenüber dem langfristigen Zielwert gesenkt und die der USA entsprechend erhöht, worauf der Dollarkurs dann wieder zurückgeht.

der Bundesrepublik Deutschland. In: Stabilisierung des Währungssystems. (Hg. von W. Filc, C. Köhler). Berlin 1985. S. 235 ff.

87 McKinnon (An International Standard …, a. a. O., S. 67) stellt folgende Berechnungsformel zur Diskussion: $m_W = 0{,}45\ m_{US} + 0{,}35\ m_D + 0{,}20\ m_{Jap}$. Dabei bezeichnet m die Geldmengenzuwachsrate. Das relativ hohe Gewicht für die Bundesrepublik Deutschland von 35 v. H. sollte die Bedeutung der übrigen EWS-Währungen mit erfassen.

Nach dem Vorschlag von McKINNON sollen die Zentralbanken die genauen Werte für die Zielzonen so lange nicht veröffentlichen, bis sie die Technik beherrschen, durch ihre Geldmengensteuerung die Wechselkurse in den Zielzonen zu halten. Ist schließlich die erste Stufe erfolgreich umgesetzt, dann kann in der *Stufe 2* das *Endziel* realisiert werden, nämlich eine Wechselkursstabilisierung durch Devisenmarktinterventionen innerhalb einer engen Bandbreite von ±1 v. H., wie es McKINNON vorsieht.

Der Vorschlag von McKINNON ist insbesondere dadurch charakterisiert, dass er als Endzustand ein Festkurssystem anstrebt und bereits in der Übergangsphase für die globale Geldversorgung international verbindliche Regelungen vorsieht, mit denen weltweite Inflation und Deflation verhindert werden sollen. Durch eine derartige Steuerung der Geldversorgung versucht McKINNON, die Schwächen der beiden bisher verwirklichten Festkurssysteme zu vermeiden, indem er die globale Geldversorgung einerseits von Zufallseinflüssen (wie bei der Goldversorgung im Goldstandard) und andererseits von den nationalen Interessen insbesondere des Leitwährungslands (der USA im System von Bretton Woods) löst. Es erscheint aber zweifelhaft, ob die beteiligten Länder zu bindenden internationalen Verpflichtungen bei ihrer Geldmengensteuerung bereit sind. Außerdem sprechen die Erfahrungen dafür, dass auch von der Ausrichtung der fiskalpolitischen Maßnahmen entscheidende Auswirkungen auf die Wechselkursentwicklung ausgehen[88], so dass die Einschränkung der internationalen Koordination auf die Geldpolitik unzureichend erscheint[89].

Zusammenfassung

1. Die beiden Ölpreiswellen (1973/74 und 1979/80) führten bei den OPEC- und den OECD-Ländern kurzfristig zu erheblichen Leistungsbilanzüberschüssen bzw. -defiziten, die durch internationale Kapitalbewegungen und Veränderungen der Währungsreserven ohne gravierende Zahlungsbilanzkrisen bei den OECD-Ländern finanziert wurden. Interne Anpassungsprozesse bewirkten mittelfristig einen weitgehenden Abbau der entstandenen Leistungsbilanzungleichgewichte.

2. Mit der zweiten IWF-Abkommensänderung wurde den Mitgliedern die Wahl des Wechselkurssystems selbst überlassen und ihnen gleichzeitig die Verpflichtung auferlegt, geordnete Wirtschafts- und Währungsverhältnisse anzu-

88 Vgl. Unterabschnitt 3a) bb) dieses Kapitels.
89 Vgl. FRENKEL, GOLDSTEIN, Fundamental Issues . . ., a. a. O., S. 225 ff.

streben und Manipulationen der Wechselkurse zu unterlassen. Dem Fonds obliegt die Überwachung der Wechselkursverpflichtungen der Mitglieder.

3. Mit der zweiten Abkommensänderung wurde Gold als Bezugsgröße für Paritäten aufgegeben und im Rahmen der Geschäftstätigkeit des Fonds durch das Sonderziehungsrecht ersetzt. Schließlich wurde durch Rückveräußerung an die Mitglieder und Versteigerungen der Goldbestand des Fonds um ein Drittel verringert.

4. Die Periode nach Freigabe der Wechselkurse war nicht nur durch zeitweise heftige Wechselkursschwankungen, sondern auch durch erhebliche und lang andauernde Veränderungen der realen Wechselkurse gekennzeichnet. Die beobachteten starken kurzfristigen Wechselkursschwankungen, die trotz umfangreicher Devisenmarktinterventionen eintraten, gaben Anlass zu der Hypothese, dass sich neue Informationen, die die Erwartungen über die künftige Wechselkursentwicklung verändern, sofort in der laufenden Kursentwicklung niederschlagen.

5. Nach dem Übergang zu flexiblen Wechselkursen setzte sich das im Vergleich zur Entwicklung des Inlandsprodukts überproportionale Wachstum des internationalen Handels weiter fort, obwohl deutliche Anzeichen für einen Anstieg der Kurssicherungskosten und eine Ausweitung von Eingriffen in den internationalen Handel festzustellen waren.

6. Nach der Freigabe der Wechselkurse bildeten sich zwischen den Vereinigten Staaten und der Bundesrepublik Deutschland deutliche Divergenzen in den Inflationsraten heraus. Diese Beobachtung belegt die Vermutung, dass sich die einzelnen Länder bei flexiblen Wechselkursen von der Inflationsentwicklung im Ausland abkoppeln können. In der Konjunkturentwicklung nach 1973 zeigten sich über einen längeren Zeitraum, z. B. zwischen den USA und der Bundesrepublik, deutliche Parallelen, die durch globale Störungen und ähnliche wirtschaftspolitische Reaktionen auf diese Störungen erklärt werden können.

7. Bei von Land zu Land divergierenden Inflationsraten und hoher Kapitalmobilität lassen sich einerseits von massiver Devisenspekulation begleitete währungspolitische Erschütterungen, wie sie nach den Erfahrungen mit der Währungsordnung von Bretton Woods in einem Festkurssystem unabwendbar erscheinen, durch flexible Wechselkurse offenbar eher vermeiden; andererseits besteht die Gefahr, dass wirtschaftspolitische Kurswechsel zu lang andauernden Änderungen der realen Wechselkurse beitragen.

8. Die starken Wechselkursschwankungen regten zu Vorschlägen an, die Wechselkursausschläge zu verringern bzw. zu begrenzen. So zielt der Plan von

TOBIN darauf ab, über eine Besteuerung von Devisenkassatransaktionen die (kurzfristige) Volatilität zu dämpfen.

9. Der Reformvorschlag von WILLIAMSON sieht – ähnlich wie die erste Stufe des MCKINNON-Plans vor, dass die Wechselkurse in Zielzonen um langfristige Gleichgewichtskurse gehalten werden. Dieses Ziel soll nach WILLIAMSON durch eine Koordination der Stabilisierungspolitik (allerdings ohne bindende Vereinbarung) erreicht werden. Der MCKINNON-Plan, mit dem in der zweiten Stufe stabile Wechselkurse angestrebt werden, beinhaltet eine inflationsfreie Verstetigung des Wachstums der Weltgeldmenge (durch koordiniertes Geldmengenwachstum in wichtigen Ländern).

VIII. Wechselkurspolitik in den Transformationsländern

1. Ausgangslage und wechselkurspolitische Optionen

a) Ausgangslage und Reformaufgaben

Die Ausgangslage der Reformländer Osteuropas und der ehemaligen Sowjetunion im Transformationsprozess von der zentralen Planwirtschaft zur dezentralen Marktwirtschaft war durch mehr oder weniger ähnliche Probleme bestimmt[1]. Zu ihnen gehörte eine durch staatliches Eigentum an Produktionsmitteln und staatliche Regulierung bedingte Verzerrung der relativen Preise, die mit einer Fehllenkung der Ressourcen einherging, ein beträchtlicher Geldüberhang als Folge einer Knappheit an Gütern, wodurch sich bei kontrollierten Preisen die Situation einer zurückgestauten Inflation ergab, sowie planwirtschaftlich festgelegte, gespaltene Wechselkurse und inkonvertible Währungen, die eine Integration in den Welthandel und damit eine allokationsverbessernde Einbindung in den internationalen Wettbewerb behinderten. Die Lösung dieser Probleme erforderte eine Privatisierung von Produktionsmitteln im öffentlichen Eigentum und eine Liberalisierung des Preissystems, eine makroökonomische Stabilisierungspolitik zur Rückführung des nicht zuletzt durch die Preisliberalisierung bewirkten Inflationsschubs sowie währungspolitische Reformen. Bestandteil der makroökonomischen Stabilisierungspolitik waren eine Kontrolle der Geldmengenexpansion sowie ein Abbau von Budgetdefiziten. Die währungspolitischen Maßnahmen umfassten *erstens* die Einführung der Währungskonvertibilität für Leistungsbilanztransaktionen sowie *zweitens* die Zusammenführung gespaltener Wechselkurse (z. B. des offiziellen Wechselkurses und des Marktkurses oder verschiedener Wechselkurse für den Außenhandel[2]). Die hierdurch ermöglichte Integration in den Welthandel wirkte allokationsverbessernd, weil die Reformländer unter Wettbewerbsdruck gerieten und die Preisstruktur auf dem Weltmarkt als „Knappheitsindikator" wirksam werden konnte, indem sie die relativen Preise der internationalen (handelbaren) Güter der Reformländer bestimmte[3]. Im

1 Vgl. hierzu auch J. D. SACHS, Economic Transition and the Exchange-Rate Regime. „The American Economic Review", Vol. 86 (1996), Papers and Proceedings, S. 147.

2 Innerhalb des Warenhandels wurde häufig noch nach Warengruppen differenziert.

3 Vgl. R. VAUBEL, Die Währungsordnung im Transformationsprozess. In: Marktwirtschaft als Aufgabe. Hg. von C. HERRMANN-PILLATH, O. SCHLECHT, H. F. WÜNSCHE. Stuttgart, Jena, New York 1994. S. 561 f.

Rahmen der währungspolitischen Reformen war *drittens* eine Entscheidung für ein bestimmtes Wechselkurssystem zu treffen. Die hier im Vordergrund stehenden wechselkurspolitischen Optionen umfassten feste Wechselkurse, flexible Wechselkurse und als Zwischenlösung Mischformen aus beiden.

b) Wechselkurspolitische Optionen

aa) Feste Wechselkurse. – Eine wechselkurspolitische Option für Reformländer bilden *feste Wechselkurse* in der aus dem Bretton Woods-System bekannten Form grundsätzlich stabiler, wenn auch anpassungsfähiger Paritäten. Bei der Fixierung des Wechselkurses wurde von den Reformländern zur Erlangung und Erhaltung internationaler Wettbewerbsfähigkeit immer eine Relation gewählt, die auf eine kräftige Unterbewertung der heimischen Währung hinauslief. Im Verhältnis zu ausländischen Gütern waren damit heimische Waren und Dienstleistungen in den Transformationsländern billig, was bei ihnen mit der Zeit Preisauftriebstendenzen auslösen musste. Andererseits stabilisierte die Bindung der eigenen Währung an eine relativ kaufkraftstabile Auslandswährung oder an einen kaufkraftstabilen Währungskorb aus ausländischen Währungen die Preise der internationalen Güter im Transformationsland und begrenzte so den Preisauftrieb. Auf diese Weise trug ein fester Wechselkurs dazu bei, dass die Inflationserwartungen gedämpft wurden. M. a. W. diente ein fester Wechselkurs als **nominaler Anker** für die Preisniveaustabilisierung, weil man sich an die erfolgreiche Antiinflationspolitik anderer Länder anlehnte und so für den eigenen geldpolitischen Kurs auch „Glaubwürdigkeit importierte“[4]. Man sah deshalb im Einsatz eines Wechselkursankers eine Möglichkeit, sehr hohe Inflationsraten sehr schnell zu reduzieren[5], vorausgesetzt es würde gelingen, Vertrauen in die Festkurspolitik zu vermitteln. Hierzu war neben ausreichenden Währungsreserven insbesondere eine konsequente *makroökonomische Stabilisierungspolitik* erforderlich. Die Notwendigkeit hierzu ergab sich aus einem besonders starken Inflationsdruck, zu dem die Unterbewertung der Währung und defizitäre Staatsbudgets beitrugen, der aber insbesondere auf die Preisliberalisierung nach Einleitung des Reformprozesses und einer auch danach noch bestehenden Inflationierungstendenz[6] zurückging.

4 Zu weiteren Vorteilen, die in der Transformationsdebatte in festen Wechselkursen gesehen wurden, siehe R. OHR, Exchange Rate Policy in Eastern Europe. In: Openness and Development. (Ed. by F. P. LANG, R. OHR). Heidelberg 1996. S. 222 f.

5 Vgl. ebenda, S. 223.

6 Diese war u. a. auf fortbestehende defizitäre Staatsbudgets und eine *schrittweise* Freigabe bestimmter administrierter Preise zurückzuführen. Einzelheiten zur sukzessiven Preisliberalisierung siehe A. GERLOFF, Wechselkurspolitik in Mittel- und Osteuropa (CeGE-Schriften, Bd. 1). Frankfurt a. M. 2001, S. 51 ff.

Hohe Inflationsraten, die über das Niveau der westlichen Konkurrenz auf dem Weltmarkt hinausgingen, führten bei fixiertem Wechselkurs zu einer realen Aufwertung der betreffenden Währungen und damit zur Rückbildung einer anfänglichen Unterbewertung. Zur Sicherung der internationalen Wettbewerbsfähigkeit war deshalb eine erfolgreiche Stabilisierungspolitik erforderlich und damit auch die Bereitschaft, die hiermit verbundenen, temporären Einbußen an Produktion und Beschäftigung in Kauf zu nehmen. Bei einem Scheitern der Stabilisierungspolitik musste mit schwerwiegenden Konsequenzen gerechnet werden: *entweder* mit protektionistischen Maßnahmen zur Aufrechterhaltung der festgesetzten Parität oder einer Aufgabe der festgesetzten Parität mit der Folge eines Vertrauensverlustes, der die Antiinflationspolitik wegen der Rolle der Inflationserwartungen zusätzlich erschwert hätte.

Ist das mit der Wechselkursanbindung verfolgte Ziel des Inflationsabbaus weitgehend erreicht und droht bei fixiertem nominalen Wechselkurs eine Gefährdung der Wettbewerbsfähigkeit durch eine reale Aufwertung der Inlandswährung, dann erscheint der rechtzeitige Übergang zu einer flexibleren Wechselkurspolitik ratsam. Wie im nächsten Abschnitt ausgeführt wird, kann Polen als ein Beispiel für einen krisenfreien Übergang von festen zu flexiblen Wechselkursen angesehen werden.

bb) Currency Board-System. – Eine besonders strenge Variante einer Festkursregelung stellt das schon in den früheren britischen Kolonien praktizierte *Currency Board-System* dar[7]. Zu den wichtigsten Merkmalen eines reinen **Currency Board-Systems** in einer Volkswirtschaft mit Geschäftsbankensystem gehören die beiden folgenden Organisationsprinzipien. *Erstens* kann sich der Umlauf an nationaler Währung, genauer: die monetäre Basis (Bargeldumlauf und Zentralbankeinlagen der Geschäftsbanken), nur dadurch ändern, dass das Currency Board die eigene Währung im Austausch gegen eine bestimmte ausländische Währung (die Ankerwährung) zu einem fixierten Wechselkurs verkauft oder kauft. *Zweitens* ist die monetäre Basis in voller Höhe durch Devisen in der Ankerwährung gedeckt[8]. Als Anker- und Reservewährung wird eine ausländische Währung gewählt, die kaufkraftstabil ist und für das Land mit dem Currency Board im Außenhandel eine wichtige Transaktionswährung darstellt.

7 Noch weitergehender ist die sog. *Dollarisierung*. Eine **Dollarisierung** liegt vor, wenn in einem Land eine Fremdwährung (z. B. der Dollar oder der Euro) als gesetzliches Zahlungsmittel fungiert. Einzelheiten hierzu siehe A. BERG, E. BORENSZTEIN, Full Dollarization. The Pros and Cons. Economic Issues, 24. International Monetary Fund. Washington, D. C., 2000.

8 Deckungsquotienten, die kleiner oder größer sind als 100 v. H., werden als Modifikationen eines reinen Currency Board-Systems betrachtet.

Die Einrichtung eines Currency Board bedeutet Konvertibilität der inländischen Währung[9] gegenüber der Reservewährung[10]. Seine Funktionsweise impliziert, dass die Entwicklung der Währungsreserven und damit die Zahlungsbilanzsituation – wie im klassischen Goldstandard – die Veränderung der monetären Basis bestimmt und damit auch zur entscheidenden Einflussgröße für die Geldmengenentwicklung wird[11]. Sie impliziert weiter, dass die Zentralbank nicht zur Finanzierung von Budgetdefiziten herangezogen werden kann und kein Spielraum für eine diskretionäre Geldpolitik besteht. Die Bindung der Geldmengenentwicklung an die Zahlungsbilanzentwicklung ist damit noch enger als in einem Festkurssystem ohne Currency Board, in dem sich Zentralbanken durch Neutralisierung von Devisenmarktinterventionen einen gewissen geldpolitischen Handlungsspielraum verschaffen können. Deshalb erscheint ein antiinflationärer Kurs in einem Currency Board-System (noch) *glaubwürdiger* und damit auch erfolgversprechender als in einem Festkurssystem ohne Currency Board. Weitere Vorteile sind darin zu sehen, dass das geringere Wechselkursrisiko niedrigere Zinssätze für Auslandskredite ermöglicht und Direktinvestitionen erleichtert[12]. Nachteile ergeben sich aus dem Verzicht auf eigenständige Geldpolitik und – wie in jedem Festkurssystem – aus dem Verzicht auf den Wechselkurs als Puffer gegenüber Störungen (sog. „Schocks") auf dem *Gütermarkt*[13].

cc) Flexible Wechselkurse. – Das Gegenstück zum Currency Board-System ist ein System **flexibler Wechselkurse,** wobei allerdings in der währungspolitischen Praxis mehr oder weniger stark auf dem Devisenmarkt interveniert wird. Ein System flexibler Wechselkurse kommt notwendigerweise im Transformationsprozess dann zum Zuge, wenn die Voraussetzungen für eine Wechselkursstabilisierung nicht vorliegen, das heißt vor allem die Währungsreserven unzureichend sind und sich eine konsequente makroökonomische Stabilisierungspolitik als nicht durchführbar erweist, weil die Produktions- und Beschäftigungseinbußen nicht

9 Giralgeld ist indirekt konvertibel, vorausgesetzt die Geschäftsbanken sind liquide, d. h. ihre Bestände an Bargeld und Zentralbankguthaben reichen aus, um die Einlösung von Giralgeld in die Reservewährung zu ermöglichen.

10 Eine Einlösung in andere konvertible Währungen ist durch Umtausch der Reservewährung in diese Währungen möglich.

11 Neben Änderungen der monetären Basis können auch Veränderungen des Geldangebotsmultiplikators die Geldmengenentwicklung beeinflussen.

12 Vgl. WILLMS, Internationale Währungspolitik . . ., a. a. O., S. 163.

13 Dem steht allerdings der Vorteil fester Wechselkurse gegenüber, bei Störungen auf dem Geldmarkt (z. B. durch Instabilitäten der Geldnachfrage) ein besserer „Schockabsorber" zu sein als flexible Wechselkurse. Siehe zu diesen Überlegungen die Darstellung im MUNDELL-Ansatz bei H.-J. JARCHOW, Monetäre Außenwirtschaftstheorie. In: Allgemeine Wirtschaftstheorie. (Hg. von N. BERTHOLD). München 1995. S. 274 ff.

akzeptiert werden. Da Wechselkursflexibilität für einen Zahlungsbilanzausgleich sorgt, lässt sich der Stabilisierungsprozess in diesem System zeitlich strecken, so dass die Anpassungskosten eher tragbar werden[14]. Letztlich sind aber auch bei flexiblen Wechselkursen die gleichen Stabilitätsanstrengungen im Rahmen der Geldpolitik wie bei festen Wechselkursen erforderlich, um einen gleich großen Abbau der Inflationsraten zu erreichen[15]. Dieses lässt aber auch vermuten, dass eine an der Geldmenge als nominalem Anker orientierte Strategie bei Wechselkursflexibilität im Rahmen der Inflationsbekämpfung grundsätzlich ebenso erfolgreich sein kann wie die Verwendung eines Wechselkursankers[16]. Gleiches gilt für eine bei flexiblen Wechselkursen betriebene Strategie eines Inflationsziels („inflation targeting"). Zu bedenken ist allerdings, dass eine Strategie der Geldmengenkontrolle oder eines Inflationsziels anspruchsvoller ist als eine Wechselkursanbindung, da erstere ohne eine Prognose der Umlaufsgeschwindigkeit der Geldmenge nicht auskommt und letztere eine Einschätzung der zukünftigen Inflationsrate voraussetzt. Beides erfordert genauere Vorstellungen über den Transmissionsmechanismus monetärer Impulse auf die zukünftige Inflation. Hierüber bestanden aber in den meisten Transformationsländern – gerade in der frühen Phase des Reformprozesses – erhebliche Unsicherheiten[17]. Deren Entscheidung für eine Wechselkursanbindung zur Senkung einer hohen Inflationsrate erscheint deshalb verständlich.

dd) Crawling Peg. – Ein Kompromiss zwischen den Vorteilen des Wechselkursankers beim raschen Abbau hoher Inflationsraten und der Wechselkursflexibilität bei der Sicherung der internationalen Wettbewerbsfähigkeit wird mit einem *Crawling Peg* angestrebt. Ein **Crawling Peg** ist ein System, in dem die Währungsbehörden vorab eine *Wechselkursänderungsrate* (gegenüber einer Auslandswährung oder einem Korb ausländischer Währungen) festlegen und ankündigen, so dass der Entwicklungspfad der Parität vorhersehbar ist. Für die Reformländer ist die Ankündigung einer *Abwertungsrate* von Relevanz, da sie einer Situation Rechnung trägt, in der die inländische Inflationsrate fortwährend höher ist als die der Handelspartner. Dabei kann man eine Abwertungsrate ankündigen, die kleiner ist als das erwartete Inflationsgefälle vom Inland zum Ausland, so dass sich eine

14 Zur theoretischen Analyse einer durch Wechselkursflexibilität ermöglichten schrittweisen Inflationsbekämpfung siehe W. SCHÄFER, Wechselkurspolitische Optionen für Osteuropa. In: Integration oder Desintegration der Weltwirtschaft? (Hg. von W. FILC, C. KÖHLER). Berlin 1994. S. 198 ff.

15 Vgl. ebenda, S. 202.

16 Der Unterschied im Anpassungsprozess besteht im Wesentlichen darin, dass im ersten Fall die Geldmenge fixiert wird und sich der Wechselkurs anpasst, während im zweiten Fall der Wechselkurs fixiert wird und sich die Geldmenge anpasst. Siehe hierzu auch ebenda, S. 202.

17 Vgl. GERLOFF, a. a. O., S. 61, 73.

reale Aufwertung der Inlandswährung ergibt, *oder* eine Abwertungsrate, die das erwartete Inflationsgefälle gerade ausgleicht. Im ersten Fall handelt es sich um einen *aktiven* Crawling Peg, bei dem sich der reale Wechselkurs ändert, im zweiten Fall um einen *passiven* Crawling Peg, bei dem der reale Wechselkurs konstant bleibt. Wird ein aktiver Crawling Peg mit der Folge einer realen Aufwertung gewählt, dann akzeptiert man den von der Zahlungsbilanz ausgehenden Zwang zur Stabilisierungspolitik, betont also die Bereitschaft zur Antiinflationspolitik. Entscheidet man sich dagegen für einen passiven Crawling Peg, dann wird damit der Sicherung internationaler Wettbewerbsfähigkeit Priorität eingeräumt.

2. Währungspolitische Erfahrungen in Reformländern

Alle oben behandelten wechselkurspolitischen Optionen fanden im Transformationsprozess ehemaliger sozialistischer Staaten Anwendung. Zur Illustration wird im folgenden vor allem auf die Erfahrungen von vier Reformländern zurückgegriffen: der Tschechischen Republik, Estlands, Russlands und Polens.

a) Die Tschechische Republik

Die Tschechische Republik (Tschechien), Beispiel für eine *Festkurspolitik*, wurde in der Gesamtbewertung im Transformationsprozess der Reformländer nach fünfjährigen Erfahrungen als besonders erfolgreich angesehen[18]. Neben dem recht weit vorangekommenen Privatisierungsprozess gab es auch bemerkenswerte Erfolge in der gesamtwirtschaftlichen Entwicklung: Die Inflationsrate konnte erheblich gesenkt werden (von über 50 v. H. im Jahre 1991 auf unter 10 v. H. im Jahre 1995), das reale Bruttoinlandsprodukt steigt seit 1994, die Arbeitslosenquote ist niedriger als in vielen westeuropäischen Ländern, das Budget wies 1993 und 1994 Überschüsse auf, und die günstige Zahlungsbilanzentwicklung ermöglichte die Akkumulierung beträchtlicher Währungsreserven und die frühe Rückzahlung sämtlicher IWF-Schulden (vgl. zu den beiden ersten Angaben auch Tabelle VIII.1).

Wesentlich für den makroökonomischen Stabilisierungserfolg war neben einer vergleichsweise günstigen Ausgangslage (mit ausgeglichenem Staatsbudget, begrenztem Geldüberhang und geringer Auslandsverschuldung) vor allem eine

18 Siehe zu dieser Aussage und genauer zu den Erfahrungen in der Tschechischen Republik B. BANERJEE u. a., Road Maps of the Transition. The Baltics, the Czech Republic, Hungary, and Russia. (Occasional Paper No. 127. International Monetary Fund.) Washington, D. C, 1995. S. 24 ff.

Tabelle VIII.1: *Reales Bruttoinlandsprodukt*[a] *und Verbraucherpreise*[b] *in Reformländern (jährliche, prozentuale Veränderungen)*

Land	1990	1991	1992	1993	1994	1995[c]
Tschechische Republik	– 1,2 *9,7*	– 14,2 *56,7*	– 6,6 *11,1*	– 0,9 *21,0*	2,6 *10,0*	4,0 *9,0*
Estland	– 4,0 *17,2*	– 11,3 *211*	– 19,3 *1069*	– 6,6 *89,0*	6,0 *48,0*	6,0 *26,0*
Russland	– 2,0 *5,6*	– 15,0 *160*	– 19,0 *1534*	– 12,0 *896*	– 15,0 *302*	– 4,3 *181*
Polen	– 11,6 *586*	– 7,6 *70,3*	2,6 *43,0*	3,8 *35,0*	6,0 *32,0*	5,5 *29,0*

[a] Obere Zahl. [b] Untere Zahl (kursiv). [c] Für 1995 Schätzungen.

Quelle: Zu den Angaben für die Jahre 1990 bis 1992 siehe BANK FÜR INTERNATIONALEN ZAHLUNGSAUSGLEICH, 64. Jahresbericht. 1. April 1993 – 31. März 1994. Basel 1994. S. 63, 67; zu den Angaben für die Jahre 1993 bis 1995 INTERNATIONAL MONETARY FUND, World Economic Outlook, October 1995. S. 20.

straffe Geldpolitik, unterstützt durch eine Reform im Fiskalbereich (z. B. durch drastische Senkungen von Subventionen). Damit war für längere Zeit eine wesentliche Voraussetzung für die Nutzung eines stabilen Wechselkurses als nominalen Anker bei der Inflationsbekämpfung erfüllt.

Noch vor Beginn der eigentlichen Reformen Anfang 1991, die auch die Einführung der Inländerkonvertibilität für Leistungsbilanztransaktionen umfassten und weniger einer gradualistischen Vorgehensweise als einer „*Schocklösung*“[19] entsprachen, wurde der Wechselkurs der Tschechoslowakischen Krone[20] vereinheitlicht und danach am 1. Januar 1991 *stabilisiert*. Die Stabilisierung erfolgte gegenüber einem *Währungskorb*, der zunächst fünf ausländische Währungen enthielt, seit Mai 1993 aber nur noch aus der D-Mark (zu 65 v. H.) und dem US-Dollar (zu 35 v. H.) bestand. Die mit der Wechselkursfixierung einhergehende *Unterbewertung* der Tschechischen Krone verschaffte der inländischen Industrie internationale Wettbewerbsvorteile und ermöglichte eine Umorientierung zu westlichen Märkten. Da jedoch die tschechische Inflationsrate nach der Wechselkursfixierung trotz der Stabilisierungserfolge immer noch höher ausfiel als bei den westlichen Handelspartnern, ergab sich für die Krone im weiteren Zeitablauf eine *reale Aufwertung*, die die Wettbewerbsvorteile verringerte. Dem entsprach, dass die Erhöhung der Währungsreserven seit Mitte 1993 nicht mehr auf Leistungsbilanzüberschüsse zurückging, sondern auf Kapitalim-

19 So heißt es in BANERJEE u. a., a. a. O., S. 24, Fußnote 2: „The reform program was of the ‘big bang’ type“.

20 An ihre Stelle trat nach der Teilung der Tschechoslowakei am 1.1.1993 die Tschechische Krone.

porte, die durch die Erfolge im Transformationsprozess begünstigt wurden. Die hiermit verbundenen Devisenzuflüsse und ihre Monetisierung im Zuge der Devisenmarktinterventionen erschwerten die Antiinflationspolitik der Tschechischen Nationalbank und führten dazu, dass die Bandbreite um den fixierten Wechselkurs im Februar 1996 von ½ v. H. auf 7½ v. H. ausgeweitet wurde[21]. Auf Grund der seit 1995 deutlich ansteigenden Leistungsbilanzdefizite geriet die Tschechische Krone dann aber unter starken Abwertungsdruck. Dieser erzwang schließlich im Mai 1997 eine Aufgabe der Wechselkursanbindung an den Währungskorb und bewirkte, dass sich die Tschechische Krone abwertete. Mit dem Übergang zu einem kontrollierten Floating wurde für die tschechische Geldpolitik ein an einer Kerninflationsrate orientiertes Inflationsziel eingeführt, wobei als geldpolitischer Indikator die Wechselkursentwicklung zunächst gegenüber der DM und nach Realisierung der Europäischen Wirtschafts- und Währungsunion am 1.1.1999 gegenüber dem Euro eine Rolle spielte.

b) Estland

Als erster der früher in der ehemaligen Sowjetunion zusammengeschlossenen Staaten ersetzte Estland Mitte 1992 den russischen Rubel durch eine eigene Währung: die Estnische Krone. Wesentlicher Bestandteil der Währungsreform, die zusammen mit der raschen Liberalisierung des Wirtschaftssystems eine *Schocklösung* darstellte, war die Einführung eines *Currency Board*[22]. Seine Einrichtung wurde dadurch erleichtert, dass durch Repatriierung von Goldbeständen, die vor der Besetzung 1940 im westlichen Ausland deponiert worden waren (z. B. bei der Bank von England), dem estnischen Currency Board eine Anfangsausstattung mit Währungsreserven zur Verfügung stand. Der Wechselkurs wurde gegenüber der D-Mark fixiert, und zwar im Verhältnis 8 ekr = 1 DM, was auf eine starke *Unterbewertung* der Krone hinauslief. Zum fixierten Wechselkurs kaufte und verkaufte die Emissionsabteilung der Bank von Estland[23] Kronen

21 Siehe hierzu BANK FÜR INTERNATIONALEN ZAHLUNGSAUSGLEICH, 66. Jahresbericht, 1. April 1995 – 31. März 1996. Basel 1996. S. 53.

22 Siehe zu den währungspolitischen Erfahrungen Estlands C. M. BUCH u. a., Währungsreformen im Vergleich. Monetäre Strategien in Russland, Weißrussland, Estland und der Ukraine. (Kieler Studien, 270.) Tübingen 1995. S. 74 ff. – BANERJEE u. a., a. a. O., S. 1 ff. – D. A. CITRIN, A. K. LAHIRI (Hg.), Policy Experiences and Issues in the Baltics, Russia, and Other Countries of the Former Soviet Union. (Occasional Paper No. 133. International Monetary Fund.) Washington, D. C., 1995. S. 93 ff.

23 Angelehnt an die Notenbankverfassung der Bank von England, besteht die Bank von Estland aus zwei Abteilungen: der Emissionsabteilung (Issue Department) und der Bankenabteilung (Banking Department). Erstere ist für das Currency Board zuständig, letztere für die verbleibenden Zentralbankaufgaben. Sie kann beispielsweise Geschäftsbanken in Ausnahmesituationen bei Liquiditätsschwierigkeiten Überbrückungskredite gewähren, vorausgesetzt es existieren

gegen D-Mark von und an Geschäftsbanken; gegenüber anderen Währungen bewegte sich der Wechselkurs der Estnischen Krone auf Grund der Devisenarbitrage bei fixiertem Wechselkurs gegenüber der DM parallel zu den Wechselkursen der D-Mark gegenüber diesen Währungen. Mit der Realisierung der Europäischen Wirtschafts- und Währungsunion am 1.1.1999 trat der Euro de facto[24] an die Stelle der D-Mark als Reservewährung.

Die monetäre Basis war zunächst voll durch Gold gedeckt, später durch verzinsliche DM-Anlagen[25]. Die Bereitschaft Estlands, die Geldmengenentwicklung der Zahlungsbilanzentwicklung unterzuordnen und den auch vom Currency Board ausgehenden Zwang zur fiskalpolitischen Disziplin hinzunehmen, machten den festen Wechselkurs glaubwürdig und seine Ankerfunktion wirksam. So gelang es, die jährliche Inflationsrate (für Verbrauchsgüter) in Estland von über 1.000 v. H. im Jahre 1992 auf unter 100 v. H. im Jahre 1993 zu senken (vgl. Tabelle VIII.1). Da die Inflationsrate in Estland trotz des Stabilisierungsfortschritts aber weiterhin deutlich höher ausfiel als bei den westlichen Handelspartnern, ergab sich für die Estnische Krone eine *reale Aufwertung*, die zur Entstehung von Handelsbilanzdefiziten beitrug. Dass die Währungsreserven dennoch weiter anstiegen, ging vor allem auf Direktinvestitionen insbesondere aus den mit Estland traditionell verbundenen nordischen Staaten wie Finnland und Schweden zurück.

Anders als Estland entschieden sich seine baltischen Nachbarn Lettland und Litauen zunächst für flexible Wechselkurse. Beide Länder stabilisierten den Wechselkurs ihrer Währungen dann im Jahre 1994: Lettland de facto gegenüber dem Sonderziehungsrecht (SZR) und Litauen im Rahmen eines Currency Board zunächst gegenüber dem US-Dollar. Anfang Februar 2002 wurde die Dollarbindung in Litauen unter Beibehaltung des Currency Board durch eine feste Bindung an den Euro ersetzt[26]. Zwei Gründe waren für diesen Schritt maßgeblich: erstens die zunehmende Bedeutung des Euro-Währungsgebiets für den litauischen Außenhandel und zweitens der voraussichtliche EU-Beitritt Litauens. Die Währungen aller drei baltischer Staaten sind inzwischen in Bezug auf Leistungs- und Kapitaltransaktionen praktisch konvertibel[27].

Überschussreserven, d. h. es liegt eine Überdeckung der monetären Basis vor. Siehe hierzu und zu weiteren Details des estnischen Currency Board A. G. G. BENETT, The Operation of the Estonian Currency Board. „International Monetary Fund Staff Papers", Vol. 40 (1993), S. 451 ff.

24 Formal wurden die gesetzlichen Regelungen über den *Currency Board* nicht angepasst.

25 Siehe BANERJEE u. a., a. a. O., S. 3.

26 Die Umstellung erfolgte zu dem von der Europäischen Zentralbank am 1. Februar 2002 veröffentlichten Euro-Referenzkurs gegenüber dem US-Dollar.

27 Alle drei baltischen Staaten haben auch die Verpflichtungen nach Artikel VIII der IWF-Statuten akzeptiert. Siehe dazu Unterabschnitt IV. 2d).

Der Vergleich der Erfahrungen in den drei baltischen Ländern lässt gewisse Rückschlüsse für die Beurteilung der wechselkurspolitischen Optionen zu. Bei ähnlich erfolgreicher Konsolidierung der Staatsbudgets wurde das Wachstum der monetären Basis und der Geldmenge in Estland und Lettland nach Einleitung des Reformkurses in etwa gleich stark und stärker abgebremst als in Litauen[28]. Dieses erklärt im Wesentlichen, weshalb der Abbau des hohen Inflationsniveaus in Estland und Lettland – bei unterschiedlichen Wechselkurssystemen – ähnlich schnell und schneller gelang als in Litauen. Zugleich wird deutlich, dass für eine erfolgreiche Inflationsbekämpfung eine straffe makroökonomische Stabilisierungspolitik wichtiger ist als die Wahl des Wechselkurssystems[29].

c) Russland

Russland (die Russische Föderation) bietet – wie auch die anderen ehemaligen Sowjetrepubliken mit Ausnahme Estlands – ein Beispiel für eine längere Phase *flexibler Wechselkurse.* Allerdings nahm die Zentralbank in Russland erheblichen Einfluss auf die Kursbildung am Devisenmarkt, so dass genauer ein System des *kontrollierten Floating* gegeben war.

Der Anfang 1992 eingeleitete Reformprozess verlief anders als in der Tschechischen Republik und in Estland *gradualistisch.* Dabei war man bei der makroökonomischen Stabilisierung bis in das Jahr 1994 hinein weniger erfolgreich als bei strukturellen Reformen (wie der Privatisierung sowie der Liberalisierung des Preissystems und des Devisenmarktes[30]). Beeinträchtigt wurde der Stabilisierungsprozess durch hohe Budgetdefizite und – damit teilweise zusammenhängend[31] – durch eine unzureichende Kontrolle des Geldmengenwachstums. Maßgeblich hierfür waren zum einen politischer Widerstand gegen Kürzungen bei Transfers und Subventionen sowie gegenüber Steuererhöhungen und zum anderen politischer Druck, mit dem große Unternehmungen, die durch den Liberalisierungsprozess in Schwierigkeiten geraten waren, billige Bankkredite durchsetzten. Hinzu kam als weiterer Inflationsimpuls, dass ehemalige Sowjetrepubliken in der Phase der Mitte 1993 aufgelösten *Rubelzone* ihre Kreditgewährung (refinanziert bei der Zentralbank Russlands) zur Güterbeschaffung stark ausweiteten, was zu wachsenden Handelsbilanzdefiziten gegenüber Russland führte[32], dort also den Außenbeitrag und damit die gesamtwirtschaftliche Güternachfrage erhöhte.

28 Siehe BANERJEE u. a., a. a. O., S. 13 f.

29 Siehe auch ebenda, S. 14, 21 f.

30 Mitte 1992 wurde das Wechselkurssystem vereinheitlicht und gegen Ende 1992 die Inländerkonvertibilität für Leistungsbilanztransaktionen eingeführt.

31 Die Zentralbank Russlands war an der Finanzierung der Budgetdefizite wesentlich beteiligt.

32 Siehe hierzu BANK FÜR INTERNATIONALEN ZAHLUNGSAUSGLEICH, 64. Jahresbericht ..., a. a. O., S. 62.

Die nicht zuletzt auf Grund politischer Einflussnahme unzulängliche makroökonomische Stabilisierungspolitik machte bewegliche Wechselkurse zunächst zur einzig möglichen wechselkurspolitischen Option[33]. Die Mängel der Stabilisierungspolitik dürften mit erklären, weshalb die makroökonomischen Ergebnisse in Russland ungünstiger ausfielen als in den beiden zuvor behandelten Reformländern. Verglichen mit der Tschechischen Republik und Estland, wurde *erstens* die Inflationsrate langsamer reduziert, und sie bewegte sich nach Abwendung der Hyperinflation auf höherem Niveau, und *zweitens* war der Produktionseinbruch insgesamt stärker und dauerte länger (vgl. Tabelle VIII.1).

Seit 1995 entwickelte sich die makroökonomische Stabilisierung auf Grund einer verbesserten Haushaltslage und strafferer Geldpolitik, unterstützt durch ein an Auflagen gebundenes Bereitschaftskreditabkommen mit dem IWF, günstiger[34]. Zwar nahm das reale Bruttoinlandsprodukt auch weiterhin ab, aber deutlich langsamer als zuvor. Fluchtkapital kehrte auf Grund veränderter Wechselkursänderungserwartungen und einer relativ hohen Rubelverzinsung zurück, so dass sich der Rubel nach einer längeren starken Abwertungsphase gegenüber dem Dollar aufzuwerten begann. Daraufhin fixierten die Währungsbehörden für die zweite Jahreshälfte 1995 eine Bandbreite für den Wechselkurs des Rubels gegenüber dem Dollar, um einerseits die Aufwertung aus Wettbewerbsgründen zu begrenzen und andererseits den stabilisierten Wechselkurs als nominalen Anker bei der Inflationsbekämpfung einzusetzen. Das Band für den auf einen Dollar bezogenen Rubelkurs wurde dann für die erste Hälfte 1996 im Zuge einer leichten Abwertung des Rubels etwas nach oben verschoben. Die Wechselkurspolitik schrittweise durchgeführter, geringer Abwertungen des Rubels gegenüber dem US-Dollar mit Wechselkurskorridor wurde bis Anfang 1998 beibehalten und danach durch einen (für die nächsten drei Jahre fixierten) Leitkurs gegenüber dem Dollar mit einer Bandbreite von ±15 v. H. ersetzt. Im weiteren Verlauf des Jahres 1998 wurde die Wechselkurspolitik Russlands dann aber im Zuge einer sich im August 1998 zuspitzenden Finanz- und Währungskrise umgestaltet. Diese setzte im Gefolge der Südostasien-Krise ein und wurde durch Unzulänglichkeiten im Prozess struktureller Reformen[35], Budgetprobleme, eine die Wettbewerbsfähigkeit Russlands beeinträchtigende reale Aufwertung des Rubels und nicht zuletzt durch fallende Rohstoffpreise (u. a. Erdöl, Erdgas und Metalle) entscheidend verstärkt. In Anbetracht stark schrumpfender Währungsreserven, erheblicher Exporteinbußen, rückläufiger Produktion und sinkender Realeinkommen wurde

33 Siehe auch CITRIN, LAHIRI, a. a. O., S. 101.

34 Siehe hierzu und zum Folgenden BANK FÜR INTERNATIONALEN ZAHLUNGSAUSGLEICH, 66. Jahresbericht . . ., a. a. O., S. 54 f.

35 Die Bank für Internationalen Zahlungsausgleich weist u. a. auf Mängel in den Rahmenbedingungen für einen wirksamen Wettbewerb hin. Einzelheiten siehe in ihrem 69. Jahresbericht. 1. April 1998 – 31. März 1999. S. 58.

ein wirtschaftspolitischer Kurswechsel vollzogen. Dieser bedeutete im währungspolitischen Bereich eine Ausdehnung und spätere Abschaffung des Wechselkurskorridors mit der Folge einer kräftigen Rubelabwertung, Devisenbewirtschaftungsmaßnahmen mit einer 75 %igen Ablieferungspflicht für Exporterlöse und ein befristetes Moratorium für private Währungsverbindlichkeiten.

Die russische Finanz- und Währungskrise unterschied sich von anderen[36] insbesondere in folgender Hinsicht: Erstens wies die Leistungsbilanz Russlands vor Ausbruch der Krise Überschüsse aus, auch wenn diese im Krisenjahr 1998 stark rückläufig waren. Zweitens gab es neben starken Kapitalimporten (vor allem in Form von Portfolioinvestitionen) gleichzeitig auch starke Kapitalexporte. Offenbar wurden Erträge und Risiken von Anlagen in Russland von ausländischen und russischen Investoren *unterschiedlich* eingeschätzt. Erstere wurden durch hohe Ertragschancen, insbesondere hohe Zinssätze, in Russland angezogen und bauten wohl auch für den Fall einer sich anbahnenden Schuldendienstunfähigkeit auf ein „bailing-out"; letztere konnten hierauf nicht hoffen und misstrauten zudem der Wechselkursstabilität des Rubels[37]. Naheliegenderweise waren die akkumulierten Auslandsaktiva der russischen Kapitalexporteure zum Schutz gegen schrumpfende Währungsreserven nicht mobilisierbar, und die im dritten Quartal 1998 akzelerierende Kapitalflucht ließ die Währungsreserven (wie erwähnt) stark schrumpfen.

Bemerkenswert schnell überwand Russland die Folgen der Finanz- und Währungskrise. Die Gründe für die rasche Erholung schon im folgenden Jahre sind insbesondere in den 1999 einsetzenden Preissteigerungen für Rohöl und der starken Abwertung der Inlandswährung während der Rubelkrise im August 1998 zu sehen. Der in diesem Monat vollzogene Übergang zu flexiblen Wechselkursen besteht nach wie vor, was nicht ausschließt, dass zur Dämpfung übermäßiger Wechselkursschwankungen von der russischen Zentralbank von Zeit zu Zeit auf dem Devisenmarkt interveniert wird.

d) Polen

Polen hatte sich im Zuge des Anfang 1990 durchgeführten Reformprogramms[38] zunächst für eine Wechselkursstabilisierung entschieden. Zusammen mit einer Vereinheitlichung des Wechselkurses und der Einführung der Inländerkonver-

36 Z. B. von der lateinamerikanischen Krise 1982/83, der Mexiko-Krise 1994/95 und der Südostasien-Krise 1997/98 (siehe hierzu Kapitel IX).

37 Siehe A. LAMFALUSSY, Financial Crises in Emerging Markets. An Essay on Financial Globalisation and Fragility. New Haven, London 2000, S. 42.

38 Siehe hierzu L. P. EBRILL u. a., Poland. The Path to a Market Economy. (Occasional Paper No. 113. International Monetary Fund.) Washington, D. C., 1994.

tibilität für Leistungsbilanztransaktionen wurde der Wechselkurs des Zloty gegenüber dem Dollar fixiert, wobei die gewählte Relation eine starke Unterbewertung der polnischen Währung implizierte. Die *Unterbewertung* diente der Herstellung internationaler Wettbewerbsfähigkeit, der feste Wechselkurs als nominaler Anker bei der Abwehr einer drohenden Hyperinflation, dem damals vordringlichsten Ziel polnischer Wirtschaftspolitik. Neben der Festlegung des Wechselkurssystems umfasste das eine *Schocklösung* darstellende Reformprogramm – wie in jedem Transformationsprozess – neben der *Liberalisierung* des Wirtschaftssystems (einschließlich Privatisierung) als struktureller Komponente die makroökonomische *Stabilisierung.* Sie war geprägt durch sehr restriktive geld- und fiskalpolitische Maßnahmen zusammen mit einer strikten Einkommenspolitik, die auf eine Senkung der Reallöhne hinauslief. Die hierdurch bewirkte Dämpfung der gesamtwirtschaftlichen Nachfrage führte zunächst zu Zahlungsbilanzüberschüssen und einem beträchtlichen Anstieg der Währungsreserven. Der vor allem durch die Preisliberalisierung ausgelöste Inflationsschub[39] bewirkte dann aber bald eine Verschlechterung der internationalen Wettbewerbsposition Polens und erzwang schließlich im Mai 1991 eine Abwertung des Zloty, wobei der neue Wechselkurs gegenüber einem aus fünf Währungen bestehenden Währungskorb fixiert wurde[40]. Trotz der kräftigen Reduktion der Inflationsrate von nahezu 600 v. H. im Jahr 1990 auf 70 v. H. im Jahre 1991 (vgl. Tabelle VIII.1) stiegen die Preise in Polen weiterhin wesentlich schneller als bei den westlichen Handelspartnern. In Reaktion auf die neuerliche *reale Aufwertung* des Zloty ging man im Oktober 1991 zu einem *Crawling Peg* über, indem man die Parität gegenüber dem Währungskorb täglich so korrigierte, dass sich die angekündigte monatliche Abwertungsrate von 1,8 v. H. ergab. Da diese kleiner war als das Inflationsgefälle gegenüber jenen Ländern, aus deren Währungen der Währungskorb bestand, handelte es sich um einen *aktiven* Crawling Peg. Dieser bewirkte zwar auch eine reale Aufwertung des Zloty, sie wurde aber begrenzt. Mit dieser Vorgehensweise versuchte man sowohl den Erfordernissen der internationalen Wettbewerbsfähigkeit als auch der Inflationsbekämpfung Rechnung zu tragen. Unter diesem Aspekt sind auch die beiden späteren diskretionären Abwertungen des Zloty in den Jahren 1992 und 1993 einerseits und die sukzessive Reduktion der angekündigten Abwertungsrate seit Anfang 1993 andererseits zu sehen[41]. Vor eine veränderte Situation sahen sich die polnischen Währungsbehörden schließlich Mitte der neunziger

39 Ein preissteigernder Impuls ging auch von dem Anfang 1990 fixierten Wechselkurs aus, weil mit diesem (wie erwähnt) eine beträchtliche Unterbewertung des Zloty herbeigeführt wurde.

40 Siehe hierzu genauer EBRILL, a. a. O., S. 46.

41 Der auf einen Dollar bezogene Wechselkurspfad des Zloty wurde also einerseits nach oben versetzt (1992 und 1993) und andererseits abgeflacht (ab 1993).

Jahre durch starke Devisenzuflüsse vor allem auf Grund hoher Kapitalimporte gestellt. Um die Inflationsbekämpfung durch Monetisierung von Devisen nicht zu gefährden, reagierten sie – im Sinne einer flexiblen Handhabung des Crawling Peg – mit einer schrittweisen Ausweitung des Bandes um die gleitende Parität auf ±7 v. H., einer weiteren Verringerung der angekündigten Abwertungsrate auf 1 v. H. pro Monat und einer diskretionären Aufwertung des Zloty. Die weitere wechselkurspolitische Entwicklung in Polen war dadurch charakterisiert, dass schrittweise die monatliche Abwertungsrate gesenkt und die Bandbreite ausgedehnt wurde. Schließlich ging Polen dann im April 2000 zu flexiblen Wechselkursen über und verband diesen Schritt hinsichtlich der geldpolitischen Rahmenbedingungen (wie die Tschechische Republik) mit der Einführung eines Inflationsziels[42].

Die sich an die Festkursphase anschließende Wechselkurspolitik in Polen in Form eines aktiven Crawling Peg mit einer schrittweise erweiterten Bandbreite ist ein Beispiel für einen sukzessiven, krisenfreien Übergang von festen zu flexiblen Wechselkursen[43]. Dabei verlief die wirtschaftliche Entwicklung sehr günstig, wenn man einmal von Einschränkungen bezüglich der Preisniveaustabilisierung absieht. So lag die Inflationsrate bis Ende 1999 zwar über dem angestrebten Zielkorridor von 8–8,5 v. H.[44], das reale Bruttoinlandsprodukt expandierte jedoch mit einer Wachstumsrate, die (mit durchschnittlich 4,5 v. H.) zu den höchsten in Europa zählte. Insgesamt gesehen, deuten die Erfahrungen in Polen, aber auch in anderen Reformländern, tendenziell darauf hin, dass feste Wechselkurse für eine bestimmte Phase des Transformationsprozesses wegen der preisstabilisierenden Funktion der Ankerwährung Vorteile bieten, auf längere Sicht letztlich aber wohl ein System flexibler Wechselkurse wegen seiner größeren Anpassungsfähigkeit vorzuziehen ist, wobei kleine, offene Volkswirtschaften mit einem Currency Board u. U. eine Ausnahme bilden[45].

Zusammenfassung

1. Der Transformationsprozess der Reformländer Osteuropas und der ehemaligen Sowjetunion umfasste strukturelle Reformen (wie die Privatisierung und die Liberalisierung des Preissystems und des Außenhandels), Maßnahmen zur

42 Bis zum Jahr 2003 soll die Inflationsrate auf ein Zielniveau von unter 4 v. H. zurückgeführt werden. Siehe BANK FÜR INTERNATIONALEN ZAHLUNGSAUSGLEICH, 70. Jahresbericht. 1. April 1999 – 31. März 2000. S. 71.

43 Vgl. GERLOFF, a. a. O., S. 133.

44 Siehe OECD Wirtschaftsausblick. Nr. 68. Dezember 2000, S. 119.

45 Vgl. zu dieser Aussage auch SACHS, a. a. O., S. 150 f.

makroökonomischen Stabilisierung (vor allem zur Senkung der Inflationsrate) und die Entscheidung für ein bestimmtes Wechselkurssystem.

2. Im Transformationsprozess fanden Anwendung: feste Wechselkurse (z. B. in Polen 1990/91 und in der Tschechischen Republik von 1991 bis 1997), ein Currency Board-System (z. B. seit 1992 in Estland und seit 1997 in Litauen), ein Crawling Peg-System (in Polen von 1991 bis 2000) und flexible Wechselkurse (z. Z. in der Tschechischen Republik und in Russland in Form eines kontrollierten Floating und in Polen in Form eines unabhängigen Floating). In einem Currency Board-System verändert sich der Umlauf an heimischer Währung nur dadurch, dass die heimische Währung vom Currency Board gegen eine bestimmte ausländische Währung zu einem fixierten Wechselkurs verkauft oder gekauft wird. Ein Crawling Peg ist ein System, in dem die Währungsbehörde vorab eine Wechselkursänderungsrate festlegt und ankündigt, so dass der Wechselkurspfad – zumindest für eine gewisse Zeit – vorhersehbar ist.

3. War ein fester Wechselkurs Bestandteil des Reformprogramms (was eine vergleichsweise strikte Stabilisierungspolitik voraussetzte), dann wurde mit der Fixierung des Wechselkurses zur Erlangung von Wettbewerbsvorteilen stets eine Unterbewertung der eigenen Währung herbeigeführt. Später stellte sich dann auf Grund eines Inflationsschubs (vor allem im Zuge der Preisliberalisierung, aber auch als Folge der Unterbewertung) eine reale Aufwertung ein, die die internationale Wettbewerbsposition wieder verschlechterte.

4. Eine straffe makroökonomische Stabilisierungspolitik (durch Rückführung von Budgetdefiziten und Eindämmung der Geldmengenexpansion) war für eine erfolgreiche Inflationsbekämpfung offenbar bedeutsamer als die Wahl des Wechselkurssystems.

IX. Finanz- und Währungskrisen als währungspolitische Herausforderungen

1. Charakteristika von Finanz- und Währungskrisen

a) Zur Anatomie von Finanz- und Währungskrisen

Währungskrisen äußern sich bei zunächst stabilisierten Wechselkursen[1] in hohen Verlusten an Währungsreserven, insbesondere auf Grund von Spekulation und Kapitalflucht, die eine Aufgabe der Wechselkursstabilisierung erzwingen und dann eine starke Abwertung der betroffenen Währung zur Folge haben. Häufig gehen Währungskrisen mit sich zuspitzenden Problemen im Finanzsektor einher. Sie sind insbesondere durch Fehlallokationen von Kapitalzuflüssen verursacht und äußern sich u. a. in hohen Werteinbußen an Aktien- und Immobilienmärkten *(Finanzkrisen)*.

aa) Frühphase. – Typischerweise sind Finanz- und Währungskrisen die Folge einer hohen, insbesondere *kurzfristigen* Auslandsverschuldung und (oder) schrumpfender Währungsreserven. Veränderungen der Auslandsverschuldung und (oder) der Währungsreserven sind Reflex von *Leistungsbilanzdefiziten*[2]. Deshalb geht einer Währungskrise in einem Land im Allgemeinen eine Phase von Leistungsbilanzdefiziten[3] und damit von (Netto-)Kapitalimporten voraus[4]. Häufig sind diese Vorgänge von einer *realen Aufwertung* der Inlandswährung begleitet. Private oder auch staatliche Kapitalimporte können sowohl treibende Kraft der binnenwirtschaftlichen Entwicklung sein als auch deren Folge. Der *erste* Fall ist gegeben, wenn reichlich liquide Mittel existieren, die weltweit Anlage suchen (also ein Kreditnachfrager-Markt vorliegt) und die potenziellen An-

1 Währungskrisen werden in der Literatur im Allgemeinen im Rahmen zunächst fester Wechselkurse behandelt. Vgl. R. OHR, Internationale Währungsbeziehungen. Entwicklungstrends, Krisenpotentiale und wirtschaftspolitische Optionen. In: Zukunft der Marktwirtschaft. Bd. 2. Hg. von J. J. JESKE u. a. Frankfurt a. M. 2001. S. 78.

2 Ein Defizit in der Leistungsbilanz (einschließlich Vermögensübertragungen) mit (Netto-)Kapitalimporten führt also zu einer Erhöhung der (Netto-)Auslandsschulden.

3 Die Krise in Russland im Jahre 1998 stellt in dieser Hinsicht eine Ausnahme dar. Vgl. hierzu den Abschnitt VIII.2c).

4 Bei *festen* Wechselkursen schlagen sich die mit Leistungsbilanzdefiziten einhergehenden Kapitalimporte in der Kapitalbilanz in einem weiteren Sinne nieder, und zwar als Zunahme der (Netto-)Verbindlichkeiten in der Kapitalbilanz in einem engeren Sinne und (oder) als Abnahme der Währungsreserven in der Devisenbilanz, bei *flexiblen* Wechselkursen nur in der Kapitalbilanz. Siehe hierzu Band I, Abschnitt I.5.

leger die Ertragsaussichten für Direktinvestitionen, Portfolioinvestitionen und andere Anlagen (wie Kredite) in einem bestimmten Land oder einer bestimmten Region unter Ertrags- und Risikoaspekten optimistisch einschätzen. Bei Wechselkursstabilisierung bewirken die Kapitalimporte eine Geldmengenexpansion im Schuldnerland (Inland), wenn die Devisenankäufe der Zentralbank in Hinblick auf die monetäre Basis gar nicht oder nur unvollständig neutralisiert werden[5]. Die Folge sind inländische Preissteigerungen, die eine reale Aufwertung der Inlandswährung bewirken[6]. Der *zweite* Fall liegt vor, wenn eine exogene Erhöhung der gesamtwirtschaftlichen Nachfrage einen inländischen Expansionsprozess mit steigenden Realeinkommen auslöst, der zu Preissteigerungen führt. Abgesehen davon, dass sich die Leistungsbilanz hierbei infolge einkommensinduzierter Importe verschlechtert, führt der inländische Preisanstieg bei fixiertem nominalen Wechselkurs zu einer realen Aufwertung der Inlandswährung. Zugleich bewirkt eine steigende (einkommensinduzierte) Geldnachfrage zinsinduzierte Kapitalimporte.

Besonders im ersten Fall ist damit zu rechnen, dass die Kapitalzuflüsse in Form von Portfolioinvestitionen und Direktinvestitionen unmittelbar zu Preis- bzw. Kurssteigerungen auf dem inländischen Immobilien- und Aktienmarkt beitragen und auch die Investitionstätigkeit verstärken. Mittelbar ergeben sich ähnliche Einflüsse, wenn die Kapitalzuflüsse aus dem Ausland in Hinblick auf die monetäre Basis gar nicht oder nur teilweise von der Zentralbank im Schuldnerland neutralisiert werden. Die dann eintretende Liquidisierung im Sektor der finanziellen Intermediäre (Banken und Finanzierungsgesellschaften) setzt diese in die Lage, selbst mehr Portfolioinvestitionen vorzunehmen und die Kreditgewährung zu verstärken, z. B. zur Finanzierung von Finanz- und Sachinvestitionen.

Wie oben herausgestellt, gehen Kapitalzuflüsse häufig mit einer realen Aufwertung der Inlandswährung einher. Diese verschlechtert die internationale Wettbewerbsfähigkeit des betreffenden Landes und bewirkt – wie einkommensinduzierte Importe im zweiten Fall – eine Verschlechterung der Leistungsbilanz. Sie lässt deshalb eine bereits vorhandene hohe Auslandsverschuldung noch prekärer erscheinen und führt zu einer stärkeren Wahrnehmung von *Wechselkursrisiken*. Zu einer veränderten Einschätzung der Ertragsaussichten ihrer Auslandsanlagen gelangen Gläubiger auch dann, wenn sie feststellen müssen, dass mit den Kapitalimporten riskante Investitionen in Immobilien, Aktien und Sachkapital finanziert wurden und sie das *Ausfallrisiko* ihrer Engagements unterschätzt haben.

5 Siehe hierzu Band **I**, Unterabschnitt VII.1b) bb).

6 Besteht im Rahmen stabiler Wechselkurse Spielraum für eine Wechselkursanpassung (z. B. im Rahmen einer Bandbreite), dann ergibt sich auch eine gewisse nominale Aufwertung. Bei *flexiblen* Wechselkursen stellt sich die reale Aufwertung nur auf diesem Wege ein.

bb) Spätphase. – Die Neubewertung von Wechselkurs- und Ausfallrisiken auf Seiten der Gläubiger bewirkt, dass dem Schuldnerland Kredite vom Ausland nur mit immer kürzeren Laufzeiten gewährt werden, dass zunehmend in Auslandswährung denominiert wird und wegen steigender Risiken höhere Zinsen zu zahlen sind. Schließlich gehen die ausländischen Gläubiger kaum noch neue Engagements im Schuldnerland ein, und es kommt zu einer *Kapitalflucht*. Bei einer ohnehin defizitären Leistungsbilanz bewirkt die Umkehrung der Kapitalströme, dass die Zentralbank im Schuldnerland Devisen zur Stabilisierung des Wechselkurses verkaufen muss, ihre Währungsreserven also schrumpfen. Die Spekulation antizipiert die drohende Erschöpfung der Währungsreserven. Möglicherweise rechnet sie in Anbetracht steigender Zinssätze und deren kontraktiver Wirkung auf die Binnenkonjunktur auch damit, dass sich die Regierung zu einem wirtschaftspolitischen Kurswechsel, verbunden mit einer Aufgabe der Wechselkursstabilisierung, entschließt. Beides ist für die Spekulation ein Grund, die abwertungsverdächtige Währung zu verkaufen, wodurch die Verluste an Währungsreserven noch verstärkt werden. Schließlich muss die Stabilisierung des Wechselkurses aufgegeben werden, und es erfolgt eine Abwertung oder eine Freigabe des Wechselkurses mit der gleichen Folge.

Begleitet ist die krisenhafte Zuspitzung typischerweise von einem starken Rückgang der gesamtwirtschaftlichen Produktion im Schuldnerland. Der Produktionseinbruch hängt u. a. damit zusammen, dass starke Kapitalzuflüsse aus dem Ausland wegen eines unterentwickelten Finanzsektors im Schuldnerland zu Fehlallokationen der zufließenden Mittel führen[7]. So können „spekulative" Blasen auf Immobilien- und Aktienmärkten platzen und sich Investitionen in Sachkapital wegen vernachlässigter Risiken als unprofitabel herausstellen. Die Folge sind Zusammenbrüche von Banken und Unternehmungen. Der Produktionsrückgang kann ferner damit zusammenhängen, dass Kreditnehmer im Schuldnerland für In- und Auslandskredite wegen der gestiegenen Risikoprämien höhere Zinsen zu zahlen haben oder Kredite im Wege einer Rationierung eingeschränkt werden.

Die Bewältigung der Finanz- und Währungskrise erfordert – nach einer Konsolidierung – letztlich einen Abbau der Auslandsverschuldung. Dieses setzt eine Verbesserung der Leistungsbilanz voraus. Die Verbesserung der Leistungsbilanz kann mit ausgabenumlenkenden und ausgabenverändernden Maßnahmen erreicht werden[8]. Erstere erfolgen mit der Abwertung der Schuldnerwährung; letztere erfordern den Einsatz einer kontraktiven Geld- und Fiskalpolitik. Werden letztere trotz ihrer binnenwirtschaftlichen Problematik durchgeführt, dann

7 Vgl. R. OHR, Währungskrisen in emerging countries – Gefahren für Osteuropa? „Hamburger Jahrbuch für Wirtschafts- und Gesellschaftspolitik", J. 43 (1998), S. 251 f.

8 Siehe dazu den Unterabschnitt V.2a).

liefert das eine weitere Begründung für einen Produktionsrückgang nach Ausbruch einer Finanz- und Währungskrise. Weist der Finanz- und Bankensektor Mängel auf, dann ist es darüber hinaus erforderlich, dass Aufsichts- und Berichtswesen zu verbessern und überlebensfähige, aber geschwächte Banken zu sanieren (z. B. durch Kapitalzuführung).

b) Zusammenfassende Auswertung und Überleitung

Die bisherigen allgemeinen Ausführungen lassen sich in der Weise *zusammenfassen,* dass Frühindikatoren einer Finanz- und Währungskrise und Symptome einer akuten Krise (Krisensymptome) herausgestellt werden. *Frühindikatoren* im Krisenland sind häufig:

- anhaltendc Lcistungsbilanzdefizite, einhergehend mit
- starken Devisenzuflüssen in der Kapitalbilanz,
- eine sich daraus ergebende wachsende Auslandsverschuldung, vor allem im kurzfristigen Bereich,
- eine reale Aufwertung,
- ein hohes Kreditwachstum und
- starke Preissteigerungen bei Vermögenswerten (Immobilien und Aktien).

Krisensymptome sind typischerweise:

- zunehmend kürzere Fristen in der Auslandsverschuldung,
- eine verstärkte Denominierung der Auslandsverschuldung in Fremdwährung,
- höhere Risikoprämien und damit höhere Zinssätze für Kreditnehmer im Schuldnerland,
- beträchtliche Werteinbußen auf Aktien- und Immobilienmärkten,
- eine Umkehrung der Kapitalströme sowie Kapitalflucht und
- starke Verluste an Währungsreserven.

Die im Folgenden dargestellten Finanz- und Währungskrisen weisen Unterschiede auf. Im Fall der lateinamerikanischen Krise, insbesondere der Mexikokrise von 1982/83, lagen die Gründe für die Finanz- und Währungskrise vor allem in übermäßigen Haushaltsdefiziten, die durch eine Geldmengenexpansion akkommodiert wurden[9]. Sie lässt sich also auf eine verfehlte Fiskal- und

9 Mit derartigen Entwicklungen erklärten die so genannten **Modelle der *ersten* Generation** Finanz- und Währungskrisen. Fehlentwicklungen in der Wirtschaftspolitik wie eine laxe Geld- und Fiskalpolitik und dadurch bewirkte Verluste an Währungsreserven lösen dann mit der Zeit spekulative Attacken gegen die abwertungsbedrohte Währung aus und erzwingen so die Abwertung. Siehe hierzu z. B. P. KRUGMAN, A Model of Balance-of-Payments Crises. „Journal of

Geldpolitik zurückführen und ist insofern „fundamental" begründet. Die beiden anderen Krisen, die Mexikokrise von 1994/95 und die südostasiatische Finanz- und Währungskrise von 1997/98, können *nicht* mit einer derartigen fundamentalen Begründung, die auf eindeutiges wirtschaftspolitisches Fehlverhalten abstellt, erklärt werden; denn die Geld- und Fiskalpolitik waren nicht übermäßig expansiv ausgerichtet.

Weitere Unterschiede treten hervor, wenn man die Leistungsbilanzdefizite, die allen drei Krisen vorausgingen, saldenmechanisch durch einen negativen inländischen Finanzierungssaldo erklärt und diesen in den Budgetsaldo und den privaten Finanzierungssaldo (private Ersparnis abzüglich private Investition) aufteilt[10]. In Mexiko (1982/83) ging die defizitäre Leistungsbilanzentwicklung in erster Linie mit Budgetdefiziten, in Mexiko (1994/95) mit einer rückläufigen (privaten) Ersparnis und in Südostasien (1997/98) mit einer erhöhten (privaten) Investition einher.

2. Die lateinamerikanische Schuldenkrise von 1982/83

Die Ölpreiswellen von 1973/74 und 1979/80 hatten zu einer drastischen Verschlechterung der Leistungsbilanzen in den Ländern geführt, die keine Ölexporteure waren[11]. Diese Verschlechterung betraf in hohem Maß die wirtschaftlich weiter fortgeschrittenen lateinamerikanischen Länder Argentinien, Brasilien und Mexiko, deren Auslandsverschuldung besonders stark anstieg[12]. Anfang der achtziger Jahre spitzte sich die Entwicklung zu einer Krise

Money, Credit and Banking", Vol. 11 (1979), S. 311 ff. – R. P. FLOOD, P. M. GARBER, Collapsing Exchange-Rate Regimes. „Journal of International Economics", Vol. 17 (1984), S. 1 ff. – In den **Modellen der *zweiten* Generation** verhält es sich eher umgekehrt. Anders als in den Modellen der *ersten* Generation stehen hier interne wirtschaftspolitische Fehlentwicklungen, die zu einer Schrumpfung der Währungsreserven führen und damit eine fundamentale Ursache für eine Krise darstellen, nicht im Mittelpunkt der Betrachtungen. Auf Grund exogener Einflüsse können sich aber wirtschaftspolitisch relevante Schlüsselgrößen (wie das Zinsniveau) ändern, so dass sich die Regierung u. U. aus konjunkturpolitischen Erwägungen zu einer Aufgabe der Wechselkursstabilisierung entschließt und dabei auch die Nachteile einer Abwertung ihrer Währung in Kauf nimmt. Wird dieses von der Spekulation vermutet, dann können ihre Aktivitäten tatsächlich eine Abwertung notwendig machen. Zu den Modellen der zweiten Generation siehe z. B. M. OBSTFELD, The Logic of Currency Crises. „Cahiers économiques et monétaires", No. 43 (1994), S. 189 ff. – In den **Modellen der *dritten* Generation**, die insbesondere für die Südostasienkrise relevant sind, werden die „over-guaranteed and under-regulated intermediaries" als Krisenverursacher herausgestellt. Siehe hierzu P. KRUGMAN, What happened to Asia? http://web.mit.edu/krugman/www/disinter.html, S. 4.

10 Siehe dazu Band I, Abschnitt II.2.

11 Vgl. Abschnitt VII.1.

12 Vgl. LAMFALUSSY, a. a. O., S. 5.

zu, als zunächst Polen (1980) und darauf Mexiko (1982) den Zahlungsverpflichtungen aus ihrer internationalen Kreditaufnahme nicht mehr nachkommen konnten. Hieraus entstanden Gefahren für das internationale Finanzsystem und für die wirtschaftliche Entwicklung in den Schuldnerländern[13].

a) Anwachsen der Verschuldung

Von den Verschuldungskrisen waren zwar damals auch Staatshandelsländer in Osteuropa wie Polen betroffen; wegen des Umfangs der geschuldeten Beträge wurde der Ablauf des Geschehens in den achtziger Jahren jedoch von den Verschuldungskrisen einiger lateinamerikanischer Schwellenländer mit mittlerem Einkommen wie Argentinien, Brasilien und Mexiko bestimmt. Deshalb finden diese Länder in den folgenden Ausführungen eine besondere Berücksichtigung[14].

Die Jahre vor der Zuspitzung der Krisen waren durch ein rasches Wachstum der Auslandsverschuldung der Entwicklungsländer gekennzeichnet. Wie Tabelle IX.1 zeigt, belief sich das durchschnittliche Wachstum der langfristigen Verschuldung aller im Debtor Reporting System der Weltbank erfassten Länder für den Zeitraum von 1970 bis 1983 auf rd. 20 v. H. pro Jahr (danach auf rd. 7 v. H.). Auch für die stark verschuldeten Länder, zu denen insbesondere die genannten lateinamerikanischen Staaten gehören, ergibt sich eine ähnliche Entwicklung.

Ein großer Teil der Kredite wurde in den siebziger Jahren von den Entwicklungsländern bei Geschäftsbanken aus den Ländern des Zehnerclubs und wei-

Tabelle IX.1: *Durchschnittliche jährliche Zuwachsraten der langfristigen Verschuldung der Entwicklungsländer (in v.H.)*

Zeitraum	**Alle im Debtor Reporting System erfassten Länder**	**Stark verschuldete Länder**
1970–83	+19,6	+21,1
1983–89	+ 7,2	+ 5,9

Quelle der zu Grunde gelegten Zahlen: WORLD BANK, World Debt Tables 1990–91 . . ., a. a. O., S. 126, 170.

13 Zu den Verschuldungskrisen und ihren Folgen vgl. BANK FÜR INTERNATIONALEN ZAHLUNGSAUSGLEICH, Dreiundfünfzigster Jahresbericht. 1. April 1982–31. März 1983. Basel 1983, S. 132 ff. – ST. FISCHER, Economic Development and the Debt Crisis. In: Internationales Währungssystem und weltwirtschaftliche Entwicklung. Eine Herausforderung an die internationale Wirtschaftskooperation. Hg. von CH. DRÄGER, L. SPÄTH (Edition Dräger-Stiftung, Bd. 12). Baden-Baden 1988. S. 177 ff. – H. SIEBERT, Ansatzpunkte zur Lösung der internationalen Verschuldungsfrage. „Wirtschaftswissenschaftliches Studium", Jg. 17 (1988), H. 10, S. 501 ff.

14 Zur Verschuldungssituation Osteuropas vgl. WORLD BANK, World Debt Tables 1990–91. External Debt of Developing Countries. Vol. 1. Analysis and Summary Tables. Washington, D. C., 1990. Appendix 7, S. 105 ff.

teren westeuropäischen Ländern aufgenommen. Auf Seiten der Gläubigerbanken wurde die *starke Kreditausweitung* durch den Mittelzufluss aus den OPEC-Ländern ermöglicht, die einen beträchtlichen Teil ihrer Überschüsse auf den Eurogeldmärkten anlegten[15]. Aus der Sicht der Schuldnerländer erschien die Kreditaufnahme bei den Banken insofern vorteilhaft, als die privaten Kredite im Gegensatz zu offiziellen Zahlungsbilanzhilfen des IWF mit keinen wirtschaftspolitischen Auflagen verbunden waren[16].

Die wachsende Verschuldung der Entwicklungsländer führte mit Beginn der achtziger Jahre zunehmend zu Schwierigkeiten. Sie waren das Ergebnis einer Entwicklung, die sich bereits früher abgezeichnet hatte und 1982 eine krisenhafte Zuspitzung erfuhr. Letztlich gingen die Schwierigkeiten auf hohe Leistungsbilanzdefizite der nicht Erdöl exportierenden Entwicklungsländer zurück, die mit verschiedenen Vorgängen zusammenhingen. Nach der zweiten Ölpreiswelle verschlechterte sich das *reale Austauschverhältnis* (terms of trade) der nicht Erdöl exportierenden Entwicklungsländer von Jahr zu Jahr[17]; angesichts einer weit verbreiteten energischen Antiinflationspolitik in den Industrieländern, die zur weltweiten konjunkturellen Abschwächung beitrug, sowie protektionistischer Tendenzen in den Industrieländern wurde der Rückgang der terms of trade nicht in einem ausreichenden Maß durch eine Erhöhung der *mengenmäßigen Exporte* ausgeglichen, so dass in den nicht Erdöl exportierenden Entwicklungsländern bis 1981 die Zunahme der wertmäßigen Exporte[18] hinter der gleichzeitig beobachteten Zunahme der wertmäßigen Importe zurückblieb[19]. Hinzu kam ein steiler Anstieg der *Dollarzinsen,* der den Schuldendienst stark anschwellen ließ. Als Folge dieser Vorgänge und im Zuge einer weiter anwach-

15 Vgl. Abschnitt VII.1.

16 Die Bundesbank spricht in diesem Zusammenhang von einer „geräuschlosen und auflagenfreien Finanzierung" der Leistungsbilanzdefizite. Vgl. Geschäftsbericht der Deutschen Bundesbank für das Jahr 1978, S. 54. – Zu den wirtschaftspolitischen Auflagen des IWF bei Ziehungen vgl. Unterabschnitte IV.2e) bis 2g).

17 Zu dieser Verschlechterung der terms of trade trug im Jahre 1981 und 1982 in erheblichem Maße der Rückgang der für die Exporte der nicht Erdöl exportierenden Länder wesentlichen *Rohstoffpreise* (ohne Öl) bei.

18 Im Jahre 1982 nahm der Exportwert sogar ab; diese Abnahme blieb aber hinter der gleichzeitigen Verminderung des Importwerts zurück, so dass sich der Importüberschuss leicht verringerte. Vgl. dazu die Angaben in INTERNATIONAL MONETARY FUND, International Financial Statistics, Yearbook 1983, S. 73 und S. 77.

19 Diese Ländergruppe wies einen Importüberschuss auf, d. h. in US-Dollar als Auslandswährung gerechnet galt $\frac{p}{w}X' - p_a J' < 0$ (mit w: Wechselkurs; p, p_a: Inlands-, Auslandspreis; X', J': mengenmäßige Exporte, Importe) bzw. $p_a\left(\frac{p}{wp_a}X' - J'\right) < 0$, wobei p/wp_a die terms of trade bezeichnet. Sowohl der Anstieg der Auslandspreise und der mengenmäßigen Importe als auch die Verringerung der terms of trade trugen zu einer Ausweitung des Importüberschusses bei. Die Zunahme der mengenmäßigen Exporte reichte nicht aus, um diese Einflüsse zu kompensieren.

senden Verschuldung begannen sich die üblichen *Verschuldungsindikatoren* merklich zu verschlechtern. So stieg das Verhältnis von Gesamtverschuldung (bzw. Bankverbindlichkeiten) zu Exporterlösen der Entwicklungsländer (ohne OPEC) 1981 und 1982 stark an (vgl. Schaubild IX.1). Auch die Quote von Schuldendienst (Zins- und Tilgungsleistung) zu Exporterlösen erhöhte sich im gleichen Zeitraum deutlich[20].[19]

Als besonderes Problem stellte sich die *Konzentration der Verschuldung* auf die drei aufstrebenden lateinamerikanischen Länder Argentinien, Brasilien und Mexiko heraus. So entfielen im Jahre 1979 von der gesamten Verschuldung gegenüber den der BIZ berichteten Banken 52 v. H. auf diese drei lateinamerikanischen Länder. Entsprechend wiesen sie bei dem Indikator Gesamtverschuldung/Exporterlöse in allen Jahren seit 1973 deutlich höhere Werte als der Durchschnitt aller Entwicklungsländer (ohne OPEC) auf (vgl. Schaubild IX.1).

Schaubild IX.1: *Verschuldungsindikatoren für Entwicklungsländer (ohne OPEC), 1973–1982*

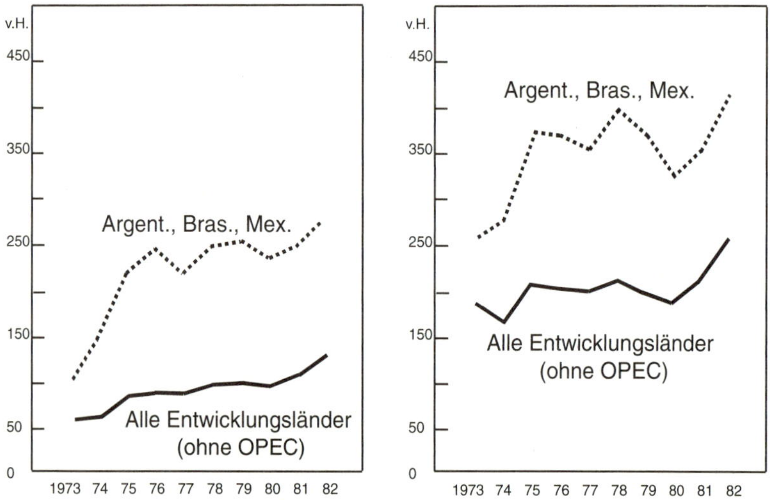

Übernommen aus: BANK FÜR INTERNATIONALEN ZAHLUNGSAUSGLEICH, Dreiundfünfzigster Jahresbericht . . ., a. a. O., S. 137.

20 Vgl. Geschäftsbericht der Deutschen Bundesbank für das Jahr 1982, S. 62. – Zur Aussagekraft derartiger Indikatoren vgl. A. P. MÜLLER, Finanzierungskennziffern zur Analyse des Länderrisikos im Auslandskreditgeschäft: Ein Überblick. „Wirtschaftswissenschaftliches Studium", Jg. 14 (1985), H. 9, S. 477 ff.

Tabelle IX.2: *Leistungsbilanz-, Budgetsalden und Inflation in drei lateinamerikanischen Schuldnerländern, 1980–1982*

	1980	1981	1982
Leistungsbilanzsaldo[a]			
Argentinien	– 4,8	– 4,7	– 2,4
Brasilien	–12,8	–11,8	–16,3
Mexiko	– 8,2	–13,9	– 5,8
Budgetdefizit[b]			
Argentinien	– 3,6	– 8,1	– 7,0
Brasilien	+ 0,0	+ 0,0	+ 0,0
Mexiko	– 3,1	– 6,7	–15,4
Verbraucherpreise[c]			
Argentinien	+101	+105	+189
Brasilien	+ 83	+106	+ 98
Mexiko	+ 26	+ 28	+ 59

[a] Mrd. US-Dollar. [b] In v. H. des BIP. [c] Jahresveränderungsrate in v. H.

Quelle der zu Grunde gelegten Zahlen: INTERNATIONAL MONETARY FUND, International Financial Statistics, Yearbook 1985.

Das starke Anwachsen der Verschuldung war der Reflex hoher Leistungsbilanzdefizite in den drei lateinamerikanischen Staaten (vgl. Tabelle IX.2). Für diese problematische Entwicklung war wirtschaftspolitisches Fehlverhalten mitverantwortlich. Infolge einer laxen Geldpolitik stellten sich in allen drei Ländern hohe Inflationsraten ein, und in Mexiko sowie Argentinien wies der öffentliche Sektor beträchtliche Defizite aus (vgl. Tabelle IX.2). In diesen beiden Ländern hatten sich also „Zwillingsdefizite" entwickelt, wobei die Budgetdefizite für die Herausbildung der Leistungsbilanzdefizite eine wesentliche Rolle spielten[21].

b) Stützungsoperationen und Krisenfolgen

Als Mexiko im August 1982 die Zahlungseinstellung erklärte, wurde eine internationale offizielle Stützungsoperation organisiert, um Zusammenbrüche unter den Gläubigerbanken mit unübersehbaren Folgen für das internationale Finanzsystem zu verhindern. Hieran beteiligten sich in erster Linie die US-Währungsbehörden, die Bank für Internationalen Zahlungsausgleich und der Internationale Währungsfonds. Bei diesen Maßnahmen bestand einerseits eine Koppelung zwischen privater und offizieller Kreditgewährung und andererseits unter den Währungsbehörden eine Aufgabenteilung zwischen BIZ und IWF.

Eine *Koppelung zwischen privaten und offiziellen Maßnahmen* ergab sich, weil der Internationale Währungsfonds seine Kreditgewährung an Mexiko und Bra-

21 Vgl. LAMFALUSSY, a. a. O., S. 55.

silien an die Bedingung knüpfte, dass die privaten Banken sich nicht nur zu einer Umschuldungsaktion, sondern darüber hinaus auch zur Gewährung zusätzlicher Kredite bereit erklärten. Auf diese Weise konnten die betreffenden Länder Finanzhilfen erhalten, die über die begrenzten Möglichkeiten des Internationalen Währungsfonds hinausgingen. Für die privaten Banken lag der Vorteil zum einen in der Überwindung der akuten Finanzkrise und zum anderen in der Erwartung, dass die jeweils mit dem Fonds ausgehandelten Sanierungsprogramme einen entscheidenden Beitrag zur Verringerung der Leistungsbilanzdefizite bewirken würden. Die Tatsache, dass der Fonds wegen Nichteinhaltung von Stabilisierungsprogrammen in beträchtlichem Umfang eingeräumte Kreditlinien später wieder gestrichen hat[22], zeigt aber, dass nicht alle Schuldnerländer die Auflagen aus den Stabilisierungsprogrammen voll eingehalten haben.

Bei umfangreichen Ziehungen auf den Internationalen Währungsfonds erfordert das Genehmigungsverfahren in der Regel Zeit. Deshalb besteht in Krisenzeiten ein *Bedarf an kurzfristigen Überbrückungskrediten*. An dieser kurzfristigen Kreditgewährung beteiligte sich insbesondere die Bank für Internationalen Zahlungsausgleich (BIZ), die dazu wegen ihrer Erfahrungen mit Stützungsoperationen besonders geeignet war[23]. Die Kredite der BIZ sollten bestimmungsgemäß für den akuten Notfall gelten und anschließend durch Ziehungen auf den Internationalen Währungsfonds abgelöst werden.

Die akuten Krisen konnten nicht zuletzt auf Grund des energischen Eingreifens der Währungsbehörden überwunden werden. Die Gefährdung des internationalen Bankensystems wurde aber auch dadurch verringert, dass Banken Wertberichtigungen vornehmen konnten, um den mit ihren Forderungen gegen Entwicklungsländer verbundenen Risiken Rechnung zu tragen. Auch wurden in Umschuldungsverhandlungen vielfach eine Verbriefung von Forderungen[24] oder ihre Umwandlung in Beteiligungskapital[25] vorgesehen. Damit werden die Banken in die Lage versetzt, ihre Forderungsbestände und damit ihr Risiko zu

22 Im Jahre 1982 sind Kreditlinien im Betrage von 4 Mrd. SZR (das entspricht rund 4,5 Mrd. US-Dollar) meist wegen Nichteinhaltung der wirtschaftspolitischen Auflagen erloschen. Vgl. INTERNATIONAL MONETARY FUND, Annual Report 1982, S. 74. – Geschäftsbericht der Deutschen Bundesbank für das Jahr 1982, S. 64.

23 Zur Tätigkeit der BIZ im Rahmen von Stützungsoperationen vgl. DEUTSCHE BUNDESBANK, Weltweite Organisationen und Gremien im Bereich von Währung und Wirtschaft. Frankfurt am Main 1997, S. 189 f.

24 Die Forderungstitel können dann am Sekundärmarkt gehandelt werden, wo sich teilweise hohe Abschläge herausgebildet haben. Damit bietet sich den Schuldnerländern die Möglichkeit, durch Rückkauf von Forderungen ihre Schuldensumme zu verringern. Vgl. BANK FÜR INTERNATIONALEN ZAHLUNGSAUSGLEICH, 58. Jahresbericht. 1. April 1987–31. März 1988. Basel 1988, S. 150 ff.

25 Es handelt sich um die sog. Debt-Equity-Swaps. Vgl. Dazu D. SCHMIDT, Debt-Equity-Swaps. „Wirtschaftswissenschaftliches Studium", Jg. 16 (1987), H. 8, S. 403 f.

verändern, beispielsweise bestehende Forderungen in andere umzutauschen, Forderungen in Beteiligungskapital umzuwandeln oder gegen einen Abschlag zu verkaufen.

c) BAKER-Plan und BRADY-Initiative

Im Vergleich zu 1982 hat sich bis 1987 das zusammengefasste Leistungsbilanzdefizit der Hauptschuldnerländer um rd. fünf Sechstel reduziert, und zwar ausschließlich durch Verringerung der wertmäßigen Einfuhr von Waren und Diensten[26]. Dieses war die Folge einer deutlichen Abschwächung der wirtschaftlichen Aktivität, die zugleich erhebliche Einbußen im Lebensstandard mit sich brachte[27]. Mit Blick auf diese Entwicklung werden die achtziger Jahre für Lateinamerika auch als „verlorenes Jahrzehnt“ bezeichnet[28].

Für die gesamtwirtschaftliche Beurteilung einer Schuldenaufnahme ist die *güterwirtschaftliche* Seite von Auslandskrediten von Bedeutung: Durch Kreditaufnahmen erhält der Schuldner die Möglichkeit, ausländische Güter zu beziehen[29]. Umgekehrt führen dann später Zinszahlungen und Tilgung der Kredite zu einem Transfer von im Schuldnerland erzeugten Gütern in das Gläubigerland, sofern dieser Schuldendienst nicht durch eine erneute Kreditaufnahme im Ausland finanziert wird. Unter der Voraussetzung, dass ein Entwicklungsland die aufgenommenen Kredite zur Finanzierung von Investitionen verwendet, vergrößern diese den Strom der im Schuldnerland erzeugten Güter und erhöhen damit dessen Inlandsprodukt. Falls der interne Zinsfuß der durchgeführten Investitionen über dem Zinssatz für Fremdkapital liegt und die zusätzlich erzeugten Güter außerdem international handelbar sind, ist damit nicht nur die Rentabilität der durch Auslandsverschuldung finanzierten Investitionen gesichert, sondern es besteht auch die Möglichkeit, die für den Schuldendienst erforderlichen Devisen bei gestiegenem Inlandsprodukt aus einem *erhöhten* Außenbeitrag bereitzustellen. Etwas anders ausgedrückt, kann unter diesen Bedingungen ein Schuldnerland nicht nur den für den Schuldendienst *nach außen* erforderlichen Ressourcentransfer, sondern auch noch eine Mehrproduktion für die *interne* Verwendung erwirtschaften.

26 Vgl. BANK FÜR INTERNATIONALEN ZAHLUNGSAUSGLEICH, 58. Jahresbericht ..., a. a. O., S. 75 f.

27 Vgl. FISCHER, a. a. O., S. 178.

28 Vgl. BANK FÜR INTERNATIONALEN ZAHLUNGSAUSGLEICH, 64. Jahresbericht ..., a. a. O., S. 46.

29 Gesamtwirtschaftlich kann durch einen Nettokapitalimport ein Defizit in der Handels- und Dienstleistungsbilanz (negativer Außenbeitrag) finanziert werden, womit die Inländer mehr Güter und Dienstleistungen beanspruchen als von ihnen in Form des Nationaleinkommens bereitgestellt werden. Vgl. Band I, Abschnitt II.1.

aa) Baker-Plan. – Die Schwierigkeiten der Schuldnerländer bei der Erfüllung ihrer Zahlungsverpflichtungen, die zu zahlreichen Umschuldungsverhandlungen führten, und das fehlende Wirtschaftswachstum in den hoch verschuldeten Entwicklungsländern deuten darauf hin, dass die angeführten Bedingungen für eine ökonomisch sinnvolle Auslandsverschuldung nicht erfüllt waren[30]. Dafür sind neben weltwirtschaftlichen Entwicklungen, wie dem Anstieg der realen Zinsen und dem Preisverfall bei den Rohstoffen, auch die unproduktive Verwendung von aufgenommenen Krediten sowie eine dem Wachstum nicht förderliche Wirtschaftspolitik in den Schuldnerländern verantwortlich zu machen[31]. Hieran anknüpfend hat 1985 der damalige US-Finanzminister Baker ein *„Programm für nachhaltiges Wachstum"* vorgeschlagen[32]. Bestandteil dieses **Baker-Plans** war einerseits eine Verpflichtung der Schuldnerländer auf wachstumsorientierte Strukturanpassungsprogramme, die eine Hinwendung zu marktwirtschaftlichen Lösungen enthalten sollten und in enger Zusammenarbeit mit dem Internationalen Währungsfonds und der Weltbank zu erstellen waren[33]. Andererseits sah dieser Plan vor, dass die Weltbank und ihre Tochtergesellschaften zur Finanzierung der für wirtschaftliches Wachstum unumgänglichen Investitionen ihre Kredite um 50 v. H., d. h. um 3 Mrd. US-Dollar pro Jahr, aufstockten und die Geschäftsbanken zusätzliche Kredite in Höhe von insgesamt 20 Mrd. US-Dollar gewährten.

Die mit dem Baker-Plan verbundene Erwartung, in den Entwicklungsländern mittelfristig zu einer Überwindung von Wachstumsschwäche und Schuldenkrise *zugleich* zu gelangen, setzt letztlich ein exportorientiertes Wachstum voraus, anderenfalls besteht die Gefahr, dass Leistungsbilanzdefizite zu einer weiteren Zunahme der Verschuldung führen. Die mit dem Baker-Plan verbundene Erwartung erfüllte sich bis zum Ende der achtziger Jahre nicht. Hierzu trugen sicherlich nicht nur unzulängliche Strukturreformen in den Schuldner-

30 Da dem Staat als Schuldner geringere Sanktionen der Gläubiger als einem privaten Schuldner drohen, ist nicht zwangsläufig Zahlungsunfähigkeit, sondern möglicherweise auch Zahlungsunwilligkeit der Grund für eine Zahlungseinstellung. Deshalb bietet eine Zahlungseinstellung *allein* noch keinen eindeutigen Beleg dafür, dass das Schuldnerland wegen einer unproduktiven Verwendung der aufgenommenen Mittel außer Stande ist, den Schuldendienst zu leisten. – Für eine grundsätzliche Diskussion der Konsequenzen, die sich aus den verminderten Sanktionsmöglichkeiten gegen staatliche Schuldner ergeben, vgl. J. Eaton, Debt Relief and the International Enforcement of Loan Contracts. „The Journal of Economic Perspectives", Vol. 4, No. 1 (1990), S. 48 ff.

31 Vgl. Fischer, a. a. O., S. 181. – Bank für Internationalen Zahlungsausgleich, 58. Jahresbericht . . ., a. a. O., S. 43 ff. und S. 74 ff.

32 Vgl. hierzu Bank für Internationalen Zahlungsausgleich, 56. Jahresbericht. 1. April 1985–31. März 1986. Basel 1986, S. 125 ff.

33 In Übereinstimmung mit diesem Plan steht die 1986 eingeführte Strukturanpassungsfazilität. Vgl. Unterabschnitt IV.2g) zu dieser Fazilität.

ländern bei, sondern auch ein Mangel an Ausgewogenheit des BAKER-Plans, der keine Verpflichtung der Industrieländer vorsah, durch Öffnung ihrer Märkte die Exporte der Entwicklungsländer zu fördern.

bb) BRADY-Initiative. – Mit der **BRADY-Initiative** wurde im Jahre 1989 ein neuer Lösungsansatz durch eine mit öffentlichen Mitteln unterstützte *Verringerung* der *Schulden* und des *Schuldendienstes* angestrebt[34]. Dieser Ansatz trug der Erkenntnis Rechnung, dass in den Hauptschuldnerländern die Bedingungen für eine ökonomisch sinnvolle Verwendung der Auslandskredite nicht erfüllt waren. Damit übertraf der Aufwand für den Schuldendienst der Auslandskredite die Erträge, die mit den aufgenommenen Mitteln erzielt werden. In voller Höhe ließ sich deshalb der Schuldendienst nur unter Rückgriff auf Erträge leisten, die aus anderen Quellen stammten. Angesichts der Größenordnung der Auslandsverschuldung[35] würde der Versuch zur vollen Schuldendienstleistung nach Auffassung der Befürworter einer Schuldenverringerung die wirtschaftliche Entwicklung in den Schuldnerländern ernsthaft beeinträchtigen. Eine Verringerung dieser Bürde könnte demnach sogar zu real höheren Zahlungen führen, weil sie die wirtschaftliche Leistungsfähigkeit der Schuldnerländer fördert[36]. Insbesondere wurde erwartet, dass durch die Schuldenverringerung auch die *Kreditwürdigkeit* der Hauptschuldnerländer wieder hergestellt wird, weil die Geber neuer Kredite nicht mehr befürchten müssen, dass aus ihren Mitteln der Schuldendienst für Altkredite finanziert wird.

Im Rahmen der BRADY-Initiative wurden Verhandlungen zur Verringerung der Schuldendienstleistungen mit Ländern geführt, die Anpassungsprogramme verwirklichten. Die *Abkommen* sahen den mit öffentlichen Mitteln unterstützten Umtausch der Forderungen in Anleihen vor. Zur (nicht vollständigen) Absicherung des herabgesetzten Schuldendienstes waren neben den Währungsreserven der Schuldnerländer Mittel des Internationalen Währungsfonds, der Weltbank und großer Industrieländer wie Japan im Umfang von dreißig Mrd. US-Dollar vorgesehen. Bei der Umwandlung der Schulden dienten deren Preise an den Sekundärmärkten als Bezugspunkt, da sie den Gegenwartswert der von den Marktteilnehmern erwarteten tatsächlichen Schuldendienstleistungen wider-

34 Zur BRADY-Initiative vgl. WORLD BANK, World Debt Tables 1990–91 . . ., a. a. O., S. 6 ff. – BANK FÜR INTERNATIONALEN ZAHLUNGSAUSGLEICH, 60. Jahresbericht. 1. April 1989–31. März 1990. Basel 1990, S. 171 ff.

35 Im Jahre 1990 betrugen die Schulden allein der drei lateinamerikanischen Hauptschuldnerländer insgesamt 270 Mrd. US-Dollar. Vgl. BANK FÜR INTERNATIONALEN ZAHLUNGSAUSGLEICH, 61. Jahresbericht. 1. April 1990–31. März 1991. Basel 1991, S. 162.

36 In diesem Zusammenhang wird das Bild der „Debt Relief Laffer Curve" gebraucht. Vgl. beispielsweise P. KRUGMAN, Market-Based Debt Reduction Schemes. In: Analytical Issues in Debt. (Ed. by J. A. FRENKEL, M. P. DOOLEY, P. WICKHAM). Washington, D. C., 1989. S. 264 f.

spiegeln. Im Einzelnen waren für die Geschäftsbanken als Gläubiger bei der Umwandlung verschiedene Möglichkeiten vorgesehen. So konnten sie beispielsweise zwischen einer Verringerung des Schuldendienstes durch Herabsetzung des Nennwertes bei unverändertem Zinssatz *(discount bonds)* oder durch Verminderung des Zinssatzes bei unverändertem Nennwert *(par exchange bonds)* wählen.

3. Die Mexikokrise von 1994/95

a) Wirtschaftsreformen

Auch in den Jahren, die auf die Schuldenkrise von 1982 folgten, blieb in Mexiko die gesamtwirtschaftliche Entwicklung unbefriedigend: Ein niedriges reales Wachstum wurde von hoher Inflation begleitet (vgl. Tabelle IX.3). Ende der achtziger Jahre leitete die Regierung Reformen ein, mit denen die Wirtschaft dereguliert, staatliche Unternehmen privatisiert und Zölle gesenkt wurden[37]. Im Jahre 1989 wurden die Kapitalverkehrskontrollen fast völlig aufgehoben, und zu Beginn des Jahres 1994 trat das Nordamerikanische Freihandelsabkommen (NAFTA) unter Beteiligung Mexikos in Kraft. Im Bereich der Haushaltspolitik gelang es, die Budgetdefizite völlig abzubauen. Neben den Maßnahmen zur Deregulierung und Privatisierung der Wirtschaft sowie zu deren Öffnung nach außen war eine am Wechselkurs orientierte und durch einen Pakt mit den Sozialpartnern abgesicherte Stabilisierungsstrategie ein zentraler Bestandteil des Reformprogramms[38]; d. h. die Politik regelmäßiger Abwertungen, die deutlich hinter der Inflationsdifferenz zu den USA zurückblieben, wurde 1991 durch ein schrittweise breiter werdendes Wechselkursband abgelöst[39] und führte im Jahre 1993 faktisch zu einem nahezu stabilen Wechselkurs gegenüber dem US-Dollar (vgl. Tabelle IX.3). Wegen der hohen Inflationsdifferenz, insbesondere zu den USA, bewirkte diese Politik allerdings eine starke reale Aufwertung des Peso[40].

Insgesamt weckte das Reformpaket gerade unter den internationalen Finanzanlegern die Erwartung eines wirtschaftlichen Aufschwungs, so dass Mexiko bis zum Beginn des Jahres 1994 hohe Kapitalimporte verzeichnen konnte. Diese nährten nach innen den kräftigen Kreditboom sowie eine Hausse auf den Ak-

37 Vgl. BANK FÜR INTERNATIONALEN ZAHLUNGSAUSGLEICH, 65. Jahresbericht. 1. April 1994–31. März 1995. Basel 1995, S. 37.

38 Vgl. S. EDWARDS, Bad Luck or Bad Policies? An Economic Analysis of the Crisis. In: Mexico 1994. Anatomy of an Emerging-Market Crash. Ed. by S. EDWARDS, M. NAIM. Washington, D. C., 1997. S. 98.

39 Vgl. BANK FÜR INTERNATIONALEN ZAHLUNGSAUSGLEICH, 65. Jahresbericht ..., a. a. O., S. 175.

40 Vgl. EDWARDS, a. a. O., S. 97 f. – A. LAMFALUSSY, a. a. O., S. 19.

Tabelle IX.3: *Zur Entwicklung in Mexiko: Dollarkurs, Inflation, Wachstum und Leistungsbilanzsaldo*

Zeitraum	Wechselkurs[a,b]	Verbraucherpreise[a]	BIP[a]	Leistungsbilanzsaldo[c]
1982–1991	.[d]	+64,4	+1,2	–3,2[e]
1992	+2,3	+15,5	+2,8	
1993	+1,0	+9,8	+0,7	
1994	+8,3	+7,0	+3,5	–7,6
1995	+89,9	+35,0	–6,9	–0,3
1996	+18,4	+34,4	+5,1	–0,6
1997	+4,2	+20,6	+7,0	–1,8

[a] Jahresveränderung in v. H. [b] Peso/$. [c] In v. H. des BIP. [d] System multipler Wechselkurse 1982–1991. [e] 1980–1993.

Quellen: Für den Wechselkurs: INTERNATIONAL MONETARY FUND, International Financial Statistics, Yearbook 2000 (Market Rate, rf). – Für die übrigen Angaben: BANK FÜR INTERNATIONALEN ZAHLUNGSAUSGLEICH, 65. Jahresbericht . . ., a. a. O., S. 34; 66. Jahresbericht . . ., a. a. O., S. 38 und S. 41; 68. Jahresbericht. 1. April 1997–31. März 1998. Basel 1998, S. 38.

tienmärkten und ermöglichten nach außen die Finanzierung der hohen Leistungsbilanzdefizite. Die Hoffnungen auf eine Verbesserung der gesamtwirtschaftlichen Lage wurden aber nur teilweise erfüllt. Zwar blieb vor der Krise die Inflationsrate 1993 im einstelligen Bereich; eine spürbare Erhöhung des Wirtschaftswachstums war aber nicht zu verzeichnen (vgl. Tabelle IX.3). Ferner hatte bereits in den achtziger Jahren ein deutlicher Rückgang der Sparquote eingesetzt, insbesondere im privaten Sektor[41]. Der hiermit einhergehende, durch die Hausse auf dem Aktienmarkt wohl mit verursachte „Konsumboom“[42] bewirkte Defizite im privaten Finanzierungssaldo, die bei ausgeglichenem öffentlichen Budget – saldenmechanisch betrachtet – als Gegenstück zu den Leistungsbilanzdefiziten zu sehen sind.

b) Die Krise

aa) Ablauf der Krise. – Ein Aufruhr im Süden Mexikos (in der Provinz Chiapas) und später die Ermordung des Präsidentschaftskandidaten der regierenden Partei weckten in der ersten Hälfte des Jahres 1994 Zweifel an der politischen Sta-

41 Vgl. F. GIL-DIAZ, A. CARSTENS, Pride and Prejudice: The Economics Profession and Mexico's Financial Crisis. In: Mexico 1994. Anatomy of an Emerging-Market Crash. Ed. by S. EDWARDS, M. NAIM. Washington, D. C., 1997. S. 185.

42 Vgl. EDWARDS, a. a. O., S. 97.

bilität Mexikos. Sie führten zu einer Kapitalflucht und lösten eine Abwertung des Peso innerhalb der vorgegebenen Bandbreite sowie einen Zinsanstieg für in Peso denominierte Finanzanlagen aus[43]. Zur Senkung der Zinslast und zum Ausgleich von Kapitalabzügen wurden ab April die fälligen Staatsschulden durch kurzfristige, in US-Dollar indexierte Wertpapiere, die sog. „Tesobonos", ersetzt[44]. Ab Oktober 1994 setzte dann ein rapider Rückgang der Währungsreserven ein, der infolge einer Neutralisierungspolitik ohne dämpfende Auswirkungen auf das Wachstum des heimischen Geldangebots blieb, das stattdessen sogar noch ausgeweitet wurde. Die Währungskrise erreichte ihren Höhepunkt im Dezember 1994 und führte zunächst zu einer Erweiterung der Bandbreite des Peso und schon zwei Tage später zu einer Freigabe seines Wechselkurses. Daraufhin stellte sich in den beiden Folgejahren eine erhebliche Abwertung des Peso gegenüber dem US-Dollar ein (vgl. Tabelle IX.3).

bb) Ursachen der Krise. – Über die Ursachen der Krise entwickelte sich eine zum Teil kontroverse Diskussion. Überwiegend wird die Überbewertung des Peso als entscheidend angesehen, die sich als Folge einer am Wechselkurs orientierten Stabilisierungsstrategie einstellte[45]. Ferner werden Schwächen bei der Durchführung der Wirtschaftsreformen genannt, außerdem wurde die Frage diskutiert, inwieweit die internationalen Finanzanleger eine Mitverantwortung für die Mexikokrise von 1994 trugen.

aaa) Im Rahmen einer am Wechselkurs orientierten Stabilisierungsstrategie werden durch die Vermeidung oder Begrenzung einer Abwertung der heimischen Währung die Preissteigerungen ausländischer Güter auf den heimischen Märkten gedämpft. Damit sollen grundsätzlich auch die Preissteigerungen inländischer Unternehmen begrenzt werden, sei es wegen eines verminderten Preiserhöhungsspielraums, soweit die Unternehmen in Konkurrenz mit ausländischen Unternehmen stehen, sei es wegen geringerer Kostensteigerungen, soweit sie Vorprodukte aus dem Ausland verwenden, oder sei es wegen eines nachlassenden Lohnauftriebs, soweit sich der verringerte Preisanstieg in einer Abschwächung der Lohnforderungen niederschlägt. Wegen Trägheiten bei der Preisanpassung, nicht zuletzt wegen einer verzögerten Anpassung der Inflationserwartungen, muss damit gerechnet werden, dass auf diese Weise der Preisauftrieb inländischer Güter zwar abgeschwächt wird, zunächst aber noch höher

43 Vgl. EDWARDS, a. a. O., S. 110 ff.

44 Vgl. BANK FÜR INTERNATIONALEN ZAHLUNGSAUSGLEICH, 65. Jahresbericht ..., a. a. O., S. 176.

45 Vgl. EDWARDS, a. a. O., S. 103 ff. – R. DORNBUSCH, The Folly, the Crash, and Beyond: Economic Policies and the Crisis. In: Mexico 1994. Anatomy of an Emerging-Market Crash. Ed. by S. EDWARDS, M. NAIM. Washington, D. C., 1997. S. 125 ff. – Vgl. auch GIL-DIAZ, CARSTENS, a. a. O., S. 165 ff., die die Überbewertung des Peso als Krisenursache in Zweifel ziehen.

ausfällt als der Preisanstieg für ausländische Güter, ausgedrückt in Inlandswährung. Damit ergibt sich eine reale Aufwertung der Inlandswährung gegenüber der als Wechselkursanker fungierenden Auslandswährung, wodurch die Wettbewerbsfähigkeit inländischer Unternehmen gefährdet wird. Im hier betrachteten Fall Mexikos gab es zwar beachtliche Fortschritte bei der Inflationsbekämpfung, sie waren aber nicht ausreichend. Der Inflationsprozess erwies sich als sehr zäh, so dass sich – trotz anfänglicher Unterbewertung – bald eine deutliche Überbewertung des Peso einstellte: Das hohe Leistungsbilanzdefizit des Jahres 1994 ist hierfür ein Indikator[46]. Deshalb erschien eine Abwertung des Peso unabdingbar, wenn man eine Korrektur des realen Wechselkurses über einen schmerzhaften Deflationsprozess vermeiden wollte. Im Hinauszögern der letztlich unumgänglichen Wechselkursänderung ist deshalb ein wesentlicher Grund für die Entstehung der Mexikokrise von 1994/95 zu sehen.

bbb) Schwächen bei der Durchführung von Privatisierung und Deregulierung erhöhten die Krisenanfälligkeit des Bankensystems[47]. So wurden die Mindestreserveverpflichtungen aufgehoben, und die Einlagen bei den Banken unterlagen einer vollen staatlichen Sicherung. Mit der Suspendierung der Mindestreserveverpflichtung entfällt bei Geschäftsbanken ein eingebauter Stabilisator für das Geldangebot[48]; bei einer vollen staatlichen Absicherung bleibt in den Entscheidungen der Einleger die Frage der Solvenz der Banken unberücksichtigt. Verschärft wurde die Krisenanfälligkeit durch hohe Zuflüsse von Auslandskapital und den dadurch ausgelösten Kreditboom. Dieser verleitete dazu, die Kreditwürdigkeit von Schuldnern nicht genau genug zu prüfen, und förderte so eine ineffiziente Verwendung des Kapitals. Deshalb ist möglicherweise die völlige Liberalisierung der Kapitalimporte als voreilig und mitverantwortlich für die folgende Krise anzusehen, insbesondere wenn sie auch noch eine reale Aufwertung der heimischen Währung begünstigt[49].

ccc) Bei der Betrachtung der Krisenursachen stellt sich die Frage, warum die internationalen Anleger die Problematik der geschilderten Entwicklung nicht gesehen haben[50]. Ein Grund hierfür könnte in der weltweiten Diversifizierung der Portefeuilles liegen, die es verhindert, dass sich die Anleger ausreichende Kenntnis über jedes einzelne Land verschaffen, auf dessen Finanzmärkten sie investieren[51]. Das hat zur Folge, dass viele Entwicklungen erst dann wahrge-

46 DORNBUSCH (The Folly . . ., a. a. O., S. 127) schätzt die Überbewertung auf mindestens 25 v. H.

47 Vgl. GIL-DIAZ, CARSTENS, a. a. O., S. 189 ff.

48 Vgl. hierzu JARCHOW, Theorie und Politik des Geldes. I. Geldtheorie, a. a. O., S. 352.

49 Vgl. EDWARDS, a. a. O., S. 105.

50 DORNBUSCH (The Folly . . ., a. a. O., S. 125) spricht in diesem Zusammenhang von zu vertrauensseligen Investoren.

51 Vgl. G. CALVO, Varieties of Capital-Market Crises. In: The Debt Burden and its Consequences for Monetary Policy. Ed. by G. CALVO and M. KING. Basingstoke, London 1998. S. 193 ff.

nommen werden, wenn sie einen hohen Aufmerksamkeitswert bekommen haben, also häufig zu spät. Auch die Informationspolitik von Weltbank und Internationalem Währungsfonds wird in diesem Zusammenhang kritisiert; beide Institutionen hatten noch im Herbst 1994 optimistische Einschätzungen der wirtschaftlichen Lage Mexikos publiziert[52].

c) Überwindung der Währungskrise

Im Rahmen der Maßnahmen zur Überwindung der Währungs- und Finanzkrise erhielt Mexiko den umfangreichsten bisher mit einem einzelnen Mitgliedsland vereinbarten Kredit des Internationalen Währungsfonds in Höhe von 12,1 Mrd. SZR. Das entspricht 690 v. H. der mexikanischen Quote[53]. Mexiko wurde so in die Lage versetzt, die in Dollar indexierten Tesobonos zu bedienen; die Gefahr der Zahlungskrise war gebannt[54]. Trotz der massiven realen Abwertung des Peso erlebte Mexiko zunächst eine schwere Wirtschaftskrise, gelangte dann aber 1996 auf einen Wachstumspfad, der deutlich über dem vor der Krise erreichten Niveau lag (vgl. Tabelle IX.3). Allerdings stieg die Inflationsrate wieder deutlich an und blieb trotz einer an Geldmengenzielen orientierten Geldpolitik bis 1999 im zweistelligen Bereich. Ein im Jahre 1999 immer noch geschwächtes Bankensystem[55] und ein Wiederansteigen der Leistungsbilanzdefizite weisen auf mögliche Risiken für die Zukunft hin.

Die wichtigste Lehre aus der Mexikokrise von 1994 ist darin zu sehen, dass eine länger andauernde Finanzierung von Leistungsbilanzdefiziten durch den Aufbau einer hohen kurzfristigen Verschuldung ein erhebliches Gefahrenpotenzial für die Zahlungsfähigkeit des Landes mit sich bringt, wenn die Verschuldung in Fremdwährung erfolgt oder wenn eine Wechselkursanbindung besteht. Im Falle Mexikos war die Entwicklung, die zu dieser Lage führte, durch eine am Wechselkurs orientierte Stabilisierungsstrategie bei unzureichenden Erfolgen in der Inflationsbekämpfung gekennzeichnet. Daraus ergaben sich eine Überbewertung des Peso, hohe Leistungsbilanzdefizite und ein geringes Wirtschaftswachstum trotz der eingeleiteten Wirtschaftsreformen. Um die Zahlungsfähigkeit Mexikos für die im Krisenjahr 1994 ausgegebenen Tesobonos zu sichern, wurden vom IWF öffentliche Kredite in einem bisher unbekannten Ausmaß gewährt. Die damit verbundene Entlastung der privaten Gläubiger von ihrem

52 Für eine Auswertung der entsprechenden Veröffentlichungen vgl. EDWARDS, a. a. O., S. 98 ff. Im Falle der Weltbank finden sich allerdings neben den optimistischen auch kritische Einschätzungen.

53 DEUTSCHE BUNDESBANK, Geschäftsbericht 1995, S. 113.

54 Vgl. EDWARDS, a. a. O., S. 119.

55 Vgl. BANK FÜR INTERNATIONALEN ZAHLUNGSAUSGLEICH, 69. Jahresbericht . . ., a. a. O., S. 66.

Risiko muss als ein falscher Anreiz gelten[56], da diese Maßnahme die Anleger dazu verleiten kann, in ihren Entscheidungen das Währungsrisiko nicht angemessen zu berücksichtigen.

4. Die südostasiatische Finanz- und Währungskrise

Die südostasiatische Finanz- und Währungskrise setzte in Thailand ein und erreichte dort mit der Freigabe des thailändischen Baht am 2. Juli 1997 und der damit verbundenen starken Abwertung dieser Währung gegenüber dem US-Dollar einen ersten Höhepunkt. Sie erfasste dann sehr schnell andere südostasiatische Länder wie die Philippinen, Indonesien, Malaysia sowie leicht verzögert auch Südkorea. Neben Südkorea waren dabei Thailand und Indonesien am stärksten von der Krise betroffen.

a) Der Boom

Die von der Finanz- und Währungskrise betroffenen Länder Südostasiens erlebten vor ihrem Ausbruch eine lange Phase starken wirtschaftlichen Wachstums. Der insbesondere durch eine rege Investitionstätigkeit stimulierte Expansionsprozess war von beträchtlichen Leistungsbilanzdefiziten, starken Kapitalzuflüssen, einer kräftigen Ausweitung der Bankkredite und hohen Preissteigerungen bei Vermögenswerten (Aktien und Immobilien) begleitet. Dieser Prozess vollzog sich bei weitgehend stabilen Wechselkursen gegenüber dem US-Dollar. Die defizitäre Entwicklung der Leistungsbilanz ging in erster Linie auf einkommensinduzierte Importe zurück. Die hohen Kapitalimporte hingen *zum einen* damit zusammen, dass auf den Geldmärkten der entwickelten Länder reichlich liquide Mittel vorhanden waren und die Geldgeber zum anderen die Ertragsaussichten von Anlagen in Südostasien (den „Tigerländern") optimistisch beurteilten[57]. *Zum anderen* bildete sich auf den Devisenmärkten wegen der seit langem praktizierten Wechselkursanbindung die Vorstellung von einer impliziten Wechselkursgarantie heraus. Erwartete Wechselkursänderungsraten um Null und niedrige Prämien für das Wechselkursrisiko hielten den Zinssatz für Auslandskredite niedrig. Auslandskredite waren deshalb für die expandierenden Volkswirtschaften Südostasiens attraktiv. Die Kapitalimporte führten den finanziellen Intermediären (Banken und Finanzierungsgesellschaften) in Südostasien liquide Mittel zu und erklären so das kräftige Wachstum der Bankkredite[58]. Sie trugen zu den Preisstei-

56 Vgl. LAMFALUSSY, a. a. O., S. 26.
57 Vgl. LAMFALUSSY, a. a. O., S. 31.
58 Die Liquidisierung setzt voraus, dass zur Wechselkursstabilisierung vorgenommene Ankäufe

gerungen auf den Immobilien- und Aktienmärkten direkt und indirekt bei. Dadurch, dass Kapitalimporte auch als Portfolioinvestitionen und Direktinvestitionen erfolgten, erhöhten sie *direkt* die Nachfrage nach Vermögenswerten und *indirekt*, indem sie zu einer Liquidisierung der finanziellen Intermediäre in Südostasien führten. Auf diese Weise stimulierten sie deren Nachfrage nach Vermögenswerten bzw. deren Kreditgewährung für Finanzinvestitionen. Außerdem erleichterte die Liquidisierung den Finanzintermediären die Finanzierung von Sachinvestitionen.

b) Die Krise

Die Finanz- und Währungskrise in Südostasien wurde insbesondere durch zwei Vorgänge ausgelöst: die reale Aufwertung von Währungen in Südostasien (vor allem in Indonesien, Malaysia und Thailand) sowie die Neubewertung der Risiken von Finanz- und Sachinvestitionen in der Krisenregion.

aa) Ursachen der Krise. – Die reale Aufwertung von Währungen der Krisenregion hing vor allem damit zusammen, dass sie an den US-Dollar gebunden waren und sich dieser seit Mitte 1995 gegenüber Drittwährungen, vor allem gegenüber dem Japanischen Yen, kräftig aufgewertet hatte. Da Japan im Außenhandel der südostasiatischen Länder eine besondere Rolle zukommt, verschlechterte sich deren Wettbewerbsposition[59] drastisch, so dass sich die ohnehin vorhandenen Leistungsbilanzdefizite im Jahre 1996 (Malaysia ausgenommen) noch ausweiteten[60] (vgl. Tabelle IX.4).

Auf den zweiten und besonders wichtigen Grund für die Krisenentstehung soll wegen seiner Bedeutung für die südostasiatische Finanz- und Währungskrise genauer eingegangen werden. KRUGMAN hebt diesen Aspekt hervor, indem er auf die „over-guaranteed and under-regulated intermediaries“[61] hinweist, die durch Finanzierung exzessiver, riskanter Investitionen in Aktien, Immobilien und Erzeugersachkapital zur Krisenanfälligkeit des Booms mit seinen übermäßigen Kurs- bzw. Preissteigerungen bei Vermögenswerten maßgeblich beigetragen hätten. Wie aus der zitierten Formulierung hervorgeht, umfasst die Begrün-

von Devisen in Hinblick auf die monetäre Basis gar nicht oder nur unvollständig neutralisiert wurden.

59 Vgl. BANK FÜR INTERNATIONALEN ZAHLUNGSAUSGLEICH, 68. Jahresbericht . . ., a. a. O., S. 42, sowie DEUTSCHE BUNDESBANK, Geschäftsbericht 1998. S. 119.

60 Hierzu trug auch die Verlangsamung des Welthandelswachstums im Jahre 1996 bei sowie der Einbruch bei den Weltmarktpreisen für elektronische Datenträger, wovon als wichtiger Anbieter besonders Thailand betroffen war.

61 Wie in Fußnote 9 bereits erwähnt, ist dieser Aspekt für die Krisenmodelle der *dritten* Generation charakteristisch.

Tabelle IX.4: *Reales Bruttoinlandsprodukt und Leistungsbilanzsaldo in den südostasiatischen Krisenländern*

	Indonesien	Malaysia	Philippinen	Südkorea	Thailand
Reales BIP (Veränd. in v. H.)					
1990–1995	7,2	8,8	2,3	7,8	8,9
1996	7,8	8,6	5,7	7,1	6,4
1997	4,9	7,8	5,1	5,0	–1,3
1998	–13,7	–6,7	–0,5	–5,8	–8,0
1999[a]	– 0,1	5,8	3,4	10,9	4,2
2000[a]	4,8	8,5	4,0	8,8	4,3
Leistungsbilanzsaldo in v. H. des BIP					
1990–1995	–2,5	–5,9	–3,8	–1,2	–6,7
1996	–3,7	–4,9	–4,7	–4,8	–7,9
1997	–2,3	–4,9	–5,3	–1,8	–2,0
1998	4,5	11,7	2,0	12,5	12,3
1999[a]	4,1	15,9	10,3	6,0	10,2
2000[a]	7,2	9,2	12,4	2,4	7,6
[a] Die Angaben für 1999 und 2000 sind Projektionen.					

Quelle: BANK FÜR INTERNATIONALEN ZAHLUNGSAUSGLEICH, 68. Jahresbericht . . ., a. a. O., S. 38, und 71. Jahresbericht. 1. April 2000–31. März 2001. Basel 2001, S. 40.

dung *zwei* Argumente: Das eine beinhaltet die verbreitete Ansicht, dass die Gläubiger der südostasiatischen Schuldner (Unternehmungen, insbesondere aber Finanzintermediäre wie Banken und Finanzierungsgesellschaften) durch „implizite Kreditgarantien“ der Regierungen der Schuldnerländer vor Ausfallrisiken geschützt seien. Nicht zuletzt auf Grund der engen Verbindungen von Banken und Industrie sowie der Verquickungen von Wirtschaft und Regierungen glaubte man allgemein, dass die Regierungen in der ostasiatischen Krisenregion größere Finanzintermediäre bei einem drohenden Zusammenbruch stützen würden, deren Verbindlichkeiten also geschützt seien[62]. Immer wenn

62 Vgl. G. MARTINEZ, What Lessons Does the Mexican Crisis hold for Recovery in Asia? „Finance & Development“, Vol. 35, (1998), No. 2, S. 8. – Dazu rechnete man für den Krisenfall wohl auch mit einem „*bailing-out*“ durch den Internationalen Währungsfonds (vgl. H. HESSE, L. AURIA, Die Finanzkrise in Südostasien: Ursachen und Auswirkungen auf die Weltwirtschaft. „Vorträge am Ibero-Amerika Institut für Wirtschaftsforschung“, Nr. 1 (1998), S. 18).

sich die Vorstellung verbreitet, dass Gewinne dem Investor zufließen, Verluste jedoch vom Staat (und damit von den Steuerzahlern) getragen werden, entsteht ein **„moral hazard“**-Problem. Es besagt hier, dass Investitionen in Erzeugersachkapital und Vermögenswerte riskiert werden, die man bei symmetrischer privater Zurechnung von möglichen Gewinnen und Verlusten nicht vorgenommen hätte[63]. Das andere in der zitierten KRUGMANschen Formulierung enthaltene Argument weist auf die schwach ausgebildete, ineffiziente Bankenaufsicht und -regulierung[64] in der südostasiatischen Krisenregion hin. Zusammen mit einer laxen internen Revision und einem mangelhaften Berichtswesen hatte das ineffiziente Aufsichtswesen zur Folge, dass die Übernahme exzessiver Risiken durch Finanzintermediäre nicht eingedämmt wurde.

Es war somit nicht nur die Höhe der Auslandsverschuldung, sondern insbesondere die *Verwendung* eines Großteils der Auslandszuflüsse in den südostasiatischen Ländern, die diese Länder im Boom krisenanfällig machten. Erste Anzeichen dafür, dass den ausländischen Gläubigern die Krisenanfälligkeit bewusst wurde, zeigten sich darin, dass zunehmend Kredite mit kurzen Fristen und in Auslandswährung vergeben wurden. Zusammen mit dem Trend zur Verbriefung von Ansprüchen (in Form von handelbaren Schuldverschreibungen und Aktien) war die Verkürzung der Laufzeiten die Voraussetzung dafür, dass die ausländischen Gläubiger ihre Anlagen bei den Finanzintermediären Südostasiens im Fall einer Krise rasch liquidieren konnten.

bb) Ablauf der Krise. – Da sich sehr riskante Investitionen im Nachhinein nur unter besonders günstigen Umständen als lohnend erweisen, stellten sich dann auch tatsächlich beträchtliche Verluste durch Fehlinvestitionen ein. Sie trafen die Finanzintermediäre direkt durch Werteinbußen ihrer Anlagen in Aktien und Immobilien sowie durch Kreditausfälle im Kundengeschäft. Die ausländischen Gläubiger der in Zahlungsschwierigkeiten geratenen Finanzintermediäre muss-

63 KRUGMAN (a. a. O., S. 4, 10) illustriert diese Aussage durch ein einfaches, instruktives Beispiel. Betrachtet werden zwei Investitionen im Betrage von jeweils 100 Mio. $: Die erste ist sicher und führt zu einem Gewinn von 7 Mio. $, die zweite ist mit Risiko behaftet und lässt einen Gewinn oder einen Verlust von jeweils 20 Mio. $ erwarten, wobei die Wahrscheinlichkeit für jedes Ereignis 50 v. H. beträgt. Da sich der Erwartungswert des Gewinns bei der zweiten Investition auf Null beläuft, entscheidet sich ein risikoneutraler Anleger normalerweise für die erste Investition. Wird ihm jedoch das Verlustrisiko vom Staat abgenommen, dann wählt er die zweite Investition, da sich deren erwarteter Gewinn durch die Staatsgarantie auf 10 Mio. $ (= 0,5 • 20 Mio. $) erhöht hat.

64 Dass die Schwächen in diesem Bereich auch mit einem „moral hazard“-Problem in Verbindung gebracht werden können, erläutert F. S. MISHKIN (International Capital Movements, Financial Volatility and Financial Instability. (Schriften des Vereins für Socialpolitik, Neue Folge Bd. 261, zugleich Beiheft 7 der Zeitschrift für Wirtschafts- und Sozialwissenschaften). Berlin 1998. S. 24 f.).

ten dann erfahren, dass man auf implizite Kreditgarantien nur so lange bauen kann, wie ihre Einlösung für den Staat noch nicht zu kostspielig ist[65]. Diese Erfahrungen führten dazu, dass die Risikoprämie für die Ausfallrisiken in den Krisenländern im zweiten Halbjahr 1997 kräftig angehoben wurde[66] und die Zinssätze infolgedessen anzogen.

Durch die reale Aufwertung von Krisenwährungen wurde die Leistungsbilanz zusätzlich belastet, und auf Grund der Neubewertung der Ausfallrisiken trat eine rasche Umkehrung der Kapitalströme ein, was durch die kurzfristige Liquidierbarkeit der Auslandsverschuldung erleichtert wurde. Die so verursachten Zahlungsbilanzdefizite führten zu erheblichen Verlusten an Währungsreserven bei den südostasiatischen Krisenländern. Schwindende Reserven ließen Zweifel aufkommen, ob die Zentralbanken in der Krisenregion die Wechselkursstabilisierung durchhalten könnten. Die implizite Wechselkursgarantie wurde also zunehmend in Frage gestellt, d. h. das Wechselkursrisiko wurde nunmehr wahrgenommen, und es verbreiteten sich zudem Abwertungserwartungen. Die hierdurch induzierten, spekulativen Kapitalexporte hatten weitere Devisenabflüsse zur Folge. Nach massiven Abzügen von Auslandskapital mussten die Währungsbehörden in der Krisenregion die Wechselkursstabilisierung einstellen mit der Folge, dass sich ihre Währungen im zweiten Halbjahr 1997 gegenüber dem US-Dollar abwerteten[67]. Diese Entwicklung setzte sich dann im folgenden Jahr beschleunigt fort. Begleitet war die Zuspitzung der Finanz- und Währungskrise von einem starken Rückgang der gesamtwirtschaftlichen Produktion, der sich insbesondere im Jahr 1998 in negativen Wachstumsraten für das reale Bruttoinlandsprodukt niederschlug (vgl. Tabelle IX.4).

c) Die Erholung

Dass eine rasche Erholung der *wirtschaftlichen Aktivität* trotz einer beträchtlichen realen Abwertung der Krisenwährungen[68] zunächst ausblieb, lässt sich auf verschiedene Gründe zurückführen. Zunächst einmal ist zu bedenken, dass sich die

65 Siehe zu dieser Argumentation KRUGMAN (a. a. O., S. 7).

66 Vgl. dazu Tabelle 4 bei HESSE, AURIA (a. a. O., S. 23), in der die Risikoprämie durch die Zinsaufschläge für längerfristige US-Dollar-Anleihen von Emittenten aus der Krisenregion gemessen wurde.

67 Die prozentuale Abwertung betrug bis März 1998 für die Indonesische Rupiah 84 v. H., für den Thailändischen Baht 55 v. H., für den Koreanischen Won 55 v. H., für den Malaysischen Ringgit 46 v. H. und für den Philippinischen Peso 42 v. H. Siehe hierzu BANK FÜR INTERNATIONALEN ZAHLUNGSAUSGLEICH, 68. Jahresbericht . . ., a. a. O., S. 153.

68 Siehe INTERNATIONAL MONETARY FUND, World Economic Outlook, October 1998, S. 61 f., 65.

volle Wirkung einer realen Abwertung auf den Außenbeitrag nach allen Erfahrungen erst mit zeitlicher Verzögerung einstellt. Ferner hat sich die Abschwächung der wirtschaftlichen Aktivität in anderen asiatischen Ländern, insbesondere in Japan im Jahre 1998, dämpfend auf die Exportentwicklung in den Krisenländern ausgewirkt. Diese Entwicklung wurde durch „spill over"-Effekte auf Grund der Handelsverflechtung zwischen den Krisenländern noch verstärkt. Schließlich ist noch zu berücksichtigen, dass die Ursachen der Finanzkrise auch nach der Wechselkursfreigabe teilweise weiter wirkten, teilweise sogar noch verstärkt wurden. Letzteres hing damit zusammen, dass die Verschuldung in der Krisenregion in erheblichem Umfang in Auslandswährung denominiert war und sich Fremdwährungsverbindlichkeiten und Zinsaufwendungen, umgerechnet in Inlandswährung, durch die drastischen Abwertungen der Krisenwährungen stark erhöhten. Dadurch wurde die auf Grund der hohen Zinssätze ohnehin kostspielige Bedienung der Fremdwährungsverbindlichkeiten für die südostasiatischen Schuldner (Banken und Unternehmungen) noch schwieriger. Außerdem wurde ihr Reinvermögen durch die erhöhten Schulden vermindert und dadurch auch ihre Kreditwürdigkeit. Auch auf diese Weise entstanden Liquiditätsprobleme mit der Folge drohender oder tatsächlicher Zahlungseinstellungen.

Recht schnell stellte sich jedoch eine Verbesserung der *Leistungsbilanzen* der Krisenländer ein. So zeigte sich bereits 1997 bei den meisten Krisenländern im Vergleich zu 1996 ein spürbarer Rückgang der Defizite und seit 1998 stellten sich bei allen Überschüsse in der Leistungsbilanz ein (vgl. Tabelle IX.4). Die Umkehr in der Leistungsbilanzentwicklung wurde in erster Linie durch die Abschwächung der wirtschaftlichen Aktivität in den Krisenländern bestimmt, die einen starken Rückgang ihrer Importe zur Folge hatte[69]. Hinzu kamen aber mit der Zeit auch stimulierende Wechselkurseffekte. Da die nominalen Abwertungen der Krisenwährungen erheblich über die wechselkursinduzierten Preissteigerungen hinausgingen, ergab sich eine beträchtliche reale Abwertung der Krisenwährungen. Nicht zuletzt auf Grund der hiermit verbundenen Verbesserung der Wettbewerbsfähigkeit der südostasiatischen Exportgüterindustrie und der mit Importen konkurrierenden Industrie wurde die Talsohle in der *gesamtwirtschaftlichen Produktion* in der zweiten Jahreshälfte 1998 bzw. im Laufe des folgendes Jahres durchschritten[70]. Dabei wurde der Erholungsprozess in seiner späteren Phase dann auch durch eine Belebung der Inlandsnachfrage unterstützt.

Der Erholungsprozess in Südostasien war von unerlässlichen Fortschritten bei der *Sanierung des geschwächten Bankensystems* begleitet. So wurden Schritte zur Stärkung der Bankenaufsicht und -kontrolle unternommen. Nicht überle-

69 Siehe hierzu INTERNATIONAL MONETARY FUND, World Economic Outlook, a. a. O., S. 36 f.

70 Siehe hierzu BANK FÜR INTERNATIONALEN ZAHLUNGSAUSGLEICH, 70. Jahresbericht ..., a. a. O., S. 45 f. – Vgl. auch Tabelle IX.4.

bensfähige Banken wurden geschlossen, fusioniert, verstaatlicht oder an Gebietsfremde verkauft. Not leidende Kredite der Banken wurden mit hohen Abschlägen von mit öffentlichen Geldern ausgestatteten Asset-Management-Gesellschaften angekauft, und geschwächten, aber noch überlebensfähigen Banken wurde zur Rekapitalisierung staatliches Kapital zugeführt[71].

Die *Lehre*, die sich *abschließend* aus der südostasiatischen Finanz- und Währungskrise ziehen lässt, kann man auf zwei Punkte konzentrieren: *Erstens* kann sich das Festhalten an einer Wechselkursbindung gegenüber einer im Außenhandel bedeutsamen Währung als problematisch erweisen, wenn diese eine Aufwertung erfährt und sich hierdurch die internationale Wettbewerbsfähigkeit des betroffenen Landes nachhaltig verschlechtert. *Zweitens* erweist sich eine durch andauernde Leistungsbilanzdefizite anschwellende Auslandsverschuldung insbesondere dann als verhängnisvoll, wenn sie zu einem großen Teil kurzfristig und in Fremdwährung denominiert ist und – wohl noch wichtiger – wenn implizite Kreditgarantien des Staates und eine unzureichende Aufsicht und Kontrolle des Finanzsystems dazu verleiten, hohe Mittelzuflüsse aus dem Ausland zunehmend in Anlagen mit exzessiven Risiken zu investieren.

5. Krisenprävention und Krisenbewältigung

a) Krisenprävention

aa) Stabilisierungspolitische Aspekte. – Eine notwendige, wenn auch nicht immer hinreichende Bedingung für eine Krisenprävention besteht in der Vermeidung einer *stabilitätswidrigen Geld- und Fiskalpolitik*. Konkret bedeutet dieses, dass eine Budgetpolitik ohne übermäßige Defizite und eine an Preisniveaustabilität ausgerichtete Geldpolitik betrieben wird. In diesem Sinne spielte wirtschaftspolitisches Fehlverhalten eine wesentliche Rolle bei der Entstehung der lateinamerikanischen Krise, insbesondere der Mexikokrise von 1982/83. Dieses gilt auch für die EWS-Krise 1992/93, und zwar für jene Länder, die schließlich abwerten bzw. zu flexiblen Wechselkursen übergehen mussten und vorher deutlich höhere Inflationsraten als stabilitätsbewusstere EWS-Mitglieder zugelassen hatten[72]. Wie im vorhergehenden Abschnitt beschrieben, spielten demgegenüber andere krisenverursachende Faktoren bei der Mexikokrise 1994/95 eine wichtige und bei der südostasiatischen Finanz- und Währungskrise 1997/98 eine zentrale Rolle.

71 Siehe hierzu BANK FÜR INTERNATIONALEN ZAHLUNGSAUSGLEICH, 70. Jahresbericht ..., a. a. O., S. 55 ff.

72 Siehe dazu Unterabschnitt X.3c).

Einen gewissen Beitrag zur Krisenprävention kann die Zentralbank auch dadurch leisten, dass sie die mit Kapitalimporten bei festen Wechselkursen verbundene Liquidisierung teilweise oder ganz *neutralisiert*[73]. Voraussetzung ist hierfür ein geeignetes geldpolitisches Instrumentarium und ein funktionsfähiger (d. h. hinreichend tiefer) Geldmarkt. Eine erfolgreiche Neutralisierung wirkt einer starken Kreditausweitung entgegen, die ohne Gegensteuerung der Zentralbank auch zur Entstehung von spekulativen Blasen auf Aktien- und Immobilienmärkten beitragen kann.

bb) Außenwirtschaftliche Aspekte. – aaa) Für die Entstehung und Verschärfung sowohl der beiden Mexikokrisen als auch der südostasiatischen Finanz- und Währungskrise war die *Wechselkursanbindung* der heimischen Währung an den US-Dollar mitverantwortlich. Stabilisierte Wechselkurse können dazu verleiten, das Wechselkursrisiko zu unterschätzen und stimulieren durch dementsprechend niedrige Risikoprämien die Aufnahme von Auslandskrediten in Fremdwährung. Außerdem erschweren stabilisierte Wechselkurse bei starken Kapitalimporten antiinflationäre geldpolitische Maßnahmen. Nicht zuletzt besteht bei Wechselkursanbindungen auch die Gefahr einer realen (effektiven[74]) Aufwertung der Schuldnerwährung, wodurch die Wettbewerbsfähigkeit beeinträchtigt wird. Es empfiehlt sich deshalb im Allgemeinen[75] eine Wechselkursbindung, die für eine gewisse Zeit als Stabilitätsanker nützlich sein kann, nicht zu spät zu lockern und durch ein flexibleres Wechselkurssystem zu ersetzen.

bbb) Neben der Wechselkursanbindung erwiesen sich die starken, sehr beweglichen (volatilen) *internationalen Kapitalströme* als ein Problem für die Krisenregionen. Ihre weltweit wachsende Bedeutung war insbesondere Folge der zunehmenden Liberalisierung des Kapitalverkehrs. So haben „alle Industriestaaten ihren Kapitalverkehr seit Anfang der achtziger Jahre beschleunigt dereguliert und inzwischen völlig von Beschränkungen befreit“[76]. Die Liberalisierung des internationalen Kapitalverkehrs ist die Voraussetzung dafür, dass weltweit finanzielle Mittel dort eingesetzt werden, wo sie am ertragsreichsten sind. Die in diesem Sinne effiziente Allokation der finanziellen Ressourcen fördert – in globaler Sicht – das wirtschaftliche Wachstum und wirkt wohlfahrtssteigernd.

73 Siehe hierzu und zu dem folgenden Satz LAMFALUSSY, a. a. O., S. 130 f.

74 **Effektive Wechselkurse** für die Währung eines Landes oder eines Währungsraums werden als *gewogener Durchschnitt* von bilateralen Wechselkursen gegenüber den wichtigsten Handelspartnern ermittelt. Die Gewichte reflektieren dabei die relative Bedeutung des jeweiligen Handelspartners im Außenhandel des betreffenden Landes bzw. Währungsraums.

75 Eine Ausnahme stellen am ehesten stark institutionell abgesicherte und damit glaubwürdige Festkurssysteme, wie der **Currency Board** oder die Übernahme einer wichtigen Fremdwährung, z. B. des Dollar, als gesetzliches Zahlungsmittel (**Dollarisierung**), dar.

76 Siehe DEUTSCHE BUNDESBANK, Monatsbericht Dezember 1999, S. 34.

Diesem Vorteil der Liberalisierung des Kapitalverkehrs als wichtigem Element der Globalisierung könnte als ein Nachteil entgegengehalten werden, dass unbeschränkte Kapitalströme die Welt und dabei insbesondere die aufstrebenden Volkswirtschaften (Schwellenländer) durch ihr Volumen und ihre Volatilität krisenanfälliger machen[77]. Bei der Einschätzung dieses Arguments ist aber zu bedenken, dass massive Kapitalabflüsse nach anfänglich starken Kapitalzuflüssen häufig eine Reaktion der Anleger auf wirtschaftspolitisches Fehlverhalten oder Schwächen des Banken- und Finanzsystems im Schuldnerland darstellen und so bestehende Mängel offenkundig machen. Gleichwohl erscheint es ratsam, bei der Liberalisierung vor allem des kurzfristigen Kapitalverkehrs eine angemessene zeitliche Abfolge *(„sequencing")* einzuhalten: Kurzfristige Kapitalimporte[78] sollten erst liberalisiert werden, wenn gewährleistet ist, dass der inländische Finanzsektor Kapitalzuflüsse in effizienter Weise absorbieren, d. h. einer ertragreichen und nicht übermäßig riskanten Verwendung zuführen kann[79].

cc) Risikokontrolle im Finanzsektor. – Die Fähigkeit, Kapitalzuflüsse effizient zu absorbieren, setzt im Schuldnerland bestimmte Bedingungen im *Finanzsektor* voraus, deren Erfüllung einen Beitrag zur Krisenprävention darstellt. Schwächen in der internen und externen Kontrolle bei Finanzinstituten, d. h. vor allem Banken, sind ein Problem insbesondere in aufstrebenden Volkswirtschaften[80]. Seine Bewältigung erfordert zunächst einmal verlässliche und effiziente Risikomanagementsysteme in Finanzinstituten. Das setzt ein entsprechend qualifiziertes Personal voraus. Bis das entsprechende Humankapital verfügbar ist, wird gerade in aufstrebenden Volkswirtschaften einige Zeit vergehen. Ein Know how- und Technologietransfer aus entwickelten Volkswirtschaften durch Markteintritt von ausländischen Banken könnte den Prozess beschleunigen[81]. Besonders wichtig ist die Einhaltung von Revisions- und Rechnungslegungsstandards, die eine zuverlässige und transparente Offenlegung von Bilanzen und Gewinn- und Verlustrechnungen sicherstellen, sowie von bankenaufsichtlichen Normen sowie deren Durchsetzung durch ein effizientes Aufsichtswesen. Letztere beinhalten Grundsätze ordnungsgemäßer sowie sicherheits- und ertragsorientierter

77 In diesem Sinne schreibt LAMFALUSSY (a. a. O., S. 173): „... the process of globalisation makes our financial world a more rather than a less risky place to live in."

78 Längerfristige Kapitalimporte, wie insbesondere Direktinvestitionen, sind weniger volatil und dazu auch ein erwünschter Beitrag zur wirtschaftlichen Entwicklung aufstrebender Volkswirtschaften.

79 Vgl. LAMFALUSSY, a. a. O., S. 130, 166, 174.

80 Siehe BANK FÜR INTERNATIONALEN ZAHLUNGSAUSGLEICH, 67. Jahresbericht. 1. April 1996–31. März 1997. Basel 1997, S. 188.

81 Der Marktzugang für ausländische Banken ist deshalb auch eine Forderung im Bericht der sog. MELTZER-Kommission. Siehe hierzu Unterabschnitt IV.2j).

Geschäftsführung. Sie beziehen sich insbesondere auf eine angemessene Eigenkapitalausstattung und eine ausreichende Liquiditätsvorsorge. Sie dienen der Absicherung sowohl gegenüber Kreditausfallrisiken als auch gegenüber Marktrisiken (z. B. auf Grund von Zins-, Aktienkurs- und Wechselkursänderungsrisiken) sowie der Aufrechterhaltung ständiger Zahlungsbereitschaft. Eine externe Kontrolle durch zuverlässige und effiziente Aufsichtsbehörden nach den Normen entwickelter Industrieländer wird man in aufstrebenden Volkswirtschaften solange nicht erwarten können, wie auch dort noch Mangel an hinreichend qualifiziertem Personal besteht.

dd) Finanzielle Engagements und „Moral Hazard". – Die Erwartungen von Kreditgebern und Investoren, sie seien bei Eintreten des Schadensfalls durch vermutete (implizite) oder tatsächliche Garantien des Staates oder der internationalen Gemeinschaft geschützt, verführen zu finanziellen Engagements, die höher und riskanter sind als ohne diese Sicherheitsnetze. Insofern ergibt sich eine Verzerrung der Anreizstrukturen und als Folge der hiermit verbundenen **Moral Hazard-Problematik** eine Fehlallokation von finanziellen Ressourcen. Deshalb erscheint – auch mit Blick auf die Erfahrungen aus der südostasiatischen Finanz- und Währungskrise – ein vorsichtiger Umgang mit expliziten oder impliziten Kreditgarantien des Staates oder offiziellen Bekenntnissen zur Wechselkursstabilisierung im Sinne einer Krisenprävention geboten.

Auch die Erfahrungen (insbesondere nach der Mexikokrise 1994/95)[82], dass im Krisenfall andere Staaten mit bilateralen und multilateralen Unterstützungsmaßnahmen einspringen, also ein *„bailing out"* erfolgt, führt zur Moral Hazard-Problematik. Insofern bereitet ein bailing out im Krisenfall den Boden für zukünftige Krisen oder anders formuliert: Eine Krisenlösung mit Einbeziehung (und Belastung) von Kreditgebern und Investoren, d. h. ein *„bailing in"*, ist eine notwendige Vorbedingung für eine Krisenprävention[83].

b) Krisenbewältigung

aa) Maßnahmen der Schuldenregulierung. – aaa) Beiträge zur Schuldenregulierung (Schuldenrestrukturierung) eines zahlungsunfähigen Schuldnerlandes bestehen darin, kurzfristige Verbindlichkeiten zu prolongieren oder längerfristig umzuschulden, Zinszahlungen zu verringern bzw. zu stunden, Forderungen aus gewährten Krediten unter ihrem Nennwert in Beteiligungen umzutauschen, al-

82 Hierzu schreibt LAMFALUSSY (a. a. O., S. 122), dass die unvorsichtigen US-Käufer mexikanischer Tesobonos auf Grund offizieller Rettungsaktionen zugunsten Mexikos „did not loose a penny,. . ."

83 Siehe ebenda, S. 151.

so sog. „debt-equity-swaps" vorzunehmen, und Tilgungszahlungen teilweise zu erlassen. An den hieraus resultierenden Belastungen sollten alle Gläubiger prinzipiell im Rahmen eines geregelten Verfahrens einer Schuldenregulierung beteiligt werden[84]. Dabei ergibt sich ein Problem daraus, dass Gläubiger zwar an einer Lösung einer Verschuldungskrise interessiert sind, ihnen aber an einer bevorzugten Gläubigerposition ihrer Forderungen liegt und sie möglichst wenig von den finanziellen Lasten der Schuldenregulierung tragen möchten. Sie streben also eine **Trittbrettfahrerrolle** an. Mit diesem Problem ist um so mehr zu rechnen, je größer die Zahl und je heterogener und anonymer die Zusammensetzung der Gläubiger ist. In der Realität wird dem Trittbrettfahrerverhalten dadurch entgegengewirkt, dass sich zur Umschuldung öffentlicher Schulden staatliche Gläubiger im sog. **Pariser Club** und international tätige Banken im sog. **Londoner Club** als jeweiligem Verhandlungsgremium zusammengefunden haben. Außerdem führt eine einseitige Zahlungseinstellung eines Schuldners oder schon ihre bloße Drohung dazu, dass die Gläubiger eher zu gemeinsamen Schuldenregulierungsverhandlungen bereit sind.

bbb) Nach dem Grundsatz der Gleichbehandlung aller Gläubiger müssten auch die lange Zeit privilegierten (d. h. von Schuldenregulierungen ausgenommenen) Anleihegläubiger an den Lasten der Bewältigung einer Schuldenkrise beteiligt werden. Ihre im Allgemeinen recht große Zahl, ihre Heterogenität und ihre Anonymität erschwert allerdings einvernehmliche Lösungen. Deshalb ist verschiedentlich vorgeschlagen worden, in die Anleihebedingungen für internationale Staatsanleihen von aufstrebenden Volkswirtschaften vertragliche Vorkehrungen für möglicherweise erforderliche Umschuldungen vorzunehmen[85]. Derartige **Umschuldungsklauseln** regeln von vornherein, mit welchen Mehrheiten der Anleihegläubiger Gläubigerrechte beschränkt werden können, z. B. durch Beschlüsse der Gläubigerversammlung über eine Ermäßigung des Zinssatzes oder eine Stundung des Schuldendienstes. Auch hier könnte schon die Drohung des Schuldnerlandes, Umschuldungsklauseln in Anspruch zu nehmen, dazu führen, dass Gläubiger Umschuldungsaktionen freiwillig zustimmen[86].

84 Diese entspricht im Kern den Verfahrensregeln, die von der G7 (umfasst die 7 größten Industrieländer), der G20 (umfasst die größeren Industrie- und Schwellenländer) sowie dem IWF veröffentlicht wurden (siehe DEUTSCHE BUNDESBANK, Geschäftsbericht 2000, S. 113).

85 Derartige Vorkehrungen sind gängige Praxis für internationale Emissionen, die nach englischem Recht begeben werden. In Deutschland existieren entsprechende gesetzliche Regelungen für private inländische Emissionen schon seit 1899. Einzelheiten hierzu siehe DEUTSCHE BUNDESBANK, Monatsbericht Dezember 1999, S. 46 ff.

86 Vgl. B. EICHENGREEN, A. MODY, Bail-Ins, Bailouts, and Borrowing Costs. „International Monetary Fund Staff Papers", Vol. 47, Special Issue (2001), S. 159.

bb) Internationales Insolvenzverfahren. – aaa) Eine Gleichbehandlung aller Gläubiger im Rahmen eines geregelten Verfahrens zur Schuldenregulierung unter Einbeziehung von Anleihegläubigern ist auch das Anliegen eines im IMF diskutierten weit reichenden Vorschlags, der Ende November 2001 von A. KRUEGER[87] der Öffentlichkeit vorgestellt wurde[88]. Das vorgeschlagene Verfahren läuft im Kern auf ein **internationales Insolvenzverfahren** für überschuldete Staaten hinaus. Am Anfang des Verfahrens steht ein Stillhalteabkommen, das in Kraft tritt, wenn ein entsprechender Antrag eines Schuldnerlandes vom IWF gebilligt wird. Es beinhaltet ein **Zahlungsmoratorium** für Zins- und Schuldenverpflichtungen für begrenzte Zeit (einige Monate). In dieser Phase sollten Schuldenrestrukturierungsverhandlungen zwischen Gläubigern und Schuldnern stattfinden. Dabei könnten Kreditgeber, die bereit sind, dem Schuldnerland neue finanzielle Mittel verfügbar zu machen, für die entsprechenden Forderungen einen bevorzugten Gläubigerstatus erhalten. Zur Vermeidung von Kapitalabflüssen während der Verhandlungsphase sollten *Devisenkontrollen* zugelassen werden. Was die Finanzierungshilfe des IWF anbelangt, so sollte diese erst nach Abschluss der Restrukturierungsverhandlungen erfolgen, und zwar im Wesentlichen begrenzt zur Auffüllung von Devisenreserven und für notwendige Importe.

Mit dem geschilderten Verfahren wird bezweckt, eine Schuldenregulierung im Krisenfall zu beschleunigen. Außerdem soll verhindert werden, dass einzelne Gläubiger vor nationalen Gerichten eine bevorzugte Bedienung ihrer Forderungen erstreiten. Dieses setzt voraus, dass die während des Moratoriums ausgehandelte Schuldenregulierung für *alle* Gläubiger rechtsverbindlich wird.

Das Problem des skizzierten Entwurfs eines internationalen Insolvenzverfahrens für überschuldete Staaten dürfte nicht zuletzt in seiner Implementierung liegen. Hierzu wären die Rolle des IWF, der in der Regel selbst Gläubiger ist, sowie ökonomische und juristische Aspekte noch im Detail zu diskutieren.

bbb) Als Mittel der Krisenbewältigung wurde auch von A. MELTZER und A. LERRICK[89] ein *internationales Insolvenzverfahren* vorgeschlagen, das ein zeitlich begrenztes Zahlungsmoratorium für Zins- und Schuldentilgungsverpflichtungen eines zahlungsunfähigen Schuldnerlandes vorsieht. Das Besondere dieses Vorschlags ist in der *Rolle des IWF* zu sehen. Er soll unbegrenzt von privaten Anlegern Schuldtitel des zahlungsunfähigen Schuldnerlandes übernehmen, allerdings zu einem Preis, der deutlich unter dem nach erfolgter Schuldenregulierung zu erwartendem Preis auf Sekundärmärkten liegt. Durch Anwendung dieses markt-

87 A. KRUEGER ist Erste Stellvertretende Geschäftsführende Direktorin des IWF.

88 Siehe hierzu http://www.imf.org/external/np/speeches/2001/112601.HTM.

89 Siehe A. MELTZER, A. LERRICK, Krisen mit dem Markt bekämpfen. „Financial Times Deutschland vom 10. Mai 2001", S. 30 (wieder abgedruckt in DEUTSCHE BUNDESBANK, Auszüge aus Presseartikeln, Nr. 22 vom 10. Mai 2001, S. 17 f.).

orientierten Verfahrens würde sich das finanzielle Engagement des IWF vermutlich in Grenzen halten, Verluste der Gläubiger wären nach unten abgesichert, und die Schuldenlast wäre für das Schuldnerland erträglicher geworden.

Geregelte Verfahren zur Schuldenregulierung, wie internationale Insolvenzverfahren (falls realisierbar) oder auch die (teilweise schon praktizierte) Ausstattung von Anleihen mit Umschuldungsklauseln machen Kreditgebern und Investoren deutlich, dass sie bei finanziellen Engagements auch mit Verlusten rechnen müssen und nicht auf ein „bailing out" durch massive öffentliche Finanzhilfe bauen können. Sie werden deshalb bei ihnen vermutlich eine Verhaltensänderung derart[90] zur Folge haben, dass Risiken angemessener bewertet werden. Zumindest einige Schuldnerländer (vor allem solche mit ungünstiger Bonitätsbeurteilung), hätten dann mit höheren Risikoaufschlägen, d. h. mit höheren Zinssätzen, bei der Kreditaufnahme zu rechnen. Spiegelt sich hierin jedoch nur eine realistischere Risikoeinschätzung wider, dann hätte dieses den Vorteil, dass die Gefahr von Fehlallokationen finanzieller Ressourcen und damit auch von Finanz- und Währungskrisen geringer wird. So könnte die bloße Existenz von Schuldenregulierungsmechanismen dazu führen, dass diese tatsächlich gar nicht so oft in Anspruch genommen würden.

Zusammenfassung

1. Häufig stellen sich eine wachsende (kurzfristige) Auslandsverschuldung als Folge hoher anhaltender Leistungsbilanzdefizite, Kapitalzuflüsse, eine reale Aufwertung, ein kräftiges Kreditwachstum sowie starke Preissteigerungen bei Vermögenswerten als Frühindikatoren einer Finanz- und Währungskrise heraus. Symptome der akuten Krise sind: Zunehmend kurze Fristen und eine zunehmende Denominierung der Auslandsverschuldung in Auslandswährung, höhere Risikoprämien, verbunden mit Zinssteigerungen, Umkehrung der Kapitalströme und starke Verluste an Währungsreserven.

2. Der beträchtliche Mittelzufluss aus den OPEC-Ländern ermöglichte es den Geschäftsbanken, ihre Kreditgewährung an die Entwicklungsländer außerhalb der OPEC bis 1981 erheblich auszuweiten. Die stark zunehmende Verschuldung einiger fortgeschrittener Entwicklungsländer, für die wirtschaftspolitisches Fehlverhalten mit verantwortlich war, löste 1982/83 in Lateinamerika eine Schuldenkrise aus, die das internationale Finanzsystem gefährdete und das Wirtschaftswachstum in Schuldnerländern beeinträchtigte. Während die akute Gefahr für das internationale Finanzsystem nicht zuletzt durch öffentliche Stüt-

90 Vgl. ebenda.

zungsoperationen abgewendet werden konnte, litten die Hauptschuldnerländer lange unter anhaltenden wirtschaftlichen Schwierigkeiten.

3. Der Mexikokrise von 1994/95 ging eine Periode mit Wirtschaftsreformen und einer am Wechselkurs orientierten Stabilisierungspolitik voraus. Letztere führte – bei unzureichenden Erfolgen in der Inflationsbekämpfung – zu einer Überbewertung des Peso und schließlich zu einer zunehmend kurzfristigen, in US-Dollar indexierten Auslandsverschuldung. Zur Sicherung der Zahlungsfähigkeit Mexikos wurden vom IWF umfangreiche Kredite gewährt, die die privaten Gläubiger von ihrem Risiko entlasteten und damit dem Anreiz zu einer angemessenen Berücksichtigung von Währungsrisiken entgegenwirkten.

4. Von der südostasiatischen Finanz- und Währungskrise waren Indonesien, Malaysia, Philippinen, Südkorea und Thailand betroffen. Der Krise in diesen Ländern ging eine lange Phase starken Wirtschaftswachstums, insbesondere auf Grund einer regen Investitionstätigkeit voraus. Starke Kapitalimporte führten zu einer hohen, kurzfristig liquidierbaren Auslandsverschuldung.

5. Zur Entstehung der südostasiatischen Finanz- und Währungskrise trugen neben den Wechselkursanbindungen an den Dollar insbesondere implizite Kreditgarantien und eine ineffiziente Aufsicht und Kontrolle des Finanzsystems bei, weil sie dazu verleiteten, die hohen Kapitalzuflüsse aus dem Ausland in Anlagen mit exzessiven Risiken zu investieren.

6. Beiträge zur Krisenprävention leisten eine stabilitätsorientierte Geld- und Fiskalpolitik, ein rechtzeitiger Übergang zu einem flexiblerem Wechselkurs, eine angemessene zeitliche Abfolge bei der Liberalisierung des Kapitalverkehrs, insbesondere im kurzfristigen Bereich („sequencing"), die Beseitigung von Schwächen im Finanzsektor sowie die Vermeidung der „Moral Hazard"- Problematik als Folge von offiziellen Garantien und die Aussicht auf massive offizielle Finanzhilfe im Krisenfall (also auf ein „bailing out").

7. Neben den üblichen Maßnahmen zur Schuldenregulierung (wie Prolongation oder längerfristige Umschuldung von kurzfristigen Verbindlichkeiten, Zinsermäßigungen, Stundungen und teilweiser Erlass von Tilgungsverpflichtungen etc.) werden geordnete Verfahren zur Schuldenregulierung diskutiert wie die Ausstattung von Staatsanleihen aufstrebender Volkswirtschaften mit Umschuldungsklauseln oder die Einführung internationaler Insolvenzverfahren.

Ausgewählte Literaturangaben zum dritten Teil

J. A. ARTUS, J. H. YOUNG, Fixed and Flexible Exchange Rates: A Renewal of the Debate. „International Monetary Fund Staff Papers", Vol. 26 (1979), S. 654 ff. (zu **VII**).

B. BANERJEE u. a., Road Maps of the Transition. The Baltics, the Czech Republic, Hungary, and Russia. (Occasional Paper No. 127. International Monetary Fund.) Washington, D. C., 1995 (zu **VIII**).

BANK FÜR INTERNATIONALEN ZAHLUNGSAUSGLEICH, 68. Jahresbericht. 1. April 1997–31. März 1998. Basel 1998, S. 131 ff. (zu **IX**).

C. M. BUCH u. a., Währungsreformen im Vergleich. Monetäre Strategien in Rußland, Weißrußland, Estland und der Ukraine. (Kieler Studien, 270.) Tübingen 1995 (zu **VIII**).

D. A. CITRIN, A. K. LAHIRI (Hg.), Policy Experiences and Issues in the Baltics, Russia, and Other Countries of the Former Soviet Union. (Occasional Paper No. 133. International Monetary Fund.) Washington, D. C., 1995 (zu **VIII**).

A. CROCKETT, M. GOLDSTEIN, Strengthening the International Monetary System: Exchange Rates, Surveillance, and Objective Indicators. (Occasional Paper No. 50. International Monetary Fund.) Washington, D. C., 1987 (zu **VII**).

L. P. EBRILL u. a., Poland. The Path to a Market Economy. (Occasional Paper No. 113. International Monetary Fund.) Washington, D. C., 1994 (zu **VIII**).

S. EDWARDS, Bad Luck or Bad Policies? An Economic Analysis of the Crisis. In: Mexico 1994. Anatomy of an Emerging-Market Crash. (Ed. by S. EDWARDS, M. NAIM). Washington, D. C., 1997. S. 95 ff. (zu **IX**).

J. A. FRANKEL, Recent Exchange-Rate Experience and Proposals for Reform. „The American Economic Review", Vol. 86 (1996), Papers and Proceedings, S. 153 ff. (zu **VII**).

J. A. FRENKEL, Flexible Exchange Rates, Prices, and the Role of „News": Lessons from the 1970s. „Journal of Political Economy", Vol. 89 (1981), S. 665 ff. (zu VII).

M. FRIEDMAN, The Case for Flexible Exchange Rates. In: M. FRIEDMAN, Essays in Positive Economics. Chicago 1953. S. 157 ff. (zu **VI**).

A. GERLOFF, Wechselkurspolitik in Mittel- und Osteuropa (CeGE-Schriften, Bd. 1). Frankfurt a. M. 2001 (zu **VIII**).

H. G. GRUBEL, International Economics. Rev. ed. Homewood, Ill., 1981 (zu **VI**).

INTERNATIONAL MONETARY FUND (Hg.), The European Monetary System: Recent Development. (Occasional Paper No. 48. International Monetary Fund.) Washington, D. C., 1986 (zu **VII**).

–, Exchange Rate Volatility and World Trade. A Study by the Research Department of the International Monetary Fund. (Occasional Paper No. 28. International Monetary Fund.) Washington, D. C., 1984 (zu **VII**).

H.-J. JARCHOW, Die südostasiatische Finanz- und Währungskrise. Makrotheorie und empirische Evidenz. In: Währung und wirtschaftliche Entwicklung. Festschrift für V. TIMMERMANN zum 65. Geburtstag. (Hg. von. E. SCHOLING). Berlin 2000. S. 19 ff. (zu **IX**).

P. KRUGMAN, What happened to Asia? http://web.mit.edu/krugman/www/disinter.html, January 1998 (zu **IX**).

A. LAMFALUSSY, Financial Crises in Emerging Markets. An Essay on Financial Globalisation and Fragility. New Haven, London 2000 (zu **IX**).

R. OHR, Exchange Rate Policy in Eastern Europe. In: Openness and Development. (Ed. by F. P. LANG, R. OHR). Heidelberg 1996 (zu **VIII**).

M. WILLMS, Internationale Währungspolitik. 2., überarb. u. erw. Aufl. München 1995 (zu **VII**).
L. B. YEAGER, International Monetary Relations: Theory, History and Policy. 2nd ed. New York 1976 (zu **VI**).

Vierter Teil: Währungspolitische Zusammenarbeit in der Europäischen Gemeinschaft

Das Übereinkommen der Staats- und Regierungschefs in Den Haag (1969), die Europäische Gemeinschaft stufenweise zu einer Wirtschafts- und Währungsunion auszubauen, war eine grundlegende Entscheidung zur währungspolitischen Zusammenarbeit innerhalb der Gemeinschaft. Die Bildung des Europäischen Wechselkursverbunds (1972) war ein erster und die Errichtung des Europäischen Währungssystems (1979) ein zweiter (und größerer) Schritt auf dem langen Weg zur europäischen Währungsintegration, die mit dem 1992 unterzeichneten Vertrag über die Europäische Union (Vertrag von Maastricht) ihr wesentliches Ziel erreichte.

X. Vom Wechselkursverbund zum Europäischen Währungssystem (EWS)

Der Europäische Wechselkursverbund wurde 1972 in einer währungspolitischen Phase gebildet, in der versucht wurde, das in Bretton Woods geschaffene System anpassungsfähiger Festkurse noch aufrechtzuerhalten. Nach der Freigabe der Dollarkurse (1973) wurde der Europäische Wechselkursverbund zu einem Blockfloatingsystem, dem am Ende nur noch wenige Teilnehmer angehörten (Abschnitt 1). Ein erneuter Anlauf zur währungspolitischen Integration wurde im Jahre 1979 mit dem Europäischen Währungssystem (EWS) unternommen, das bis zum Eintritt in die Europäische Währungsunion fast zwei Jahrzehnte bestand (Abschnitt 2). Wechselvolle Erfahrungen prägten diese Periode, wobei insbesondere die europäischen Währungskrisen von 1992/93 die Anfälligkeit des EWS sichtbar machten (Abschnitt 3).

1. Errichtung des Europäischen Wechselkursverbundes

a) Vorbereitende Schritte

aa) Übereinkommen der Staats- und Regierungschefs in Den Haag. – Während Ende der sechziger Jahre mit der Zollunion und den Agrarmarktordnungen entscheidende Schritte zu einem gemeinsamen Markt für den Warenverkehr vollzogen waren, gab es zur gleichen Zeit auf währungspolitischem Gebiet *keine* die einzelnen Mitgliedsstaaten *bindenden* gemeinschaftlichen Regelungen[1]. Die angestrebte Koordinierung im Bereich der nationalen Stabilisierungspolitik, die zur Aufrechterhaltung eines Systems fester Wechselkurse auf Dauer unumgänglich ist[2], fand nur in ungenügendem Maße statt. Diese Entwicklung trug zum

1 Der 1958 eingerichtete **Währungsausschuss** war beauftragt, die Währungs- und Finanzlage der einzelnen Mitgliedsstaaten zu beobachten und dem Ministerrat sowie der Kommission darüber Bericht zu erstatten. Mit Beginn der dritten Stufe der Wirtschafts- und Währungsunion wurde er durch den **Wirtschafts- und Finanzausschuss** ersetzt, in dem die Europäische Zentralbank mit zwei Mitgliedern vertreten ist. Der 1964 geschaffene *Ausschuss der Zentralbankgouverneure* bildete das Gremium für *Konsultationen* im Bereich der Währungspolitik. Er wurde mit der Errichtung des *Europäischen Währungsinstituts* aufgelöst, in dessen Rahmen die Zusammenarbeit zwischen den Zentralbanken fortgesetzt wurde, bis Anfang 1999 der Übergang zur gemeinsamen Geldpolitik erfolgte. – Vgl. DEUTSCHE BUNDESBANK, Europäische Organisationen und Gremien im Bereich von Währung und Wirtschaft. Frankfurt a. M. 1997. S. 37, 107 f.; EUROPÄISCHE ZENTRALBANK, Jahresbericht 1998, S. 96.

2 Vgl. dazu auch Unterabschnitt VI.4b).

Ausbruch der Währungskrise des Jahres 1968 bei, die schließlich im darauf folgenden Jahr Paritätsänderungen des Französischen Franc und der Deutschen Mark auslöste, wobei diese Paritätsänderungen – trotz eines Beschlusses aus dem Jahre 1964 – *ohne* vorherige Konsultation vorgenommen wurden[3]. In der Absicht, einer Wiederholung derartiger Krisen vorzubeugen, wurde 1969 der **Ministerrat**[4] der Gemeinschaft von den Staats- und Regierungschefs in einer Grundsatzentscheidung beauftragt, einen Stufenplan für die Errichtung einer Wirtschafts- und Währungsunion auszuarbeiten.

bb) Entschließung des Ministerrats 1971. – Der Auftrag an den Ministerrat, den Übergang zu einer Wirtschafts- und Währungsunion zu planen, gab Anlass zu unterschiedlichen Vorschlägen, unter denen der sog. **WERNER-Plan**[5] insofern offiziellen Charakter hatte, als er von einer durch den Ministerrat eingesetzten Expertengruppe vorgelegt wurde. Auf der Grundlage dieses Plans beschloss der Ministerrat zum einen, dass die Gemeinschaft im *Endzustand* eine Zone bilden sollte, in der sich der Personen-, Güter-, Dienstleistungs- und Kapitalverkehr frei und ohne Wettbewerbsverzerrungen vollziehen kann. Zum anderen sollte ein eigenständiger Währungsraum mit voller Konvertibilität der Währungen und unveränderlichen Paritäten ohne jede Bandbreite für die Wechselkurse geschaffen werden. Schließlich wurde es zur Verwirklichung dieser Zielvorstellungen als erforderlich angesehen, für die wichtigsten wirtschaftspolitischen Entscheidungen die Befugnisse von der nationalen Ebene auf die Gemeinschaft zu übertragen[6].

Über den geeigneten *Weg* zu diesem hier skizzierten Endzustand einer Wirtschafts- und Währungsunion wurde eine intensive Diskussion geführt. Auf eine kurze Formel gebracht, ging es um folgende *Alternative*: Zieht eine vorangehende vertragliche Regelung, in der ein stufenweiser Übergang zu vollkommen fes-

3 Vgl. H. R. KRÄMER, Die Bemühungen der EWG um die Errichtung einer Währungsunion. (Kieler Diskussionsbeiträge zu aktuellen wirtschaftspolitischen Fragen, 6). Kiel 1970. S. 6.

4 Die offizielle Bezeichnung lautet **Rat**, zu dessen Tagungen in der Regel die zuständigen Fachminister entsandt werden, z. B. die Finanz- und Wirtschaftsminister als ECOFIN-Rat. Im Zusammenhang mit der Überleitung in die Endphase der Währungsunion hatte der Rat bestimmte Entscheidungen in der Zusammensetzung der Staats- und Regierungschefs zu fällen (vgl. den Unterabschnitt XI.2a). Diese tagen außerdem zusammen mit dem Präsidenten der Kommission als **Europäischer Rat** (häufig als Gipfeltreffen bezeichnet), um als politisches Führungsorgan für die europäische Einigung Impulse zu geben und die Zielvorstellungen festzulegen. – Zur rechtlichen Stellung von Rat und Europäischem Rat vgl. B. BEUTLER, R. BIEBER, J. PIPKORN, J. STREIL, Die Europäische Union. Rechtsordnung und Politik. 5., vollst. neu bearb. u. erw. Aufl. Baden-Baden 2001. S. 151 ff.

5 Benannt nach dem damaligen luxemburgischen Ministerpräsidenten.

6 Zum Wortlaut des WERNER-Plans und der Ministerratsentschließung vgl. H. KRÄGENAU, W. WETTER, Europäische Wirtschafts- und Währungsunion. Vom WERNER-Plan zum Vertrag von Maastricht. Analysen und Dokumentation. Baden-Baden 1993. S. 98 ff.

ten Wechselkursen festgelegt wird, die (zur Aufrechterhaltung eines Festkurssystems erforderliche) Koordinierung der nationalen Stabilisierungspolitiken von selbst nach sich, oder ist umgekehrt eine vorherige Koordinierung erforderlich, bevor der rechtliche Übergang zu unabänderlich festen Kursen vollzogen werden kann. In der damaligen Terminologie wurden die Vertreter der erstgenannten Auffassung, die mit vertraglichen Bindungen auf dem Gebiet der Währungspolitik beginnen wollten, „*Monetaristen*“ genannt, während ihre Widersacher, die der Angleichung der Stabilisierungspolitik den Vorrang einräumten, als „*Ökonomisten*“ bezeichnet wurden[7].

In der Auseinandersetzung um den angemessenen Weg zur monetären Integration[8] trug die vom *Ministerrat* gefällte Entscheidung aus dem Jahre 1971 den Charakter eines Kompromisses. So wurde beschlossen, bereits in der ersten Stufe die *Bandbreiten* unter den beteiligten Währungen auf ±1,2 v. H. zu verringern[9]. Gleichzeitig sollte die *Geld- und Kreditpolitik* sowie die *Budgetpolitik* in den Mitgliedsländern u. a. durch verstärkte Konsultationen enger koordiniert werden, ohne dass aber Mittel zur Durchsetzung dieses Beschlusses vorgesehen waren. Insoweit entsprach die Ministerratsentschließung eher den Vorstellungen der sog. „Monetaristen“. Um den „Ökonomisten“ entgegenzukommen, sollte die Verengung der Bandbreiten zunächst auf fünf Jahre beschränkt werden; ihre weitere Geltung wurde u. a. von ausreichenden Fortschritten bei der wirtschaftspolitischen Koordinierung abhängig gemacht.

b) Europäischer Wechselkursverbund

aa) Errichtung. – Infolge der Währungskrise des Jahres 1971[10] wurde der Ministerratsbeschluss über die Einengung der Bandbreiten nicht ausgeführt. Nach dem Washingtoner Währungsabkommen (Ende 1971), das die Bandbreiten gegenüber dem Dollar auf ±2,25 v. H. und damit die Bandbreite unter den Nicht-Dollar-Währungen auf rund das Doppelte, nämlich ±4,5 v. H., festlegte, wurde der Plan wieder aufgenommen, die Bandbreiten zwischen den europäischen

7 Vgl. dazu H. ADEBAHR, Währungstheorie und Währungspolitik. Einführung in die monetäre Außenwirtschaftslehre. Berlin 1978. S. 464 ff.

8 Daneben wurde als weitere Möglichkeit angeregt, ein einheitliches europäisches Währungsgebiet dadurch zu schaffen, dass parallel zu den bestehenden nationalen Währungen in allen Mitgliedsländern eine supranationale Währung in den Umlauf gebracht wird. Zu diesem Vorschlag einer *Parallelwährung* vgl. den folgenden Unterabschnitt XI.2a).

9 Da die Mitglieder des *Europäischen Währungsabkommens* (EWA) die Bandbreite gegenüber dem Dollar bereits 1958 auf ±0,75 v. H. vermindert hatten, betrug im Zeitpunkt des Beschlusses die Bandbreite unter den europäischen Währungen ±1,5 v. H. Zum Europäischen Währungsabkommen vgl. SCHLEIMINGER, a. a. O., S. 511.

10 Vgl. dazu Unterabschnitt V.5c).

Währungen zu verringern. Im Frühjahr 1972 entschied der Ministerrat, die Bandbreite unter den Gemeinschaftswährungen auf ±2,25 v. H. zu halbieren[11]. Damit schwankten die Gemeinschaftswährungen gegenüber dem Dollar im Verbund und füllten zusammen jeweils höchstens die Hälfte der gegenüber dem Dollar bestehenden Bandbreite aus. Zeichnet man im Zeitablauf die tatsächlichen (prozentualen) Abweichungen der Dollarkurse der Gemeinschaftswährungen von ihrem Leitkurs zusammen mit der Bandbreite gegenüber dem Dollar auf, dann liefern sie das Bild der sog. **„Schlange im Tunnel"**[12].

Zur Verteidigung der vereinbarten Bandbreiten wurden als Neuerung *Interventionen in Mitgliedswährungen* zusätzlich zu den Dollar-Interventionen eingeführt. In Ergänzung zu diesen Wechselkurs- und Interventionsregelungen wurden Beschlüsse zum Ausgleich und ggf. zur Finanzierung der aus den Interventionen entstehenden Salden gefasst, die hier nicht dargestellt werden sollen, weil vergleichbare Regelungen im Rahmen des EWS im folgenden Abschnitt näher erläutert werden.

bb) Entwicklung. – In dem knappen Jahr bis zur Freigabe der Dollarkurse kam es mehrfach zu Veränderungen in der Zahl der teilnehmenden Länder; neben den sechs Gründungsmitgliedern beteiligten sich zeitweilig auch die zum 1.1.1973 in die Gemeinschaft aufgenommenen neuen Mitglieder Großbritannien, Dänemark und Irland an den Wechselkursregelungen des Europäischen Wechselkursverbundes. Als im März 1973 unter dem Druck spekulativer Kapitalzuflüsse aus den Vereinigten Staaten die Stützung der Dollarkurse eingestellt wurde, beschlossen sechs der damals neun Gemeinschaftsländer[13], ihre Wechselkurse untereinander (innerhalb der vorher vereinbarten Bandbreite) weiterhin stabil zu halten. Diese interne Wechselkursbindung bedeutete in der neuen Situation ein *Gruppenfloating*: Die Dollarkurse der beteiligten Währungen konnten zwar schwanken, aber nur im Verbund; dieser Verbund der Dollarkurse war, wie erläutert, nicht absolut starr, sondern wies einen Spielraum auf, der durch die internen Bandbreiten bestimmt war. Anschaulich ausgedrückt bestand die Währungsschlange weiterhin; es entfiel aber der (durch die Bandbreite gegenüber dem Dollar gebildete) Tunnel, der bis dahin ihre Bewegungen eingeschränkt hatte.

Wegen der mangelnden Koordinierung der nationalen Wirtschaftspolitik konnten die zwischen den Teilnehmern des Währungsblocks vereinbarten

11 Vgl. KRÄGENAU, WETTER, a. a. O., S. 108 ff.

12 Vgl. dazu H.-J. JARCHOW, Wechselkursarithmetik, Wechselkursgestaltung und Interventionspolitik (II). „das wirtschaftsstudium", Jg. 3 (1974), Nr. 2, S. 68 ff. – Vgl. auch Der Europäische Wechselkursverbund. Monatsberichte der Deutschen Bundesbank, Januar 1976, S. 23 ff.

13 Großbritannien, Italien und Irland gingen keine Wechselkursbindung ein; Norwegen und etwas später auch Schweden waren als assoziierte Länder beteiligt.

Wechselkurse nicht auf Dauer aufrechterhalten werden. Insbesondere 1977 waren mehrfach Neufestsetzungen der Wechselkurse erforderlich. Frankreich sah sich 1974 ein erstes und 1976 ein zweites Mal zum Ausscheiden gezwungen; Schweden und Norwegen beendeten in den beiden darauffolgenden Jahren ihre Assoziierung, so dass Ende 1978 der Währungsblock auf fünf Teilnehmer geschrumpft war und dabei wichtige Gemeinschaftsländer wie Frankreich, Großbritannien und Italien nicht mehr umfasste.

2. Europäisches Währungssystem

a) Überblick

Im März 1979 wurde mit der Errichtung des **Europäischen Währungssystems** (EWS) der Versuch unternommen, sämtliche Mitglieder der Gemeinschaft in einen gemeinsamen Wechselkursverbund einzubeziehen. Er existierte fast zwei Jahrzehnte und wurde mit dem Beginn der dritten Stufe der Europäischen Wirtschafts- und Währungsunion außer Kraft gesetzt[14].

Die für die Errichtung des EWS maßgebende Entschließung des Europäischen Rates vom 5.12.1979 nannte als Ziel eine „stabile Währungszone in Europa“ und bekräftigte die Entschlossenheit zu einer „auf größere innere und äußere Stabilität gerichtete(n) Politik“. Wenn auch in dieser letzten Formulierung die innere Preisniveaustabilität und die äußere Wechselkursstabilität zusammen genannt wurden, so stellte doch die *Wechselkursstabilität* das *vorrangige* Ziel des EWS dar[15].

Der Errichtung des EWS stimmten alle neun damaligen Mitglieder der Gemeinschaft zu; bis auf Großbritannien (nur von 1990 bis 1992) und Italien (mit Unterbrechung von 1992 bis 1996) beteiligten sie sich seit dem Beginn ununterbrochen am Wechselkursmechanismus. Von den später der Gemeinschaft beigetretenen Ländern übernahmen Spanien (seit 1989), Portugal (seit 1992), Österreich (seit 1995) und Finnland (seit 1996) die Wechselkursregelungen.

Zwei Perioden des EWS lassen sich deutlich unterscheiden[16]. In dem Zeitraum vor den Währungskrisen von 1992/93 kam es zwar insgesamt zu zwölf Neufestsetzungen der Leitkurse *(Realignments)* zum Teil beträchtlichen Ausma-

14 Zum neuen europäischen Wechselkursmechanismus (WKM II), der an seine Stelle trat, vgl. den folgenden Unterabschnitt XI.2d).

15 Vgl. A. GUTOWSKI, H.-E. SCHARRER, Das Europäische Währungssystem – Ein Erfolg? In: Geld- und Währungsordnung. Hg. von W. EHRLICHER, R. RICHTER. (Schriften des Vereins für Socialpolitik, N. F., Bd. 138). Berlin 1983. S. 149.

16 Zu den Erfahrungen mit dem EWS im Einzelnen vgl. den folgenden Abschnitt 3 dieses Kapitels.

ßes, aber nicht zur Einstellung der Interventionen, zum Ausscheiden einzelner Länder aus dem Wechselkursmechanismus oder zur Erweiterung der Bandbreiten. Derartige Konsequenzen stellten sich im Zuge der Währungskrise von 1992/93 ein; sie haben das EWS entscheidend verändert.

Obwohl ursprünglich beabsichtigt war, einige der im folgenden beschriebenen Regelungen nur für eine Übergangszeit von zwei Jahren gelten zu lassen und sie dann im Zusammenhang mit der geplanten Einführung eines Europäischen Währungsfonds zu ersetzen, wurde die Übergangsphase wiederholt verlängert. Mit einigen vor allem 1987 und 1993 vereinbarten Änderungen waren die 1979 in Kraft getretenen Regelungen[17] bis 1998 gültig. Sie erstreckten sich insbesondere auf

- die Europäische Währungseinheit (ECU),
- das Wechselkurs- und Interventionssystem,
- den sog. Abweichungsindikator,
- den Saldenausgleich bei Interventionen und die Beistandsmechanismen zur Finanzierung von Defiziten sowie
- die Rolle des Europäischen Währungsinstituts im Rahmen des EWS.

b) Regelungen

aa) Europäische Währungseinheit. – Die **ECU**, Abkürzung für „European Currency Unit", gleichzeitig als der Ecu die Bezeichnung einer mittelalterlichen französischen Münze, war – wie das Sonderziehungsrecht des Internationalen Währungsfonds – ein Währungskorb. Mit dem Inkrafttreten der Europäischen Wirtschafts- und Währungsunion wurde er durch den Euro abgelöst.

Die in Tabelle X.1 angegebenen Währungsbeträge des Korbs (z. B. 0,6242 DEM) galten seit der Neufestsetzung der Gewichte im September 1989. Beim Inkrafttreten des EWS wurden ursprünglich die Beträge aus dem Währungskorb der Europäischen Rechnungseinheit (ERE) übernommen, die in einigen Funktionen Vorgängerin der ECU gewesen ist. Die 1974 zu Grunde gelegten Gewichte der einzelnen Währungen in der ERE und damit in der ECU sind nach den Anteilen des betreffenden Landes am innereuropäischen Handel, seinem Sozialprodukt und seinen Quoten in den Beistandsmechanismen bestimmt worden. Nach der ursprünglichen Regelung wurde die Zusammenset-

17 Für einen Überblick über die Regelungen vgl. auch DEUTSCHE BUNDESBANK, Europäische Organisationen . . ., a. a. O., S. 110 ff. – C. KÖHLER, Geldwirtschaft. Zweiter Band. Zahlungsbilanz und Wechselkurs. Berlin 1979. S. 288 ff. – KRÄGENAU, WETTER, a. a. O., S. 18 ff. – Zu den 1987 vereinbarten Änderungen vgl. Geschäftsbericht der Deutschen Bundesbank für das Jahr 1987, S. 66 ff.

zung des Währungskorbs alle fünf Jahre überprüft (zuletzt im September 1989).

Wie beim SZR ließ sich auch für die ECU aus den Marktkursen der einzelnen Währungen der Tageswert bestimmen. So konnte der *ECU-Tageswert* in Deutscher Mark dadurch ermittelt werden, dass die Währungsbeträge aller Währungen zu den herrschenden Kassakursen in Deutsche Mark umgerechnet und dann aufsummiert wurden. In der Praxis wurden die Tageswerte der ECU von der Europäischen Kommission börsentäglich zunächst in Dollar ermittelt und dann mit Hilfe des jeweiligen Dollarkurses in die einzelnen Währungen umgerechnet.[18].

Die **ECU-Leitkurse** für die einzelnen Währungen waren offiziell fixierte Kurse wie die in Dollar angegebenen Paritäten des Systems von Bretton Woods. Außerdem wurde zwischen allen beteiligten Währungen ein sog. **Gitter bilateraler Leitkurse** festgelegt, das sich rechnerisch aus den jeweiligen ECU-Leitkursen ableiten lässt. Beispielsweise ergibt sich aus den in der Tabelle X.1 angegebenen ECU-Leitkursen zwischen der Deutschen Mark und dem Französischen Franc als Kreuzkurs der bilaterale Leitkurs von 1,97738/6,63186 (= 0,298164) DEM/FRF. In der währungspolitischen Praxis wurden jedoch – anders als in diesem Rechenbeispiel – aus zunächst vereinbarten bilateralen Leitkursen die zugehörigen ECU-Leitkurse abgeleitet[19].

Die ECU diente seit 1981 in der Europäischen Gemeinschaft als die für alle Bereiche gültige einheitliche *Rechnungseinheit*. Speziell im Rahmen des EWS galt die Regelung, dass die aus den Interventionen stammenden Salden in ECU verrechnet wurden. Beim Ausgleich dieser Salden konnte die ECU von den beteiligten Zentralbanken auch als *Zahlungsmittel* verwendet werden, wobei die Gläubiger nach einer 1987 eingeführten Regelung gehalten waren, mit gewissen Einschränkungen Rückzahlungen bis zu 100 v. H. in ECU zu akzeptieren. Schließlich stellte die ECU auch die Grundlage für den sog. Abweichungsindikator dar, wie noch genauer zu erläutern sein wird.

18 Beispielsweise ergab sich für den ECU-Tageswert in Deutscher Mark (DEM) ($w_{DEM/ECU}$) folgende Berechnung:

$$\text{Tageswert [DEM]} = w_{DEM/\$} \cdot \text{Tageswert [\$]} = w_{DEM/\$}\left(\frac{0{,}6243\ DEM}{w_{DEM/\$}} + \frac{1{,}332\ FRF}{w_{FRF/\$}} + \ldots\right).$$

19 Bei der Errichtung des EWS wurden für die noch am Wechselkursverbund beteiligten Währungen die geltenden bilateralen Leitkurse übernommen, während sie für die übrigen Währungen aus den am 12. März 1979 geltenden Marktkursen hergeleitet wurden. Bei den späteren Neufestsetzungen der Wechselkurse wurden die bilateralen Leitkurse gegenüber einer zunächst festgelegten Bezugswährung ausgehandelt und aus diesen Kursen dann die ECU-Leitkurse sowie die restlichen bilateralen Leitkurse ermittelt.

Tabelle X.1: *Zum Europäischen Währungssystem, 1998*

Währung[a]	**Währungsbetrag**	**ECU-Leitkurs (WE/ECU)**[b]	**Gewichtsanteil**[c] **(in v. H.)**	**Bilat. Leitkurs gegenüber der D-Mark (DEM/100 WE)**	**Abweichungsschwelle**[d] **(in v. H.)**
BEF/LUF	3,301/0,13	40,7844	8,4	4,84837	10,31
DKK	0,1976	7,54257	2,6	26,2163	10,96
DEM	0,6242	1,97738	31,6	–	7,70
ESP	6,885	168,220	4,1	1,17547	10,79
FRF	1,332	6,63186	20,1	29,8164	8,99
IEP	0,008552	0,796244	1,1	248,338	11,13
ITL	151,8	1957,61	7,8	1,0101[e]	10,37
NLG	0,2198	2,22799	9,9	88,7517	10,14
PTE	1,393	202,692	0,7	0,975559	11,17
ATS	–	13,9119	0	14,2136	11,25
FIM	–	6,01125	0	32,8947	11,25
GRD	1,440	357,000	0,4	0,55389	–
GBP	0,08784	0,653644	13,4	–	–
SEK	–	–	–	–	–

[a] BEF/LUF – Belgisch/Luxemburgischer Franc; DKK – Dänische Krone; DEM – Deutsche Mark; ESP – Spanische Peseta; FRF – Französische Franc; IEP – Irisches Pfund; ITL – Italienische Lira; NLG – Holländischer Gulden; PTE – Portugiesischer Escudo; ATS – Österreichischer Schilling; FIM – Finnmark; GRD – Griechische Drachme; GBP – Pfund Sterling; SEK – Schwedische Krone. [b] WE: Währungseinheiten. [c] Verhältnis zwischen den Zahlen in der 2. und 3. Spalte. [d] Abweichungsschwelle = (1 – Gewichtsanteil) · 0,75 · Bandbreite. [e] DEM/1000 ITL.

Quelle der verwendeten Werte: DEUTSCHE BUNDESBANK, Devisenkursstatistik, Januar 1999, Statistisches Beiheft zum Monatsbericht 5.

bb) Wechselkurs- und Interventionssystem. – Der Währungsblock des EWS bildete intern ein System anpassungsfähiger Festkurse mit der Möglichkeit von Wechselkursschwankungen innerhalb vorgegebener Bandbreiten. Auf- und Abwertungen unter den Mitgliedswährungen in Form von Leitkursänderungen konnten nicht isoliert, sondern nur im Rahmen einer allgemeinen Neuregelung vorgenommen werden und erforderten eine Einigung unter allen am EWS Beteiligten[20].

20 Aufgrund der Konstruktion der ECU war es *nicht* möglich, einen ECU-Leitkurs *isoliert* zu ändern. Dieser Zusammenhang wird deutlich, wenn der ECU-Leitkurs, d. h. der offizielle Wert einer ECU in einer Teilnehmerwährung (z. B. in DEM: $w^l_{DEM/ECU}$), zunächst mit Hilfe der bilateralen Leitkurse bestimmt wird:

Nach dem Beschluss zur Errichtung des EWS durften die Kurse unter den am Wechselkursmechanismus teilnehmenden Währungen nur mit einer Bandbreite von ±2,25 v. H. um die bilateralen Leitkurse schwanken (übergangsweise auch um ±6 v. H.). Im August 1993 wurde die Bandbreite beträchtlich erweitert, und zwar auf ±15 v. H.[21]. Entsprechend der zulässigen Schwankungsbreite waren für jedes Paar von Währungen *Interventionspunkte* in Form von Höchst- und Mindestkursen festgelegt, an denen die Zentralbanken die Währung des anderen Landes in unbegrenztem Umfang verkaufen oder ankaufen mussten, um zu verhindern, dass der Wechselkurs die vorgegebene Bandbreite verließ. So galt ab 12.1.1987 zwischen dem Französischen Franc und der Deutschen Mark ein bilateraler Leitkurs von 0,298164 DEM/FRF; der Höchstkurs des Franc, bei dem die Bundesbank Franc gegen Mark verkaufen musste, betrug nach der Bandbreitenerweiterung 0,34625 DEM/FRF. Diesem Kurs entsprach aus der Sicht Frankreichs der Mindestkurs der Mark von 2,8881 FRF/DEM, bei dem die Banque de France Mark gegen Franc ankaufen musste[22]. Beide Zentralbanken waren also beim Höchstkurs des Franc (zugleich Mindestkurs der Mark) zur Abgabe von Franc gegen Mark verpflichtet, während sie beim Mindestkurs des Franc (0,25675 DEM/FRF), der seinerseits den Höchstkurs der Mark (3,8948

(x) $w^l_{DEM/ECU} = 0{,}6242\ DEM/ECU + 1{,}332\ FRF/ECU \cdot w^l_{DEM/FRF} + \ldots,$

und dann berücksichtigt wird, dass sich der bilaterale Leitkurs zwischen zwei Währungen als Kreuzkurs aus den entsprechenden ECU-Leitkursen ergeben musste:

$$w^l_{DEM/ECU} = 0{,}6242\ DEM/ECU + 1{,}332\ FRF/ECU \cdot \frac{w^l_{DEM/ECU}}{w^l_{FRF/ECU}} + \ldots;$$

werden schließlich beide Seiten dieser Gleichung durch $w^l_{DEM/ECU}$ geteilt:

$$\text{(xx)}\ 1 = \frac{0{,}6242\ DEM/ECU}{w^l_{DEM/ECU}} + \frac{1{,}332\ FRF/ECU}{w^l_{FRF/ECU}} + \ldots,$$

dann zeigt sich, dass bei gegebenen Währungsbeträgen immer mindestens zwei ECU-Leitkurse zusammen geändert werden mussten, damit Gleichung (xx) erfüllt bleibt. Der Grund hierfür liegt letztlich darin, dass die ECU einen (gewichteten) Durchschnittswert von Währungen darstellte: Sollte eine Währung im Verhältnis zu diesem Durchschnitt angehoben werden, dann musste mindestens eine zweite ihm gegenüber an Wert verlieren.

21 Lediglich zwischen den Niederlanden und Deutschland blieb es aufgrund einer bilateralen Vereinbarung bei ±2,25 v. H.

22 Wie nachgerechnet werden kann, lag der Höchstkurs des Französischen Franc um 16,1 v. H. über dem bilateralen Leitkurs und gleichzeitig der Mindestkurs der Deutschen Mark um 13,9 v. H. unter dem bilateralen Leitkurs von 3,35386 FRF/DEM. Hierin kommt zum Ausdruck, dass der angegebene Satz von ±15 v. H. nur eine Orientierungsgröße darstellte, weil aus rein rechnerischen Gründen die Sätze, mit denen zwei Währungen von ihrem gegenseitigen bilateralen Leitkurs abweichen, *nicht* übereinstimmen können. Übertraf beispielsweise der Franc den bilateralen Leitkurs DEM/FRF um $x \cdot 100$ v. H., dann unterschritt gleichzeitig die Mark den bilateralen Leitkurs FRF/DEM um $-x / (1 + x) \cdot 100$ v. H. – Dieser Zusammenhang wurde im Band I, S. 40, Fußnote 10, an der Beziehung zwischen den Auf- bzw. Abwertungssätzen in ausländischer Währung und in inländischer Währung erläutert.

FRF/DEM) bedeutete, Franc gegen Mark aufnehmen mussten (Ankaufskurs des Franc aus deutscher bzw. Verkaufskurs der Mark aus französischer Sicht).

Während die am EWS beteiligten Zentralbanken an den Interventionspunkten zu unbegrenzten Interventionen verpflichtet waren (**obligatorische Interventionen**), konnten sie auch bereits innerhalb der Bandbreiten Währungen der Partnerländer an- oder verkaufen. Von dieser Möglichkeit haben die meisten Zentralbanken Gebrauch gemacht, um zu verhindern, dass die Wechselkurse an die Grenzen ihrer Bandbreiten stießen. Diese **intramarginalen Interventionen** waren unter den Zentralbanken abzustimmen, damit ein Interessenausgleich erfolgen konnte und einander entgegengerichtete Interventionen verhindert wurden. Schließlich waren neben diesen obligatorischen und intramarginalen Interventionen in Gemeinschaftswährungen auch An- und Verkäufe von Dollar möglich und üblich, ohne dass hierfür im Rahmen des EWS für die einzelnen Zentralbanken bindende Vorschriften aufgestellt wurden.

cc) Abweichungsindikator. – aaa) Eine unterschiedliche Ausrichtung der Wirtschaftspolitik in den Teilnehmerländern, die zu Wechselkursänderungen führt, ist mit einem Festkurssystem wie dem EWS nur so lange vereinbar, wie sich die Wechselkursentwicklung innerhalb der vereinbarten Bandbreiten vollzieht. Um aber auch bereits in diesem Bereich feststellen zu können, ob sich eine Währung deutlich anders als die übrigen Währungen entwickelt, wurde im EWS als Neuerung gegenüber dem früheren Wechselkursverbund der **Abweichungsindikator** eingeführt. Dieser sollte beim Überschreiten der sog. Abweichungsschwelle die Notwendigkeit einer Überprüfung der Wirtschaftspolitik des betreffenden Landes signalisieren[23].

bbb) Der Abweichungsindikator wurde aus der Abweichung des ECU-Tageswerts vom ECU-Leitkurs berechnet. Bei einer Regelung, die Abweichungen der Marktkurse von den bilateralen Leitkursen bis zu ±15 v. H. zuließ, konnten die jeweiligen *Fremdwährungsbeträge* des Korbs (aus der Sicht Deutschlands also die Beträge an Französischem Franc usw.) bei der Bewertung zu Marktkursen bis zu ±15 v. H. von der (offiziellen) Bewertung zu Leitkursen abweichen. Ging, wie beim Österreichischen Schilling, die eigene Währung überhaupt nicht in den Währungskorb ein (war also ihr Gewichtsanteil Null), dann erreichte die Obergrenze für die Abweichung des ECU-Tageswerts vom ECU-Leitkurs ±15 v. H. Umgekehrt konnte der ECU-Tageswert einer Währung mit einem extrem hohen Gewichtsanteil von nahezu Eins nur minimal von ihrem ECU-Leitkurs abweichen. Die maximal mögliche Abweichung des ECU-Tageswerts vom ECU-Leitkurs lag also innerhalb des Bereichs zwischen 0 v. H. und

23 Zum Abweichungsindikator vgl. N. KLEINHEYER, Der Abweichungsindikator im EWS. „Kredit und Kapital", Jg. 13 (1980), S. 83 ff.

±15 v. H., und zwar um so näher bei ±15 v. H., je geringer der Gewichtsanteil der betreffenden Währung im ECU-Korb war[24].

Bei der Konstruktion des Abweichungsindikators wurde diesen Unterschieden dadurch Rechnung getragen, dass die Abweichung zwischen ECU-Tageswert und ECU-Leitkurs zur maximal möglichen Abweichung ins Verhältnis gesetzt wurde. Betrug etwa die maximal mögliche Abweichung 10,1 v. H. und die tatsächlich beobachtete 5,05 v. H., dann erreichte der Indikator einen Wert von 50 v. H.; er nahm den Wert ±100 v. H. bei der maximal möglichen Abweichung an, d. h. dann, wenn die betreffende Währung gegenüber *allen* übrigen Währungen *zugleich* entweder den oberen oder den unteren Interventionspunkt (den Höchst- oder Mindestkurs) erreichte.

ccc) Als kritische Grenze, von der ab die Wechselkursentwicklung einer Währung Anlass zu Maßnahmen geben sollte, wurde für den Abweichungsindikator eine **Abweichungsschwelle** von 75 v. H. der maximal möglichen Abweichung zwischen ECU-Tageswert und ECU-Leitkurs festgelegt. Hatte der Indikator einer Währung diese Abweichungsschwelle erreicht, dann waren von dem betreffenden Teilnehmer am EWS folgende Maßnahmen in Betracht zu ziehen:

- Interventionen in verschiedenen Währungen (auch in Dollar),
- interne währungspolitische Maßnahmen (z. B. Änderungen des Diskontsatzes),
- Änderungen der Leitkurse (nur in Form einer allgemeinen Neufestsetzung möglich) sowie
- andere wirtschaftspolitische Maßnahmen (etwa im Bereich der Fiskalpolitik).

Allerdings bestand in dieser Situation keine bindende Verpflichtung, derartige Maßnahmen durchzuführen, wohl aber eine Art Rechtfertigungszwang; denn falls keine dieser Maßnahmen ergriffen wurde, sollten die Gründe hierfür den übrigen EWS-Teilnehmern mitgeteilt werden, und zwar im Rahmen der täglichen Abstimmungsgespräche unter den Zentralbanken. Erforderlichenfalls fanden auch Konsultationen in den entsprechenden Gremien der Europäischen Gemeinschaft statt.

ddd) Die Behandlung des Abweichungsindikators abschließend, soll noch auf zwei Eigenschaften hingewiesen werden, die bei seiner Beurteilung in Betracht zu ziehen sind. *Erstens* zeigt er das Ausscheren einer Währung aus der

24 Die maximal mögliche Abweichung (d) wird nach folgender Formel bestimmt: d (in v. H.) = (1 – Gewichtsanteil) • 15 v. H. Für die Deutsche Mark ergab sich somit: (1 – 0,316) · 15 v. H. = 10,3 v. H. Währungen, die nicht in den Wechselkursmechanismus eingebunden waren, gingen mit einer Abweichung von höchstens ±15 v. H. in die Berechnung des Abweichungsindikators ein.

Kursentwicklung der übrigen Währungen unabhängig davon an, ob diese Sonderentwicklung positiv oder negativ zu bewerten ist. Wird beispielsweise im Währungssystem allgemein eine Inflationspolitik betrieben, von der sich nur ein Land durch eine konsequente Preisniveaustabilisierung ausschließt, dann ist die Wahrscheinlichkeit groß, dass die Währung dieses Landes die Abweichungsschwelle überschreitet. Nach den Regeln stand es damit unter einem Rechtfertigungszwang, obwohl dieser in der angegebenen Situation eigentlich eher für die übrigen Länder gelten müsste.

Zweitens erfüllt der Abweichungsindikator seine Signalfunktion nur unzureichend, wenn eine divergierende Stabilitätspolitik jeweils von *mehreren* Ländern *gemeinsam* durchgeführt wird. Zerfällt beispielsweise das Währungssystem in zwei Blöcke und verwirklichen die Länder des ersten Blocks Preisniveaustabilität, während die des zweiten Blocks übereinstimmend eine beträchtliche Inflationsrate aufweisen, dann entsprechen tendenziell die Wechselkurse *innerhalb* eines Blocks den jeweiligen bilateralen Leitkursen, während zwischen Währungen aus *verschiedenen* Blöcken nach einem mehr oder minder langen Zeitraum die Interventionspunkte erreicht werden. Für die Berechnung des Abweichungsindikators der einzelnen Länder bedeutet dies, dass Abweichungen ihrer Wechselkurse vom jeweiligen bilateralen Leitkurs nur gegenüber den Währungen des anderen Blocks zu verzeichnen sind, nicht aber gegenüber Währungen des eigenen Blocks. Deshalb kann die maximal mögliche Abweichung des ECU-Tageswerts vom ECU-Leitkurs in diesem Fall nie erreicht werden, und auch das Überschreiten der Abweichungsschwelle ist sehr erschwert, wenn nicht überhaupt ausgeschlossen. Diese Überlegung zeigt, dass der im EWS berechnete Abweichungsindikator kaum geeignet war, divergierende Kursentwicklungen aufzuzeigen, wenn davon jeweils mehrere Währungen gemeinsam betroffen waren.

dd) Saldenausgleich bei Interventionen und Beistandsmechanismen. – Die Verteidigung eines Festkurssystems setzt voraus, dass ausreichende Möglichkeiten für eine zumindest vorübergehende Finanzierung entstehender Devisenbilanzdefizite vorhanden sind[25]. Im Rahmen der Gemeinschaft waren dafür folgende Beistandsmechanismen verfügbar:

- die sog. sehr kurzfristige Finanzierung im Rahmen des EWS,
- der kurzfristige Währungsbeistand sowie
- der mittelfristige finanzielle Beistand.

25 Bei längerfristigen und umfangreichen Devisenbilanzdefiziten werden allerdings Maßnahmen zur Zahlungsbilanzkorrektur unumgänglich sein. Vgl. dazu Unterabschnitt I.1a).

aaa) Da die obligatorischen Interventionen an den Interventionspunkten in ihrer Höhe nicht begrenzt waren, bestand für die Zentralbank, die am oberen Interventionspunkt eine Partnerwährung verkaufen musste, die Notwendigkeit, sich jederzeit in ausreichendem Umfang diese Währung beschaffen zu können. Hierfür Vorkehrungen zu treffen, war schon deshalb erforderlich, weil nach einer Vereinbarung der Zentralbanken Bestände in anderen Gemeinschaftswährungen nur in begrenzter Höhe als Arbeitsguthaben gehalten werden sollten. Eine entsprechende Rückgriffsmöglichkeit wurde im EWS mit der **sehr kurzfristigen Finanzierung** geschaffen. Sie bot einer Zentralbank die Möglichkeit, die für Interventionszwecke benötigte Währung eines anderen Teilnehmers in erforderlichem Umfang auf dem Kreditwege von der anderen Zentralbank zu erhalten. Die zum Tageskurs in ECU umgerechneten Beträge wurden als Gutschrift für die Gläubiger-Zentralbank und als Belastung für die Schuldner-Zentralbank auf ECU-Konten beim Europäischen Währungsinstitut gebucht. Entstandene *Salden* waren bis zur Mitte des dritten Monats, der auf den Monat der Abwicklung der Intervention folgte, *auszugleichen*. Auf Wunsch der Schuldnerzentralbank erfolgte *Verlängerung* der regulären Laufzeit um drei Monate bis zu einer Grenze, die durch das Doppelte ihrer Schuldnerquote im kurzfristigen Währungsbeistand (siehe Tabelle X.2) bestimmt wurde, ohne dass die Gläubigerzentralbanken einwilligen mussten. Deren Zustimmung war bei Beträgen, die über die genannte Grenze hinausgingen, ebenso erforderlich wie bei einer weiteren Verlängerung um längstens drei zusätzliche Monate[26].

bbb) Durch ein Abkommen zwischen den Zentralbanken wurde 1970 unter den EG-Ländern der **kurzfristige Währungsbeistand** als ein System gegenseitiger Kredithilfen geschaffen, das auch von Nicht-Teilnehmern am EWS in Anspruch genommen werden konnte. Die Kredite mit einer Laufzeit von drei Monaten (bei zweimaliger Verlängerungsmöglichkeit um jeweils drei Monate) konnten bei vorübergehenden Zahlungsbilanzdefiziten gewährt werden, sofern diese auf zufälligen Schwierigkeiten oder unterschiedlichen Konjunkturentwicklungen beruhten. Die Inanspruchnahme erfolgte ohne währungs- oder wirtschaftspolitische Auflagen.

Die Zentralbanken waren in Höhe ihrer in Tabelle X.2 angegebenen *Gläubigerquoten* zur Beteiligung an der Finanzierung des Währungsbeistands verpflichtet; die Inanspruchnahme von Krediten wurde durch die *Schuldnerquote* begrenzt. In Sonderfällen konnte die Summe der Quoten noch um die sog. *Rallonge* erhöht werden, wobei die Grenze des Finanzierungsbeitrags für eine einzelne Zentralbank um die gesamte Rallongensumme erweitert werden konnte (beispielsweise für die Bundesbank bis zu einer Grenze von 12 280 Mill. ECU),

26 Zu den Einzelheiten der Verzinsung und dem Ausgleich der entstandenen Salden vgl. die vierte Auflage dieses Bandes, Unterabschnitt VIII.2b) dd).

Tabelle X.2: *Kurzfristiger Währungsbeistand (Mill. ECU)*

Zentralbank	**Schuldnerquote**	**Gläubigerquote**
Deutsche Bundesbank	1740	3480
Banque de France	1740	3480
Bank of England	1740	3480
Banca d'Italia	1160	2320
Banco de Espana	725	1450
Belgische Nationalbank	580	1160
Nederlandsche Bank	580	1160
Sveriges Riksbank	495	990
Österreichische Nationalbank	350	700
Danmarks Nationalbank	260	520
Suomen Pankki	220	440
Bank of Greece	150	300
Banco de Portugal	145	290
Central Bank of Ireland	100	200
Summe der Quoten	9985	19970
Rallongen	8800	8800
Insgesamt	18785	28770

Quelle: DEUTSCHE BUNDESBANK.

während die Kreditaufnahme eines einzelnen Landes im Allgemeinen um maximal die Hälfte der Rallongensumme aufgestockt werden konnte (im Falle der Bundesbank auf 6 140 Mill. ECU). Bei einer Bewertung dieser Beträge muss jedoch in Betracht gezogen werden, dass alle Beschlüsse im Rahmen des kurzfristigen Währungsbeistands der Einstimmigkeit bedurften, also auch die Zustimmung einer zur Finanzierung herangezogenen Zentralbank erforderten.

ccc) Nach dem **einheitlichen System des mittelfristigen finanziellen Beistands zur Stützung der Zahlungsbilanzen der Mitgliedsstaaten**, zu dem 1988 der mittelfristige Beistand mit dem System der Gemeinschaftsanleihen zusammengefasst wurde, konnte der Ministerrat Mitgliedsländern mit Zahlungsbilanzschwierigkeiten mittelfristige Kredite unter wirtschaftspolitischen Auflagen gewähren. Der Gesamtbetrag der ausstehenden Forderungen nach diesem System wurde auf 16 Mrd. ECU festgelegt. Zur Finanzierung konnte die Gemeinschaft Anleihen bei Finanzinstitutionen oder auf Kapitalmärkten bis zu

14 Mrd. ECU aufnehmen oder auf die Mitgliedsländer zurückgreifen, deren Finanzierungsverpflichtungen im Rahmen von Bereitstellungsplafonds auf insgesamt rd. 13,9 Mrd. ECU begrenzt wurden. Hierbei wurden Vorkehrungen getroffen, dass sich ein Land mit Zahlungsbilanzschwierigkeiten an der Kreditgewährung nicht zu beteiligen brauchte oder nachträglich seine Forderungen mobilisieren konnte, indem diese durch Anleihen der Gemeinschaft refinanziert, auf ein anderes Land übertragen oder durch vorzeitige Rückzahlung getilgt wurden[27].

ee) Europäisches Währungsinstitut (EWI) und seine Aufgaben im Rahmen des EWS. – Zu Beginn der zweiten Stufe der Europäischen Wirtschafts- und Währungsunion, Anfang Januar 1994, nahm das EWI als Vorläufer der europäischen Zentralbank seine Tätigkeit auf. Zu seinen Aufgaben gehörten insbesondere, die dritte Stufe vorzubereiten, die Koordinierung der Geldpolitik unter den Mitgliedsländern der Europäischen Union zu verstärken und das reibungslose Funktionieren des ECU-Verrechnungssystems zu überwachen[28]. Darüber hinaus hatte es die Aufgaben des ehemaligen Europäischen Fonds für die Währungspolitische Zusammenarbeit (EFWZ) übernommen. Damit war das EWI zuständig für die Abwicklung der in ECU ausgedrückten Zahlungsvorgänge, die aus Interventionen im Rahmen des Systems der sehr kurzfristigen Finanzierung entstanden. Außerdem verwaltete das EWI die im Rahmen der Beistandsmechanismen gewährten Kredite. Schließlich war das EWI befugt, Währungsreserven von den Währungsbehörden der Mitgliedstaaten entgegenzunehmen und dafür in entsprechender Höhe ECU-Guthaben auszugeben. Diese Befugnis war insofern von Bedeutung, als die am EWS beteiligten Zentralbanken verpflichtet waren, mindestens 20 v. H. ihrer Gold- und Dollarreserven beim EWI gegen Übertragung eines entsprechenden Gegenwertes in *ECU-Guthaben* zu hinterlegen. Die Währungsreserven wurden nicht endgültig, sondern jeweils nur für ein Vierteljahr in Form eines Swapgeschäftes übertragen, das dann regelmäßig erneuert wurde (revolvierende Dreimonats-Swapgeschäfte). Die ECU-Guthaben konnten von den Zentralbanken zu Zahlungen verwendet werden, beispielsweise zum Ausgleich von Interventionssalden.

27 Vgl. Amtsblatt der Europäischen Gemeinschaften, Nr. L 178/1 ff. vom 8.7.1988.
28 Vgl. Unterabschnitt XI.2b) bb).

3. Optimaler Währungsraum und Erfahrungen mit dem EWS

Das EWS in seiner ursprünglichen Form mit engen Bandbreiten von im Regelfall ±2,25 v. H. bedeutete, dass die beteiligten Länder ihre Währungen nicht einzeln, sondern in einer größeren Gemeinschaft gegenüber der Außenwelt schwanken ließen (Blockfloating). Um festzustellen, ob die Bildung eines Währungsblocks über die nationalen Grenzen hinaus ökonomisch gerechtfertigt erscheint, ist es erforderlich, die mit der Größe eines Währungsraums zusammenhängenden Vor- und Nachteile näher zu untersuchen und dazu auf die Überlegungen der Theorie des optimalen Währungsraums zurückzugreifen. Bei der sich daran anschließenden Auswertung der Erfahrungen mit dem EWS wird die Zäsur berücksichtigt, die mit den Währungskrisen 1992/93 verbunden war. Darüber hinaus wird noch auf die private Verwendung der ECU eingegangen.

a) Optimaler Währungsraum

Ausgangspunkt der Untersuchungen zum **optimalen Währungsraum** ist eine Veröffentlichung von MUNDELL aus dem Jahre 1961, der den optimalen Währungsraum mit einer Region gleichsetzt, an deren Grenzen die Mobilität des Faktors Arbeit endet[29]. In der sich anschließenden Diskussion wurden insbesondere der Öffnungsgrad einer Volkswirtschaft[30], ihre Diversifikation[31] und die Ausrichtung der Stabilisierungspolitik[32] als weitere Kriterien zur *Abgrenzung* eines optimalen Währungsraums zu Grunde gelegt. Bei einer Gegenüberstellung von Kosten und Nutzen einer Währungsunion[33] ist aber auch zu bedenken,

29 Vgl. R. A. MUNDELL, A Theory of Optimum Currency Areas. „The American Economic Review“, Vol. 51 (1961), S. 657 ff. Leicht verändert wieder abgedruckt in: R. A. MUNDELL, International Economics. New York, London 1968. S. 177 ff.

30 Vgl. R. I. MCKINNON, Optimum Currency Areas. „The American Economic Review“, Vol. 53 (1963), S. 717 ff.

31 Vgl. P. B. KENEN, The Theory of Optimum Currency Areas: An Eclectic View. In: Monetary Problems of the International Economy. (Ed. by R. A. MUNDELL, A. K. SWOBODA). Chicago 1969. S. 41 ff.

32 Vgl. J. M. FLEMING, On Exchange Rate Unification. „The Economic Journal“, Vol. 81 (1971), S. 467 ff.

33 Einen Überblick über die Diskussion des optimalen Währungsraums bietet P. SALIN, Die Theorie des optimalen Währungsgebiets. In: Kompendium der Währungstheorie. (Hrsg. von E.-M. CLAASSEN). S. 177 ff. (Deutsche Fassung von: Optimum Currency Area. In: Monetary Unification. Ed. by P. SALIN. Cambridge 1977). – M. FELDSIEPER, Währungsunionen, II: Zielsetzungen und Probleme. In: Handwörterbuch der Wirtschaftswissenschaft (HdWW). Zugleich Neuauflage des Handwörterbuchs der Sozialwissenschaften. Achter Band. Stuttgart 1980. S. 546 ff. – W. M. CORDEN, Monetary Integration. (Essays in International Finance, No. 93). Princeton, N. J., 1972. – P. DE GRAUWE, The Economics of Monetary Integration. 2nd rev. ed. Oxford 1994. Teil I.

dass sich bei der Tauschmittelfunktion des Geldes die größten Vorteile aus einer räumlich *möglichst umfassenden* Verwendung einer Währung ergeben.

aa) Tauschmittelfunktion. – Erfüllt eine Währung die Tauschmittelfunktion, dann können mit ihr nachgefragte Waren und Dienste unmittelbar erworben werden, d. h. ohne dass die Notwendigkeit des Umtausches in ein anderes Zahlungsmedium besteht und ohne dass hierfür Transaktionskosten anfallen. In Anbetracht der räumlichen Mobilität, die heute einen Großteil der am Wirtschaftsprozess Beteiligten auszeichnet, ist der Nutzen einer Währung aus dieser Funktion um so größer, je weiter ihr Geltungsbereich ist. Ein *optimales Währungsgebiet*, das ausschließlich nach diesem Kriterium abgegrenzt wird, umfasst die *gesamte Welt*, da in diesem Fall jede Notwendigkeit entfällt, Güter in einer fremden Währung zu bezahlen und dabei Transaktionskosten[34] zu tragen und ein Wechselkursrisiko einzugehen. Auch der Zusammenschluss von Währungen zu einem Festkurssystem senkt grundsätzlich Transaktionskosten und Wechselkursrisiken, ohne sie allerdings vollkommen zu beseitigen. Das Festkurssystem muss sich dann ebenfalls auf die ganze Welt erstrecken, wenn der Nutzen aus der Verringerung von Transaktionskosten und Wechselkursrisiken soweit wie möglich ausgeschöpft werden soll.

bb) Faktormobilität und Ausrichtung der Stabilisierungspolitik. – aaa) Der Folgerung, dass der optimale Währungsraum die gesamte Welt umfassen müsste, lässt sich das aus der Diskussion der Wechselkurssysteme bekannte Argument entgegenhalten, dass damit – jedenfalls auf längere Frist – die Möglichkeit einer eigenständigen Stabilisierungspolitik auf nationaler oder regionaler Ebene entfallen würde[35]. Die Rechtfertigung für eine Stabilisierungspolitik liegt grundsätzlich in Unvollkommenheiten der Preis- und Lohnbildung auf Güter- und Arbeitsmärkten, weil dann die Marktkräfte allein nicht ausreichen, um stets ein hohes Beschäftigungsniveau aufrechtzuerhalten. In diesem Zusammenhang ist zudem zu berücksichtigen, dass die Mobilität des Faktors Arbeit durch Entfernungen sowie durch sprachliche, rechtliche und kulturelle Grenzen räumlich eingeschränkt wird. Deshalb wird sich die Arbeitslosigkeit nicht gleichmäßig über die Welt verteilen, wenn regional konzentrierte Störungen (sog. *asymmetrische Schocks*) die Beschäftigung beeinträchtigen. Somit stellen beim Auftreten asymmetrischer Schocks globale stabilisierungspolitische Maßnahmen, die im Rahmen eines einheitlichen Währungsraums auf Weltniveau durchgeführt werden, nicht mehr das angemessene Mittel zur Bekämpfung dieser räumlich un-

34 Die Transaktionskosten ergeben sich insbesondere aus der Spanne zwischen Devisenankaufskursen und Devisenverkaufskursen.

35 Vgl. Abschnitt VI.4

terschiedlichen Arbeitslosigkeit dar. Eine *regionale Zuständigkeit für die Stabilisierungspolitik*, die sich durch eine Aufteilung der Welt in einzelne Währungsräume grundsätzlich verwirklichen lässt, kann deshalb ökonomisch durch die *begrenzte räumliche Mobilität des Faktors Arbeit* begründet werden.

bbb) Die Überlegungen von MUNDELL zur Abgrenzung eines optimalen Währungsraums unter dem Aspekt der Arbeitsmobilität lassen sich an einem von ihm selbst zur Erläuterung herangezogenen *Beispiel* verdeutlichen. In seinem häufig zitierten Beispiel geht er davon aus, dass das betrachtete Gesamtgebiet aus einzelnen, jeweils auf bestimmte Produkte spezialisierten Regionen besteht, über deren Grenzen hinweg der Faktor Arbeit vollkommen immobil ist, während innerhalb der Regionen keine räumlichen Hemmnisse für seine Mobilität bestehen. Ausgehend von einer Situation mit Vollbeschäftigung und Preisniveaustabilität in allen Regionen wird eine Störung betrachtet, die durch eine *Verschiebung der Präferenzen* dazu führt, dass die Nachfrage nach einem Gut, auf das sich die Region A spezialisiert hat, abnimmt und gleichzeitig die Nachfrage nach einem anderen Gut, auf das sich die Region B spezialisiert hat, zunimmt. Bei nach unten starren Löhnen entsteht daraufhin in der Region A Unterbeschäftigung, während in der Region B Preissteigerungen drohen. Wegen der fehlenden Mobilität der Arbeitskräfte über die Regionalgrenzen hinaus können die *in beiden Regionen* bestehenden *entgegengesetzten Ungleichgewichte* nicht durch die Wanderung der Arbeitskräfte von A nach B vermindert oder sogar beseitigt werden.

Eine *globale* Stabilisierungspolitik kann sich jeweils nur an einer der beiden Ungleichgewichtssituationen ausrichten und verschärft damit das Ungleichgewicht der anderen Region. Wird beispielsweise der Versuch unternommen, durch eine expansive Geldpolitik die Arbeitslosigkeit der Region A zu bekämpfen, dann verstärkt diese Politik auch die Nachfrage nach dem Produkt der Region B und erhöht somit die Gefahr eines Preisauftriebs für dieses Produkt, während etwaigen Preissenkungstendenzen beim Produkt der Region A durch die Politik der Nachfrageausweitung entgegengewirkt wird. Erst eine *regional unterschiedliche Geldpolitik*, die nur bei einer Abkehr vom festen Wechselkurs zwischen den beiden Regionen auf Dauer wirksam sein kann[36], ermöglicht die gezielte Bekämpfung der jeweils unterschiedlichen Ungleichgewichtszustände[37].

Die Überlegungen MUNDELLS führen zu dem Schluss, dass der *optimale Währungsraum* mit intern festen, aber nach außen flexiblen Wechselkursen die Grö-

36 Vgl. Band **I**, Unterabschnitt VIII.1a).

37 Bei dieser Folgerung wird davon ausgegangen, dass die Geldpolitik als das angemessene Mittel einer Stabilisierungspolitik anzusehen ist. Andernfalls müssten eine selektiv ausgerichtete Fiskalpolitik (in Form eines gezielten Ankaufs der in Region A produzierten Güter) oder regionalpolitische Maßnahmen in die Überlegungen einbezogen werden.

ße einer *durch die Mobilität des Faktors Arbeit abgegrenzten Region* erreicht. Gegenüber dieser Folgerung werden aber Bedenken geäußert, weil die nach dem Kriterium der Faktormobilität abgegrenzten Währungsräume häufig so klein ausfallen, dass mit einer ernsthaften Beeinträchtigung der Tauschmittelfunktion der jeweils nur regional gültigen Währungen gerechnet werden muss. Ferner ist zu berücksichtigen, dass in einer offenen Volkswirtschaft eine durch expansive geldpolitische Maßnahmen ausgelöste Abwertung die Preise für importierte Endprodukte ansteigen lässt und bei den im Inland produzierten Gütern zu Kostensteigerungen[38] und damit ebenfalls zu Preiserhöhungen führt. Je kleiner eine Region bzw. ein Land ist, desto höher wird im Regelfall das Verhältnis der Importe zur Inlandsproduktion sein und desto umfassender und schneller wird eine Abwertung der heimischen Währung die Inlandspreise erhöhen. Damit steigt die Wahrscheinlichkeit, dass sich eine expansive Geldpolitik verstärkt in Preis- statt in Beschäftigungsänderungen niederschlägt. Eine eigenständige Geldpolitik verliert dann – ebenso wie eine autonome Wechselkurspolitik – an stabilisierungspolitischer Bedeutung, wodurch die Kosten der Teilnahme an einer Währungsunion verringert werden. Diese sich auf den *Öffnungsgrad* einer Volkswirtschaft stützenden Überlegungen führen somit wie die Berücksichtigung der Tauschmittelfunktion des Geldes zu der Vermutung, dass eine allein nach dem Kriterium der Faktormobilität abgegrenzte Region unter ökonomischen Gesichtspunkten zu klein ausfallen könnte.

ccc) Nach dem Konzept der PHILLIPS-Kurve, das sich in der von SAMUELSON und SOLOW formulierten Version[39] auf die Beeinflussung der Arbeitslosigkeit durch *konjunkturpolitische Maßnahmen* konzentriert, besteht für die Stabilisierungspolitik eine Wahlmöglichkeit zwischen Inflation und Beschäftigung. Je nach ihren Prioritäten kann sich dann eine Regierung für weniger Arbeitslosigkeit (auf Kosten einer höheren Inflationsrate) oder umgekehrt für weniger Inflation (auf Kosten einer höheren Arbeitslosenquote) entscheiden. In einem System offener Volkswirtschaften besitzt ein *einzelnes* Land für sich allein einen derartigen Handlungsspielraum nur dann, wenn die beiden folgenden Bedingungen erfüllt sind.

Erstens muss die Mobilität des Faktors Arbeit über die nationalen Grenzen hinweg stark eingeschränkt sein; denn anderenfalls würde der Versuch, sich mit Inflation eine besonders niedrige Arbeitslosenquote zu erkaufen, durch Zuwan-

38 Diese Kostensteigerungen gehen auf Preiserhöhungen für importierte Vorprodukte sowie auf Lohnforderungen zurück, die ihre Ursache im Anstieg der Konsumgüterpreise haben. Vgl. Band I, Unterabschnitt III.4a).

39 Vgl. P. A. SAMUELSON, R. M. SOLOW, Problem of Achieving and Maintaining a Stable Price Level: Analytical Aspects of Anti-Inflation Policy. „The American Economic Review", Vol. 50 (1960), Papers and Proceedings, S. 177 ff.

derung von Arbeitskräften aus Ländern mit hoher Arbeitslosigkeit beeinträchtigt werden oder sogar daran scheitern. *Zweitens* sind, wie erläutert, unterschiedlich hohe Inflationsraten auf Dauer mit einem Festkurssystem nicht vereinbar. Deshalb ist für ein einzelnes Land die Möglichkeit, durch Veränderung der Inflationsrate nach eigenem Ermessen die Arbeitslosigkeit zu beeinflussen, nur bei flexiblen, nicht aber bei festen Wechselkursen gegeben. Der bei festen Wechselkursen notwendige Verzicht auf eine eigenständige Ausrichtung der Stabilisierungspolitik sollte in die Überlegungen zur Bildung eines optimalen Währungsraums einbezogen werden[40].

ddd) Aufgrund der vorliegenden Erfahrungen wird seit dem Ende der sechziger Jahre die Existenz einer Wahlmöglichkeit zwischen Inflation und Arbeitslosigkeit in Zweifel gezogen, und es hat sich die Auffassung verbreitet, dass die Arbeitslosenquote durch Erhöhung der Inflationsrate allenfalls vorübergehend, nicht aber langfristig in einem wirtschaftspolitisch bedeutsamen Umfang vermindert werden kann[41]. In dieser (nicht unumstrittenen) Sicht bedeutet es *langfristig* kein Opfer, sondern nur den Verzicht auf ein untaugliches Mittel, wenn sich ein Land – entsprechend den Regeln eines Festkurssystems – der Möglichkeit zur autonomen Festlegung seiner Inflationsrate begibt. Bei dieser Wertung bleibt unberücksichtigt, dass diejenigen Länder, die zur Vereinheitlichung ihre Inflationsraten senken müssen, mit *Anpassungskosten* in Form einer *zeitweilig erhöhten Arbeitslosigkeit* zu rechnen haben. Dem lässt sich allerdings für ein Land mit sehr hohen Inflationsraten entgegenhalten, dass sich ohnehin eine Politik der Inflationsbekämpfung letztlich als unvermeidbar erweisen dürfte[42]. In diesem Fall können etwaige Anpassungskosten nicht der Beteiligung an einem Festkurssystem oder dem Beitritt zu einer Währungsunion zugerechnet werden. Darüber hinaus ist es möglich, dass durch den währungspolitischen Zusammenschluss mit stabilitätsorientierten Ländern Glaubwürdigkeit und Erfolgsaussichten der Politik der Inflationsbekämpfung steigen. Insofern ist nicht eindeutig zu entscheiden, ob in der Ausgangslage bestehende Unterschiede in der Ausrichtung der Stabilisierungspolitik die Kosten für die Bildung von Währungsräumen insgesamt erhöhen oder nicht.

40 Vgl. auch DE GRAUWE, a. a. O., S. 13 ff.

41 Zu diesem Konzept einer langfristig vertikalen, aber kurzfristig fallenden PHILLIPS-Kurve vgl. H. FRISCH, Die Neue Inflationstheorie. Göttingen 1980. S. 46 ff. – JARCHOW, Theorie und Politik des Geldes I, a. a. O., Unterabschnitt V.1c). – Allerdings existieren empirische Belege dafür, dass selbst langfristig die Arbeitslosigkeit auf Kosten von Inflation vermindert werden kann. Vgl. W. FRANZ, Wohin treibt die Phillipskurve? Theoretische und empirische Überlegungen zur inflationsstabilen Arbeitslosenquote in der Bundesrepublik Deutschland. „Zeitschrift für Wirtschafts- und Sozialwissenschaften", Jg. 104 (1984), S. 619.

42 Vgl. DE GRAUWE, a. a. O., S. 16 f. und S. 52 ff.

cc) Optimaler Währungsraum und Europäische Union. – Der in der Europäischen Union vereinigte Wirtschaftsraum weist allein aus sprachlichen Gründen innere Grenzen auf, an denen die Mobilität des Faktors Arbeit stark eingeschränkt ist. Insofern überschreitet er sicherlich die Größe, die nach dem Kriterium der Faktormobilität optimal wäre. Weiterhin bestehen hinsichtlich des Öffnungsgrades innerhalb der Gemeinschaft beträchtliche Unterschiede zwischen den Mitgliedstaaten, wobei Spanien, Italien und Großbritannien in bezug auf den Außenhandel vergleichsweise gering mit den anderen Ländern der Gemeinschaft verflochten sind. Somit zeichnet sich ab, dass nach dem Kriterium des Öffnungsgrades nur ein Teil der Gemeinschaft einen optimalen Währungsraum bilden würde[43].

b) Das EWS bis zu den Währungskrisen 1992/93

Wie im Abschnitt 2 erläutert, sollte mit der Errichtung des EWS vorrangig das Ziel verfolgt werden, stabile Wechselkurse zwischen den beteiligten Währungen zu schaffen; zusätzlich wurden auch Fortschritte in Richtung auf eine erhöhte Preisniveaustabilität angestrebt. An diesen beiden bei der Gründung formulierten Zielen soll hier das EWS in erster Linie beurteilt werden[44]. Anschließend wird auf die Konsequenzen eingegangen, die sich aus der Rolle der Deutschen Mark als Ankerwährung für das EWS ergeben haben.

aa) Erklärte Ziele. – aaa) Das Ziel des EWS, stabile Wechselkurse zu schaffen, wurde in dem Zeitraum vor den Währungskrisen 1992/93 nicht erreicht, wie zwölf Leitkursanpassungen belegen. Diese haben, über die Gesamtperiode gesehen, zu starken Veränderungen der Wechselkurse geführt. So wurden bis zum April 1992, also in den dreizehn Jahren nach Errichtung des EWS, fünf derjenigen sechs Währungen, die zusammen mit der Deutschen Mark von Beginn an in die Wechselkursregelungen einbezogen waren, ihr gegenüber zwischen 23 und 40 v. H. abgewertet (vgl. Tabelle X.3). Wie eine nähere Betrachtung zeigt, kam es bis 1987 zu starken Wechselkursänderungen, die in ihrer Größenordnung durchaus mit der vorangegangenen Periode des gescheiterten Europäischen Wechselkursverbunds vergleichbar waren. Hingegen war in dem Zeitraum von 1987 bis Frühjahr 1992 das Ziel stabiler Wechselkurse weitgehend

43 Vgl. ebenda, S. 83 f.

44 Zur Auswertung der Erfahrungen vgl. The European Monetary System: Recent Developments. (Occasional Paper No. 48. International Monetary Fund). Washington, D. C., 1986. – M. J. ARTIS, The European Monetary System: An Evaluation. „Journal of Policy Modeling", Vol. 9 (1987), S. 175 ff. – DEUTSCHE BUNDESBANK, Wechselkursentwicklung im Europäischen Währungssystem – Erfahrungen nach zehn Jahren –. Monatsberichte der Deutschen Bundesbank, November 1989, S. 30 ff. – KRÄGENAU, WETTER, a. a. O., S. 24 ff.

Tabelle X.3: *Kumulierte Wechselkursänderungen der am EWS beteiligten Währungen gegenüber der Deutschen Mark, April des jeweiligen Jahres (in v. H.)*

Währung[a]	**EWS-Periode**				**Vergleichsperiode**
	1979–92	**1979–87**	**1987–92**	**1992–98**	**1972–79**
BEF/LUF	–22,9	–23,5	+ 0,7	– 0,3	–12,5
DKK	–27,3	–26,1	– 1,5	+ 1,6	–21,0
FRF	–32,0	–31,0	– 1,5	+ 0,9	–31,0
IEP	–30,2	–30,2	+ 0,0	– 5,5	[b]
ITL[c]	–39,9	–37,6	– 3,7	–23,8	–58,8
NLG	– 4,0	– 4,2	+ 0,1	– 0,0	– 6,6
ESP[d]	–41,8	–48,8	+13,7	–25,8	–43,5
PTE[d]	–69,9	–66,8	– 9,4	–16,6	[b]
GBP[e]	–24,1	–24,8	+ 0,9	+ 4,8	–52,7

[a] Zu den Abkürzungen vgl. Tabelle X.1. [b] Keine Angabe. [c] Teilnahme am Wechselkursmechanismus zwischen 1992 und 1996 ausgesetzt. [d] Teilnahme seit 1989 bzw. 1992. [e] Teilnahme am Wechselkursmechanismus zwischen 1990 und 1992.

Quelle der verwendeten Werte: DEUTSCHE BUNDESBANK, Devisenkursstatistik, Statistisches Beiheft zum Monatsbericht 5, Tabelle II.1, Januar 1999 (sowie vorangegangene Hefte).

verwirklicht worden. Die Währungskrisen von 1992/93 beendeten dann aber die Periode verhältnismäßig stabiler Wechselkurse. Gegenüber der Deutschen Mark wurde gut die Hälfte derjenigen Währungen, die Anfang 1992 am Wechselkursmechanismus beteiligt waren, teilweise erheblich abgewertet, während sich für die Benelux-Länder, Dänemark und Frankreich die Wechselkurse zur Deutschen Mark kaum veränderten. Hierin liegt ein Unterschied zu den Währungsturbulenzen in der ersten EWS-Periode, in der sich nur der Wechselkurs des Holländischen Gulden gegenüber der Deutschen Mark als relativ stabil erwiesen hatte.

bbb) Auch wenn bei den ursprünglichen Bandbreiten Leitkursänderungen nur während eines Fünfjahreszeitraums vor der Währungskrise 1992 vermieden werden konnten[45], so gingen doch vom Interventionsmechanismus bereits frühzeitig dämpfende Wirkungen auf die kurzfristigen Wechselkursschwankungen aus. Wie statistische Untersuchungen zeigen, verzeichneten die in das EWS einbezogenen Wechselkurse nach 1979 einen deutlichen Rückgang der Volatili-

45 Im Zusammenhang mit der Verringerung der Bandbreite für die Italienische Lira wurden allerdings Anfang 1990 deren Leitkurse geändert, verblieben aber innerhalb der bis dahin geltenden vorläufigen Bandbreite von ±6 v. H. Vgl. auch Geschäftsbericht der Deutschen Bundesbank für das Jahr 1990, S. 64.

Schaubild X.1: *Inflationsraten in sechs wichtigen Ländern der Europäischen Union, 1974–2000 (in v. H.)*

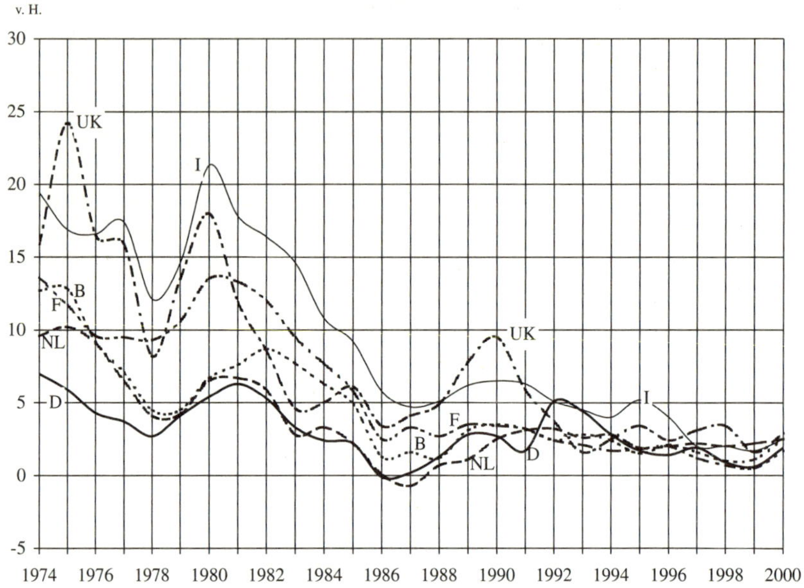

Quelle der verwendeten Werte: INTERNATIONAL MONETARY FUND, International Financial Statistics, Yearbook 2001 (Consumer Prices).

tät, während eine derartige Entwicklung bei den übrigen Wechselkursen im Allgemeinen nicht festzustellen war[46].

ccc) Im Jahre 1978, als der Europäische Rat anlässlich der vorgesehenen Errichtung des EWS seine Entschlossenheit zu einer auf größere *(Preisniveau-)Stabilität* gerichteten Politik bekundete, waren die Inflationsraten deutlich rückläufig. Wie Schaubild X.1 zeigt, handelte es sich hierbei zunächst nur um vorübergehende Erfolge; denn bereits ab 1979 und spätestens ab 1980 erhöhten sich wieder die Inflationsraten der Gemeinschaftsländer in Reaktion auf den kräftigen Rohölpreisanstieg der Jahre 1979/80[47]. Danach sind sie aber stark gesunken und haben seit Mitte der achtziger Jahre den 1978 erreichten niedrigen Stand nur ausnahmsweise überschritten.

46 Vgl. The European Monetary System . . ., a. a. O., S. 18 f. Die Volatilität wird dabei anhand des Variationskoeffizienten (Standardabweichung geteilt durch den Mittelwert) der monatlichen Durchschnittskurse gemessen.

47 Zu den beiden Ölkrisen vgl. Unterabschnitt VII.1b).

Auch beim Abbau der Inflations*differenzen* wurden Erfolge erzielt, wodurch sich die Notwendigkeit von Wechselkursanpassungen deutlich verminderte. Es ist allerdings umstritten, inwieweit der Fortschritt bei der Inflationsbekämpfung dem EWS selbst zuzuschreiben ist. Zwar wirkt ein Festkurssystem insofern disziplinierend, als sich Länder mit höherer Inflationsrate unter dem Druck von Zahlungsbilanzdefiziten und schwindenden Währungsreserven eher zu Korrekturmaßnahmen gezwungen sehen als Länder mit Zahlungsbilanzüberschüssen. Diesem in der Tendenz *asymmetrischen Einfluss* auf die Stabilisierungspolitik können sich aber Länder mit höheren Preissteigerungen durch eine Abwertung ihrer Währung entziehen. Die Vielzahl von Leitkursanpassungen bis 1987 und nach der Währungskrise von 1992 zeigt, dass im EWS von dieser Möglichkeit häufig Gebrauch gemacht wurde. Zudem deutet der nach 1980 beobachtete starke Inflationsrückgang in den USA[48], die nicht an einem Festkurssystem beteiligt waren, auf weltweit wirkende Ursachen hin (wie den Rückgang der Rohölpreise seit 1981). Unabhängig von diesen allgemein geltenden Feststellungen gibt es aber Anzeichen dafür, dass auf Grund der Ankerwährungsfunktion der Deutschen Mark in einzelnen am EWS beteiligten Ländern preisdämpfende Einflüsse wirksam waren.

bb) Ankerwährungsfunktion und Inflationsbekämpfung. – aaa) Wenn zwei Länder, die für längere Zeit einen geldpolitisch unterschiedlichen Kurs verfolgen und deshalb einen großen Unterschied in der Inflationsrate aufweisen, einem System anpassungsfähiger Festkurse beitreten, dann haben sie grundsätzlich folgende Alternative. Sie können *einerseits* Unterschiede zwischen den Preissteigerungsraten als gegeben hinnehmen. In diesem Fall sind Wechselkursanpassungen auf Dauer nicht zu vermeiden[49]. Vor allem das Land mit dem stärkeren Preisauftrieb muss ein Interesse daran haben, die einsetzende Verschlechterung in der preislichen Wettbewerbsfähigkeit durch eine Abwertung der eigenen Währung möglichst schnell wieder zu korrigieren, damit Beschäftigungsrückgänge und Zahlungsbilanzkrisen vermieden werden. Von einer Abwertung der eigenen Währung gehen aber Preisauftriebstendenzen aus[50], so dass *andererseits* eine Abwertung dann die falsche Maßnahme ist, wenn das Land mit dem stärkeren Preisanstieg einen Kurswechsel vornehmen und seine Inflationsrate auf das Niveau im anderen Land senken will. Bei dieser Zielsetzung muss es mit kontraktiven binnenwirtschaftlichen Maßnahmen den Preisauftrieb soweit dämpfen, dass ein fester Wechselkurs mit dem anderen Land dauerhaft aufrechterhalten bleiben kann. Hat ein derartiger Kurswechsel Er-

48 Vgl. hierzu auch Schaubild VII.5, Unterabschnitt VII.3c).
49 Vgl. Unterabschnitt VI.4b).
50 Vgl. Band I, Abschnitt III.4a).

folg, dann dient, um ein Bild zu gebrauchen, der feste Wechselkurs gegenüber der Währung des stabilitätsbewussten Landes als *Anker* für die eigene Inflationsbekämpfung.

Ein Festkurssystem mit einer Ankerwährung ist unabhängig davon, welche Regelungen offiziell vereinbart wurden, in seiner Wirkungsweise *asymmetrisch* ausgestaltet: Eines der Mitgliedsländer richtet seine Stabilisierungspolitik (insbesondere die Geldpolitik) autonom auf das binnenwirtschaftliche Ziel der Preisniveaustabilität aus, während die anderen Länder ihre Geldpolitik auf das außenwirtschaftliche Ziel einstellen, zum erstgenannten Land einen stabilen Wechselkurs aufrechtzuerhalten. Da ihnen dies auf Dauer nur möglich ist, wenn sie das Entstehen von Inflationsdifferenzen verhindern, übernehmen sie letztlich die stabilisierungspolitische Orientierung des autonom handelnden Landes, das damit im Zentrum des Festkurssystems steht[51].

bbb) Um einen Anhaltspunkt für die tatsächliche Ausrichtung der Politik im EWS zu gewinnen, soll die Preis- und Wechselkursentwicklung für das Beispiel Frankreichs und der Bundesrepublik näher untersucht werden. Die Preisentwicklung der beiden Länder spiegelt sich in Schaubild X.2 in der Entwicklung des *hypothetischen* Wechselkurses w^K wider. Dieser gibt an, wie sich bei unterschiedlicher Preisänderung in In- und Ausland der Wechselkurs entwickeln müsste, damit die Kaufkraftparität in ihrer komparativen Form[52] gegenüber einem Basisjahr aufrechterhalten bliebe[53]. Dieser *Kaufkraftparitätenkurs* muss sinken, wenn das Preisverhältnis zwischen Inland und Ausland (p/p^a) in der Periode t gegenüber der Periode 0 abgenommen hat; denn bei einem schwächeren Preisanstieg im Inland als im Ausland ist eine Aufwertung der heimischen Währung erforderlich, um die Kaufkraftparität aufrechtzuerhalten.

ccc) Wie aus der im Schaubild X.2 aufgezeichneten Entwicklung des Kaufkraftparitätenkurses zwischen dem Französischen Franc und der Deutschen Mark hervorgeht, lag die französische Inflationsrate bis etwa 1988 deutlich über der deutschen, so dass das Preisverhältnis zwischen Deutschland und Frankreich und damit der Kaufkraftparitätenkurs ständig gesunken ist. Eine Politik, die die Inflationsdifferenz akzeptiert und sich nur darum bemüht, negative Auswirkungen

51 Vgl. F. GIAVAZZI, A. GIOVANNINI, Limiting Exchange Rate Flexibility. The European Monetary System. Cambridge, Mass., 1989. Kap. 4. Es ist allerdings umstritten, ob im EWS die Bundesrepublik in der hier skizzierten Weise tatsächlich eine führende Rolle übernommen hat. Vgl. M. FRATIANNI, J. v. HAGEN, German Dominance in the EMS: The Empirical Evidence. „Open economies review", Vol. 1 (1990), S. 67 ff.

52 Vgl. hierzu Band I, Gleichung (8) in Unterabschnitt X.1c).

53 Die Kaufkraftparität in ihrer komparativen Form ist zwischen dem Berichtsjahr (t) und dem Basisjahr (o) erfüllt, wenn gilt: $w_t / w_o = (p_t / p_o) : (p^a{}_t / p^a{}_o)$, bzw. $w_t = w_o\ (p_t / p_o) : (p^a{}_t / p^a{}_o)$. Der Kaufkraftparitätenkurs lässt sich dann unter Rückgriff auf diese Gleichung bestimmen: $w^K{}_t = w_o\ (p_t / p_o) : (p^a{}_t / p^a{}_o)$.

Schaubild X.2: *Wechselkurs (w) und Kaufkraftparitätenkurs[a] (w^K) zwischen Französischem Franc und Deutscher Mark, 1974–1998 (logarithmischer Maßstab)*

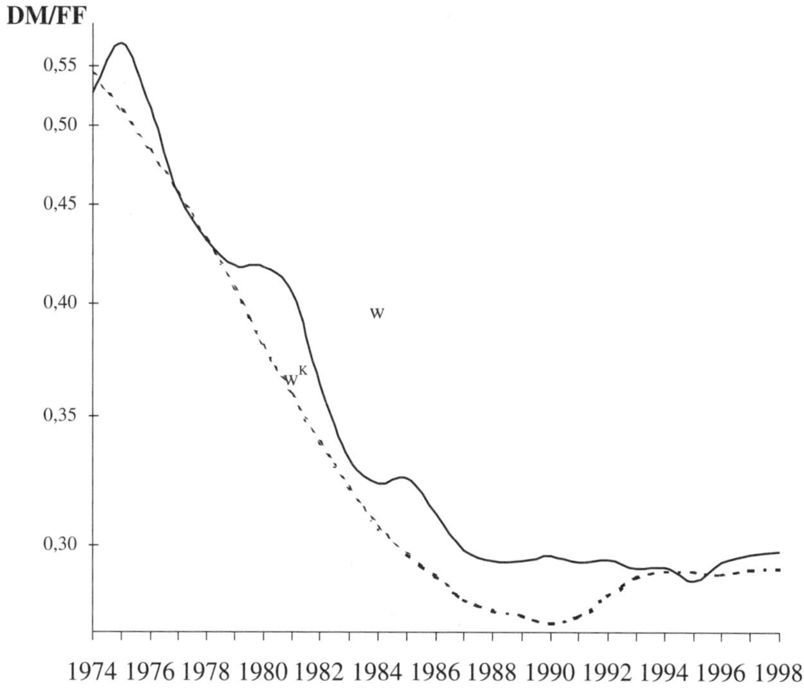

[a] Kaufkraftparitätenkurs zur Basis 1978.

Quelle der verwendeten Werte: DEUTSCHE BUNDESBANK, Devisenkursstatistik, Statistisches Beiheft zum Monatsbericht 5, Februar 1999, Tabelle II.1 (sowie vorangegangene Hefte).

auf Beschäftigung und Zahlungsbilanz zu verhindern, würde den Wechselkurs in etwa auf der durch den Kaufkraftparitätenkurs vorgezeichneten Bahn halten.

Tatsächlich waren aber offensichtliche Abweichungen zu verzeichnen, die über längere Zeit einem bestimmten Muster folgten, das hier kurz beschrieben werden soll: Nach Errichtung des EWS und ein zweites Mal nach mehreren Leitkursanpassungen in den Jahren 1981 bis 1983 wurde der *Wechselkurs* zwischen dem Französischen Franc und der Deutschen Mark *zunächst stabil* gehalten. Damit wurde aus der Sicht Frankreichs der heimische Lohn- und Preisauftrieb tendenziell durch den geringeren Preisanstieg importierter Güter gedämpft. Wie die Entwicklung zeigt, wurde diese Politik der Inflationsbekämpfung aber nicht mit einer solchen Konsequenz betrieben, dass es in den beiden Zeiträumen nach 1979 und nach 1983 tatsächlich zu einer Angleichung der französischen an die deutsche Preisentwicklung gekommen ist. Vielmehr verdeutlicht Schaubild X.2, dass in beiden Phasen die Fixierung des Wechselkurses zu einer immer stärkeren Abweichung vom Kaufkraftparitätenkurs führte. Als Folge stellte sich eine zunehmende Verschlechterung der französischen Wettbewerbsposition ein, die in der ersten Phase massive Eingriffe in den Zahlungs- und Kapitalverkehr auslöste[54] und schließlich in beiden Phasen beträchtliche *Leitkursänderungen* erzwang (1981 bis 1983 bzw. 1986 und 1987), wodurch sich die Abweichung des Wechselkurses vom Kaufkraftparitätenkurs wieder verringerte. Seit Ende der achtziger Jahre hat sich die Situation gewandelt. Die Inflationsrate ist in Frankreich stärker als in Deutschland gesunken. Als Folge dieser Entwicklung hat sich der Kaufkraftparitätenkurs an den seit längerem weitgehend unveränderten Wechselkurs angenähert; verglichen mit der Ausgangslage bei Beginn des EWS ist die Kaufkraftparität in ihrer komparativen Form zwischen Deutschland und Frankreich Mitte der neunziger Jahre (nahezu) wieder erfüllt.

ddd) Zusammenfassend lässt sich die Entwicklung bis etwa 1988 aus der Sicht Frankreichs als Versuch interpretieren, durch Fixierung des Wechselkurses gegenüber der Deutschen Mark den Preisauftrieb im Inland zu dämpfen, ohne gleichzeitig die stärker an der Geldwertstabilität ausgerichtete deutsche Wirtschaftspolitik voll zu übernehmen. Dass diese Politik überhaupt für einige Jahre durchgehalten werden konnte, wird nicht zuletzt auf die französischen *Kapitalverkehrskontrollen* zurückgeführt, die bei einem Abwertungsverdacht die Kapitalflucht aus Frankreich effektiv behinderten[55]. Wegen der vollständigen Aufhebung der französischen Kapitalverkehrskontrollen sind seit 1990 die Grundlagen für ein derartiges Vorgehen entfallen.

c) Währungskrisen von 1992/93

aa) Ablauf. – Im September 1992 endete eine Fünfjahresperiode, in der das EWS erfolgreich zu sein schien. Während dieses Zeitraums bezogen Spanien, Großbritannien und Portugal ihre Währungen in den Wechselkursmechanismus ein; Italien übernahm die enge Bandbreite von ±2,25 v. H.; Schweden, Norwegen und Finnland banden ihre Währungen einseitig an den ECU. Leitkursänderungen wurden nur im Zusammenhang mit der Verringerung der Bandbreite (für die Italienische Lira) bzw. der Einbindung in den Wechselkursmechanismus (für das Pfund Sterling) vorgenommen. Außerdem hatten Belgien, Frankreich und Italien den Kapitalverkehr zum Inkrafttreten der ersten Stufe der Europäischen Wirtschafts- und Währungsunion (Juli 1990) vollständig liberalisiert. Ein Zeichen zunehmenden Vertrauens in die Stabilität der bestehenden Leitkurse kann auch

54 Vgl. GUTOWSKI, SCHARRER, a. a. O., S. 172 f.
55 Vgl. ARTIS, a. a. O., S. 193 ff.

darin gesehen werden, dass die Zinsunterschiede gegenüber Deutschland in diesen Ländern Anfang der neunziger Jahre beträchtlich abgenommen hatten. Die Unterzeichnung des Maastrichter Vertrages festigte offensichtlich die Erwartung, dass der Übergang vom EWS zur Europäischen Wirtschafts- und Währungsunion ohne Störungen durch Leitkursanpassungen vollzogen werden könnte[56]. Diese Erwartung erwies sich jedoch als nicht zutreffend, da nach der dänischen Ablehnung des Vertrags von Maastricht (im ersten Referendum vom Juni 1992) und nach einem Tiefstand des Dollarkurses (September 1992), ausgelöst durch eine gegenläufige Zinspolitik in den Vereinigten Staaten und in Deutschland, eine Serie von Währungskrisen ausbrach, die erst im August des folgenden Jahres ein Ende fand. Trotz massiver Interventionen der beteiligten Zentralbanken[57] waren die Folgen für das EWS einschneidend: Für das Pfund Sterling und die Lira wurden die Wechselkursregelungen aufgegeben; Spanien, Portugal und Irland mussten z. T. mehrfach eine Abwertung ihrer Währungen vornehmen und die skandinavischen Länder die Bindung ihrer Währungen an den ECU beenden. Schließlich wurde die Bandbreite im EWS beträchtlich auf ±15 v. H. ausgeweitet (August 1993); nur zwischen dem Holländischen Gulden und der Deutschen Mark wurde auf Grund einer bilateralen Vereinbarung die enge Bandbreite von ±2,25 v. H. beibehalten.

bb) Ursachen. – In der Diskussion über die Währungskrisen 1992/93 wird auf unterschiedliche Ursachen hingewiesen. Einerseits wird sie in dem Hinauszögern von Wechselkursanpassungen gesehen[58]. Seit dem letzten Realignment von 1987 hatte sich bei denjenigen Währungen, die während der Währungskrisen von 1992/93 abgewertet wurden, ein *Anpassungsbedarf auf Grund von Inflationsdifferenzen* ergeben[59], d. h. auf Grund einer unterschiedlichen Ausrichtung der Stabilisierungspolitik[60]. Da sich das EWS von einem System fester, aber anpassungsfähiger Wechselkurse zu einem „Regime eingefrorener Paritäten"[61] entwickelt hatte, waren in diesen Fällen Abwertungen zur Verbesserung der preislichen Wettbewerbsfähigkeit überfällig geworden.

Andererseits geriet auch eine Währung wie der Französische Franc unter den Druck der Währungsspekulation, obwohl sich das deutsch/französische

56 Vgl. BANK FÜR INTERNATIONALEN ZAHLUNGSAUSGLEICH, 63. Jahresbericht ..., a. a. O., S. 6.

57 Vgl. DEUTSCHE BUNDESBANK, Geschäftsbericht 1993, S. 91 ff.

58 Vgl. H.-D. SMEETS, M. MÖLLER, Zur Krise des Europäischen Währungssystems. „LIST FORUM für Wirtschafts- und Finanzpolitik", Bd. 20 (1994), S. 226 ff. – P. B. KENEN, What Have We Learned from the EMS Crises? „Journal of Policy Modeling", Vol. 17 (1995), S. 449 ff.

59 Vgl. SMEETS, MÖLLER, a. a. O., S. 230 ff.

60 Dieser Erklärungszusammenhang wird in den Währungskrisenmodellen der ersten Generation berücksichtigt. Vgl. Unterabschnitt IX.1b).

61 BANK FÜR INTERNATIONALEN ZAHLUNGSAUSGLEICH, 63. Jahresbericht ..., a. a. O., S. 6 f.

Preisverhältnis von 1987 bis 1992 kaum verändert hatte und damit der reale Wechselkurs zur Deutschen Mark im Jahre 1992 in etwa auf dem Niveau des Jahres 1987 lag. Somit kann in diesem Fall die Währungsspekulation nicht mit einem Anpassungsbedarf zwischen dem Französischen Franc und der Deutschen Mark seit der letzten bilateralen Leitkursveränderung von 1987 begründet werden. Eine Erklärungsmöglichkeit wurde in den Auswirkungen der deutschen Vereinigung und der in ihrem Zusammenhang betriebenen Geld- und Fiskalpolitik gesehen. Aus ökonomischer Sicht ist die deutsche Vereinigung als ein *asymmetrischer Schock* zu bewerten, weil sich die wirtschaftlichen Anstoßwirkungen vorrangig auf Deutschland erstreckten. Da dem starken, durch staatliche Defizite finanzierten Anstieg der gesamtwirtschaftlichen Nachfrage in Westdeutschland keine vergleichbare Ausweitung des Angebots gegenüberstand, führte der Nachfrageschub dort zu einer hohen Kapazitätsauslastung. Der damit drohenden Inflationsgefahr trat die Bundesbank mit einer restriktiven Geldpolitik entgegen, die die kurz- und langfristigen Zinssätze im Vergleich zum Zeitraum vor der deutschen Vereinigung deutlich erhöhte. Wegen der hohen Kapitalmobilität mussten zur Aufrechterhaltung ihrer Wechselkurse die anderen EWS-Länder der Zinserhöhung in Deutschland folgen, was angesichts der ungünstigen Konjunkturlage in einigen dieser Länder politische Widerstände hervorrief. Als nach der Ablehnung des Vertrags von Maastricht im ersten dänischen Referendum die internationalen Finanzanleger das Vertrauen in die weitere politische Durchsetzbarkeit der auf Wechselkursstabilisierung ausgerichteten restriktiven Geldpolitik verloren und sie die Möglichkeit einer Abwertung des Französischen Franc in ihre Überlegungen einbezogen[62], erfasste – trotz der eindeutigen Erfolge bei der Inflationsbekämpfung in Frankreich – die Spekulationswelle auch den Französischen Franc. Sie lässt sich somit als Beispiel einer sich selbst bestätigenden spekulativen Attacke gegen einen eigentlich tragfähigen Wechselkurs (self-fulfilling speculative attack) auffassen, die unter bestimmten Bedingungen in dem betroffenen Land zu einer Abwertung und zur Abkehr von der stabilitätsorientierten Wirtschaftspolitik führen kann[63].

62 Dies geht aus der Entwicklung der kurzfristigen Zinssätze hervor. Vgl. SMEETS, MÖLLER, a. a. O., S. 240.

63 Zu den Einzelheiten vgl. B. EICHENGREEN, CH. WYPLOSZ, The Unstable EMS. „Brookings Papers on Economic Activity", 1993 (1), S. 90 ff. – Vgl. hierzu auch die Hinweise auf die Währungskrisenmodelle der zweiten Generation, Unterabschnitt IX.1b).

d) Private Verwendung von ECU

Neben ihrer offiziellen Verwendung im Rahmen des EWS sowie bei Transaktionen zwischen der Europäischen Gemeinschaft und den Mitgliedstaaten diente die ECU auch auf internationalen Märkten für Anleihen und für Interbankforderungen als Währungseinheit, in der die jeweiligen Geldbeträge festgelegt (denominiert) werden. Bis zu den EWS-Währungskrisen der Jahre 1992/93 hatte der *Markt für private ECU* zunehmend an Bedeutung gewonnen[64]. So erreichte die ECU im Jahre 1991 an den angekündigten Neuemissionen festverzinslicher internationaler Anleihen einen Anteil von 12 v. H. und lag damit deutlich vor der Deutschen Mark[65]. Nach den Währungskrisen von 1992/93 schrumpfte der ECU-Markt sowohl bei den Anleihen als auch bei den Bankforderungen und -verbindlichkeiten. So verringerte sich das Volumen des privaten ECU-Banken- und Finanzmarktes vom dritten Vierteljahr 1992 bis zum dritten Vierteljahr 1995 insgesamt um 13 v. H.[66].

Als *Anlagewährung* wies die ECU einerseits den Vorteil auf, dass sie eine Risikostreuung zu Transaktions- und Informationskosten ermöglichte, die niedriger waren als bei einem vom Anleger selbst aus den beteiligten Währungen zusammengestellten Portefeuille. Andererseits bestand ein Nachteil der ECU darin, dass die im Währungskorb festgelegten Währungsanteile eher zufällig einer Zusammensetzung entsprachen, die unter Berücksichtigung der Ertrags- und Risikoeinschätzungen als optimal anzusehen waren. Deshalb spricht einiges für die Vermutung, dass die ECU ihre zeitweilig beachtliche Rolle auf den Finanzmärkten wohl auch deshalb erlangen konnte, weil sie im Rahmen der früheren italienischen und französischen Kapitalverkehrskontrollen eine Vorzugsbehandlung erfuhr und außerdem die Europäische Gemeinschaft die Entwicklung dieses Marktes durch die Begebung von ECU-Anleihen förderte.

64 Vgl. BANK FÜR INTERNATIONALEN ZAHLUNGSAUSGLEICH, 62. Jahresbericht. 1. April 1991 – 31. März 1992. Basel 1992. S. 202 ff. – Zur Entwicklung in den achtziger Jahren vgl. Monatsberichte der Deutschen Bundesbank, August 1987, S. 32 ff. – Die ECU als Finanzanlage wird aus portfoliotheoretischer Sicht untersucht von J. ARNSMEYER, Die ECU als private Anlagewährung. Eine theoretische und empirische Portfoliountersuchung internationalen Anlageverhaltens. Frankfurt am Main 1989.

65 Vgl. BANK FÜR INTERNATIONALEN ZAHLUNGSAUSGLEICH, 63. Jahresbericht ..., a. a. O., S. 128. – Bereits 1992 kehrte sich das Verhältnis zwischen ECU und DM bei den Neuemissionen um.

66 Vgl. EUROPÄISCHES WÄHRUNGSINSTITUT, Jahresbericht 1995. Frankfurt am Main 1996. S. 18.

Zusammenfassung

1. Mit dem Beschluss zur Verringerung der Bandbreiten zwischen den Währungen der Europäischen Gemeinschaft, durch den 1972 der Europäische Wechselkursverbund begründet wurde, sollte ein erster Schritt getan werden auf dem Weg zu einer Wirtschafts- und Währungsunion mit unveränderlichen Wechselkursen und voller Konvertibilität der Währungen. Nach der Freigabe der Dollarkurse bestand der Europäische Wechselkursverbund als Floating-Block mit nach innen anpassungsfähigen Festkursen bis zur Schaffung des Europäischen Währungssystems (EWS) weiter.

2. Mit dem EWS wurde vorrangig das Ziel der Wechselkursstabilität innerhalb der Gemeinschaft verfolgt. An seinen Wechselkursregelungen beteiligten sich Ende 1996 bis auf Griechenland, Schweden und Großbritannien alle Mitglieder der Europäischen Union. Die mit dem EWS geschaffene ECU war als Korb aus den Währungen der zwölf bis 1989 der Gemeinschaft beigetretenen Länder konstruiert. Sie diente als Recheneinheit und beim Ausgleich von Interventionssalden auch als Zahlungsmittel.

3. Für die an den Wechselkursregelungen beteiligten Währungen wurden ECU-Leitkurse zusammen mit bilateralen Leitkursen festgelegt. Die jeweiligen Wechselkurse durften ursprünglich nur mit einer Bandbreite von ±2,25 v. H. und nach 1993 mit einer Bandbreite von ±15 v. H. um die bilateralen Leitkurse schwanken. An den Grenzen der Bandbreiten waren für die betroffenen Zentralbanken Interventionen in Gemeinschaftswährungen obligatorisch; zwischen diesen Grenzen durften (intramarginale) Interventionen in Gemeinschaftswährungen nach Abstimmung unter den beteiligten Zentralbanken erfolgen.

4. Zur Finanzierung der obligatorischen und unter bestimmten Voraussetzungen auch der intramarginalen Interventionen standen Kreditmöglichkeiten in Form der sehr kurzfristigen Finanzierung zur Verfügung. Ferner konnten die beteiligten Zentralbanken und Länder auf den kurzfristigen Währungsbeistand und den mittelfristigen finanziellen Beistand zurückgreifen.

5. Nach den Überlegungen zum optimalen Währungsraum legt die Tauschmittelfunktion des Geldes eine räumlich möglichst umfassende Verwendung einer Währung nahe, während nach den Kriterien Mobilität des Faktors Arbeit und Öffnungsgrad von Volkswirtschaften die Währungsgebiete begrenzt sein sollten. An den beiden zuletzt genannten Kriterien beurteilt, entspricht die Europäische Union in ihrer Gesamtheit nicht einem optimalen Währungsraum.

6. Gemessen an den erklärten Zielen der Wechselkurs- und auch der Preisniveaustabilität waren im EWS Fortschritte gegenüber dem vorangegangenen Zeitraum festzustellen, wobei allerdings die Abschwächung der Inflation nicht auf die am Wechselkursmechanismus beteiligten Länder beschränkt geblieben ist.

7. Offenbar haben im ersten Jahrzehnt des EWS einige Länder mit höherer Preissteigerungsrate möglichst lange an stabilen Wechselkursen gegenüber stärker stabilitätsorientierten Ländern festgehalten, um ihre Inflationsrate zu vermindern; Kapitalverkehrskontrollen, mit denen die sich abzeichnenden Zahlungsbilanzdefizite gedämpft wurden, waren Bestandteile dieser Strategie.

8. Die Währungskrisen 1992/93 führten zur starken Erweiterung der Bandbreiten im EWS sowie zum Ausscheiden Großbritanniens und – vorübergehend – Italiens aus dem Wechselkursmechanismus des EWS. Als mögliche Ursachen werden vor allem ein aufgestauter Anpassungsbedarf auf Grund von Inflationsdifferenzen, die deutsche Vereinigung als asymmetrischer Schock sowie die Möglichkeit einer sich selbst bestätigenden Spekulation diskutiert.

XI. Europäische Wirtschafts- und Währungsunion

Die Bemühungen um die Wirtschafts- und Währungsunion erhielten durch die Einheitliche Europäische Akte (1986) einen neuen Impuls. Mit ihr wurde die Verwirklichung des Binnenmarktes bis Ende 1992 vertraglich verankert. Der sog. DELORS-Bericht von 1989 und der Beginn der ersten Stufe der Europäischen Wirtschafts- und Währungsunion Mitte 1990 (Abschnitt 1) waren Schritte auf dem Weg zu dem 1992 unterzeichneten Vertrag über die Europäische Union (Vertrag von Maastricht), der die Schaffung der Europäischen Wirtschafts- und Währungsunion beinhaltete (Abschnitt 2). Entsprechend dem im Vertrag vorgesehenen Verfahren wurde Anfang 1994 zu Beginn der zweiten Stufe das Europäische Währungsinstitut geschaffen. Es bereitete die Tätigkeit der 1998 errichteten Europäischen Zentralbank vor, die seit den Beginn der dritten Stufe am 1. Januar 1999 die gemeinsame Geldpolitik durchführt. Der Übergang zur Währungsunion wurde schließlich Anfang 2002 mit der Einführung der Euro-Banknoten und -Münzen vollendet (Abschnitt 3). Zu den noch zu bewältigenden Aufgaben zählt nicht zuletzt die Lösung der währungspolitischen Fragen im Zuge der EU-Osterweiterung.

1. DELORS-Bericht und die erste Stufe der Europäischen Wirtschafts- und Währungsunion

aa) DELORS-Bericht. – Im Zusammenhang mit dem Programm zur Vollendung des Binnenmarktes bis 1992 wurde im Jahre 1989 im Auftrage der Staats- und Regierungschefs mit dem sog. DELORS-Bericht[1] ein Plan zur schrittweisen Verwirklichung der Europäischen Wirtschafts- und Währungsunion vorgelegt und damit ein Vorhaben von großer Bedeutung aus der Zeit am Ende der sechziger Jahre wieder aufgegriffen[2]. Dieser Bericht enthielt für den Übergang zur Europäischen Wirtschafts- und Währungsunion Vorschläge, die später in den Vertrag über die Europäische Union eingingen: Die Währungsunion sollte in drei Schritten verwirklicht werden, und damit – wie es bereits der 1971 vorgelegte, aber nicht realisierte WERNER-Plan vorsah – ein einheitlicher Markt mit freiem

1 Der DELORS-Bericht. Bericht zur Wirtschafts- und Währungsunion in der EG, vorgelegt vom Ausschuß zur Prüfung der Wirtschafts- und Währungsunion am 17. April 1989. „Europa-Archiv. Zeitschrift für internationale Politik", Jg. 44 (1989), S. D 283 ff. – Vgl. auch N. THYGESEN, From the European Monetary System to Economic and Monetary Union – How and Why? „Open economies review", Vol. 1 (1990), S. 201 ff.

2 Vgl. Unterabschnitt X.1a).

Personen-, Waren-, Dienstleistungs- und Kapitalverkehr. Die Geldpolitik wird nach diesen Vorstellungen von einem auf Preisniveaustabilität verpflichteten Europäischen Zentralbankensystem wahrgenommen, das von Weisungen der nationalen Regierungen und der Gemeinschaftsorgane unabhängig ist. Zur Sicherung der monetären Stabilität sind – so der Delors-Bericht – Einwirkungsmöglichkeiten der Gemeinschaft auch auf die Budgetgestaltung der Mitgliedstaaten erforderlich.

Mit der ersten einleitenden Phase, auf die im Folgenden näher einzugehen ist, wurden – neben der Vollendung des Binnenmarkts – zwei Ziele angestrebt. Einerseits war die Wirtschaftspolitik der Mitgliedsländer stärker zu koordinieren, um die Vorbedingungen für den Erfolg des Festkurssystems zu schaffen, und andererseits bestand die Aufgabe, die für den Übergang zur Wirtschafts- und Währungsunion erforderlichen Änderungen der Gemeinschaftsverträge auszuarbeiten und zu ratifizieren. In der darauf folgenden Übergangsphase sollte der für die Wirtschafts- und Währungsunion benötigte institutionelle Rahmen geschaffen und in einem Lernprozess schrittweise weiterentwickelt werden, bevor er sich schließlich mit Beginn der Endphase in seiner vollen Ausgestaltung zu bewähren hatte.

bb) Erste Stufe der Europäischen Wirtschafts- und Währungsunion. – Nachdem zuvor der Kapitalverkehr in acht Gemeinschaftsländern völlig liberalisiert worden war, traten mit dem 1. Juli 1990 Beschlüsse des Ministerrates zur Stärkung der wirtschaftspolitischen Koordinierung und zur Intensivierung der währungspolitischen Zusammenarbeit in Kraft, die bisher geltende Regelungen in diesem Bereich ersetzten[3]. Leitlinie für die Koordinierung der wirtschaftspolitischen Maßnahmen war ein dauerhaftes und inflationsfreies Wachstum zusammen mit einem hohen Beschäftigungsstand. Diese Ziele sollten durch eine multilaterale Überwachung gefördert werden, in deren Rahmen der Ministerrat den Mitgliedstaaten Empfehlungen geben konnte. Bei der Überwachung sollte insbesondere auf die Preisentwicklung, die Haushaltspolitik und die Zahlungsbilanzentwicklung geachtet werden.

cc) Parallelwährung als Alternative. – Eine grundsätzliche Alternative zu dem Weg, eine europäische Währung durch einen politischen Stufenplan durchzusetzen, stellte das Parallelwährungskonzept[4] dar. Bei diesem Konzept sollte die

3 Vgl. DEUTSCHE BUNDESBANK, Die erste Stufe der Europäischen Wirtschafts- und Währungsunion. Monatsberichte der Deutschen Bundesbank, Juli 1990, S. 30 ff.

4 Vgl. dazu R. VAUBEL, Die Pläne für eine europäische Parallelwährung. Ein Überblick. „Die Weltwirtschaft", 1972, H. 2, S. 136 ff. – One Money for Europe. Ed. by M. FRATIANNI, T. PEETERS. London, Basingstoke 1978. – E.-M. LIPP, Parallelwährung für Europa. Pläne als Risiko

monetäre Integration Marktkräften überlassen werden. Genauer ausgeführt hatten nach diesem Konzept die Marktteilnehmer darüber zu entscheiden, ob sich eine europäische Währung mit beweglichem Wechselkurs gegenüber den nationalen Währungen, also eine **Parallelwährung**[5], neben diesen Währungen durchsetzen konnte oder nicht[6]. Als Zahlungsmittel hätte eine Parallelwährung insbesondere in der Anfangsphase Nachteile aufgewiesen: Die Preise sind in dieser Phase durchgängig in nationaler Währung kalkuliert und festgelegt; es würde somit Umrechnungsaufwand entstehen, und nicht überall würde die neue Währung akzeptiert. Die hierdurch bedingten Transaktionskosten müssten durch Erträge in Form von Aufwertungsgewinnen kompensiert werden. In Ländern mit kaufkraftstabilen Währungen konnte die ECU als eine Korbwährung dieses Erfordernis nicht erfüllen, da sie gegenüber solchen Währungen bei jeder Neufestsetzung der Wechselkurse abgewertet wurde. Deshalb sollte nach einem früheren britischen Vorschlag eine „harte ECU“ in Erwägung gezogen werden, die allen nationalen Währungen gegenüber mit einer Nichtabwertungsgarantie ausgestattet war[7]. Wechselkursanpassungen im EWS konnten dann in der Weise erfolgen, dass nationale Währungen gegenüber dieser europäischen Parallelwährung in mehr oder minder starkem Maß abwerteten bzw. im Wert unverändert blieben, aber auf keinen Fall aufwerteten. Selbst bei dieser Konstruktion ist fraglich, ob die im Vergleich zu den Währungen mit niedrigen Inflationsraten u. U. nur geringfügig bessere Erfüllung der Wertaufbewahrungsfunktion ausgereicht hätte, um die erwähnten höheren Transaktionskosten bei der Zahlungsmittelfunktion auszugleichen und die harte ECU damit auf den Märkten zu etablieren.

Neben dem allgemeinen Einwand bestanden gegenüber dem britischen Parallelwährungskonzept spezielle Bedenken[8]. Sie bezogen sich insbesondere darauf, dass ein Fonds die „harte ECU“ durch den Ankauf von nationalen Währungen in Umlauf bringen sollte. Dabei blieb offen, welche Konsequenzen für

oder Chance für die europäische Einigung? (Schriftenreihe Europäische Wirtschaft, Bd. 95). Baden-Baden 1979. – Eine kritische Würdigung findet sich bei M. NELDNER, Wege zur Währungsintegration. In: Wechselkursstabilisierung, EWS und Weltwährungssystem, a. a. O., S. 273 ff.

5 Eine europäische Währung mit unveränderlichen Wechselkursen gegenüber allen EWS-Währungen, also eine *Doppelwährung*, erschien so lange unrealistisch, wie noch Wechselkursanpassungsbedarf bestand.

6 Vgl. N. KLOTEN, P. BOFINGER, Währungsintegration über eine europäische Parallelwährung? In: Europa-Banking. Bankpolitik im europäischen Finanzraum und währungspolitische Integration. (Hg. von D. DUWENDAG). Baden-Baden 1988. S. 57 ff.

7 Vgl. KRÄGENAU, WETTER, a. a. O. S. 68 ff.

8 Vgl. BANK FÜR INTERNATIONALEN ZAHLUNGSAUSGLEICH, 61. Jahresbericht ..., a. a. O., S. 187.

die Geldmengensteuerung sich hieraus konkret ergeben würden. Angesichts dieser und anderer unbeantworteter Fragen erscheint es nicht überraschend, dass der britische Vorstoß, dessen Hauptmotiv wohl in einer Ablehnung jeglichen Souveränitätsverzichts zu suchen war, bei den folgenden politischen Entscheidungen in der Gemeinschaft übergangen wurde.

2. Der Weg zur Europäischen Währungsunion

a) Vertrag über die Europäische Union (Vertrag von Maastricht)

aa) Grundzüge. – Der Vertrag enthält insbesondere Bestimmungen für die Endstufe der Wirtschafts- und Währungsunion, für die Übergangsstufe und für das Verfahren beim Eintritt in die Endstufe[9]. Er bestimmt, dass mit Beginn der Endstufe unwiderruflich feste Wechselkurse zwischen den Währungen der Mitgliedsländer festgelegt werden, soweit für diese nicht eine Ausnahmeregelung gilt. Zum gleichen Zeitpunkt werden auch die Kurse fixiert, zu denen im Verlauf der Endstufe die nationalen Währungen durch die gemeinsame Währung ersetzt werden. Der Rat hat mit qualifizierter Mehrheit darüber zu entscheiden, welche Mitgliedsländer die für den Übergang in die Endstufe erforderlichen Bedingungen erfüllen. Großbritannien und Dänemark haben nach dem Vertrag das Recht, diesen Schritt nicht zu vollziehen.

bb) Endstufe. – Für die Endstufe sind im Vertrag neben dem allgemeinen Gebot, die Wirtschaftspolitik der Mitgliedsländer zu koordinieren, Regelungen für die Geld- und Währungspolitik sowie für die nationale Fiskalpolitik in den Mitgliedsländern getroffen worden. Entsprechend dem Vorschlag im DELORS-Bericht ist zuständig für die *Geldpolitik* ein föderativ aufgebautes Europäisches System der Zentralbanken (ESZB), bestehend aus der **Europäischen Zentralbank (EZB)** als zentraler Institution und den nationalen Zentralbanken der Mitgliedsländer[10]. Als zentrales Entscheidungsorgan bestimmt der *Rat* der EZB die Geldpolitik der Gemeinschaft, das *Direktorium* als Exekutivorgan ist für die

9 Vgl. DEUTSCHE BUNDESBANK, Die Beschlüsse von Maastricht zur Europäischen Wirtschafts- und Währungsunion. Monatsberichte der Deutschen Bundesbank, Februar 1992, S. 45 ff. – Der Vertrag wird im Folgenden in der Fassung von Amsterdam zitiert: Vertrag von Amsterdam. Texte des EU-Vertrages und des EG-Vertrages. Presse- und Informationsamt der Bundesregierung, 2. Aufl. Bonn 1999.

10 Die wichtigsten, das Europäische Zentralbankensystem betreffenden Regelungen finden sich in den Artikeln 105 ff. des neu gefassten EG-Vertrags sowie in dem beigefügten Protokoll über die Satzung des Europäischen Systems der Zentralbanken. – Vgl. auch JARCHOW, Theorie und Politik des Geldes I, a. a. O., S. 326 ff.

Umsetzung verantwortlich und den nationalen Zentralbanken der Mitgliedsländer obliegt die Ausführung der geldpolitischen Beschlüsse. Dem Rat der EZB gehören neben den Mitgliedern des Direktoriums (Präsident, Vizepräsident und vier weitere Mitglieder) die Präsidenten der nationalen Zentralbanken an.

Neben der Festlegung und Ausführung der Geldpolitik ist dem Europäischen System der Zentralbanken als *Aufgabe* auch die Durchführung von Devisenmarktoperationen, die Verwaltung der Währungsreserven für die Mitgliedsländer, die Gewährleistung eines reibungslosen Zahlungsverkehrs sowie die Mitwirkung bei der Aufsicht über das Finanzsystem zugewiesen. Die EZB hat das *ausschließliche* Recht, die Emission von Banknoten innerhalb der Gemeinschaft zu genehmigen.

Für die Erfüllung der geldpolitischen Aufgaben kann die EZB insbesondere Offenmarkt- und Kreditgeschäfte vornehmen und eine Mindestreservepflicht einführen. In Bezug auf die Zuständigkeit des Europäischen Systems der Zentralbanken für Devisenmarktoperationen ist von Bedeutung, dass der Ministerrat Vereinbarungen über feste Wechselkurse gegenüber Drittwährungen eingehen kann – allerdings nur einstimmig und auf Empfehlung der EZB oder der Europäischen Kommission. Erfolgt die Empfehlung von der Kommission, dann ist die EZB vom Ministerrat in dem Bemühen anzuhören, zu einem mit dem Ziel der Preisniveaustabilität in Einklang stehenden Konsens zu gelangen. Besteht kein Festkurssystem gegenüber Drittländern, dann kann der Rat mit qualifizierter Mehrheit allgemeine Orientierungen für die Wechselkurspolitik aufstellen, sofern sie das Ziel der Preisniveaustabilität nicht gefährden.

Im Vertrag ist als *vorrangiges* Ziel für das Europäische Zentralbankensystem festgelegt, *Preisniveaustabilität* zu gewährleisten (Art. 105 des EG-Vertrags). Soweit mit diesem Ziel vereinbar, soll die allgemeine Wirtschaftspolitik in der Gemeinschaft unterstützt werden. Im Vertrag sind Regelungen getroffen worden, die sich auf die Unabhängigkeit des Europäischen Zentralbankensystems in seinen geldpolitischen Entscheidungen beziehen und Auflagen für die Haushaltspolitik in den Mitgliedstaaten enthalten. In diesen Vorkehrungen kommt sicherlich die Einsicht zum Tragen, dass die Preisniveaustabilität bei hohen Haushaltsdefiziten und starker öffentlicher Verschuldung insbesondere deshalb gefährdet ist, weil sich die betreffenden Regierungen von einer expansiven Geldpolitik eine Erleichterung bei der Finanzierung von Haushaltsdefiziten und beim Schuldendienst versprechen.

Zur Wahrung der *Unabhängigkeit* schreibt der Vertrag vor, dass weder die EZB noch eine nationale Zentralbank noch Mitglieder ihrer Beschlussorgane Weisungen von der Gemeinschaft oder den Mitgliedstaaten noch von anderen Stellen einholen oder entgegennehmen dürfen (Art. 108 des EG-Vertrags). Diese institutionell gegebene Unabhängigkeit wird dadurch unterstützt, dass die von den Staats- und Regierungschefs unter Mitwirkung der Gemeinschaftsorgane bestellten Mitglieder des Direktoriums für eine einmalige Amtszeit von acht Jahren einvernehmlich ernannt werden. Somit können sie ihre Entscheidungen frei von Rücksicht auf die Möglichkeit einer Wiederwahl treffen. Allerdings ist im Vertrag die Ernennung der Präsidenten der nationalen Zentralbanken *nicht* mit der gleichen Eindeutigkeit geregelt; denn in den Satzungen der nationalen Zentralbanken ist lediglich eine Amtszeit von mindestens fünf Jahren vorzusehen. Schließlich hat jeder Mitgliedsstaat sicherzustellen, dass die nationalen Regelungen mit dem Vertrag und mit der Satzung des Europäischen Systems der Zentralbanken vereinbar sind.

Im Hinblick auf die *Haushaltspolitik* ist erstens wichtig, dass es der EZB und den nationalen Zentralbanken untersagt ist, Kredite an die Gemeinschaft, an die nationalen Regierungen oder an sonstige öffentliche Stellen zu gewähren oder Schuldtitel von diesen direkt zu erwerben. Zweitens haben die Mitgliedsländer *übermäßige Haushaltsdefizite* zu vermeiden. Darüber entscheidet der Ministerrat auf Empfehlung der Kommission (Art. 104, (6) des EG-Vertrags), die einen Bericht vorlegt, wenn einer oder beide der folgenden Tatbestände gegeben sind:

- Das Verhältnis des öffentlichen Defizits zum BIP überschreitet den Referenzwert von 3 v. H., *es sei denn*, das Verhältnis ist erheblich und laufend zurückgegangen und erreicht einen Wert in der Nähe des Referenzwerts oder der Referenzwert ist nur ausnahmsweise und vorübergehend überschritten und das Verhältnis bleibt in der Nähe des Referenzwerts;
- das Verhältnis des öffentlichen Schuldenstandes zum BIP überschreitet den Referenzwert von 60 v. H., *es sei denn*, das Verhältnis ist hinreichend rückläufig und nähert sich rasch dem Referenzwert.

Falls der Ministerrat zu dem Ergebnis gelangt, dass ein übermäßiges Defizit vorliegt, richtet er zunächst Empfehlungen an das Mitgliedsland. Er kann schließlich auch Sanktionen beschließen, z. B. die Hinterlegung einer unverzinslichen Einlage bei der Gemeinschaft verlangen oder Geldbußen verhängen[11].

Betrachtet man die Regelungen für die Endstufe im Zusammenhang, dann ist mit dem Vertrag der *rechtliche Rahmen* dafür geschaffen, dass die Europäische Zentralbank ihr Hauptziel, die Sicherung der Preisniveaustabilität, mit Vorrang verfolgen kann: Sie besitzt die notwendigen Zuständigkeiten sowie die erforderliche Unabhängigkeit; durch Vorschriften für die Gestaltung der Haushaltspolitik wird der Druck der Regierungen in Richtung auf eine inflationär wirkende Geldpolitik entscheidend gemildert. Allerdings ist zu berücksichtigen,

11 Zur vereinbarten detaillierteren Regelung vgl. den folgenden Unterabschnitt 2c).

dass bei einigen wichtigen Regelungen noch weitere Erfahrungen mit der *Umsetzung in die Praxis* zu sammeln sind. So ist der politische Druck bei der Besetzung des Direktoriums der EZB nicht zu verkennen. Ferner bleibt noch abzuwarten, ob sich nicht aus den Befugnissen des Ministerrates im Bereich der Wechselkurspolitik Konflikte mit einer stabilitätsorientierten Geldpolitik ergeben. Darüber hinaus muss sich noch herausstellen, wie erfolgreich die Gemeinschaft bei ihrem Ziel ist, übermäßige Haushaltsdefizite und Schulden auch tatsächlich zu verhindern.

cc) Überleitung in die Endstufe. – Bezüglich der Überleitung in die Endstufe hatte der Rat (in der Zusammensetzung der Staats- und Regierungschefs) entsprechend dem Vertrag (Art. 121) bis zum 31. Dezember 1996 darüber zu entscheiden, ob eine *Mehrheit* der Mitgliedstaaten die Voraussetzungen für die Einführung einer einheitlichen Währung erfüllte und ob der Eintritt in die Endstufe der Wirtschafts- und Währungsunion zweckmäßig wäre. Bereits Ende 1995 hatte sich aber der Europäische Rat für den Beginn der dritten Stufe auf den 1. Januar 1999 festgelegt, d. h. auf den Termin, an dem es nach dem Vertrag *nicht* mehr erforderlich ist, dass eine Mehrheit der Mitgliedstaaten an der Währungsunion teilnimmt. Vielmehr hatte dann der Rat (in der Zusammensetzung der Staats- und Regierungschefs) mit qualifizierter Mehrheit darüber zu entscheiden, welche Mitgliedsländer die für die Endstufe der Währungsunion erforderlichen Voraussetzungen erfüllt haben. Diese Entscheidung war auf der Grundlage von Berichten der Kommission und des Europäischen Währungsinstituts zu treffen, in denen geprüft wurde, ob die einzelnen Mitgliedsländer die folgenden *Konvergenzkriterien*[12] erfüllen:

- eine *Inflationsrate*, die im letzten Jahr vor der Überprüfung um höchstens eineinhalb Prozentpunkte über der Inflationsrate jener – höchstens drei – Mitgliedstaaten liegt, die bei der Preisstabilität das beste Ergebnis erzielt haben;
- eine *auf Dauer tragbare Finanzlage*; d. h. es darf zum Zeitpunkt der Prüfung kein übermäßiges Defizit vorliegen (vgl. die oben wiedergegebenen Regelungen zur Feststellung eines übermäßigen Defizits);
- *Teilnahme am EWS* seit mindestens zwei Jahren mit normalen Bandbreiten, ohne dass das betreffende Land von sich aus eine Abwertung gegenüber den Währungen anderer Mitgliedstaaten vorgenommen hat;
- ein *langfristiger Zinssatz*, der im letzten Jahr vor der Überprüfung um höchstens zwei Prozentpunkte über dem entsprechenden Zinssatz jener – höchs-

12 Zur Kritik der Konvergenzkriterien aus ökonomischer Sicht vgl. DE GRAUWE, a. a. O., S. 146 ff., insb. S. 157 ff.

tens drei – Mitgliedstaaten liegt, die bei der Preisstabilität das beste Ergebnis erzielt haben.

Vor Beginn der Endstufe hatten die Staats- und Regierungschefs die Mitglieder des Direktoriums der EZB zu bestimmen, und am ersten Tag der dritten Stufe waren vom Ministerrat (wie schon erwähnt) die Umtauschkurse zwischen den nationalen Währungen und der ECU zu fixieren. An diesen Entscheidungen hatten nur diejenigen Mitgliedsländer mitzuwirken, die den Übergang in die Endstufe vollzogen hatten, also *nicht* diejenigen Länder, denen für den Übergang in die Endstufe eine Ausnahmeregelung gewährt wurde.

Die hier erwähnten Bestimmungen des Vertrags beinhalten, dass der Übergang in die Endstufe von der *vorherigen* Erfüllung bestimmter Bedingungen abhängt. Insbesondere werden nach diesen Regelungen Länder mit stark nach oben abweichenden Inflationsraten von der Teilnahme ausgeschlossen. Bei einer *Würdigung* dieser Bestimmung muss beachtet werden, dass diese Länder nach ihrem Eintritt in die Endstufe mit einem abrupten Rückgang ihrer Inflationsrate rechnen müssen, wenn in der Währungsunion am Ziel der Preisniveaustabilität festgehalten wird. Erfahrungsgemäß besteht bei einer starken Senkung der Inflationsrate die Gefahr von hohen Anpassungskosten in Form von Beschäftigungseinbußen. Selbst wenn diese Entwicklung nur vorübergehend eintritt, kann sie doch in der Wirtschafts- und Währungsunion zu starken Spannungen führen, weil nur ein Teil der Mitgliedsländer von derartigen Anpassungsschocks betroffen wäre. Deshalb ist das Prinzip sinnvoll, die Konvergenz der Inflationsraten als Vorbedingung für den Schritt in die Endstufe zu verlangen.

Der Vertrag forderte ferner die vorherige Angleichung von langfristigen Zinssätzen und Haushaltsdefiziten auf einem niedrigen Niveau. *Langfristige Zinssätze* werden wesentlich durch Inflationserwartungen bestimmt. Damit geben sie wertvolle Zusatzinformationen zur Beantwortung der Frage, inwieweit beispielsweise Erfolge bei der Inflationsbekämpfung als dauerhaft angesehen werden können oder ob sie nur als vorübergehend einzustufen sind. Wie bereits erläutert, ist die Beschränkung von *Haushaltsdefiziten* auf ein niedriges Niveau wichtig, damit einem Konflikt zwischen einer auf Preisniveaustabilität ausgerichteten Geldpolitik und davon abweichenden budgetpolitischen Interessen der Regierungen vorgebeugt wird. Um in der Währungsunion einen derartigen Konflikt nach Möglichkeit von vornherein zu vermeiden, erscheint die Auflage einer *vorherigen* Beseitigung von übermäßigen Haushaltsdefiziten sinnvoll.

Eine nähere Betrachtung der Konvergenzkriterien macht deutlich, dass sie nicht so klar formuliert sind, wie es möglich gewesen wäre. So konnte nach der Formulierung des Vertrags nicht eindeutig entschieden werden, wie der Bezugspunkt genau festzulegen war, von dem die Inflationsraten um nicht mehr als eineinhalb Prozentpunkte nach oben abweichen durften. Auch stellte sich die

Frage, wie nach der Ausweitung der Bandbreiten auf ±15 v. H. die Teilnahme am EWS mit normalen Bandbreiten zu interpretieren ist. Ferner bildeten die Konvergenzkriterien zwar den Maßstab für die Berichte von Kommission und EWI, zur Entscheidung des Rates heißt es im Vertrag aber nur, dass sie hierbei gebührend zu berücksichtigen sind. An dieser Formulierung zeigt sich, dass der Rat (in der Zusammensetzung der Staats- und Regierungschefs) bei der Entscheidung über den Eintritt in die Endstufe einen *Ermessensspielraum* besaß. Deshalb hatte er bei seiner im Frühjahr 1998 getroffenen Entscheidung abzuwägen, inwieweit die strikte Anwendung der Konvergenzkriterien Länder von der Teilnahme an der Währungsunion ausschließen würde[13], die von der Personenzahl und der Wirtschaftskraft her Gewicht besaßen.

b) Zweite Stufe der Europäischen Wirtschafts- und Währungsunion

Mit dem Beginn der zweiten Stufe wurden für die Mitgliedsländer einige die Wirtschafts- und Währungspolitik betreffenden Vorschriften des Vertrags über die Europäische Union in Kraft gesetzt. Ferner wurde das Europäische Währungsinstitut errichtet. Im Dezember 1995 einigte sich schließlich der Europäische Rat (wie bereits erwähnt) auf den 1. Januar 1999 als Beginn der dritten Stufe, beschloss das Verfahren zur Einführung der einheitlichen Währung und gab der Währungseinheit den Namen „Euro“.

aa) Vertragliche Regelungen. – Mit der zweiten Stufe traten einige Regelungen in Kraft, die in der dritten Stufe weiterhin gelten. Ziel dieser Regelungen ist es, die Konvergenz unter den Mitgliedsländern zu fördern und die Voraussetzungen für den Übergang zur dritten Stufe zu schaffen[14]. Die Wirtschaftspolitik ist von den Mitgliedstaaten als eine Angelegenheit von gemeinsamem Interesse zu betrachten und im Rat der Europäischen Union zu koordinieren. Die Konvergenz wird vom Rat der Europäischen Union im Hinblick auf die Ziele Preisniveaustabilität und „gesunde öffentliche Finanzen“ bewertet. Im Hinblick auf die Haushaltslage gelten bereits die für die dritte Stufe vorgesehenen Regelungen zur Feststellung eines übermäßigen Defizits. Die Haushaltslage der Mitgliedsländer wird dabei von der Europäischen Kommission anhand der im Maastrichter Vertrag festgelegten Referenzwerte überwacht. Werden diese nicht erfüllt, so

13 Vgl. den folgenden Unterabschnitt 3a) bb).

14 Vgl. DEUTSCHE BUNDESBANK, Die zweite Stufe der Europäischen Wirtschafts- und Währungsunion. Regelungen und Auswirkungen auf den institutionellen Rahmen der deutschen Notenbankpolitik. Monatsbericht der Deutschen Bundesbank, Januar 1994, S. 25 ff. – Die Regelungen finden sich im Artikel 116 des EG-Vertrags.

erstellt die Kommission einen Bericht, auf dessen Grundlage der Rat mit qualifizierter Mehrheit über Empfehlungen an das betreffende Mitgliedsland entscheiden und sie auch veröffentlichen kann. Weitergehende Sanktionen wie Geldbußen sind erst für die dritte Stufe vorgesehen[15]. In der zweiten Stufe sind ferner einige Regelungen in Kraft getreten, die die Grundlagen für eine auf Preisniveaustabilität ausgerichtete Geldpolitik sichern sollen. Den Notenbanken ist seit Beginn dieser Stufe die Kreditgewährung an den öffentlichen Sektor verboten; sie dürfen die öffentlichen Kreditinstitute bei der Bereitstellung von Zentralbankgeld nicht gegenüber privaten Kreditinstituten bevorzugen (Art. 101 des EG-Vertrags). Für die öffentlichen Schulden eines Landes haften (wie auch in der dritten Stufe) weder die Gemeinschaft noch die anderen Mitgliedsländer („No bailout-Klausel") (Art. 103). Darüber hinaus musste während der zweiten Stufe das Verfahren eingeleitet werden, mit dem die Unabhängigkeit der nationalen Zentralbanken herbeigeführt wurde[16].

bb) Europäisches Währungsinstitut. – Zu Beginn der zweiten Stufe wurde das **Europäische Währungsinstitut (EWI)** errichtet (Art. 117 des EG-Vertrags). Das EWI sollte neben seinen Aufgaben im Rahmen des EWS[17] die Koordinierung der Geldpolitik unter den Mitgliedsländern mit dem Ziel verstärken, die Preisstabilität aufrechtzuerhalten. Bezüglich der Geldpolitik in der zweiten Stufe konnte das EWI zwar Stellungnahmen und Empfehlungen abgeben; die Zuständigkeit für die Geldpolitik und den Einsatz ihrer Instrumente lag aber bis zum Übergang in die dritte Stufe uneingeschränkt bei den nationalen Währungsbehörden.

Zur Vorbereitung auf die Währungsunion musste das EWI die Voraussetzungen dafür schaffen, dass die EZB mit dem Beginn der dritten Stufe ihre Tätigkeit in vollem Umfang aufnehmen konnte. Dazu hatte es die Strategie für die einheitliche Geldpolitik und die dazu erforderlichen Instrumente und Verfahren zu entwickeln, organisatorisch-technische Vorbereitungen zu treffen (wie die Planung einheitlicher europäischer Banknoten) und die Einrichtung eines grenzüberschreitenden Zahlungssystems zu fördern. Über seine Tätigkeiten informierte das Institut nicht nur in den regelmäßig erscheinenden Jahresberichten, sondern auch in speziellen Dokumentationen, u. a. zum TARGET-System

15 Vgl. den folgenden Unterabschnitt 2c).

16 In ihrem 1996 vorgelegten Bericht untersuchte das EWI, inwieweit nach den Satzungen der nationalen Zentralbanken die institutionelle, personelle, funktionelle und finanzielle Unabhängigkeit gegeben war. Bei allen EU-Zentralbanken hatte es Bestimmungen festgestellt, die mit dem Erfordernis der Unabhängigkeit unvereinbar waren und eine Anpassung erforderten. Vgl. EUROPÄISCHES WÄHRUNGSINSTITUT, Fortschritte auf dem Weg zur Konvergenz. 1996. Frankfurt am Main, S. 105 ff.

17 Vgl. Unterabschnitt X.2b) ee).

(Trans-European Automated Real-Time Gross Settlement Express Transfer System) (1995), zum Übergang zur einheitlichen Währung (1995), zum Stand der Konvergenz (1996) sowie zur Festlegung des Handlungsrahmens für die einheitliche Geldpolitik (1997).

c) Stabilitäts- und Wachstumspakt

Nach dem Vertrag über die Europäische Union (Art. 104, (11) und (13) des EG-Vertrags) kann der Rat (mit einer Mehrheit von zwei Dritteln der gewogenen Stimmen) zur Sicherung der *Haushaltsdisziplin* Sanktionen verhängen, falls in einem Land ein übermäßiges Defizit besteht. Mit dieser Regelung wird ebenso wie mit dem Haftungsausschluss[18] eine Einschränkung des fiskalpolitischen Spielraums der Mitglieder der Europäischen Währungsunion bezweckt. *Für* eine derartige Einschränkung spricht u. a., dass bei hohen Budgetdefiziten und einer hohen Staatsverschuldung der Druck der Mitgliedsländer auf die EZB zunehmen könnte, die Finanzierung von Defiziten durch eine expansive Geldpolitik zu erleichtern und den Schuldendienst durch Inflationierung real zu entlasten. Somit fördert Haushaltsdisziplin die Glaubwürdigkeit einer auf Preisstabilität ausgerichteten gemeinsamen Geldpolitik.

Auf der anderen Seite ist zu berücksichtigen, dass die Mitglieder einer Währungsunion keine eigenständige Geldpolitik und keine Wechselkurspolitik mehr betreiben können. Wird dann auch noch ihr fiskalpolitischer Handlungsspielraum eingeschränkt, sinken die Möglichkeiten weiter, einem länderspezifischen kontraktiven Beschäftigungsschock auf nationaler Ebene wirksam entgegentreten zu können. In diesem Fall ist nicht auszuschließen, dass Forderungen nach einem Finanzausgleich innerhalb der Union ein verstärktes Gewicht erhalten[19].

Offensichtlich überwog die Befürchtung, dass eine undisziplinierte Haushalts- und Schuldenpolitik der einzelnen Staaten die Glaubwürdigkeit der gemeinsamen Geldpolitik gefährden könnte. Der im Vertrag vorgesehene *Sanktionsmechanismus* bei einem übermäßigen Defizit erschien in seiner Wirksamkeit wegen des umständlichen und politischen Einflüssen unterliegenden Verfahrens eher zweifelhaft; und der Haftungsausschluss nach Artikel 103 könnte mit anderen Vorschriften des EG-Vertrags in Konflikt geraten. So fordert Artikel 2 die Förderung der Solidarität zwischen den Mitgliedstaaten, und Artikel 100 sieht vor, dass die Gemeinschaft einen finanziellen Beistand gewähren kann (allerdings nur auf ein-

18 Vgl. Unterabschnitt 2b) aa) dieses Kapitels.

19 Ähnlich auch J. v. HAGEN, B. EICHENGREEN, Federalism, Fiscal Restraints, and European Monetary Union. „The American Economic Review“, Vol. 86 (1996), Papers and Proceedings, S. 134 ff.

stimmigen Beschluss des Rats), wenn ein Mitgliedstaat auf Grund außergewöhnlicher, sich seiner Kontrolle entziehender Ereignisse von Schwierigkeiten betroffen ist[20]. Mit dem im Juni 1997 verabschiedeten *„Stabilitäts- und Wachstumspakt"*[21] soll deshalb das Verfahren bei einem übermäßigen Defizit stringenter gestaltet werden. Den Anstoß dazu gab der von deutscher Seite vorgeschlagene Stabilitätspakt für Europa[22], der insbesondere eine Automatisierung des Sanktionsverfahrens vorsah. Mit dem Stabilitäts- und Wachstumspakt verpflichteten sich die Mitgliedstaaten, *mittelfristig* einen nahezu ausgeglichenen oder einen Überschuss aufweisenden Haushaltssaldo anzustreben. Damit soll sichergestellt werden, dass bis zur vorgesehenen Defizitgrenze zeitweilig auch Spielraum für eine Verschlechterung des öffentlichen Haushaltssaldos besteht. Ein derartiger Spielraum ist erforderlich, damit im Konjunkturabschwung die eingebauten Stabilisatoren ihre Wirkung entfalten können.

Im Einzelnen wurde Folgendes vereinbart (siehe Schaubild XI.1): Die Mitgliedsländer übermitteln ihre Haushaltsdaten an die Kommission (Schritt 1). Sobald das öffentliche Defizit und/oder der öffentliche Schuldenstand ihre im Vertrag festgelegten Referenzwerte überschreiten, ist die Kommission *verpflichtet*, einen Bericht vorzulegen, in dem sie feststellen muss, ob ein übermäßiges Defizit vorliegt. Dieses liegt dann *nicht* vor, wenn die Überschreitung des Referenzwerts für das *Budgetdefizit* entweder auf ein außergewöhnliches Ereignis, das sich der Kontrolle des betreffenden Staats entzieht und erhebliche Auswirkungen auf seine Finanzlage hat oder auf einen Rückgang des realen BIP von mindestens 2 v. H. (auf Jahresbasis) zurückzuführen ist. Bei einem Rückgang des BIP zwischen 0,75 v. H. und 2 v. H. kann das betreffende Land Beweise dafür vorbringen, dass es sich dabei um eine Ausnahme handelt[23]. Bei Überschreitung des Schuldenstandskriteriums ist zu berücksichtigen, ob der *Schuldenstand* im Verhältnis zum BIP hinreichend rückläufig ist und sich rasch genug dem Referenzwert nähert. Falls nach Auffassung der Kommission die Gefahr eines übermäßigen Defizits besteht, ist sie verpflichtet, einen Bericht auszuarbeiten (Schritt 2). Der Wirtschafts- und Finanzausschuss gibt eine Stellungnah-

20 Beispielsweise ist in einer Schuldenkrise die Kontrolle nicht gegeben. Vgl. F. HEINEMANN, Bailout- und Bonitätseffekte in der Wirtschafts- und Währungsunion. „Zeitschrift für Wirtschafts- und Sozialwissenschaften", Jg. 115 (1995), S. 608 ff.

21 Vgl. EUROPÄISCHE ZENTRALBANK, Die Umsetzung des Stabilitäts- und Wachstumspakts. Monatsbericht Mai 1999, S. 49 ff.

22 Stabilitätspakt für Europa – Finanzpolitik in der dritten Stufe der WWU. Pressemitteilung des Bundesfinanzministeriums für Finanzen, Bonn, vom 10. November 1995. DEUTSCHE BUNDESBANK, Auszüge aus Presseartikeln, Nr. 77 vom 13. November 1995, S. 6 ff.

23 Die Grenze von 0,75 v. H. ergibt sich auf Grund einer Verpflichtung der Mitgliedstaaten, die Ausnahmeregelung in der Regel nur bei einem Rückgang des BIP von mindestens 0,75 v. H. zu beanspruchen.

Schaubild XI.1: *Verfahren zur Feststellung eines übermäßigen Defizits*

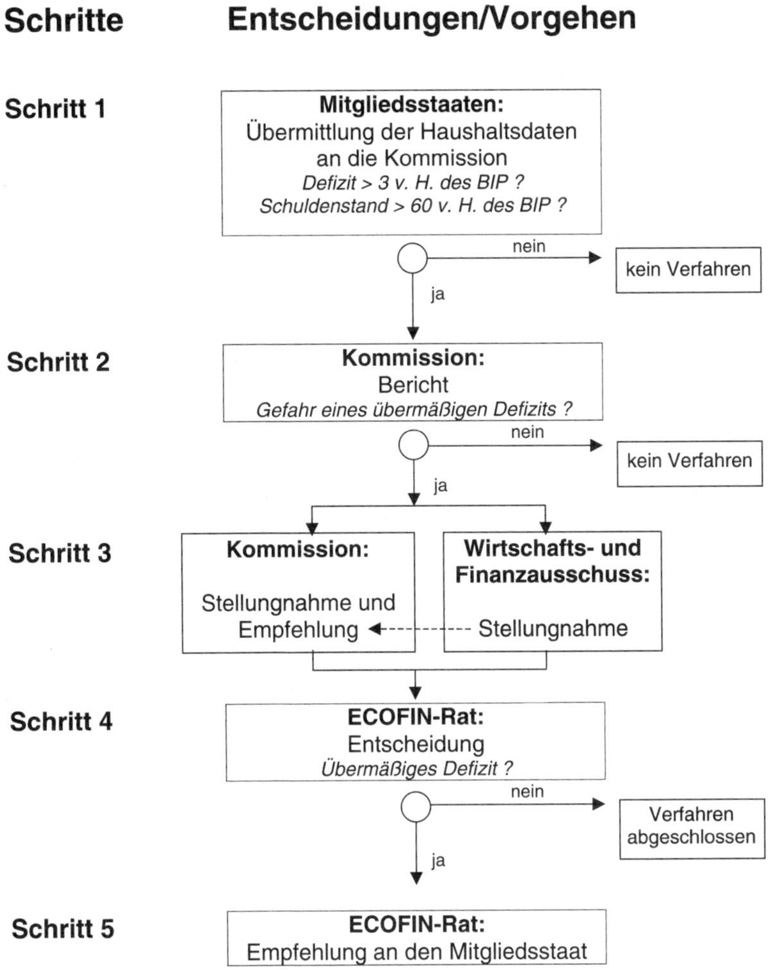

Darstellung in Anlehnung an EUROPÄISCHE ZENTRALBANK, Die Umsetzung . . ., S. 56.

me an den ECOFIN-Rat ab, die wiederum von der Kommission in ihrer eigenen Stellungnahme zu berücksichtigen ist. Diese wird zusammen mit einer Empfehlung ebenfalls an den ECOFIN-Rat übermittelt (Schritt 3). Der ECOFIN-Rat entscheidet dann, ob ein übermäßiges Defizit vorliegt (Schritt 4). Bei dieser Entscheidung, die innerhalb von drei Monaten nach der Übermittlung der Haushaltsdaten erfolgen soll, hat der Rat der Darlegung des betreffenden Mitglieds Rechnung zu tragen. Falls der Rat ein übermäßiges Defizit feststellt, richtet er Empfehlungen an den betreffenden Mitgliedstaat und setzt ihm eine Frist von vier Monaten, wirksame Maßnahmen zu ergreifen (Schritt 5). Das Defizit sollte innerhalb eines Jahres korrigiert sein.

Wenn der ECOFIN-Rat Empfehlungen zur Korrektur des übermäßigen Defizits ausgesprochen hat, muss der Mitgliedstaat Maßnahmen zu seiner Korrektur bekannt geben, die vom ECOFIN-Rat auf ihre Wirksamkeit hin zu beurteilen sind. Kommt der Rat zu dem Ergebnis, dass der betreffende Mitgliedstaat geeignete Maßnahmen ergriffen hat, ruht zwar das Verfahren, Rat und Kommission überwachen aber den Vollzug. Wenn das übermäßige Defizit ein Jahr nach seiner Feststellung tatsächlich korrigiert worden ist, wird vom ECOFIN-Rat das Verfahren abgeschlossen.

Zusätzliche Maßnahmen des ECOFIN-Rats sind erforderlich, falls der Mitgliedstaat auf die Ratsempfehlung hin keine vom Rat als wirksam eingestufte Maßnahmen bekannt gibt oder wenn er sie nicht durchführt oder wenn sich herausstellt, dass die Maßnahmen nicht geeignet waren, das übermäßige Defizit zu korrigieren. In diesen Fällen steht dem Rat das Recht zu, seine Empfehlungen zu veröffentlichen sowie zu beschließen, dass der Mitgliedstaat innerhalb einer bestimmten Frist Maßnahmen zum Defizitabbau zu ergreifen hat, und ihn in Hinblick hierauf in Verzug zu setzen (Art. 104, (9) des EG-Vertrags)[24]. Auch in diesen Fällen wird das Verfahren abgeschlossen, wenn das übermäßige Defizit nach Auffassung des ECOFIN-Rats korrigiert worden ist. Sofern seine Empfehlungen zuvor veröffentlicht worden sind, muss er diesen Beschluss ebenfalls öffentlich erklären.

Sanktionen werden gegen einen Mitgliedstaat verhängt, falls es den Empfehlungen nicht nachkommt oder keine Maßnahmen ergreift, wenn es in Verzug gesetzt wurde. Dazu ist nach dem Stabilitäts- und Wachstumspakt vorgesehen, dass zu jeder Sanktion, die erstmalig verhängt wird, eine unverzinsliche Einlage gehört, die nach zwei Jahren in eine Geldbuße umgewandelt werden soll, wenn das Defizit weiterhin übermäßig bleibt. Die Einlage bzw. Geldbuße besteht aus einer festen Komponente von 0,2 v. H. des BIP und einer veränderlichen Komponente von einem Zehntel des Betrags, um den das Defizit den Referenzwert überschreitet. Für die jährliche Höhe der Einlage gilt eine Obergrenze von 0,5 v. H. des BIP.

Um die Haushaltsentwicklung überwachen zu können, haben die Teilnehmer an der Währungsunion dem ECOFIN-Rat und der Kommission jährlich Stabilitätsprogramme vorzulegen, in denen die mittelfristigen haushaltspolitischen Ziele vorgegeben werden. Der Rat gibt eine Stellungnahme ab und kann Anpassungen verlangen. Darüber hinaus wird die Umsetzung des Programms vom Rat überwacht.

24 Vgl. EUROPÄISCHE ZENTRALBANK, Die Umsetzung ..., S. 55.

d) Wechselkursmechanismus II

Mit Beginn der dritten Stufe der Währungsunion wurde das EWS von dem Wechselkursmechanismus II (WKM II) abgelöst. Dieser dient der Gestaltung der währungspolitischen Zusammenarbeit zwischen den Teilnehmern an der Währungsunion (den „Ins") und denjenigen EU-Mitgliedern, die zumindest in der Anfangsphase an ihr nicht teilnehmen („Outs"). Die Mitgliedschaft daran bleibt freiwillig[25]. Als eines der Hauptziele wird die dauerhafte wirtschaftliche und wirtschaftspolitische Konvergenz zwischen dem WKM II-Mitgliedern und dem Euro-Währungsraum genannt, besonders im Bereich der Preisstabilität. Wenn diese bei den WKM II-Mitgliedern wie im Euro-Währungsgebiet gesichert ist, bedarf es keiner Ab- und Aufwertung mehr, um Veränderungen in der preislichen Wettbewerbsfähigkeit zwischen den beteiligten Ländern zu verhindern. Insofern kann die Teilnahme am WKM II als Vorbereitung auf den Beitritt zur Währungsunion angesehen werden. Dies gilt insbesondere für die neuen Mitglieder im Rahmen der EU-Erweiterung[26].

Die Einführung des neuen Wechselkursmechanismus geht auf eine Entschließung des Europäischen Rats vom Juni 1997 zurück. Seine Funktionsweise ist in einem Abkommen von 1998 zwischen der EZB und den Zentralbanken der nicht der Währungsunion angehörenden EU-Mitglieder geregelt. Gemäß der Entschließung des Europäischen Rats werden die Leitkurse sowie die Schwankungsbreiten (jeweils gegenüber dem Euro) im Einvernehmen zwischen der EZB, den Ministern des Euro-Währungsraums sowie den Ministern und Zentralbankpräsidenten der dem Wechselkursmechanismus angehörigen Mitgliedstaaten (unter Beteiligung der Kommission) festgelegt. Die Standardbandbreite beträgt, wie zuletzt im EWS, ±15 v. H. Interventionsverpflichtungen und die sehr kurzfristige Finanzierungsfazilität sind grundsätzlich wie im bestehenden EWS gestaltet. Allerdings können die EZB wie auch die in den Wechselkursmechanismus einbezogenen nationalen Zentralbanken Interventionen und deren Finanzierung aussetzen, wenn diese das vorrangige Ziel der Preisstabilität gefährden. Darüber hinaus hat die EZB wie alle Vertragspartner das Recht, das Verfahren zur Überprüfung der Leitkurse einzuleiten.

25 Vgl. EUROPÄISCHE ZENTRALBANK, Jahresbericht 1998, S. 75 ff.
26 Vgl. den folgenden Unterabschnitt 3c).

3. Vollendung der Europäischen Währungsunion

In Vorbereitung auf die dritte Stufe der Währungsunion traf der Europäische Rat bis 1998 Entscheidungen, mit denen er die einzelnen Phasen des Übergangs konkretisierte, die Teilnehmer auswählte und das Europäische System der Zentralbanken mit der EZB errichtete. Erste Aufgabe der EZB war die Festlegung der geldpolitischen Strategie und des Instrumentariums der Geldpolitik. Nach erfolgreicher Einführung der Euro-Banknoten und -Münzen ist die mit der Erweiterung der EU verbundene währungspolitische Integration der Beitrittsländer zu bewältigen.

a) Übergang zur Währungsunion

aa) Übergangsszenario. – Im Dezember 1995 einigte sich der Europäische Rat auf einen Zeitplan und auf Einzelheiten für den Übergang zur einheitlichen europäischen Währung[27]. Angelpunkt des Zeitplans waren der 1. Januar 1999 mit dem Übergang zu einer einheitlichen Geldpolitik und der 1. Januar 2002 mit der Einführung der Euro-Noten und -Münzen als Zahlungsmittel. Das Übergangsszenario, dem drei Phasen zu Grunde lagen (vgl. Tabelle XI.1), bestimmte den Ablauf im Einzelnen.

bb) Auswahl der Teilnehmer und Errichtung des ESZB. – aaa) Nach der Ende 1995 getroffenen Festlegung auf den 1. Januar 1999 als Termin für die Errichtung der Währungsunion entschied der Rat (in der Zusammensetzung der Staats- und Regierungschefs) Anfang Mai 1998 auf der Grundlage von Berichten der Kommission und des EWI, dass elf Mitgliedsländer (Belgien, Deutschland, Spanien, Frankreich, Irland, Italien, Luxemburg, Niederlande, Österreich, Portugal, Finnland) die Voraussetzung für die Teilnahme an der Währungsunion erfüllten[28]. Dänemark und Großbritannien machten von ihrem Recht Gebrauch, sich nicht zu beteiligen, während Griechenland (wegen eines übermäßigen Defizits) und Schweden (wegen fehlender zweijähriger Teilnahme am EWS-Wechselkursmechanismus) die Voraussetzungen nicht erfüllten. Für sieben der elf teilnehmenden Länder hob der Ministerrat zuvor seine früheren Entscheidungen über das Vorliegen übermäßiger Defizite auf[29].

27 Dieses sog. „*Übergangsszenario*" steht im Einklang mit einem vom EWI ausgearbeiteten Vorschlag. Vgl. EUROPÄISCHES WÄHRUNGSINSTITUT, Jahresbericht 1995, a. a. O., S. 48 ff.

28 DEUTSCHE BUNDESBANK, Europapolitische Entscheidungen vom 1. Mai bis 3. Mai 1998 machen den Weg frei für den Euro-Start am 1. Januar 1999. Monatsbericht Mai 1998, S. 17 ff.

29 Zum Verfahren vgl. Unterabschnitt 2c).

Tabelle XI.1: *Übergang zur einheitlichen Währung*

Zeitplan		**Wichtigste Maßnahmen**
1. Phase	*Mai 1998:*	• Entscheidung der Staats- und Regierungschefs über die am Euro-Währungsraum teilnehmenden Staaten
	1. Juni 1998:	• Errichtung des ESZB und der EZB • Entscheidung über den Rahmen für das ESZB und die abschließende Erprobung des Rahmens
2. Phase	*1. Januar 1999:*	• Unwiderrufliche Festlegung der Umrechnungskurse zwischen den Währungen der teilnehmenden Mitgliedstaaten und gegenüber dem Euro • Inkrafttreten von gesetzlichen Regelungen im Zusammenhang mit der Einführung des Euro • Durchführung der einheitlichen Geld- und Währungspolitik durch das ESZB • Betriebsbeginn des TARGET-Systems • Neuemission handelbarer öffentlicher Schuldtitel in Euro
3. Phase	*1. Januar 2002:*	• Einführung der auf Euro lautenden Banknoten und Münzen • Nationale Banknoten und Münzen verlieren bis spätestens Ende Februar ihre Gültigkeit als gesetzliches Zahlungsmittel, in Deutschland bereits seit dem 1. Januar 2002

Darstellung in Anlehnung an EUROPÄISCHES WÄHRUNGSINSTITUT, Jahresbericht 1995, a. a. O., S. 50.

Wie aus Tabelle XI.2 hervorgeht, können Zweifel daran bestehen, ob einige an der Währungsunion vom Beginn an teilnehmenden Länder bei strikter Auslegung das Schuldenstandskriterium erfüllt haben. Zwar war – mit Ausnahme Deutschlands – bei allen Ländern, die den Referenzwert von 60 v. H. des BIP verfehlten, der Schuldenstand gegenüber dem Vorjahr rückläufig, jedoch fiel im Falle Belgiens und Italiens der Rückgang, im Vergleich zum bestehenden Abstand vom Referenzwert, nur gering aus (mit 4,7 bzw. 2,4 Prozentpunkten). Der Rat trug dem insofern Rechnung, als er in seiner Entscheidung für diese beiden Länder eine Selbstverpflichtung bzw. Absicht zur nachhaltigen Rückführung der Schuldenquote festgehalten hat.

bbb) Anfang Juni 1998 wurde das ESZB errichtet, bestehend aus der EZB und den nationalen Zentralbanken der EU-Mitgliedstaaten. Hiervon ist das sogenannte **Eurosystem** zu unterscheiden, das aus der EZB und den an der Währungsunion teilnehmenden nationalen Zentralbanken besteht[30]. Der EZB-Rat,

30 EUROPÄISCHE ZENTRALBANK, Jahresbericht 1998, S. 126.

Tabelle XI.2: *Konvergenzkriterien (ohne Wechselkurskriterium), 1997 (in v. H.)*

Land[a]	HVPI-Preissteigerung[b,d]	Langfristiger Zinssatz[d]	Haushaltssaldo[c]	Bruttoverschuldung des Staates[c]
Belgien	1,4	5,7	– 2,1	122,2[e]
Deutschland	1,4	5,6	– 2,7	61,3
Griechenland	5,2	9,8	– 4,0	108,7[e]
Spanien	1,8	6,3	– 2,6	68,8[e]
Frankreich	1,2	5,5	– 3,0	58,0
Irland	1,2	6,2	+ 0,9	66,3[e]
Italien	1,8	6,7	– 2,7	121,6[e]
Luxemburg	1,4	5,6	+ 1,7	6,7
Niederlande	1,8	5,5	– 1,4	72,1[e]
Österreich	1,1	5,6	– 2,5	66,1[e]
Portugal	1,8	6,2	– 2,5	62,0[e]
Finnland	1,3	5,9	– 0,9	55,8

[a] Ohne Dänemark, Großbritannien und Schweden. [b] Veränderung pro Jahr. [c] In v. H. des BIP, Schätzungen der Europäischen Kommission (Frühjahrsprognose 1998). [d] Zwölfmonatszeitraum bis Januar 1998. [e] Gegenüber dem Vorjahr rückläufig.

Quelle: EUROPÄISCHES WÄHRUNGSINSTITUT, Konvergenzbericht. Nach Artikel 109j des Vertrags zur Gründung der Europäischen Gemeinschaft vorgeschriebener Bericht. Frankfurt am Main 1998, S. 29.

der aus dem nach schwierigen politischen Verhandlungen ernannten EZB-Direktorium und den Präsidenten der dem Eurosystem angehörenden nationalen Zentralbanken gebildet wird, hatte auf der Grundlage von Vorarbeiten des EWI bis Ende 1998 Beschlüsse zur geldpolitischen Strategie und zum geldpolitischen Instrumentarium zu fassen, um den Beginn der gemeinsamen Geldpolitik Anfang Januar 1999 zu ermöglichen[31]. Auf der Grundlage eines Beschlusses von 1997 löste der Euro zum Jahresende 1998 die ECU zum Kurs von 1 : 1 ab, wobei die Wertverhältnisse zwischen den an der Währungsunion teilnehmenden Währungen bereits im Mai 1998 entsprechend ihren bilateralen Leitkursen im EWS festgeschrieben wurden[32].

31 Vgl. den folgenden Unterabschnitt 3b) aa).

32 Vgl. DEUTSCHE BUNDESBANK, Europapolitische Entscheidungen ..., a. a. O., S. 21.

b) Gemeinsame Geldpolitik

aa) Geldpolitische Strategien und Instrumente. – aaa) Nach seiner Errichtung hatte das ESZB Strategie und Instrumente seiner Geldpolitik festzulegen. Bezüglich der *geldpolitischen Strategie* wurden insbesondere zwei Verfahren diskutiert: eine Zwischenzielstrategie über ein erweitertes Geldmengenkonzept und die Orientierung an einem direkten Inflationsziel[33]. Beide Strategien sind auf nationaler Ebene bereits angewendet worden, aber nur für die *Geldmengensteuerung* lagen mit der insgesamt erfolgreichen Antiinflationspolitik der Deutschen Bundesbank Erfahrungen über einen vergleichsweise langen Zeitraum vor. Dies hätte dafür gesprochen, dass sich die EZB als bisher geschichtslose Institution für das Konzept der Geldmengensteuerung entscheiden und damit die Chance erhalten würde, Reputation von der Bundesbank zu übernehmen[34]. Außerdem schließt eine Zwischenzielstrategie über die Geldmenge die Orientierung an einer Inflationsnorm nicht aus[35].

Probleme ergeben sich bei einer Politik der Geldmengensteuerung dann, wenn die Geldnachfragefunktion bzw. die Umlaufgeschwindigkeit des Geldes instabil ist und damit der Zusammenhang zwischen Geldmengenentwicklung und verzögert reagierender Inflationsrate nicht eng genug ausfällt, um mit einer einfachen Regel für die Geldmengensteuerung die Preisniveaustabilität gewährleisten zu können. In dieser Beziehung ergeben sich allerdings für die EZB insofern Vorteile im Vergleich zu den nationalen Zentralbanken, als Umschichtungen zwischen den nationalen Währungen der Mitglieder fortfallen und deshalb zu erwarten ist, dass sich die Beziehung zwischen Geldmengenwachstum und Inflation eher im Rahmen der Europäischen Währungsunion als auf nationaler Ebene als stabil erweist. Andererseits bringt ein Einschnitt wie der Übergang zur Währungsunion Unsicherheiten für die Wirtschaftseinheiten mit sich, so dass die Auswirkungen auf ihr Geldnachfrageverhalten und damit auf die Entwicklung der Umlaufgeschwindigkeiten des Geldes schwer vorherzusehen waren. So gesehen war es nahe liegend, bei der Ausrichtung der Geldpolitik neben der Geldmenge weitere Indikatoren – entsprechend der Strategie eines

33 Vgl. EUROPÄISCHES WÄHRUNGSINSTITUT, Die einheitliche Geldpolitik in Stufe 3. Festlegung des Handlungsrahmens. Frankfurt am Main 1997, S. 8 f. – Zur Strategie des direkten Inflationsziels vgl. B. S. BERNANKE, F. S. MISCHKIN, Inflation Targeting: A New Framework for Monetary Policy? „Journal of Economic Perspectives“, Vol. 11 (1997), No. 3, S. 97 ff. Die Autoren betonen die Bedeutung dieser Strategie für die Kohärenz der Geldpolitik und für die Berücksichtigung längerfristiger Gesichtspunkte in der geldpolitischen Diskussion.

34 Vgl. H.-J. JARCHOW, Zur Strategie und zum Instrumentarium der Europäischen Zentralbank. „Außenwirtschaft“, Jg. 50 (1995), S. 430.

35 Bei der Bundesbank erfolgt diese Orientierung in Form einer „mittelfristigen Preisvorgabe“. Vgl. DEUTSCHE BUNDESBANK, Geldmengenstrategie 1997/98. Monatsbericht Januar 1997, S. 22.

direkten Inflationsziels – in die Analyse einzubeziehen, um Abweichungen der prognostizierten Inflationsrate von der angestrebten abschätzen und gegebenenfalls frühzeitig Gegenmaßnahmen ergreifen zu können.

bbb) Die gewählte geldpolitische Strategie des Eurosystems trägt Züge von beiden Strategien und besteht aus drei Hauptelementen: einer quantitativen Festlegung für das Ziel der *Preisniveaustabilität* und *zwei Säulen*, die der Erreichung dieses Ziels dienen, nämlich der Bekanntgabe eines Referenzwerts für die Wachstumsrate der Geldmenge M3 (als erste Säule) und einer umfassenden Beurteilung der Inflationsrisiken für das gesamte Euro-Währungsgebiet (als zweite Säule)[36].

Preis(niveau)stabilität wird definiert als Anstieg des Harmonisierten Verbraucherpreisindex (HVPI) für das Euro-Währungsgebiet von unter 2 v. H. gegenüber dem Vorjahr. Die Festlegung unterstreicht, dass die Geldpolitik der EZB auf Preisniveaustabilität im Euro-Währungsgebiet insgesamt, nicht aber auf die Entwicklung in einzelnen Ländern ausgerichtet ist. Dieses Ziel soll mittelfristig verwirklicht werden. Ein nachhaltiger Rückgang des HVPI-Index gilt als nicht vereinbar mit diesem Ziel.

Wegen der längeren und mit Unsicherheit behafteten Verzögerungen, mit der sich die Geldpolitik auf das Preisniveau auswirkt, muss eine Zentralbank ihre Geldpolitik vorausschauend betreiben. Dazu ist eine regelmäßige Analyse der Risiken für die künftige Preisentwicklung unerlässlich. In den beiden genannten Säulen sieht die EZB einen geeigneten Rahmen für die Analyse und Darstellung der in diesem Zusammenhang wichtigen Informationen. In der ersten Säule kommt zum Ausdruck, dass Inflation mittel- und längerfristig letztlich ein monetäres Phänomen ist, d. h. dass auf längere Sicht eine stabile Beziehung zwischen Geldmengen- und Preisentwicklung besteht. Da diese Beziehung auf kurze Sicht nicht erfüllt sein muss, verpflichten vorübergehende Abweichungen vom bekannt gegebenen Referenzwert der Geldmengenzuwachsrate nicht zu einer Korrektur der Geldpolitik; sie geben aber Anlass zu einer gründlichen Analyse der daraus möglicherweise entstehenden Preisrisiken sowie zur Erläuterung der geldpolitischen Entscheidungen[37]. Da – wie bereits erwähnt – vor allem auf kürzere Sicht die Preisentwicklung nicht ausschließlich von der Geldmengenentwicklung bestimmt wird, zieht die EZB in der zweiten Säule eine breite Palette von Konjunktur- und Finanzmarktindikatoren zur Beurteilung der Inflationsrisiken heran. Mit Hilfe dieser Indikatoren sollen die Wechselwirkungen von Angebot und Nachfrage sowie der Kostendruck auf den Güter- und Arbeitsmärkten umfassend eingeschätzt werden.

36 Vgl. EUROPÄISCHE ZENTRALBANK, Die stabilitätsorientierte geldpolitische Strategie des Eurosystems. Monatsbericht Januar 1999, S. 43 ff. – Vgl. auch EUROPÄISCHE ZENTRALBANK, Die zwei Säulen der geldpolitischen Strategie der EZB. Monatsbericht November 2000, S. 41 ff.

37 Vgl. EUROPÄISCHE ZENTRALBANK, Die zwei Säulen . . ., a. a. O., S. 45.

Mit dem **Zwei-Säulen-Ansatz** will die EZB dem Umstand Rechnung tragen, dass die Geldpolitik in einem von Unsicherheit geprägten Umfeld betrieben wird. Deshalb sieht sie die Gefahr von Fehlinterpretationen, wenn sie sich zur Beurteilung des Inflationsrisikos nur auf die Entwicklung einer einzigen Größe verlässt. Auf der anderen Seite ergibt sich bei dem gewählten Ansatz ein erheblicher Interpretations- und Ermessensspielraum. Dies könnte der Zielsetzung widersprechen, den geldpolitischen Entscheidungsprozess konsistent und transparent zu gestalten.

ccc) Um seine geldpolitischen Ziele zu erreichen, führt das Eurosystem Offenmarktgeschäfte durch, stellt ständige Fazilitäten zur Verfügung und verpflichtet die Kreditinstitute zum Halten von Mindestreserven[38]. Die Durchführung der geldpolitischen Maßnahmen ist – im Gegensatz zum zentralisierten Entscheidungsprozess – dezentralisiert und obliegt den nationalen Zentralbanken des Eurosystems[39].

Offenmarktgeschäfte werden zu verschiedenen Zwecken vorgenommen. In Hinblick auf eine kontinuierliche Versorgung mit Zentralbankgeld sind die regelmäßig durchgeführten Hauptrefinanzierungsgeschäfte und die längerfristigen Refinanzierungsgeschäfte von besonderer Bedeutung, wobei Ersteren die zentrale Rolle zukommt. Im Rahmen dieser geldpolitischen Geschäfte versteigert das Eurosystem Zentralbankgeld im Ausschreibungsverfahren an Geschäftsbanken, und zwar seit einiger Zeit als sog. *Zinstender*: Die Geschäftsbanken nennen in ihren Geboten Beträge und Zinssätze, zu denen sie Refinanzierungsgeschäfte mit dem Eurosystem abschließen wollen. Bei der Zuteilung von Zentralbankgeld werden die Offerten, beim höchsten Zinsgebot beginnend, in absteigender Reihenfolgen so lange berücksichtigt, bis der für die Zuteilung von Zentralbankgeld vorgesehene Gesamtbetrag erreicht ist. Die Zuteilung erfolgt seit einiger Zeit nach dem amerikanischen Verfahren, d. h. zu den jeweils von den Geschäftsbanken in ihren Geboten offerierten Zinssätzen. Die Beschaffung von Zentralbankgeld im Rahmen von Hauptrefinanzierungsgeschäften und längerfristigen Refinanzierungsgeschäften ist wie bei sämtlichen Transaktionen mit dem Eurosystem, durch die den Geschäftsbanken Zentralbankgeld zugeführt wird, von diesen zu besichern.

Hauptrefinanzierungsgeschäfte werden jede Woche mit einer Laufzeit von in der Regel einer Woche durchgeführt, längerfristige Refinanzierungsgeschäfte jeden Monat mit einer Laufzeit von drei Monaten. Außerdem unterscheiden sich diese beiden Geschäfte insbesondere dadurch, dass bei Hauptrefinanzie-

38 Vgl. EUROPÄISCHE ZENTRALBANK, Jahresbericht 1998, S. 68 ff. – JARCHOW, Theorie und Politik des Geldes I, a. a. O., S. 340 ff.

39 Vgl. K. RUCKRIEGEL, F. SEITZ, The Eurosystem and the Federal Reserve System Compared: Facts and Challenges. ZEI Working Paper B02–02, S. 2.

rungsgeschäften – anders als bei längerfristigen Refinanzierungsgeschäften – ein Mindestbietungssatz von der EZB vorgegeben wird, der den zinspolitischen Kurs der Europäischen Zentralbank signalisiert und den Geschäftsbanken insofern als Leitzins dient. Neben den Hauptrefinanzierungsgeschäften und den längerfristigen Refinanzierungsgeschäften kann das Eurosystem Offenmarktgeschäfte unregelmäßig als sog. Feinsteuerungsoperationen und strukturelle Operationen durchführen. Erstere dienen in erster Linie dazu, vorübergehende Zinsausschläge am Geldmarkt zu dämpfen, mit Letzteren soll demgegenüber ein eher längerfristiger (nachhaltiger) Einfluss auf die Liquiditätsposition der Geschäftsbanken ausgeübt werden[40].

Die *ständigen Fazilitäten* bestehen aus der Spitzenrefinanzierungsfazilität und der Einlagefazilität. Erstere bietet den Kreditinstituten im Falle einer temporären Liquiditätsanspannung die Möglichkeit, einen betragsmäßig nicht begrenzten „Übernachtkredit" zu einem von der EZB fixierten Spitzenrefinanzierungssatz beim Eurosystem aufzunehmen; Letztere ermöglicht Geschäftsbanken die Anlage temporärer Zentralbankgeldüberschüsse als betragsmäßig nicht begrenzte „Übernachteinlage" im Eurosystem zu einem von der EZB fixierten Einlagesatz. Mit dem von der EZB fixierten Spitzenrefinanzierungs- und Einlagesatz legt sie eine Ober- und Untergrenze für die Entwicklung des Tagesgeldsatzes auf dem Geldmarkt fest. Innerhalb des so bestimmten Zinskorridors kann sie die kurzfristigen Geldmarktsätze durch die Hauptrefinanzierungsgeschäfte wirksam steuern.

Durch die *Mindestreservepflicht* werden die im Euroraum niedergelassenen Kreditinstitute zur Haltung obligatorischer (verzinslicher) Einlagen beim Eurosystem verpflichtet. Bemessungsgrundlage für die Mindestreserven sind die reservepflichtigen Verbindlichkeiten der Kreditinstitute (wie vor allem Kundeneinlagen), auf die ein Reservesatz von derzeit 2 v. H. angewendet wird. Die Mindestreservepflicht erhöht die Abhängigkeit der Kreditinstitute von der Zentralbankgeldversorgung durch das Eurosystem und fungiert dabei als *Geldschöpfungsbremse.* Auf Grund ihrer Ausgestaltung[41] kann sie von den Geschäftsbanken außerdem in ihrer Gelddisposition als Liquiditätspuffer genutzt werden.

ddd) Wie schon ausgeführt (Unterabschnitt 2d), wurde das EWS mit Beginn der dritten Stufe der Währungsunion durch den Wechselkursmechanismus II (WKM II) abgelöst. Zum 1. Januar 1999 traten Dänemark (mit einer Schwan-

40 Einzelheiten hierzu siehe EUROPEAN CENTRAL BANK, The Monetary Policy of the ECB. Frankfurt am Main 2001. S. 67 ff. – JARCHOW, Theorie und Politik des Geldes I, a. a. O., S. 344 ff.

41 Das Mindestreserve-Soll ist nur im *Durchschnitt* der Tagesendstände der während der Mindestreserveerfüllungsperiode im Eurosystem gehaltenen Guthaben (Mindestreserve-Ist) zu erfüllen. Einzelheiten zur Ausgestaltung der Mindestreserveverpflichtung siehe EUROPEAN CENTRAL BANK, The Monetary Policy of the ECB, a. a. O., S. 69 ff. – JARCHOW, Theorie und Politik des Geldes I, a. a. O., S. 352 ff.

kungsbreite von ±2,25 v. H.) und Griechenland (mit der Standardbandbreite von ±15 v. H.) dem neuen Wechselkursmechanismus bei. Mit seinem Eintritt in die Währungsunion zum 1. Januar 2001 erlosch die Mitgliedschaft Griechenlands im WKM II. Von den neuen Mitglieder im Zuge der EU-Erweiterung wird die Teilnahme erwartet, bevor sie der Währungsunion beitreten.

bb) Erfahrungen. – Ihr vorrangiges Ziel der *Preisniveaustabilität*, festgelegt auf einen Anstieg des HVPI von unter 2 v. H. pro Jahr, hat die EZB in den beiden ersten Jahren ihres Bestehens verwirklicht; in den beiden Folgejahren lag die Preissteigerungsrate allerdings über der Obergrenze von 2 v. H. (Tabelle XI.3). In der Erwartung, dass die Energiepreissteigerungen in absehbarer Zeit abklingen, wird das Überschreiten des Grenzwerts von der EZB als vorübergehend angesehen. Deshalb rechnet sie mit einem baldigen Rückgang der allgemeinen Inflationsrate auf Werte unter 2 v. H., so dass sie ihr auf mittlere Frist ausgerichtetes Ziel der Preisniveaustabilität nicht gefährdet sieht.

Bei der Erklärung des Preisanstiegs im Euro-Währungsgebiet darf die *Abwertung des Euro* gegenüber dem Dollar nicht außer Acht gelassen werden. Verglichen mit 1999, dem Jahr seiner Einführung, hat sich der Wert des Euro, gemessen in Dollar, bis 2002 um insgesamt fast ein Sechstel verringert, womit sich der Preisdruck insbesondere durch die Verteuerung von Importgütern im Euro-Währungsgebiet verstärkte. Da die EZB den Euro in Übereinstimmung mit zahlreichen ökonometrischen Untersuchungen im Vergleich zum Dollar als unterbewertet einschätzt[42] und somit eine weitere nachhaltige Abwertung als unwahrscheinlich gelten kann, würde sich auch von dieser Seite her eine Verringerung der künftigen Inflationsgefahren ergeben.

Tabelle XI.3: *Wirtschaftsdaten für das Euro-Währungsgebiet, 1996–2001*

Jahr	**Anstieg des HVPI[a]**	**Arbeitslosenquote[b]**	**Dollarkurs des Euro[c]**
1996	+2,2	11,5	1,270
1997	+1,6	11,5	1,134
1998	+1,1	10,9	1,121
1999	+1,1	10,0	1,060
2000	+2,3	8,8	0,924
2001[d]	+2,5	8,3	0,896

[a] In v. H. [b] In v. H. der Erwerbspersonen. [c] Dollar pro Euro bzw. pro ECU. [d] Unter Einschluss von Griechenland.

Quelle: EUROPÄISCHE ZENTRALBANK, Monatsberichte April 2000 und 2002.

42 Vgl. EUROPÄISCHE ZENTRALBANK, Monatsbericht Januar 2002, S. 45 ff., insbesondere S. 56 f. und S. 59.

Wegen fortfallender Transaktionskosten beim Währungsumtausch und der endgültigen Beseitigung des Wechselkursrisikos verringert die Bildung einer Währungsunion tendenziell die *Preisunterschiede* zwischen den beteiligten Ländern. Die daraus abgeleitete Erwartung, dass sich auch die *Inflationsraten* im Euro-Währungsgebiet angleichen würden, wurde in den Anfangsjahren enttäuscht. Nachdem die Abweichungen zwischen den nationalen Inflationsraten (z. B. gemessen an der gewichteten Standardabweichung) seit Ende 1995 gefallen waren, haben sie seit Mitte 1997 wieder zugenommen[43]. Diese Zunahme kann *einerseits* die Auswirkung von länderspezifischen Entwicklungen (z. B. im Dienstleistungsbereich) oder von länderspezifisch unterschiedlichen Auswirkungen (z. B. von höheren Ölpreisen) darstellen. *Andererseits* kann sie auf einen Anpassungsprozess zurückgehen, der die zu Beginn der Währungsunion bestehenden Preisunterschiede durch unterschiedliche Preissteigerungsraten ausgleicht. Während im ersten Fall die beobachteten Unterschiede in den Inflationsraten auf eine unvollkommene realwirtschaftliche Integration hindeuten würden, wären sie im zweiten Fall Zeichen für ihre Verbesserung. Dies könnte die Akzeptanz der gemeinsamen Geldpolitik erhöhen, weil sich damit die nationalen Auswirkungen der gemeinsamen Geldpolitik angleichen würden.

c) Währungspolitische Aspekte der EU-Erweiterung

aa) Ausgangslage. – Nachdem der Europäische Rat den Prozess zur Erweiterung der EU 1997 in Luxemburg formal in Gang gesetzt hatte, einigte er sich im Dezember 2000 in Nizza auf einen zeitlichen Rahmen zum Abschluss der Erweiterung. Danach hält er es für möglich, bis Ende 2002 die Verhandlungen mit denjenigen Ländern abzuschließen, die ausreichend auf den Beitritt vorbereitet sind[44]. Der wirtschaftliche Rückstand der zwölf, vorwiegend mittel- und osteuropäischen Beitrittskandidaten, mit denen Verhandlungen eingeleitet sind, ist beträchtlich. So betrug für diese Ländergruppe das durchschnittliche Bruttoinlandsprodukt pro Kopf, gemessen an der Kaufkraft, im Jahre 2000 weniger als die Hälfte des EU-Durchschnitts (Tabelle XI.4). Auch das Ziel der Preisniveaustabilität wurde von den meisten Beitrittskandidaten weit verfehlt. Dies wird besonders deutlich, wenn man den durchschnittlichen Preisanstieg für die Beitragskandidaten (ohne Türkei) von 12,9 v. H. mit der Preissteigerungsrate im

43 Vgl. EUROPÄISCHE ZENTRALBANK, Monatsbericht Dezember 2000, S. 34 ff.

44 Vgl. DEUTSCHE BUNDESBANK, Währungspolitische Aspekte der EU-Erweiterung. Monatsbericht Oktober 2001, S. 15 ff. – EUROPÄISCHE ZENTRALBANK, Das Eurosystem und die EU-Erweiterung. Monatsbericht Februar 2000, S. 41 ff. – W. SCHÄFER, EU-Osterweiterung. In: Kompendium Europäische Wirtschaftspolitik (Hg. von R. OHR, TH. THEURL). München 2001. S. 241 ff.

Tabelle XI.4: *Wirtschaftsdaten der Beitrittskandidaten, 2000*

Land	**BIP pro Kopf, in v. H. des EU-Durchschnitts**[a]	**Staatlicher Finanzierungssaldo, in v. H. des BIP**	**Anstieg der Verbraucherpreise, Jahresdurchschnitt in v. H.**
Bulgarien	24	– 1,0	10,4
Estland	38	– 0,7	4,0
Lettland	29	– 3,0	2,6
Litauen	29	– 3,3	1,0
Malta	53	– 7,1	2,4
Polen	39	– 3,0	10,1
Rumänien	27	– 3,7	45,7
Slowakische Republik	48	– 3,5	12,0
Slowenien	71	– 1,3	8,9
Tschechische Republik	60	– 4,9	4,0
Ungarn	52	– 3,3	8,2
Zypern	82	– 2,7	4,1
Türkei[b]	29	–11,3	54,9
Beitrittskandidaten ohne Türkei	44	– 3,2	12,9

[a] In Kaufkraftstandards (KKS). [b] Die Türkei hat den Status eines Beitrittskandidaten, nimmt aber nicht an den Beitrittsverhandlungen teil.

Quelle: DEUTSCHE BUNDESBANK, Währungspolitische Aspekte der EU-Erweiterung, a. a. O., S. 21.

Euro-Währungsgebiet vergleicht, die im gleichen Jahr nur 2,3 v. H. erreichte (Tabelle XI.3). Angesichts der hierin zum Ausdruck kommenden Konvergenzdefizite der Beitragskandidaten sowohl in der realwirtschaftlichen Entwicklung als auch in der makroökonomischen Stabilität fordert der Europäische Rat als Voraussetzung für den EU-Beitritt

- eine funktionsfähige Marktwirtschaft sowie die Fähigkeit, dem Wettbewerbsdruck und den Marktkräften innerhalb der Union standzuhalten,
- die Fähigkeit, die aus einer Mitgliedschaft erwachsenden Verpflichtungen zu übernehmen und sich auch die Ziele der Politischen Union sowie der Wirtschafts- und Währungsunion zu Eigen machen zu können.

Zusammen mit der Verpflichtung auf eine institutionelle Stabilität als Garantie für die demokratische und rechtsstaatliche Ordnung bilden diese Forderungen die sog. *Kopenhagener Kriterien*[45].

45 Vgl. DEUTSCHE BUNDESBANK, Währungspolitische Aspekte der EU-Erweiterung, a. a. O., S. 17.

bb) Beitritt zur Währungsunion. – Entsprechend der Bedingung, dass sich neue EU-Mitglieder die Ziele der Wirtschafts- und Währungsunion zu Eigen machen sollen, wird es für sie im Hinblick auf die Teilnahme an der dritten Stufe der Wirtschafts- und Währungsunion keine *Opting-Out-Klausel* geben, wie sie Dänemark und Großbritannien zugestanden wurde[46]. Die währungspolitische Integration der Beitrittsländer in die EWWU soll stufenweise erfolgen. Dabei sind *drei* Phasen vorgesehen[47]: Die *erste* Phase liegt zeitlich vor dem Beitritt zur EU. Während dieser „Heranführungsphase" soll die Zusammenarbeit zwischen den Beitrittsländern und der EU in der Wirtschafts-, Finanz- und Währungspolitik intensiviert und der Kapitalverkehr der Beitrittsländer liberalisiert werden, um die makroökonomische Stabilität und die Stabilität im Finanzsektor sowie die realwirtschaftliche und nominale Konvergenz zu fördern. Außerdem ist (wie bereits erwähnt) die Erfüllung der Kopenhagener Kriterien Voraussetzung für den EU-Beitritt. Schließlich ist im Sinne einer „rechtlichen Konvergenz" entsprechend Artikel 109 des EG-Vertrags vor dem EU-Beitritt – insbesondere in Hinblick auf die Zentralbankunabhängigkeit – sicherzustellen, dass eine Anpassung der nationalen Notenbankgesetze an die ESZB-Statuten erfolgt.

Die *zweite* Phase beginnt mit dem Beitritt zur EU. An ihr nehmen die Beitrittsländer als „Mitgliedstaaten, für die eine Ausnahmeregelung gilt" (nach Artikel 122 des EG-Vertrags), teil, d. h. sie werden zwar Mitglieder der Europäischen Union, aber noch nicht Mitglieder der Europäischen Währungsunion. EU-Beitritt und EWU-Beitritt sind also zwei gesonderte Schritte im Integrationsprozess neuer Mitglieder. Mit dem Eintritt in die zweite Phase müssen die Beitrittsländer ihre Wechselkurspolitik entsprechend Artikel 124 des EG-Vertrags als „eine Angelegenheit von gemeinsamen Interesse" behandeln. Außerdem werden einige mit der zweiten Stufe der Wirtschafts- und Währungsunion (Anfang 1994) eingeführten Bestimmungen für die Beitrittsländer mit ihrem EU-Beitritt sofort wirksam. Hierzu gehören insbesondere das Verbot von Krediten des Eurosystems an öffentliche Stellen sowie das Verbot des bevorrechtigten Zugangs öffentlicher Einrichtungen zu Finanzinstituten[48]. In der zweiten Phase haben sich die Beitrittsländer verstärkt um eine dauerhafte wirtschaftliche Konvergenz zu bemühen, wobei die vier im Maastrichter Vertrag vereinbarten *Konvergenzkriterien*[49] als Maßstab anzusehen sind. Dazu gehört als Wechselkurskriterium auch eine mindestens zweijährige Teilnahme am europäischen Wechselkursmechanismus, ohne dass eine Abwertung vorgenommen wurde. In

46 Vgl. Unterabschnitt 2a) aa).

47 Siehe hierzu DEUTSCHE BUNDESBANK, Währungspolitische Aspekte der EU-Erweiterung, a. a. O., S. 18 ff. – EUROPÄISCHE ZENTRALBANK, Das Eurosystem und die EU-Erweiterung, a. a. O., S. 48 ff.

48 Siehe ebenda, S. 50.

49 Vgl. hierzu Unterabschnitt 2b) cc).

Hinblick hierauf und wegen der Verpflichtung der Beitrittsmitglieder, ihre Wechselkurspolitik als eine Angelegenheit gemeinsamen Interesses zu behandeln, wird ihre Teilnahme am Wechselkursmechanismus II erwartet[50]. Ihre Teilnahme würde bedeuteten, dass die neuen Mitglieder dann in der Lage sein müssen, ihre Wechselkurse innerhalb einer – allerdings weiten – Schwankungsbreite gegenüber dem Euro zu halten. Ferner bedeutet ihre Teilnahme am WKM II, dass sie gegebenenfalls noch bestehende Bindungen ihrer Wechselkurse an andere Währungen als den Euro aufzugeben haben. Die *dritte* und letzte Phase wird schließlich erreicht, indem die Beitrittsländer nach erfolgreicher Beurteilung ihrer Konvergenzanstrengungen uneingeschränkte Mitglieder der Europäischen Wirtschafts- und Währungsunion geworden sind und damit auch dem Eurosystem angehören.

Zusammenfassung

1. Im Zusammenhang mit der Vollendung des Binnenmarkts wurde im DELORS-Bericht ein schrittweiser Übergang zur Europäischen Wirtschafts- und Währungsunion vorgeschlagen. Diesem Vorschlag folgte der 1992 in Maastricht unterzeichnete Vertrag über die Europäische Union, der festlegte, dass zur Durchführung der einheitlichen Geldpolitik in der dritten Stufe das Europäische System der Zentralbanken (ESZB) errichtet wird. Dieses besteht aus der Europäischen Zentralbank (EZB) als zentraler Institution und den nationalen Zentralbanken der Mitgliedstaaten.

2. Entsprechend dem Vertrag über die Europäische Union wurde in der zweiten Stufe das Europäische Währungsinstitut (EWI) errichtet, das insbesondere die einheitliche Geldpolitik der dritten Stufe vorzubereiten hatte.

3. Der Vertrag über die Europäische Union wurde 1997 ergänzt durch den Stabilitäts- und Wachstumspakt sowie durch das Abkommen über den neuen Wechselkursmechanismus (WKM II), der denjenigen EU-Mitgliedern zur Verfügung steht, die nicht an der Währungsunion beteiligt sind („Mitglieder mit Ausnahmeregelung").

4. Im Mai 1998 entschied der Rat (in der Zusammensetzung der Staats- und Regierungschefs) nach dem im Vertrag über die Europäische Union festgelegten Verfahren über die Teilnahme an der dritten Stufe der Wirtschafts- und

50 Siehe hierzu DEUTSCHE BUNDESBANK, Währungspolitische Aspekte der EU-Erweiterung, a. a. O., S. 28. – EUROPÄISCHE ZENTRALBANK, Das Eurosystem und die EU-Erweiterung, a. a. O., S. 48.

Währungsunion und errichtete das ESZB. Bis auf Dänemark und Großbritannien, die die ihnen zugestandene Ausnahmeregelung in Anspruch nahmen, und Griechenland und Schweden, die nicht alle Konvergenzkriterien erfüllten, nehmen die übrigen elf EU-Länder seit ihrem Beginn am 1. Januar 1999 an der Währungsunion teil (Griechenland ist seit Januar 2001 zwölftes Mitglied). Nur die Mitglieder der Währungsunion sind an den Entscheidungen der einheitlichen Geldpolitik beteiligt; der auf sie entfallende Teil des ESZB wird als Eurosystem bezeichnet.

5. Vor dem Beginn der Währungsunion hatte das Eurosystem über Strategie und Instrumente der Geldpolitik zu entscheiden. Die geldpolitische Strategie besteht aus drei Hauptelementen, nämlich einer quantitativen Festlegung für das Ziel der Preisniveaustabilität und zwei Säulen, die der Erreichung dieses Zieles dienen, nämlich der Bekanntgabe eines Referenzwerts für die Wachstumsrate der Geldmenge M3 und einer umfassenden Beurteilung der Inflationsrisiken für das gesamte Euro-Währungsgebiet (Zweisäulen-Strategie). Das geldpolitische Instrumentarium umfasst Offenmarktgeschäfte (mit den Hauptrefinanzierungsgeschäften als wichtigstem geldpolitischem Instrument), ständige Fazilitäten und die Mindestreservepflicht.

6. Mit der Einführung der Euro-Banknoten und -Münzen wurde Anfang 2002 die letzte Phase des Übergangs zur Währungsunion abgeschlossen.

7. Die währungspolitische Integration neuer Mitglieder soll stufenweise erfolgen. Nach einer „Heranführungsphase" (erste Phase) vor dem EU-Beitritt erfolgt in der zweiten Phase der EU-Beitritt und nach den erforderlichen Konvergenzerfolgen in der dritten Phase dann auch die Mitgliedschaft in der Europäischen Wirtschafts- und Währungsunion.

Ausgewählte Literaturangaben zum vierten Teil

DEUTSCHE BUNDESBANK, Europäische Organisationen und Gremien im Bereich von Währung und Wirtschaft. Frankfurt a. M. 1997 (zu X, XI).

–, Währungspolitische Aspekte der EU-Erweiterung. Monatsbericht Oktober 2001, S. 15 ff. (zu XI).

–, Wechselkursentwicklung im Europäischen Währungssystem – Erfahrungen nach zehn Jahren –. Monatsberichte der Deutschen Bundesbank, November 1989, S. 30 ff. (zu X).

EUROPÄISCHE ZENTRALBANK, Die Umsetzung des Stabilitäts- und Wachstumspakts. Monatsbericht Mai 1999, S. 49 ff. (zu XI).

–, Die zwei Säulen der geldpolitischen Strategie der EZB. Monatsbericht November 2000, S. 41 ff. (zu XI).

P. DE GRAUWE, The Economics of Monetary Integration. 2nd rev. ed. Oxford 1994 (zu XI).

H.-J. JARCHOW, Theorie und Politik des Geldes I. 10., überarb. u. wes. erw. Aufl. Göttingen 1998, Kapitel VI (zu **XI**).
H. KRÄGENAU, W. WETTER, Europäische Wirtschafts- und Währungsunion. Vom WERNER-Plan zum Vertrag von Maastricht. Analysen und Dokumentation. Baden-Baden 1993 (zu X, XI).

Literaturangaben[1]

1. Monographien

ADEBAHR, H.: Währungstheorie und Währungspolitik. Einführung in die monetäre Außenwirtschaftslehre. Berlin 1978.

ARGY, V.: The Postwar International Money Crises – An Analysis. London 1981.

–: Exchange-Rate Management in Theory and Practice. (Princeton Studies in International Finance, No. 50). Princeton, N. J., 1982.

ARNSMEYER, J.: Die ECU als private Anlagewährung. Eine theoretische und empirische Portfoliountersuchung internationalen Anlageverhaltens. Frankfurt am Main 1989.

BANERJEE, B. u. a.: Road Maps of the Transition. The Baltics, the Czech Republic, Hungary, and Russia. (Occasional Paper No. 127. International Monetary Fund). Washington, D. C., 1995.

BERG, A., BORENSZTEIN, E.: Full Dollarization. The Pros and Cons. Economic Issues, 24. International Monetary Fund. Washington, D. C., 2000.

BERG, H.: Internationale Wirtschaftspolitik. Göttingen 1976.

BEUTLER, B., BIEBER, R., PIPKORN, J., STREIL, J.: Die Europäische Union. Rechtsordnung und Politik. 5., vollst. neu bearb. u. erw. Aufl. Baden-Baden 2001.

BLACK, St. W.: Floating Exchange Rates and National Economic Policy. New Haven, London 1977.

BLOOMFIELD, A. I.: Monetary Policy and the International Gold Standard: 1880–1914. New York 1959.

–: Short-Term Capital Movements Under The Pre-1914 Gold Standard. (Princeton Studies in International Finance, No. 11). Princeton, N. J., 1963.

BORN, K. E.: Die Deutsche Bankenkrise. Finanzen und Politik. München 1967.

BROWN, W. A.: The International Gold Standard Reinterpreted 1914–1934. Vol. I, Vol. II. New York 1940.

BUCH, C. M. u. a.: Währungsreformen im VergleicH. Monetäre Strategien in Russland, Weißrussland, Estland und der Ukraine. (Kieler Studien, 270). Tübingen 1995.

BÜSCHGEN, H. E.: Internationales Finanzmanagement. 2., überarb. Aufl. Frankfurt am Main 1993.

–: Bankbetriebslehre. 5., vollst. überarb. u. erw. Aufl. Wiesbaden 1998.

CASSEL, G.: Der Zusammenbruch der Goldwährung. Stuttgart 1937.

CHILD, F. C.: The Theory and Practice of Exchange Control in Germany. A Study of Monopolistic Exploitation in International Markets. The Hague 1958.

CITRIN, D. A., LAHIRI, A. K. (Hg.): Policy Experiences and Issues in the Baltics, Russia, and Other Countries of the Former Soviet Union. (Occasional Paper No. 133. International Monetary Fund). Washington, D. C., 1995.

CORDEN, W. M.: Monetary Integration. (Essays in International Finance, No. 93). Princeton, N. J., 1972.

CORNELIUS, P.: Das Prinzip der Konditionalität bei Krediten des Internationalen Währungsfonds. München 1988.

1 Grundlegende Literatur zu den einzelnen Teilen des Buches wird jeweils am Ende des entsprechenden Teils angegeben.

CROCKETT, A., GOLDSTEIN, M.: Strengthening the International Monetary System: Exchange Rates, Surveillance, and Objective Indicators. (Occasional Paper No. 50. International Monetary Fund). Washington, D. C., 1987.

EBRILL, L. P. u. a.: Poland. The Path to a Market Economy. (Occasional Paper No. 113. International Monetary Fund). Washington, D.C., 1994.

EINZIG, P.: A Dynamic Theory of Forward Exchange. 2nd ed. London 1967.

–: The Case Against Floating Exchanges. London 1970.

FERBER, M., WINKELMANN, G.: Internationaler Währungsfonds. Weltbank. IDA. IFC. 3., völlig neubearb. Aufl. (Taschenbücher für Geld, Bank und Börse, hrsg. von H. E. BÜSCHGEN, A. HERRHAUSEN, Bd. 30). Frankfurt am Main 1985.

FISCHER-ERLACH, P.: Handel und Kursbildung am Devisenmarkt. 5., überarb. und erw. Aufl. Stuttgart, Berlin, Köln 1995.

FRIEDMAN, M., SCHWARTZ, A. J.: Monetary Trends in the United States and the United Kingdom. Their Relation to Income, Prices, and Interest Rates, 1867–1975. Chicago, London 1982.

FRISCH, H.: Die Neue Inflationstheorie. Göttingen 1980.

GARDNER, R. N.: Sterling-Dollar Diplomacy in Current Perspective. The Origins and the Prospects of Our International Economic Order. New, expanded ed. with rev. introduction. New York 1980.

GERLOFF, A.: Wechselkurspolitik in Mittel- und Osteuropa (CeGE-Schriften, Bd. 1). Frankfurt a. M. 2001.

GIAVAZZI, F., GIOVANNINI, A.: Limiting Exchange Rate Flexibility. The European Monetary System. Cambridge, Mass., 1989.

DE GRAUWE, P.: The Economics of Monetary Integration. 2nd rev. ed. Oxford 1994.

GRUBEL, H. G.: International Economics. Rev. ed. Homewood, Ill., 1981.

–: The International Monetary System. Efficiency and Practical Alternatives. 4th ed. Harmondsworth 1984.

HALM, G. N.: A Guide to International Monetary Reform. Lexington, Mass., Toronto, London 1975.

HANSEN, B.: Inflation Problems in Small Countries. (National Bank of Egypt 50th Anniversary Commemoration Lectures). Cairo 1960.

HARROD, R. F.: The Pound Sterling. (Essays in International Finance, No. 13). Princeton, N. J., 1952.

HAWTREY, R. G.: The Art of Central Banking. 2nd ed. Liverpool, London 1962.

HELLER, H. R.: International Monetary Economics. Englewood Cliffs, N. J., 1974.

HINDLEY, B., NICOLAIDES, E.: Taking the New Protectionism Seriously. (Thames Essay No. 34). London 1983.

HOOKE, A. W.: The International Monetary Fund. Its Evolution, Organization, and Activities. 3rd ed. (Pamphlet Series, No. 37. International Monetary Fund). Washington, D. C., 1983.

HORIE, S.: The International Monetary Fund. Retrospect and Prospect, London, New York 1964.

ISSING, O.: Leitwährung und internationale Währungsordnung. Berlin 1965.

–: Einführung in die Geldpolitik. 6., überarb. Aufl. München 1996.

JANOCHA, P.: Intervention und Kooperation der Zentralbanken auf den Devisenmärkten nach dem Zweiten Weltkrieg. (Kieler Studien, 74). Tübingen 1966.

JARCHOW, H.-J.: Theorie und Politik des Geldes. I. Geldtheorie. 10., überarb. u. wes. erw. Aufl. Göttingen 1998.

–: Theorie und Politik des Geldes. II. Geldpolitik. 7., neubearb. u. erw. Aufl. Göttingen 1995.

JOHNSON, H. G.: International Trade and Economic GrowtH. London 1958.

JOHNSTON, R. B.: The Economics of the Euro-Market. History, Theory and Policy. London, Basingstoke 1983.

KEMP, M. C.: The Pure Theory of International Trade. Englewood Cliffs, N. J., 1964.
KEYNES, J. M.: A Tract on Monetary Reform. London 1913.
KINDLEBERGER, C. P.: Die Weltwirtschaftskrise 1929–1939. 2. Aufl. München, Harmondsworth 1979.
KÖHLER, C.: Geldwirtschaft. Zweiter Band. Zahlungsbilanz und Wechselkurs. Berlin 1979.
KRÄGENAU, H., WETTER, W.: Europäische Wirtschafts- und Währungsunion. Vom Werner-Plan zum Vertrag von Maastricht. Analysen und Dokumentation. Baden-Baden 1993.
KRÄMER, H. R.: Die Bemühungen der EWG um die Errichtung einer Währungsunion. (Kieler Diskussionsbeiträge zu aktuellen wirtschaftspolitischen Fragen, 6). Kiel 1970.
LAMFALUSSY, A.: Financial Crises in Emerging Markets. An Essay on Financial Globalisation and Fragility. New Haven, London 2000.
LINDERT, P. H.: International Economics. 9th ed. Homewood, Ill., Boston, Mass., 1991.
LIPP, E.-M.: Parallelwährung für Europa. Pläne als Risiko oder Chance für die europäische Einigung? (Schriftenreihe Europäische Wirtschaft, Bd. 95). Baden-Baden 1979.
MACHLUP, F.: Die Pläne zur Reform des internationalen Geldwesens (Kieler Vorträge, N. F., 23). Kiel 1962.
MAYER, H., TAGUCHI, H.: Official Intervention in the Exchange Markets: Stabilising or Destabilising? (Bank for International Settlements Economic Papers, No. 6). Basel 1983.
MCKINNON, R. I.: An International Standard for Monetary Stabilization. Washington, D. C., 1984.
MEIER, E.: Zeittafel der deutschen Reparationen 1918–1932. 2. Aufl. Erlangen 1932.
MOGGRIDGE, D. E.: British Monetary Policy 1924–1931. Cambridge 1972.
MORGENSTERN, O.: International Financial Transactions and Business Cycles. Princeton 1959.
MORTON, W. A.: British Finance 1930–1940. Madison 1943.
MUNDELL, R. A.: International Economics. New York, London 1968.
NIEHANS, J.: The Theory of Money. Baltimore, London 1978.
NOWZAD, B.: The Rise in Protectionism. (Pamphlet Series, No. 24. International Monetary Fund). Washington, D. C., 1978. Reprinted 1983.
OHR, R.: Internationale Währungsbeziehungen. Entwicklungstrends, Krisenpotentiale und wirtschaftspolitische Optionen. In: Zukunft der Marktwirtschaft., Bd. 2. Hg. von J. J. JESKE u. a. Frankfurt a. M. 2001.
PARK, Y. S.: Oil Money and the World Economy. With the collaboration of J. ASCHHEIM. Boulder, Col., 1976.
ROSE, K., SAUERNHEIMER, K.: Theorie der Außenwirtschaft. 13., überarb. Aufl. München 1999.
SAUVY, A.: Histoire économique de la France entre Les Deux Guerres (1918–1931). Paris 1965.
SAYERS, R. S.: Modern Banking. 7th ed. Oxford 1967.
SCAMMELL, W. M.: International Monetary Policy. 2nd ed. London, New York 1964.
–: The International Economy Since 1945. London, Basingstoke 1980.
SCHARRER, H.-E., GEHRMANN, D., WETTER, W.: Währungsrisiko und Währungsverhalten deutscher Unternehmen im Außenhandel. Hamburg 1978.
SCHNEIDER, E.: Zahlungsbilanz und Wechselkurs. Eine Einführung in die monetären Probleme internationaler Wirtschaftsbeziehungen. Tübingen 1968.
SCHUBERT, M.: Flexible Wechselkurse, Wechselkursvolatilität und Welthandel. Göttingen 1991.
SIMONS, H.: Economic Policy for a free Society. Chicago 1948.
SÖDERSTEN, B., REED, G.: International economics. 3rd ed. Basingstoke, London 1994.
SOHMEN, E.: Wechselkurs und Währungsordnung. Tübingen 1973.
SOLOMON, R.: The International Monetary System, 1945–1976. An Insider's View. New York 1977.
STERN, R. M.: The Balance of Payments. Theory and Economic Policy. London, Basingstoke 1973.

STOLPER, G., fortgeführt von K. HÄUSER u. K. BORCHARDT: Deutsche Wirtschaft seit 1870. 2., erg. Aufl. Tübingen 1966.

TAUSSIG, F. W.: International Trade, New York 1927. Nachdruck New York 1966.

TEICHMANN, U.: Grundriß der Konjunkturpolitik. 4., verb. u. erw. Aufl. München 1988.

TEW, B.: The Evolution of the International Monetary System 1945–77. London 1977.

TICHY, G.: Konjunkturschwankungen, Theorie, Messung, Prognose. Berlin, Heidelberg, New York 1976.

TRIFFIN, R.: Gold and the Dollar Crisis. The Future of Convertibility. Rev. ed. New Haven, London 1961.

–: The Evolution of the International Monetary System: Historical Reappraisal and Future Perspectives. (Princeton Studies in International Finance, No. 12). Princeton, N. J., 1964.

–: The World Money Maze. National Currencies in International Payments. New Haven, London 1966.

VAUBEL, R.: Strategies for Currency Unification. The Economics of Currency Competition and the Case for a European Parallel Currency. (Kieler Studien, 156). Tübingen 1978.

VEIT, O.: Grundriß der Währungspolitik. 3., durchgäng. ern. Aufl. unter Mitwirkung des Instituts für das Kreditwesen. Frankfurt am Main 1969.

WESTPHAL, U.: Die importierte Inflation bei festem und flexiblem Wechselkurs. (Kieler Studien, 87). Tübingen 1968.

WILLIAMS, J. H.: Post-War Monetary Plans. Oxford 1949.

WILLIAMSON, J.: The Exchange Rate System. Washington, D. C., 1983.

WILLMS, M.: Internationale Währungspolitik. 2., überarb. u. erw. Aufl. München 1995.

YEAGER, L. B.: International Monetary Relations: Theory, History, and Policy. 2nd. ed. New York 1976.

2. Beiträge aus Zeitschriften

ALIBER, R. Z.: Speculation in the Foreign Exchanges: The European Experience, 1919–1926. „Yale Economic Essays", Vol. 2 (1962), S. 171 ff.

ARTIS, M. J.: The European Monetary System: An Evaluation. „Journal of Policy Modeling", Vol. 9 (1987), S. 175 ff.

ARTUS, J. A., YOUNG, J. H.: Fixed and Flexible Exchange Rates: A Renewal of the Debate. „International Monetary Fund Staff Papers", Vol. 26 (1979), S. 654 ff.

BALBACH, A. B.: The Mechanics of Intervention in Exchange Markets. „Federal Reserve Bank of St. Louis Review", Vol. 60 (1978), No. 2, S. 2 ff.

BARRO, R. J.: Money and the Price Level under the Gold Standard. „The Economic Journal", Vol. 89 (1979), S. 13 ff.

BAUMOL, W. J.: Speculation, Profitability, and Stability. „The Review of Economics and Statistics", Vol. 39 (1957), S. 263 ff.

–: Reply. „The Review of Economics and Statistics", Vol. 41 (1959), S. 301 f.

BENETT, A. G. G.: The Operation of the Estonian Currency Board. „International Monetary Fund Staff Papers", Vol. 40 (1993), S. 451 ff.

BERNANKE, B. S., MISCHKIN, F. S.: Inflation Targeting: A New Framework for Monetary Policy? „Journal of Economic Perspectives", Vol. 11 (1997), No. 3, S. 97 ff.

BLACK, S. W.: Policy Responses to Major Disturbances of the 1970s and their Transmission through International Goods and Capital Markets. „Weltwirtschaftliches Archiv", Bd. 114 (1978), S. 614 ff.

BORDO, M. D.: The Classical Gold Standard: Some Lessons for Today. „Federal Reserve Bank of St. Louis Review", Vol. 63 (1981), No. 5, S. 2 ff.

–: The Gold Standard, Bretton Woods and Other Monetary Regimes: A Historical Appraisal. „Federal Reserve Bank of St. Louis Review", Vol. 75 (1993), No. 2, S. 123 ff.

BULOW, J., ROGOFF, K.: Cleaning up Third World Debt Without Getting Taken to the Cleaners. „The Journal of Economic Perspectives", Vol. 4, No. 1 (1990), S. 31 ff.

CLAASSEN, E.-M.: Der monetäre Ansatz der Wechselkursbestimmung: Kaufkraftparität. „Wirtschaftswissenschaftliches Studium", Jg. 9 (1980), H. 1., S. 1 ff.

CLARK, P. B.: Optimum International Reserves and the Speed of Adjustment. „Journal of Political Economy", Vol. 78 (1970), S. 356 ff.

COURCHENE, T. J., YOUSSEF, G. M.: The Demand for International Reserves. „Journal of Political Economy", Vol. 75 (1967), S. 404 ff.

DELL'ARICCIA, G.: Exchange Rate Fluctuations and Trade Flows: Evidence from the European Union. „IMF Staff Papers", Vol. 46 (1999), S.315 ff.

DORNBUSCH, R.: Exchange Rate Economics: Where Do We Stand? „Brookings Papers on Economic Activity", (1980), S. 143 ff.

EATON, J.: Debt Relief and the International Enforcement of Loan Contracts. „The Journal of Economic Perspectives", Vol. 4, No. 1 (1990), S. 43 ff.

EICHENGREEN, B., MODY, A.: Bail-Ins, Bailouts, and Borrowing Costs. „International Monetary Fund Staff Papers", Vol. 47, Special Issue (2001), S. 155 ff.

EICHENGREEN, B., WYPLOSZ, CH.: The Unstable EMS. „Brookings Papers on Economic Activity", 1993 (1), S. 51 ff.

EMMINGER, O.: Die englischen Währungsexperimente der Nachkriegszeit. „Weltwirtschaftliches Archiv", Bd. 40 (1934), S. 270 ff.

FLEMING, J. M.: On Exchange Rate Unification. „The Economic Journal", Vol. 81 (1971), S. 467 ff.

FLOOD, R. P., GARBER, P. M.: Collapsing Exchange-Rate Regimes. „Journal of International Economics", Vol. 17 (1984), S. 1 ff.

FRANKEL, J. A.: Recent Exchange-Rate Experience and Proposals for Reform. „The American Economic Review", Vol. 86 (1996), Papers and Proceedings, S. 153 ff.

FRANZ, W.: Wohin treibt die Phillipskurve? Theoretische und empirische Überlegungen zur inflationsstabilen Arbeitslosenquote in der Bundesrepublik Deutschland. „Zeitschrift für Wirtschafts- und Sozialwissenschaften", Jg. 104 (1984), S. 603 ff.

FRATIANNI, M., v. HAGEN, J.: German Dominance in the EMS: The Empirical Evidence. „Open Economies Review", Vol. 1 (1990), S. 67 ff.

FREEDMAN, C.: The Euro-Dollar Market. A Review of Five Recent Studies. „Journal of Monetary Economics", Vol. 3 (1977), S. 467 ff.

FRENKEL, J. A.: Flexible Exchange Rates, Prices, and the Role of „News": Lessons from the 1970s. „Journal of Political Economy", Vol. 89 (1981), S. 665 ff.

–: The Collapse of Purchasing Power Parities During the 1970's. „European Economic Review", Vol. 16 (1981), S. 145 ff.

FRENKEL, J. A., GOLDSTEIN, M.: A Guide to Target Zones. „International Monetary Fund Staff Papers", Vol. 33 (1986), S. 633 ff.

GRUBEL, H. G.: The Demand for International Reserves: A Critical Review of the Literature. „The Journal of Economic Literature", Vol. 9 (1971), S. 1148 ff.

–: The Case for Optimum Exchange Rate Stability. „Weltwirtschaftliches Archiv", Bd. 109 (1973), S. 351 ff.

v. HAGEN, J., EICHENGREEN, B.: Federalism, Fiscal Restraints, and European Monetary Union. „The American Economic Review", Vol. 86 (1996), Papers and Proceedings, S. 134 ff.

HEINEMANN, F.: Bailout- und Bonitätseffekte in der Wirtschafts- und Währungsunion. „Zeitschrift für Wirtschafts- und Sozialwissenschaften“, Jg. 115 (1995), S. 605 ff.

HELLER, H. R.: Optimal International Reserves. „The Economic Journal“, Vol. 76 (1966), S. 296 ff.

–: International Reserves and World-Wide Inflation. „International Monetary Fund Staff Papers“, Vol. 23 (1976), S. 61 ff.

HODGSON, J. H.: An Analysis of Floating Exchange Rates: The Dollar-Sterling Rate, 1919–1925. „The Southern Economic Journal“, Jg. 39 (1972/73), S. 249 ff.

HURST, W.: Holland, Switzerland, and Belgium and the English Gold Crises of 1931. „The Journal of Political Economy“, Vol. 40 (1932), S. 638 ff.

JARCHOW, H.-J.: Die gegenwärtige währungspolitische Situation im Lichte der Diskussionen von Bretton Woods. „Kredit und Kapital“, Jg. 1 (1968), S. 152 ff.

–: Wechselkursarithmetik, Wechselkursgestaltung und Interventionspolitik (I), (II). „das Wirtschaftsstudium“, Jg. 3 (1974), Nr. 1, S. 19 ff., Nr. 2, S. 68 ff.

–: Zur Strategie und zum Instrumentarium der Europäischen Zentralbank. „Außenwirtschaft“, Jg. 50 (1995), S. 423 ff.

–: Zur Theorie und Realität internationaler Währungssysteme. „Zeitschrift für Wirtschafts- und Sozialwissenschaften“, Jg. 117 (1997), S. 443 ff.

JOST, TH.: Die Tobin-Tax: Unwirksam und ökonomisch schädlich. „wisu. das wirtschaftsstudium“, Jg. 30 (2001), S. 1629 ff.

KENEN, P. B.: Organizing Debt Relief: The Need for a New Institution. „The Journal of Economic Perspectives“, Vol. 4, No. 1 (1990), S. 7 ff.

–: What Have We Learned from the EMS Crises? „Journal of Policy Modeling“ Vol. 17 (1995), S. 449 ff.

KLEINHEYER, N.: Der Abweichungsindikator im EWS. „Kredit und Kapital“, Jg. 13 (1980), S. 83 ff.

KRUGMAN, P.: A Model of Balance-of-Payments Crises. „Journal of Money, Credit and Banking“, Vol. 11 (1979), S. 311 ff.

KÜNG, E.: Die Sonderziehungsrechte des Internationalen Währungsfonds. Aktueller Stand und Möglichkeiten der Weiterentwicklung. „Wirtschaftswissenschaftliches Studium“, Jg. 8 (1979), H. 1., S. 13 ff.

LAHNSTEIN, M.: Perspektiven des EWS. „Zeitschrift für das gesamte Kreditwesen“, Jg. 35 (1982), H. 10, S. 420 ff.

LAURSEN, S., METZLER, L. A.: Flexible Exchange Rates and the Theory of Employment. „The Review of Economics and Statistics“, Vol. 32 (1950), S. 281 ff.

MARTINEZ, G.: What Lessons Does the Mexican Crisis hold for Recovery in Asia? „Finance & Development“, Vol. 35 (1998), No. 2.

MCKINNON, R. I.: Optimum Currency Areas. „The American Economic Review“, Vol. 53 (1963), S. 717 ff.

MÜLLER, A. P.: Finanzierungskennziffern zur Analyse des Länderrisikos im Auslandskreditgeschäft: Ein Überblick. „Wirtschaftswissenschaftliches Studium“, Jg. 14 (1985), H. 9, S. 477 ff.

MUNDELL, R. A.: A Theory of Optimum Currency Areas. „The American Economic Review“, Vol. 51 (1961), S. 657 ff. Leicht verändert wieder abgedruckt in: R. A. MUNDELL, International Economics. New York, London 1968. S. 177 ff.

NIEHANS, J.: Geldpolitik bei überschießenden Wechselkursen. „Außenwirtschaft“, Jg. 34 (1979), S. 199 ff.

OBSTFELD, M.: The Logic of Currency Crises. „Cahiers économiques et monétaires“, No. 43 (1994), S. 189 ff.

OLIVERA, J. H. G.: A Note on the Optimal Rate of Growth of International Reserves. „Journal of Political Economy“, Vol. 77 (1969), S. 245 ff.

OHR, R.: Währungskrisen in emerging countries – Gefahren für Osteuropa? „Hamburger Jahrbuch für Wirtschafts- und Gesellschaftspolitik“, J. 43 (1998), S. 245 ff.

PAISH, F. W.: Banking Policy and the Balance of International Payments. „Economica“, Vol. 3 (1936), S. 404 ff.

POLAK, J. J.: The SDR as a Basket of Currencies. „International Monetary Fund Staff Papers“, Vol. 26 (1979), S. 627 ff.

POWNALL, R., STUART, B.: Die Kompensations- und Eventual-Finanzierungsvorkehrung des IWF. „Finanzierung & Entwicklung“, Jg. 25 (1988), Nr. 4, S. 9 ff.

ROBINSON, J.: The International Currency Proposals. „The Economic Journal“, Vol. 53 (1943), S. 161 ff.

ROGOFF, K.: The Purchasing Power Parity Puzzle.„Journal of Economic Literature“, Vol. 34 (1996), S. 647 ff.

SACHS, J. D: Economic Transition and the Exchange-Rate Regime. „The American Economic Review“, Vol. 86 (1996), Papers and Proceedings, S. 147 ff.

SAMUELSON, P. A., SOLOW, R. M: Problem of Achieving and Maintaining a Stable Price Level: Analytical Aspects of Anti-Inflation Policy. „The American Economic Review“, Vol. 50 (1960), Papers and Proceedings, S. 177 ff.

SCAMMELL, W. M.: The Working of the Gold Standard. „Yorkshire Bulletin of Economic and Social Research“, Vol. 17 (1965), S. 32 ff.

SCHÄFER, H.: Schaden flexible Wechselkurse der Weltwirtschaft? Ein Überblick zum aktuellen theoretischen und empirischen Forschungsstand. „Konjunkturpolitik“, Jg. 33 (1987), S. 219 ff.

SCHMIDT, D.: Debt-Equity-Swaps. „Wirtschaftswissenschaftliches Studium“, Jg. 16 (1987), H. 8, S. 403 f.

SCHRÖDER, W.: Struktur, Funktionsweise und Ziele des Europäischen Währungssystems. Eine Analyse der Kompatibilität. „Konjunkturpolitik“, Jg. 25 (1979), S. 225 ff.

SIEBERT, H.: Ansatzpunkte zur Lösung der internationalen Verschuldungsfrage. „Wirtschaftswissenschaftliches Studium“, Jg. 17 (1988), H. 10, S. 501 ff.

SMEETS, H.-D., MÖLLER, M.: Zur Krise des Europäischen Währungssystems. „LIST FORUM für Wirtschafts- und Finanzpolitik“, Bd. 20 (1994), S. 226 ff.

SWOBODA, A. K.: Exchange Rate Regimes and European-U. S. Policy Interdependence. „International Monetary Fund Staff Papers“, Vol. 30 (1983), S. 75 ff.

TAYLOR, D.: Official Intervention in the Foreign Exchange Market, or, Bet against the Central Bank. „Journal of Political Economy“, Vol. 90 (1982), S. 356 ff.

TELSER, L. G.: A Theory of Speculation Relating Profitability and Stability. „The Review of Economics and Statistics“, Vol. 41 (1959), S. 295 ff.

THYGESEN, N.: From The European Monetary System to Economic and Monetary Union – How and Why? „Open economies review“, Vol. 1 (1990), S. 201 ff.

TRIFFIN, R.: The Use of SDR Finance for Collectively Agreed Purposes. „Banca Nazionale del Lavoro Quarterly Review“, Vol. 24 (1971), S. 3 ff.

TSIANG, S. C.: Fluctuating Exchange Rates in Countries with Relatively Stable Economies. Some European Experiences After World War I. „International Monetary Fund Staff Papers“, Vol. 7 (1959–60), S. 244 ff.

VAUBEL, R.: Die Pläne für eine europäische Parallelwährung. Ein Überblick. „Die Weltwirtschaft“, (1972), H. 2, S. 136 ff.

VEHRKAMP, R.: Fünf Jahre konzentrierter Dollarinterventionen – Eine Bestandsaufnahme. „Wirtschaftsdienst“, Jg. 70 (1990), S. 471 ff.

WILLIAMSON, J.: Surveys in Applied Economics: International Liquidity. „The Economic Journal“, Vol. 83 (1973), S. 685 ff.

3. Sammelwerke, Beiträge aus Sammelwerken und Handwörterbüchern u. a.

ALIBER, R. Z. (Hg.): The Political Economy of Monetary Reform. London, Basingstoke 1977.
BALTENSPERGER, E.: Die internationale Konjunkturübertragung bei flexiblen Wechselkursen. In: Zur Theorie und Politik internationaler Wirtschaftsbeziehungen. Hg. von G. BOMBACH, B. GAHLEN, A. E. OTT. (Schriftenreihe des Wirtschaftswissenschaftlichen Seminars Ottobeuren, Bd. 10). Tübingen 1981. S. 299 ff.
Bericht der Arbeitsgruppe über Interventionen an den Devisenmärkten. Aus dem englischen Originaltext übersetzt in der Deutschen Bundesbank. März 1983.
BHANDARI, J. S., PUTNAM, B. H. (Hg.): Economic Interdependence and Flexible Exchange Rates. Cambridge, Mass., London 1983.
BIGMAN, D., TAYA, T. (Hg.): The Functioning of Floating Exchange Rates: Theory, Evidence and Policy Implications. Cambridge, Mass., 1980.
BORDO, M. D., EICHENGREEN, B. (Hg.): A Retrospective on the Bretton Woods System. Lessons for International Monetary Reform. Chicago, London 1993.
CAGAN, P.: The Monetary Dynamics of Hyperinflation. In: Studies in the Quantity Theory of Money. (Ed. by M. FRIEDMAN). Chicago, London 1956. S. 25 ff.
CALVO, G.: Varieties of Capital-Market Crises. In: The Debt Burden and its Consequences for Monetary Policy. Ed. by G. CALVO, M. KING. Basingstoke, London 1998. S. 181 ff.
CLAASSEN, E.-M.: Die Nachfrage nach internationalen Reserven. In: Kompendium der Währungstheorie. (Hg. von E.-M. CLAASSEN). München 1977. S. 3 ff.
– (Hg.): Kompendium der Währungstheorie. München 1977.
Committee on Currency and Foreign Exchanges after the War. First Interim Report (Cd. 9182). London 1918.
Committee on Finance & Industry. Report (Cmd. 3987). London 1931.
Committee on National Expenditure. Report (Cmd. 3920). London 1931.
Committee on the Working of the Monetary System. Report (Cmnd. 827). London 1959.
COOPER, R. N.: The Balance of Payments. In: Britain's Economic Prospects. (Ed. by R. E. CAVES and Ass.). Washington, London 1968. S. 147 ff.
DEUTSCHE BUNDESBANK (Hg.): Deutsches Geld- und Bankwesen in Zahlen 1876–1975. Frankfurt am Main 1976.
–: (Hg.): Währung und Wirtschaft in Deutschland 1876–1975. 2., unveränd. Aufl. Frankfurt am Main 1976.
–: (Hg.): Europäische Organisationen und Gremien im Bereich von Währung und Wirtschaft. Frankfurt am Main 1997.
–: (Hg.): Weltweite Organisationen und Gremien im Bereich von Währung und Wirtschaft. Frankfurt am Main 1997.
Developments in International Trade Policy. (Occasional Paper No. 16. International Monetary Fund). 2nd rev. Printing. Washington, D. C., 1983.
Devisenmärkte und Währungsrisiken. Mit Beiträgen von G. D. BAER u. a. Diessenhofen 1982.
DORNBUSCH, R.: The Folly, the Crash, and Beyond: Economic Policies and the Crisis. In: Mexico 1994. Anatomy of an Emerging-Market CrasH. Ed. by S. EDWARDS, M. NAIM. Washington, D. C., 1997. S. 125 ff.

DRÄGER, Ch., SPÄTH, L. (Hg.): Internationales Währungssystem und weltwirtschaftliche Entwicklung. Eine Herausforderung an die internationale Wirtschaftskooperation. (Edition Dräger-Stiftung, Bd. 12). Baden-Baden 1988.

DÜRR, E.: Goldstandard, internationaler. In: Handwörterbuch der Wirtschaftswissenschaft (HdWW). Zugleich Neuauflage des Handwörterbuchs der Sozialwissenschaften. Dritter Band. Stuttgart 1981. S. 699 ff.

EDWARDS, S.: Bad Luck or Bad Policies? An Economic Analysis of the Crisis. In: Mexico 1994. Anatomy of an Emerging-Market CrasH. Ed. by S. EDWARDS, M. NAIM. Washington, D. C., 1997. S. 95 ff.

EHRLICHER, W., RICHTER, R. (Hg.): Probleme der Währungspolitik. (Schriften des Vereins für Socialpolitik, N. F., Bd. 120). Berlin 1981.

–: Geld- und Währungsordnung. (Schriften des Vereins für Socialpolitik, N. F., Bd. 138). Berlin 1983.

EHRLICHER, W., SIMMERT, D. B. (Hg.): Geld- und Währungspolitik in der Bundesrepublik Deutschland. (Beihefte zu Kredit und Kapital, H. 7). Berlin 1982.

EICHENGREEN, B. (Hg.): The Gold Standard in Theory and History. New York, London 1985.

EUROPÄISCHES WÄHRUNGSINSTITUT (Hg.): Fortschritte auf dem Wege zur Konvergenz 1996. Frankfurt am Main 1996.

–: Die einheitliche Geldpolitik in Stufe 3. Festlegung des Handlungsrahmens. Frankfurt am Main 1997.

–: Konvergenzbericht. Nach Artikel 109j des Vertrags zur Gründung der Europäischen Gemeinschaft vorgeschriebener Bericht. Frankfurt am Main 1998.

EUROPEAN CENTRAL BANK: The Monetary Policy of the ECB. Frankfurt am Main 2001.

FELDSIEPER, M.: Währungsunionen, II: Zielsetzungen und Probleme. In: Handwörterbuch der Wirtschaftswissenschaft (HdWW). Zugleich Neuauflage des Handwörterbuchs der Sozialwissenschaften. Achter Band. Stuttgart 1980. S. 546 ff.

FISCHER, ST.: Economic Development and the Debt Crisis. In: Internationales Währungssystem und weltwirtschaftliche Entwicklung. Eine Herausforderung an die internationale Wirtschaftskooperation. Hg. von CH. DRÄGER, L. SPÄTH. (Edition Dräger-Stiftung, Bd. 12). Baden-Baden 1988. S. 177 ff.

FRATIANNI, M., PEETERS, T. (Hg.): One Money for Europe. London, Basingstoke 1978.

FRENKEL, J. A.: The Demand for International Reserves under Pegged and Flexible Exchange Rate Regimes and Aspects of the Economics of Managed Float. In: The Functioning of Floating Exchange Rates: Theory, Evidence, and Policy Implications. (Ed. by D. BIGMAN, T. TAYA). Cambridge, Mass., 1980. S. 170 ff.

FRENKEL, J. A., GOLDSTEIN, M.: Fundamental Issues in the Functioning of the International Monetary System. In: Internationales Währungssystem und weltwirtschaftliche Entwicklung. Hg. von CH. DRÄGER, L. SPÄTH. (Edition Dräger-Stiftung, Bd. 12). Baden-Baden 1988. S. 223 ff.

FRIEDMAN, M.: The Case for Flexible Exchange Rates. In: M. FRIEDMAN, Essays in Positive Economics. Chicago 1953. S. 157 ff.

–: The Optimum Quantity of Money. In: M. FRIEDMAN, The Optimum Quantity of Money and Other Essays. Chicago 1969. S. 1 ff.

GERHARD, H. W.: Internationaler Währungsfonds. In: Handwörterbuch der Wirtschaftswissenschaft (HdWW). Zugleich Neuauflage des Handwörterbuchs der Sozialwissenschaften. Vierter Band. Stuttgart 1978. S. 233 ff.

GIERSCH, H.: Entrepreneurial Risk under Flexible Exchange Rates. In: Approaches to Greater Flexibility of Exchange Rates. The Bürgenstock Papers. (Ed. by G. N. HALM). Princeton, N. J., 1970. S. 145 ff.

GIL-DIAZ, F., CARSTENS, A.: Pride and Prejudice: The Economics Profession and Mexico's Financial Crisis. In: Mexico 1994. Anatomy of an Emerging-Market CrasH. Ed. by S. EDWARDS, M. NAIM. Washington, D. C., 1997. S. 165 ff.

GOLDSTEIN, M., KHAN, M. S.: Income and Price Effects in Foreign Trade. In: Handbook of International Economics. Vol. II. (Ed. by R. W. JONES, P. B. Kenen). Amsterdam, New York, Oxford 1985. S. 1041 ff.

GRUBEL, H. G. (Hg.): World Monetary Reform. Plans and Issues. Stanford, Cal., 1963.

GRÜNÄRML, F.: Euro-Dollarmarkt. In: Handwörterbuch der Wirtschaftswissenschaft (HdWW). Zugleich Neuauflage des Handwörterbuchs der Sozialwissenschaften. Zweiter Band. Stuttgart 1980. S. 450 ff.

GUTOWSKI, A., SCHARRER, H.-E.: Das Europäische Währungssystem – Ein Erfolg? In: Geld- und Währungsordnung. Hg. von W. EHRLICHER, R. RICHTER. (Schriften des Vereins für Socialpolitik, N.F., Bd. 138). Berlin 1983. S. 147 ff.

HABERLER, G.: Die Weltwirtschaft und das internationale Währungssystem in der Zeit zwischen den beiden Weltkriegen. In: Währung und Wirtschaft in Deutschland 1876–1975. (Hg.: Deutsche Bundesbank). 2., unveränd. Aufl. Frankfurt am Main 1976. S. 205 ff.

HALM, G. N. (Hg.): Approaches to Greater Flexibility of Exchange Rates. The Bürgenstock Papers. Princeton, N. J., 1970.

HESSE, H., AURIA, L.: Die Finanzkrise in Südostasien: Ursachen und Auswirkungen auf die Weltwirtschaft. Vorträge am Ibero-Amerika Institut für Wirtschaftsforschung, Nr. 1 (1998).

HUME, D.: Of the Balance of Trade. Abgedruckt in: International Finance. (Ed. by R. N. COOPER). Harmondsworth 1969. S. 25 ff.

International Monetary Arrangements: The Problem of Choice. Report on the Deliberations of an International Study Group of 32 Economists. Princeton, N. J., 1964.

INTERNATIONAL MONETARY FUND: The International Monetary Fund 1945–1965. Twenty Years of International Monetary Cooperation. Vol. I: Chronicle (By J. K. HORSEFIELD), Vol. II: Analysis (Ed. by J. K. HORSEFIELD), Vol. III: Documents (Ed. by J. K. HORSEFIELD). Washington, D. C., 1969.

–: The International Monetary Fund 1966–1971. The System under Stress. Vol. I: Narrative (By M. G. DE VRIES), Vol. II: Documents (Ed. by M. G. DE VRIES). Washington, D. C., 1976.

–: The Exchange Rate System: Lessons of the Past and Options for the Future. A Study by the Research Department of the International Monetary Fund. (Occasional Paper No. 30. International Monetary Fund). Washington, D. C., 1984.

–: Exchange Rate Volatility and World Trade. A Study by the Research Department of the International Monetary Fund. (Occasional Paper No. 28. International Monetary Fund). Washington, D. C., 1984.

–: The International Monetary Fund 1972–1978. Cooperation on Trial. Vol. I: Narrative and Analysis (M. G. DE VRIES), Vol. II: Narrative and Analysis (M. G. DE VRIES), Vol. III: Documents (Ed. by M. G. DE VRIES). Washington, D. C., 1985.

–: The European Monetary System: Recent Developments. (Occasional Paper No. 48. International Monetary Fund). Washington, D. C., 1986.

–: Selected Decisions of the International Monetary Fund and Selected Documents. 25th issue. Washington, D. C., 2000.

ISSING, O.: Währungspolitik, internationale. In: Handwörterbuch der Wirtschaftswissenschaft (HdWW). Zugleich Neuauflage des Handwörterbuchs der Sozialwissenschaften. Achter Band. Stuttgart 1980. S. 522 ff.

– (Hg.): Wechselkursstabilisierung, EWS und Weltwährungssystem. Hamburg 1988.

–: Währung. In: Staatslexikon. 7., völlig neubearb. Aufl. Band 5. Freiburg, Basel, Wien 1989. S. 854 ff.

JARCHOW, H.-J.: Zahlungsbilanz, I: Theorie und Politik. In: Handwörterbuch der Wirtschaftswissenschaft (HdWW). Zugleich Neuauflage des Handwörterbuchs der Sozialwissenschaften. Neunter Band. Stuttgart 1981. S. 5391 f.

–: Monetäre Außenwirtschaftstheorie. In: Allgemeine Wirtschaftstheorie. (Hg. von N. BERTHOLD). München 1995. S. 267 ff.

–: Die südostasiatische Finanz- und Währungskrise. Makrotheorie und empirische Evidenz. In: Währung und wirtschaftliche Entwicklung. Festschrift für V. TIMMERMANN zum 65. Geburtstag. (Hg. von. E. SCHOLING). Berlin 2000. S. 19 ff.

JOHNSON, H. G.: Argumente für flexible Wechselkurse – 1969. In: H. G. JOHNSON, Beiträge zur Geldtheorie und Währungspolitik. Berlin 1976. S. 190 ff. (Deutsche Übersetzung von: The Case for Flexible Exchange Rates, 1969. „Federal Reserve Bank of St. Louis Review“, Vol. 51 (1969), No. 6, S. 12 ff.).

KENEN, P. B.: The Theory of Optimum Currency Areas: An Eclectic View. In: Monetary Problems of the International Economy. (Ed. by R. A. MUNDELL, A. K. SWOBODA). Chicago 1969. S. 41 ff.

KEYNES, J. M.: The Economic Consequences of Mr. Churchill. In: J. M. KEYNES, Essays in Persuasion. London 1931.

KLOTEN, N., BOFINGER, P.: Währungsintegration über eine europäische Parallelwährung? In: Europa-Banking. Bankpolitik im europäischen Finanzraum und währungspolitische Integration. (Hg. von D. DUWENDAG). Baden-Baden 1988. S. 57 ff.

KREININ, M. E., HELLER, H. R.: Adjustment Costs, Optimal Currency Areas, and International Reserves. In: International Trade and Finance. Essays in Honour of Jan Tinbergen. (Ed. by W. SELLEKAERTS). New York 1973. S. 127 ff.

KRUGMAN, P. R.: Market-Based Debt Reduction Schemes. In: Analytical Issues in Debt. (Ed. by J. A. FRENKEL, M. P. DOOLEY, P. WICKHAM). Washington, D. C., 1989. S. 258 ff.

–: What happened to Asia? http://web.mit.edu/krugman/www/disinter.html, January 1998.

LEAGUE OF NATIONS: International Currency Experience. Lessons of the Inter-War Period. 1944.

–: Industrialization and Foreign Trade. 1945.

–: The Course and Control of Inflation. A Review of Monetary Experience in Europe after the World War I. 1946.

MATTHEWS, R. C. O.: Postwar Business Cycles in the United Kingdom. In: Is the Business Cycle Obsolete? (Ed. by M. BRONFENBRENNER). New York 1969. S. 99 ff.

MCCLOSKEY, D. N., ZECHER, J. R.: How the Gold Standard Worked, 1880–1913. In: The Monetary Approach to the Balance of Payments. (Ed. by J. A. FRENKEL, H. G. JOHNSON). London 1976. S. 357 ff.

MELTZER, A., LERRICK, A.: Krisen mit dem Markt bekämpfen. Financial Times Deutschland vom 10. Mai 2001, S. 30 (wieder abgedruckt in Deutsche Bundesbank, Auszüge aus Presseartikeln, Nr. 22 vom 10. Mai 2001, S. 17 f.).

MISHKIN, F. S.: International Capital Movements, Financial Volatility and Financial Instability. (Schriften des Vereins für Socialpolitik, Neue Folge Bd. 261, zugleich Beiheft 7 der Zeitschrift für Wirtschafts- und Sozialwissenschaften). Berlin 1998. S. 11 ff.

MUNDELL, R. A., POLAK, J. J. (Hg.): The New International Monetary System. New York 1977.

MUNDELL, R. A., SWOBODA, A. K. (Hg.): Monetary Problems of the International Economy. Chicago, London 1969.

NELDNER, M.: Wege zur Währungsintegration. In: Wechselkursstabilisierung, EWS und Weltwährungssystem. (Hg. von O. ISSING). Hamburg 1988. S. 261 ff.

OFFICER, L. H., WILLETT, T. D. (Hg.): The International Monetary System. Problems and Proposals. Englewood Cliffs, N. J., 1969.

OHR, R.: Exchange Rate Policy in Eastern Europe. In: Openness and Development. (Ed. by F. P. LANG, R. OHR). Heidelberg 1996. S. 217 ff.

RUCKRIEGEL, K., SEITZ, F.: The Eurosystem and the Federal Reserve System Compared: Facts and Challenges. ZEI Working Paper B02–02.

RUEFF, J.: Gold Exchange Standard a Danger to the West. In: World Monetary Reform. Plans and Issues. (Ed. by H. G. GRUBEL). Stanford, Cal., 1963. S. 320 ff.

SALIN, P.: Die Theorie des optimalen Währungsgebiets. In: Kompendium der Währungstheorie. (Hg. von E.-M. CLAASSEN). München 1977. S. 177 ff. (Deutsche Fassung von: Optimum Currency Area. In: Monetary Unification. Ed. by P. SALIN. Cambridge 1977).

SCHÄFER, W.: Sonderziehungsrechte. In: Handwörterbuch der Wirtschaftswissenschaft (HdWW). Zugleich Neuauflage des Handwörterbuchs der Sozialwissenschaften. Sechster Band. Stuttgart 1981. S. 556 ff.

–: Wechselkurspolitische Optionen für Osteuropa. In: Integration oder Desintegration der Weltwirtschaft? (Hg. von W. FILC, C. KÖHLER). Berlin 1994. S. 198 ff.

–: EU-Osterweiterung. In: Kompendium Europäische Wirtschaftspolitik (Hg. von R. OHR, TH. THEURL). München 2001. S. 241 ff.

SCHARRER, H.-E.: Internationalisierung der Geldpolitik. Eine Beurteilung des McKinnon-Ansatzes aus der Sicht der Bundesrepublik Deutschland. In: Stabilisierung des Währungssystems. (Hg. von W. FILC, C. KÖHLER). Berlin 1985. S. 235 ff.

SCHARRER, H.-E., WESSELS, W. (Hg.): Das europäische Währungssystem. Bilanz und Perspektiven eines Experiments. Bonn 1983.

SCHLEIMINGER, G.: Europäische Zahlungsunion. In: Handwörterbuch der Wirtschaftswissenschaft (HdWW). Zugleich Neuauflage des Handwörterbuchs der Sozialwissenschaften. Zweiter Band. Stuttgart 1980. S. 507 ff.

SIMONIS, U. (Hg.): Entwicklungsländer in der Finanzkrise. Probleme und Perspektiven. (Schriften des Vereins für Socialpolitik, N. F., Bd. 136). Berlin 1983.

STAMP, M.: The Stamp-Plan – 1962 Version. In: World Monetary Reform. Plans and Issues. (Ed. by H. G. GRUBEL). Stanford, Cal., 1963. S. 80 ff.

TIMM, H.: Das Wechselkursproblem. In: Weltwirtschaftliche Probleme der Gegenwart. Hg. von E. SCHNEIDER. (Schriften des Vereins für Socialpolitik. N. F., Bd. 35). Berlin 1965. S. 107 ff.

TOBIN, J.: A Proposal for International Monetary Reform. In: J. TOBIN, Essays in Economics. Theory and Policy. Cambridge, Mass., London 1982. S. 488 ff.

VAUBEL, R.: Die Währungsordnung im Transformationsprozess. In: Marktwirtschaft als Aufgabe. Hg. von C. HERRMANN-PILLATH, O. SCHLECHT, H. F. WÜNSCHE. Stuttgart, Jena, New York 1994. S. 561 ff.

VEIL, E.: The World Current Account Discrepancy. OECD Economic Outlook Occasional Studies, June 1982, S. 46 ff.

WILLIAMSON, J.: SDRs: The Link. In: The New International Economic Order: The North-South Debate. (Ed. by J. N. BHAGWATI). Cambridge, Mass., London 1977. S. 81 ff.

– (Hg.): Exchange Rate Rules. The Theory, Performance and Prospects of the Crawling Peg. New York 1981.

WILLMS, M.: Wechselkursstabilisierung durch währungspolitische Kooperation? In: Wechselkursstabilisierung, EWS und Weltwährungssystem. (Hg. von O. ISSING). Hamburg 1988. S. 229 ff.

Personenregister[1]

1 Die unter den Literaturangaben (S. 344 ff.) genannten Autoren sind hier nicht vollständig aufgeführt.

Sachregister[1]

1 Die fettgedruckten Ziffern geben die Stellen an, an denen der betreffende Begriff erläutert wird.